Die »Confessio Augustana« im ökumenischen Gespräch

Die »Confessio Augustana« im ökumenischen Gespräch

Herausgegeben von
Günter Frank, Volker Leppin und Tobias Licht

DE GRUYTER

ISBN 978-3-11-068376-9
e-ISBN (PDF) 978-3-11-068386-8
e-ISBN (EPUB) 978-3-11-068400-1
DOI https://doi.org/10.1515/9783110683868

Library of Congress Control Number: 2021942824

Bibliografische Information der Deutschen Nationalbibliothek
Die Deutsche Nationalbibliothek verzeichnet diese Publikation in der Deutschen
Nationalbibliografie; detaillierte bibliografische Daten sind im Internet über http://dnb.dnb.de
abrufbar.

© 2022 bei den Autorinnen und Autoren, Zusammenstellung © 2022 Günter Frank,
Volker Leppin und Tobias Licht, publiziert von Walter de Gruyter GmbH, Berlin/Boston
Dieses Buch ist als Open-Access-Publikation verfügbar über www.degruyter.com.

Umschlagabbildung: Gedächtnishalle im Melanchthonhaus, Bretten. © Foto: Thomas Rebel
Druck und Bindung: CPI books GmbH, Leck

www.degruyter.com

Inhalt

Abkürzungen —— IX

Bischof Dr. Gerhard Feige, Vorsitzender der Ökumenekommission der
Deutschen Bischofskonferenz
**Grußwort zum Internationalen Symposium „Die *Confessio Augustana* im
ökumenischen Gespräch"** —— XI

Prälat Prof. Dr. Traugott Schächtele
**Grußwort zum Internationalen Symposium „Die *Confessio Augustana* im
ökumenischen Gespräch"** —— XV

OB Martin Wolff
**Grußwort zum Internationalen Symposium „Die *Confessio Augustana* im
ökumenischen Gespräch"** —— XVII

Erzbischof Stephan Burger
**Grußwort zum Internationalen Symposium „Die *Confessio Augustana* im
ökumenischen Gespräch"** —— XIX

Kurt Kardinal Koch
Predigt: Dank – Glaube – Mission
      Herausforderungen an den Glauben in ökumenischer
      Gemeinschaft —— **XXIII**

Günter Frank
Die *Confessio Augustana* im ökumenischen Gespräch
      Eine Einführung —— **XXIX**

Historische Grundlagen

Irene Dingel
**Die *Confessio Augustana* als Referenzbekenntnis – ihr integratives und
abgrenzendes Potenzial** —— 3

Hendrik Stössel
Der freie Wille und der unfreie Wille
Zur theologischen Anthropologie der *Confessio Augustana* im Kontext der reformatorischen Bewegung —— **23**

Volker Leppin
Redaktionsgeschichte und Hermeneutik
Die Frage der guten Werke in der *Confessio Augustana* —— **51**

Timothy J. Wengert
***Confessio Augustana* 22–28: A Template for Philip Melanchthon's "Ecumenical" Theology —— 63**

Klaus Unterburger
Die *Confessio Augustana* und die katholische Theologie des 16. Jahrhunderts —— 85

Gunther Wenz
***Dikaiopoiia* – Die Lehre von der Rechtfertigung des Sünders im Dialog der Wittenberger Reformation mit dem Patriarchat von Konstantinopel —— 105**

Herman J. Selderhuis
Augsburg in Heidelberg – Der reformierte Umgang mit der *Confessio Augustana* —— 121

Christian Witt
Innerprotestantische Ökumene und Bekenntnis
Zur Frage der Augsburger Konfessionsverwandtschaft im Reich bis 1648 —— **133**

Rezeptionen

Johannes Ehmann
Die Berufung evangelischer Theolog(i)en in Baden auf die *Confessio Augustana* vom 16. bis zum 19. Jahrhundert —— 159

Peter Neuner
Die *Confessio Augustana* in der Sicht Döllingers und in den Unionsbemühungen der frühen altkatholischen Bewegung —— 177

Bernd Jochen Hilberath
50 Jahre danach – sind wir schon weiter? —— **189**

Theodor Dieter
Die Diskussionen um eine katholische Anerkennung des *Augsburger*
Bekenntnisses* im Zusammenhang mit dem 450jährigen *Confessio
***Augustana*-Jubiläum 1980**
        In memoriam Vinzenz Pfnür (1937–2012) —— **201**

Ökumenische Perspektiven

Friederike Nüssel
Das ökumenische Potential der *Confessio Augustana* – einst und jetzt
        Eine kritisch-konstruktive Bilanz —— **227**

Burkhard Neumann
Die *Confessio Augustana* in den offiziellen ökumenischen Dialogen —— 243

Bo Kristian Holm
Gemeinsame Verheißung und gemeiner Nutzen
        Ein Beitrag für eine aktuelle Würdigung der *Confessio Augustana* als
        gemeinsames ökumenisches Dokument —— **259**

Johanna Rahner
„... ein Gewalt und Befehlich Gottes das Evangelium zu predigen" – Zur
episkopalen Verfassung der Kirche —— **279**

Eva-Maria Faber
Wann ist es genug?
        Zur ökumenischen Herausforderung des *satis est* —— **299**

Dorothea Sattler
Beichte und Buße im ökumenischen Gespräch
        Ein Beispiel für die bleibende theologische Bedeutung der *Confessio*
        Augustana —— **319**

Pascale Jung
Anerkennung der *Confessio Augustana* – was Paul Ricœur zu einem
ökumenischen Schlüsselbegriff beitragen kann —— **337**

Tobias Licht
Gemeinsames Bekenntnis des Glaubens?
Fundamentaltheologische Streiflichter zur Möglichkeit einer
katholischen Anerkennung der *Confessio Augustana* —— 357

Risto Saarinen
Anerkennung als theologischer und ökumenischer Begriff —— 369

Kurt Kardinal Koch
Die katholische Kirche und die *Confessio Augustana* —— 381

Wolfgang Thönissen
Die *Confessio Augustana* und die Einheit der Kirche —— 399

Notger Slenczka
**Der Aufbau, das systematische Zentrum und die Gegenwartsrelevanz der
*Confessio Augustana*** —— 419

Kurzviten der Autorinnen und Autoren —— 437

Namensregister —— 443

Sachregister —— 447

Abkürzungen

Für die im Band enthaltenen Abkürzungen wird verwiesen auf:

Siegfried M. Schwertner, IATG[3]. Internationales Abkürzungsverzeichnis für Theologie und Grenzgebiete. Zeitschriften, Serien, Lexika, Quellwerke mit bibliographischen Angaben, Berlin/ Boston [3]2014. https://doi.org/10.1515/9783110407273

Bischof Dr. Gerhard Feige, Vorsitzender der
Ökumenekommission der Deutschen Bischofskonferenz

Grußwort zum Internationalen Symposium „Die *Confessio Augustana* im ökumenischen Gespräch"

Sehr geehrte Damen und Herren,
liebe Teilnehmerinnen und Teilnehmer des Symposiums,
verehrte Mitwirkende!

„Auf 2030 hoffen?" – so fragte Wolfgang Beinert 1981 in einer literarischen Nachlese zum 450. Jahrestag der *Confessio Augustana*.[1] Im Vorfeld des Gedenkjahres gab es damals große Anstrengungen, die auf eine katholische Anerkennung der *Confessio Augustana* als einem entscheidenden Schritt zur Überwindung der Trennung zwischen den Konfessionen zielten. Dazu ist es nicht gekommen. Waren die damaligen ökumenischen Bemühungen also umsonst? Und was könnte heute, fast vierzig Jahre später, die Hoffnung für den 500. Jahrestag dieser Bekenntnisschrift im Jahr 2030 sein?

Spätestens seit dem Gedenkjahr 1980 ist die ökumenische Relevanz der *Confessio Augustana* ein zentraler Zielpunkt der wissenschaftlichen Forschung und des interkonfessionellen Gesprächs. Ein wichtiges und von vielen geteiltes Ergebnis dieser Reflexionen ist die Einsicht, dass die *Confessio Augustana* zunächst darauf ausgerichtet war, die Übereinstimmung der neuen Lehren mit dem überlieferten Glauben zu erweisen. Sie will nicht eine neue Kirche schaffen, sondern die bestehende Kirche gemäß dem Evangelium erneuern. Sie ist also kein Dokument der gezielten Abgrenzung und bewussten Profilierung, sondern ein Dokument der Verständigung. Einheit und Erneuerung der Kirche sind die beiden untrennbaren Grundprinzipien der *Confessio Augustana* und zugleich der hermeneutische Schlüssel, um sie zu verstehen. Die große Herausforderung, die darin besteht, die Katholizität zu wahren, indem Erneuerung unter Wahrung der Einheit angezielt wird, dürfte in der katholischen Kirche angesichts der aktuellen Entwicklungen heute deutlicher vor Augen stehen als vielleicht ein paar Jahre zuvor.

---

1 Wolfgang Beinert, Auf 2030 hoffen? Literarische Nachlese zum Augustana-Jubiläum, in: ThGl 71 (1981), 1–16.

Leider sind die Versuche der Wahrung der Einheit im 16. Jahrhundert ge-scheitert. Stattdessen wurde die *Confessio Augustana* zu einer, wenn nicht der zentralen Bekenntnisschrift des Luthertums. Die Gründe dafür sind vielfältig und gewiss nicht nur theologischer, sondern vielfach auch politischer Natur. Aber dennoch wurde 1980 die Erkenntnis leitend, dass die *Confessio Augustana* von ihrer Intention her kein Dokument der Spaltung, sondern Ausdruck der inner-katholischen Positionierung und des Erneuerungswillens innerhalb der Kirche ist. So hat sich Philipp Melanchthon zumindest wirkungsgeschichtlich als „Wegbereiter der Ökumene" erwiesen.

In der Perspektive einer Hermeneutik der Verständigung strebten lutherische wie katholische Vertreter zum 450. Jahrestag danach, das *Augsburgische Be-kenntnis* möglichst gemeinsam zu interpretieren. „So hat sich" – wie die Stel-lungnahme der Gemeinsamen Römisch-katholischen/Evangelisch-lutherischen Kommission *Alle unter einem Christus* 1980 festhält – „Katholiken und Luthera-nern in Besinnung auf das Augsburgische Bekenntnis ein gemeinsames Ver-ständnis in grundlegenden Glaubenswahrheiten erschlossen, das auf Jesus Christus, die lebendige Mitte unseres Glaubens, verweist"[2]. Realistisch benennt das Dialogdokument auch die Punkte, die es im ökumenischen Gespräch weiter zu bedenken gebe, darunter vor allem Fragen der Ekklesiologie und des Amtes und hier besonders des Bischofs- und Papstamtes sowie der Mariologie.

Inzwischen sind wir in der Ökumene bedeutende Schritte vorangekommen. Mit dem Rückenwind der Gemeinsamen Erklärung zur Rechtfertigungslehre von 1999 und den starken ökumenischen Impulsen des Reformationsjahres 2017 sind gute Voraussetzungen dafür geschaffen, auch bei den noch offenen Fragen, in denen sich heute erfreuliche Konvergenzen abzeichnen, ans Ziel zu gelangen. Was können wir vor diesem Hintergrund für 2030 hoffen? Eine bloße Rückschau, so notwendig auch diese ist, wird uns nicht weiterbringen. Auch die *Confessio Au-gustana* und mit ihr die *Confutatio* und die *Apologie* stehen in einem bestimmten zeitgeschichtlichen Kontext, so dass das Bekenntnis von damals nicht einfach auf heute zu übertragen ist. Die erneute intensive Beschäftigung mit dem *Augsburger Bekenntnis* unter den Vorzeichen der ökumenischen Annäherungen der letzten Jahre mag aber dazu beitragen, unsere Einsicht in das, was wir gemeinsam glauben, weiter zu vertiefen und unser Bekenntnis zum Heil in Jesus Christus im Hier und Heute neu zu artikulieren. Diese Aufgabe ist dringlich und nur in öku-

---

2 Alle unter einem Christus. Stellungnahme der Gemeinsamen Römisch-katholischen/Evange-lisch-lutherischen Kommission zum Augsburgischen Bekenntnis, 1980, Nr. 17, in: Dokumente wachsender Übereinstimmung, Bd. 1: 1931–1982, hg. u. eingel. v. Harding Meyer/Damaskinos Papandreou/Hans Jörg Urban/Lukas Vischer, Paderborn/Frankfurt a. M. ²1991, 323–328, hier 326.

menischer Gemeinschaft zu erfüllen. Sie fordert die Einbeziehung aller ökumenischen Partner, wenn unser Bekenntnis wahrhaft katholisch sein soll.

Ich freue mich und ich danke der Europäischen Melanchthon-Akademie Bretten, dass sie im Zugehen auf das 500. Gedenkjahr der *Confessio Augustana* schon jetzt ihre ökumenische Dimension erneut in den Blick rückt und gemeinsam mit anderen Trägern dieses hochrangig besetzte Symposium veranstaltet. Möge die intensive Erörterung des Themas Anstöße für den weiteren Weg geben. Ich wünsche ein gutes Gelingen und allen Mitwirkenden und Teilnehmenden einen fruchtbaren Austausch.

Prälat Prof. Dr. Traugott Schächtele

Grußwort zum Internationalen Symposium „Die *Confessio Augustana* im ökumenischen Gespräch"

12. Oktober 2019, 17:00 Uhr, Stiftskirche Bretten

Sehr geehrter Herr Kardinal Koch,
sehr geehrter Herr Erzbischof Burger,
sehr geehrter Herr Oberbürgermeister Wolff,
sehr geehrter Herr Pfarrer Becker-Hinrichs, lieber Dietrich,

auch seitens der Evangelischen Landeskirche in Baden darf ich Sie alle ganz herzlich grüßen, insbesondere Sie, sehr geehrter Herr Kardinal, der Sie ja jetzt gleich zu uns sprechen werden. Ich tue das ausdrücklich auch im Namen unseres Landesbischofs, Prof. Dr. Jochen Cornelius-Bundschuh, den eine Bezirksvisitation im Süden unserer Landeskirche terminlich bindet. Aber immerhin ist er im Süden unserer Landeskirche Rom näher als wir es hier sind!

Ich bin Ihnen, sehr geehrte Eminenz, ja erst vor gut zwei Wochen als Vorsitzender der Arbeitsgemeinschaft Christlicher Kirchen (ACK) Baden-Württemberg anlässlich des Besuchs unserer Delegiertenversammlung in Rom begegnet. Auch dort hatten wir einen Gesprächsgang zu unserem heutigen Thema, dem Ausloten der ökumenischen Tragekraft und Bindewirkung der *Confessio Augustana*.

Die *Confessio Augustana* gehört ja als „gemeinsames Bekenntnis der Kirchen der Reformation" – so die Formulierung unserer Grundordnung – zusammen mit Luthers Kleinem Katechismus und dem Heidelberger Katechismus zu den Bekenntnisschriften unserer evangelischen Landeskirche. Im Unterschied zu den meisten anderen programmatischen Texten der Reformationsjahrzehnte atmet das *Augsburger Bekenntnis* einen gänzlich anderen, auf Konsens, Verständnis und auf theologische Anschlussfähigkeit ausgerichteten Geist.

Dem irenischen, konsensualen Charakter des *Augsburger Bekenntnisses* zum Trotz ist es dennoch immer wieder auch Anlass innerprotestantischer Kontroversen gewesen. Im 19. Jahrhundert beziehen sich Mitglieder der badischen Landeskirche auf die CA, um sich von Strömungen abzugrenzen, deren theologisch-liberale Haltung sie verwerfen. Und sie machen ihr Verständnis der CA zum Kriterium rechten Glaubens.

Aber auch anderes macht vielen zu schaffen, bis heute: etwa die in Artikel 16 benannte Möglichkeit des gerechten Krieges, aber auch die zahlreichen Verurteilungen und Verwerfungen der Taufgesinnten, mit denen wir heute längst in enger ökumenischer Verbindung stehen.

Im dritten Jahrtausend nach Christi Geburt und 500 Jahre nach dem von den Reformationen geprägten Zeitalter könnte dem *Augsburger Bekenntnis* erneut eine theologische Brückenfunktion im ökumenischen Horizont zukommen.

Als Kirchen, die aus den Reformationen hervorgegangen sind, müssen wir eine Bekenntnishermeneutik entwickeln, die die nachhaltige innerprotestantische Bekenntnisbindung an diesen Schlüsseltext glaubwürdig zum Ausdruck bringen kann. Im Dialog mit der römisch-katholischen Kirche wäre eine gemeinsame Suchbewegung wünschenswert, die nicht nur die Artikel 1–21, sondern durchaus alle 28 Artikel der CA im Licht ökumenischer Verbundenheit im Glauben an den einen Herrn der Kirche kritisch würdigt und sie nach 500 Jahren womöglich jene Wirkung ausstrahlen lässt, die ihnen von Anfang an zugedacht war. Auch deshalb bin ich auf Ihren Vortrag, sehr verehrter Herr Kardinal Koch, sehr gespannt.

OB Martin Wolff

Grußwort zum Internationalen Symposium „Die *Confessio Augustana* im ökumenischen Gespräch"

12. Oktober 2019, 17:00 Uhr, Stiftskirche Bretten
(anwesend: Kurt Kardinal Koch, Präsident des päpstlichen Rates zur Förderung der Einheit der Christen, Rom, Erzbischof Stephan Burger, Prälat der Ev. Landeskirche für Nordbaden Prof. Dr. Traugott Schächtele)

Eure Eminenz, hochverehrter Herr Kardinal,
Eure Exzellenz, sehr geehrter Herr Erzbischof,
Hochwürdiger Herr Prälat, Prof. Schächtele,
Sehr geehrte Pfarrer Becker-Hinrichs und Maiba,
verehrte Gäste aus Nah und Fern, meine sehr verehrten Damen und Herren,

dass die Augsburger Bekenntnisschrift, die *Confessio Augustana*, ein besonderes und bedeutendes Dokument ist, ist in die Seelen der Brettener Christen aller Konfessionen tief eingeschrieben. Schon seit 1986 die neuere Öffnung des Melanchthonhauses für die Öffentlichkeit begonnen hatte, ist Melanchthon, der Verfasser der *Confessio Augusta*, als „bedeutendste ökumenische Gestalt der Reformationszeit" im Bewusstsein der Zeitgenossen präsent. Nicht umsonst hatte der Brettener Gemeinderat im Jahr 1988 den ersten Melanchthonpreis dem Schüler Joseph Ratzingers, des späteren Papstes Benedikt XVI., Siegfried Wiedenhofer, einem katholischen Theologen verliehen, der gleichwohl durch seine Habilitationsschrift viel zum ökumenischen Verständnis der Theologie Melanchthons beigetragen hatte. Gerade das vergangene halbe Jahrhundert verdeutlicht, dass die Kirchen, die evangelische wie die katholische, ein negatives Image von Melanchthon grundsätzlich abgelegt haben. Ja, Melanchthon wird in der öffentlichen Wahrnehmung ebenso wie in der wissenschaftlichen als ein Universalgelehrter, als ein Mensch des Ausgleichs und des Augenmaßes, als jemand, der in der Suche nach dem Erhalt der Einheit der Kirche bis zum Äußersten zu gehen bereit war – eben als „größte ökumenische Gestalt der Reformationszeit" gewürdigt, wie dies erstmals der skandinavische Reformationshistoriker Jorge Larsen im Jubiläumsjahr 1960 formuliert hatte.

In der Zwischenzeit haben die Melanchthonstadt Bretten und die „Europäische Melanchthon-Akademie" selbst durch vielfältige Symposien, Kongresse, Forschungen und Ausstellungen zu diesem neuen Melanchthonbild beigetragen.

So zeigt etwa das neue Melanchthon-Handbuch, das eine Art Bilanz des neuen Melanchthonbildes im Reformationsjahr 2017 darstellt, dass das Netzwerk der neueren Forschungen zu Melanchthon über die ganze Welt gespannt ist. Die Entscheidung, den Auftakt des neuerlichen Bemühens um die *Confessio Augustana* hier in der Melanchthonstadt zu machen, scheint mir eine kluge Wahl, gerade weil hier die Bedeutung dieser Bekenntnisschrift von den Christen verstanden wird.

Deshalb ist es mir eine tiefe Freude, dass mit dem jetzigen Symposium ein neuer Impuls für künftige Dialoge verliehen werden kann. Das Symposium verfolgt ja das Ziel, die *Confessio Augustana*, dieses grundlegende Bekenntnisdokument der evangelischen Kirchen, in ein ökumenisches Gespräch zu bringen mit dem Ziel der Anerkennung, dass es sich bei dieser Schrift um den Ausdruck wahrer Katholizität der Wittenberger Bewegung handelt. Die Vorzeichen dafür scheinen günstig: Wir in Bretten denken dankbar an das Reformationsjahr 2017 zurück, das wir – übrigens wie die ganze Badische Landeskirche – in einem durchgängig ökumenischen Geist begangen hatten. Dass sich Christen aller Konfessionen gemeinsam dem Thema der Reformation zuwenden, ist ja ohnehin schon ein außerordentlich ökumenisches Zeichen, das zeigt, dass die vergangenen Konflikte, die Europa im 16. und 17. Jahrhundert in vielfältige Glaubenskriege gestürzt hatten, ihre Gültigkeit für heute verloren haben.

Die Referenten des Symposiums haben in den vergangenen drei Tagen eine Fülle von Fragen im Zusammenhang der CA und ihrer Bedeutung für die Kirchen heute diskutiert. Und den Verantwortlichen war von Anfang an klar, dass es sich hiermit nicht mehr als um einen Auftakt handeln kann, der zu weiteren Diskussionen in Kirchen, Gemeinden und in der Theologie führen muss. Es ist von hier aus wünschenswert, dass weitere Diskussionen folgen. Wenn es dann in dieser Folge zu einer solchen ökumenischen Anerkennung der Katholizität der *Confessio Augustana* im Jahr 2030 käme – das wäre ein äußerst wichtiger Schritt für die Kirchen in der Zukunft.

Ich freue mich, dass Sie alle den Weg in die Melanchthonstadt gefunden haben. Insbesondere danke ich Ihnen, sehr geehrter Herr Kardinal, dass Sie selbst nachher mit ihrem Vortrag die Position der römisch-katholischen Kirche verdeutlichen werden. Seien Sie mir alle sehr herzlich in der Melanchthonstadt willkommen.

Erzbischof Stephan Burger

Grußwort zum Internationalen Symposium „Die *Confessio Augustana* im ökumenischen Gespräch"

12. Oktober 2019, 17:00 Uhr, Stiftskirche Bretten

Eminenz, sehr geehrter Herr Kardinal Koch, verehrter Mitbruder,
sehr geehrter Herr Prälat Professor Dr. Schächtele,
sehr geehrter Herr Oberbürgermeister Wolff,
sehr geehrter Herr Pfarrer Becker-Hinrichs,
verehrte Damen und Herren Professorinnen und Professoren, Referentinnen und Referenten des Symposiums,
sehr geehrter Herr Professor Dr. Frank, sehr geehrter Herr Licht!

Zunächst bitte ich vielmals um Verständnis für mein Zuspätkommen. Aber ich war durch meine Zusage schon vor langer Zeit zum Begegnungstag der Pfarrgemeinderäte der Erzdiözese heute Nachmittag in Offenburg in der Pflicht – eine Aufgabe, die ich angesichts der zahlreichen Herausforderungen, vor denen die Ehrenamtlichen in unserer Ortskirche gegenwärtig stehen, auch nicht delegieren konnte. Umso mehr freut es mich, Eminenz, Ihren sehr aufschlussreichen Vortrag gehört zu haben.

So kommt mir mit dem Schlusswort nun vor allem die Aufgabe zu, Dank zu sagen. Und das tue ich sehr gerne. Denn das Symposium, das nun zu Ende geht, hat das Zeug dazu, einen wichtigen weiteren Schritt auf dem ökumenischen Weg zur Wiederherstellung der Einheit der Kirche zu markieren. Ihr Kommen, Eminenz, Ihr eigener Vortrag beim Symposium und Ihre liturgische Präsenz durch den Vorsitz beim Pontifikalamt morgen in St. Stephan in Karlsruhe unterstreichen das Gewicht dieses Ereignisses unübersehbar. Und das umso mehr, als Sie die Reise nach Bretten und Karlsruhe trotz der außerordentlichen Bischofssynode für das Amazonasgebiet ermöglicht haben, die gegenwärtig in Rom tagt, deren Mitglied Sie sind und von der ja für die gesamte Weltkirche wichtige neue Impulse erwartet werden.

Ein sehr herzlicher Dank gilt Ihnen, den Referentinnen und Referenten des Symposiums, die Sie teilweise von weit her aus Deutschland, Europa und aus Übersee nach Bretten gekommen sind, für Ihre fundierten Vorträge. In diesen Dank sei eingeschlossen das außerordentliche Engagement, das Sie persönlich teilweise seit vielen Jahren bereits in das große Ziel der Ökumene investieren.

Es ist mir ein besonderes Anliegen, an dieser Stelle Professor Dr. Peter Walters zu gedenken, der vor wenigen Wochen gestorben ist. Auch er hatte einen Vortrag für das Symposium angekündigt. Unsere Erzdiözese, in der er viele Jahre als Dogmatiker an der Freiburger theologischen Fakultät gewirkt hat, hat mit dem geschätzten Mitbruder einen Theologen verloren, der sich mit seinen wichtigen Beiträgen in Forschung und Lehre und zahlreichen engagierten Wortmeldungen, namentlich im Bereich der Ökumene, hohe Verdienste erworben hat – um die Ausbildung der Theologen und um unser kirchliches Leben insgesamt. Gott möge ihn nun mit der Erfüllung all dessen beschenken, was er in seinem reichen Wirken als Priester und Theologe gelebt und zu hoffen gelehrt hat.

Ich danke allen, die für die Vorbereitung und Durchführung dieses Symposiums Verantwortung tragen, an erster Stelle Ihnen, Herr Professor Dr. Frank, als Direktor der Europäischen Melanchthon-Akademie Bretten. Von Ihnen kam die Idee zum Symposium und dem Gesamtprojekt. Sie stehen für die inhaltliche Konzeption und den Kontakt zu den Referenten. Und es ist ja, wie man so schön und so richtig sagt, hier in Bretten wirklich alles zusammengekommen, was in der ökumenischen Forschung Rang und Namen hat.

Ich danke Ihnen, Herr Licht als Leiter des Bildungszentrums Roncalli-Forum in Karlsruhe, der Sie mit Professor Frank gemeinsam die Federführung des Gesamtprojektes innehaben, vor allem dafür, dass Sie den Kontakt zum Päpstlichen Rat zur Förderung der Einheit der Christen hergestellt und damit diese entscheidende Brücke zur Ebene der Universalkirche geschlagen haben – eine Brücke, die wir in unserer deutschen Kirche gerade heute immer wieder ganz bewusst und immer wieder neu beschreiten müssen.

Ich danke zugleich allen anderen Verantwortlichen aus dem Bildungswerk der Erzdiözese Freiburg im Großraum Karlsruhe für ihr inhaltliches und materielles Engagement als Mitveranstalter des Symposiums und der weiteren Angebote im Rahmen des großen Projekts zur *Confessio Augustana*, jene, die schon stattgefunden haben und jene, die noch kommen werden. Denn dieses Symposium ist ja der Höhepunkt, aber bei weitem nicht die einzige Veranstaltung des Projekts, die auf dem Weg zum CA-Jubiläum 2030 geplant ist. In allen tiefgreifenden Veränderungen, die das Leben der Erzdiözese in diesen Jahren durchziehen, haben wir die dauerhafte Bedeutung der Bildungsarbeit immer betont. Nichtsdestoweniger freue ich mich besonders darüber, dass es neben der städtischen Melanchthon-Akademie gerade Einrichtungen der katholischen Erwachsenenbildung unserer Erzdiözese sind, die mit großem theologischem Weitblick dieses Projekt in so eindrucksvoller Weise realisieren und so unserer Erzdiözese und der Kirche insgesamt einen wichtigen Dienst erweisen.

Gedankt sei schließlich der Evangelischen Landeskirche in Baden, vertreten durch Herrn Prälaten Professor Dr. Schächtele, für ihre Aufmerksamkeit gegenüber diesem katholischen Projekt, und Herrn Pfarrer Becker-Hinrichs für die Gastfreundschaft der Brettener Stiftskirchengemeinde an diesem Tag.

Das Projekt einer neuen Würdigung der *Confessio Augustana* findet in unserer Erzdiözese ein ausgesprochen günstiges Umfeld und fällt auf fruchtbaren Boden. Nicht allein das gute Gedenken ihres Autors Philipp Melanchthon ist damit gemeint, der hier aus Bretten stammt. In langen Jahren hat sich vielmehr zwischen der Erzdiözese Freiburg und der Evangelischen Landeskirche in Baden ein enges und freundschaftliches Miteinander entwickelt, das wir nicht mehr missen möchten. Neben zahlreichen anderen Früchten auf den verschiedenen Ebenen des kirchlichen Lebens, etwa den Partnerschaftsvereinbarungen zwischen Schwestergemeinden auf einem Gebiet steht dafür beispielhaft vor allem das vielbeachtete *Formular C* für die Feier der Trauung, das es nur in Baden gibt und das seit 1974, also seit nun schon 45 Jahren in Gebrauch ist. Zugleich gibt es eine lebhafte multilaterale Ökumene, die im Rahmen der Arbeitsgemeinschaft christlicher Kirchen ACK auf der Landesebene von Baden-Württemberg und in zahlreichen Städten und Gemeinden die ganze Fülle christlichen Lebens zusammenführt.

Ich begrüße es sehr, dass mit der Frage nach der *Confessio Augustana* auf die zahlreichen praktischen Errungenschaften der Ökumene wieder ein theologischer Anlauf folgt. Wir dürfen den theologischen Fragen nicht ausweichen. Es geht um unseren gemeinsamen Glauben nicht nur als Haltung, sondern auch in seinen Inhalten. Unter der Führung des Heiligen Geistes, dessen Beistand uns sicher ist, dürfen wir uns dieser Herausforderung stellen, voller Mut zur Wahrheit, auch wenn dieser Weg mit schmerzhaften Prozessen verbunden sein dürfte. Was am Ende des Prozesses stehen wird, der hier in Bretten so kraftvoll angestoßen wurde, wissen wir heute noch nicht. Aber Begriffe wie der vom differenzierten Konsens, die aus den ökumenischen Dialogen der Vergangenheit hervorgegangen sind, machen deutlich, dass es auch neue Formen der Anerkennung geben kann, die gerade in ihrer Genauigkeit und der Bereitschaft zur Unterscheidung ihre Verpflichtung auf die Wahrheit erkennen lassen.

Es erfüllt die Erzdiözese Freiburg und mich selbst mit Freude, dass nun mit der erneuten Besinnung auf die Frage einer möglichen katholischen Anerkennung der *Confessio Augustana* wieder ein bedeutender ökumenischer Akzent von unserer Ortskirche ausgehen soll. Die Akteure dürfen sich auch in Zukunft der Unterstützung der Erzdiözese gewiss sein. Mit erneutem Dank an alle, die sich auf diesem Weg engagieren, verbinde ich meine besten Wünsche für ein gutes Gelingen unter der Führung von Gottes Heiligem Geist, der in seiner Kirche am Werk ist, wo immer sie sich kompromisslos auf die Wahrheit verpflichtet. Und nun dürfen wir das gute Werk dieser Tage noch ein wenig feiern.

Ihnen allen einen angenehmen Abend, einen gesegneten Sonntag und herzlichen Dank für Ihre Aufmerksamkeit.

Kurt Kardinal Koch

Predigt: Dank – Glaube – Mission

Herausforderungen an den Glauben in ökumenischer
Gemeinschaft

1 Dank für Gottes Gnade

In seinem Tagebuch notiert der verstorbene Schweizer Schriftsteller Max Frisch
einmal einen originellen Einfall. Er meint, es gebe leider keine Behörde und keine
Instanz, die – wie etwa die Steuerbehörde – jährlich oder zweijährlich von uns
eine Liste der Dankbarkeiten verlangt. Max Frisch spielt aber in seiner Tage-
buchnotiz mit diesem Gedanken, und er stellt für sich und sein persönliches
Leben eine lange Liste zusammen, auf der er vermerkt, wofür er danken würde,
würde von ihm binnen einer Woche eine solche Liste der Dankbarkeiten verlangt.
Er würde danken für seine Mutter, für die Begegnungen mit anderen Menschen,
für seine Kinder, für seine Freude an guten Speisen und für viele andere Momente
in seinem Leben. Die Liste der persönlichen Dankbarkeiten von Max Frisch
braucht uns gewiss nicht weiter zu interessieren. Was uns jedoch beeindrucken
sollte, ist sein origineller Einfall. Denn es wäre gut, wenn wir uns vom Schriftsteller dazu anregen ließen, in einer stillen Stunde für uns und unser Leben eine
solche Liste der persönlichen Dankbarkeiten zusammenzustellen.

Diese Idee dürfte vielleicht ein recht ungewohnter Gedanke für viele Menschen und selbst Christen sein, und zwar nicht erst heute, wie das Evangelium
zeigt, in dem Jesus zehn Menschen von der furchtbaren Krankheit des Aussatzes
heilt, von denen aber nur einer, und zwar ein Samariter und damit ein Fremder,
umkehrt, um für seine Heilung Jesus zu danken. Die anderen neun Geheilten
belegen, dass es Menschen manchmal schwer fällt zu danken, und zwar nicht nur
für dieses oder jenes zu danken, sondern grundsätzlich dankbar für das Leben zu
sein.

Der Wurzelgrund für diese Unfähigkeit dürfte in unserer modernen Lebens-
einstellung liegen. Gerade heute stehen wir immer wieder in der Versuchung, alles
Gute, das einem entgegengebracht wird, für selbstverständlich zu nehmen. Die
Liebe der Eltern zu ihren Kindern und die Zuneigung der Kinder zu ihren Eltern
gilt oft als selbstverständlich genauso wie das gemeinsam geteilte Leben in einer
Ehe. Dort aber, wo man im Leben alles für selbstverständlich nimmt und hält,
betrachtet man es schnell für einen Skandal, wenn an der absoluten Vollkom-

menheit hier und da noch etwas fehlt. Damit allerdings überfordern wir nicht nur unsere Umwelt, sondern auch uns selbst. Was dabei fehlt, ist schlicht die Dankbarkeit. Denn wo es an Dankbarkeit mangelt, machen sich Missmut und Verdrossenheit breit.

Die Dankbarkeit erweist sich demgegenüber als die andere Seite der Tatsache, dass in unserem Leben eigentlich nichts selbstverständlich ist. Wenn wir uns dessen innewerden, werden wir von selbst zur Dankbarkeit bewegt. Dies lebt uns der zehnte Aussätzige im heutigen Evangelium vor (Lk 17, 11–19). Er betrachtet seine Heilung nicht so, als hätte er einen Anspruch darauf, sondern als ein Geschenk, das er vom Sohn Gottes erhalten hat. Er erkennt, dass seine Heilung Gnade ist. Denn Gnade ist jene Erfahrung, die zur Dankbarkeit führt.

2 Heilung im Glauben

Wenn wir weiter bedenken, dass die vollständige und radikale Heilung des menschlichen Lebens im Heil besteht, das Gott uns schenkt, dann öffnet das heutige Evangelium uns den Blick für jenes großartige Geschenk, das uns im ökumenischen Gespräch zwischen der Katholischen Kirche und den aus der Reformation hervorgegangenen Kirchen zuteilgeworden ist. Genau vor zwanzig Jahren, am 31. Oktober 1999, haben der Lutherische Weltbund und der Päpstliche Rat zur Förderung der Einheit der Christen in Augsburg die *Gemeinsame Erklärung zur Rechtfertigungslehre* unterzeichnet. Dass es möglich geworden ist, bei der wohl zentralsten Frage, die im 16. Jahrhundert zur Reformation und anschließend zur Kirchenspaltung geführt hat, einen weitgehenden Konsens zu erzielen, darf man als ökumenischen Meilenstein würdigen. Anlässlich des zwanzigsten Jahrestags dieser gemeinsamen Erklärung haben wir allen Grund, wie der Samariter im heutigen Evangelium, nochmals umzukehren, um Christus für dieses großartige Geschenk zu danken.

Mit dieser Erklärung haben Lutheraner und Katholiken gemeinsam bekannt, dass wir Christen gerechtfertigt, erlöst und geheilt sind nicht aufgrund unserer Werke, wie gut und notwendig sie auch sind, sondern allein aufgrund der Gnade Gottes im Glauben. Zu diesem elementaren Stichwort leitet unsere Besinnung auf die Dankbarkeit von selbst hin. Denn in der Dankbarkeit kommt der Glaube zum Ausdruck. Hier scheint der eigentliche Grund auf, dass Jesus zum Samariter, der zurückgekehrt ist, um ihm zu danken, das schöne und tiefe Wort zuspricht: „Steh auf und geh! Dein Glaube hat dir geholfen." Mit diesem Wort, das Jesus in ähnlichen Situationen immer wieder spricht, weist Jesus die Heilung vom Aussatz dem Glauben des Samariters zu. Denn es ist der Glaube, der den Menschen heilt und rettet, indem er ihn in seiner ursprünglichen und tiefsten Beziehung zu Gott und von daher zu den anderen Menschen wiederherstellt.

Damit zeigt sich, dass der innerste Kern des christlichen Glaubens das Vertrauen und das Sich-Verlassen auf den lebendigen Gott ist. Denn sich selbst aus der eigenen Hand zu geben und sich restlos in die Hand eines Anderen fallen zu lassen, ist nur Gott gegenüber möglich, über den wir in der heutigen Lesung die schöne Verheißung vernommen haben: „Wenn wir untreu sind, bleibt er doch treu, denn er kann sich selbst nicht verleugnen" (2 Tim 2, 13). Nur Gott vermag der chronischen Angewiesenheit von uns Menschen auf eine absolute Vertrauenswürdigkeit zu entsprechen. Glauben im christlichen Sinne ist das Sich-Verlassen und Vertrauen auf Gott und das Sich-Einhalten bei Gott, durch das wir einen festen Halt gewinnen, nicht nur in unserem persönlichen Leben, sondern auch in unseren ökumenischen Beziehungen. Denn die Einheit unter den Christen, die wir suchen, kann nur Einheit im Glauben sein. Je tiefer wir uns im gemeinsamen Glauben beheimaten, umso näher werden wir uns auch im Leben kommen.

3 Mission aus Liebe

Im alltäglichen Leben sind wir berufen, Zeugnis zu geben von unserem Glauben; und dies können wir nur in ökumenischer Gemeinschaft. Denn die Ökumenische Bewegung ist seit ihren Anfängen eine Missionsbewegung gewesen. Diese Stoßrichtung hat einen besonderen Ausdruck gefunden bereits an der Ersten Weltmissionskonferenz, die im Jahre 1910 im schottischen Edinburgh stattgefunden hat. Den an dieser Konferenz Teilnehmenden hat das Ärgernis vor Augen gestanden, dass sich die verschiedenen christlichen Kirchen und kirchlichen Gemeinschaften in der Missionsarbeit konkurrenziert und damit der glaubwürdigen Verkündigung des Evangeliums Jesu Christi vor allem in fernen Kulturen geschadet haben, weil sie zusammen mit dem Evangelium auch die europäischen Kirchenspaltungen in andere Kulturen hineingetragen haben. Die Konferenzteilnehmenden sind sich deshalb der Tatsache bewusstgeworden, dass die fehlende Einheit unter den Christen das größte Hindernis für die Weltmission darstellt. Denn ein glaubwürdiges Zeugnis der Christen in der Welt ist nur möglich, wenn die Kirchen ihre Trennungen im Glauben und im Leben überwinden. Wenn die Zerstrittenheit der Christen das Gegen-Zeugnis für die Verkündigung des Evangeliums ist, dann ist umgekehrt die ökumenische Versöhnung die Grundvoraussetzung für eine glaubwürdige Mission der Kirche. Mission und Ökumene fordern und fördern sich wechselseitig: Eine missionarische Kirche ist von selbst eine ökumenische Kirche, und eine ökumenisch engagierte Kirche bildet die Grundbedingung für eine missionarische Kirche.

Darin bestand bereits die grundlegende Erkenntnis des Zweiten Vatikanischen Konzils, das in seinem Dekret über die Missionstätigkeit der Kirche *Ad
gentes* den Grundauftrag der Kirche in dem programmatischen Satz verdichtet:
„Zur Völkerwelt von Gott gesandt, soll die Kirche das allumfassende Sakrament
des Heils sein. So bemüht sie sich gemäss dem innersten Anspruch ihrer eigenen
Katholizität und im Gehorsam gegen den Auftrag ihres Stifters, das Evangelium
allen Menschen zu verkünden."[1] Das Konzil hat deshalb alle Getauften zu einer
tief greifenden und inneren Erneuerung aufgerufen, „damit sie im lebendigen
Bewusstsein der eigenen Verantwortung bei der Ausbreitung des Evangeliums
ihren Anteil am Missionswerk bei den Völkern übernehmen."[2] Nach dem Zweiten
Vatikanischen Konzil haben alle Päpste, die sich für das Anliegen der Suche nach
der Einheit der Christen eingesetzt haben, auch den Missionsauftrag in die Mitte
des kirchlichen Lebens gestellt. Papst Franziskus hat diesen Oktober als außerordentlichen Monat der Mission ausgerufen, „um das Bewusstsein der missio ad
gentes wieder stärker wachzurufen und mit neuem Schwung die missionarische
Umgestaltung des Lebens und der Seelsorge wiederaufzunehmen"[3].

Mission ist freilich nur dann glaubwürdig, wenn sie Zeugnis für das Gute ist,
das von Gott kommt und sich mitteilen will und wenn Freude des Evangeliums
lebt. Christliche Mission ist nicht ein menschliches und allzu menschliches Ex-
pansionsvorhaben, sondern entsteht aus dem Wunsch, das kostbare Geschenk
der Liebe Gottes, das er uns in Jesus Christus gemacht hat, an andere Menschen
weiterzugeben. Christliche Mission ist in erster Linie Zeugnis für die Liebe Gottes,
die in Christus erschienen ist, und kann deshalb nur in Liebe geschehen.

Zeugnis zu geben von der Liebe Gottes und von der Schönheit des Glaubens
macht die Sendung von uns Christen auch heute aus. Das Geheimnis dieser
Sendung liegt in einem überzeugten und überzeugenden christlichen Leben. Die
Mission der Kirche geschieht heute in erster Linie nicht durch konsumfreundliche
Werbung oder durch die Verbreitung von viel Papier und auch nicht in den Medien. Das entscheidende Medium der Ausstrahlung Gottes sind vielmehr wir
selbst: Christen und Christinnen, die ihren Glauben glaubwürdig leben und so
dem Evangelium ein persönliches Gesicht geben. Wenn uns Jesus Christus wirklich als Licht der Welt einleuchtet, werden wir von selbst ausstrahlen, Christen
und Christinnen mit Ausstrahlung sein, die gleichsam wie finnische Kerzen leben,
die bekanntlich von innen nach außen brennen und so Licht geben.

---

1 Ad gentes, Nr. 1.
2 Ad gentes, Nr. 35.
3 Franziskus, Botschaft zum 100. Jahrestag des Apostolischen Schreibens von Papst Benedikt XV.
„Maximum illud" über das Werk der Missionare in aller Welt.

4 Heilung vom Aussatz der Sünde

Mission ist Ausdruck und Ausfluss eines überzeugten Glaubens, und der Glaube kommt zum Ausdruck in der Dankbarkeit: Dank, Glaube und Mission sind die drei Stichwörter, die uns die Verkündigungstexte des heutigen Sonntags nahelegen und die uns zeigen wollen, was christliches Leben bedeutet. Sie sind auch die drei Grundworte des ökumenischen Engagements für die Einheit der Christen: Wir haben allen Grund zu danken, dass wir in Christus bereits die Einheit gefunden haben, die es nun sichtbar darzustellen und zu leben gilt; wir werden noch mehr zueinander finden, je mehr wir uns in unserem gemeinsamen Glauben vertiefen; und wir können glaubwürdig den Glauben nur weitergeben, wenn wir ihn in versöhnter Gemeinschaft bezeugen.

Wenn wir dies bedenken, werden wir eine nochmals tiefere Bedeutung des heutigen Evangeliums erkennen: Der Aussatz, der uns Menschen wirklich entstellt und der Reinigung bedarf, ist die Sünde. Diesen inneren Aussatz, der uns von Gott und von den Menschen trennen will, kann nur Gott heilen, der die Liebe ist. So haben wir allen Grund, wie der Samariter umzukehren zu Jesus Christus und ihm zu danken für seine Heilung. Diesen persönlichen Dank wollen wir nun einbringen in die Feier der Eucharistie, des großen Dankgebetes der Kirche für die grenzenlose Liebe, die Christus uns schenkt.

Günter Frank

Die *Confessio Augustana* im ökumenischen Gespräch

Eine Einführung

Bei der nationalen Sonderausstellung der Stiftung Luthergedenkstätten in Sachsen-Anhalt im Reformationsjahr 2017 „Luther! 95 Schätze – 95 Menschen", die in Wittenberg gezeigt wurde, traf der Besucher in der vorletzten Station auf eine Abbildung von Joseph Ratzinger, späterer Papst Benedikt XVI., und ein hektographiertes Seminarsscript aus dem Jahr 1976 zu einem dogmatischen Hauptseminar „Katholische Anerkennung der Confessio Augustana", das Ratzinger an der Universität Regensburg veranstaltet hatte. Da die Legende zu dieser Station wenig Erhellendes beitrug, konnte der Betrachter mit dieser Station eigentlich recht wenig anfangen. Und auch die ausführliche Beschreibung im Ausstellungskatalog hält eher lapidar, aber immerhin generell fest: „Ihre [die *Confessio Augustana*] bis dato ausgebliebene Anerkennung durch die katholische Kirche als Ausdruck des katholischen Glaubens gilt als eine wesentliche Voraussetzung für die Überwindung der Kirchenspaltung."[1] Dabei verweist diese Ausstellungsstation tatsächlich auf ein welt- und kirchengeschichtliches Ereignis, das gleichwohl eine wirkmächtige Vorgeschichte hatte, auf die Siegfried Wiedenhofer, einer der Schüler Ratzingers und erster Melanchthonpreisträger des Jahres 1988, hingewiesen hatte.[2]

Der entscheidende Anstoß für eine Neubeschäftigung der katholischen Theologie mit der *Confessio Augustana* kam nicht von der Kirchengeschichtsschreibung, sondern von der Systematischen Theologie. Denn es war eine Grundintuition des jungen Fundamentaltheologen Joseph Ratzinger, der ökumenischen Bewegung neue Impulse zu verleihen, nicht indem wie bisher um charakterliche Eigenschaften der führenden Reformatoren gerungen wurde, sondern indem gerade die kirchlich verbindlichen Texte als eigentlicher Gesprächspartner im ökumenischen Gespräch herangezogen wurden. Deshalb beschäftigte er sich – wohl erstmals in der katholischen Theologie – mit zentralen Bekenntnisschriften der Wittenberger Bewegung. Im Wintersemester 1958/59 stand das *Augsburger*

---

[1] Luther! 95 Schätze – 95 Menschen. Begleitbuch zur Nationalen Sonderausstellung, hg.v. der Stiftung Luthergedenkstätten in Sachsen Anhalt, München 2017, 574.

[2] Vgl. hierzu Siegfried Wiedenhofer, Der römische Katholizismus und Melanchthon, in: Jörg Haustein (Hg.), Philipp Melanchthon. Ein Wegbereiter für die Ökumene, Göttingen 1997 (Bensheimer Hefte 82), 62–76, hier: 69 f.

Bekenntnis von 1530 im Mittelpunkt eines Seminars in Freising (1960/61 dann in Bonn), im Wintersemester 1962/63 wiederum Melanchthons Traktat *De potestate et primatu papae* von 1537 in Bonn. In der Tat hatten diese Seminare wichtige Impulse der ökumenischen Forschung verliehen, aus denen die grundlegende Studie von Siegfried Wiederhofer über die humanistisch-ökumenische Theologie Melanchthons,[3] vor allem aber Vinzenz Pfnürs bahnbrechende Untersuchung der Rechtfertigungslehre der *Confessio Augustana* hervorgegangen waren.[4] Vor allem Vinzenz Pfnür hatte die damit losgetretene Diskussion über eine Anerkennung der Katholizität der CA wesentlich mitbestimmt, die in den folgenden Jahren vor und im Umkreis des eigentlichen Jubiläumsjahres 1980 intensiv geführt wurde.[5]

An dieser Diskussion nahmen im damaligen Westdeutschland führende Theologen beider Konfessionen teil, von katholischer Seite neben Vinzenz Pfnür und Joseph Ratzinger Erwin Iserloh, Walter Kasper, Heinz Schütte u. a., von evangelischer Seite Wolfhart Pannenberg, Hermann Dietzfelbinger, Peter Meinhold, Harding Meyer, Vilmos Vajta u. a. Auch in der ehemaligen DDR fand im Umkreis des Jubiläumsjahres eine intensive Diskussion statt, an der meine Lehrer Johannes Bernhard, Fritz Hoffmann, Franz Georg Friemel, Hans Lubsczyk, Otfried Müller und Lothar Ullrich und von evangelischer Seite Ulrich Kühn, Ernst Koch, Traugott Holtz, Siegfried Wagner und Martin Seils teilgenommen hatten.[6]

Wie die meisten von Ihnen wissen, betrafen die damaligen Diskussionen nicht nur historische Einzelfragen zu den Voraussetzungen, dem Verlauf und den Folgen der *Augsburger Bekenntnisschrift*, sondern auch eher hermeneutische Fragen nach etwa der Bedeutung, die eine Anerkennung der CA für die jeweiligen Kirchen heute besitzen könnte. Gleichwohl war die Diskussion damals abrupt und

---

3 Siegfried Wiedenhofer, Formalstrukturen humanistischer und reformatorischer Theologie bei Philipp Melanchthon, 2 Bde., Bern u. a. 1976 (Regensburger Studien zur Theologie 2).

4 Vinzenz Pfnür, Einig in der Rechtfertigungslehre? Die Rechtfertigungslehre der Confessio Augustana (1530) und die Stellungnahme der katholischen Kontroverstheologie zwischen 1530 und 1535, Wiesbaden 1970 (Veröffentlichung des Instituts für Europäische Geschichte Mainz 60).

5 So etwa Vinzenz Pfnür, Anerkennung der Confessio Augustana durch die katholische Kirche? Zu einer aktuellen Frage des katholisch-lutherischen Dialogs, in: IKaZ 4 (1975), 298–307; 5 (1976), 374–381; 477 f.; Vgl. darüber hinaus: Harding Meyer (Hg.), Confessio Augustana. Bekenntnis des einen Glaubens. Gemeinsame Untersuchung lutherischer und katholischer Theologen, Paderborn 1980; Heinrich Fries u. a., Confessio Augustana. Hindernis oder Hilfe?, Regensburg 1979; Bernhard Lohse/Otto Herman Pesch (Hg.), Das Augsburger Bekenntnis von 1530 damals und heute, München 1980; Harding Meyer (Hg.), Katholische Anerkennung des Augsburgischen Bekenntnisses. Ein Vorstoß zur Einheit zwischen katholischer und lutherischer Kirche, Frankfurt a. M. 1977 (Ökumenische Perspektiven 9); Kurt Koch, Die Confessio Augustana – Ein katholisches Bekenntnis?, in: ders., Gelähmte Ökumene. Was jetzt noch zu tun ist, Freiburg i.B. 1991, 65–106.

6 Die Beiträge sind veröffentlich in: Fritz Hoffmann/Ulrich Kühn (Hg.), Die Confessio Augustana im ökumenischen Gespräch, Berlin 1980.

ergebnislos abgebrochen worden. Schon im Vorfeld hatte der Direktor des Evangelischen Bundes Reinhard Frieling im „Materialdienst des Konfessionskundlichen Instituts Bensheim" darauf verwiesen, dass die „Verbindlichkeit der reformatorischen Bekenntnisschriften [...] in den evangelischen Kirchen nicht einmütig geregelt"[7] sei. Es ist hier nicht der Ort, die Gründe hierfür im Einzelnen zu diskutieren. Im Verlauf des Symposiums werden sicher die verschiedenen Fragestellungen aufgegriffen werden.

In der Zwischenzeit ist es zweifellos zu einer Intensivierung des ökumenischen Gesprächs gekommen. Mit der Veröffentlichung der *Gemeinsamen Erklärung zur Rechtfertigungslehre* im Jahr 1999, der ökumenischen Annäherung an das Petrusamt der sog. Gruppe von Farfa Sabina,[8] der Programmschrift *Vom Konflikt zur Gemeinschaft* mit ihrem Plädoyer für ein gemeinsames lutherisch-katholisches Reformationsgedenken im Jahr 2017 sowie jüngst dem Votum des Ökumenischen Arbeitskreises evangelischer und katholischer Theologen *Gemeinsam am Tisch des Herrn* gerade im Vorfeld unseres Symposiums dokumentieren ein gewachsenes Vertrauen der ökumenischen Gesprächspartner. Als Thema einer Anerkennung der Katholizität der *Confessio Augustana* wurden die Fragestellungen des Jahres 1980 aber erst wieder während des großen Lutherkongresses, veranstaltet von der „Päpstlichen Universität ‚Gregoriana'", dem „Päpstlichen Rat zur Förderung der Einheit der Christen" und dem Johann-Adam-Möhler Institut in Paderborn im Februar 2017 in Rom aufgegriffen.[9] Am Ende seines Vortrags über die „Die Reformation und die Katholische Kirche" verlieh der Präsident des päpstlichen Einheitsrates, Kurt Kardinal Koch, seiner Hoffnung Ausdruck, dass es nun möglich sein sollte, sich erneut im Vorfeld des 500. Jubiläums der *Augsburger Bekenntnisschrift* dem Thema ihrer Anerkennung zuzuwenden. Dabei stellte Kardinal Koch diese Aufgabe in ein doppeltes Hauptanliegen des II. Vatikanischen Konzils: die Erneuerung der katholischen Kirche und die Wiederherstellung der Einheit der Christen. „In diesem Licht" müsse – so der Kardinal –

> bei der Confessio Augustana rückblickend das entschiedene Bemühen gewürdigt werden, bei der Erneuerung der Kirche in der Wittenberger Reformation ihre gefährdete Einheit zu

---

7 Katholische Anerkennung der CA, in: MD 27 (1976), 85. Vgl. hierzu auch insgesamt: Harding Meyer/Heinz Schütte/Hans Joachim Mund (Hg.), Katholische Anerkennung des Augsburgischen Bekenntnisses? Ein Vorstoß zur Einheit zwischen katholischer und lutherischer Kirche, Frankfurt a. M. 1977. Zur Bilanz der Diskussionen Erwin Iserloh, 450 Jahre Confessio Augustana. Eine Bilanz, in: Cath (M) 35 (1981), 1–16.
8 Gemeinschaft der Kirchen und Petrusamt: lutherisch-katholische Annäherungen / die Gruppe von Farfa Sabina, Leipzig/Paderborn 2014.
9 Veröffentlicht sind die Beiträge dieses Kongresses in: Felix Körner SJ/Wolfgang Thönissen (Hg.), Vermitteltes Heil: Martin Luther und die Sakramente, Leipzig/Paderborn 2018.

retten. […] Von daher legt es sich nahe, den fünfhundertsten Gedenktag des Reichtags zu Augsburg und der damals verkündeten Confessio Augustana im Jahre 2030 in zumindest ebenso intensiver ökumenischer Gemeinschaft wie das Reformationsgedenken im Jahr 2017 zu begehen.[10]

Dieses Symposium will die Fragestellungen im Umkreis des Jahres 1980 unter den veränderten Bedingungen der vergangenen Jahre erneut aufgreifen unter einer der Leitfragen: „Sind wir heute einen Schritt weiter?" Können wir heute vor dem Hintergrund des gewachsenen Vertrauens unter den ökumenischen Gesprächspartner in der Frage einer ökumenischen Anerkennung der Katholizität der *Augsburger Bekenntnisschrift* weiter gelangen als im vergangenen Jubiläumsjahr? Dabei kann dieses Symposium zunächst nicht mehr als ein Anstoß sein. Denn es ist klar, dass bei einem solch komplexen Thema, das mit der CA für die Kirchen heute gegeben ist, eine umfangreiche und intensive Diskussion in Kirchen, Gemeinden und in der Theologie notwendig ist.

An dieser Stelle gilt es jedoch auch, Dank zu sagen: zunächst dem Bildungswerk der Erzdiözese Freiburg, das dieses Projekt großzügig unterstützt hat. Daneben sei allen Referenten für ihr Bemühen gedankt, sich auf dieses neue Projekt durch ihre Beiträge einzulassen. Michael Mergarten und Samuel Raiser, wissenschaftliche Mitarbeiter am Lehrstuhl für Spätmittelalter und Reformation der Universität Tübingen, haben dankenswerterweise die redaktionelle Arbeit des Tagungsbandes übernommen. Und schließlich sei dem Verlag Walter de Gruyter mit seinem Leiter der Abteilung „Theologie und Religion", Dr. Albrecht Döhnert, für die Drucklegung dieser Beiträge gedankt.

---

10 Kurt Kardinal Koch, Die Reformation und die katholische Kirche, in: Körner/Thönissen, Vermitteltes Heil, 9 – 32, hier: 29 f.

Historische Grundlagen

Irene Dingel

Die *Confessio Augustana* als Referenzbekenntnis – ihr integratives und abgrenzendes Potenzial

In der europäischen Reformationsgeschichte, würde man sie als eine Bekenntnisgeschichte schreiben, kommt der *Confessio Augustana* ein besonderer Stellenwert zu. Dies gilt noch heute, allerdings unter veränderten historischen Bedingungen und Konstellationen. Dieser Beitrag wird jedoch in die Historie zurückführen, und zwar zunächst zu den Anfängen dieses Bekenntnisses. Sodann soll eine historische Entwicklung skizziert werden, in der die *Confessio Augustana* zu einem Referenzbekenntnis und damit zum Mittelpunkt eines weitverzweigten theologischen, politischen und rechtlichen Bezugssystems wurde. Referenz ist in unserem Zusammenhang also im Sinne des lateinischen *referre*, d. h. „sich auf etwas beziehen", „sich auf etwas zurückführen" zu verstehen. Die *Confessio Augustana* wird dabei als ein Dokument in den Blick kommen, das dieses Bezugssystem von der Mitte her konstituiert, und zwar dadurch, dass sich Bekenntnisse unterschiedlicher reformatorischer „Couleur" auf sie zurückbeziehen und sich auf sie berufen. Der Rückbezug auf die *Confessio Augustana* bzw. das Selbstverständnis bekenntnisrelevanter Dokumente oder bekenntnishafter Äußerungen als Wiederholung der CA oder als deren Auslegung waren nämlich sowohl in streng lutherisch ausgerichteten Zusammenhängen oder in der Nachfolge Philipp Melanchthons, als auch im reformierten Raum gängig. Dies lässt erkennen, dass dieses Bezugssystem keineswegs konfessionell homogen war. Man konnte, jeweils kontextbezogen, sowohl auf das theologisch integrative als auch auf das bekenntnisgebunden abgrenzende Potenzial der *Confessio Augustana* rekurrieren. Die *Confessio Augustana* war also – so die Ausgangshypothese dieses Beitrags – noch Jahrzehnte nach ihrer Präsentation und Verlesung auf dem Augsburger Reichstag von 1530 nicht konfessionell festgelegt. Erst langfristig gesehen wurde das *Augsburger Bekenntnis*, auf dessen Fassung von 1530 – die sogenannte CA *invariata* – man sich im Zuge der lutherischen Konfessionsbildung in den sechziger und siebziger Jahren des 16. Jahrhunderts wieder zurückbesann, zum Grundsatzbekenntnis des konfessionellen Luthertums.[1] Aber auch die von Me-

---

1 Vgl. die Edition der *Confessio Augustana* durch Volker Leppin, in: Die Bekenntnisschriften der Evangelisch-Lutherischen Kirche (BSELK). Vollständige Neuedition, hg. v. Irene Dingel, Göttingen u. a. 2014, 65 – 225.

lanchthon nach der *Wittenberger Konkordie*[2] von 1536 für das Religionsgespräch in Hagenau, Worms und Regensburg überarbeitete *Confessio Augustana variata*[3] von 1540, die bis zur lutherischen Konsolidierung in *Konkordienformel* und *Konkordienbuch* 1577/1580 im allgemeinen Gebrauch gestanden hatte, erlebte eine späte Renaissance, und zwar im Zuge der konfessionellen Unionen des 19. Jahrhunderts, in deren Zusammenhang sie erneut als innerprotestantisch integratives Element wirken konnte. Dieser spätere Entwicklungsstrang soll aber hier nicht weiter verfolgt werden. Folgendes gilt es vorerst festzuhalten: Ursprünglich war die *Confessio Augustana* weit davon entfernt als Gründungsdokument einer Konfessionskirche zu dienen. Als *Apologia* sollte sie vielmehr unter Beweis stellen, dass sich die Evangelischen keineswegs von der Lehre der alten Kirche entfernt hatten. Ja, sie erhob mutig den Anspruch darauf, die Lehre der wahren „katholischen" Kirche zu vertreten, die sie zugleich von irreführenden Missbräuchen befreit habe und weiterhin befreien wollte. Damit sprach die im Auftrag von Kurfürst Johann dem Beständigen abgefasste *Confessio Augustana* zunächst nur für Kursachsen, letzten Endes aber für alle im Jahr 1530 und auch später noch hinzukommenden fürstlichen und städtischen Unterzeichner des Bekenntnisses und deren Untertanen.

Im Folgenden soll diese Entwicklung der *Confessio Augustana* von einem auf Integration zielenden Bekenntnis hin zu einem konfessionell vielfältig herangezogenen Referenzbekenntnis nachgezeichnet werden, wobei auch das konfessionell abgrenzende Potenzial beleuchtet werden muss. Dabei soll zunächst ihre Funktion als *Apologia* und *Defensio* im Kontext des Augsburger Reichstags von 1530 zur Sprache kommen, um ihre integrative Zielsetzung zu umreißen. Sodann wird es um jene Entwicklungen gehen, die die *Confessio Augustana* im Horizont der *Repetitio* und *Interpretatio* zu einem Knotenpunkt innerhalb eines theologischen, aber auch politischen und rechtlichen Referenzsystems machten, und schließlich soll die Entwicklung zu konfessioneller Konsolidierung skizziert werden, die sich ebenfalls an der *Repetitio* und *Interpretatio* der *Confessio Augustana* im Spannungsfeld veränderter politischer Bedingungen festmacht.

---

2 Die *Wittenberger Konkordie* ist kritisch ediert: Wittenberger Konkordie (1536). Schriften zur Wittenberger Konkordie (1534–1537), bearb. v. Robert Stupperich/Marijn de Kroon/Hartmut Rudolph, Gütersloh 1988 (Bucer-DS 6,1), 114–134.
3 Die *Confessio Augustana variata* von 1540, bearb v. Volker Leppin, ist ediert in BSELK, Quellen und Materialien (QuM), Bd. 1: Von den altkirchlichen Symbolen bis zu den Katechismen Luthers, hg. v. Irene Dingel, Göttingen u. a. 2014, 119–167.

1 *Apologia* et *Defensio* – die *Confessio Augustana* im Kontext des Augsburger Reichstags

Auf dem von Kaiser Karl V. auf den 8. April 1530 nach Augsburg ausgeschriebenen Reichstag sollte nicht nur die dringende Abwehr der Bedrohung durch die Osmanen beraten werden, die bereits 1529 vor Wien gestanden hatten, sondern es sollten möglichst auch die strittigen Religionsangelegenheiten, die bisher ein politisch effektives außenpolitisches Agieren des Kaisers verhindert hatten, einer Lösung zugeführt werden. Daher war geplant – wie das Ausschreiben lautete –

> alle ains yeglichen gutbeduncken: opinion und meynung zwischen uns selbs in liebe und gutligkait zuhoren: zuverstehen: und zuerwegen: die zu ainer ainigen Christlichen warhait zubrengen und zuuergleichen. alles, so zu baide[n] tailen nit recht ist ausgelegt oder gehandelt abzuthun: durch uns alle ain ainige und ware Religion anzunehmen und zuhalten: [...][4].

Der sächsische Kurfürst Johann der Beständige veranlasste daher die Wittenberger Theologen, zur Beratung der strittigen Fragen in Lehre und Zeremonien zusammenzukommen und ihr Ergebnis in Torgau vorzulegen. Dies waren möglicherweise die sogenannten *Torgauer Artikel*, überbracht von Melanchthon am 27. März 1530. Allerdings ist – wie schon Gottfried Seebaß vor Jahrzehnten in einem leider unpublizierten Aufsatz problematisierte – kein Dokument erhalten, das man eindeutig als *Torgauer Artikel* identifizieren könnte. Dagegen scheint sicher zu sein, dass es verschiedene Stellungnahmen gab, die die Kirchenbräuche zum Gegenstand hatten.[5] Diese sowie die *Schwabacher* und die darauf aufbauenden *Marburger Artikel* Martin Luthers, mit denen im Jahre 1529 das Marburger Religionsgespräch geendet hatte, sind bekanntlich die Grundlagen der *Confessio Augustana*, deren 1530 präsentierte Fassung nach mehrfacher Umarbeitung durch Melanchthon entstand. Martin Luther, der sich als Geächteter auf der Veste Coburg, dem Augsburg am nächsten gelegenen kursächsischen Grenzort, aufhielt, war an der Abfassung des Bekenntnisses nicht beteiligt, wurde aber brieflich auf dem Laufenden gehalten und erhielt es zur Begutachtung zugeschickt. Seine anerkennende Reaktion, mit der er die *Confessio Augustana* am 15. Mai 1530 nach

---

4 Karl Eduard Förstemann (Hg.), Urkundenbuch zu der Geschichte des Reichstages zu Augsburg im Jahre 1530, Bd. 1, Osnabrück 1966 [ND der Ausg. Halle 1833], 8.
5 So Gottfried Seebaß, Die kursächsischen Vorbereitungen auf den Augsburger Reichstag von 1530 – Torgauer Artikel? (unpubliziert). Vgl. auch Volker Leppin, in: BSELK, 66.

Augsburg zurücksandte, spielt auf den Charakter und die Intention des von kursächsischer Seite vorzulegenden Dokuments an. Es sollte die reformatorische Position zwar klar, aber möglichst unauffällig und diplomatisch darlegen, um Spielräume für eine Akzeptanz der eigenen, reformatorischen Lehre zu schaffen.

> Jch hab M. [= Magister] Philipsen Apologia [= das *Augsburger Bekenntnis*] vberlesen, die gefellet mir fast [= sehr] wol, vnd weis nichts dran zu bessern noch endern, Wurde sich auch nicht schicken, Denn ich so sanfft vnd leise nicht tretten kan. Christus vnser herr helffe, das sie viel und grosse frucht schaffe, wie wir hoffen vnd bitten, Amen![6]

In der Tat zielte die *Confessio Augustana* darauf, die Anhänger der römischen Kirche möglichst mit den Positionen der reformatorisch Gesinnten zu versöhnen und die Übereinstimmung der evangelischen mit der wahren „katholischen" Lehre unter Beweis zu stellen. Zu Recht bezeichnete man sie deshalb als *Apologia*[7] und als *Defensio*[8]. Denn sie trug im Blick auf die römische Kirche weniger abgrenzenden als vielmehr integrativen Charakter, auch wenn dies nicht von allen Seiten so wahrgenommen wurde. Es waren zwei Ziele, die Melanchthon verfolgte: Versöhnen und Bekennen.[9] Dies versuchte er in Konzeption und Formulierung der einzelnen Artikel geschickt abzubilden, ohne die reformatorischen Kernanliegen zur Disposition zu stellen. So schrieb er zum Beispiel an seinen Freund Joachim Camerarius, dass er die *Apologia* sehr zurückhaltend abgefasst habe und nicht nachsichtiger hätte sein können.[10] Er habe bis zum letzten Moment an den For-

---

6 Luther an Kurfürst Johann, [Veste Coburg], 15. Mai 1530, in: WA Br 5, Nr. 1568, 319,5 – 9. Diese Bemerkung hat zu manchen Missverständnissen Anlass gegeben. Unter Bezugnahme darauf wurde Melanchthon nämlich – zu Unrecht – als Leisetreter verunglimpft. Die Bemerkung aber drückt die Bewunderung Luthers für den behutsam und geschickt argumentierenden Freund und Gesinnungsgenossen aus.

7 Vgl. auch Martin Luther an Melanchthon in Augsburg, [Veste Coburg], 29. Juni [1530], in: MBW.T 4,1, Nr. 946, 289,17. Hier schreibt Luther: *Accepi apologiam vestram* [...]. Vgl. dazu Volker Leppin, Einleitung zur Confessio Augustana, in: BSELK, 65.

8 Vgl. Melanchthon an Martin Luther [auf der Coburg], [Augsburg], 26. Juni [1530]: *Caesari est exhibita defensio nostra, quam tibi mitto legendam*, in: MBW.T 4,1, Nr. 940, 266,14 f.

9 Vgl. Ragnar Andersen, Concordia Ecclesiae. An Inquiry into Tension and Coherence in Philipp Melanchthon's Theology and Efforts for Ecclesiastical Unity, Especially in 1527– 1530, Zürich 2016 (Arbeiten zur Historischen und Systematischen Theologie 21), 478 – 480, bes. 480.

10 Melanchthon an Joachim Camerarius in Nürnberg, [Augsburg], 21. Mai [1530]: *Ego apologiam paravi scriptam summa verecundia neque his de rebus dici micius posse arbitror*, in: MBW.T 4,1, Nr. 913, 182,16 f.

mulierungen der CA gearbeitet, sei aber keineswegs zu „weich" geworden.[11] Am 27. Juni 1530, nach der Übergabe der *Confessio Augustana* an den Kaiser, fragte er auch Luther noch einmal, wie weit man auf die theologischen Gegner zugehen könne: *Nostra Confessio est exhibita Imperatori. Exemplum eciam tibi misimus, quod apud te retinebis, ne emanet in publicum. Vetat enim Imperator edere. Scripsi tibi, ut mihi significes, si ita res tulerit, quantum concedere adversariis possimus.*[12] Luther jedoch schien ein noch weiteres Entgegenkommen nicht mehr möglich. *Pro mea persona plus satis cessum est in ista apologia, quam si recusent, nihil video, quod amplius cedere possum, nisi videro eorum raciones et scripturas clariores, quam hactenus vidi.*[13] Zugleich betonte Melanchthon gegenüber dem päpstlichen Legaten Lorenzo Campeggio die Friedensbereitschaft der reformatorisch Gesinnten und die dogmatische Übereinstimmung ihrer Lehre mit der der römischen Kirche.[14] Wie sie bekämpfe man die falsche Lehre, und die Verwerfungen der altkirchlichen Häresien sowie täuferischer Positionen in der *Confessio Augustana* stellten dies klar unter Beweis. Melanchthon deutete sogar an, dass man „gegen geringe Zugeständnisse zur Obödienz bereit" sei. Der doch eigentlich geringfügige Unterschied in Riten und Zeremonien sei „nach dem Kirchenrecht kein Hindernis der Eintracht."[15] Gegenüber Luca Bonfio, dem Sekretär Campeggios, äußerte der Wittenberger die Zuversicht, dass durch das Zugeständnis von Laienkelch,

---

11 Vgl. Melanchthon an Joachim Camerarius in Nürnberg, [Augsburg], 26. Juni [1530]; hier sein Bericht von der Verlesung und Überreichung der *Confessio Augustana* an den Kaiser, in: MBW.T 4,1, Nr. 939, 263 f. Vgl. auch MBW 939. 395.
12 Melanchthon an Martin Luther [auf der Coburg], [Augsburg], 27. Juni [1530], in: MBW.T 4,1, Nr. 952, 269.
13 Martin Luther an Melanchthon in Augsburg, [Veste Coburg], 29. Juni [1530], in: MBW.T 4,1, Nr. 946, 289,19 – 290,22.
14 Vgl. Timothy J. Wengert, Philip Melanchthon's Last Word to Cardinal Lorenzo Campeggio, Papal Legate at the 1530 Diet of Augsburg, in: Irene Dingel u. a. (Hg.), Philip Melanchthon. Theologian in Classroom, Confession, and Controversy, Göttingen 2012 (Refo500 Academic Studies 7), 79 – 103.
15 Vgl. Melanchthon an Kardinal Lorenzo Campeggio in Augsburg, [Augsburg, 4.] Juli 1530, zitiert nach MBW 952, 399. *Ego igitur, cum existimarem reverendissimam dominationem tuam in ista sapientia quam maxime a violentis consiliis abhorrere, duxi ad reverendissimam dominationem tuam scribendum esse, ut et nos intelligeret unice cupidos esse pacis atque concordiae neque detrectare ullam tolerabilem faciundae pacis conditionem. Dogma nullum habemus diversum ab ecclesia Romana. Multos etiam repressimus, quod perniciosa dogmata serere conati sunt, cuius res extant publica testimonia. Parati sumus obedire ecclesiae Romanae, modo ut illa sua clementia, qua semper erga omnes gentes usa est, pauca quaedam vel dissimule vel relaxet, quae iam mutare, ne quidem si velimus, queamus.* (MBW.T 4,1, Nr. 952, 324,14 – 23). *Levis quaedam dissimilitudo rituum est, quae videtur obsistere concordiae. Sed ipsi canones fatentur ecclesiae concordiam in huiusmodi rituum dissimilitudine retineri posse.* (a.a.O., 325,26 – 326,39).

Priesterehe sowie eine über die Messe zu erzielende Verständigung eine Eintracht beider Seiten herzustellen sei. Dies zeigt, wie fast schon verzweifelt man darum bemüht war, die Differenzen herunterzuspielen und wie unermüdlich man darum rang, keine Fronten zu schaffen, zumal sich die Aussicht auf ein Übereinkommen seit der Ankunft des Kaisers erheblich verschlechtert hatte. Denn mit dem Verbot reformatorischer Predigt und der Aufforderung an die Evangelischen, an der Fronleichnamsprozession teilzunehmen, hatte Kaiser Karl V., der am 15. Juni in Augsburg eingetroffen war, sogleich ein klares antireformatorisches Zeichen gesetzt.[16] Die weiteren Ereignisse des Reichstags erwiesen, dass sich weder in der Lehre noch in den Riten die Differenzen überbrücken ließen. Die von den Kursachsen und weiteren sieben Fürsten sowie zwei Reichsstädten unterzeichnete *Apologia* bzw. *Defensio* aber machte deutlich, dass man die reformatorische Lehre keineswegs als Abweichung von der alten Kirche verstanden wissen wollte, zumal man die Konformität der in 21 Artikeln ausgeführten Lehre mit der *Heiligen Schrift* als Ausweis wahrer Katholizität begriff. Auch der Rückbezug auf die konziliaren Entscheidungen der Alten Kirche in Nizäa zu Trinitätslehre und Christologie sowie die Selbsteinordnung in eine lange kirchlich-theologische Tradition diente dem Aufweis der Katholizität und fungierte als verbindendes Element. Deutlicher noch wurde in der Vorrede der dezidierte Wille zur Einigkeit hervorgehoben und in diesem Zusammenhang der allen gemeinsame Ruf nach einem anzuberaumenden Konzil aufgenommen. Der zum Ausdruck gebrachte Wille zur Solidarität mit der alten Kirche stieß jedoch bei den Kernstücken der reformatorischen Lehre und Praxis an seine Grenzen: bei der Rechtfertigungslehre, der Sakramentenlehre und -praxis sowie der Infragestellung der kirchlichen Hierarchie. Dadurch aber, dass man die reformatorische Kritik an der Messe und am Papsttum an das Ende der *Apologia* verwies, versuchte man auch dies zu entschärfen. Überhaupt reduzierte die *Confessio Augustana* die Differenzen in Riten und Ordnung der Kirche auf einige wenige. Die von den reformatorisch Gesinnten vorgenommenen Änderungen wurden durch die Begründung gerechtfertigt, dass man lediglich missbräuchliche Verwendungen abgeschafft habe.[17]

Melanchthon und die Wittenberger Theologen sahen also das in ihrer *Apologia* und *Defensio* niedergelegte Bekenntnis zunächst und vorrangig noch als

---

16 Vgl. Nicole Kuropka, Philipp Melanchthon. Wissenschaft und Gesellschaft. Ein Gelehrter im Dienst der Kirche (1526–1532), Tübingen 2002 (Spätmittelalter und Reformation NR 21), 219–223.
17 Vgl. zur Erstellung der *Confessio Augustana* und ihrer *Apologie* Bernhard Lohse, Dogma und Bekenntnis in der Reformation. Von Luther bis zum Konkordienbuch, in: Handbuch der Dogmen- und Theologiegeschichte, hg.v. Carl Andresen, Bd. 2: Die Lehrentwicklung im Rahmen der Konfessionalität, Göttingen 1984, 1–164, bes. 81–94. Außerdem Wilhelm Maurer, Historischer Kommentar zur Confessio Augustana, Bd. 1, Gütersloh ²1979, Bd. 2, Gütersloh 1978.

Weg zu einem wiederzugewinnenden bzw. neu zu etablierenden Konsens auf der Grundlage der *Heiligen Schrift*. Die *Confessio Augustana* enthielt deshalb in ihren ersten 21 Artikeln das, was man zeitgenössisch in anderen, aber vergleichbaren Kontexten als *analogia fidei*[18] bezeichnete. Dazu knüpfte sie an die dogmatischen Entscheidungen der Alten Kirche an und stellte ihre eigenen Lehraussagen – unter Betonung des beiden Seiten Gemeinsamen – in diesen Horizont. Auch in der strukturellen Anlage des Textes und der Übernahme erprobter rhetorischer For-men spiegelte sich das Bemühen, Einhelligkeit und nicht etwa Abweichung zu demonstrieren. Denn die *Confessio Augustana* übernahm die Methode, Glauben und Lehre in Form von *Affirmativa* und *Negativa* zu formulieren, um auch über die Verwerfungen der klassischen, altkirchlichen Häresien die „Katholizität" ihrer Bekenner zu belegen.[19] Der Akzent lag eindeutig auf der Übereinstimmung der hier entfalteten Lehre mit der *Heiligen Schrift* und der *ecclesia Romana*, freilich nur soweit wie auch deren Lehren aus der *Heiligen Schrift* zu erheben seien.[20]

2 *Repetitio* et *Interpretatio* – die *Confessio Augustana* als Knotenpunkt eines theologischen, politischen und rechtlichen Referenzsystems

Die *Confessio Augustana* gewann als Bekenntnis einflussreicher Reichsfürsten und Reichsstädte rasch politische Relevanz. Zu den Unterzeichnern gehörten zum Teil jene Stände, die bereits 1529 die Speyerer Protestation verantwortet hatten. Mit Kurfürst Johann von Sachsen, Markgraf Georg von Brandenburg-Ansbach, Herzog Ernst von Braunschweig-Lüneburg, Landgraf Philipp von Hessen, Johann Friedrich von Sachsen, Franz von Braunschweig-Lüneburg, dem Bruder Ernsts,

---

18 Zum Ursprung des Begriffs der *analogia fidei* vgl. Röm. 12,6, außerdem zu seiner Bedeutung und Anwendung: Bernhard Gertz, Glaubenswelt als Analogie. Die theologische Analogie-Lehre Erich Przywaras und ihr Ort in der Auseinandersetzung um die analogia fidei, Düsseldorf 1969 (Themen und Thesen der Theologie), 53–62, hier bes. 72.

19 Vgl. dazu Hans-Werner Gensichen, Damnamus. Die Verwerfung von Irrlehre bei Luther und im Luthertum des 16. Jahrhunderts, Berlin 1955 (Arbeiten zur Geschichte und Theologie des Lu-thertums 1), bes. 11–28, 65–84.

20 Vgl. zum Vorangegangenen und Folgenden auch meine analogen Ausführungen in Irene Dingel, Bekenntnis und Geschichte. Funktion und Entwicklung des reformatorischen Bekennt-nisses im 16. Jahrhundert, in: Johanna Loehr (Hg.), Dona Melanchthoniana. Festgabe für Heinz Scheible zum 70. Geburtstag, Stuttgart-Bad Cannstatt ²2005, 61–81.

und Fürst Wolfgang von Anhalt, außerdem Nürnberg und Reutlingen waren es acht Fürsten und zwei freie Reichsstädte, die sich zur *Confessio Augustana* bekannten. Dieser Kreis wurde im Laufe der Zeit immer größer. Als Rechenschaft über Glauben und Lehre der protestierenden Stände des Reichs gewann die *Confessio Augustana* im Zuge der folgenden Entwicklungen immer mehr die Funktion eines nicht nur theologisch, sondern auch politisch und rechtlich relevanten Dokuments.[21] Denn sie wurde die Bekenntnisgrundlage des unmittelbar nach dem Augsburger Reichstag geschlossenen Schmalkaldischen Bundes,[22] der als Defensivbündnis der Abwehr solcher Angriffe dienen sollte, die aus Gründen abweichender Religion und damit verbundener Reformmaßnahmen von kaiserlicher Seite erfolgen könnten. Die damaligen Bündnispartner – unter ihnen Kurfürst Johann von Sachsen, Landgraf Philipp von Hessen, Herzog Ernst von Braunschweig-Lüneburg, Fürst Wolfgang von Anhalt, zwei Grafen von Mansfeld – waren zum Teil mit den Unterzeichnern der *Confessio Augustana* identisch.[23] Eine Aufnahme weiterer Mitglieder in den Bund erfolgte erst nach Annahme des Bekenntnisses. Einheit im Bekenntnis galt als Voraussetzung für das politische Bündnis, was zur Folge hatte, dass theologische Konsensverhandlungen mit denjenigen, die man als Bündnispartner zu gewinnen suchte, zu führen waren. Politische Aktion und theologische Reflexion bedingten einander; zumindest waren sie eng miteinander verzahnt. Mit dieser Entwicklung ging einher, dass man das integrative Potenzial der *Confessio Augustana* nun allmählich antirömisch definierte, auch wenn man mit Anhängern des alten Glaubens in Gespräche eintrat. Ein Beispiel dafür sind die Verhandlungen, die in den Jahren 1534 und 1536 mit König Franz I. von Frankreich und König Heinrich VIII. von England

---

21 In der Forschung ist gelegentlich die besondere Bedeutung der CA als vor allem politisches Dokument hervorgehoben worden. Vgl. Bernd Moeller, Das Reich und die Kirche in der frühen Reformationszeit, in: Bernhard Lohse/Otto-Hermann Pesch (Hg.), Das „Augsburger Bekenntnis" von 1530 – damals und heute, München 1980, 17–31, bes. 28–30. Vgl. auch Matthias Kroeger, Das Augsburger Bekenntnis in seiner Sozial- und Wirkungsgeschichte, in a.a.O., 99–122, bes. 99–106. Demgegenüber ist festzuhalten, dass das theologische Potenzial, das die *Confessio Augustana* in Konzeption wie Wirkung entfaltete, so groß war wie keines der anderen Bekenntnisse des Protestantismus.
22 Vom 22. bis 31. Dezember 1530 versammelten sich die evangelischen Stände des ober-, mittel- und niederdeutschen Raums in Schmalkalden, um über ein Verteidigungsbündnis zu beraten. Der Vertrag dieses Defensivbündnisses wurde am 27. Februar 1531 geschlossen. Vgl. Gabriele Haug-Moritz, Der Schmalkaldische Bund (1530–1541/42). Eine verfassungsgeschichtliche Fallstudie zu den genossenschaftlichen Strukturelementen der politischen Ordnung des Heiligen Römischen Reiches deutscher Nation, Leinfelden-Echterdingen 2002 (Schriften zur südwestdeutschen Landeskunde 44), 1–24.
23 Vgl. Irene Dingel, Reformation. Zentren – Akteure – Ereignisse, Göttingen 2016, 192f.

geführt wurden. Auch bei diesen Konkordienbemühungen über die Grenzen des Reichs hinweg diente die *Confessio Augustana* als Grundlage.[24] Die Annäherung des französischen und des englischen Königs an die Stände des Schmalkaldischen Bundes war zwar durch verschiedene politische Gründe motiviert, wie zum Beispiel die machtpolitisch antihabsburgische und zugleich humanistische Einstellung des französischen Monarchen und die Ehescheidungsangelegenheit des englischen Königs, die ihn aus verwandtschaftlichen Gründen in Gegensatz zu Habsburg brachte.[25] Aber Melanchthon, der die Verhandlungen mit den französischen und englischen Gesandten führte, sah in dieser Annäherung der ausländischen Mächte an die Schmalkaldener eine reale Chance zur Wiederherstellung der Einheit der Kirche unter gleichzeitiger Beseitigung der gröbsten Missbräuche auf dem Boden einer nun auszuhandelnden theologischen Concordia. Dafür zog er die *Confessio Augustana* als Grundlage heran, deren Lehraussagen er an den jeweils unterschiedlichen religionspolitischen Situationen in Frankreich und England ausrichtete, jedoch unter strikter Wahrung der genuin reformatorischen Inhalte: der Lehre von der Rechtfertigung *sola gratia* mit deren Auswirkung auf das Abendmahlsverständnis. Das mit Guillaume du Bellay, Seigneur de Langey, ausgehandelte *Consilium ad Gallos* von 1534 und die mit den englischen Legaten Robert Barnes, Edward Fox (Bischof von Hereford) und Nicholas Heath (Archidiakon von Canterbury)[26] im Jahre 1536 verhandelten *Wittenberger Artikel* wiederholten daher die Hauptaussagen des *Augsburger Bekenntnisses* und passten sie in die jeweiligen landesspezifisch-kirchlichen Kontexte ein. Die Konsensdokumente betonten das Gemeinsame bei gleichzeitiger Thematisierung reformatorischer Anliegen, teils unter Inanspruchnahme der gängigen altgläubigen Begrifflichkeiten.[27] Allein die Lehre von der Rechtfertigung *sola gratia* und *sola fide*, die bereits in der *Apologie* der *Confessio Augustana* die Funktion eines nicht aufgebbaren, grundlegenden Kriteriums erhalten hatte, war, einschließlich ihrer Auswirkungen auf das Abendmahlsverständnis, jeglichem Kompromiss entzogen. Eigentlich waren also alle Voraussetzungen für den Beitritt

---

24 Vgl. zum Folgenden Irene Dingel, Melanchthon und Westeuropa, in: Günther Wartenberg/ Matthias Zentner (Hg.), Philipp Melanchthon als Politiker zwischen Reich, Reichsständen und Konfessionsparteien. Tagungsband der Wissenschaftlichen Tagung aus Anlaß des 500. Geburtstages Philipp Melanchthons, Wittenberg 1998 (Themata Leucoreana), 105–122 = dies., Melanchthon's Paraphrases of the Augsburg Confession, 1534 and 1536, in the Service of the Smalcald League, in: Dingel u.a., Philip Melanchthon, 104–122.
25 Katharina von Aragon, die Gemahlin Heinrichs VIII., war eine Tante Kaiser Karls V.
26 Zur Charakterisierung der Personen und ihrer Einschätzung durch Luther und Melanchthon vgl. Friedrich Prüser, England und die Schmalkaldener 1535–1540, Leipzig 1929 (QFRG 11), 42–44.
27 Zum Beispiel in der Rede vom *peccatum originale* oder der *iustificatio*, die schon bei Augustin bzw. in der mittelalterlichen Scholastik üblich waren.

der beiden Mächte zum Schmalkaldischen Bund geschaffen. Aber weder das *Consilium ad Gallos* noch die *Wittenberger Artikel* wurden letzten Endes ratifiziert.

Demgegenüber verliefen die Verhandlungen mit den Oberdeutschen unter der Führung Martin Bucers, die in die *Wittenberger Konkordie* von 1536 mündeten, sowohl theologisch als auch in ihrer langfristigen politischen Wirkung einigermaßen erfolgreich. Hier ging es um einen innerprotestantischen Konsens, in dem die *Confessio Augustana* sowohl theologisch als auch politisch als Referenzbekenntnis eine Rolle spielte, auch wenn dies nicht explizit diskutiert wurde. Im Mittelpunkt stand vielmehr ausschließlich die reformatorisch unterschiedlich ausgelegte Abendmahlslehre, die das reformatorische Lager nicht nur theologisch spaltete, sondern auch politischen Bündnissen im Wege stand. Der *Wittenberger Konkordie* gelang es, die innerprotestantischen Differenzen in der Abendmahlslehre mithilfe des Begriffs der *manducatio indignorum* auf der Grundlage einer nicht näher definierten *unio sacramentalis* von Leib und Blut Christi *mit* den Abendmahlselementen Brot und Wein dissimulativ zu überbrücken und die so konturierte Abendmahlslehre wenigstens oberflächlich konsensfähig zu machen.[28] Zwar verstanden beide Seiten, Martin Luther und Martin Bucer, diesen in der *Konkordie* formulierten Konsens weiterhin jeweils im Horizont ihrer eigenen spezifischen Theologie, was von Seiten Luthers in den *Schmalkaldischen Artikeln* von 1537 wenig später einen präzisen Ausdruck fand.[29] Und auch Bucer und die Oberdeutschen blieben bei ihrer Lehre. Aber auf der Basis der *Wittenberger Konkordie* war ein Bekenntnis der Oberdeutschen zur *Confessio Augustana* und deren *Apologie* und damit ihre Aufnahme in den Schmalkaldischen Bund möglich geworden. Dem damit erreichten theologischen Konsens trug Melanchthon insofern Rechnung als er den Abendmahlsartikel der *Confessio Augustana* (Art. 10) konsequenterweise neu formulierte: In der sogenannten *secunda variata* von 1540 verzichtete er auf die Aussage der Anwesenheit von Leib und Blut Christi unter der Gestalt der Elemente Brot und Wein sowie auf die Verwerfung gegenteiliger Lehre und sprach lediglich davon, dass im Abendmahlsvollzug Leib und Blut Christi mit Brot und Wein dargereicht würden.[30] In dieser Fassung, die Melanchthon für das von Kaiser Karl V. einberufene Religionsgespräch von Hagenau, Worms und Regensburg 1540/41 erstellte, wurde die *Confessio Augustana* sodann zur Disputationsgrundlage zwischen Vertretern der römischen Kirche und den Evangelischen. Hier zeigte sich noch einmal der auf Verständigung mit der römischen Kirche ausgerichtete Charakter des Bekenntnisses bei gleichzeitiger Betonung

---

28 Vgl. Bucer-DS 6,1, 122, die Termini Technici 122,8 und 122,3.
29 Die Schmalkaldischen Artikel, bearb. v. Klaus Breuer/Hans-Otto Schneider, in: BSELK, 713–785. Vgl. bes. 766–769.
30 Vgl. BSELK, QuM I, 127,25–27.

dessen, was sich innerreformatorisch als integrativ und theologisch als unaufgebbar erwiesen hatte.[31] Denn neben dem Artikel 10 (Vom Abendmahl) hatte Melanchthon auch den Artikel 4 (Von der Rechtfertigung), Artikel 5 (Vom Predigtamt), Artikel 6 (Vom neuen Gehorsam) und Artikel 20 (Von guten Werken) einer Überarbeitung unterzogen.[32] Diese Modifikationen bzw. teils beachtlichen Erweiterungen dienten dem Zweck, ein Gespräch und wenn möglich eine Einigung auf der Grundlage der *Confessio Augustana* zu ermöglichen. An den Artikeln über die Rechtfertigung (4) und über gute Werke (20) wurde allerdings zugleich deutlich, wie weit sich die reformatorische Bekenntnisidentität bereits gefestigt hatte. Denn der ehemals knappe Artikel 4 war in der *Variata* zu einer ausführlichen Entfaltung der reformatorischen Rechtfertigungslehre ausgestaltet, beeinflusst durch die *Loci* Melanchthons von 1535 (*secunda aetas*).[33] Dem stand in Artikel 20 eine ausführliche Abhandlung über Glauben und Werke zur Seite, die gleichzeitig signalisierte, das Gespräch mit der altgläubigen Position, die den Stellenwert des menschlichen Einsatzes für die Rechtfertigung festhielt, nicht abbrechen zu wollen. Dementsprechend setzte Artikel 20 gezielt damit ein, Vorwürfe der altgläubigen Gegner aufzugreifen und deutlich zu machen, dass man die guten Werke doch keineswegs abschaffen, sie aber vom rechtfertigenden Glauben her verstanden wissen wolle. „Es müssen nämlich in der Kirche beide Lehren vorhanden sein", so führte Melanchthon aus, sowohl „das Evangelium vom Glauben zur Aufrichtung und Tröstung der Gewissen, als auch die Lehre, welches wahrhaft gute Werke und welches die wirklichen Gottesdienste sind".[34] Die Rechenschaft über den reformatorischen Glauben und die eigene Standortbestimmung, die hier selbstbewusst formuliert sind, blieben also ausgerichtet auf die Möglichkeit einer Annäherung in Lehre und Leben. Dass dies nicht gelang, zeigt, wie sehr die Dynamik des Religionsgesprächs und seiner Verhandlungen dazu beitrug, dass sich beide Seiten jener bekenntnismäßigen Differenzen bewusst wurden, die die sich formierenden Konfessionen langfristig trennten.

---

31 Vgl. dazu Irene Dingel, Von der Wittenberger Reformation zum Luthertum. Konfessionelle Transformationen, in: Wolfgang Thönissen/Josef Freitag/Augustinus Sander (Hg.), Luther: Katholizität & Reform. Wurzeln – Wege – Wirkungen, Paderborn/Leipzig 2016, 239–260, bes. 243–246.

32 Vgl. BSELK, QuM I, 124 f., 125 f., 126, 131–138.

33 Vgl. Bernhard Lohse, Art. Augsburger Bekenntnis I, in: TRE 4 (1979), 616–628, bes. 626. Vgl. Philipp Melanchthon, Loci communes theologici (1535): De gratia et de iustificatione, in: CR 21, 420–428.

34 Das Augsburger Bekenntnis in der revidierten Fassung des Jahres 1540 (Confessio Augustana Variata), übers. v. Wilhelm H. Neuser, Texte, Dokumente 2, Speyer 1990, 21. Vgl. BSELK, QuM I, 132,11–13.

Zugleich wurde die unermüdlich als Grundlage theologischer Konsensverhandlungen eingesetzte *Confessio Augustana* zur Signatur und zum Erkennungszeichen einer nicht nur theologisch geeinten, sondern auch politisch starken, reformatorisch gesinnten Gruppe. Dadurch dass das Bekenntnis zu einer
konstitutiven Grundlage des 1531 gegründeten Schmalkaldischen Bundes geworden war und immer mehr Unterzeichner gewann, rückte es in den Rang eines
öffentlich und politisch relevanten Dokuments auf. Das erklärt, warum die *Confessio Augustana* fast von Beginn an als rechtlicher Bezugspunkt der Waffen-
stillstände bzw. Friedensschlüsse fungierte, die bis zum Augsburger Religionsfrieden von 1555 zwischen dem Kaiser und den reformatorisch gesinnten Ständen
abgeschlossen wurden. Der erste war der Nürnberger Anstand von 1532, der einen
Waffenstillstand und das Aussetzen der laufenden Kammergerichtsprozesse ga-
rantierte sowie gewaltsame Aktionen gegen die reformatorischen Stände unter-
sagte, damit diese dem Kaiser die dringend benötigte Unterstützung gegen das vor
den Grenzen des Reichs lagernde riesige osmanische Herr unter Sultan Suleï-
man I. zusagten.[35] Der im April 1539 geschlossene Frankfurter Anstand hatte
dasselbe Ziel, nämlich der kaiserlichen Seite die Unterstützung der reformatorischen, sich unter der *Confessio Augustana* und im Schmalkaldischen Bund zusammengeschlossenen Stände zu sichern. Der Frankfurter Anstand weitete den in
Nürnberg geschlossenen Waffenstillstand auf alle seit 1532 hinzugekommenen
Anhänger des *Augsburger Bekenntnisses* aus und sicherte ihnen für 15 Monate
Schutz vor kaiserlichem Zugriff und Maßnahmen des Reichskammergerichts zu,
sofern sie ihrerseits niemanden mehr in den Schmalkaldischen Bund aufnahmen
und „Türkenhilfe" leisteten. Hier ist das erste Mal von den „Augsburger Konfessionsverwandten" die Rede. Nur auf sie bezog sich die im Frankfurter Anstand
gewährte, zeitlich befristete rechtliche Duldung.[36] Der Augsburger Religionsfrie-

---

35 Vgl. den Nürnberger Anstand (24. Juli 1532), bearb. v. Andreas Zecherle, in: Religiöse Friedenswahrung und Friedensstiftung in Europa (1500 – 1800): Digitale Quellenedition frühneuzeitlicher Religionsfrieden, hg.v. Irene Dingel, bearb. v. Christopher Voigt-Goy u. a., http://tuedi
tions.ulb.tu-darmstadt.de/e000001/ (31.05.2021).
36 Vgl. den Frankfurter Anstand (19. April 1539), bearb. v. Andreas Zecherle, in: Dingel, Religiöse
Friedenswahrung und Friedensstiftung, http://tueditions.ulb.tu-darmstadt.de/e000001/ (31.05.
2021). Vgl. auch Irene Dingel, „… das Recht haben, bei Religion, Glauben, Kirchengebräuchen in
Frieden zu bleiben". Religionsfrieden in der Frühen Neuzeit, in: dies. u. a. (Hg.), Theatrum Belli –
Theatrum Pacis. Konflikte und Konfliktregelungen im frühneuzeitlichen Europa. Festschrift für
Heinz Duchhardt zu seinem 75. Geburtstag, Göttingen 2018 (Veröffentlichungen des Instituts für
europäische Geschichte Mainz, Beiheft 124), 73 – 89, bes. 78 – 82.

den von 1555 griff diese Bezeichnung später auf.[37] Die Adressaten der in Augsburg 1555 formulierten Religionsfriedensregelungen waren also nicht – wie man in der Literatur oft liest – die Lutheraner, sondern die Augsburger Konfessionsverwandten, d. h. die sich zur *Confessio Augustana* bekennenden Stände, wobei vorerst unklar blieb, welche Fassung des *Augsburger Bekenntnisses* als maßgeblich zu gelten hatte: diejenige von 1530 oder die damals allseits im Gebrauch stehende *Variata* von 1540. Die *Confessio Augustana* war also zum Knotenpunkt eines sowohl theologischen, als auch politischen und rechtlichen Bezugssystems geworden. Der Rekurs auf dieses Bekenntnis markierte nicht nur eine besondere theologische Option, sondern auch ein politisches Bündnisgeflecht und einen religionsrechtlichen Schutzraum.

3 *Repetitio* et *Interpretatio* – die *Confessio Augustana* im Spannungsfeld konfessioneller Konsolidierung

Die im Kräftespiel von Kaiser und Fürsten verlaufenden Entwicklungen hatten – wie oben dargelegt – die *Confessio Augustana* als Bekenntnisgrundlage des 1531 geschlossenen Schmalkaldischen Bundes und als Bezugspunkt der seit 1532 vereinbarten verschiedenen Friedstände in die Funktion eines politischen und rechtlichen Dokuments einrücken lassen. Dies war aber keineswegs der ursprüngliche Zweck des Bekenntnisses, sondern eher eine sekundäre Wirkung, die sich aus der Verschränkung von Religion und Reichspolitik ergeben hatte. Hauptanliegen der *Confessio Augustana* blieb die Rechenschaft über Glauben und Lehre der protestierenden Stände, gekoppelt mit dem Versuch, auch nach dem immer wieder erneuerten Wormser Edikt den Weg zu einem Konsens mit der römischen Kirche offen zu halten. Dies änderte sich mit dem Erlass des kaiserlichen Interims im Jahre 1548 nach der Niederlage des Schmalkaldischen Bundes im Krieg mit Karl V. und seinen Verbündeten. Denn das Interim zielte darauf, die Reformation weitestgehend rückgängig zu machen. Es enthielt deshalb lediglich das Zugeständnis von Laienkelch und Priesterehe, nicht aber Konvergenzformulierungen in der Lehre.[38] Diesem Religionsgesetz versuchte die *Leipziger Land-*

---

37 Vgl. den Augsburger Religionsfrieden (25. September 1555), bearb. v. Alexandra Schäfer-Griebel, in: Dingel, Religiöse Friedenswahrung und Friedensstiftung, http://tueditions.ulb.tu-darmstadt.de/e000001/ (31.05.2021).
38 Vgl. Das Augsburger Interim von 1548. Nach den Reichstagsakten deutsch und lateinisch, hg. v. Joachim Mehlhausen, Neukirchen-Vluyn ²1996 (TGET 3), hier bes. 142.

tagsvorlage, an der Melanchthon und die Wittenberger Theologen mitgearbeitet hatten, eine Alternative entgegenzusetzen, indem sie die grundlegenden Artikel reformatorischer Lehre beibehielt und mit altgläubigen Zeremonien zu kombinieren versuchte. Zwar wurde sie nie rechtskräftig, aber dadurch, dass sie Matthias Flacius Illyricus und Nikolaus Gallus als *Leipziger Interim* mit polemischen Kommentaren versehen in die Öffentlichkeit brachten, wurde sie zum Auslöser heftiger innerprotestantischer Kontroversen.[39] Hinter all den theologischen Auseinandersetzungen aber stand im Grunde das aufrichtige Bemühen darum, das Erbe der Wittenberger Reformation möglichst getreu an die nachfolgenden Generationen weiterzugeben. Die nun entstehenden Lehrformulierungen, Konsensdokumente oder Bekenntnisse verstanden sich daher meist als Wiederholung bzw. präzisierende Auslegung der *Confessio Augustana*.[40] Das *Augsburger Bekenntnis* wurde dabei zu einer Lehrautorität, die normatives Ansehen gewann und an der sich konfessionelle Identitäten bildeten. Es wurde zugleich zu einer Referenz, auf die man sich zur Legitimierung der eigenen Bekenntnisidentität zurückbezog.

Eine solche konfessionell aufgeladene Inanspruchnahme der *Confessio Augustana* zeigt sich prominent in dem *Magdeburger Bekenntnis* von 1550, das federführend von Nikolaus Gallus und Nikolaus von Amsdorf ausgearbeitet wurde.[41] Beide gehörten zusammen mit Matthias Flacius u. a. zu jenen bekenntnisbewussten Lutheranhängern, die den im *Leipziger Interim* vorliegenden Versuch Melanchthons, der Reformation in Kursachen in der herrschenden religionspolitischen Krise eine Überlebenschance zu sichern, missbilligten. In ihren Augen hatte Melanchthon, indem er sich auf diesen Weg begab, seine eigenen Bekenntnisprinzipien verlassen, und dies zu einem Zeitpunkt, zu dem – nach Ansicht dieser als Gnesiolutheraner bezeichneten Gruppe[42] – ein klares Bekenntnis zur Wahrheit gefordert gewesen wäre. Die Theologen um Amsdorf, Gallus und Flacius, die in der Stadt Magdeburg Zuflucht gefunden hatten, veröf-

---

39 Vgl. Der Theologen Bedenken oder Beschluss des Landtages zu Leipzig 1548 (Leipziger Interim), bearb. v. Hans-Otto Schneider, in: Der Adiaphoristische Streit (1548–1560), hg. v. Irene Dingel, Göttingen 2012 (Controversia et Confessio 2), 354–441.
40 Vgl. zu dem Folgenden auch Dingel, Bekenntnis und Geschichte, 75–81.
41 Vgl. Magdeburger Bekenntnis, lateinisch und deutsch (Magdeburg 1550), bearb. v. Hans-Otto Schneider, in: Dingel, Der Adiaphoristische Streit, 442–629.
42 Vgl. dazu Rudolf Keller, Art. Gnesiolutheraner, in: TRE 13 (1984), 512–519. Zu den konfessionsbezogenen Gruppenbezeichnungen und ihre Problematik vgl. Irene Dingel, Concordia controversa. Die öffentlichen Diskussionen um das lutherische Konkordienwerk am Ende des 16. Jahrhunderts, Gütersloh 1996 (Quellen und Forschungen zur Reformationsgeschichte 63), 17–19 und dies., Historische Einleitung, in: Reaktionen auf das Augsburger Interim, hg.v. ders., Göttingen 2010 (Controversia et Confessio 1), bes. 10–12.

fentlichten daher mit dem *Magdeburger Bekenntnis* ein Dokument, das als Wiederholung der *Confessio Augustana* die Rechtmäßigkeit ihrer Lehre belegen und ihren Widerstand gegen den Kaiser legitimieren sollte. Dies brachte der dem Bekenntnis vorangestellte „Kurtze begriff" deutlich zum Ausdruck: „Erstlich: das vnsere Kirchen allhie mit warer Christlichen Religion vnd Gottesdienst versehen sein. Des thun wir allhie vnsere bekentnis fu(e)r vns vnd vnsere gantze Christliche Gemeine, welche sich zeucht auff die Artickel der Augspurgischen Confession im ersten teil dieses Buchs."[43] Nun ging es nicht mehr um Konsensstiftung und Integration, sondern um eine dezidierte Abgrenzung der rechten Lehre von der falschen. Falsche Lehre aber erblickte man nicht nur auf der Seite der römischen Kirche, sondern auch bei Melanchthon und seinen Anhängern, die bereit waren, sich im Grenzbereich des Indifferenten politischen Zwängen anzupassen, indem sie die altgläubigen Riten als Adiaphora zuließen.[44] Diese Haltung stieß bei den Widerständlern und Autoren des *Magdeburger Bekenntnisses* auf Unverständnis. Sie kultivierten dagegen eine ganzheitliche Bekenntnishaltung, die Lehre und kirchlich-liturgische Praxis gerade *in casu confessionis et scandali*[45] kompromisslos aufeinander bezog und zusammenband. Dieses Beispiel zeigt, dass hier die Funktion des Bekenntnisses auf der identitären Vergewisserung lag, für die man die Lehre der *Confessio Augustana* normativ zugrunde legte. Zugleich wird erkennbar, welch hohe theologische Autorität die *Confessio Augustana* inzwischen erhalten hatte. Die Magdeburger Bekenner sahen nämlich im *Interim* eine Unterdrückung von „namen vnd [...] ansehen der Augspurgischen Confession vnd lere"[46], deren Inhalt man nicht nur als *analogia fidei* wertete, sondern nun auch mit der Theologie Martin Luthers identifizierte, den man als endzeitlichen Propheten stilisierte und dessen Lehre man um so mehr Gewicht beimaß.[47] Aber mehr noch: eine Verleugnung der *Confessio Augustana* kam in ihren Augen einer Verleugnung Christi gleich.[48] Um dem Nachdruck zu verleihen und um nachzu-

---

43 Magdeburger Bekenntnis, deutsch (1550), in: Dingel, Der Adiaphoristische Streit, 459,15 – 19.
44 Vgl. dazu: Dingel, Der Adiaphoristische Streit, 471,2 – 6: „Dargegen wollen wir zuweilen setzen, wo von diesem reinen einhelligen verstand Christlicher Lere vnd bekentnis abgewichen sind Papisten, Jnterimisten vnd Adiaphoristen, desgleichen Widerteuffer, Sacramentirer vnd was mehr irriger Geister sind, von welchen allen wir vns mit Lere, bekentnis vnd mit wercken gentzlich absundern."
45 Zu diesem Begriff bei Flacius vgl. Hans Christoph von Hase, Die Gestalt der Kirche Luthers. Der casus confessionis im Kampf des Matthias Flacius gegen das Interim von 1548, Göttingen 1940.
46 Magdeburger Bekenntnis, 467,22 f.
47 Vgl. Magdeburger Bekenntnis, 465 f.
48 Vgl. Magdeburger Bekenntnis, 467,28 – 31: „Diese stu(e)ck vnd viel andere mehr, wie sie in der warheit nichts anders sind denn ein verleugkung der Augspurgischen Confession vnd mit der-

weisen, dass das *Augsburger Bekenntnis* von Anfang an und in allen Disputationen und Konsensgesprächen unwiderlegt und unverändert geblieben sei, bot das *Magdeburger Bekenntnis* nicht nur Lehr- und Bekenntnisaussagen und eine Entfaltung der Widerstandslehre, sondern auch eine kleine Geschichte der *Confessio Augustana*.[49] Die Magdeburger Bekenner selbst sahen sich als „vberbleiblinge von der Augspurgischen Confession", deren Pflicht es sei, von dem durch Luther wiederentdeckten Evangelium und der *Confessio Augustana* Zeugnis abzulegen. Allen unter Verfolgung leidenden Christen sollte auf diese Weise vermittelt werden, dass dieses Bekenntnis zur Wahrheit, dessen Inhalt man in Abgrenzung von allen lehrmäßigen Pervertierungen wiederholte, keineswegs seine Geltung eingebüßt habe.[50]

Dass die strengen Lutheranhänger für sich in Anspruch nahmen, die einzigen und wahren „vberbleiblinge von der Augspurgischen Confession" zu sein, war aber nur eine, und zwar ihre eigene Perspektive, mit der sie sich von einer vermeintlichen, nach Luthers Tod eingetretenen theologischen Fehlentwicklung distanzierten, für die sie Melanchthon verantwortlich machten. Aber auch für diesen und seine Anhänger war die *Confessio Augustana* zu einer normativen Autorität geworden, die, nach außen abgrenzend, evangelische Identität definierte. Allerdings versuchte Melanchthon die gegenüber dem römischen Katholizismus nun abgrenzend formulierte Identitätsaussage mit dem Bemühen um die innere Einheit und den Konsens *aller* Anhänger des *Augsburger Bekenntnisses* zu kombinieren. Bestes Beispiel dafür ist die *Confessio Saxonica*, auch genannt *Repetitio Confessionis Augustanae*, die der Wittenberger im Jahr 1551 auf Veranlassung des Kurfürsten Moritz von Sachsen zur Vorlage auf dem Konzil von Trient erstellte.[51] Die Hoffnung darauf, dass dieses Konzil der Beilegung der religiösen Differenzen und der Findung eines Konsenses dienen könnte, war lange gestorben. Folgerichtig betonte Melanchthon in der Einleitung zur *Confessio Saxonica* mit Bezug zur gegenwärtigen Situation, dass es vor allem dann, wenn den Kirchen Irrtum und falsche Lehre zur Last gelegt werde und man ihnen vorwerfe, sich durch Spaltungen vom allgemeinen Konsens zu entfernen, nötig sei, die eigene Lehre standhaft zu vertreten. *Necesse est interrogatos recitare doctrinam.*[52] Das

---

selben auch Christi des Herrn selbs, also nemens Babst, Bischoffe, Fu(e)rsten vnd jhr gantzer hauffe nicht anders an [...]".

49 Vgl. Magdeburger Bekenntnis, 463–465.
50 Vgl. Magdeburger Bekenntnis, 469, das Zitat 469,15.
51 Die *Confessio Saxonica* ist abgedruckt in CR 28, 369–468 (lat.), 481–568 (dt.). Zur Benennung als *Repetitio* [...] vgl. bes. ebd., 343 f. und 471–474.
52 Repetitio Confessionis Augustanae, 369.

Bekenntnis als *vera explicatio doctrinae*[53] dient hier dazu, einer falschen Beurteilung durch die Gegner entgegenzuwirken und zugleich die innere Eintracht in Glauben und Lehre durch starke bekenntnismäßige Konturen zu sichern.[54] Es ging jetzt um Erhalt und Stärkung des innerprotestantischen Konsenses. Den Gedanken, die römische Seite noch gewinnen zu können, hatte man längst aufgegeben. Dementsprechend positioniert die *Confessio Saxonica* sich und ihre Anhänger in dezidierten Kontrast zu jenem römischen Katholizismus, der sich im Konzil von Trient konsolidierte. Die *Confessio Saxonica* bzw. die *Repetitio Confessionis Augustanae* zielte darauf, die Übereinstimmung der eigenen Bekenntnisinhalte mit dem wahren *consensu*[s] *catholicae Ecclesiae Domini nostri Iesu Christi, vnd Christlicher einigkeit*[55] zu erweisen, d.h. mit einem *catholicus consensus ecclesiae*[56], der nicht nur durch die Schriften der Propheten, Apostel und Väter, sondern auch durch reformatorische Zeugnisse, besonders die *Confessio Augustana*, garantiert wird.[57] Um dies zu erweisen ist auch hier ein Rückblick auf die Geschichte der Reformation vorangestellt.[58] Die *Confessio Augustana* und ihre mit der *Confessio Saxonica* vorliegende Wiederholung werden in die Sukzession von Wahrheitszeugen eingeordnet, die die Reformation aus ihrer Historie heraus legitimieren.

4 Conclusio

Die hier aufgezeigte Entwicklung der *Confessio Augustana* von einem vornehmlich auf theologische Integration zielenden und für Konsensverhandlungen herangezogenen Bekenntnis bis hin zu ihrer Indienstnahme als Zeugnis einer authentischen und deshalb noch unverderbten, reinen reformatorischen Lehre in Abgrenzung von vermeintlichen Pervertierungen vollzog sich im Kontext der jeweiligen politischen Entwicklungen. Nur in einer solchen Kontextualisierung wird deutlich, welch große Ausstrahlung die *Confessio Augustana* in ihren un-

---

53 Repetitio Confessionis Augustanae, 371.

54 Vgl. dazu auch das Vorwort der *Repetitio der Augspurgischen Confession* in Georg Majors Übersetzung, in: CR 28, 481.

55 Repetitio der Augspurgischen Confession, 488.

56 Repetitio der Augspurgischen Confession, 487.

57 Vgl. Repetitio Confessionis Augustanae, 376, und Repetitio der Augspurgischen Confession, 488.

58 Es handelt sich allerdings noch nicht um eine ausgearbeitete *Historia* der *Confessio Augustana*, wie sie später erstellt wurden. Vgl. Repetitio Confessionis Augustanae, 371–373, und Repetitio der Augspurgischen Confession, 482f.

terschiedlichen Fassungen als Knotenpunkt eines weit verzweigten Referenzsystems erhalten konnte. Dabei blieb sie noch lange konfessionell offen und unbestimmt, so dass Friedrich der Fromme, Kurfürst von der Pfalz, unter Rekurs auf die von Heinrich Bullinger erstellte und in Heidelberg gedruckte *Confessio Helvetica posterior* versuchte, die Übereinstimmung seiner konfessionellen Option mit dem *Augsburger Bekenntnis* und dessen *Apologie* nachzuweisen, als ihm auf dem Reichstag von 1566 wegen calvinistischer Tendenzen ein Ausschluss aus dem Augsburger Religionsfrieden drohte.[59]

Nicht nur Melanchthon selbst, sondern auch seine Schüler, sowohl die Philippisten, d. h. jene, die sich in Melanchthons Nachfolge sahen, aber seine Theologie zugleich weiterentwickelten, als auch die Gnesiolutheraner, d. h. diejenigen, die sich in der Interimszeit von ihrem einstigen Lehrer Melanchthon abwandten und sich fortan als dezidierte Sachwalter der Theologie des verstorbenen Luther verstanden, formulierten ihre Bekenntnisse als Wiederholungen der *Confessio Augustana* bzw. als interpretierende Neuformulierung dieses in ihren Augen falsch ausgelegten Bekenntnisses. Alle sich hinter der jeweiligen *Repetitio* oder *Interpretatio* sammelnden Bekenner beanspruchten für sich, in der allein rechtmäßigen Nachfolge und Entwicklung der *Confessio Augustana* zu stehen, die inzwischen zu einer sekundären Autorität neben der *Heiligen Schrift* herangereift war. Angesichts dessen und im Hinblick auf die innere Zersplitterung des Protestantismus wurde es nun notwendiger denn je, zu einem übergreifenden reformatorischen Bekenntniskonsens zurückzufinden. Tatsächlich wurde in den sechziger Jahren des 16. Jahrhunderts ein großangelegtes Konkordienwerk in Angriff genommen, dessen Ergebnis, *Konfordienformel* und *Konkordienbuch* von 1577/80, wieder auf die *Confessio Augustana invariata* von 1530 rekurrierte. Der erstrebte übergreifende Bekenntniskonsens aber kam nicht zustande; das Konkordienwerk wurde Auslöser für weitere Kontroversen.[60] Dadurch entwickelte sich die *Confessio Augustana* langfristig zu dem, was sie ursprünglich nicht sein sollte,

---

59 Kaiser Ferdinand I. hatte den pfälzischen Kurfürsten in einem Schreiben vom 13. Juli 1563 mitgeteilt, dass die Annahme des *Heidelberger Katechismus* einen Selbstausschluss aus dem Augsburger Religionsfrieden bedeute. Tatsächlich kam es zu Aktionen in Richtung auf einen Ausschluss. Dem Kurfürsten lag deshalb viel daran, die Konformität seines Landes mit dem im Reich seit dem Augsburger Religionsfrieden von 1555 geltenden Religionsrecht nachzuweisen. Dem diente das Bekenntnis Bullingers, an den sich der Kurfürst in dieser Angelegenheit gewandt hatte. Vgl. dazu genauer Endre Zsindely, Art. Confessio Helvetica Posterior, in: TRE 8 (1981), 169 – 173, außerdem Dingel, Concordia controversa, 101 f. und dies., Bullinger und das Luthertum im Deutschen Reich, in: Emidio Campi/Peter Opitz (Hg.), Heinrich Bullinger. Life – Thought – Influence. Zurich, Aug. 25 – 29, 2004, International Congress Heinrich Bullinger (1504 – 1575), Bd. 2, Zürich 2007 (Zürcher Beiträge zur Reformationsgeschichte 24), 755 – 777, bes. 762 f.
60 Vgl. dazu Dingel, Concordia controversa.

nämlich zu einem Bekenntnis im Sinne konfessioneller Abgrenzung und Identitätsbildung des Luthertums.

Diese Entwicklung und die theologisch unterschiedliche Inanspruchnahme der *Confessio Augustana* als Bekenntnisautorität, begünstigte – vor allem im Kontext reichspolitischer Religionsfriedensregelungen – das Entstehen einer kontrovers verlaufenden Bekenntnishistoriographie, die versuchte, die Entwicklung des Bekenntnistextes, wie sie sich an den diversen Veränderungen zeigte, zu legitimieren oder – mit Blick auf die unterdessen nicht mehr auffindbare ursprüngliche und authentische Fassung – zu delegitimieren.[61] Ein Bekenntnis als Gegenstand und sogar Zentrum von Geschichtsschreibung – dies belegt nicht nur seinen Charakter als Referenzbekenntnis, sondern verstärkte auch die der *Confessio Augustana* beigemessene Autorität.

---

61 Vgl. Irene Dingel, Lutherische Bekenntnisbildung zwischen theologischer Abgrenzung und Integration, in: Lutherische Theologie und Kirche 40 (2016), 149–169, bes. 151 f.

Hendrik Stössel

Der freie Wille und der unfreie Wille

Zur theologischen Anthropologie der *Confessio Augustana* im Kontext der reformatorischen Bewegung

Für die Reformatoren hat die Idee vom freien Willen die Qualität einer Droge: Sie verspricht viel, hält nichts und zerstört am Ende den Menschen, der sich ihr hingibt. Sie erweckt in ihm den Rausch der Selbsttäuschung, als hätte er die Möglichkeit zum Guten, ja, als stünde er gleichsam an der Stelle Gottes. Aber das Gegenteil wäre der Fall. Hätte er einen freien Willen, stünde er in Wahrheit einsam vor der hoffnungslosen Aufgabe,[1] sich am eigenen Schopf aus dem eigenen Sumpf zu ziehen. Ohne Aussicht auf Rettung oder Gnade. Gottes Absolutheit wäre aufgehoben und damit zugleich die Erlösung durch Kreuz und Auferstehung Christi. Darin erblicken sie das Einfallstor für Verzweiflung und Gotteshass. Und darum bekämpfen sie diese Doktrin so radikal. Allen voran Martin Luther,[2] aber auch der frühe Philipp Melanchthon.[3] Geradezu wütend beharren sie darauf, der Mensch sei im Guten wie im Bösen vollständig durch die Prädestination bestimmt. Durch Gottes jederzeitige und alleinige freie Vorherbestimmung.[4]

---

1 *Nulli est in manu sua quippiam cogitare mali aut boni, sed omnia de necessitate absoluta eveniunt* („Niemand hat es in seiner Hand, irgendetwas Böses oder Gutes auszudenken, sondern alles geschieht mit absoluter Notwendigkeit."), WA 7, 146, zit. nach Philipp Melanchthon, Loci Communes, in: Philipp Melanchthon Loci Communes 1521 Lateinisch-Deutsch, Übersetzt und mit kommentierenden Anmerkungen versehen von Horst Georg Pöhlmann, hg.v. Lutherisches Kirchenamt der VELKD, Gütersloh 1997 [künftig: Loci 1521], 34, Anm. 58.
2 *Liberum arbitrium post peccatum res est de solo titulo.* („Nach dem Sündenfall ist der freie Wille nur noch eine Sache der Bezeichnung."), WA 1, 359 Z. 33, zit. nach Loci 1521, 34, Anm. 58.
3 So auch Melanchthon, vgl. Loci 1521, S. 37, Nr. 43–46; S. 45, Nr. 68–69: „Wenn Du also den Willen unter dem Gesichtspunkt der Affekte beurteilst, gibt es schlechterdings keine Freiheit [, denn] schon wo der Affekt auch nur anfängt zu rasen und aufzulodern, kann man ihn nicht hindern auszubrechen."
4 Weil sie der „[...] Hilfe und Gnade unseres Heilands Jesus Christus geradewegs widerstreben. Denn weil außer Christus der Tod und die Sünde unsere Herren und der Teufel unser Gott und Fürst ist, kann da keine Kraft noch Macht, keine Klugheit noch Verstand sein, womit wir Gerechtigkeit und Leben uns können bereiten oder erstreben, sondern müssen verblendet und gefangen, des Teufels und der Sünde eigen sein, sodass wir tun und denken, was ihnen gefällt und wider Gott und seine Gebote ist.", Martin Luther, Bekenntnis, hg.v. Oswald Bayer, in: Martin Luther. Ausgewählte Schriften, Bd. 2, hg.v. Bornkamm/Ebeling, Frankfurt 1982, 255.

An die Stelle des Theodizeeproblems tritt bei ihnen in Anlehnung an Augustinus[5] das Ziel,[6] Gottes Souveränität gegen Einschränkung zu sichern.[7] Im Hintergrund handelt es sich dabei auch um einen seelsorgerlichen Gedanken: Um ihn seiner Erlösung zu vergewissern, wird der Mensch weg verwiesen von sich und seinen Werken, hin auf Christus und dessen Werk als ausschließlicher, verbindlicher Manifestation der Gnade Gottes. Von dieser Voraussetzung geht die theologische Anthropologie der *Confessio Augustana* in ihren Artikeln 2[8], 18[9] und 19 aus.[10]

---

5 In seinem Kommentar zum Römerbrief heißt es auf die Frage, warum Gott die Nichterwählten verdammt habe: „Warum sonst, weil er es so gewollt hat. Warum hat er es aber so gewollt? Mensch, wer bist Du, das Du Gott zur rede stellen willst?", Aurelius Augustinus, Epistulae ad Romanos inchoata expositio, 186, 23, zit. nach Horst Georg Pöhlmann, Abriss der Dogmatik, Gütersloh 1980, 234.

6 Auch, als insbesondere Melanchthon später begonnen hat, seinen strengen frühreformatorischen Detereminismus etwas zu mildern, vgl. dazu weiter unten.

7 Das gilt für Luther wie den frühen Melanchthon, die sich auch insoweit beide auf Augustinus beziehen. In Auslegung von Röm. 9,20 – 23 heißt es z. B. bei Luther: „Ja, lieber Mensch, wer bist du denn, dass du mit Gott rechten willst? Spricht etwa ein Werk zu seinem Meister: Warum hast du mich so gemacht? Hat nicht der Töpfer Macht über den Ton, aus demselben Klumpen ein Gefäß zu ehrenvollem und ein anderes zu nicht ehrenvollem Gebrauch zu machen? Da Gott seinen Zorn erzeigen und seine Macht kundtun wollte, hat er mit großer Geduld ertragen die Gefäße des Zorns, die zum Verderben bestimmt waren, auf dass er den Reichtum seiner Herrlichkeit kundtue an den Gefäßen der Barmherzigkeit, die er zuvor bereitet hatte zur Herrlichkeit.", Martin Luther, Vom unfreien Willen, in: Vom unfreien Willen. Schriften zur Neuorganisation der Kirche, hg. v. Hermann Barge u. a., München o. J. [künftig: DSA], 44. In der Sache genauso Philipp Melanchthon: „Die Geheimnisse der Gottheit [aber] sollten wir lieber anbeten als sie zu erforschen.", vgl. Loci 1521, S. 19, Nr. 6.

8 „[...] Weiter wird gelehrt, dass nach dem Fall Adams alle Menschen, die auf natürliche Weise geboren werden, in Sünden empfangen und geboren werden, das heißt: dass sie von Mutterleib an voller böser Lust und Neigung sind und von Natur aus keine wahre Gottesfurcht, keine wahre Liebe gegenüber Gott und keinen wahren Glauben an Gott haben können.", Die Bekenntnisschriften der Evangelisch-Lutherischen Kirche, hg. v. Irene Dingel u. a., Göttingen 2014 [künftig: BSELK], 94 – 97; modernisiertes Deutsch: Die Bekenntnisschriften der Evangelischen Landeskirche in Baden, Bd. 1: Textsammlung, Augsburger Bekenntnis, bearb. v. Wolfgang Vögele, hg. v. Evangelische Landeskirche in Baden, Karlsruhe o. J. [künftig: EkiBa], 19 – 20.

9 „[...] Vom freien Willen wird folgendermaßen gelehrt: dass der Mensch in gewissem Maße einen freien Willen hat, nach dem er äußerlich ehrbar leben und unter den Dingen wählen kann, die die Vernunft begreift; aber ohne Gnade, Hilfe und Wirkung des Heiligen Geistes vermag der Mensch nicht Gott wohlgefällig zu werden, [kann nicht] Gott herzlich fürchten, lieben oder glauben oder die angeborenen bösen Lüste aus dem Herzen werfen. Sondern das geschieht durch den Heiligen Geist, der durch Gottes Wort gegeben wird. Denn Paulus spricht 1Kor 2[,14]: ‚Der natürliche Mensch vernimmt nichts von Gottes Geist'. Und damit erkennbar wird, das damit nichts Neues gelehrt wird, so sind dies die klaren Worte Augustins, die hier aus dem dritten Buch des Hypo-

Bereits ihre Vorformen[11] rezipieren den altkirchlichen Gedanken von der Unfähigkeit des Willens zum Guten aufgrund seiner Bindung an Sünde und Schuld, welche allein durch Christi Kreuz und Auferstehung gelöst werden kann.[12] Danach hat der Mensch *statu corruptionis* d. h. nach dem Sündenfall – CA 18 nennt ihn *homo animalis* – zwar Kraft und Pflicht, iSd. zweiten Tafel des Dekalogs *iustitia civilis* zu verwirklichen. Jedoch genügt sie zu seiner Rettung nicht, weil sie seine erbsündlich zerstörte Gottesbeziehung nicht heilt bzw. ihm nicht diejenige geistliche Gerechtigkeit vermittelt, die Gott von ihm fordert. Diese *iustitia spiritualis* ist dem Zugriff des *homo animalis* ebenso verschlossen, wie die Regungen seines eigenen Herzens: Es steht schlechterdings nicht in seiner Macht, Gott zu fürchten, zu lieben, zu vertrauen und – noch einmal CA 18 – „die angeborenen

---

gnosticon beigefügt sind: ‚Wir bekennen, dass in allen Menschen ein freier Wille ist; denn sie haben schließlich alle einen natürlich angeborenen Verstand und Vernunft, nicht, dass sie etwas mit Bezug auf Gott tun könnten, wie: Gott von Herzen zu lieben, zu fürchten, sondern allein in äußerlichen Vollzügen dieses Lebens haben sie die Freiheit, Gutes oder Böses zu wählen. Mit ‚Gutes‘ meine ich das, was die Natur vermag, wie auf dem Acker zu arbeiten oder nicht, zu essen, zu trinken, zu einem Freund zu gehen oder nicht, ein Kleid an- oder auszuziehen, zu bauen, zu heiraten, ein Handwerk zu treiben oder ähnliches Nützliches und Gutes zu tun. Und doch ist und besteht das alles ohne Gott nicht, sondern alles ist aus ihm und durch ihn. Umgekehrt kann der Mensch auch Böses aus eigener Wahl unternehmen, wie vor einem Abgott niederzuknien, einen Totschlag zu verüben etc.‘ Hier werden diejenigen verworfen, die lehren, dass wir Gottes Gebote ohne die Gnade und [ohne den] Heiligen Geist einhalten können, denn wenn wir zwar aufgrund unserer Natur äußerlich den Geboten entsprechende Werke zu tun vermögen, so können wir doch die erhabenen Gebote im Herzen nicht ausführen, Nämlich: Gott wahrhaftig fürchten, ihn lieben, Gott glauben etc.“, BSELK, 112–114; EKiBa, 27.
10 „[…] Vom Ursprung der Sünde wird bei uns gelehrt: Wiewohl Gott der Allmächtige die ganze Natur erschaffen hat und erhält, so wirkt doch der verkehrte Wille in allen bösen Menschen und Verächtern Gottes, wie der Wille des Teufels und aller Gottlosen ist, der, sobald Gott seine Hand abzog, sich von Gott zum Bösen gewandt hat, wie Christus in Joh. 8 [,44] sagt: ‚Der Teufel redet Lügen von seinem Eigenen‘.“, BSELK, 114–115; EKiBa, 27–28.
11 Dazu gehören u. a. die *Schwabacher Artikel*. Sie greifen u. a. auf Melanchthons Unterricht der Visitatoren und Luthers Abendmahlsbekenntnis (beide 1528) zurück, vgl. Wilhelm Maurer, Historischer Kommentar zur Confessio Augustana, Bd. 1: Einleitung und Ordnungsfragen, Gütersloh 1976, 20. Sie formulieren eine – freilich nur reformatorisch-kursächsiche – Position u. a. in ihrem vierten Artikel auch zur Erbsündenlehre: „Das die erbsund ain wahrhafftig sund sey, nicht allein ain fel oder geprechen, sondern ain solliche sund, ie alle menschen, so von Adam komen, verdampt und ewiglich von Got shaidet, wo nicht Jesus Christus und retten und solliche sund sambt allen sunden, so daraus volgen auf sich genommen het […].“, Die Bekenntnisschriften der Evangelisch-Lutherischen Kirche. Quellen und Materialien, hg. v. Irene Dingel u. a., Bd. 1: Von den altkirchlichen Symbolen bis zu den Katechismen Martin Luthers, Göttingen 2014 [künftig: BSELK QuM, Bd. 1], Die Schwabacher Artikel, Nr. 4, S. 39.
12 Wilhelm Maurer, Historischer Kommentar zur Confessio Augustana, Bd. 2: Theologische Probleme, Gütersloh 1978, 48.

bösen Lüste aus dem Herzen [zu] werfen". Dabei geht es nicht um Moral, sondern um eine defekte Gottesbeziehung. Ihre Heilung erfordert die Rekonstituierung durch die Taufe.[13]

1 Aurelius Augustinus

CA 18 sieht den Willen *statu corruptionis* als Doppelphänomen: Absolut unfrei einerseits in Bezug auf Gott und relativ frei andererseits, um gewisse äußere Entscheidungen zu treffen.[14] Diese Doppelheit verknüpft sich eng mit Augustins[15] Sicht[16] auf die Archetypen der biblischen Schöpfungserzählung. *Statu integritatis* – vor dem Sündenfall – hält er sie für substantiell frei. Diese Freiheit besteht in erster Linie im freien Willen hin zu Gott als dem *summum bonum*,[17] von dem sie

---

13 Maurer, Historischer Kommentar, Bd. 2, 60.

14 BSELK, CA 18, S. 114, Z. 5 – 6.

15 * 354 in Thagaste (heute: Souq Ahras/Algerien), † 430 in Hippo Regius (heute: Annaba/Algerien).

16 CA 18 bezieht sich auf das „3. Buch des Hypognosticon". Gemeint ist das *Hypomnesticon contra Pelagianos et Coelestianos*, wo sich die Äußerungen, die CA 18 zitiert, im 3. Buch, 4. Kapitel, Ziff. 5 finden, vgl. https://www.documentacatholicaomnia.eu/02m/0354-0430,_Augustinus,_Hy pomnesticon_Vulgo_Libri_Hypognosticon,_MLT.pdf (31.05.2021), Sp. 1623. Dabei handelt es sich jedoch offenbar um eine augustinisch inspirierte Abhandlung, die seit dem 9. Jh. unter dem Namen des Kirchenvaters kursiert ist und als Argumentationspool im Kontext der Auseinandersetzungen über die Prädestination gedient hat. („L'Hypomnesticon est un traité qui a circulé sous le nom d'Augustin, et qui a en particulier servi de réservoir d'arguments, du IXe siècle à la Réforme, dans le cadre des querelles sur la prédestination."), Anne Grondeux, Note sur la présence de l'Hypomnesticon pseudo-augustinien dans le Liber glossarum. Dossiers d'HEL, SHESL, 2015, L'activité lexicographique dans le haut Moyen Âge latin Rencontre autour du Liber Glossarum (suite), 8, pp. 59 – 78, https://halshs.archives-ouvertes.fr/halshs-01174635/document (31.05.2021). Veröffentlichung der französischen Gesellschaft für Erkenntnistheorie und Sprachgeschichte (Société d'Histoire et d'Épistémologie des Sciences du Langage) an der Universität Paris VII (Université Paris Diderot).

17 „Denn Gott ist, und er ist wahrhaft und auf höchste Weise. [...] Ich rufe aber mit der inneren Stimme und begehre, von der Wahrheit selbst erhört zu werden und ihr anzuhängen, was ich nicht nur für ein Gut sondern auch für das höchste und glückselig machende Gut erachte.", De libero arbitrio – Der freie Wille. Zweisprachige Ausgabe, eingel., übers. u. hg.v. Johannes Brachtendorf, in: Augustinus Opera – Werke, B. Frühe Philosophische Studien, Bd. 9, Paderborn 2006 [künftig: DLA_Aug], 185, Ziff. 154, 156. Ebenso: „Höchster Gegenstand des Genusses ist der dreieinige Gott", Augustinus: Vier Bücher über die christliche Lehre, in: Bibliothek der Kirchenväter. Eine Auswahl patristischer Werke in deutscher Übersetzung [künftig: DeDoctr.], http://www.unifr.ch/bkv/kapi tel5464-5.htm (21.2.19), V, 5.

leben. Indem sie sich jedoch entscheiden, diese Freiheit zu missbrauchen,[18] vollziehen sie die Abwendung von ihrer Lebensgrundlage und die Hinwendung zum „Nichts".[19] Damit begründen sie ihre Alleinverantwortlichkeit für das Böse,[20] ihre Urschuld, an der sie letztlich sterben.[21] Gleichsam als Sargnägel identifiziert Augustinus den Hochmut (*superbia*),[22] die Begierde (*concupiscentia*) und die Selbstliebe (*amor sui*), die er bereits in ihrem Beginn mit dem Keim der Gottesverachtung kontaminiert sieht.[23]

1.1 Gnade und Schuld, Erbübel und Erbsünde

Schon am Anfang seiner Zeit als Bischof von Hippo findet dieses Konzept die finale Zuspitzung.[24] Dazu gehört der Gedanke, die Urschuld der biblischen Ar-

---

18 DLA_Aug, Einleitung, 3, 8.

19 Da Gott alles ist, hat alles, was außerhalb seiner ist – das Böse – bei Augustinus keine eigene Gestalt. Er bezeichnet es als eine *privatio boni* (Raub an Gutem), und zwar umso mehr je mehr es böse ist, bis am Ende schließlich identisch ist mit dem Nichts: „[...] das Böse ist durchaus keine Wesenheit, wir drücken vielmehr mit dieser Bezeichnung lediglich den Abgang des Guten aus.", Aurelius Augustinus, Zweiundzwanzig Bücher über den Gottesstaat, in: Bibliothek der Kirchenväter. Eine Auswahl patristischer Werke in deutscher Übersetzung [künftig: DeCiv.], https://www. unifr.ch/bkv/kapitel1931-14.htm-Adam (21.2.19). „Wenn also etwas jeglichen Gutes beraubt wird, so hört es überhaupt auf zu sein; folglich ist es gut, solange es besteht. Folglich sind auch alle Dinge gut, und das Böse, nach dessen Ursprunge ich forschte, ist kein Ding, da es, wenn es ein Ding wäre, gut sein müßte. Denn dann müßte es entweder eine unvergängliche Substanz – und damit zweifellos ein hohes Gut – oder eine vergängliche Substanz sein; und vergänglich könnte sie nur sein, wenn sie gut wäre.", Aurelius Augustinus, Confessiones VII, 12, in: Bibliothek der Kirchenväter. Eine Auswahl patristischer Werke in deutscher Übersetzung [künftig: Conf.], http:// www.unifr.ch/bkv/kapitel69-11.htm (21.2.19). Im selben Sinne noch klarer: „[...] von der Wahrheit mich entfernend, glaubte ich mich auf dem Wege zu ihr zu befinden, da ich damals nicht wußte, daß das Böse die absolute und vollständige Negation des Guten ist.", http://www.unifr.ch/bkv/ka pitel65-6.htm (21.2.19), Conf. III, 7.

20 DLA_Aug, Einleitung, 9.

21 „Adam hat durch seine Sünde Gott verlassen, ehe Gott ihn verließ, und der erste Tod der Seele bestand in der Abkehr von Gott.", De.Civ., https://www.unifr.ch/bkv/kapitel1931-14.htm-Adam (21.2.19), XIII, 15.

22 Aurelius Augustinus, De natura et gratia liber unus, in: Sant' Agostino Augustinus Hipponensis, S. Aurelii Augustini Opera Omnia, editio latina, PL 44, https://www.augustinus.it/latino/ natura_grazia/ (07.06.2021), XXIX, 33: *initium omnis peccati superbia*.

23 „Zweierlei Liebe also hat die beiden Staaten gegründet, und zwar den Weltstaat die bis zur Verachtung Gottes gesteigerte Selbstliebe, den himmlischen Staat die bis zur Verachtung seiner selbst gehende Gottesliebe.", De Civ., https://www.unifr.ch/bkv/kapitel1930-27.htm-Adam (21.2.19), XIV, 28.

24 Brief an Simplician (396), vgl. zum insgesamt DLA_Aug, 31.

chetypen sei durch Fortpflanzung und Vererbung auf die nachkommenden Generationen übergegangen.[25] Dadurch seien sie zur *massa damnata*[26] geworden: Zur Gesamtheit der Verlorenen. Deshalb bedarf es im Denken Augustins eines neuerlichen Schöpfungsaktes zur Wiederherstellung.[27] Dieser vollzieht sich als Werk der vorausgehenden, Sünde und Tod überwindenden Gnade Gottes an jenen, die zur Erlösung vorherbestimmt sind.[28] Sie – und nur sie – werden zu einem neuen Leben in Glaube, Liebe und Hoffnung befreit, und zwar so, dass sie daran festhalten[29] und es durchführen können.[30] Dadurch widerfährt ihnen Befreiung aus dem Gefängnis ihrer selbstverschuldeten Sünde.[31] Sie werden geheilt von der Unfähigkeit ihres Herzens, Gott zu fürchten, zu lieben und zu vertrauen. Im Vorherwissen um die Verdienste, die er ihnen ermöglichen werde, schafft er seine Erwählten in einem allmählichen Prozess neu und führt sie zurück in den paradiesischen *status integritatis*.[32] Augustinus lässt keinen Zweifel: Abgesehen von dieser prädestinatorischen Wiederherstellung, der Neuwerdung durch Gottes

---

[25] In dieser Logik bedürfen insbesondere Säuglinge der Taufe, da sie ansonsten als Teil der *massa perditionis* der Verdammnis anheimfallen, vgl. dazu DLA_Aug, 28 – 29.

[26] „Die dem Verdammungsurteil unterworfene Gesamtheit des Menschengeschlechtes [*massa damnata*] lag, ja wälzte sich förmlich im Bösen und stürzte von Bösem in Böses; so büßte sie für ihren gottlosen Abfall [...]", Augustinus, Vier Bücher über die christliche Lehre, in: Bibliothek der Kirchenväter. Eine Auswahl patristischer Werke in deutscher Übersetzung [Enchiridion], http://www.unifr.ch/bkv/kapitel2258-7.htm#4 (21.2.19), VIII, 27.

[27] „Vom Fall des ersten Menschen, wobei die gut erschaffene Natur verschlechtert ward, die nun nur von ihrem Schöpfer wiederhergestellt werden kann.", De.Civ., http://www.unifr.ch/bkv/kapitel1932-10.htm-Adam (21.2.19), XIV, 11.

[28] DLA_Aug, 34.

[29] DLA_Aug, 257, Ziff. 130 – 131: „Wenn also ein erschaffenes vernünftiges Wesen gelobt wird, bezweifelt niemand, dass derjenige, der es geschaffen hat, zu loben ist; und wenn es getadelt wird, bezweifelt niemand, dass sein Schöpfer gerade in diesem Tadel gelobt wird. Denn wenn wir es deswegen tadeln weil es das höchste und unwandelbare gut, d. h. seinen Schöpfer, nicht genießen will, loben wir zweifellos diesen. Welch ein großes Gut also und wie unaussprechlich mit allen Zungen und unaussprechlich mit allen Gedanken ist Gott, der Schöpfer aller Dinge, zu Preisen und zu Ehren, denn wir können weder gelobt noch getadelt werden, ohne dass er gelobt würde. Denn wir können dafür dass wir nicht in ihm verharren nur getadelt werden, weil es ein großes Jahr unser höchstes und erstes gut ist, in ihm zu verharren."

[30] *gratia cooperans*, DLA_Aug, 56.

[31] DLA_Aug, 69.

[32] Vgl. dazu auch DLA_Aug, 291, Ziff. 221: „Der Schöpfer der Seele wird aber in jedem Fall gepriesen, weil er sie von Anfang an auf die Empfänglichkeit für das höchste Gut angelegt hat, oder weil er ihren Fortschritt unterstützt, oder weil er sie im Fortschreiten erfüllt und vollendet, oder weil er dem Sünder, d. h. demjenigen, der sich von Anfang an weigert, sich zur Vollendung zu erheben, oder der aus einem fortgeschrittenen Zustand zurückfällt, in gerechter Verurteilung seinen Verdiensten gemäß einen Platz anweist."

Geist in Jesus Christus[33] gibt es kein Entrinnen. Die weniger Glücklichen bleiben der ewigen Verdammnis als ihrem Geschick und ihrer Schuld überlassen.[34]

1.2 Augustinus und die Willenslehre der *Confessio Augustana*

Dieses Sündenverständnis – an das sich CA 18 unmittelbar anschließt – hat eine problematische Rezeptionsgeschichte erfahren.[35] Besonders fatal – wie auch sachlich irreführend – hat sich das Fortpflanzungs- bzw. Vererbungsnarrativ ausgewirkt.[36] Es trägt in den Sündenbegriff eine sexuelle Konnotation ein, die Gen. 3 fremd ist.[37] Sehr viel grundsätzlicher handelt es sich hier um die Bindung des Geschöpfs an sich selbst und die Zerstörung seiner Lebensbedingungen bzw. Lebensbeziehungen, die dies nach sich zieht. Im Licht von Gen. 3 ist Sünde die Welt- und Gottesbemächtigung[38] zum Zwecke menschlicher Selbstinszenierung und Selbsttranszendierung: Ein Prozess, der mit der inneren Distanzierung beginnt, die Gott und sein Gebot anzweifelt, um dann in die äußere Tat der sichtbaren Gehorsamsverweigerung zu münden. Insofern repräsentieren die biblischen Archetypen *statu corruptionis* den Grundwiderspruch menschlicher Existenz:[39] Einerseits die suchtvolle Gottesanmaßung zwischen Lebensdurst und

---

33 „Alle diejenigen aber, die von der seit des ersten Menschen Zeiten her fluchbeladenen Schar durch den einen Mittler zwischen Gott und den Menschen (nämlich Christus) nicht losgelöst werden, werden allerdings auch auferstehen, und zwar jeder mit seinem Fleische: aber nur um mit dem Teufel und seinen Engeln bestraft zu werden.", Enchiridion, http://www.unifr.ch/bkv/kapitel2258-22.htm (21.2.19), XXIII, 92.

34 „Im ersten Menschen entstand die Gesamtheit des Menschengeschlechtes und Gott sah vorher, wer als Teil dieser Gesamtheit durch Belohnung ausgezeichnet und wer durch Verdammnis gestraft werden sollte.", De Civ., https://www.unifr.ch/bkv/kapitel1930-27.htm-Adam (21.2.19), XII, 28 [27].

35 Sie legt fälschlicherweise z.B. nahe, Hochmut auf persönliche Arroganz zu reduzieren und diskreditiert – im Grunde bis in unsere Tage – den Gedanken Selbst*fürsorge* als *amor sui*.

36 „Fragwürdig ist der Begriff der Erbsünde, denn er suggeriert eine Spekulation über die Herkunft und Übertragung der Sünde. Mit den Begriffen ‚Ursünde' (peccatum originale) oder ‚Personsünde' (peccatum personale), die Luther bevorzugte, dürfte der gemeinte Sachverhalt besser ausgedrückt sein.", Gunda Schneider-Flume, Grundkurs Dogmatik, Göttingen 2004, 243.

37 Schneider-Flume, Dogmatik, 241.

38 Schneider-Flume, Dogmatik, 242.

39 Vgl. dazu Siegfried Wagner, Anmerkungen eines Alttestamentlers zur Erbsündenlehre der Confessio Augustana (Artikel II), in: Fritz Hoffmann (Hg.), Die Confessio Augustana im ökumenischen Gespräch, Berlin 1980, 125.

Größenwahn.[40] Andererseits die hilflose Geschöpflichkeit zwischen Acker und Dornen, Kraftaufwand und Misserfolg, Mühsal und Schmerzen,[41] verbunden mit der Erfahrung, dem Ineinander von Sehnsucht und Scheitern nicht zu entrinnen.[42] Deshalb sprechen wir bei Sünde durchaus nicht von Sexualität, sondern von der Universalität einer Schuld- und Verhängniswirklichkeit als Ursache und Folge gleichermaßen.[43] Es geht um den existentiellen und beklemmenden Tatbestand von Verantwortung ohne individuell-schuldhaftes Handeln. Es geht um Verwerflichkeitszusammenhänge, über die das Individuum gar nicht willentlich entscheidet, denen es aber gleichwohl ausgeliefert ist, weil es mit seiner Geburt in sie eintritt und sie verlängert. Darin wurzelt seine Erlösungsbedürftigkeit, so, wie sie von den Reformatoren und der CA diagnostiziert wird.

2 Erasmus von Rotterdam

Dies führt uns – gewissermaßen auf dialektischer Steige – zu Erasmus von Rotterdam. Was CA 2, CA 18 und CA 19 sagen, warum sie es so sagen, und *was* genau sie damit sagen wollen, hat – *sub contrario* – mit dem Augustiner Chorherrn aus Basel so viel zu tun, wie mit dem Augustinermönch aus Wittenberg bzw. dem Lehrer Deutschlands.

Die Sympathie, mit der Erasmus den Gang der Reformation anfangs noch begleitet, wandelt sich schnell in Skepsis. Er findet Luther zu radikal,[44] zu maßlos.[45] Ohne ihn direkt anzugreifen, mahnt er bereits 1518 zu Vorsicht und Zu-

---

40 Gen. 3, 4 – 5: „Da sprach die Schlange zu der Frau: Ihr werdet keineswegs des Todes sterben, sondern Gott weiß: an dem Tag, da ihr davon esst, werden eure Augen aufgetan, und ihr werdet sein wie Gott und wissen, was gut und böse ist."

41 Gen. 3, 14 – 20.

42 Wagner, Erbsündenlehre, 124.

43 Schneider-Flume, Dogmatik, 243.

44 „Man übertreibt daher die Bedeutung der Erbsünde ins ungeheuerliche und behauptet, dass durch sie auch die hervorragendsten Fähigkeiten des Menschen so verderbt seien, dass er aus sich selber nichts anderes vermöge als Gott zu verkennen und zu hassen.", Desiderius Erasmus, Eine Diatribe oder ein Gespräch über den freien Willen, hg. u. übers. v. Otto Schumacher, Göttingen 1988, https://digi20.digitale-sammlungen.de/de/fs1/object/goToPage/bsb00048294.html?pageNo=84&zoom=1.00, (07.06.2021) [künftig: DLA], IV 13, 84 – 85. „Luther hat [den freien Willen] zunächst nur durch Abtrennung des rechten Armes verstümmelt, späterhin auch damit nicht zufrieden hatte den freien Willen vollends erdrosselt und beseitigt.", DLA IV 16, 87.

45 „Es gilt also Maß zu halten; dann wird man zu dem Ergebnis kommen, dass gute Werke, wenn auch nicht vollkommene Werke möglich sind, doch ohne dass der Mensch sich etwas darauf einbilden dürfte; auch ein Verdienst dürfte möglich sein, im ganzen aber wäre es Gott zu verdanken. Es gibt also über die Maßen viel Schwäche, Mängel und Bosheit im Leben der Sterbli-

rückhaltung.[46] Gleichwohl sieht er sich konfrontiert mit heftigsten Verleumdungen durch seine christlichen Priesterbrüder. Man wirft ihm vor, in Wahrheit sei doch *er* es, der Luther die ketzerische Feder führe.[47] Als dann im Mai 1519 sein Wunsch nach Vereinbarung von Grundsätzen für die weitere gemeinschaftliche Führung des Kampfes[48] unerfüllt bleibt, beginnt Erasmus, sich abzuwenden. Immer noch unter Vermeidung der direkten Konfrontation. Den offenen Bruch[49] markiert erst im Herbst 1524 sein *Unterricht vom freien Willen* (*De Libero Arbitrio Diatribē*).

2.1 *De Libero Arbitrio*

Darin fordert er die Rückbesinnung auf die Quellen und Wurzeln der Kirche. Er will die Frömmigkeit der ersten Christen wiederbeleben[50] und setzt einen starken pädagogischen Akzent.[51] Wie Philipp Melanchthon in den *Loci* von 1521[52] warnt

---

chen, sodass ein jeder, wenn er sich selbst betrachten wollte, gern sein Helmbusch niederlegte, auch wenn wir nicht allen Ernstes behaupten, dass der Mensch – und sei er noch so sehr gerechtfertigt – nichts anderes sei als Sünde, was wir schon deswegen nicht können, weil Christus ihn einen Wiedergeborenen und weil Paulus ihn eine neue Kreatur nennt.", DLA IV 16, 88.

46 In der Neuauflage des *Enchiridion Militis Christiani*.

47 Cornelius Augustijn, Erasmus von Rotterdam, in: Martin Greschat (Hg.), Gestalten der Kirchengeschichte, Bd. 5, Stuttgart 1993, 72.

48 Brief vom 30. Mai 1519, vgl. LBW, Bd. 1, Nr. 183, S. 412–413.

49 Vgl. dazu und zum Folgenden Augustijn, Erasmus, 71.

50 „[...] im Übrigen sollen wir glauben, dass alles, was uns in diesem Leben widerfährt [...] zu unserem Heil von Gott verursacht worden ist und es keinem Unrecht geschehen kann durch ihn, der von Natur gerecht ist, mag uns gleich etwas treffen, was wir nicht verdient zu haben scheinen; und niemand soll verzweifeln an der Vergebung seitens des von Natur unendlich gnädigen Gottes. Dieses zu wissen [...] genügt meines Erachtens zur christlichen Frömmigkeit und man hätte nicht mit unfrommer Neugierde eindringen sollen in jene abgründigen, um nicht zu sagen: überflüssigen Fragen, ob Gottes Vorherwissen mit einer Nicht-Notwendigkeit [menschlichen Tuns] vereinbar ist [oder] ob der menschliche Wille etwas beitragen kann zu dem, was Einfluss hat auf unser ewiges Heil [...]", DLA Ia 8, 13–14.

51 „Wozu würden die vielen Lobsprüche über fromme Männer bei Sir. 44 ff. dienen, wenn menschlicher Eifer keinerlei Lob verdiente? Was wäre unter dem überall gelobten Gehorsam zu verstehen, wenn der Mensch bei guten und ebenso bei bösen Werken ein solches Werkzeug für Gott wäre, wie das weil es für ein Zimmermann ist? Doch solche Werkzeuge wären wir alle, wenn die Lehre Wiklifs war wäre, wonach alles – mag es vor oder nach Empfang der Gnade geschehen und mag es gut, böse oder sittlich gleichgültig sein – aus reiner Notwendigkeit geschieht: eine Meinung, der Luther zustimmt. Damit niemand vorwenden kann, dass dies von mir erdichtet sei, setze ich seine eigenen Worte aus den ‚Behauptungen' [vgl. Assertio, WA 7, 146, 3 ff.] hierher: ‚Daher muss auch dieser Artikel widerrufen werden. Ich habe mich nämlich schlecht ausgedrückt,

auch er davor, sich an den Geheimnissen der *Heiligen Schrift* abzuarbeiten: Es sei nicht Aufgabe des Menschen, zu enthüllen, was Gott verborgen habe. Von hier aus sucht und findet Erasmus in der *Heiligen Schrift* die vielfache Anweisung zu einem sittlich guten Leben.[53]

Seine Argumentation vollzieht sich zunächst unter bemerkenswerter Distanzierung von Augustin.[54] Er schreibt:

> Nehmen wir [...] an, dass in irgendeinem Sinne [!] wahr sei, was Augustin geschrieben hat [...]. Welch ein großes Fenster würde die Bekanntgabe dieser Meinung unzähligen Menschen zur Gottlosigkeit öffnen. Zumal, da die Menschen durchweg geistig schwerfällig und beschränkt, dazu boshaft und ohnehin zu jedem gottlosen Frevel unverbesserlich geneigt sind. Welcher Schwache würde hinfort noch aushalten: Den dauernden und mühevollen Kampf gegen das eigene Fleisch? Welcher Böse würde hinfort noch sein Leben zu bessern trachten? Wer könnte sich überwinden, von ganzem Herzen einen Gott zu lieben, der die Hölle heizte mit ewiger Pein, um dort für seine eigenen Missetaten armselige Menschen zu bestrafen, als freue er sich an ihren Foltern? So nämlich würden sich die meisten die Sache zurechtlegen. Die Menschen sind ja durchweg ungebildet und weltlich gesonnen; sie neigen ohnehin zum

---

wenn ich sagte der freie Wille sei in Wirklichkeit ein leerer Titel; ich hätte vielmehr einfach sagen sollen: der freie Wille ist in Wirklichkeit nur eine Erdichtung oder ein Titel, hinter dem keine Wirklichkeit steckt; denn es steht in niemandes macht, irgendetwas Gutes oder Böses zu planen, sondern alles geschieht, wie der zu Konstanz verurteilte Artikel Wiklifs richtig lehrt, aus absoluter Notwendigkeit.' [...].", DLA IIb 7 und 8, 45–46.

52 „Die Geheimnisse der Gottheit [aber] sollten wir lieber anbeten, als sie zu erforschen", Loci 1521, S. 19. Nr. 6.

53 „Es gibt einiges, das uns nach dem Willen Gottes gänzlich unbekannt sein soll; so zum Beispiel unser Todestag oder der Tag des jüngsten Gerichts [...] Anderes sollen wir nach dem Willen Gottes auf eine Weise erforschen, dass wir ihn selber im geheimnisvollen Schweigen verehren. Deshalb gibt es in der Heiligen Schrift viele Stellen [...], an den viele herumgerätselt haben, ohne dass es jemandem gelungen wäre, die Mehrdeutigkeit vollkommen zu beseitigen [...]. Anderes soll uns genau bekannt sein, zum Beispiel die Anweisung zu einem sittlich guten Leben. Dies ist offenbar das Wort Gottes dass man nicht erst vom hohen Himmel herab zu holen noch über das weite Meer herbeizuschaffen braucht, dass vielmehr nahe ist nämlich in unserem Munde und unserem Herzen. Dieses ist von allen genau zu erlernen [...]", DLA Ia 9, 14

54 „Augustinus ist infolge des Kampfes mit Pelagius ungünstiger gegen den freien Willen gestimmt worden, als er es vorher war.", DLA IV 7, 79. In ähnlicher Argumentationsrichtung: „Der heilige Augustinus und seine Parteigänger schätzen [...], wie verderblich für wahre Frömmigkeit es sei, wenn der Mensch sich auf seine eigenen Kräfte verlasse, den Anteil der Gnade, deren Bedeutung Paulus bei jeder Gelegenheit einschärfte, höher ein. Augustinus bestreitet demnach, dass der Mensch – der Sünde verfallen – sich bessern oder etwas tun könne, was zu seinem Heile beitrüge, wenn er nicht durch die unverdiente Gnade Gottes auf übernatürliche Weise angespornt werde, das zu wollen, was ihn zum ewigen Leben führen kann [...]. Nun sind aber der Glaube, der bewirkt, dass wir Heilbringendes wollen, und die Liebe die bewirkt dass unser Wollen zum Ziel führt nicht so sehr zeitlich voneinander trennbar als von Natur verschieden; sie können jedoch beide durch zeitlichen Zuwachs vermehrt werden.", DLA IIa, 30.

Unglauben, zu Frevel und zu Gotteslästerung, sodass man nicht noch Öl ins Feuer gießen brauchte.[55]

Von diesem Menschenbild herkommend definiert Erasmus in seiner Eingangs-bestimmung den Willen als dasjenige „[...] Vermögen [...], mit dem der Mensch sich dem, was zur ewigen Seligkeit führt, zuwenden oder von ihm abwenden kann."[56] Ermöglicht wird ihm dies durch die einmal verliehene Gnade der Ver-gebung. Durch sie erwerbe er jene Freiheit zurück, die ihn in den Stand versetze, trotz seiner Geneigtheit zum Bösen – auch coram Deo – mit Aussicht auf Erfolg nach dem Guten zu streben.[57] Damit halten wir den roten Faden in der Hand, der sich bis zum Schluss durchzieht. Dort fasst Erasmus seinen Punkt noch einmal zusammen. Er schreibt:

> Warum dem freien Willen etwas zugestehen? [...] Damit es etwas gibt, was verdientermaßen den Gottlosen zugerechnet werden kann, die sich der Gnade Gottes willentlich entziehen; damit von Gott ferngehalten werde die fälschliche Anklage, er sei grausam und ungerecht; damit von uns ferngehalten werde die Verzweiflung ebenso wie die Sicherheit und damit wir zum Streben angespornt werden. Aus diesen Gründen wird von fast allen festgestellt, dass es einen freien Willen gibt, der aber – damit aller menschlichen Hoffart vorgebeugt werde – ohne die dauernde Gnade Gottes unwirksam ist.[58]

---

55 DLA Ia 11, 16.
56 DLA Ib 10, 24.
57 „Unser Urteilsvermögen [...] ist durch die Sünde verdunkelt, nicht ausgelöscht worden; unser Wille als ein Vermögen zu wählen und zu meiden ist bis zu dem Gerade verderbt worden, dass er durch seine natürlichen Hilfsmittel nicht wieder besser werden kann, sondern seine Freiheit verloren hat und genötigt ist, der Sünde zu dienen der sich willentlich einmal verschrieben hat. Doch durch die Gnade Gottes, die ihm die Sünde vergeben hat, ist der bis zu einem gewissen Grade wieder frei geworden [...] infolge der ständig gegenwärtigen Hilfe der göttlichen Gnade der Mensche in rechter Beschaffenheit zu streben fortfahren kann, ohne indessen frei zu sein von einer Geneigtheit zum Bösen, die von den Überresten der einmal eingeworbenen Sünde herrührt. Wie die Sünde der Stammeltern auf die Nachkommen übertragen worden ist, so geht auch die Geneigtheit zum sündigen auf uns alle über; diese wird durch die Sünden tilgende Gnade bis zu dem gerade abgeschwächt, dass sie überwunden, nicht aber ausgerottet werden kann. Nicht, als ob hierzu die Gnade nicht imstande wäre, sondern weil es uns nicht dienlich wäre.", DLA IIa 3, 25–26.
58 DLA IV 16, 88.

2.2 *De Libero Arbitrio* als dialektische Voraussetzung für die Anthropologie der *Confessio Augustana*

Soweit Erasmus von Rotterdam. Seine Argumentation wird geleitet durch den Gedanken, die Vernunft sei durch die Erbsünde nicht vollständig kompromittiert.[59] Der Mensch könne *adiuvante Dei gratia* willentlich dem Gerechten – und *das* bedeutet hier nicht nur der äußeren Rechtschaffenheit, sondern auch der *iustitia spiritualis* – sich zuwenden bzw. annähern. Dies begründet gleichzeitig seine Verantwortung für das Böse.[60] Die Ermächtigung des Willens zum Guten bildet den grundlegenden Dissens mit Luther. Insofern von ihm her Melanchthons Augsburger Formulierungen mitbeeinflusst sind, halten wir Erasmus von Rotterdam in der Tat für einen dialektischen Vorläufer der CA, einen ihrer – wenn man so will – indirekten Wegbereiter.

3 Martin Luther

Sehr viel direkter[61] ist dagegen der Einfluss Luthers. An erster Stelle stehen hier seine Abhandlung *Über den unfreien Willen* von 1525 (*De Servo Arbitrio*[62]) und sein Abendmahlsbekenntnis von 1528.[63] Beide setzen zwar Augustinus voraus, voll-

---

59 Vgl. dazu und zum Folgenden Thomas Kaufmann, Die Geschichte der Reformation in Deutschland, Berlin 2016, 123.

60 „[...] einige rechtgläubige Väter [unterscheiden] drei Schritte einer menschlichen Handlung: 1. das Denken, 2. das Wollen und 3. die Ausführung. Beim erstens zwar und beim dritten Schritt schreiben sie dem freien Willen keine Möglichkeit zu, irgendetwas auszurichten. [...] jedoch beim mittleren Schritt bei der Einwilligung ist zugleich die Gnade und der menschliche Wille wirksam, allerdings so, dass die hauptsächliche Ursache die Gnade und die weniger hauptsächliche Ursache unser Wille ist.", DLA IIIc 4, 67. Diesen Gedanken wird die altprotestantische Orthodoxie des 17. Jhdts. neu auflegen: Die Vorstellung, zum Vollzug einer Handlung könnten und müssten Gott und Mensch, Gnade und Wille, eine Allianz, einen *concursus* in der Weise eingehen, dass für eine Handlung „[...] die hauptsächliche Ursache die Gnade und die weniger hauptsächliche Ursache unser Wille", Andreas Klein, Willensfreiheit auf dem Prüfstand. Ein anthropologischer Grundbegriff in Philosophie, Neurobiologie und Theologie, Neukirchen-Vluyn 2009, 364. Der Beitrag der klassischen *concursus-divinus*-Lehre zur Theodizee-Frage besteht darin, dass sie dem Menschen insofern eine gewisse Eigenständigkeit gegenüber Gott einräumt, als er Zweitursachen setzen kann, für die er selbst die Verantwortung trägt. Deshalb ist er (und nicht Gott) für die Folgen seiner schlechten Handlungen verantwortlich. Vgl. dazu im Einzelnen Klein, Willensfreiheit, 368.

61 Maurer, Historischer Kommentar, Bd. 2, 47.

62 Künftig: DSA.

63 Luther, Ausgewählte Schriften, 251.

ziehen jedoch ebenfalls – freilich wiederum anders als Erasmus – eine Distanzierung.[64] Das macht es mindestens schwierig, den Augustinermönch kurzerhand auf den *spiritus rector* seines Ordens zu reduzieren.

3.1 *Simul iustus et peccator*

Augustinus – wir erinnern uns – spricht von Gottes vorausgehender bzw. mitwirkender Gnade. Sie verwandelt eine vorherbestimmte Auswahl der Kinder Adams in Kinder Gottes. In diesem durch prädestinatorischen Ratschluss sich vollziehenden Prozess erfährt der im Sündenfall kompromittierte, zum Guten unfähige Wille die Heilung[65] seiner Substanz.[66] In der Augustinusforschung hat

---

64 Bereits in der Leipziger Disputation wird Augustin durch Luther relativiert: Furcht vor Strafe befördere nicht die Gewöhnung an die Gerechtigkeit, sondern daran, an Gott zu verzweifeln und ihn zu hassen, jedenfalls dann, „wenn die Gnade nicht dabei [sei.] Wenn aber die Gnade mit eingeschlossen wird, so lasse ich es gelten." Vgl. Johann Georg Walch, Martin Luthers sowol in deutscher als lateinischer Sprache verfertigte und aus der letztern in die erstere übersetzte sämtliche Schriften, Funfzehenter Teil, welcher die zur Reformationshistorie gehörige Documenten von 1517 bis 1524 enthält, nebst einem Vorbericht von der Nothwendigkeit, Göttlichkeit und Zulänglichkeit der Reformation [...], Halle 1745, Sp.1283.
65 *Natura quippe hominis primitus inculpata et sine ullo vitio creata est; natura vero ista hominis, qua unusquisque ex Adam nascitur, iam medico indiget, quia sana non est. Omnia quidem bona, quae habet in formatione, vita, sensibus, mente, a summo Deo habet creatore et artifice suo. Vitium vero, quod ista naturale bona contenebrat et infirmat, ut illuminatione et curatione opus habeat, non ab inculpabili artifice contractum est, sed ex originali peccato, quod commissum est libero arbitrio. Ac per hoc natura poenalis ad vindictam iustissimam pertinet. Si enim iam sumus in Christo nova creatura, tamen eramus natura filii irae sicut et ceteri; Deus autem, qui dives est in misericordia, propter multam dilectionem, qua dilexit nos, et cum essemus mortui delictis, convivificavit nos Christo cuius gratia sumus salvi facti.* Aurelius Augustinus, De natura et gratia, liber unus 3.3, https://www.augustinus.it/latino/natura_grazia/ (07.06.2021). („Die Natur des ersten Menschen ist selbstverständlich schuldlos und ohne jeglichen Fehler geschaffen. Aber diese Natur des Menschen in welcher jeder aus Adam geboren wird braucht den Arzt, weil sie nicht heil ist. Alles, was sie an guter Gestalt hat, sei es Leben oder Sinne oder Verstand, hat sie Gott, dem Höchsten, ihrem Schöpfer und kunstreichen Erschaffer. Diesen Mangel der menschlichen Natur [nicht heil zu sein], der das natürliche Gute verfinstert und verunklart, dass sie Erleuchtung und Heilung braucht, ist nicht durch den Erschaffer, der ohne Schuld ist, herbeigeführt worden, sondern durch die Ursünde [*peccatum originale*], die freiwillig begangen wurde. Deshalb verdient die strafwürdige Natur gerechte Bestrafung. Wenn wir schon in Christus eine neue Kreatur sind, sind wir dennoch von Natur aus Kinder des Zorns wie verschiendene andere auch. Gott aber, der reich ist an Gnade, liebt uns aus großer Liebe und macht uns da wir des Todes schuldig sind durch Christus lebendig, durch dessen Gnade wir geheilt sind.").
66 „Jedes Wesen ist aber entweder verderbbar oder unverderbbar. Also ist jedes Wesen gut. Wesen nenne ich, was für gewöhnlich auch *Substanz* genannt wird. Also ist jede Substanz ent-

man darauf hingewiesen, dass dies als Veränderung der menschlichen Natur aufzufassen sei.[67] Demgegenüber entwickelt Martin Luther bereits in der Römerbriefvorlesung (1515/1516) das *simul-iustus-et-peccator*-Axiom.[68] Danach kann der Mensch *statu corruptionis* immer nur beides zugleich sein: neue Schöpfung und alter Adam. Anders als bei Augustinus findet bei Luther der Mensch nur dialektisch – als alter Sünder *und* neu Gerechtfertigter – die Freiheit seines Willens und die Kraft zum guten Werk.

Auf diese Weise gewinnt das Rechtfertigungsgeschehen einen doppelten Akzent. Insofern es sich in und durch Jesus Christus vollzieht, ist es vorgängig und abschließend. Aus der Perspektive des Menschen jedoch drängt es als Ruf zu einer Antwort hin. Insofern trägt es – wenn auch dezidiert nachgeordnet – ein prozesshaftes Element in sich. Als geschuldete Antwort auf Gottes Handeln eröffnet sich den Gerechtfertigten der Weg, die Pflicht und der Wille zur Heiligung.[69] Der Anruf Gottes in Christus und die Antwort des Menschen sind zwar zu unterscheiden, aber eben nicht zu trennen. Denn in ihrem letzten Ernst besteht die Forderung nach Heiligung ebenfalls vor dem Forum von Gottes Gericht.[70] Anders gesagt: Von Gott her ist die Rechtfertigung des Sünders in Kreuz und Auferstehung Christi primär und einmalig und effektiv.[71] Im Blickwinkel der menschlichen Antwort gestaltet sie sich jedoch als Nachfolge[72] unter Gottes ernstem Nein zur Sünde und unter seinem ebenso ernsten Gebot der Heiligung.[73] In diesem Zusammenhang entwickelt und entfaltet Philipp Melanchthon in den *Loci* von 1535 die Lehre vom *tertius usus legis in renatis*. Dazu später mehr.

---

weder Gott oder von Gott, denn jedes Gute ist entweder Gott oder von Gott.", DLA_Aug, DLA III 36, S. 257, Ziff. 128.

67 DLA_Aug, Einleitung, 38. In der Taufe gewinnen die Erwählten Anteil an Tod und Auferstehung Jesu und erlangen die Wiedereinsetzung ihres Willens in den *status integritatis:* Freiheit sowie Bereitschaft und Fähigkeit zum Guten.

68 Zu Röm. 4,7, vgl. Martin Luther, Vorlesung über den Römerbrief 1515/1516, in: Martin Luther. Ausgewählte Werke, Ergänzungsreihe zweiter Band, hg.v. Hans Heinrich Borcherdt u.a., München 1935 [künftig: Röm_Lu], 169, Zif. 2, Rdnr. 105.

69 Am Rande sei vermerkt, dass Philipp Melanchthon in den *Loci* von 1535 und 1549 (59) an genau dieser Schnittstelle die Lehre vom *tertium officium legis* bzw. *usus legis in renatis* abhandelt, vgl. dazu im Einzelnen Albrecht Peters, Gesetz und Evangelium, Gütersloh 1981, 78. Im selben Sinne sprechen sowohl die *Schmalkaldischen Artikel* als auch die *Konkordienformel* vom dreifachen bzw. dritten Gebrauch des Gesetzes, vgl. Pöhlmann, Abriss, 39.

70 Z.B. 2Kor. 5,10: „Denn wir müssen alle offenbar werden vor dem Richterstuhl Christi, auf dass ein jeder empfange nach dem, was er getan hat im Leib, es sei gut oder böse." Vgl. dazu Schneider-Flume, Dogmatik, 279 – 280.

71 ἐφάπαξ, Röm. 6,10; Hebr. 7,27 u.ö.

72 Pöhlmann, Abriss, 256 – 257.

73 Peters, Gesetz, 79.

Was Martin Luther betrifft, so folgen die Willensschrift und sein Abendmahlsbekenntnis dem Grundmotiv, das *Solus Christus* von der Desavouierung freizustellen,[74] die es erleiden würde durch die Mitwirkung des Menschen an seiner Erlösung.[75] Denn dann wäre sie fraglich und unsicher, weil der Mensch[76] seinerseits fraglich und unsicher ist.[77] Gewissheit komme allein aus Kreuz und Auferstehung Christi. Durch sein Wort – und also von jenseits menschlicher Möglichkeit – vermitteln sich Vergebung und Rechtfertigung.[78] Dabei handelt es sich um eine fremde, durch Gottes Geist in Christus verliehene Kraft und ein Werk, das in erster Linie darin besteht, ihn zu fürchten, zu lieben, zu vertrauen. Erst auf dieser Grundlage entsteht, was immer im Übrigen als gutes Werk außerdem gelten mag.[79] Im Kontext von Luthers theologischer Anthropologie – wie auch der CA – lautet daher die Frage nicht nur: Was hast du getan oder unterlassen? Sondern: Wo war Dein Herz bei diesem Tun oder Unterlassen?[80] Und dass der gerechtfertigte Sünder dieses sein Herz so unter Kontrolle habe, dass es im Einklang mit dem Ersten Gebot schlage,[81] bestreitet bekanntlich schon die Römerbriefvorlesung mit Nachdruck.[82]

---

74 Vgl. dazu Maurer, Historischer Kommentar, Bd. 2, 47.

75 DSA, 284.

76 „[...] ein Gras [...], das am Morgen blüht und sprosst und des Abends welkt und verdorrt", Ps. 90, 6.

77 Ein – letztlich wieder seelsorgerlich motivierter – Gedanke, den CA 6 und CA 20 in Bekenntnisrang gehoben haben; vgl. BSELK, CA 6, 100: „Und es wird gelehrt, dass dieser Glaube gute Frucht und gute Werke bringen soll, und das man allerlei gute Werke tun müsse, die Gott geboten hat, und zwar um Gottes Willen; [es wird gelehrt], aber nicht auf solche Werke [in der Meinung] zu vertrauen, dass wir durch unsere Werke Gottes Gesetz erfüllen oder wegen unserer Werke als gerecht betrachtet würden. Denn wir empfangen Vergebung der Sünde und werden als gerecht betrachtet, durch den Glauben um Christi willen [...].", modernisiertes Deutsch nach EKiBa, 21, [Der sechste] Vom neuen Gehorsam, und BSELK, CA 20, 118. „Wenn wir um unserer Werke willen Vergebung empfangen sollten, so wären wir allezeit ungewiss, ob wir die Vergebung erlangt hätten. Denn wir finden allezeit Fehler an unseren Werken und müssten zweifeln, ob wir wirklich genug getan hätten. So würde die Verheißung hinfällig und unnütz werden, wnn sie auch unser Werk gebaut wäre und das Gewissen könnte niemals zu Frieden und zur Ruhe kommen, wenn wir um unserer Werke willen gerecht sein müssten.", modernisiertes Deutsch nach EKiBa, 29, [Der zwanzigste] Vom Glauben und guten Werken.

78 Vgl. dazu und zum Folgenden Otto Hermann Pesch, Gnade und Rechtfertigung am Vorabend der Reformation und bei Luther, gehalten am Ökum. Forum Heidelberg 20.07.2007, https://www.uni-heidelberg.de/md/fakultaeten/theologie/oek/forum/13.1.pdf (07.06.2021), 10 – 11.

79 Pesch, Gnade, 13.

80 Peters, Gesetz, 43.

81 Das richtet sich gegen die traditionsreiche Argumentation, Gott werde das Seine zweifellos hinzufügen, wenn sich der Menschen nur nach Kräften um das Gute bemühe (*Facienti quod in se est, Deus non denegat gratiam*). Eines Eingriffs Gottes bedürfe es zwingend insoweit nur, um

3.2 *De Servo Arbitrio*

Luther selbst hat die Willensschrift für eine seiner wichtigsten und besten gehalten.[83] Relativ verbindlich im Ton, ist er absolut hart in der Sache, also: in der
umfassenden rigorosen Bestreitung des freien Willens.[84] Auf dem Hintergrund der
zwingenden und notwendigen Vorordnung von Gottes Allwirksamkeit[85] ergibt
sich für ihn, dass der Wille des natürlichen Menschen ebenso zwingend und
notwendig „nichts vermag"[86].

Zur Veranschaulichung verwendet er das Bild des Pferdes, das einen Reiter
haben müsse. Müsse! So wenig das Pferd seinen Reiter wähle, sondern umgekehrt
jener das Pferd, so wenig wähle der Wille, wer oder was ihn reite.[87] Gott und Satan
führen einen Kampf um den Menschen und seinen Willen,[88] einen freilich, den
Christus am Kreuz als Sieger bereits entschieden und denen, die sich an ihn
halten, *iustitia spiritualis* erworben hat. Schlechterdings keine Chance haben jene,

---

diesen ersten Akt der Hinwendung zum *summum bonum durchzuhalten*. Doch den Augenblick des
ersten Schritts könne und *müsse* der Mensch um seiner Befreiung willen aus der Kraft eigener
Willensentscheidung vollziehen, vgl. dazu Pesch, Gnade, 2.

82 „Deshalb ist es reiner Wahnsinn, wenn man behauptet, der Mensch könne aus eigenen
Kräften Gott über alle Dinge lieben und die gebotenen Werke tun ‚ihrem Tatbestande nach, aber
nicht nach dem Willen des Gesetzgebers‘, weil er sie nicht im Stand der Gnade tue. O Toren, o
Sautheologen! So war also die Gnade nur notwendig um der neuen, das Gesetz überbietenden
Forderung gewinnen. Denn wenn das Gesetz aus unseren Kräften heraus erfüllt werden kann, wie
sie sagen, dann ist die Gnade nicht nötig zur Erfüllung des Gesetzes selber, sondern nur zur Erfüllung einer neuen, über das Gesetz hinausgehenden Forderung, die von Gott auferlegt ist. Wer
soll denn solche Gottes lässt ehrlichen Anschauungen ertragen?", Röm_Lu, 173, Rdnr. 109 – 110.

83 Kaufmann, Reformation, 567.

84 Vgl. dazu Kaufmann, Reformation, 569.

85 DSA, 24.

86 WA 722,4 ff.

87 Das ist keineswegs so aus der Welt, wie es auf den ersten Blick den Anschein haben mag. Der
Literaturnobelpreisträger von 2016 jedenfalls sagt es so: „You may be an ambassador to England
or France. You may like to gamble. You might like to dance. You may be the heavyweight champion
of the world. You may be a socialite with a long string of pearls: But you're gonna have to serve
somebody [...]. Well, it may be the devil or it may be the Lord: But you're gonna have to serve
somebody [...]." („Ob Du Botschafter in England oder Frankreich bist, ob Du gerne spielst oder
tanzt, ob Du Boxweltmeister im Schwergewicht bist oder zur feinen Gesellschaft gehörst und eine
lange Perlenkette trägst: Irgendjemandem dienst Du. Sei es der Teufel, sei es der Herr: Einem von
beiden bist Du verpflichtet [...]."), Bob Dylan, Gotta Serve Sombody, in: Slow Train Comin', Co-
lumbia Records 1979.

88 DSA, 50.

die nicht durch das „Bad der Wiedergeburt"[89] gegangen ist. An ihnen findet Luther nur die Neigung zum Bösen – d. h.: zu allem, was ohne Gott ist – und nichts, was sie aus eigener Kraft zu ihm kehren könnte.[90]

Dabei spielt die Frage der Legitimität von Schuldzurechnung[91] keine Rolle. Luther verweist auf das „Licht der Herrlichkeit". Dort werde sich das Geheimnis schon auflösen, dass der gerechte und gnädige Gott, auch solche verdamme, die aus eigener Kraft gar nicht anders könnten, als schuldige Sünder sein. Dieser eschatologischen Aussicht möge sich der Glaube getrösten.[92] Denn, was die *Heilige Schrift* verberge, sei ja – hier hören wir wieder Erasmus und den frühen Melanchthon – gerade deshalb verborgen, damit der Mensch auf Spekulation verzichte[93] und sich darauf beschränke, die Ratschlüsse Gottes anzubeten.[94]

3.3 Martin Luther und Erasmus von Rotterdam

An der theologischen Anthropologie bzw. der Willensfrage haben sich die ersten tiefgreifenden Trennungen innerhalb der reformatorischen Bewegung vollzogen, zu welcher anfangs auch Erasmus gezählt werden muss. Wie den Reformatoren und der CA, ist es ihm – dem römischen Priester – um die Wiederbelebung frühchristlicher Frömmigkeit gegangen, orientiert an der *Heiligen Schrift* in ihrer Auslegung durch die Kirchenväter.[95] Hier wie dort war das Ziel die Erneuerung der römischen Kirche. Für Erasmus selbst dann noch, als es für die Reformatoren

---

89 Tit. 3, 4 – 7: „Als aber erschien die Freundlichkeit und Menschenliebe Gottes, unseres Heilands, machte er uns selig – nicht um der Werke willen, die wir in Gerechtigkeit getan hätten, sondern nach seiner Barmherzigkeit – durch das Bad der Wiedergeburt und Erneuerung im Heiligen Geist, den er über uns reichlich ausgegossen hat durch Jesus Christus, unsern Heiland, damit wir, durch dessen Gnade gerecht geworden, Erben seien nach der Hoffnung auf ewiges Leben."
90 DSA, 283.
91 Klein, Willensfreiheit, 375.
92 DSA, 282.
93 DSA, 44 mit Bezug auf Röm. 9, 20 – 23: „Ja, lieber Mensch, wer bist du denn, dass du mit Gott rechten willst? Spricht etwa ein Werk zu seinem Meister: Warum hast du mich so gemacht? Hat nicht der Töpfer Macht über den Ton, aus demselben Klumpen ein Gefäß zu ehrenvollem und ein anderes zu nicht ehrenvollem Gebrauch zu machen? Da Gott seinen Zorn erzeigen und seine Macht kundtun wollte, hat er mit großer Geduld ertragen die Gefäße des Zorns, die zum Verderben bestimmt waren, auf dass er den Reichtum seiner Herrlichkeit kundtue an den Gefäßen der Barmherzigkeit, die er zuvor bereitet hatte zur Herrlichkeit."
94 Fast wortgleich heißt es bei Philipp Melanchthon, die Geheimnisse Gottes „sollten wir lieber anbeten, als sie zu erforschen.", Loci 1521, S. 19, Nr. 6.
95 Kaufmann, Reformation, 124.

deren Kirche schon längst nicht mehr war. Wir müssen diese Trennung als tiefgreifend bezeichnen, weil sie – im Sinne Luthers – von praktisch allen Protagonisten der frühen Jahre mitvollzogen wurde. Sogar von Ulrich Zwingli[96] und auch von Philipp Melanchthon[97], unbeschadet späterer Differenzierungen und seiner fortdauernden Verbundenheit mit dem Basler.[98]

Es ist häufig erörtert worden, ob der Streit zwischen Erasmus und Luther seine Ursache nicht in einem grandiosen Missverständnis gehabt habe.[99] Wenn wir *De Libero Arbitrio* und *De Servo Arbitrio* nebeneinanderlegen, können wir uns dieses Eindrucks tatsächlich kaum erwehren. Was wäre geschehen, wenn Erasmus stärker Luthers soteriologisches Anliegen wahrgenommen hätte, Kreuz und Auferstehung Christi unter keinen Umständen zu relativieren?[100] Und anders herum: Was wäre geschehen, wenn der Wittenberger das pädagogische Anliegen des Baslers verstanden hätte, die Pflicht zur Heiligung unter keinen Umständen zu suspendieren? Wenn sie – statt mit viel Nachdruck über verschiedene Themen und aneinander vorbei – mit einander über dasselbe Thema geredet hätten: Den untrennbaren Zusammenhang zwischen Rechtfertigung und Heiligung? Eine Vision bietet immerhin Philipp Melanchthon mit seiner Lehre vom *tertium officium legis*,[101] wie er sie im Kolosserkommentar anlegt und dann in den *Loci* von 1535 entfaltet.

4 Philipp Melanchthon

Den Streit zwischen Erasmus und Luther hat er als teilnehmender Beobachter mit unterschiedlichen Schnittmengen nach beiden Seiten hin[102] verfolgt. Aber auch

---

96 * 1. Januar 1484 in Wildhaus; † 11. Oktober 1531 in Kappel am Albis.

97 * 16. Februar 1497 in Bretten; † 19. April 1560 in Wittenberg.

98 In seinem Brief vom 23. März 1528 an Erasmus bekennt sich Melanchthon in den wissenschaftlich-humanistischen Zielen als sein Anhänger und distanziert sich gleichzeitig vom Ton Luthers in seiner Willensschrift. In der Sache freilich verteidigt er ihn und bedauert, dass es zu keiner Übereinkunft gekommen ist, vgl. Regesten Online, https://www.haw.uni-heidelberg.de/forschung/forschungsstellen/melanchthon/mbw-online.de.html (07.06.2021) [künftig: Regesten Online], Regestnr. 664.

99 Dazu mit weiteren Nachweisen Klein, Willensfreiheit, 492.

100 Klein, Willensfreiheit, 375.

101 Dazu im Einzelnen: Peters, Gesetz, 78–81.

102 Das zeigt exemplarisch der erwähnte Brief an Erasmus vom 23. März 1528, Regesten Online, Regestnr. 664 (16.4.2019), aber auch, als er bereits 4 Jahre zuvor, als Melanchthon um den 25 September 1524, an Spalatin von seiner Befriedigung darüber schreibt, dass Luther für die Aus-

unabhängig davon ist er persönlich mit dem Willensproblem bis zu seinem Lebensende nicht wirklich fertig geworden.[103]

4.1 Die *Loci* von 1521

Zu den frühesten einschlägigen Äußerungen gehören die *Loci* von 1521. Auf dem Hintergrund eines strengen Determinismus,[104] bezeichnen sie den freien Willen als „gottloses Dogma", mit dem die Philosophie in die Theologie eingedrungen sei und die „Wohltätigkeit Christi" verdunkelt habe.[105] Unbeschadet einer gewissen äußeren Wahl- bzw. Handlungsfreiheit[106] werde nämlich der Mensch durch seine angeborenen Leidenschaften – die Affekte[107] – regelrecht überfallen und von Gott „weggerissen".[108] Deshalb begreift sie Melanchthon geradezu als Inbegriff der Sünde, eines Kerkers, dem niemand aus eigener Kraft entrinnt.[109] Von daher ist der menschliche Wille – insofern er durch die Affekte beherrscht und gesteuert wird – von der Sünde beherrscht und gesteuert. Nicht umgekehrt. So wenig sein Wille den Menschen vom Hass befreien könne, so wenig könne er ihn zur Liebe erwecken. Zur Nächstenliebe nicht und schon gar nicht zur Gottesliebe.[110] Vielmehr sei der Mensch „von Natur aus" voller Verachtung für Gott.[111] Es begegnet uns hier eine Schärfe, die man dem die 24jährigen – immer noch relativ frischgebackenen[112] – *Baccalaureus Biblicus* kaum zutrauen möchte. Doch auf genau dieser Linie handelt CA 18 vom *homo animalis* und seiner Unfähigkeit, eine durch willentliche Entscheidung begründete positive Gottesbeziehung zu etablieren.

---

einandersetzung über die Willensfreiheit in Erasmus endlich einen würdigen Gegner gefundet habe, Regesten Online, Regestnr. 343 (16.4.2019).

103 Heinz Scheible, Melanchthon. Vermittler der Reformation. Eine Biographie, München 2016, 11.

104 Bo Kristian Holm, Theologische Anthropologie, in: Philipp Melanchthon. Der Reformator zwischen Glauben und Wissen. Ein Handbuch, hg.v. Günter Frank, Berlin 2017, 396.

105 Loci 1521, S. 27, Nr. 4.

106 Loci 1521, S. 43, Nr. 59–60: „Ich gestehe zu, es gibt in der äußeren Wahl der Dinge, eine gewisse Freiheit, aber ich bestreite, dass die inneren Affekte völlig in unserer Gewalt sind. Ich gestehe nicht zu, dass es einen Willen gäbe, der den Affekten ernsthaft widerstehen könnte. Und besonders sage ich das gerade von der Natur des Menschen."

107 Exemplarisch handelt es sich um Liebe und Hass, Hoffnung und Furcht, Trauer und Zorn, Neid und Ehrgeiz, Loci 1521, S. 37, Nr. 45.

108 Loci 1521, S. 29, Nr. 13.

109 Loci 1521, S. 39, Nr. 52.

110 Loci 1521, S. 39, Nr. 52.

111 Loci 1521, S. 39, Nr. 52.

112 Seit dem 19. September 1519.

Gleichzeitig weisen die ersten *Loci* darauf hin, dass die Bindung an die Affekte nicht zwingend bedeute, ihnen auch nachgeben zu müssen. Jedoch werde dadurch nur ein „Anschein von Freiheit"[113] erweckt, der im Grunde nichts anderes sei als „Heuchelei"[114], weil er nur nach außen wirke und das Herz unberührt lasse. Um einen Affekt aufzuheben oder zu ersetzen, bedürfe es nämlich stets eines anderen, stärkeren.[115] Von daher erscheint die Idee freiheitlicher Autonomie in den *Loci* von 1521 als irrlichternde Fiktion. Niemals sei der Mensch als solcher herrschafts- oder bindungsfrei.[116] Immer könne es nur darum gehen, durch wen oder was er gebunden sei bzw. ‚geritten' werde. Wir erkennen hier die Ross-und-Reiter-Metapher aus Luthers Willensschrift wieder. In diesem Sinn wird wahre Freiheit in den *Loci* von 1521 erst möglich, wenn und soweit die Liebe Christi derjenige und *einzige* Affekt ist, der alle denkbar andern in ihrer Bindungswirkung übersteigt. Oder mit Melanchthons eigenen Worten:

> Wenn du den menschlichen Willen unter dem Blickwinkel der Vorherbestimmung begutachtest, gibt es weder in äußeren noch inneren Werken irgendeine Freiheit, sondern alles geschieht aufgrund göttlicher Bestimmung. Wenn Du den Willen unter dem Gesichtspunkt der äußeren Werke beurteilst, scheint es nach [...] eine gewisse Freiheit zu geben. Wenn du den Willen unter dem Gesichtspunkt der Affekte beurteilst, gibt es schlechterdings keine Freiheit [...].[117]

4.2 Melanchthon und die Willensfreiheit

Allerdings bleibt der Brettener Reformator nicht bei dieser Sicht stehen. Das beginnt bereits vor dem Augsburger Reichstag und setzt sich danach fort.[118]

---

113 Loci 1521, S. 39, Nr. 50.
114 Loci 1521, S. 39, Nr. 49 – 50.
115 „Dagegen sind die inneren Affekte nicht in unserer Gewalt. Denn durch Erfahrung und Gewohnheit erleben wir, dass der Wille nicht aus eigenem Antrieb Liebe Hass oder ähnliche Affekte ablegen kann, sondern ein Affekt wird durch den andern [...] besiegt, z.B. weil Du von dem, den Du liebtest, verletzt worden bist, hörst Du auf ihn zu lieben.", Loci 1521, S. 37, Nr. 44.
116 Vgl. dazu Loci 1521, S.44 – 45, Anm. 83.
117 Loci 1521, S. 45, Nr. 66 – 68.
118 Scheible, Melanchthon, 186.

4.2.1 Der Kolosserkommentar

In den *Scholien zum Kolosserbrief* von 1527[119] rückt – stärker als das bisher der Fall war – die praktische Verbindung von Rechtfertigung und Heiligung in den Vordergrund:[120] Neben den Menschen in seiner Existenz *coram Deo* tritt nun der Mensch in seiner Existenz *coram hominibus*.[121] Indem die Gabe des Heiligen Geistes zur unmittelbaren Folge der Rechtfertigung durch Christus wird,[122] befähigt und verpflichtet sie zu Handlungsentscheidungen, die dem Gedanken der Nachfolge entsprechen.[123] Melanchthon etabliert nun eine differenziertere Betrachtung des Willens, auch in seiner Beziehung zu den Affekten. Damit erweitert sich der Freiheits- und Gestaltungsraum des Individuums über die Grenze von Luthers Willensschrift hinaus.[124]

Dies vollzieht sich auf dem Hintergrund eines Paradigmenwechsel hinsichtlich der Philosophie.[125] Nun erscheint sie als gute Schöpfung Gottes, gleichsam als Griffel, mit dem er sein Gesetz den Menschen in die Herzen schreibt.[126] Dies er-

---

119 Der Kolosserbriefkommentar entstand ursprünglich 1527 in Wittenberg als Vorlesung (*Scholia in Epistualam Pauli ad Colossenses*). Die erste vollständige Überarbeitung erscheint 1528, beinahe doppelt so umfangreich wie die Urfassung. Es folgen 1529, 1534 und 1545 weitere Neuauflagen und auf dieser Grundlage im Jahr vor seinem Tod 1559 schließlich die *Enarratio Epistolae Pauli ad Colossenses*, MSA, IV, 209.

120 Wolfgang Matz, Der befreite Mensch. Die Willenslehre in der Theologie Philipp Melanchthons, Göttingen 2001, 105.

121 Matz, Willenslehre, 106.

122 Matz, Willenslehre, 107.

123 *Est autem libertas christiana: Primum conscientiam habere liberatam a peccato; Secundo habere Spiritum Sanctum et esse liberatum a potestate diaboli, qui corda impiorum incitat et rapit ad varia peccata.* MSA, IV, 287, Z. 7–11. („Die christliche Freiheit besteht erstens darin, ein von der Sünde befreites Gewissen zu haben; zweitens, den heiligen Geist zu haben und befreit zu sein, von der Macht des Teufels, zu verschiedenen Sünden reizt und hinreißt.").

124 Vgl. dazu und zum Folgenden Holm, Anthropologie, 399–400.

125 In Auslegung von Kol 2,8, einer Perikope, bei der man nach Maßgabe der bisherigen Argumentation Melanchthons seine scharfe Polemik erwarten würde: „Seht zu, dass Euch niemand einfange durch Philosophie und leeren Trug, gegründet auf die Lehre von Menschen und auf die Mächte der Welt und nicht auf Christus." War die Philosophie in den Loci von 1521 buchstäblich noch vom Teufel und das schändliche Mittel jener, die „abscheulich überall in der Theologie [...] faselten und [...] anstelle der Lehre Christi aristotelische Spitzfindigkeiten dargeboten haben" (vgl. Loci 1521, S. 13, Nr. 4) – übrigens ist es ist doch immer wieder erstaunlich, zu welcher Rhetorik sich Frömmigkeit und Glaube hinreißen lassen können, aber wie auch immer: – war also die Philosophie in den *Loci* von 1521 noch Resonanzraum gottloser Dogmen (vgl. Loci 1521, S. 27, Nr. 4).

126 *Philosophia, quatenus est scientia loquendi et rerum naturalium et civilium morum et ea tantum de rebus naturalibus ac moribus civilibus, affirmat ac docet, quae certa ratione compre-*

öffnet – und darin liegt das Entscheidende – die Fähigkeit und Pflicht zu einem Leben in Übereinstimmung mit der zweiten Tafel des Dekalogs.[127] Es entsteht – wir haben es bereits erwähnt – die Idee einer pädagogischen Relevanz des Gesetzes iSd. *tertius usus legis.*[128]

Der Gedanke lautet: Zwar sei Gott in Entstehung, Verlauf und Erhaltung die Quelle allen Lebens. Unter dieser Voraussetzung jedoch sei der Mensch in der Lage, zwischen gut und böse, richtig und falsch zu wählen. Wenn ihm auch die *iustitia spiritualis* entzogen bleibe, so unterliege es doch seinem Willen, im Sinne

---

hendit. Est vera et bona cretura Dei, est enim ipsum iudicium rationis, quod in rebus naturalibus et civilibus Deus dedit humanae naturae verum et certum, quia dicit Paulus Rom.2 quod gentis habeant ,legem Dei scriptiam in cordibus', id est: habent iudicium, quo iducare possunt [...], („Insofern die Philosophie als Wissenschaft über natürliche Dinge und menschliche Sitten spricht, behauptet und lehrt sie nur soviel über diese Dinge, wie sie als sicher und vernünftig versteht. Sie ist wahre und gute Schöpfung Gottes und Ausdruck des Vernunfturteils, das Gott der menschlichen Natur als wahr und sicher gegeben hat, wie Paulus in Röm 2[15] sagt: Sie beweisen damit, dass in ihr Herz geschrieben ist, was Gottes Gesetz fordert, zumal ihr Gewissen es ihnen bezeugt, dazu auch die Gedanken, die einander anklagen oder auch entschuldigen [...], das bedeutet: sie haben Urteilsvermögen, das sie zur Entscheidung befähigt."), MSA, IV, 230, Zeile 12–20.

127 Scheible, Melanchthon, 188.

128 *Habet libertatem voluntas humana in diligendis his, quae ψυχικὰ sunt, ut hoc aut illud cibi genus eligere, hoc aut illo genere vestitus uti, huc aut illuc ire, habet et vim carnalis et cilis iustitiae efficiendae, continere manus potest a caede, a furto, abstinere ab alterius uxore. Eatenus ita potest hominum ratio gubernare, nam et sacrae litterae dicunt quandam esse prudentiam, item quandam iustitiam carnis, quare tribuunt proprie quandam libertatem seu electionem rationi. Et Paulus vocat opera legis, quae efficiunt homines sine Spiritu sancto imitantes legem. Et quia legis opera efficere ratio potest, Deus doceri, assuefieri et coerceir legibus et magistratibus omnes himines voluit. Et scripsit Paulus legem paedagocum esse, hoc est: non docere tantum eos, qui nondum habent Spiritum sanctum, sed etiam coercere a manifestis flagitiis seu a transgressionibus [...].* („Es hat der menschliche Wille die Freiheit, in den Dingen zu wählen, die den natürlichen Menschen betreffen, wie z.B. die Art des Essens, der Kleidung, irgendwohin zu gehen, [oder auch] die fleischliche bzw. zivile Gerechtigkeit zu erreichen: Er kann sich entscheiden, keine Gewalt anzuwenden, nicht zu stehlen und keinen Ehebruch zu begehen. So kann die Vernunft den Menschen beherrschen, denn auch die Heiligen Schriften sagen, dass es eine gewisse Klugheit und Gerechtigkeit des Fleisches gibt, weshalb sie der Vernunft eine gewisse eigene Freiheit bzw. Wahlmöglichkeit zugestehen. So benennt Paulus die Werke des Gesetzes, die Menschen ohne den Heiligen Geist vollbringen [können], um das Gesetz zu befolgen. Und weil die Vernunft solche Werke vollbringen kann, will Gott, dass alle Menschen gelehrt, gewöhnt und in Schranken gehalten werden durch die Gesetze bzw. die Obrigkeit. In diesem Sinne schreibt Paulus von der pädagogischen Bedeutung des Gesetzes. Sie besteht darin, diejenigen, die den Heiligen Geist noch nicht haben, nicht nur zu lehren sondern auch von offenbaren Schandtaten oder Übertretungen abzuhalten [...]."), MSA, IV, S. 223, Rdnr. 32 – S. 224, Rdnr. 14.

der zweiten Tafel den Weg der Heiligung zu beschreiten – oder eben nicht.[129] Man hat die Auffassung vertreten, damit habe Melanchthon den Streit über die Willensfreiheit gleichsam aufgehoben. Denn er habe Luthers Willenslehre so rezipiert und reformuliert, dass eigentlich auch Erasmus hätte zustimmen können.[130] In jedem Fall dürfte aber der Kolosserkommentar als wichtige Voraussetzung der theologischen Anthropologie von Augsburg zu betrachten sein.

4.2.2 Melanchthon und die theologische Anthropologie der *Confessio Augustana*

Melanchthons weitere Entwicklung in der Willensfrage verknüpft sich eng mit dem Fortgang der *Loci*. Im Zusammenhang mit der Lehre vom dritten Brauch des Gesetzes entwickelt die zweite *Aetas* von 1535[131] den Gedanken, der menschliche Wille sei *statu corruptionis* zwar durch allfällige Anschläge des Teufels schwer beschädigt, aber doch nicht gänzlich zerstört.[132] Wir kennen das von Erasmus und

---

129 *Sed hic quaeri solet: Si Deus agitat naturam, est ne malorum seu peccatorum auctor?* [...] *Hoc satis sit tenere, quod Deus naturam conservet etefficacem efficiat* [...], *id est: quidquid est potens, efficax, potentiam et efficaciam a Deo habet, Deus vitam, robur, sapientiam, divitas largitur. Sed* [...] *non faciam Deum auctorem peccati, sed naturam conservantem et vitam et motum impertientem, qua vita et motu diabolus aut impii non recte utuntur.* („Aber hier pflegt man zu fragen: Wenn Gott die Natur antreibt, ist er nicht Urheber der Boshaftigkeiten oder der Sünden? [...] Es mag genügen, festzuhalten, dass Gott die Natur erhält und Wirkungen hervorruft [...], das heißt: Was immer mächtig und wirksam ist, hat seine Macht und Wirksamkeit von Gott. Er schenkt Leben, Kraft, Weisheit, Reichtum. Aber [deswegen] mache ich Gott nicht zum Urheber der Sünde sondern zu dem, der die Natur erhält und Leben und Leidenschaft schenkt, welche der Teufel und die Gottlosen nicht recht gebrauchen."), MSA, IV, S. 222, Rdnr.7–19.
130 Scheible, Melanchthon, 189.
131 Matz, Willenslehre, 157.
132 *Illud quaeritur: quomodo voluntas sit libera, hoc est, quomodo possit obedire legi Dei neque vero iudicari de hac quaestione potest, nisi magnitudo peccati, quod nobiscum nascitur, seu naturalis infirmitas considerentur; item, nisi sciamus lege Dei requiri non tardum externa civilia facta, sed perpetuam et perfectam totius natura obedientiam. Nam si natura hominis non esset corrupta peccato, haberet certiorem et clariorem de Deo notitiam, non dubitaret de voluntate Dei, haberet verum timorem, veram fiduciam. Denique praestaret obedientiam integram legi, hoc est, in natura hominis essent motus omnes consentientes cum lege Dei, sicut in piis Angelis. Nunc autem natura hominis oppressa morbo originis, plena est dubitationis, caliginis, errorum, neque vere timet Deum, nec vere confidit, denique plena est vitiosorum affectuum. De hac infirmitate hic quaeritur: quantum praestare humana voluntas possit. Primum igitur respondeo: Cum in natura hominis reliquum sit iudicium et delectus quidam rerum, quae sunt subiectae rationi aut sensui; reliquus est etiam delectus externorum operum civilium. Quare voluntas humana potest suis viribus sine renovatione aliquo modo externa legis opera facere. Haec est libertas voluntatis, quam Philosophi recte tribuunt*

können es in Fortführung der Linie des Kolosserkommentars einordnen. Wichtiger erscheint allerdings, dass – mindestens implizit – nun doch auch eine gewisse Mitwirkung an der *iustitia spiritualis* ins Blickfeld zu rücken scheint.[133] Immerhin spricht Melanchthon von der Gottesfurcht und dem Zutrauen zu seiner Barmherzigkeit, von Liebe und Gehorsam, von Geduld im Leiden und ähnlichen Regungen als Phänomenen, die dem Willen zumindest dann nicht gänzlich verschlossen sind, wenn und soweit der Heilige Geist seine Kraft und Wirkung beisteuere.[134]

---

homini. Nam hanc etiam sacrae literae aliquo modo concedunt, hominibus. Quia scriptura docet esse quandam iustitiam carnis, quaedam opera legis, in his qui non sunt renati; ergo concedit haec opera effici posse humanis viribus sine renovatione. [...] Nunc illud tantum addam: hanc ipsam libertatem efficiendae civilis iustitiae saepe vinci naturali imbecillitate, saepe impediri a Diabolo. CR 21, 374. („Man fragt: Wie kann der Wille frei sein, das heißt: Wie kann er Gottes Gesetz befolgen? Wenn man nicht die Größe der Sünde erwägt, die mit uns geboren wird und die natürliche Schwäche, dann kann man diese Frage nicht wirklich beurteilen; ebenso, wenn wir nicht verstehen, dass Gottes Gesetz nicht nur äußerliche gute Taten verlangt, sondern den gesamten und vollständigen Gehorsam. Wäre nämlich die Natur des Menschen nicht durch die Sünde kontaminiert, hätte er eine sicherere und klarere Kenntnis Gottes, wäre nicht im Zweifel über seinen Willen und hätte wahre Gottesfurcht und wahres Gottesvertrauen. Kurzum: Er wäre in untadeliger Weise gehorsam gegenüber Gottes Gesetz, was bedeutet: In der Natur des Mensch sind alle Regungen angelegt, um mit dem Gesetz Gottes in Einklang zu sein, genauso, wie bei den frommen Engeln. Nun aber ist die Natur des Menschen erstickt durch die Krankheit der Voreltern und [daher] voller Zweifel, Finsternis Irrtümer und fürchtet Gott sowenig wie sie ihm wahrhaft vertraut, kurzum: sie ist voller böser Leidenschaften. Wegen dieser Schwäche fragt man, was der menschliche Wille [überhaupt] ausrichten könne. Darauf antworte ich zunächst: Da in der Natur des Menschen die Fähigkeit übriggeblieben ist zum Urteil und der Wahl in Angelegenheiten, die der Vernunft und der Wahrnehmung unterliegen, ist auch die Möglichkeit geblieben, zwischen äußeren Werken zu wählen. Daher kann der menschliche Wille ohne auf irgendeine Weise erneuert zu sein, aus seinen Kräften äußerliche Werke des Gesetzes vollbringen. Dies ist die Willensfreiheit, die auch die Philosophen zurecht dem Menschen zugestehen. Und auch die Heilige Schrift lehrt, es gebe eine gewisse Gerechtigkeit des Fleisches durch Werke des Gesetzes [auch] in denen, die nicht wiedergeboren sind. Sie gesteht also zu, dass der menschliche Wille solche Werke vollbringen kann ohne erneuert zu sein. [...] Jedoch füge ich hinzu: Ebendiese Freiheit zu Werken der äußeren Gerechtigkeit ist oft eingeschränkt, teils wegen der natürlichen Schwäche, teils, wegen der Behinderungen durch den Teufel.").

133 Vgl. dazu und zum Folgenden Holm, Anthropologie, 401.

134 *Sciendum est igitur de libero arbitrio: non posse homines legi Dei satisfacere. Nam Lex divina requirit non tantum externa facta, sed interiorem mundiciem, timorem, fiduciam, dilectionem Dei summam, denique perfectam obedientiam, et prohibet omnes vitiosos affectus. Constat autem homines hanc perfectam obedientiam in hac corrupta natura non praestare. [...] Voluntas humana non potest sine Spiiitu sancto efficere spirituales affectus, quos Deus requirit, scilicet verum timorem Dei, veram fiduciam misericordiae Dei, obedientiam ac tolerantiam afflictionum, dilectionem Dei, et similes motus.* (CR 21, 375). („Deshalb ist zum freien Willen festzuhalten: Die Menschen können

Insoweit besteht auch eine Verbindung zur *Variata Secunda*,[135] zur *Variata Tertia*[136] und zu den *Loci* von 1543. Sie alle scheinen die Fähigkeit des natürlichen Menschen etablieren, sich der Gnade Gottes iSe. *cooperatio* gleichsam anzuschließen. So, wie es uns in der *concursus*-Lehre bei Erasmus und dann auch in der Konkordientradition begegnet: Die Idee, es könnten bzw. müssten – im Sinne dreier Ursachen – Gottes Wort und Geist mit dem zustimmenden Willen des Menschen zusammenwirken, damit dieser das Gute vollbringen könne.[137] Dass darin eine gewisse Distanzierung von der theologischen Anthropologie der CA liegt, kommt in den *Loci* von 1543 dann ziemlich deutlich zum Ausdruck, wo es heißt: „Der freie Wille ist die Fähigkeit des Menschen, sich der Gnade anzunähern, d. h. er hört die Verheißung, bemüht sich ihr zuzustimmen und wirft die Sünden [...] fort."[138]

Man hat zurecht darauf hingewiesen, dass es sich hier um eine Spitzenformulierung handelt.[139] In der Tat finden wir sie bei Melanchthon so kein zweites Mal. Wir werden sie also nicht als Zusammenfassung seiner Willenslehre verstehen. Die Sache allerdings begegnet uns im Verlauf seiner theologischen Existenz in den mittleren bis späten Jahren immer wieder: Das Bemühen nämlich, die Freiheit des Willens mit der Prävalenz Gottes zu vermitteln. Dabei unterscheidet er zwischen Rechtfertigung und Heiligung bzw. Person und Werk. Den auf das Werk gerichteten personalen Willen siedelt er theologisch im Kontext der Heiligung

---

dem Gottes Gesetz nicht genügen. Denn es fordert nicht allein äußere Taten, sondern ein reines Herz, vollkommene Gottesfurcht, Vertrauen und Liebe zu ihm, sowie vollkommenen Gehorsam und verbietet jede böse Neigung. Fest steht aber, dass der gefallene Mensch diesen vollkommenen Gehorsam nicht leisten kann. [...] Ohne den Heiligen Geist kann der menschliche Wille nicht die geistlichen Neigungen hervorbringen, die Gott fordert, das heißt: wahre Gottesfurcht, wahres Zutrauen zu Gottes Barmherzigkeit, Gehorsam und Geduld im Leiden, Liebe zu Gott und ähnliche Regungen.").

135 [...] *Efficitur autem spiritualis iustita in nobis, cum adiuvamur a spiritu sancto. Porro Spiritum sanctum concipimus, cum verbo Dei assentimur, ut nos fide in terroribus consolemur.* [...] *In his certe opus est regi nos et iuvari a Spiritu sancto* [...], BSELK QuM, Bd. 1, 130 – 131. („Die geistliche Gerechtigkeit wird in uns hervorgebracht, indem der heilige Geist uns hilft. Also empfangen wir ihn, damit wir Gottes Wort zustimmen und durch den Glauben in (allen) Schrecken getröstet werden. [...] Dazu ist es erforderlich, dass wir durch ihn geleitet und unterstützt werden") (verfasst 1540).

136 Verfasst 1542.

137 *Hic concurrunt tres cuassae bonae actionis, verbum Dei, Spiritus sanctus et humana voluntas assentiens, nec repugnans verbo Dei* („Es kommen drei Gründe für eine gute Tat zusammen: Gottes Wort, der Heilige Geist und der [durch diese beiden verwandelte menschliche Wille in einen] Willen, der dem Wort Gottes zustimmt und ihm nicht widerstreitet"), CR 21, 658.

138 *Liberum arbitrium in homine facultatem esse applicanda se ad gratiam, id est, audit promissionem et assentiri conatur et abicit peccata contra conscientiam.* CR 21, 659.

139 Holm, Anthropologie, 402.

an.[140] So steht Gottes Gesetz dem Menschen nicht länger monochrom als Anklage gegenüber. Vielmehr beginnt es – eben iSd. *tertius usus legis* – auch zur Handlungsaufforderung zu werden. Damit ordnet sich in Melanchthons Denken die Freiheit des Willens zum Guten in das souveräne Rechtfertigungshandeln Gottes ein.[141] Das gilt auch für die *Loci* von 1559[142] und – last not least – für die Antwort auf die *bayrischen Inquisitionsartikel* aus dem Jahr zuvor. Sie hat Melanchthon am Tag vor seinem Tod[143] in sein theologisches Testament[144] aufgenommen. Das verleiht seinem Anliegen noch einmal besonderes Gewicht, Gottes prädestinatorische Souveränität zu sichern, ohne die Freiheit des Willens vollständig zu entmächtigen. Freilich: Mit dem klaren Blick für die logische Unlösbarkeit der darin liegenden Spannung[145] angesichts der „offensichtlichen Kontingenz" menschlichen Handelns.[146] Am Ende scheint Melanchthon jedenfalls zu einer Abschwächung der theologischen Anthropologie von Augsburg gefunden zu haben, auch wenn ihm zu keinem Zeitpunkt fraglich war, dass der Mensch seine

---

140 Matz, Willenslehre, 156.

141 Matz, Willenslehre, 158.

142 *Haec autem sententia tenenda et vera est: Voluntas humana non potest sine Spiritu sancto efficere spirituales effectus, quos Deus postulat, scilicet verum timorem Dei, veram fiduciam misericordiae Dei, veram delectionem Dei, tolerantiam et fortudinem in afflictionibus in adeunda morte ut superarunt mortem ingenti robore, Stephanus, Laurentius, Agnes et alii enumerabiles.* („Dieser Satz ist als wahr festzuhalten: Der menschliche Wille vermag ohne den heiligen Geist die geistlichen Wirkungen nicht hervorzubringen, die Gott fordert, insbesondere [nicht] wahre Gottesfurcht, wahres Vertrauen in Gottes Barmherzigkeit, wahre Gottesliebe [sowie] Geduld und Stärke im Leiden und im nahenden Tod, wie Stephanus, Laurentius, Agnes und unzählige andere den Tod mit ungeheurer Stärke überwunden haben."), MSA II 1, 1952, S. 241, Z. 23–30.

143 19. April 1560.

144 *Volo tamen confessionem meam esse Reponsiones de Bavaricis articulis contra Pontificios, Anabaptistas, Flacianos et similes.* CR 9, Nr. 6978, Sp.1099.

145 Einerseits bringen wir beides „[...] von Geburt an mit: da ein winziges Licht einer gewissen Kenntnis des Gesetzes, da ein riesiges Feuer schlechter Leidenschaften, hervorgebracht durch die Erbsünde.", Antwort auf die bayrischen Inquisitionsartikel, MD, Bd. 4, Leipzig 2012, 221. Da aber andererseits „Gott nicht die Ursache der Sünde [ist], so folgt daraus, dass sich der teuflische wie der menschliche Wille von Gott nicht unter Zwang, sondern durch Missbrauch der Freiheit abgewendet haben. Es gibt hier also eine gewisse unableitbare Beziehung, und die Quelle der Unableitbarkeit unserer Handlungen ist die Freiheit des Willens", MD, Bd. 4, 223. „[...] Es gibt göttliche Bestimmungen, und es gibt Unableitbarkeiten. Obwohl also [...] die diesbezüglichen Erörterungen große Unklarheit hervorbringen, soll man doch folgender sicherer Regel festhalten: Gott ist nicht die Ursache der Sünde. Es gibt eine gewisse Freiheit des Steuerungsvermögens, denn Paulus spricht ja von einer Gerechtigkeit des Fleisches. Und offensichtlich ist es Gottes Wille, dass die Disziplin in allen Menschen geleitet wird, und wir von diesen Regeln nicht abweichen" (Antwort auf die bayrischen Inqusitionsartikel) MD, Bd. 4, 224.

146 Scheible, Melanchthon, 301.

Erlösung in Kreuz und Auferstehung Jesu Christi weder ersetzen noch gar überbieten kann.

5 Conclusio

Wir fassen unsern Ertrag in fünf Punkten zusammen.

Erstens. Die theologische Anthropologie der *Augsburgischen Konfession*
handelt davon, dass *statu corruptionis* nur als schwache Ableitung in einem
höchst äußerlichen Sinn von der Freiheit des Willens gesprochen werden kann.
Abgesehen von Jesus Christus reicht sie unter keinem Gesichtspunkt an Gott und
seine Gerechtigkeit heran. Darin ist freilich auch ein seelsorgerliches Motiv enthalten. Indem nämlich Gottes Gnade der Möglichkeit des Menschen sich entzieht,
wird dieser auf Christus als verlässliches Unterpfand seiner Rettung verwiesen,
um sich dieser zu vergewissern.

Dabei stützt sich die CA – zweitens – auf augustinische Traditionen. Sie betrachtet die biblischen Archetypen *statu integritatis* als substantiell frei, weil in
ihrer Natursubstanz ausgestattet mit dem Willen hin zu Gott als ihrem *summum
bonum*. Die Abwendung von ihm begründet ihre Unfreiheit und ihren Tod.
Gleichsam als Sargnägel nennt Augustinus den Hochmut, die Begierde und die
Selbstliebe. Problematisch ist freilich die damit grundgelegte sexuelle Verengung
bzw. Deformation des Sündenbegriffs von Gen. 3.

Drittens. In Abgrenzung zu jenem frühreformatorischen, von Augustinus
herkommenden strengen Determinismus, geht Erasmus von Rotterdam davon
aus, es könne der Mensch – *adiuvante Dei gratia* – der *iustitia spiritualis* willentlich sich zuwenden bzw. sich ihr annähern. Insofern sich daran die Auseinandersetzungen über die Willensfreiheit entzündet haben, sehen wir in dem
Basler Humanisten dialektisch einen wichtigen Wegbereiter der Augsburger Anthropologie.

Im Übrigen spricht – viertens – einiges dafür, dass er und Luther letztlich
aneinander vorbeigeredet haben: Erasmus scheint das Anliegen nicht wirklich
klar gewesen zu sein, über dem freien Willen des Menschen das Erlösungswerk
Christi keinesfalls zu relativieren. Ebensowenig scheint Luther das pädagogische
Anliegen erkannt zu haben, über dem unfreien Willen des Menschen keinesfalls
seine Pflicht zu ethischem Handeln zu suspendieren.

Fünftens und letztens scheint Philipp Melanchthon auf dem Weg von den
ersten *Loci* bis zu seinem Lebensende die theologische Anthropologie der *Confessio Augustana* iSd. *concursus*-Lehre abzuschwächen. Sein Bemühen geht dahin, Gottes Souveränität und die Freiheit des menschlichen Willens so weit wie
möglich zusammen zu denken, freilich nicht, ohne die logische Unauflösbarkeit

dieser Spannung aus dem Blick zu verlieren. Dass der Mensch seine Erlösung in Kreuz und Auferstehung Christi jedoch weder ersetzen noch überbieten kann, war dem Brettener Reformator freilich – im Anschluss an Martin Luther (und auch von diesem anerkannt!) – zu keinem Zeitpunkt fraglich.

Volker Leppin

Redaktionsgeschichte und Hermeneutik

Die Frage der guten Werke in der *Confessio Augustana*

Editionen geben nicht nur Texte wieder, sie schaffen auch kanonische Textformen. Dies gilt auch für die Ausgabe der *Confessio Augustana* im Rahmen der Neuausgabe der *Bekenntnisschriften der Evangelisch-Lutherischen Kirche*[1]. Nach dem frühen Tod von Gottfried Seebaß im Jahre 2008 wurde mir der Abschluss dieser Edition übertragen. Mit übernommen habe ich die maßgebliche Richtungsentscheidung, die Seebaß für diese Edition gefasst hatte: dass Leittext der Edition, lateinisch wie deutsch, die Editio princeps von 1531 sein sollte, nicht aber, wie es Günther Bornkamm sich noch für die Ausgabe von 1930 vorgenommen hatte, die „mit den heutigen Mitteln der Wissenschaft erreichbare ursprüngliche Gestalt"[2] rekonstruiert werden sollte.[3] In der nun wohl für einige Zeit maßgeblichen Edition liegt den Nutzerinnen und Nutzern also eine Textfassung vor, die weder der 1530 überreichten noch auch der 1580 in das *Konkordienbuch* eingegangen und jahrhundertelang rezipierten Fassung entspricht. Sie stellt vielmehr für den Text der CA die „von seinen Autoren selbst als gültige Fassung" angesehene Form dar.[4]

Zum Gewicht dieser Entscheidung sei hier vermerkt, dass die *Confessio Augustana* damit nach einem deutlich anderen Prinzip ediert worden ist, als es für die Edition des griechischen Neuen Testaments üblich ist: Diese folgt nach wie vor dem Ideal des 19. Jahrhunderts, einen Text zu rekonstruieren, der so nah wie möglich am Original ist. Der Unterschied zwischen *norma normans* und *norma normata* lässt sich an dieser Stelle nicht allein mit der allgemein gewachsenen editionsphilologischen Skepsis gegenüber solchen Rekonstruktionen begründen, sondern auch mit der theologischen Einsicht, dass die Ursprungsauthentizität für die *Heilige Schrift* selbst eine ganz andere Bedeutung hat als für die ohnehin ja auf Deutung eines anderen Textes ausgelegte Bekenntnisschrift.

---

1 Die Confessio Augustana, hg. zus. mit Gottfried Seebaß, in: Die Bekenntnisschriften der Evangelisch-Lutherischen Kirche. Vollständige Neuedition, hg.v. Irene Dingel, Göttingen 2014, 63–225 (im Folgenden BSELK); vgl. auch die beigegebenen Materialien, in: Die Confessio Augustana – Texte und Kontexte, in: Die Bekenntnisschriften der Evangelisch-Lutherischen Kirche. Quellen und Materialien, Bd. 1: Von den altkirchlichen Symbolen bis zu den Katechismen Martin Luthers, hg.v. Irene Dingel, Göttingen 2014, 35–218 (im Folgenden QuM).
2 BSLK, VII.
3 S. zu den Editionsprinzipien BSELK, 73f. (Leppin).
4 BSELK, 73 (Leppin).

Insofern hielt und halte ich die für die Edition getroffene Entscheidung für berechtigt. Soll sie aber nicht zu neuen falschen Kanonisierungen führen, muss sie in einen hermeneutischen Kontext eingezeichnet werden, dessen Notwendigkeit ich im Folgenden anhand eines besonders markanten Beispiels nachvollziehen will. Insbesondere der deutsche Text dokumentiert zur Frage der guten Werke ein innertextliches Ringen, das im Folgenden zunächst wenigstens in Ansätzen offenzulegen ist, ehe eine hermeneutische Schlussüberlegung gewagt wird.

1 Das textgenetische Problem

Dass die Frage der guten Werke in der Entstehung der *Confessio Augustana* ein besonderes Problem darstellte, ist auf den ersten Blick offenkundig, schon allein dadurch, dass das Thema zweimal angegangen wird: in Artikel 6 und Artikel 20. Artikel 6[5] behandelt die Frage recht knapp im unmittelbaren Anschluss an die Ausführungen über die Erlangung des Glaubens durch das Predigtamt im fünften Artikel.[6] Der Artikel stellt fest, dass der Glaube Werke hervorbringen solle und man gute Werke tun müsse, betont dabei aber deren rein heilskonsekutive Stellung: zur Erlangung des Heils führt allein der „glauben umb Christus willen"[7]. Hierzu beruft sich CA 6 auf ein Zitat aus dem Ambrosiaster: „Also ists beschlossen bey Gott, das, wer an Christum gleubt, selig sey und nicht durch werck, sondern allein durch glauben one verdienst vergebung der sunden habe."[8]

Textgeschichtlich war dies zunächst die einzige geplante Aussage zu der Frage: Mehrere Manuskripte bezeugen, dass in der Vorbereitung der *Confessio Augustana* zunächst der jetzige Artikel 20 über die guten Werke noch Mitte Juni 1530 jedenfalls nicht einhellig vorgesehen war.[9] Er hat demnach erst in den letzten

---

5 Vgl. zu diesem Artikel die leider sehr kurzen Ausführungen von Gerhard Müller/Vinzenz Pfnür, Rechtfertigung – Glaube – Werke, in: Hardnig Meyer/Heinz Schütte (Hg.), Confessio Augustana. Bekenntnis des einen Glaubens, Paderborn/Frankfurt a. M. 1980, 106 – 138, 122.

6 BSELK, 100.

7 BSELK, 100.

8 BSELK, 102.

9 Na, die Nürnberger Übersetzung der lateinischen Fassung von Anfang Juni geht direkt vom 18. Artikel über die Sünde (entspricht später: Art. 19) zu Artikel 19 über beiderlei Gestalt des Sakraments (später: 22) über, kennt also noch weder Art. 20 über die guten Werke noch Art. 21 über die Heiligen. Nü 1, eine von dem Brandenburg-Ansbacher Kanzler Georg Vogler dem Kaiser am 16. Juni [QuM 79 (Leppin)] mit dem Hinweis: „So vbergeben wir Irer kay. Mt hiemit desselben ain lauter anzeigen Inn der eyl vfs kurtz gestellt" (Urkundenbuch zu der Geschichte des Reichstages zu Augsburg im Jahre 1530, hg. v. Eduard Förstemann, Bd. 1: Von dem Ausgange des kaiserlichen

zehn Tagen vor Überreichung seinen festen Platz in der CA bekommen,[10] offenbar um ein empfundenes inhaltliches Defizit zu beheben – erst auf einer synchronen Lesestufe wird er zu einem „Kommentar" zu CA 6, wie Otto Hermann Pesch es formulierte.[11]

Die mit der Frage verbundenen Schwierigkeiten zeichneten sich dabei schon in der handschriftlichen Bearbeitung von Art. 6 ab: Eine Ansbacher Zusammenstellung von Artikeln der CA aus Mitte Juni 1530 war bedeutend kürzer als die oben aus der *Editio princeps* referierte Fassung. In ihr fehlte nicht allein das Ambrosiaster-Zitat, sondern auch die Ausführungen zur bloß heilskonsekutiven Bedeutung der Werke sind deutlich knapper.[12] Viel näher an der dann 1531 veröffentlichten Fassung ist aber bereits Mar, ein in Marburg aufbewahrtes Manuskript, das als „Handschrift mit hoher Nähe zum überreichten Text", „möglicherweise [...] jenes Exemplar, das Philipp von Hessen oder seine Räte aus Augsburg in die Heimat gebracht haben", gilt.[13] Die Ergänzungen wurden also offenbar in den letzten zehn Tagen des Redaktionsprozesses vorgenommen – parallel zu der Hinzufügung des kompletten Artikels 20.

2 *Confessio Augustana* 20 in Texten rund um die Überreichung

Für CA 20 gestaltet sich nun die Textgeschichte als so komplex, dass sie in der Neuedition nicht anders zu bewältigen war als durch einen Parallelabdruck der *Editio princeps* von 1531 mit der erwähnten Marburger Handschrift Mar aus dem unmittelbaren zeitlichen Umfeld der Überreichung. Eine Darstellung der Unterschiede im textgeschichtlichen, genauer: entstehungsgeschichtlichen Apparat hätte alles vernünftige Maß gesprengt. Eben deswegen soll nun auch zunächst der

---

Ausschreibens bis zu der Uebergabe der Augsburgischen Confession, Halle 1833, 280) vorgelegte Handschrift lässt unmittelbar auf Art. 19 Schlussformeln folgen, kennt also gleichfalls Art. 20 und 21 nicht.

10 Die von Spalatin erstellte deutschsprachige Fassung aus der Zeit Mitte Juni [s. QuM 75 (Leppin)] enthält Art. 20 bereits (Förstemann, Urkundenbuch, Bd. 1, 323 – 327), aber noch keinen Artikel von den Heiligen.

11 Otto Hermann Pesch, Rechtfertigung des Sünders und Gerechtigkeit in der Welt im Licht und Schatten des Augsburger Bekenntnisses, in: Bernhard Lohse/Otto Hermann Pesch (Hg.), Das Augsburger Bekenntnis von 1530 damals und heute, München u. a. 1980, 215 – 236, 220.

12 QuM, 81; vgl. BSELK, 100 App. zu ᵃ⁻ᵃ.

13 BSELK, 76 (Leppin): M30W; Zu den hier und im Folgenden verwendeten Kürzeln für Handschriften und Drucke s. BSELK, 74 – 83 (Leppin).

Text von Mar untersucht und dargestellt werden, im folgenden Abschnitt dann die *Editio princeps*. Der Marburger Text steht dabei nicht allein. Ihm gehen mehrere Handschriften parallel. Hierzu gehört eine eigenhändige Handschrift Georg Spalatins von Mitte Juni 1530,[14] eine Handschrift aus Brandenburg-Ansbach-ischem Besitz, die „recht nahe an das verschollene Übergabeexemplar bzw. in den bis zur Verlesung am 25. Juni 1630 reichenden Bearbeitungsprozess" führt,[15] eine Handschrift aus Coburgischem Besitz,[16] eine Handschrift Nürnberger Provenienz, die „der endgültigen Fassung [...] schon recht nahe" kommt,[17] sowie eine im Archiv der Hansestadt Lübeck befindliche Handschrift, die mit einem Teil dieser Gruppe auch eine andere markante Gemeinsamkeit, nämlich die Einfügung Albrechts Grad von Mansfeld in der Unterschriftenliste, aufweist.[18] Hinzu kommt noch ein 1530 bei Hans Walther in Magdeburg herausgebrachter Druck.[19] Er gehört „zu einer Gruppe von Drucken, die zum Teil noch während des Augsburger Reichstages, jedenfalls im Jahr 1530, entgegen dem ausdrücklichen Publikationsverbot des Kaisers erschienen"[20], die also eine Druckfassung auf dem Stand vor Erscheinen der *Editio princeps* repräsentieren. Diese Textzeugen weisen in CA 20 keine großen Abweichungen voneinander auf, unterscheiden sich aber gemeinsam markant von der *Editio princeps*. Wie die verschiedenen Hinweise auf ihren Entstehungszeitpunkt und -kontext deutlich machen, stehen sie dem Überreichungsexemplar nahe.

Das führt nun auf eine interessante Spannung zwischen den heute zu befolgenden philologischen Richtlinien einerseits, dem historisch weiterführenden Interesse andererseits. Philologisch könnte ein Text der überreichten CA nur unter Verwendung der üblichen, aber eben doch ungewissen textkritischen Hypothesen rekonstruiert werden. Einen solchen erstellten Text zu edieren, entspricht nicht mehr dem editionsphilologischen Hauptstrom. Und doch kann man in aller Vorsicht aus der Gruppe der in der Nähe der Überreichung entstandenen Handschriften eine Gestalt von CA 20, nicht ihrem Wortlaut, aber ihrem ganz überwiegenden Duktus nach, erschließen, die näher an das Reichstagsgeschehen führt als der dem Leithandschriften bzw. -druck folgende Text der Neuedition, der die deutlich spätere Fassung der *Editio princeps* wiedergibt. Die genannte Gruppe von Handschriften, unter welchen in der Edition wiederum Mar als Leithand-

---

14 QuM, 75 (Leppin): Weil.
15 QuM, 94 (Leppin): Nü2.
16 BSELK, 74 f. (Leppin): Co.
17 BSELK, 75 (Leppin): Ha.
18 BSELK, 76 (Leppin): Lü.
19 Beschreibung: BSELK, 77 f. (Leppin).
20 Beschreibung: BSELK, 77 (Leppin).

schrift zur Darstellung der durchgängigen Parallele zur *Editio princeps* gewählt wurde, führt also näher an den reichsrechtlich relevanten Text als letztere, während diese, die *Editio princeps*, stärker das sich in Wittenberg ab 1531 formierende Selbstverständnis repräsentiert. Für die interkonfessionellen Lektüre bedeutet dies auch: Der Text der Handschriftengruppe führt näher an den deutschsprachigen Text, den die Confutatoren neben dem lateinischsprachigen kennen konnten.

Unter diesem Gesichtspunkt ist es nun also, ungeachtet der getroffenen editorischen Entscheidung, von hoher historischer und theologischer Relevanz, welchen Text die Handschriftengruppe zu Art. 20 bietet. Zunächst ist die apologetische Motivation der ausführlichen, über CA 6 hinausgehenden Behandlung des Themas deutlich: Der Artikel steigt mit der Bemerkung ein: „Den unsernn wirt mit unwarheit ufgelegt, das sie gute werck verpieten"[21]. Hatte also Art. 6 vornehmlich die rechte Zuordnung von Heilskonstitution und -konsekution behandelt, so ging es nun um den Vorwurf genereller Missachtung der Werke. Aus Perspektive Melanchthons und der anderen Autoren musste dies wie ein Schritt zurück erscheinen, da ja eigentlich Art. 6 schon klar eine positive Lehre über Werke entfaltete, hier diese aber aufs Neue im Grundsatz begründet werden musste. Das Problem also, das unter der in den meisten Handschriften beigegebenen Überschrift „Vom glauben und wercken"[22] verhandelt wird, wird von letzterem Begriff, den Werken, und ihrer Legitimität aus gedacht. Beides aber, Glaube und Werke, wird dann verschränkt ineinander dargestellt. Diese wenig klare Gedankenführung resultiert möglicherweise auch daraus, dass die Autoren der CA sich nicht allein genötigt sahen, sich gegenüber dem Vorwurf, Werke zu verbieten, zu verteidigen, sondern sie zugleich dazu Stellung nehmen wollten, dass ihrer Wahrnehmung nach die Gegenseite begonnen habe, „nu vom glauben zurethn, davon sie doch in vortzeiten gar nichts gepredigt haben"[23]. Das bei den Gegnern beobachtete Motiv sei nun, dass sie von „glaub und werck" sprächen.[24] Aufgabe der CA-Autoren war es also, zugleich diese unterstellte positive Auffassung der Gegenseite des falschen Gebrauchs des Glaubensbegriffs zu überführen – und die eigene Auffassung als unschädlich für Werke zu erweisen. Und all dies musste, wie oben ausgeführt, binnen weniger Tage zu Papier gebracht werden.

Der doppelten Aussageabsicht entsprang es, dass CA 20 einen Abschnitt damit einleitete, man wolle nun erläutern, wie „underricht" vom Glauben „be-

---

21 BSELK, 117a, 3 – 5.
22 BSELK, 117a, 2.
23 BSELK, 117a, 20 – 22.
24 BSELK, 117a, 27.

scheen" sei,[25] hier aber nicht etwa positive Ausführungen über den Glauben folgen ließ, sondern lediglich im Grundsatz die Ausführung aus CA 6 erneuerte, dass nicht die Werke, sondern allein der Glaube das Heil verdiente.[26] Dieser Gedankengang diente der Verteidigung gegenüber dem Vorwurf, Werke zu verachten. Erst deutlich später erfolgte dann auch eine inhaltliche Bestimmung des Glaubens, deren Funktion nun klar ist, den zweiten Gedankenstrang aufzugreifen, nämlich die Verbindung von Glaube und Werke bei den Gegnern, und diesen zu zeigen, dass sie über einen unzureichenden Glaubensbegriff verfügten: Zu unterscheiden sei nämlich zwischen dem „historien glauben", wie ihn auch der Teufel oder die Gottlosen hätten, und „warem glauben, der do glaubt, das wir durch Christum gnade und vergebung der sunde erlangen"[27]. Dieser definitorische Einschub, der zugleich derjenige ist, an welchem die genannte Handschriftenfamilie die größte interne textkritische Abweichung aufweist,[28] unterbricht die sehr viel längere, vielfach redundante Darlegung zur heilskonsekutiven Bedeutung der Werke. Expliziter als CA 6, wo der Bezug auf den Heiligen Geist durch den Anschluss an Art. 5 gewährleistet war,[29] argumentiert CA 20 dabei pneumatologisch: Der Glaube vermittele den Heiligen Geist und dieser bewege das Herz zu guten Werken.[30]

Besonderes Augenmerk legen die Verfasser dabei auf den Beweis aus Schrift und Kirchenvätern. Traugott Holtz hat festgestellt, dass sich die Schriftzitate in der CA ab Art. 20 häufen und sich in den spänigen Artikeln steigern, und dies als Indiz dafür genommen, dass schon ab Art. 20 die Notwendigkeit der biblischen Legitimation in Auseinandersetzung mit der Gegenseite als besonders hoch angesehen wurde.[31] So werden als Bibelstellen angeführt: Eph 2,8;[32] Röm 5,1;[33] Joh 15,5. Der interessanteste biblische Beleg ist dabei der Verweis auf Hebr 11,1: Er diente traditionell der erkenntnistheoretischen Reflexion, das heißt, der Bezug des Glaubens auf die Hoffnung wurde v. a. von der Erwähnung des nicht Sichtbaren

---

25 BSELK, 119a, 7 f.
26 BSELK, 119a, 10 – 22.
27 BSELK, 123a, 25 – 29.
28 BSELK, 119a Anm. Zu r–r: Abweichung in Ha.
29 BSELK, 100, 3 f.; vgl. Wilhelm Maurer, Historischer Kommentar zur Confessio Augustana, Bd. 2: Theologische Probleme, Gütersloh 1978, 151.
30 BSELK, 125a, 30 – 34.
31 Traugott Holtz, Beobachtungen zu Umfang und Charakter der Schriftbegründung in der Confessio Augustana, in: Fritz Hoffmann/Ulrich Kühn (Hg.), Die Confessio Augustana im ökumenischen Gespräch, Berlin 1980, 73 – 85, 76.
32 BSELK, 119a, 29 – 121a, 1.
33 BSELK, 121a, 21 – 123a, 2.

her gedeutet.[34] Die CA betont nun die erste Vershälfte in material-theologischer Hinsicht, nach welcher Glaube eine feste Zuversicht der Hoffnung ist.[35]

Eben diese Deutung wird mit einem Verweis auf Augustin, der sich sachlich wohl auf den pseudo-augustinischen *Liber de cognitione verae vitae* beziehen lässt, unterstrichen.[36] Ein Pauschalverweis aus Augustins *De spiritu et littera* wird ausdrücklich mit dem Vermerk eingeführt, daraus könne man beweisen, „das hierin kein neuer verstandt eingefurt sei"[37]. Diese Autoritätenverweise verbinden sich mit dem anthropologischen Argument, dass allein das Vertrauen auf Christus statt auf die eigenen Werke dem Gewissen Ruhe geben könne[38] – genau dieser Glaube sei es, so die Aufnahme der definitorischen Bestimmungen, der in den vergangenen Jahrhunderten nicht gepredigt worden sei.[39]

Die Argumentationslinie von CA 20 im zeitlichen Zusammenhang der Überreichung des Bekenntnisses ist also bestimmt von der apologetischen Auseinandersetzung. Defensiv wird der Vorwurf abgewiesen, keine Werke zu lehren, offensiv wird der Gegenseite vorgeworfen, früher Werke ohne Glauben, nun Werke mit einem falschen, nämlich rein historischen Glaubensverständnis gelehrt zu haben. Das rechte Glaubensverständnis besteht in einem Ergreifen des Heilsgeschehens, welches den Heiligen Geist und so die Fähigkeit zu guten Werken vermittelt. Dem bei den Gegnern ausgemachten additiven Verständnis von Glaube und Werken als heilskonstitutiven Elementen[40] wird eine Lehre von einem heilskonstitutiven Glauben, der die Werke aus sich heraussetzt, entgegengehalten.

3 *Confessio Augustana 20* in der *Editio princeps*

Die in CA 20 mitgeführte Debatte mit der altgläubigen Seite wird erkennbar in der *Confutatio*, die sich ja auf die eingereichte Fassung, nicht auf die *Editio princeps* bezieht. Zu CA 6 widerspricht sie vor allem der alleinigen heilskonstitutiven Bedeutung des Glaubens[41] – die argumentative Stoßrichtung liegt dabei umgekehrt

---

34 S. z.B. Thomas, Summa, II-II q. 4 a. 1 (Editio Leonina 8, 43 f.).

35 BSELK, 125a, 13 – 17.

36 BSELK, 125a, 17 – 23.

37 BSELK, 121a, 1 f.

38 BSELK, 121a, 10 – 21.

39 BSELK, 123a, 14 – 22.

40 BSELK, 117a, 27.

41 Die Confutatio der Confessio Augustana vom 3. August 1530, bearb. v. Herbert Immenkötter, Münster 1979 (CCath 3), 90, 18 f.

zu der in CA 6: War hier betont worden, dass die Lehre von der Alleinigkeit des Glaubens Werke nicht verhinderte, hebt Conf 6 gemäß Jak 2,20 hervor, dass der Glaube ohne Werke tot sei.[42] Im Blick auf Artikel CA 20 beobachten die Confutatoren recht genau dessen apologetischen Charakter: „Der zwenzigist artickel ist nit so seer der fursten und der stet bekantnus als ein entschuldigung irer prediger."[43] Inhaltlich rekurrieren sie schlicht auf ihre Ablehnung von CA 6, die ebenso auch für CA 20 gelte.[44] Das ihnen vorgeworfene additive Verständnis der Zuordnung von Glauben und Werken führen sie dabei näher an die Lösung von CA 20 heran, indem sie betonen, dass die Werke nicht aus sich heraus, sondern „allain aus krafft des verdinsts des leidens Christi" verdienstlich seien.[45] Hierfür berufen sie sich ihrerseits neben zahlreichen Bibelstellen auf Lehrverurteilungen „bey den zeiten Augustini"[46], womit die Synode von Orange 529 gemeint sein dürfte.[47] Die Trennlinie zwischen CA und Conf liegt also hiernach darin, ob die Werke zwar notwendig, aber bloß heilskonsekutiv sind (CA) – oder sekundär und partial heilskonstitutiv (Conf).

Melanchthon bot seinerseits zu CA 6 in ApolCA keine eigene Erklärung, sondern integrierte diese Frage in eine lange Erklärung zu CA 4, welche die beiden folgenden Artikel einschloss. Durch die Verweise auf die biblische Rede vom Lohn erklärte er hier, dass es nicht um Lohn zur Erlangung des Heils gehe, sondern zu anderen Gaben im jetzigen und künftigen Leben.[48] Zu CA 20 hob er hervor, dass eine Bestreitung der Lehre, dass die Vergebung der Sünde allein aus dem Glauben komme, einer Bestreitung der wichtigsten Grundlehre des Christentums überhaupt gleichkomme.[49] Angesichts des kaiserlichen Edikts gegen die Evangelischen betonte Melanchthon, dass er an diesem Punkt gewiss sei, „das die widdersacher verdammen die offentlichen, Göttlichen warheit und die rechten Christliche, selige, heilige lere, one wilche kein Christlich kirche irgent sein

---

42 Confutatio, 88, 16 f.

43 Confutatio, 120, 12 f. Zur Kritik der *Confutatio* an CA 6 und 20 s. Herbert Immenkötter, Um die Einheit im Glauben. Die Unionsverhandlungen des Augsburger Reichstages im August und September 1530, Münster 1973 (KLK 33), 18 f.; Vinzenz Pfnür, Einig in der Rechtfertigungslehre? Die Rechtfertigungslehre der Confessio Augustana (1530) und die Stellungnahme der katholischen Kontroverstheologie zwischen 1530 und 1535, Wiesbaden 1970 (VIEG 60), 237–240, 244–250.

44 Confutatio, 120, 15 f.

45 Confutatio, 122, 13–15.

46 Confutatio, 122, 26 f.

47 Synode von Orange c. 18: *Nullis meritis gratiam praeveniri. Debetur merces bonis operibus, si fiant; sed gratia, quae non debetur, praecedit, ut fiant* (DH 388). Es handelt sich hierbei um ein Zitat aus Augustin, Opus imperfectum contra Iulianum I, 133 (PL 45, 1133).

48 BSELK, 392, 1–3.

49 BSELK, 554, 2–13.

kann"[50]. Art. 20, der erst in der letzten Phase in die CA gekommen war, erhielt so also, wohl aufgrund der Einsicht in den engen Zusammenhang mit dem Artikel 4 von der Rechtfertigung, eine eminente Zentralstellung innerhalb des Gesamtgefüges. Dies dürfte auch den Hintergrund dafür bilden, dass Melanchthon hier – und eben in Art. 4[51] – einschneidenden Änderungsbedarf sah: Die reformatorische Grundaussage bedurfte der Klärung.

Diese Klärung erfolgte auf mehrere Weisen. Der auf den ersten Blick auffälligste Schritt ist, dass der Art. 20 der *Confessio Augustana* in der *Editio princeps* als einziger unter allen Artikeln eine Binnengliederung erfuhr. Er ist nun eingeteilt in einen Abschnitt „Wo glaube und was der glaube sey"[52] und einen „Das man gute werck sol und müsse thun und wie man sie könne thun und wie sie Gott gefellig sein"[53]. In dogmatischer Perspektive sind nun also die Fragen von Glaube und Werk je einzelnen Abschnitten zugewiesen. In genetischer Perspektive wird man sagen können, dass die unterschiedlichen Aspekte apologetischer Ausrichtung, die den Überreichungstext des Reichstages prägten, nun in je eigene Abschnitte gesetzt wurden. Direkt wird die apologetische Ausrichtung nur noch im allerersten Abschnitt des Artikels, der weitgehend an die vorherigen Fassungen anknüpft, benannt.[54]

Bedeutsamer als diese äußerliche Änderung ist aber die inhaltliche, die sich durch den gesamten Artikel zieht und auch in der parallelen Bearbeitung von CA 4 erkennbar ist: So wie in diesen gegenüber den verschiedenen greifbaren vorherigen Fassungen die Lehre von „Gottes gesetz" und „der verheissung Christi" eingezeichnet wurde,[55] ist nun auch Art. 20 klarer schrifttheologisch durchstrukturiert. Die Bestimmung des Glaubens beginnt mit einer kurz zusammengefassten Lehre von der Predigt der Buße und der Vergebung durch das „Evangelium"[56], die sich in systematischer Hinsicht als Lehre von Gesetz und Evangelium fassen lässt. Streng durchdacht, wird nun auch in die Definition des Glaubens bereits die Abwehr gegenüber dem auf moralische Laxheit hinauslaufenden Vorwurf, die Werke zu beseitigen, hineingenommen: „hieraus ist auch zu mercken, wo glauben sey und was wir glauben heissen. Denn wo nicht schrecken ist fur Gottes zorn, sondern lust n sündlichem wandel, da ist nicht glauben, denn

---

50 BSELK, 556, 12–15.
51 S. die Synopse der ebenso komplexen Überlieferungslage in BSELK, 98 f.
52 BSELK, 116, 18.
53 BSELK, 120, 31 f.
54 BSELK, 116, 3–17.
55 BSELK, 98, 7. 20.
56 BSELK, 98, 19–25.

glauben sol trösten und lebendig machen die erschrockne hertzen."[57] Indem in die Glaubensdefinition der Schrecken über die Sünde integriert wird, ist deutlich, dass die Rechtfertigungslehre gerade nicht als Freibrief zum Sündigen zu verstehen ist[58] – erst von hier aus kommt die Neufassung dann auf den bloß historischen und damit nicht heilbringenden Glauben des Teufels zu sprechen.[59] Im zweiten Abschnitt wird die pneumatologische Wirkung des Glaubens präzisiert, die hiernach nicht allein im Wirken der Werke besteht, sondern gleichermaßen in Erkenntnis der Sünde und Glauben an die Zusage der Barmherzigkeit.[60] Erst darauf folgt der Hinweis auf die Hilfe des Geistes zur Gebotserfüllung.[61]

Diese Formulierungen sind erkennbar nicht mehr von der apologetischen Haltung gegenüber den Gegnern getrieben. Sie zeigen vielmehr das Bemühen um eine schlüssige, dogmatisch ausgereifte Ausformulierung des Verhältnisses von Glauben und Werken. Insofern dokumentieren sie in gewisser Weise bereits 1530/31 das, was Wolf-Dieter Hauschild als Funktionswandel der *Confessio Augustana* „von einem Konsensuspapier zur ‚Gründungsurkunde' der lutherischen Kirche" beschrieben hat.[62] Der nachgezeichnete Entwicklungsprozess wirft aber auch hermeneutische Fragen auf.

4 Hermeneutische Schlussüberlegungen

Die vorliegenden Darlegungen haben einen erheblichen textlichen und theologischen Variationsprozess nachgezeichnet. Die theologische Grundsatzproblematik der Stellung der guten Werke im evangelischen Glauben schlägt sich in einem Geflecht zahlreicher intertextueller Bezüge zwischen Texten nieder, die von sich jeweils behaupten, der gerade zu diesem Zeitpunkt vorhandene Text der *Confessio Augustana*, sei es auf Entwurfs-, sei es auf Rezeptionsstufe zu sein. Intertextualität und Textidentität liegen also unentwirrbar ineinander.

Die *Editio princeps* der *Confessio Augustana* präsentiert aus diesem Ringen einen Text, dem man einerseits gewachsene theologische Durchdringung attes-

---

57 BSELK, 120, 10 – 13.
58 Vgl. BSELK, 120, 14 – 16.
59 BSELK, 120, 19 – 22.
60 BSELK, 122, 2 – 5.
61 BSELK, 122, 5 – 9.
62 Wolf-Dieter Hauschild, Das Selbstverständnis der Confessio Augustana und ihre kirchliche Relevanz im deutschen Protestantismus, in: Karl Lehmann/Edmund Schlink (Hg.), Evangelium – Sakramente – Amt und die Einheit der Kirche. Die ökumenische Tragweite der Confessio Augustana, Freiburg i.B./Göttingen 1982 (DialKir 2), 133 – 163, 133.

tieren mag, andererseits aber auch, damit verbunden, ein höheres Maß an Exklusivität gegenüber dem altgläubigen Gegenüber – daher gibt ihn auch die Neuedition nur als eine Variante neben anderen wieder, zwischen denen auf editorischer Ebene keine normative Entscheidung möglich ist. Dieser Befund ist, bedenkt man die unterschiedlichen Situationen der Übergabe in Augsburg am 25. Juni 1530 einerseits, der Drucklegung nach ausgebliebener reichsrechtlicher Billigung des Textes andererseits, nicht erstaunlich. Er bedarf aber im ökumenischen Horizont der hermeneutischen Reflexion.

Den Text von 1531 als den normativen Text der *Confessio Augustana* schlechthin zu nehmen, wäre nicht nur historisch, sondern auch theologisch falsch. Historisch wäre dies falsch, weil es sich hierbei weder um den reichsrechtlich relevanten (und mit historischen Mitteln nicht zweifelsfrei rekonstruierbaren) 1530 überreichten noch um den seit 1580 rezipierten Text handelt, der seinerseits textkritisch sogar eine Rückkehr zu einer den rund um die Übereichung nachweisbaren Überlieferungen nahestehenden Fassung darstellt.[63] Er repräsentiert einen bedeutsamen Ausschnitt aus der Textgeschichte der CA, mehr auch nicht – und dieser Ausschnitt fällt ausgerechnet in die Zeit, bevor, nach Hauschild etwa ab 1534/35, die CA als „generelle Lehrnorm, an welche sich die Pfarrer zu halten hätten", thematisiert wurde.[64] Grundsätzlich sind alle Fassungen der CA, jedenfalls alle, denen auf unterschiedlichen Ebenen des Entscheidungsprozesses – bei der Verlesung 1530, bei der Veröffentlichung der *Editio princeps* wie bei der Herausgabe des *Konkordienbuches* – Gültigkeit zugesprochen wurde, als unterschiedlich formulierte definitive Bestimmungen evangelischer Lehre anzusehen. Die Formulierungsvielfalt provoziert dann, auf den zugrunde liegenden inhaltlichen Grund und Gegenstand zu schauen.

Die Edition legt – nicht zuletzt auch dadurch, dass sie offensiv die unterschiedlichen Varianten präsentiert – offen, dass die Rede von „der" *Confessio Augustana* im Singular eigentlich ein Konstrukt ist. Ja, Melanchthon selbst hat streng genommen durch die Fassung von 1531 gerade nicht einen Text vorgelegt, den er „selbst als gültige Fassung angesehen" hätte,[65] sondern er hat durch den 1533 einsetzenden Bearbeitungsprozess und die Produktion einer ganzen Anzahl von *variata*-Fassungen[66] deutlich gemacht, dass es einen festen Text der CA gerade nicht gibt. Man könnte zugespitzt sagen, dass die jetzige Edition die CA so präsentiert, wie sie von 1531 bis 1533 Gültigkeit besaß. Eben dies gibt im Umgang

---

63 BSELK, 73 (Leppin).
64 Wolf-Dieter Hauschild, Relevanz, 148; Hauschild erwägt ebd. bei entsprechender Datierung des Wittenberger Doktoreides auch einen Beginn ab 1533.
65 So meine eigene, entschieden korrekturbedürftige Formulierung BSELK, 73 (Leppin).
66 S. hierzu BSELK, 72 (Leppin); QuM 108 – 218.

mit dem Text Freiheit, ohne dass diese in Bindungslosigkeit umschlagen müsste: Die verschiedenen Fassungen der *Confessio Augustana* erweisen sich als unter verschiedenen Perspektiven erfolgte Reformulierungen theologischer Kerngehalte. Wo 1530 das Werben um die altgläubige Seite im Vordergrund stand, ging es 1531 um die Selbstverständigung im Wittenberger Lager, 1540 aber um die Einigung mit den Oberdeutschen. Das ist nicht Ausdruck von Beliebigkeit, sondern gibt wieder, dass die unverzichtbaren Kerninhalte evangelischen Glaubens unter unterschiedlichen Bedingungen bis in den Bekenntnistext hinein unterschiedlicher Formulierungen bedürfen. Die Redaktionsgeschichte der *Confessio Augustana* mag damit Mut machen, sich in Verantwortung gegenüber der *Heiligen Schrift* und dem Bekenntnis in seinen unterschiedlichen Formulierungen, neu zu fragen, welches im ökumenischen Horizont der Gegenwart der unverzichtbare Grund und Gegenstand des Glaubens ist – und sich nicht zu scheuen, darin ein hohes Maß an Gemeinsamkeit mit den römisch-katholischen Geschwistern zu entdecken.

Timothy J. Wengert

Confessio Augustana 22 – 28: A Template for Philip Melanchthon's "Ecumenical" Theology

In his erudite *historical commentary on the Augsburg Confession,* Wilhelm Maurer insisted that CA 28 held the key to understanding the disputed work.[1] The power of the bishops was precisely the central point of contention between the Saxon party and empire and pope, given the unauthorized visitation of 1527–1529 and other acts of defiance throughout the 1520s. At the very least, Maurer's argument provides a helpful antidote to works like that of Leif Grane, who only comments in depth on the first twenty-one articles of the CA.[2] In some ways, however, this important insight fails to take into account how the drafters of the CA, Philip Melanchthon in particular, presented their case – not only in CA 28 but throughout their arguments over the disputed articles. By carefully observing the method used in these articles, the reader discovers a single-minded application of justification "by grace through faith on account of Christ" (CA 4) coupled with a judicious use of a wide variety of Scriptural and ecclesiastical authorities.[3] Thus, articles twenty-two through twenty-eight provide the practical application of the Evangelicals' approach to theology that still may also support present-day ecumenical conversations.

1 The Disputed Articles' Use of Authorities

One of the most persistent weaknesses in descriptions of the Reformation arises from the phrase *sola Scriptura,* a concept that first developed in the seventeenth

---

1 Wilhelm Maurer, Historical Commentary on the Augsburg Confession, trans. H. George Anderson, Philadelphia 1986, 27: "Thus it [version C of the *Torgau Articles*] deals with the question that underlies all of the 'disputed articles,' a question that found its final answer later in CA 28."
2 Leif Grane, The Augsburg Confession: A Commentary, trans. John H. Rasmussen, Minneapolis 1987, 23: "Only the most essential aspects are dealt with in Articles 22–28, the so-called abuse articles. To attempt to deal with them even somewhat thoroughly would have taken far too much space."
3 For the most part, this essay will examine the final text of the CA, in no wise gainsaying the fact that the use of ecclesiastical authorities and the centering on justification already appears in early stages of the document, especially in the *Torgau memoranda* and the *Schwabach* and *Marburg confessions.*

century and then, under pressure of Rationalism, took on a completely different meaning in the nineteenth. To my knowledge, Melanchthon never used the term; even Georg Major, in his tract on the authority of *Scripture*, did not employ it; and Luther used it only eighteen times in his Latin writings, of which nine were instances in which he explicitly said he would *not* argue *sola Scriptura*.[4] Even the other nine are simply instances where he contrasted *Scripture's* authority to that of the papacy. First among some orthodox theologians do we find examples of a Scriptural monism, so to speak, where all other authorities are rejected or so downplayed as to turn Reformation theology into a caricature of itself.[5] To correct this mistaken view, Peter Fraenkel argued that for Melanchthon *Scripture* is the *primum et verum*, a phrase much closer to the later distinction of *norma normans* and *norma normata*, which also allows for and invites a host of secondary authorities without gainsaying the primary role of *Scripture*.[6]

The disputed articles in no case restrict their authorities to *Scripture* alone. Instead, they include a host of other authorities, much in the style of Melanchthon's later editions of the *Loci communes*, where after discussing *Scriptural* authorities he almost invariably cites patristic authorities in support of his arguments. Nowhere can we see this more clearly than in CA 22 and 23.

1.1 *Confessio Augustana* 22

CA 22 defends the Evangelical[7] practice of communion in both kinds. Of all the aspects of medieval practice, this one was one of the most recent, having been decreed at the Council of Constance, although the practice reaches back further

---

4 See Timothy J. Wengert, Reading the Bible with Martin Luther: An Introductory Guide, Grand Rapids 2013, 16–21.
5 See, for example, David Hollaz, Examen Theologicum Acroamaticum (1707), 125, as cited in Heinrich Schmid, The Doctrinal Theology of the Evangelical Lutheran Church, trans. Charles A. Hay/Henry E. Jacobs, Philadelphia ³1875, 52: "Accordingly, we must acknowledge the Holy Scriptures as the only rule and guide of our life, by which alone all controversies in regard to divine things must be settled, so that in no case is the addition of any other authority required, by which they may be decided."
6 Peter Fraenkel, Testimonia Patrum: The Function of the Patristic Argument in the Theology of Philip Melanchthon, Geneva 1961, 162–207.
7 Because of the varying meanings of this term in English, throughout this essay it will be capitalized to indicate the territories and cities that subscribed the CA.

in the Western Church.[8] The article begins by referring to the command of Christ (Matt. 26:27: "Trincket alle daraus" and *Bibite ex hoc omnes*) and the practice of St. Paul (1 Cor. 11:17–34). Paul's *practice* interprets Christ's words and guards against attacks "und glosieren."[9]

The use of other authorities begins, in the Latin version, with a reference in passing to Nicholas of Cusa, who pointed out [in a writing not identified by BSELK] when the practice was approved by the church.[10] By mentioning Cusa, a proponent of papal authority and an opponent of the Hussites, the drafters underscore the uncertainty of the practice's origins and, at the same time, call it into question because of its recent origin. Thus, for Melanchthon and his collaborators one of the church's favorite sons undermines this practice by virtue of its novelty!

The other references to the traditional practice of communion in both kinds also carry weight with the Evangelicals as they move from the earliest sources to more recent ones. The text vaguely refers to Cyprian, actually to his Epistle 57.2[11], written with other bishops to Pope Cornelius (whom they call "their brother"), where Cyprian mentions giving the people Christ's blood. Then, in a much clearer citation, they quote directly from Jerome's *commentary on Zephaniah*.[12] Here, where Jerome is trying to emphasize the importance of virtuous living among priests, he mentions in passing distributing Christ's blood to the people.

The *coup de grâce* comes with the next citation: Pope Gelasius as recorded in Canon Law! Both the Latin and German indicate grammatically the special au-

---

8 See Heinrich Denzinger, Compendium of Creeds, Definitions, and Declarations on Matters of Faith and Morals, 43d, ed. Robert Fastiggi/Anne Englund Nash, San Francisco 2012, par. 1198 – 1199 (*Cum in nonnullis*), 325 – 26.

9 CA (German) 22.3, where "glosieren" should be taken in a completely negative sense: "add glosses to distort the meaning."

10 Because the BSELK takes out the reference in the German text to Nicholas of Cusa found in the *Book of Concord*, it does not identify the source in the Latin. BSLK (86, n. 1), on the other hand, gives the reference in the German to Epistola III ad Bohemicos, namely, Nicholas of Cusa, Epistola III: De usu Communionis ad Bohemos, in: Opera, 3 vols., Basel 1565, 2:838 – 46. Cusa refers there to the *Decretorum libri XX* of Burchard, bishop of Worms, who in turn refers to the Council of Turin [dated either 398 or 415], ch. 4, and its decree concerning communing the dying, which insists upon intinction in the blood of Christ. See MPL 120:754 (= Decretorum libri XX, bk. V, ch. IX). The German version of CA 22, by contrast, places this reference properly at the end as the most recent authority. Some of the other patristic references here may come from Cusa's letter.

11 MPL 3:857–59.

12 Jerome, Commentariorum in Sophoniam prophetam III.1–7 (MPL 25:1375), also found in Canon Law (C. 1 q. 1 c. 90), in: Friedberg I:391. See the following note.

thority of this citation: "der Bapst selbs" and *Immo Gelasius Papa* [...].[13] The drafters immediately add: "Man findet auch nindert [nirgendwo] kein Canon, der da gebiete, allein ein gestalt zunemen.[14] The Evangelical theologians, then, have Cyprian, Jerome, and Pope Gelasius on their side, as well as the oldest decrees from Canon Law.

But CA 22 then demonstrates that the drafters understood at least to some degree what they were doing methodologically and why they included other authorities besides *Scripture*, when (to them at least) *Scripture* seemed so unambiguously clear and, hence, authoritative. They solved the dilemma by citing tradition (i. e., canon law) in support of their insistence on Christ's command (and Pauline practice). "Only a quite recent custom holds otherwise. However, it is evident that a custom, introduced contrary to the commands of God, must not be approved, *as the canons testify* [...]."

CA 22 thereby unashamedly introduces an Evangelical conundrum similar to that of Augustine's, "I would not have believed the Gospel if the authority of the church had not moved me." "We insist on the priority of God's command on the basis of canon law." Gratian at this point is citing Augustine, *On Baptism against the Donatists* (III.6) and, in the following chapter, Gregory VII (who is also citing Augustine), before returning to Augustine's tract (III.5).[15] Chapter six bears the title: "Custom ought to give way to revealed truth," and quotes Augustine, "For the Lord in the gospel [of John] says 'I am the truth.' He does not say, 'I am the custom.' Therefore custom gives way to manifest truth."[16] Thus, the church itself declares itself under the Word of God. The very thing upon which Vatican II's *Dei Verbum* insisted upon in the twentieth century was already Augustine's argument in the ancient church, in Canon Law in the twelfth century, and on the lips of the Evangelical confessors in Augsburg by the sixteenth. The church remains under the Word of God, serving it alone. This does not eliminate other authorities; it enhances them as witnesses to the truth.

The last words of this article hint at another aspect of the CA's method: an appeal not to offend the conscience. This aspect of the CA's approach to the prac-

---

13 BSELK, 134 & 135, referring to dist. II, de Consecratione, ca. Comperimus [= 12] in: Friedberg I:1318. This is part of a letter by Pope Gelasius I (pope from 492–96) to bishops Majoricus and John of Scylletium in southern Italy. See Gelasius, Epistola 37 ad Majoricum et Johannem, in: Epistolae Romanorum Pontificum Genuinae, ed. Andreas Thiel, vol. 1: A S. Hilaro usque ad S. Hormisdam, Braunschweig 1868, 450–52 (with 42–43).

14 BSELK, 134, 3–4. The Latin (135, 2–3) states matters a bit more carefully: *Tantum consuetudo non ita vetus aliud habet.*

15 Gratian, Decretum I, dist. 8, ch. 4–6 (*De veritate*), in: Friedberg I:14–15.

16 Friedberg I:15.

tical issues arises out of its insistence on justification by grace through faith on account of Christ, as we will see much more clearly in the other disputed articles discussed below. Of course, the final line, linking the indivisibility of the sacrament to the Evangelicals' refusal to process with the host, is not simply the weakest argument in this article but hardly pertains to the main topic. Whether one processes or not with the host in a monstrance is only vaguely connected to the question of dividing the sacrament and has far more to do with worshiping the host and distorting the purpose of the meal. Such matters are addressed by Luther and Melanchthon in the 1543 dispute in Eisleben over the *reliquiae sacramenti* and as they develop the notion of the *actio sacramenti*.[17] But given especially Landgrave Philip of Hesse's behavior in Augsburg at the Corpus Christi Day festivities on 16 June 1530, it is no wonder that this comment was added to the final draft.[18] In any case, the reference to processions with the host lacks any of the well-thought-out arguments about method and authority found in the rest of the text.

Already during the March 1530 meeting at Torgau, the Evangelicals were constructing their arguments using not only *Scripture* but also Canon Law and the Fathers. By the time they completed the final text of CA 22, arguments concerning authorities had become a sophisticated aspect of their method. Invoking the ancient sources, part and parcel of Wittenberg's commitment to humanist methodology (*ad fontes*), allowed them to treat *Scripture* as the *primum et verum* but also to introduce the church's own statements and practices to support their change in the customary distribution of the Lord's Supper. The drafters of CA claimed that not only Christ and Paul but also the ancient church and medieval canon law stood on their side in judging the relative novelty of communion in one species.[19]

---

17 Timothy J. Wengert, Luther and Melanchthon on Consecrated Communion Wine (Eisleben 1542–43), in: Lutheran Quarterly 15 (2001), 24–42.

18 See by contrast the *Torgau Memorandum* from ca. 27 March 1530, now in MBW Texte 4/1:95–109, here 101, lines 165–70.

19 It may even be that this appeal to the Fathers and Canon Law shaped the *Confutatio*, where the authors admit to the early custom of communion in two kinds being discontinued. They also explained the citations made in CA 22, especially the reference to Pope Gelasius, which they insist only applied to priests who abstained from the cup not to the laity.

1.2 *Confessio Augustana* 23

As was the case already in 1521 in Martin Luther's *Judgment on Monastic Vows* and the comments of Melanchthon and Karlstadt from around the same time, the abandonment of priestly celibacy was a more complicated practice for the Evangelicals to defend.[20] For this reason CA 23 begins with a far different appeal – to experience – especially in the German, where "ein grosmechtige klag inn der welt gewesen von grosser unzucht und wilden wesen und leben der Priester." In the Latin, a reference to Pope Pius II (1404–1464; pope from 1458) from later in the German version is placed here as an example of such an outcry.

The German and Latin versions of CA 23 have divergent tones and, to some extent, slightly different arguments. The Latin version starts with Biblical references to Paul's admonition to avoid immorality (1 Cor. 7:2, 9b) and Christ's admission that celibacy is not for everyone (Matt. 19:11) before basing the entire argument on God's creation (Gen. 1:28). Those without the "singular gift and work of God" (celibacy) may lawfully marry. Of course, this begs the question of whether *priests* may marry, not whether marriage is God's intent for creation. The second argument comes from the ancient church's practice, starting with Paul's advice for a bishop (1 Tim. 3:2) and the fact that (in Germany at least) priests were married well into the Middle Ages and that they nearly killed the poor Archbishop Siegfried of Mainz (d. 1084) when he imposed mandatory celibacy. The third argument reflects the reformers' eschatology and their conviction about the *senex mundi*.

The remedial effect of marriage becomes the Latin version's fourth argument, which the drafters support with reference to Canon Law's general principle of relaxing the rigor of its rules "on account of human weakness."[21] Again, CA 23 suggests a practical dilemma, namely, that the church will soon run out of pastors. The Latin version insists in summary that its arguments rest upon the command of God, the ancient custom of the church, and the scandals produced by forced celibacy. To threaten those who break their vows of celibacy with capital punishment leads the drafters to connect current church practices to Paul's warning about the prohibition of marriage as a teaching of demons (1 Tim. 4:1, 3). Then, borrowing from one of Luther's arguments in the 1521 *Judgment on Mo-*

---

20 Bernhard Lohse, Martin Luther's Theology: Its Historical and Systematic Development, trans. Roy A. Harrisville, Minneapolis 1999, ch. 14: Luther's Dsipute with the Monastic Ideal (1520/1521), 137–43.
21 Gratian, Decretum I, dist. 34, ch. 7 and II, Causa 1, q. 7, ch. 5 (Friedberg I:127 & 430). The first deals with deacons who have children by their deceased wife's maid and the second with simony. In both, Gratian's comments urge that certain canonical rules be relaxed.

nastic Vows, the Latin version insists: "as no human law can nullify a command of God, so no vow can do so." On this basis, Cyprian himself excused women from their vows and let them marry.[22] Then, as an analogy, the Latin points to the canonical fairness [*aequitas*] in allowing those who made vows as children to be free to marry.[23] This appeal to equity shows just how cautiously the Evangelicals in Augsburg try to prosecute their argument. They do not seem as interested in winning the case for marriage as in preventing punishment for those breaking the law. The underlying assumption is that for priests this practice is a rather recent custom, which can therefore be changed later to reestablish an older, better practice.

The German version, which follows the same basic outline as the Latin, has a few wrinkles that again reveal aspects of the Evangelicals' method. Most importantly, as in the previous article, they include an appeal to the conscience: "Etliche Priester bey uns [...] zeigen diese ursachen, das sie dahin gedrungen und bewegt sind aus hoher not ihrer gewissen." As we shall see below, the appeal to conscience here is not simply referring back to the rich medieval tradition of such appeals but rather is connecting such behavior to justification "by grace through faith on account of Christ." This is also hinted at in the second reference to conscience in the German text: "Wie greulich, schrecklich unruhe und quall ihrer gewissen viel an ihrem letzten end derhalb gehabt, ist am tag, und ihr viel haben es selb bekennet." Indeed, this entire paragraph appeals to experience as an authority, as the text admits: "ob es nu inn menschlicher macht odder vermögen sey [...] hat die erfarung alzu klar geben."[24]

After this appeal to experience and the witness of *Scripture* to God's creation, the German version also turns to what it labels "historical accounts" and patristic writings, describing in more detail the experience of Archbishop Siegfried of Mainz and the attempts by the pope to dissolve existing marriage – "Welches doch nicht allein wider alle Göttliche, natürliche und weltliche Recht, sondern auch den Canonibus, so die Bepst selb gemacht, und den berümpsten Conciliis gantz entgegen und wider ist."[25] It is here that they invoke "Auch ist bey viel

---

22 Cyprian, Ep. 62.2 [or: 61, 11, or 4].

23 Gratian, Decretum II, Causa 20, q. 1, ch. 5, 7, 9–10, 14–15 (Friedberg I: 844–46). *Aequitas* is the Latin equivalent of the Greek *epieikeia*, an Aristotelian and Ciceronian ethical term much beloved by the reformers.

24 BSELK, 136, 3 & 7–9; 138, 2–8.

25 Namely, the Council of Nicea (325). See, for examples of from Canon Law, see Gratian, Decretum I, dist. 82, ch. 2–5 (Friedberg I:127).

hohen Gottfurchtigen, verstendigen leuten," as well as Pope Pius II – at least according to his biographer, Bartholomeo Platina.[26]

In something of a departure from other articles, the German version includes a direct appeal to the Emperor Charles V, begging him to take into account the increased wickedness in the world and to prevent worse sins from being committed "in German lands." Given that Canon Law allows for a relaxation of this practice, would this not be the Christian thing to do in this case? Otherwise there would be a shortage of priests. As in the Latin version, the German version also contrasts *Scripture* and history to the "unchristian offense" caused when celibate clergy are prohibited from marrying and punished if they do. The Latin version's citation of 1 Timothy 4 is enhanced by reference to the devil as a murderer in John 8:44. "Welchs denn wol zusamen stimmet, das es freilich Teuffels lere sein müssen, die ehe verbieten und sich unterstehen, solche lere mit blut vergissen zuerhalten."[27] An appeal to the young age at which both priests and monks made vows of celibacy closes the German version.

In CA 20, Melanchthon delineated three authorities for Evangelical teaching: *Scripture* (Eph. 2:8–9), the Church Fathers (Augustine and Pseudo-Ambrose [Prosper of Aquitaine]), and experience. In CA 23, these three continue to play crucial roles in defending changes in Evangelical practice. But because of the uncertainty around celibacy – already encouraged by both Christ and Paul – the Evangelicals are forced to use a different kind of argument altogether, one that places experience and, hence, the conscience at center stage. Moreover, by appealing to the Emperor, CA 23 also attempts to make this purely an issue for secular judges, in which that Ciceronian virtue of *epieikeia* (*aequitas*, *Billigkeit*) becomes the basis for judging the case.

2 The Disputed Articles' Appeal to Justification

Putting aside the cacophony of voices among German Protestants condemning the *Joint Declaration on the Doctrine of Justification*, that document represents on several levels remarkable breakthroughs in relations between Lutherans – who are not really Protestants in the modern sense of the term – and Roman Catholics. No statement is more important than what we read in par. 18. Here 400+ years of disputes over the importance of the doctrine of justification are resolved:

---

26 BSELK, 136, 25–28.
27 BSELK, 140, 10–12.

Therefore the doctrine of justification [...] is more than just one part of Christian doctrine. It stands in an essential relation to all truths of faith, which are to be seen as internally related to each other. It is an indispensable criterion that constantly serves to orient all teaching and practice of our churches to Christ [...] When Catholics see themselves as bound by several criteria, they do not deny the special function of the message of justification.[28]

Later in the history of Lutheran teaching, justification came to be called "the article on which the church stands or falls."[29] Unfortunately, such a slogan ignores precisely *how* justification actually functions as an "indispensible criterion." Indeed, such a saying can simply end up meaning the opposite, so that justification by faith alone simply becomes justification by right answer alone. In just this way, the Lutheran churches have over the centuries often slipped back into the worst kind of works righteousness, where the pursuit of *reine Lehre* replaces the good news of salvation in Christ alone. The method used in the disputed articles of applying justification to a wide variety of church practices, provides just the antidote to the misappropriation of this criterion. For this we will concentrate on CA 24–28, skipping over the many examples of how Evangelicals employed a wide variety of authorities to make their case and instead focusing on the various ways they introduced justification by faith (as already confessed in CA 2–6, 12–13 & 20) into their arguments.

2.1 Justification in *Confessio Augustana* 1–21

To understand how justification functioned in these later articles, however, a brief description of justification in the doctrinal articles is necessary. CA 2 introduces justification by defining humanity's inherited sin as "lack of faith in God and lack of fear in God." Although the *Confutation* views fear and faith as two concrete results of sin rather than its source, the introduction of especially "faith" here foreshadows the following articles. Even CA 3 hints toward justification in several ways. For the most part this article prepares for the articles on the Lord's Supper against the Zwinglians' "real absence" and the Roman Catholic

---

28 Joint Declaration on the Doctrine of Justification, English-Language Edition, Grand Rapids 2000, 16 (par. 18). Even the "Annex," no. 3 states: "The doctrine of justification is that measure or touchstone for the Christian faith. No teaching may contradict this criterion. In this sense, the doctrine of justification is an 'indispensable criterion [...].'"

29 *Articulus stantis et cadentis ecclesiae.* The earliest use of this phrase, attributed to Martin Luther, is found in Balthasar Meisner, ΑΝΘΡΩΠΟΛΟΓΙΑΣ Sacrae Disputatio XXIV ad statum reparationis pertinens, de vocabulis in articulo iustificationis [...], Wittenberg 1615, A 2v. It is nowhere to be found in Luther's writings.

notion of the sacrificial nature of the Mass. Nevertheless, by following the Creed and introducing the Holy Spirit, CA 3 includes these words: "das er [Christus] alle, so an ihn gleuben, durch den heiligen geist heilige, reinige, stercke, tröste, ihnen auch leben und allerley gaben und gutter austeile und wider den Teuffel und wider die sunde schütze und beschirme."[30] As we will see below, the crucial word here is "comfort all who believe in him."

Of course, article four is always pointed to as the CA's confession of justification. But this narrows the field far too much. In the first place, the discussion of justification runs from CA 4–6. Second, CA 12, 15, 18 and 20 also give a more nuanced exposition of the teaching. Finally, this broader approach links justification and the distinction between law and gospel, a crucial aspect of how this teaching functions in the lives of Christians.

CA 4–6 first define justification not as a human work or effort through which to obtain (erlangen) forgiveness but rather as a gift received (bekommen; Latin: recipi) by grace through faith on account of Christ. This declaration or imputation (imputat) of righteousness arises from Christ's death on the cross and can only be received in faith and is faith, according to Romans 3–4.[31] Articles five and six make two further specifications about this justification. CA 5 considers the origin of such justifying faith in the Christian as given through the ministry of Word and Sacrament by the Holy Spirit ("Solchen glauben zuerlangen"; Latin: Ut hanc fidem consequamur).[32]

The condemnation that follows in CA 5 encompasses both CA 4 and 5 (so that they best could be seen as a single literary unit). The issue, which hardly includes any so-called "Anabaptists," is actually aimed against the "und andere" (Latin: et alios), which meant medieval theologians such as Gabriel Biel and even perhaps Erasmus, who claimed some power for the liberum arbitrium quite apart from the working of the Holy Spirit through the external word. It may also be a subtle condemnation of Ulrich Zwingli, who could not (in Evangelical eyes) marry the Holy Spirit's work to the means of grace.

---

30 BSELK, 96, 17–20. At the same place, the Latin version reads (BC, 39; cf. BSELK, 97, 15–16 & 99, 1–2): "He will sanctify those who believe in him by sending into their hearts the Holy Spirit, who will rule, console, and make them alive and defend them against the devil and the power of sin."
31 Identifying specific verses within Romans 3–4, as do modern editions and translations, misses the point. It is the entire sweep of these two chapters that Melanchthon had in mind, as his Romans commentaries indicate.
32 This definition of the Predigtamt led earlier generations, including BSLK, 58, n. 1, to smuggle in a reference to the priesthood of all believers rather than to understand that the public office of ministry is always transparent, always serving Word and Sacrament, which the Holy Spirit uses to create faith.

CA 6 also belongs directly to the discussion of justification, indicated by the phrase "das solcher glaub," namely, the faith introduced in CA 4. That good works are labeled fruit underscores the causative role of "such faith." Moreover, CA 6 is hardly a single sentence into a discussion of good works before underscoring the origin of these works, done "umb Gottes willen" (*propter voluntatem Dei*) and not to merit anything or to trust in them rather than God's mercy in Christ. Now, in addition to Romans 3–4, CA 6 introduces the voice of Christ in the Lucan parable, to point out that faith makes Christians into "*untüchtige Knechte.*" Then we hear from Ambrosiaster, (as Erasmus now called him), but still identified here as Ambrose, who provides the CA's first reference to *sola fide*.

To understand the language in CA 12, we need first to examine aspects of CA 20, the first article to bear a subtitle: "Vom glauben und wercken." This article arose in direct reaction to Johann Eck's *404 Artikeln* and his charge that Evangelicals forbade good works. The stakes here were high. Not only did Eck claim that the Evangelicals were propounding heresy, but this particular heresy would lead to the very kind of anarchy that no emperor could tolerate in his realm. After dismissing the charge as false, Melanchthon – whose fingerprints are all over this article[33] – first restates the teaching about faith, "di das heuptstuck ist in christlichem wesen." "Erstlich, das unser werck uns nit mugen mit Got versonen und gnade erwerben, sonder solichs beschicht allein durch den glauben, so man glaubt, das uns umb Christus willen di sunde vergeben werth, wilcher allein der mitler ist, den vatter zuversunen."[34] Here, as in many of the Evangelicals' arguments, *sola fide* (here for the first time in the CA's own voice) is linked to *solus Christus*. Anyone teaching the contrary undermines true teaching in two ways: "der verachtet Christum und sucht ein eigen weg zu Got wider das evangelium."[35]

As mentioned above, here Melanchthon parades before the reader three authorities. The first, *Scripture*, cites Ephesians 2:8–9 (Romans 3–4 having already made an appearance in CA 4). The second authority, of the church fathers, proves that such a teaching was not novel but was being held in concert with the ancient church, here represented by Augustine's *The Spirit and the Letter* and, in the Latin, Ambrose's [actually Prosper of Aquitaine's] *Concerning the Calling of the Gentiles*. The third authority is experience, which is crucial for

---

33 See MBW, 894 (T 4/1:134–37), dated ca. April 1530. For further commentary on the *Augsburg Confession*, see Timothy J. Wengert, The Augsburg Confession: Renewing Lutheran Faith and Practice, Minneapolis 2020.
34 BSELK, 119, 1–3 & 10–17.
35 BSELK, 119, 20–22.

our arguments on CA 24 – 28. The more complete Latin text deserves to be cited in full.

> Moreover, although this teaching is despised by those without experience, nevertheless devout and anxious consciences find by experience that it offers the greatest consolation. For consciences cannot be calmed by any work, but only by faith when they are certain that they have a God who has been reconciled on account of Christ. As Paul teaches in Romans 5[:1]: "Therefore, since we are justified by faith, we have peace with God." This whole teaching must be referred to that struggle of the terrified conscience, and it cannot be understood apart from that struggle. That is why those who are wicked and without experience judge it badly. For they imagine that Christian righteousness is nothing but civil and philosophical righteousness.[36]

There are several important moves that Melanchthon presents here. First, he places the actual experience of justification as the only sure authorization for this teaching. If it remains a theoretical dogma, demanding only the assent of the mind, it is irrelevant. One must experience first terror (death) and then comfort (resurrection), that is, this doctrine actually works on the hearer. As Peter Fraenkel argued a generation ago, and as Siegfried Wiedenhofer and I have argued since then, the two questions of Aristotle that mattered most for Melanchthon were *quid sit* and *quid effectus*.[37] Thus, the true meaning of a doctrine does not become clear unless its divinely ordained effect is joined to it.

This brings us to a third point, namely, the citation of Romans 5:1. At the very time Melanchthon is at Augsburg, his rhetorical outline of Romans was being produced. Although in the 1522 *Annotationes* on Romans, he insisted that Romans 5:1 proved that the kind of faith Paul was discussing was not "historical faith" (such as the devils possess) but trust (*fiducia*), beginning in 1529 and then expanded in 1532, Melanchthon realized that Romans 5:1 actually revealed the effect or consequences of justification – proving that the reformers' interest in this category of thinking was already foreshadowed in Paul. Here is the way he introduced chapter 5 in 1529/30.

> In every disputation, the chief parts are the proposition and the proof [*confirmatio*]. The reader ought always to fix one's eyes and mind on this [...] There is, however, an epilogue made with remarkable skill. First, the proposition is repeated. Afterwards, it is augmented

---

36 BC, 55 (cf. BSELK, 121, 10 – 27 & 123, 1 – 2.
37 Peter Fraenkel, Revelation and Tradition: Notes on Some Aspects of Doctrinal Continuity in the Theology of Philip Melanchthon, in: Studia Theologica (Lund) 13 (1959), 97–133; Siegfried Wiedenhofer, Formalstrukturen humanstischer und reformatorischer Theologie bei Philipp Melanchthon, 2 vols., Frankfurt a. M. 1976; Timothy J. Wengert, Philip Melanchthon's 'Annotationes in Johannem' of 1523 in Relation to Its Predecessors and Contemporaries, Geneva 1987, 203 – 11.

by the effects of faith. For faith effects tranquility of conscience and arises in the middle of all fears and afflictions, and (third) consolation is added.[38]

This, then, is precisely the effect that Melanchthon described in CA 20.

The fourth point has to do with the contrast between the comfort of justifying faith and those who trust only in a civic or philosophical righteousness. From Melanchthon's *Scholia* on Colossians of 1528 and its translation by Justus Jonas published in 1529, we discover that Melanchthon is specifically targeting Erasmus of Rotterdam, whose attacks on Luther are based not upon the experience of God's mercy but on the confusion of Christian righteousness with a human, philosophical one.[39]

The linking of justification by faith not simply to forgiveness but also and more importantly to comfort for the terrified combines justification with the work of the Holy Spirit through the Word of God on the believer, that is, it combines justification with what the Reformers called the distinction between law and gospel. It needs to be recalled that for the Wittenbergers, this distinction was not so much one about the definition of those two terms (law and gospel) as commands and promises. Instead, both Luther and Melanchthon insisted on defining law and gospel far more in terms of the effects of the Word of God on the hearer, namely, as a word that condemned (leading to terror) and a word that forgave (delivering comfort). They expressed this distinction of effect very early on – in the Heidelberg Disputation of 1518, in Luther's *Freedom of a Christian* of 1520, and in Melanchthon's *Loci communes* of 1521. For both men, this distinction arose out of the original dispute over *poenitentia*. Thus, it is no surprise that this distinction first appears in CA 12.

The debate over the Sacrament of Penance centered on how it was divided, with the Roman party insisting on Peter Lombard's three-fold division into contrition, confession, and satisfaction, while Wittenberg's supporters defined it as a two-fold movement from contrition (sorrow for sin) to faith. That is, as the work of God's Word on the penitent as law and gospel. "Nu ist ware rechte busse eigentlich nicht anders, denn reu und leid odder schrecken haben uber die sund und doch darneben gleuben an das Evangelium und Absolution, das die sunde vergeben und durch Christum gnad erworben sey, welcher glaub widderümb das hertz tröst und zu frieden macht."[40] In the *Apology* 12, Melanchthon then ties this movement from terror to comfort directly to law and gospel.[41]

---

38 CR 15:456–57. Cf. the 1532 Commentarii (MSA 5:155–56).
39 See Timothy J. Wengert, Human Freedom, Christian Righteousness: Philip Melanchthon's Exegetical Dispute with Erasmus of Rotterdam, New York 1998, 96–101.
40 BSELK, 106, 6–10.

Returning to CA 20, before defending the Evangelical position on good works, Melanchthon gives a definition of faith. Especially in the Latin version, we can see how faith as trust arises out of justification as comfort for the terrified sinner. "People are also reminded that the term 'faith' here does not signify only historical knowledge [...] but that it signifies faith which believes not only the history but also the effect of the history, namely, this article of the forgiveness of sins, that is, that we have grace, righteousness, and forgiveness of sins through Christ." Invoking Augustine, Melanchthon concludes: "Augustine [...] teaches that in the Scriptures 'faith' is to be understood not as knowledge, such as the ungodly have, but as trust that consoles and encourages terrified minds."[42]

Now other doctrinal articles, especially CA 15 and 18 also touch on aspects of justification and will come to expression in sections of the disputed articles. However, this does not undercut the basic contours of the doctrine outlined here. CA 15 warns "das man die gewissen damit nicht beschweren sol, als seien solche ordnung nötige Gottes dienst, one die niemand fur Gott gerecht sein könne." Any human traditions that purport to earn grace or appease God "dem Evangelio und der lere vom glauben an Christum entgegen sind."[43] CA 18 distinguishes the ability of the *liberum arbitrium* to make choices in matters of this world from its inability to fear and love God, to believe, or to drive inborn, evil lusts from the heart. "Sondern solchs geschicht durch den heiligen geist, welcher durch Gottes wort geben wird."[44]

2.2 *Confessio Augustana* 24

Turning first to CA 24, it would seem that Melanchthon quickly realized the importance of the debate over the sacraments' effectiveness *ex opere operato* and so added in the early printed editions an attack on this teaching found in CA 13.[45] But the objections to the phrase, as dealt with in CA 24, went far beyond

---

41 See BSELK, 453, 7–12: *Haec enim sunt duo praecipua opera Dei in hominibus: perterrefacere et iustificare ac vivificare perterrefactos. In haec duo opera distributa est universa scriptura. Altera pars les est, quae ostendit, arguit et condemnat peccata. Altera pars Evangelium, hoc est promissio gratiae in Christo donatae, et haec promissio subinde repetitur in tota scriptura.*

42 CA (Latin) 20.24–26, in BC 57 (cf. BSELK, 123, 23–29 & 125, 1–20).

43 BSELK, 108, 20–22 & 110, 3–4.

44 BSELK, 112, 19–20. The language echoes CA 2.

45 BSELK, 108, n. t–t, indicates that the phrase was not found in any manuscript but first in both the German and Latin printings of the 1531 *editio princeps* (cf. BSLK, 68).

a difference in sacramentology and rested instead on justification by faith itself. Here the effect of faith becomes the central concern. Thus, at the outset CA 24 states "So werden auch die leute mit höchstem vleis zum offtermal unterricht vom heiligen Sacrament, wo zu es eingesetzt und wie es zugebrauchen sey, Als nemlich die erschrocken gewissen damit zu trösten."[46] When we recall that Melanchthon and his fellow drafters respected and used the rules of rhetoric to structure their arguments, then the position of this comment in the entire article calls even more attention to it. In this case, these comments are part of the *narratio*, a description of the indisputable facts of the case. Whereas "our people" [*den unsern*] were falsely accused of abolishing the Mass [e.g., in Eck's *404 Articles*], the facts of the matter were quite different. They were properly instructed especially in the Supper's use, namely, "as a comfort to terrified consciences." Thus, the article of justification stands at the very center of the Evangelicals' argument here.

After going after the notion that the Mass was an unbloodied sacrifice offered up for the sins of those for whom the Mass was intended – a charge strongly rejected by the *Confutation* – CA 24 turns again to justification: "Zum andern, so leret Sanct Paulus, das wir fur Gott gerecht geschetzet werden durch glauben und nicht durch werck."[47] If this point links the Mass to the definition of justification and (according to the Latin original and an addition to the German) rejects the *ex opere operato*, the next point again returns to its proper use. "Zum dritten, So ist das heilig Sacrament eingesatzt [...] das unser glaub dadurch erwecket und die gewissen getröst werden [...]."[48] This is what is means to receive the sacrament "zu seinem Gedächnis."[49] The rest of the article simply returns to the question of Evangelical practice and describes how, by abandoning private masses, etc., it corresponds to ancient practices.

2.3 *Confessio Augustana* 25

This article on private confession also begins by invoking justification by faith to explain its meaning. "Dabey wird das volck vleissig unterricht, wie tröstlich das wort der Absolution sey, wie hoch die Absolution zuachten, denn es sey nicht

---

46 BSELK, 140, 27–30. Latin: *Admonentur etiam hominess de dignitate et usu sacramenti, quantam consolationem afferat pavidis conscientiis.*
47 BSELK, 144, 11–12.
48 BSELK, 144, 18 & 20.
49 A point made more clearly in the Latin version, BSELK, 145, 13–20, where they include a citation of Ambrose of Milan, De sacramentis IV, 6, 28 (MPL 16:464).

des gegenwertigen menschen stimme odder wort, sondern Gottes wort, der die sunde vergibt. Denn sie wird an Gottes stad und aus Gottes befehl gesprochen."[50] After dealing with the two chief differences with their opponents (the recitation of all of one's sins and the demand for yearly confession to a priest), the article, in good rhetorical form, returns to the central matter of justification: "Doch wirt durch die Prediger dieses teils vleissig gelert, das, ob schon die erzelung der sunden nicht not ist, dennoch privata absolutio zu trost den erschrocknen gewissen sol erhalten werden."[51] Once again, CA 25 places the sacrament into the original Reformation dispute on justification and its (law and gospel). The *experience* of comfort shapes Wittenberg's practical acceptance of the sacrament.

2.4 *Confessio Augustana* 26

The question of fasting and refraining from certain foods, especially during Lent, had been one of the central flashpoints of reform in the 1520s. The most famous case, of course, occurred in Zürich, where Ulrich Zwingli's printer, Christoph Froschauer, grilled some Bratwurst in the middle of the Lenten fast of 1522. This was at just the time that Martin Luther, by contrast, was preaching against such provocations for the sake of the weak consciences.[52] By 1530, however, the dietary restrictions had also been removed in the other Evangelical churches, as demonstrated by comments in the *Unterricht der Visitatoren* of 1528.[53]

In CA 26, the argument's structure differs somewhat from other articles in that the first paragraph simply recounted how in former times the church taught that human traditions earned grace and made satisfaction for sin, as if they were so necessary that by omitting them believers committed great sin. Over against this, in the second paragraph, the drafters felt compelled once again to outline the doctrine of justification. "Erstlich ist dadurch die verheissung Christi und die lere vom glauben vertunckelt, welche uns das Evangelium mit grossem ernst furhelt und treibet hart darauff, das man den verdienst Christi hoch und theuer achte und wisse, das gleuben an Chrstium hoch und weit uber alle werck zu set-

---

50 BSELK, 146, 27 & 148, 1–4

51 BSELK, 150, 10–13.

52 The so-called Invocavit Sermons, delivered from 9–16 March 1522 (WA 10/2:1–64), especially the fourth sermon, delivered on 12 March (WA 10/2:36–40).

53 WA 26:223, 18–36, here 18–20: "Uber solche satzung, die gemacht sind umb gutter ordenung willen, sind andere, die gemacht sind, der meinung, das sie sonderlicher Gottes dienst sein sollen, dadurch Gott versünet, und gnade erlanget werde [...]."

zen sey."[54] Then comes a single-sentence summary of the doctrine of justification: Saint Paul fought against the imposition of the Law of Moses, "das wir lernen sollen, das wir vor Gott nicht from werden aus unsern wercken, sondern allein durch den glauben an Christum, das uns Gott umb Christus willen one unser verdienst sund vergebe und gerecht schetze."[55] The Latin is even stronger:

> In the first place, it has obscured the teaching concerning grace and the righteousness of faith, which is the chief part of the gospel and which ought to be present and prominent in the church so that the merit of Christ is well-known and that faith, which believes in the forgiveness of sins on account of Christ, may be exalted far above works and other acts of worship.[56]

After describing in a second point how such practices contravene God's commands, CA 26 returns to justification, this time focusing on the effects of bad teaching: "Zum dritten: Solche traditiones sind zu hoher beschwerung der gewissen geraten."[57] After putting traditions in their place, so to speak, CA 26 then returns to justification by faith. "Und ist davon also gelert, das man durch haltung gedachter menschlicher tradition nicht kan Gott versünen odder fur sunde gnugthun odder vergebung der sunde verdienen [...]."[58] There follows, then, a raft of Scriptural passages, "proving" their point, followed by a dismissal of the charge that the Evangelicals were like Jovinian (one of Jerome's opponents) This short *confutatio* is followed by the insistence that the Evangelicals taught the suffering of the holy cross as proper, real, and certainly not contrived mortification. In the concluding summary to the article (which functions like a *peroratio*), the article returns one last time to justification. "Daneben aber wirt das volck unterricht, das wir umb Christus willen durch glauben gerecht geschetzt werden, nicht von wegen dieser werck, und das man sie one beschwerung des gewissens halten sol [...]."[59]

2.5 *Confessio Augustana 27*

If the previous article introduces justification at nearly every turn, CA 27 represents a far different kind of argument. Here, as in CA 23, the case must be

---

54 BSELK, 152, 4–8.
55 BSELK, 152, 9–12.
56 CA 26.4 in BC, 75 (BSELK, 153, 3–9).
57 BSELK, 154, 1–2.
58 BSELK, 156, 1–3.
59 BSELK, 160, 3–6. There follows a warning to avoid causing offense.

made very carefully, since the Evangelicals knew that celibacy, self-imposed poverty, and living in obedience under a spiritual leader were not in and of themselves wrong. Moreover, since part of the issue had to do with the marriage of monks and friars, which broke ecclesiastical and imperial law, they had to approach the matter in a very different way. First, the *narratio* spends most of its time recounting a history of monasticism, where (from the Evangelicals' point of view) freely made vows to study *Scripture* and teach gave way to binding, perpetual vows and human structure of living. This led to claims that the vow was equal to a second baptism, that in *Scripture* one must distinguish commands and counsels, and that vows opened the way to a higher way of life and *status perfectionis*.

The defense of the Evangelicals' position begins by defending those monks, nuns, and friars who left their orders to marry. Only then does the article turn to other reasons to allow people to break their perpetual vows, the chief of which is justification. "Dan aller gots dienst, von den mentschen on Gottes gepott und befelch eingesetzt und erwelt, gerechtigkeit und Gots gnade zuerlangen, sei wider Got und dem heiligen evangelio [...]."[60] After describing Christ's warning about human traditions, the drafters point out "So lerets auch sanct Paulus uberal, das man gerechtigkeit nit sol suchen aus unsern gepothern und gots diensten, so von menschen erdicht sein, sonder das gerechtigkeit und fromkeit vor Got kombt aus dem glauben und vertrauen, das wir glauben, das uns Got umb seines einigen sons Christus willen zu gnath nimbt."[61] Such teaching about monastic vows served only to darken the gospel.[62]

Over against this "strange angelic spirituality," Melanchthon defined perfection strictly along the lines of justification and in language that he would use repeatedly to define the heart of Christian living:

> Dan di christlich volkomenheit ist, das man Got von hertzen und mit ernst forchtet und doch auch ein herzlich zuversicht, glauben und vertrauen fast [= faßt], das wir umb Christus willen ein gnedigen, barmherzigen Got haben, das wir mugen und sollen von Got bitten und begeren, was uns not ist und hilf von ime in allen trubsalen gewisslich nach eins yder beruff und gestandt gewarten, das wir auch in des wollen mit vleis eußerlich gute werck thun und unsers beruffs warten.[63]

---

60 BSELK, 177, 6–12.
61 BSELK, 177, 16–25.
62 BSELK, 181, 15–22. "Dan gerechtigkeit des glaubens, di man am menisten in der christlichen kirchen treiben sol, wirt vertunckelt, wan den leuthen di augen mit disser seltzamen engelgeistlichkeit aufgespert werden und falsch vorgeben des armuts."
63 BSELK, 181, 28–34 & 183, 1–8.

As far as this article goes, its content and form dictate introducing justification in a different place. Nevertheless, it still shows that the basic defense of all of the disputed articles arises from the Evangelicals' conviction about justification by grace through faith on account of Christ alone.

2.6 *Confessio Augustana* 28

The final article, "Concerning the Power of the Bishops," deals with a completely different kind of issue, one that at first glance would seem to have little or nothing to do with justification.[64] Only in the light of Melanchthon's extensive comments in his 1528 *Scholia* on Colossians can we understand how the initial distinction between the "gewalt der bischoffen und das weltlich schwert" arose directly from his convictions concerning the two-fold righteousness, civil and divine.[65] Indeed, his careful distinction between what the gospel authorizes and what the secular power reflected his reading of Luther's *On Secular Authority* (1523) and was also echoed in Luther's letter of 21 July 1530.[66] Once having made this distinction, Melanchthon then defined the bishop's authority in terms of the gospel alone: "Nu leren di unsern also, das der gewalt der schlussel oder der bischoffen sei laut des evangeliums ein gewalt und befelh, das evangelium zupredigen, di sunde zuvergeben und zubehalten und di sacrament zureichen und handeln."[67] Such a description hearkens back to CA 5, which binds the *Predigtamt* directly to faith.

Having now distinguished ecclesiastical and secular authority, Melanchthon returned to the bishop's authority as bishop, making his case for dividing the two even stronger: "Derhalben ist das bischofflich ampt nach gotlichen rechten das evangelium predigen, sunde vergeben, lere urtheilen und di lere, dem evangelio entgegen verwerffen und di gotlosen, der gotlos wesen uffenbar ist, aus christlicher gemein ausschlissen, on menschlichen gewalt, sonder allein durch Gots

---

64 For a broader discussion of this article, see Timothy J. Wengert, Priesthood, Pastors, Bishops: Public Ministry for the Reformation and Today, Minneapolis 2008, 55–76.

65 See Wengert, Human Freedom, 110–36; idem, Philip Melanchthon and a Christian *Politics*, in: Lutheran Quarterly 17 (2003), 29–62. Maurer's discussion of this topic and especially what he claims is Luther's dissatisfaction with the removal of remarks aimed at the pope and other matters are completely misguided. See Maurer, Historical Commentary, 59–97, where he seems incapable of depicting Luther's response as anything other than negative.

66 WA Br 5:491–95 (no. 1656; 21 July 1530).

67 BSELK, 189, 8–14.

wortt."[68] He backed that up with a favorite verse of his opponents, Luke 10:16: "Were euch horet, der horet mich."[69] With this, he moved the definition of the bishop's office even closer to justification, where "gospel" and "forgiveness" are central and, as he insisted here, define the office according to divine right. The Latin version tied the authority of the office even more closely to justification by stating: "according to the gospel, or as they say, by divine right."[70]

Using Canon Law and patristic citations, CA 28 places limits on episcopal power. Bishops cannot act against the gospel and have certain powers (for example, in regulating marriage) only by human authority. Then, as a kind of *confutatio*, CA 28 poses the question of whether bishops and pastors have authority to institute ceremonies and make laws concerning church practice. After providing some "proof texts" in favor of such action, the article now directly connects episcopal power to justification by insisting on one crucial limitation to it.

> Aber di unsern leren in disser frage also, das di bischoffen nicht macht haben, etwas wider das evangelium zusezen und auffzurichten, wie dan obangezeigt ist, und di geistlichen recht durch di ganze neunte distinction leren. Nu ist dis offentlich wider gots befelch und wort, der meynung setz zumachen oder zugebieten, das man dadurch vor di sunde gnug thu und gnade erlange. Dan es wirt di ehr des verdiensts Christi verlestert, wan wir uns mit solichen sazungen gnade zuverdienen underwinnen [= anmaßen].[71]

The reference to dishonoring Christ's merit recalls the similar language in CA 20, where the *sola fide* is placed squarely alongside of *solus Christus*.

The drafters then rejected confusing breaking such human ordinances with committing sin, much along the lines of CA 15. Their opponents' insistence on episcopal authority in these matters resulted in undermining another aspect of justification, a point made by posing the problem as a rhetorically charged question: "Woher haben dan di bischoffe recht und macht, soliche affsez der christenheit auffzulegen, di gewissen zuverstricken?"[72] After presenting a slew of Scriptural examples, CA 28 concludes: "So nun di bischoffen macht haben, die kirchen mit unzelichen aufsezen zubeschweren und di gewissen zubestricken, warumb verbeut dan di gotlliche schrifft so offt, di menschliche auffsetz zu-

---

68 BSELK, 195, 1–10.

69 BSELK, 195, 14.

70 CA 28.21 in BC 95 (BSELK, 195, 4–6: *secundum Evangelium, seu ut loquuntur de iure divino*).

71 BSELK, 199, 22–34 & 201, 1–2. The reference to Canon Law is Gratian, Decretum I, dist. 9 (Friedberg I:16–18). The entire distinction relates to this issue. Once again, the drafters are using some of the early chapters of canon law to establish their methodology, in this case the priority of *Scripture* over the Fathers.

72 BSELK, 203, 23–26.

machen und zuhoren? Warumb nenten sie dieselbe teuffels lere? Solt dan der Heiligk Geist solichs alles vergeblich verwarnet haben?"[73] This surprising grand rhetorical turn warned the audience that they were nearing the very heart of the problem. The problem with bishops was not holding authority in the church but using that authority to rob their people of the gospel. "Dan es muß je der furnemst articel des evangeliums erhalten werth, das wir die gnade Gottes durch den glauben an Christum on unser verdienst erlangen und nicht durch gotes dienst, von menschen eingesetzt, verdienen."[74]

Although ordinances can and must be established for the sake of good order in the church, still they should not burden consciences, as if they were necessary for salvation. Of course, the lesson learned from Luther's Invocavit sermons is never far from Melanchthon's mind, so he adds that it is not a sin to break such ordinances, "wan sie dieselben an [ohne] der andern ergernus brechen."[75]

In what amounts to another *peroratio*, Melanchthon summarized the bishop's authority with an appeal to St. Peter, the first bishop of Rome.

> Sanct Peter verbeut den bischoffen di herschafft [1 Peter 5:3], als hetten sie gewalt, die kirchen, wortzu si wolten, zutzwingen. Ytzt ghet man nicht domit umb, wie man den bischoffen iren gewalt neme, sondern man bit und begert, si wolten di gewissen nicht zu sunden zwingen. Wan sie aber solichs nit thun wurden und disse bit verachten, so mugen sie gedencken, wie sie derhalben vor Got werden antwort geben mussen, dieweil sie mit solicher irer harttigkeit ursach geben zuspalttung und das scisma, das sie doch pillich [verdientermaßen] solten verhueten, helffen.[76]

Here the pastoral side of justification and the comforting of terrified consciences has become the central argument limiting the power of bishops.

3 Concluding Thoughts

We could do much to help thaw today's ecumenical "winter" by paying attention not simply to the doctrine but to the method followed in the *Confessio Augustana*. On the one hand, Lutherans involved in ecumenical conversations with Roman Catholics, among others, need to know the history of the whole church and not act as if Luther in 1517 or the Evangelicals in 1530 were inventing a new church. As Heiko Oberman noted in his essay delivered at the 450th anniver-

---

73 BSELK, 207, 9–18.
74 BSELK, 209, 1–7.
75 BSELK, 211, 9–10.
76 BSELK, 219, 9–25.

sary of the CA, the true break in the church came not with Luther or the presentation of the CA but with the *Confutation*, where the opponents rejected the Evangelicals' understanding of justification out of hand and insisted (as the Council of Trent did not) on the role of human merit in justification.[77] One dare never reduce the authorities in the church to *Scripture* but must instead pay more attention to what Melanchthon calls in CA 20 the *testimonia Patrum*, the witnesses of the Fathers. We dare not ignore either the continuity of the church's witness to Christ or those clarion voices of Ambrose, Augustine, Prosper of Aquitaine, and Bernard of Clairvaux in our conversations – or other witnesses to Christ in later generations. Otherwise, we run the risk of creating a kind of solipsistic ecumenism, where our own private opinions of *Scripture* and doctrine rule. We only discover how *Scripture* is the *primum et verum* when we discover it aligned with that great "cloud of witnesses" throughout the church's history.

On the other hand, and especially in light of the *Joint Declaration on the Doctrine of Justification*, we have an opportunity to re-view other sticking points in Lutheran-Catholic relations on the basis of our common commitment to the centrality of justification by grace through faith on account of Christ.[78] The more the conversation partners around the ecumenical table are forced to show how their position does not undermine our *joint* teaching on justification, the closer we will come to resolving some of those problems that even today may seem intractable. This especially goes to the questions of the sacrifice of the Mass (CA 24) and the authority of ministers and, especially, bishops (CA 28). As soon as Lutherans and their partners lose sight of justification and instead simply try to defend this or that dogma, winter sets in – not simply in ecumenical conversations but in the churches themselves. If, on the contrary, conversations refocus on comforting the terrified, then all of our churches will discover what really does support the Christian church and its unity: the unconditional love and mercy of God, proclaimed in the Word of God – aural and visible – and used by the Holy Spirit to create faith and the Christian community around the world.

---

77 Now translated into English as Heiko Oberman, From Protest to Confession: The Confessio Augustana as a Critical Test of True Ecumenism, and: Truth and Fiction: The Reformation in the Light of the Confutatio, in: idem, The Reformation: Roots and Ramifications, trans. Andrew Colin Gow, London ²2004, 149–82.
78 See Susan K. Wood/Timothy J. Wengert, A Shared Spiritual Journey: Lutherans and Catholics Traveling toward Unity, Mahwah, NJ 2016.

Klaus Unterburger
Die *Confessio Augustana* und die katholische Theologie des 16. Jahrhunderts

Die Forderung seit den 1970er Jahren, von katholischer Seite die *Confessio Augustana* als Ausdruck des Glaubens anzuerkennen,[1] war eng mit der Entdeckung verknüpft, dass eine solche Anerkennung und Einigung bereits in der katholischen Theologie des 16. Jahrhunderts ihre Vorläufer hatte. Vinzenz Pfnür (1937–2012) hatte in seiner bei Joseph Ratzinger begonnenen und schließlich bei Erwin Iserloh (1915–1996) eingereichten Dissertationsschrift[2] über die Rechtfertigungslehre der CA in der katholischen Kontroverstheologie zwischen 1530 und 1535 die Grundlage dafür geschaffen und den Vorschlag einer katholischen Anerkennung derselben begründet,[3] – die Option für eine traditionskonforme Möglichkeit, die auch (und neben anderen Vertretern)[4] – zumindest eingeschränkt – von Joseph Ratzinger in der damaligen Debatte aufgegriffen wurde.[5] Flankiert wurde das ökumenische Postulat hierbei durch eine neue und vertiefte Sicht auf die katholische Theologie des 16. Jahrhunderts, die eben nicht nur in Unverständnis gegenüber der Reformation und in Polemik erstarrt war. Archivalische Entdeckungen zu den Augsburger Vergleichsverhandlungen von Gerhard

---

1 Vinzenz Pfnür, Die Anerkennung der Confessio Augustana durch die katholische Kirche? Zu einer aktuellen Frage des katholisch-lutherischen Dialogs, in: Internationale katholische Zeitschrift Communio 4 (1975), 298–307; 5 (1976), 374–381, 477 f.; Heiner Grote, Die Augustana-Debatte und die Wiedergewinnung einer Bekenntnisschrift, in: Materialdienst des Konfessionskundlichen Instituts 29 (1978), 26–34; Peter Gauly, Katholisches Ja zum Augsburger Bekenntnis? Ein Bericht über die neuere Anerkennungsdiskussion, Freiburg i.B. u. a. 1980.
2 Vinzenz Pfnür, Einig in der Rechtfertigungslehre? Die Rechtfertigungslehre der Confessio Augustana (1530) und die Stellungnahme der katholischen Kontroverstheologie zwischen 1530 und 1535, Wiesbaden 1970 (Veröffentlichungen des Instituts für Europäische Geschichte. Abt. Abendländische Religionsgeschichte 60).
3 Pfnür, Anerkennung.
4 Harding Meyer/Heinz Schütte/Hans Joachim Mund (Hg.), Katholische Anerkennung des Augsburgischen Bekenntnisses? Ein Vorstoß zur Einheit zwischen katholischer und lutherischer Kirche, Frankfurt a. M. 1977 (Ökumenische Perspektiven 9).
5 Joseph Ratzinger, Prognosen für die Zukunft des Ökumenismus, in: Ökumenisches Forum. Grazer Hefte für konkrete Ökumene 1 (1977), 31–41; ders., Anmerkungen zur Frage einer „Anerkennung" der Confessio Augustana durch die katholische Kirche, in: MThZ 29 (1978), 225–237.

ə OpenAccess. © 2022 Klaus Unterburger, publiziert von De Gruyter. [cc] BY-NC-ND Dieses Werk ist lizenziert unter einer Creative Commons Namensnennung – Nicht kommerziell – Keine Bearbeitung 4.0 International Lizenz. https://doi.org/10.1515/9783110683868-012

Müller,[6] Eugène Honée[7] und Herbert Immenkötter[8] haben dies bei allen Differenzen untereinander im Grundsatz bestätigt.

Trotz der unbestreitbaren Bedeutung dieser Fragen für den modernen ökumenischen Dialog, ist deren Erforschung dabei doch wieder ins Stocken geraten, ja in vielen Bereichen stagnierte auch die katholische Erforschung der Theologiegeschichte des Reformationszeitalters insgesamt. So kann auch in diesem Referat kein wirklicher Gesamtüberblick geboten werden. Immerhin sollen wichtige Resultate der bisherigen Forschung gesichert und einige neue Akzente gesetzt werden, da der Fortgang in anderen Forschungsfeldern Rückwirkungen auf die Deutung der Stellungnahmen der katholischen Theologie zur *Confessio Augustana* (= CA) hat. Insgesamt erweist sich die Frage der Stellungnahme zur CA nicht nur als Seismograph für den Fortgang einer theologischen Konfessionalisierung, sondern eröffnet auch wichtige Einblicke für die Deutung der Theologiegeschichte des 16. Jahrhunderts. Terminologisch kämpft dabei auch dieser Beitrag mit der Problematik, dass Begriffe wie „katholisch", „evangelisch", „lutherisch", „altgläubig" usf. damals in hohem Grade umstritten waren. Unweigerlich läuft man Gefahr, mit ihrer Verwendung einen Grad an konfessionell eindeutiger Abgrenzung in die frühen Jahrzehnte der Reformation zurückzuprojizieren.[9] Dennoch ist es schwer, die gewohnte Terminologie zu verlassen, da auch die Quellensprache keine eindeutigen Alternativen zu bieten scheint. So bleibt es bei der Problemanzeige, die freilich jeweils mitzubedenken ist.

Im Folgenden soll vor dem Hintergrund der Situation der altgläubigen Kontroverstheologie bis zum Jahr 1530 zunächst die Stellungnahme der katholischen Disputanten in der *Confutatio* und in den Ausgleichsverhandlungen analysiert

---

6 Gerhard Müller, Johann Eck und die Confessio Augustana, in: QFIAB 38 (1958), 205–242; ders., Um die Einheit der Kirche. Zu den Verhandlungen über den Laienkelch während des Augsburger Reichstages 1530, in: Erwin Iserloh/Konrad Repgen (Hg.), Reformata Reformanda. FS Hubert Jedin, Bd. 1, Münster 1965, 393–427.

7 Eugène Honée, Die Vergleichsverhandlungen zwischen Katholiken und Protestanten in Augsburg 1530, in: QFIAB 42/43 (1963), 412–434; ders., Die römische Kurie und der 22. Artikel der Confessio Augustana. Kardinal Lorenzo Campeggios Verhalten zur protestantischen Forderung des Laienkelchs während des Augsburger Reichstages 1530, in: Nederlands archief voor kerkgeschiednis. Nieuwe Serie 50 (1969/1970), 140–196; ders., Die theologische Diskussion über den Laienkelch auf dem Augsburger Reichstag 1530. Versuch einer historischen Rekonstruktion, in: Nederlands archief voor kerkgeschiednis. Nieuwe Serie 53 (1972/1973), 1–96.

8 Herbert Immenkötter, Um die Einheit im Glauben. Die Unionsverhandlungen des Augsburger Reichstages im August und September 1530 [künftig: Einheit], Münster 1973 (KLK 33).

9 Bent Jörgensen, Konfessionelle Selbst- und Fremdbezeichnungen. Zur Terminologie der Religionsparteien im 16. Jahrhundert, Berlin 2014 (Colloquia Augustana 32); Christian Volkmar Witt, Protestanten. Das Werden eines Integrationsbegriffs in der Frühen Neuzeit, Tübingen 2011 (Beiträge zur historischen Theologie 163).

werden. In einem zweiten Schritt ist zu fragen, welche Rolle die damals erzielten Resultate für Irenik und Polemik in den 1530er und 1540er Jahren gespielt haben, insbesondere für die Religionsgespräche und das Interim. Schließlich ist auf die Frage einzugehen, inwiefern die CA in den Debatten des Trienter Konzils eine Rolle gespielt hat. Am Ende sollen wichtige Entwicklungslinien gesichert werden, die eine theologische Valenz für die Deutung der CA in der Gegenwart haben.

1 Der Reichstag von 1530: Die katholische Theologie vor der *Confessio Augustana*

Für den Augsburger Reichstag lagen eine ganze Reihe von Gutachten bzw. Irrtumslisten vor, die altgläubige Theologen in Auseinandersetzung mit den Schriften der Protestanten erstellt hatten. So hatte König Ferdinand (1503–1564) Gutachten der Theologischen Fakultäten in Tübingen, Freiburg und Wien erbeten[10] und die bayerischen Herzöge forderten eine solche Stellungnahme von Johannes Eck (1486–1543) ein, der daraufhin seine *404 Artikel* zusammenstellte.[11] An diesen Schriften lassen sich einige Kennzeichen der katholischen (und wohl nicht nur der katholischen) Kontroverstheologie herausarbeiten: a.) sie geht stark additiv vor: Eck etwa sammelt alle Irrtümer aus *Exsurge Domine*, der Leipziger und der Badener Disputation, usf.; b) sie polemisiert; c) sie reiht die Irrtümer negativ aneinander, ohne den Kontext hinreichend zu berücksichtigen oder theologisch die Sätze abzustufen, was freilich umgekehrt auch größere Freiheitsräume eröffnete, die gegenteiligen Artikel positiv zu formulieren. Zwei grundsätzliche Tendenzen lassen sich für die katholische Kontroverstheologie vor 1530 ausmachen: Zum einen diejenige, nach den formalen, hierarchischen Autoritäten, päpstliche oder konziliare Entscheidungen und den Konsens der Kirchenväter als Kriterien der Schriftauslegung, zurückzufragen. Zum anderen eine Grundannahme, die die negative Sicht auf die Reformation geprägt hat: Die Rechtfertigungslehre führe bei den einfachen Menschen dazu, die guten Werke zu vernachlässigen. Diese libertinistische Tendenz werde durch lutherische Theologoumena wie dasjenige von der Unfreiheit des Willens noch verstärkt. All dies habe Unordnung, Ver-

---

10 Remigius Bäumer, Die Lehrunterschiede zwischen Alt- und Neugläubigen im Urteil katholischer Theologen am Vorabend des Augsburger Reichstages, in: Erwin Iserloh (Hg.), Confessio Augustana und Confutatio. Der Augsburger Reichstag 1530 und die Einheit der Kirche, Münster 1980 (RST 118), 189–204, hier 194–196.
11 Wilhelm Gussmann (Hg.), Johann Ecks Vierhundertvier Artikel zum Reichstag von Augsburg 1530. Nach der für Kaiser Karl V. bestimmten Handschrift. Mit zwei Exkursen, Kassel 1930 (Quellen und Forschungen zur Geschichte des Augsburgischen Glaubensbekenntnisses 2).

achtung der Autoritäten und moralische Verwilderung zur Folge. In diese Sichtweise wirkten vielfach antihussitische Grundeinstellungen ein; die Erfahrungen des Bauernkriegs, der als Folge der Rechtfertigungslehre verstanden wurde, schienen diese Interpretation zu bekräftigen.[12]

Eine solche Auseinandersetzung mit der Reformation lag nun in Augsburg bekanntlich gerade nicht im Interesse des Kaisers und der Ständemehrheit. Dieselben altgläubigen Theologen, die vielfach schon polemisch-literarisch in Erscheinung getreten waren, waren mit dem Einigungswillen des Kaiserhofs und der Ständemehrheit konfrontiert, der schon in der Proposition vom 20. Juni zum Ausdruck kam.[13] Erste Versuche, die bisherigen Häresiesammlungen auf die *Confessio Augustana* hin zu aktualisieren, die *Responsio theologorum* und die *Catholica responsio*, wurden als zu polemisch verworfen. So mussten die Arbeiten am 16. Juli von vorne beginnen.[14] Bis zum 3. August wurde nun die *Confutatio* ausgearbeitet.[15] Sie unterschied sich von den vorhergehenden Irrtumslisten vor allem dadurch, dass sie streng auf die *Confessio Augustana* Bezug nehmen sollte, also nicht auch gegen alle anderen, in der Frühphase der Reformation oder sonstwo vorgetragenen Lehren. Sie war ein Gemeinschaftswerk der damaligen führenden katholischen Kontroverstheologen. Die *Confutatio* sollte kraft der Autorität des Kaisers in seinem Namen verlesen werden und kein Parteidokument sein,[16] auch wenn Kaiser und Ständemehrheit ihr den Charakter der Endgültigkeit

---

12 Anselm Schubert, Libertas disputandi. Luther und die Leipziger Disputation als akademisches Streitgespräch, in: ZThK 105 (2008), 411–442, hier 428, 432f., 436; Christoph Volkmar, Reform statt Reformation. Die Kirchenpolitik Herzog Georgs von Sachsen 1488–1525, Tübingen 2008 (SMHR 41), 567–569; Remigius Bäumer, Johannes Cochläus (1479–1552): Leben und Werk im Dienst der katholischen Reform, Münster 1980 (KLK 40), 112f.; Gottfried Maron, Bauernkrieg, in: TRE 5 (1993), 319–338, hier v. a. 322f.

13 Karl V., Antragen auf dem Reichstag zu Augsburg 1530, 20. Juni 1530, Hans Eduard Förstemann, Urkundenbuch zu der Geschichte des Reichstages zu Augsburg im Jahre 1530, Halle 1833, Bd. 1, 295–309, hier 308f.

14 Brevis ad singula puncta Confessionis Protestantium Principum Responsio Augustae Catholica et quasi extermporalis Responsio Augustae privatim scripta, Georg Coelestin, Historia Comitiorum anno MDXXX Augustae celebratorum, 4 Bde., Frankfurt (Oder) 1597, hier Bd. 2, fol. 234^r–243^v; Catholica et quasi extemporalis responsio, Johannes Ficker, Die Konfutation des Augsburgischen Bekenntnisses. Ihre erste Gestalt und ihre Geschichte, Leipzig 1891, 1–140.

15 Herbert Immenkötter, Der Reichstag zu Augsburg und die Confutatio. Historische Einführung und neuhochdeutsche Übersetzung [künftig: Confutatio], Münster 1979 (KLK 39), 25–30.

16 „Das Urteil über Annahme, Modifizierung bzw. Ablehnung der lutherischen Vorlage fällte zunächst auch nach der Confutatio noch der Kaiser. So lebte auch dieser Text de facto noch immer aus dem Anspruch, daß dem Kaiser letztverantwortliche Entscheidung auch in Glaubensfragen zukomme. Erst in den allerletzten Tagen willigten die kaiserlichen Räte ein, die persönlichen Urteile, die dem Kaiser in den Mund gelegt waren, in unpersönliche Formulierungen umzuändern

nehmen ließen, da die Türkengefahr eine friedliche Verständigung zu verlangen schien.[17] Trotz deren Bitten verweigerte man den protestierenden Ständen die schriftliche Ausfertigung, um eine langwierige Disputation zu vermeiden, die den Reichstag in den Augen der Altgläubigen zu blockieren drohte.[18]

Dennoch ist die *Confutatio* ein Dokument der Annäherung, das die Grundlage werden konnte für einen weitgehenden Ausgleich in den Ausschussverhandlungen.[19] So sah man in den Artikeln 2, 5, 6 und 18 über Erbsünde, Rechtfertigung, gute Werke und freien Willen einen weitgehenden Konsens zur CA.[20] Ebenso in der Sakramentenlehre der Artikel 8–12.[21] Bei den Artikeln 1–21 blieben damit noch sieben Differenzpunkte: 1.) Die Kritik an der Definition der Erbsünde, die für ungetaufte Kinder kaum zutreffe und die Begierde zu Unrecht in die Sündendefinition hineinziehe,[22] 2.) eine *sola fide*-Lehre, die Liebe und Hoffnung ausklammere, anstatt vom Glauben zu sprechen, der in der Liebe wirksam sei (Gal 5,6),[23]

---

oder ganz zu streichen. Die Confutatio gab sich in der endgültigen Fassung somit als offizielle altkirchliche Lehre. In Vor- und Nachwort bekannte der Kaiser, daß er sich diese Lehre nach reiflicher Prüfung zu eigen gemacht habe und erinnerte die Zuhörer an die ihm von Gott übertragene Aufgabe, als Vogt und Beschirmer der Christenheit über Annahme und Verbreitung dieser als genuin christlich erkannten Lehre zu wachen." Immenkötter, Confutatio, 29.

17 Immenkötter, Einheit, 13.

18 Immenkötter, Einheit, 21–23.

19 Herbert Immenkötter, Die Confutatio – ein Dokument der Einheit, in: Iserloh, Confessio, 205–214.

20 Immenkötter, Confutatio, 46 f., 49–52, 61 f.

21 Vgl. Immenkötter, Confutatio, 53–55.

22 „Aber jene Erklärung des Artikels, die behauptet, die Erbsünde bestehe darin, daß die Menschen ohne Gottesfurcht und ohne Gottvertrauen geboren werden, kann nicht zugelassen werden. Denn es ist doch jedem Christen bekannt, daß ein Mangel an Gottesfurcht und Gottvertrauen eher wirkliche Sünde eines erwachsenen Menschen als Schuld eines Kindes, das eben geboren ist und den Vernunftgebrauch noch nicht hat, genannt werden muss. So sagt der Herr selbst zu Moses: *Eure Kinder, die heute noch nicht wissen, was gut und böse ist* (Dtn 1,39). Ebenso wird auch die Erklärung der Fürsten verworfen, die behauptet, die Erbsünde sei gleichzusetzen mit der Begierde. Denn sie verstehen die Begierde so, als sei sie eine Sünde, die auch nach der Taufe im Kinde bleibt. [...] Wenn die Fürsten aber mit dem heiligen Augustinus sagen, daß die Erbsünde eine Begierde ist, welche durch die Taufe aufgehoben wird, dann ist dieser Artikel anzunehmen." Immenkötter, Confutatio (zu Artikel 2), 47.

23 „Daß hier vom Glauben die Rede ist, kann zugelassen werden – doch so, daß nicht vom „Glauben allein", wie etliche nicht richtig lehren, gesprochen wird, sondern von dem Glauben, der durch die Liebe wirkt, wie der hl. Paulus an die Galater geschrieben hat (Gal 5,6)." Immenkötter, Confutatio (zu Artikel 5), 49; „Grundsätzlich kann nicht gebilligt werden, daß die Rechtfertigung so oft ‚allein dem Glauben' zugeschrieben wird. Denn die Rechtfertigung ist doch mehr Wirkung göttlicher Gnade und Liebe. So sagt Paulus ausdrücklich: Wenn ich allen Glauben hätte, so daß ich Berge versetzen könnte, und doch die Liebe nicht habe, so bin ich nichts (1 Kor 13,2)." Immenkötter, Confutatio (zu Artikel 6), 51.

3.) die Lehre von der Verdienstlichkeit der in der Gnade vollbrachten guten Werke,[24] 4.) die Wiedergutmachung als integrativer Teil der Buße[25] und 5.) die Siebenzahl der Sakramente.[26] Zudem befürchtete man 6.) – trotz des Artikels 8 –, dass die Kirchendefinition des Artikels 7 die Sünder und Unwürdigen nicht als Teil der Kirche sähe.[27] Als letzter Differenzpunkt blieb 7.) die Frage, ob die Heiligen um ihre Fürsprache angerufen werden durften.[28] Differenzpunkte waren dann natürlich zudem die *abusus*-Artikel 22–28.[29]

---

24 „Wenn aber jemand in diesem Artikel die Verdienste der Menschen, die durch Beistand der göttlichen Gnade geschehen, verwirft, kann dies nicht zugelassen werden. Denn diese Lehre ist manichäisch und nicht christlich." Immenkötter, Confutatio (zu Artikel 4), 48; „Hiermit verachtet niemand das Verdienst Christi, sondern wir wissen, daß unsere Werke selbst allein nicht verdienstlich sind, es sei denn aus Kraft des Verdienstes des Leidens Christi. Wir wissen auch, daß Christus der Weg und die Wahrheit und das Leben ist (Joh 14,6). [...] Die gegenteilige Meinung widerspricht also an vielen Stellen dem Evangelium und ist deshalb zu Recht vor elfhundert Jahren, zu den Zeiten des hl. Augustinus, verworfen und verdammt worden." Immenkötter, Confutatio (zu Artikel 20), 63.

25 „Der zweite Teil des Artikels aber muß vollends verworfen werden. Dort behaupten sie, es gäbe nur zwei Teile der Buße. Das aber widerspricht doch der ganzen allgemeinen christlichen Kirche, die seit der Zeit der hl. Apostel bis heute gehalten und geglaubt hat, daß es drei Teile der Buße gibt, nämlich die Reue, die Beichte und die Genugtuung." Immenkötter, Confutatio (zu Artikel 12), 57.

26 „Der dreizehnte Artikel wird zugelassen und gebilligt, weil sie hier bekennen, daß die Sakramente nicht allein als Erkennungszeichen des christlichen Bekenntnisses, sondern als Zeichen und Zeugnis des göttlichen Willens gegen uns eingesetzt sind. Darum ist aber von ihnen zu verlangen, daß sie all das, was sie hier allgemein von den Sakramenten vorbringen, im besonderen von den sieben Sakramenten der Kirche bekennen und Sorge dafür tragen, daß dies auch ihre Untertanen halten." Immenkötter, Confutatio (zu Artikel 13), 59.

27 „Der siebte Artikel des Bekenntnisses behauptet, daß die Kirche eine Versammlung der Heiligen sei. Das kann nicht ohne Gefahr für den heiligen Glauben gebilligt werden. Denn dadurch würden aus der Kirche die Bösen und die Sünder ausgeschieden. Deshalb wurde dieser Artikel auf dem Konstanzer Konzil unter den Irrtümern des Johannes Hus verdammt. Er widerspricht offensichtlich dem heiligen Evangelium. [...] Deswegen kann dieser Artikel auf keinen Fall akzeptiert werde." Immenkötter, Confutatio (zu Artikel 7), 52f.

28 „Da nun im einundzwanzigsten und letzten Artikel vorgebracht wird, daß man das Gedächtnis der Heiligen in der Kirche wohl begehen dürfe, auf daß wir ihren guten Werken nachfolgen; daß man aber doch die Heiligen nicht anrufen, noch von ihnen Hilfe begehren soll, da verwundert es, daß die Fürsten und Städte zugelassen und geduldet haben, daß dieser Irrtum, der doch schon so oft in der Kirche verdammt worden ist, nun trotzdem bei ihnen erneut geduldet wird. [...] Denn daß man die Heiligen anrufen darf, ist Überzeugung der ganzen Kirche und wird auch von den heiligen Kirchenvätern Augustinus, Hieronymus, Cyprian, Chrysostomus, Basilius, Bernhard und anderen Doktoren der Kirche bestätigt." Immenkötter, Confutatio (zu Artikel 21), 63 f.

29 Vgl. Immenkötter, Confutatio, 67–99.

Eine endlose Debatte mit Schriften und Gegenschriften hierüber sollte nun aber nach dem Willen von Kaiser und Fürsten verhindert werden. Zunächst schlugen einige Fürsten vor, dass der Reichstag einen fürstlichen Vermittlungsausschuss einsetzte. Philipp von Hessen (1504–1567), in dessen Interesse eine weitreichende Vergleichung nicht lag, reiste nunmehr heimlich ab[30] und im Ausschuss konnte man sich zunächst nicht verständigen, bis der Kurfürst von Sachsen vorschlug, ein neues Gremium für einen Vergleich in Glaubensfragen einzusetzen. Dies billigten die Ausschussmitglieder, dann auch der Kaiser und die Ständemehrheit.[31] Am 14. August wurde dieses als Vierzehner-Ausschuss, bestehend aus je drei Theologen [katholisch Johannes Eck, Konrad Wimpina (ca. 1460–1531) und Johannes Cochläus (1479–1552); protestantisch: Philipp Melanchthon (1497–1560), Johannes Brenz (1499–1570) und Erhard Schnepf (1495–1558)], zwei Fürsten und zwei Räten, eingesetzt.[32] Die kursächsischen Vertreter Melanchthon und Georg Spalatin (1484–1545) entwarfen ein Minimalprogramm für die Stände der CA (Laienkelch, Priesterehe, Abschaffung der Privatmesse und leichte Änderungen am Messformular, Glauben der CA), das die rote Linie darstellen sollte, bis wie weit man nachgeben konnte.[33] Es stieß freilich im Verlauf der Verhandlungen auf innerprotestantischen Widerspruch, u. a. von Hessen.[34]

In den folgenden Ausschussverhandlungen kam es zu einer weitgehenden Einigung, insbesondere zwischen den Theologen Melanchthon und Eck, aus dessen Feder zwei Gutachten zur CA überliefert sind.[35] Nicht nur bei der Erbsündendefinition[36] konnte Einvernehmen hergestellt werden, sondern auch beim

---

30 Herbert Grundmann, Landgraf Philipp von Hessen auf dem Augsburger Reichstag 1530, Gütersloh 1959 (SVRG 176).

31 Immenkötter, Einheit, 24–28; Gerhard Müller, Die Anhänger der Confessio Augustana und die Ausschußverhandlungen, in: Iserloh, Confessio, 243–257.

32 Eugène Honée, Das Libell des Hieronymus Vehus zum Augsburger Reichstag. Untersuchung und Texte zur katholischen Concordia-Politik, Münster 1988 (RST 125), 55–59.

33 Theologorum scriptum de concordia facienda, [ca.] 15. August 1530, CR 2, 280–285.

34 Immenkötter, Einheit, 30.

35 Gutachten Johann Ecks über die Confessio Augustana, ca. 4.–10. August 1530, Müller, Johann Eck, 225–239; Bericht Johann Ecks an [Lorenzo Campeggio] über die Verhandlungen des Vierzehner-Ausschusses, ebd. 239–242.

36 „Des anndern artickels ist man vergliechen nach beschehener irer ußlegung unnd declaration, nemlich: Das die erbsundt sey ein mangel ursprunglicher gerechtigkeit, welche dann erforderte glauben, vertrawen unnd gottliche forcht; das auch die begirliche naigung, so uß der erbsundt erwechst, pleyb in dem menschen, aber die erbsundliche schuld welche durch den tauff hingenommen, id est: Quod tollatur quoad formale, sed maneat quoad materiale." Honée, Libell, 213 f.

Lohn für in der Gnade vollbrachte gute Werke[37] und bei der Definition des *sola fide*, bei der es Eck darum ging, ein libertinistisches, antinomistisches Missverständnis auszuschließen. Eck, der den Glauben ursprünglich als Voraussetzung der Rechtfertigung definieren wollte und vor allem die übernatürliche Liebe als den zentralen Aspekt der Gerechtmachung sah, erklärte sich schließlich damit einverstanden, die *sola fide*-Lehre zu akzeptieren, wenn vom „lebendigen Glauben" die Rede sei. Als Einigungsformel akzeptierte man: *Quod remissio peccatorum sit per gratiam gratum facientem et fidem formaliter et per verbum et sacramenta instrumentaliter.*[38]

Auch das Missverständnis, als lehre die CA nur eine Kirche der Reinen konnte ausgeräumt werden, so dass es einen Konsens in der Ekklesiologie auf dem Boden der CA gab.[39] Bei den Sakramenten konnte man ebenfalls ein weitreichendes Einvernehmen erzielen. Als Differenzpunkte blieben nur noch bestehen die Frage, ob bei der Buße die Sündenstrafen durch Werke der Genugtuung noch eigens getilgt werden müssen und ob die Heiligen, die im Himmel immer für uns Fürbitte leisten, auch um eine solche angerufen werden dürfen.[40] Schwieriger gestaltete sich die Einigung in den Artikeln 22–28. Hier hatte sich für Melanchthon und Spalatin Laienkelch, Priesterehe und Abschaffung des Messkanons/der Privatmessen als unverzichtbar herauskristallisiert, während man sonst kompromissbereiter war.[41] In einem Gutachten für die altgläubigen Fürsten skizzierte Eck

---

37 „Sovil aber den glauben belangenndt, last man bleiben bey obgemeltem viertten articull unnd desselben declaration. Sovil aber die gute wercke belanget, ist man in deme gleich, das man gute werck wyrcken soll unnd muß unnd das die werck, so uß glauben unnd gnaden gewurcket, Gott gefellig seyennd unnd von der verheißung Gottes wegen belonet werden. Ob aber dieselben werck verdiennstlich, auch ob unnd wie man in dieselben hoffen soll, hatt man sich nit vergleichen konnen: ist zu anndern angestellt." Honée, Libell, 219.
38 *Articulus 4, 5, et 6 admittuntur ea declaratione: Quod verbum ‚sola', ibi ‚sola fide' etc., videlicet sola fide iustificiemur, obmittatur et quod remissio peccatorum sit per gratiam gratum facientem et fidem formaliter et per verbum et sacramenta instrumentaliter.* Honée, Libell, 214 f.
39 *Articulus 7. et 8. admittuntur cum declaratione verbi ‚sanctorum', scilicet: Quod fatentur in ecclesia in hac vita esse malos et peccatores.* Honée, Libell, 215.
40 Vgl. Honée, Libell, 215.
41 „Wir haben gestern Ew. Liebden und der anndern anzeigung gehordt unnd unns davon underredt und die sach uffs fleissigst bewogen, konnen doch, verrer disputation hindan gesetzt, kein anndere mittel oder weg bey unns hierinnen bedenncken, dann das man unns die communication sub utraque specie unnd unnsern gaistlichen die ehe, auch bey den messen wie die bey unns gehallten werden, lassen biß zu ferer hanndlung inn einem gemeinen, frien, cristlichen concilien. Damit aber bey disen artickeln dannocht christlich einigkeit moge erhallten werden unnd die kirch in ordenlichem regiment blyben, dartzu wir zum hochsten geneigt, seind wir erbutig, uns darnach unnd alßdann, sovil die anndern artickel belangt, von der bischoff gewalt, von unnderscheid der spieß, von gewonlichen kirchen zeremonenn etc., unns jetzunndt hie oder nach-

zusammen mit Hieronymus Vehus, wie man sich auch in den *abusus*-Artikeln einigen könne.[42] So könne man die Priesterehe bis zu einem Konzil, wo sie bereits bestehe, dulden,[43] ebenso wie die Reichung des Laienkelchs, wenn die Lehre anerkannt würde, dass auch unter einer Gestalt der gesamte Christus gereicht werde und wenn niemand auch zum Empfang des Kelchs gezwungen werde.[44] Die Kontroverse um den Opfercharakter der hl. Messe sei nur ein „Streit und Zweiung in Worten".[45]

Drei zentrale Fragen blieben zu klären: Laienkelch, Priesterehe und Messopfer (Privatmesse). Dieses waren bereits jene drei Fragen, die Melanchthon Martin Luther (1483–1546) gegenüber als Verhandlungsmasse unmittelbar nach der Verlesung der CA identifiziert hatte.[46] In Verhandlungen, die er Anfang Juli mit dem Legaten begann, erwartete er, dass in den Fragen von Laienkelch, Priesterehe und Klostergelübden (unter Hintanstellung der Frage der Messe) eine Einigung möglich sei, die es möglich mache, die Jurisdiktion der Bischöfe und des Papstes anzuerkennen.[47] Der Nuntius hatte die Vorschläge nach Rom weitergeleitet, aber nicht weiter mit ihm verhandelt, sondern die Ausarbeitung der *Confutatio* unterstützt.[48] Am 23. Juli erhielt er die erbetene Antwort Roms: Nuntius Tommaso Campeggio (1483–1564) möge den Kaiser drängen, in keinem Punkt nachzuge-

---

mals, zu gelegen zeit unnd statt, mit den ordinariis locorum zu unndereden und vergleichen, damit inen von unnsern geistlichen gepurend obedientz beesche, und ire geburliche jurißdiction nit verhindert werde unnd sovil muglich unnd cristlich gleichheit in der kirchen in lere unnd ceremonien, gehallten werde." Honée, Libell, 222f. – Zur vorherigen Position Melanchthons und Spalatins vgl. Anm. 33.

42 Honée, Libell, 226–233.

43 Honée, Libell, 230f.

44 Honée, Libell, 227–229.

45 „Unnd nachdem im kleinem unnd großen canon mer ein streyt oder zweyung in wortten dann im rechten verstanndt der wortten ‚hostia', ‚oblatio', sacrificium' oder ‚opffer' gewesen, das solliche wort inn cristlichen rechten verstanndt sollen gezogen werden; nemlich: Als Cristus inn dem osterlemblin im alten testament ‚figuraliter' oder ‚typice', das ist bedeutlicher weyß, geopfert und nachmals derselb Cristus am stamen des creutzes sich selbs ein warlich lebendig opffer Gott dem Vatter fur die sunden der menschen geopffert, also wurd jetzundt das ‚sacrificium' oder opffer der messen ein ‚misteriale' oder ‚in misteriis et representativum', das ist ein sacramentlich oder widergedechtlich opffer, teglich inn der kirchen geubet unnd gebraucht, zu erinnerung unnd gedechtnuß der leidenns unnd sterbens Christi." Honée, Libell, 229f.

46 *Nunc mihi videtur constituendum, priusquam respondeant adversarii, quid verlimus concedere ipsis; de utraque specie, de coniugio, de privata Missa omnis erit deliberatio. De his rebus responde ac inprimis de privata Missa, quam nullo modo videntur amissuri adversarii.* Melanchthon an Luther, 26. Juni 1530, WA. Br. 5, 396f., Nr. 1604.

47 Melanchthon an Campeggio, 6. Juli 1530, CR 2, 168–171, Nr. 761; Scriptum Melanchthons an Campeggio, 5. Juli 1530. CR 2, 246–248, Nr. 819.

48 Honée, Diskussion, 29f.

ben.[49] In einer Audienz, die er Melanchthon am 28. Juli gewährte – Melanchthon strebte danach, dass die Verhandlungen mit den katholischen Gegnern auch von Rom gebilligt würden –, erreichte er dann aber die mündliche (und ausweichend-lavierende) Zustimmung des Legaten zum Programm einer interimistischen Duldung von Laienkelch und Priesterehe bei Unterwerfung unter die bischöfliche Jurisdiktion.[50] Flankierend unterstützte ein von Johann Fabri (1478–1541) ausgearbeitetes Memorandum den Vorschlag unter Verweis auf die Zugeständnisse des Baseler Konzils gegen die Böhmen.[51] Die römische Antwort, die Campeggio schließlich mit dem Kaiser beriet, stellte ein Konzil nur vage in Aussicht und gab zu verstehen, dass man lieber Zugeständnisse des Kaisers in der Kelch- und Zölibatsfrage dulden werde, wenn Karl V. nicht zu einer militärischen Niederwerfung der Protestanten zu gewinnen sei.[52]

Faktisch hatte die römische Positionierung den Weg für eine Einigung mittels disziplinarischer Konzessionen auf Zeit abgesegnet. Bei der Kommunionfrage kam es nun tatsächlich zu einem Teilkonsens; auch bei anderen Fragen wie der Priesterehe zeichnete sich der Weg einer interimistischen Duldung des *status quo* an.[53] Zur Annäherung in den Artikeln 22–28 meldeten freilich Hessen, Lüneburg und Nürnberg Widerspruch an.[54] Da noch immer eine Hoffnung auf Einigung bestand, billigte der Kaiser die Einsetzung eines neuen Sechser-Ausschusses. In ihm waren je zwei Juristen und ein Theologe, erneut standen sich so Melanchthon und Eck gegenüber.[55] Beide Seiten forderten sich auf, neue Vermittlungsvorschläge zu machen und immer wieder erklärte Eck, es gebe letztlich keine sachlichen, sondern nur noch terminologische Differenzen, besonders bei dem noch verbliebenen kleinen Rest an umstrittenen Glaubensgegenständen: Wiedergutmachung bei der Beichte; Anrufung der Heiligen; Verdienstlichkeit der guten Werke der Gerechtfertigten im Gnadenstand.[56] Im Sechser-Ausschuss arbeitete man vor allem mit der Denkfigur der Duldung bis zum nächsten Konzil, etwa, dass die Altgläubigen in protestantischen Gebieten den Laienkelch und die Priester-

---

49 Honée, Kurie, 160–171.
50 Honée, Kurie, 171–180.
51 Honée, Kurie, 180–184; Müller, Einheit.
52 Honée, Kurie, 184–190. Disziplinarische Zugeständnisse seien möglich, nur wolle man von den Protestanten die Unterschrift unter die Unionsbulle *Laetentur coeli* des Konzils von Florenz.
53 Honée, Libell, 222–253.
54 Immenkötter, Einheit, 51–56.
55 Valentin von Tetleben, Protokoll des Augsburger Reichstages von 1530, hg.v. Herbert Grundmann, Göttingen 1958 (Schriftenreihe der Historischen Kommission bei der Bayerischen Akademie der Wissenschaften 4), 130 f.
56 Vortrag der päpstlichen Partei im Ausschuss der Sechs, 24. August 1530, in: Förstemann, Urkundenbuch, Bd. 2, 292–298, Nr. 163.

ehen duldeten, oder die Protestanten die Klöster oder den Messkanon, soweit die *applicatio missae* gestrichen würde.[57] Hieronymus Vehus (1484–1544), Kanzler des Markgrafen von Baden, hatte von Seiten der Altgläubigen angeboten, dass die gesamte Messfrage bis zu einem Konzil unentschieden bleiben solle;[58] gerade der interimistische Verzicht auf die Applikationslehre wurde von altgläubiger Seite als erhebliches Zugeständnis aufgefasst, um einen Frieden im Reich und so die Abwehr gegen die Türken zu sichern. Obwohl Eck selbst von der Messopferlehre überzeugt war, konnte er dieses Zugeständnis unterstützen, da auch für ihn letztlich die gesamte mittelalterliche Stiftungspraxis nicht zum strikten Glaubensgut gehörig galt (sondern Teil des Streits um die rechte zeremonielle Praxis war) und deshalb diskutabel war.[59] Melanchthon hatte auf der anderen Seite sein „Bedenken" mit fünf möglichen Zugeständnissen abgefasst;[60] auf dieser Grundlage wäre die Einigung möglich gewesen. Doch nun zerbrach endgültig die Einheit im protestantischen Lager, da vielen eine solche interimistische Unterwerfung unter die bischöfliche Jurisdiktion unannehmbar schien.[61] Die sechs Verordneten einigten sich noch auf die Abfassung eines zusammenfassenden Berichts, doch trotz vielfachen Drängens war die protestantische Seite nun zu keinen weiteren

---

57 Honée, Libell, 256–263.

58 „Die Messen belangend sollten sy in offnen (gemeinen) und privatmessen den merern und minderen canonem halten, dwyl doch nichts böses darinnen. Deß sy zwyfflelig hielten, so fast uff dryen puncten stünde, die nunmehr zu gutten verstand gelüthert werden, als des priesters uffopferung in person gemeiner kirchen, die ettliche gedechtnüß der heylgen und comunion oder niessung des sacraments vom priester und anderer. Aber die anderen disputierliche stuck, als de merito, de opere operato et applicatione misse – als von verdienstlichen wercken der messen, vom werck so des orts gewürckt, und wie die messen einem anderen zugeeygnet werden – und derglichen disputierlichen stuck, hett man zu entscheydung des concilii anzustellen. Item das auch die privatmessen nit abgethan wurden." Honée, Libell, 258.

59 *Deinde per amorem Christi a te peto, ut modis quibuscunque potes, in utilitatem Germaniae et omnium Principum concordiae rationes quaerere et inire studeas, quo ecclesia vicissim in unum coprus coalescat. Rationes disputabiles remittantur ad concilium. Quid de applicatione missae et opere operato dimiens? Ego quidem eius rei tam certus sum, ut vel morte mea id testari non dubitem, et tamen pacis retinendae causa omnibus ordinibus suadeo, ut indecisa ad concilii iudicium reiiciatur. Coram omnibus principibus et dominis vestris his de rebus loqui mallem. Igitur cum collegis tuis exemplum imitare. Sic fiet bona pax et tranquillitas, ac veniet gladius super Turcas.* Eck an Melanchthon, 27. August 1530, CR 2, 316 f.

60 Gutachten Melanchthons, 24. August 1530, in: Karl Schornbaum, Geschichte des Reichstages von Augsburg im Jahre 1530, in: ZKG 26 (1905), 142–149, hier 144–146.

61 „Auf solichs alles ist bei Lunenburg, Hessen und uns von Städten nicht für gut angesehen, sich darauf mit dem Widertheil weiter einzulassen. [...] Und haben sich gleichwohl zwischen dem Lunenburgschen Canzler und dem Philippo etliche widerwärtige Reden begeben. [Ist] ihme auch, dem Philippo, von den Hessischen, nämlich dem Schnepfen, ihren Predigern Widerpart gehalten worden." Gesandte Nürnbergs an den dortigen Rat, 26. August 1530, CR 2, 312–314, hier 313.

Verhandlungen bereit.[62] Auch letzte Sonderverhandlungen des badischen Kanzlers Vehus, die dieser auf Drängen Ferdinands führte, und in denen er eine Duldung des protestantischen Status quo bis zu einem künftigen Konzil zugestehen wollte, fanden keine allgemeine Akzeptanz mehr bei den Ständen der CA.[63]

Zu konstatieren bleibt: mit Eck, Cochläus, Fabri und Wimpina haben führende altgläubige Kontroverstheologen eine Einigung in den Glaubensartikeln der CA für möglich gehalten. In der Rechtfertigungs- und Sakramentenlehre waren es wenige Teilfragen, die noch strittig waren, bei denen man aber hinter terminologischen Differenzen gemeinsame Anliegen ausmachen konnte. Weder vertrat die katholische Seite – wie unterstellt – die pelagianisierenden Glaubenssätze, die man aus Gabriel Biel (ca. 1410–1495) hätte schöpfen können, noch die protestantische Seite eine libertinistisch-antinomistische Rechtfertigungslehre. In Fragen der Ekklesiologie und des kirchlichen Amts sah man keine entscheidenden Differenzen, doch wohl auch ein Indiz dafür, dass CA 5 und CA 14 keinen Widerspruch zu den katholischen Ämtern, die freilich nicht Glaubensgegenstand waren, sondern im Kirchenrecht ihre Begründung fanden, anmelden wollten. Die Differenz blieb vor allem eine zeremonielle: beide Seiten sahen auf der Gegenseite *abusus*. Hier konnten Teilkonsense erzielt werden und eine wechselseitige Duldung des Unverglichenen stand im Raum. Der Glaubensstreit, so kann man konstatieren, war auf der Basis der CA nach den führenden katholischen Kontroverstheologen somit noch nicht unbedingt ein Gegensatz zwischen zwei unvereinbaren Grundprinzipien, sondern das Ringen zwischen zwei zeremoniellen Ausgestaltungen des einen Glaubens, die teilweise im Widerspruch zueinanderstanden.

2 Die *Confessio Augustana* im Fortgang der Kontroverse

Der in Augsburg erzielte weitgehende Konsens stand freilich unter der hermeneutischen Voraussetzung, dass die CA wirklich authentisch den Glauben der Protestierenden wiedergebe. Die altgläubigen Theologen waren ja ausdrücklich angewiesen worden, nur auf diese zu reagieren und nicht Invektiven gegen alle

---

62 Honée, Libell, 254–280; Immenkötter, Einheit, 64–66.
63 Honée, Libell, 281–346; ders., Kontinuität und Konsistenz der katholischen Concordiapolitik während des Augsburger Reichstages von 1530, in: Herbert Immenkötter/Gunther Wenz (Hg.), Im Schatten der Confessio Augustana. Die Religionsverhandlungen des Augsburger Reichstages 1530 im historischen Kontext, Münster 1997 (RST 136), 84–97; Immenkötter, Einheit, 68–80.

möglichen, in den zehn Jahren davor geäußerten Meinungen einfließen zu lassen. Deshalb schieden sich an diesem Punkt die Geister. Hielt man an der Grundvoraussetzung fest, dann war eine Einigung nach wie vor möglich. Der Kern der Spaltung lag – so die eine Position – in Missbräuchen, so dass eine entschiedene katholische Reform den Protestantismus regelrecht überflüssig machen konnte, jedenfalls aber den Boden für eine künftige Einigung zu bereiten schien. Die Theologen, die dieses mit der CA letztlich korrespondierende Konzept vertraten, waren die sog. Vermittlungstheologen. Daneben gab es andere Theologen, die sich von dieser Hermeneutik lösten. Sie kritisierten weniger die *Confessio Augustana* in sich; nur glaubten sie nicht, dass diese vollständig und korrekt die protestantischen Prinzipien wiedergebe. Sie sei eher Ausdruck eines Täuschungsmanövers. In den Jahren 1520 – 1522 haben Luther und Melanchthon ihr wahres Gesicht gezeigt; eine seither angeblich erfolgte Mäßigung sei nichts als der heimtückische Versuch, den Gegnern Sand in die Augen zu streuen. Dies war explizit die Position von Johannes Cochläus in seinen *Philippicae*.[64]

Innerhalb dieses Gegensatzes, das hat Vinzenz Pfnür am Beispiel der Rechtfertigungslehre gezeigt, ist die katholische Position in Bezug auf die CA in den 1530 Jahren nicht uniform. *Sola fide* im Sinn eines nackten Glaubens, der Buße, Hoffnung, Liebe und gute Werke ausschließe, wurde abgelehnt. Nicht die CA stand inhaltlich im Zentrum der Kritik, sondern die Reformatoren und die angeblich demoralisierenden Konsequenzen ihrer Rechtfertigungslehre im Volk.[65] Man kann also sagen, dass das Scheitern der Verhandlungen auf dem Augsburger Reichstag dazu geführt hat, dass die wechselseitigen Befürchtungen, die dort weitgehend ausgeräumt waren, wieder eine stärkere Bedeutung erlangten. Dennoch blieb ein Konsens möglich, in Fragen der Sünde und Rechtfertigung etwa im Leipziger Religionsgespräch von 1534, wo v. a. Melanchthon und der Dominikaner Michael Vehe (1485 – 1539) verhandelt hatten.[66]

---

64 Johannes Cochläus, Philippicae quatuor in apologiam Philippi Melanchthonis ad Carolum V. Imperatorem Romanorum, pium, foelicem, triumphatorem, semper Augustum, Leipzig 1534.

65 Pfnür, Einig, 115 – 118.

66 „Also haben wir die Articul vorgenommen vom ersten, vom andern, das ist von der Erbsünde, vom dritten, sind wir einträchtig. Darnach sind wir kommen auf die Articul vom Glauben und vom Verdienst; davon haben wir lang disputirt, und hab ich declarirt, was unsre Lehre sey, und wie es zu verstehen, daß wir sagen *sola fide*, daß die Person allein um Christus Willen gewißlich Gott gefalle; und darnach muß der Gläubige vor Gott auch solche Werke der Gerechtigkeit haben, daß er ein gut Gewissen habe, obgleich die Person Gott um anderer Ursach willen gefället. Und wiewohl D. Vehe solches nicht anficht, so wollt er doch meine Stellung der Vergleichung nicht annehmen, denn er steckt in seiner Phantasey, daß er Gnad und Gerechtigkeit deutet nicht: Gottes gnädigen Willen und Gunst, sondern: unsre Verneuerung in uns. Er stellte etliche Form, die ich auch verwarf, und noch die Copien bei mir habe. Endlich stellet er diese Form in Latein, die ich

Die Überzeugung, dass die Protestanten in der CA eine gemeinsame Glaubensbasis nur vorgeheuchelt hätten, war jedenfalls bei den katholischen Theologen nicht allgemein. Anfang 1540 hatte der Wiener Hoftheologe Friedrich Nausea (1496–1552) ein Gutachten für König Ferdinand verfasst, ob die CA eine geeignete Grundlage für anstehende Religionsgespräche wäre. Er rät, sich auf die CA zu stützen und ihr zu folgen und rezipierte dabei die Augsburger Ausgleichsverhandlungen.[67] Im Detail sah er mehr Divergenzen, als letztlich in Augsburg übrig geblieben waren und folgte so in etwa der Position der *Confutatio*. Entsprechend der Hermeneutik der CA und der Augsburger Verhandlungen sah auch er die Hauptunterschiede in den Missbrauchsartikeln, wo er zu einer gewissen Nachgiebigkeit den Protestanten gegenüber riet, vor allem was den Laienkelch und die Priesterehe anging, nicht aber in der Messopferlehre.[68] Dass auch von den katholischen Kontroverstheologen, die eine klare Abgrenzung von den Reformatoren wollten, nicht der Inhalt der *Confessio Augustana* kritisiert wurde, zeigt das Beispiel Johannes Fabris, der von König Ferdinand im Zusammenhang

---

jetzt verdeutscht habe, wie folget: Die Gerechtigkeit wird erlangt ohne vorgehende Verdienst der Reue oder Glaubens, oder Lieb oder Hoffnung, oder ander Werk, sondern widerfährt uns durch Gottes Gnad allein, die in Gotteswerk, so er uns gerecht macht, wirkt erstlich in uns Glauben, dadurch wir an Gott, der uns gerecht macht, glauben, und fest an seinem Wort und Verheißung der Gnade hangen. Durch diesen Glauben aber wirket Gott in uns die Liebe, dadurch wir Gerechtigkeit lieben und Unrechtes hassen. Auch wirkt er Hoffnung, dadurch wir vertrauen auf seine Barmherzigkeit, durch welche allein die erschrocken Gewissen getröstet werden. Und lehren diejenigen recht, so in diesem Verstand sprechen, daß der Glaube allein gerecht mache, nämlich daß sie von der Gerechtmachung ausschließen Verdienst der Lieb und ander Werk, und sagen, daß allein Gnade und Barmherzigkeit uns gerecht mache. Aber gute Werke von Gott gebothen muss man tun, nicht daß Gerechtigkeit nicht umsonst um Christi willen erlangt werde, sondern darum, daß Gott gute Werke gebothen hat, daß auch Gerechtigkeit und Glaube nicht bleiben kann ohne gute Werke, und ist noth, die sündliche Lust in unserm Fleisch mit guten Werken zu tödten, daß die Verneuerung des Geistes zunehme.' Dieses, wie erzählt, ist der Articul, wie er vom andern Theil gestellet; und wiewohl wir dennoch Bedenken hierin gehabt, die wir auch angezeigt; haben's aber nicht [i.e. so haben wir doch nicht] weiter gestritten, sondern also für uns diesmal diese Form für leidlich bleiben lassen." Melanchthon an Kurfürst Johann Friedrich, 3. Mai 1534, CR 2, 722–726, Nr. 1187, hier 722f. Danach scheiterten die Gespräche an der Frage des Messopfers.
67 Herbert Immenkötter, Friedrich Nausea und die Augsburger Religionsverhandlungen, in: Remigius Bäumer (Hg.), Reformatio ecclesiae. Beiträge zu kirchlichen Reformbemühungen von der Alten Kirche bis zur Neuzeit. FS Erwin Iserloh, Paderborn u.a. 1980, 467–486, hier v.a. 473 und 483f.
68 Immenkötter, Nausea, 477–482.

der Religionsgespräche 1540/41 um Gutachten gebeten wurde. Das Problem sei gerade, das Luther und Melanchthon etwas anderes lehrten als die CA.[69]

Allmählich schieden sich so innerkatholisch die Fronten: Auf der einen Seite standen die Vermittlungstheologen, Julius Pflug (1499 – 1564), Johannes Gropper (1503 – 1559), Georg Witzel (1501 – 1573) und Georg Cassander (1513 – 1566). Für Sie war die Konzeption maßgebend, dass zwischen Katholiken und Protestanten keine unüberbrückbaren Lehrdifferenzen standen, sondern v. a. Fragen der zeremoniellen Praxis.[70] Sie traten deshalb für die Gewährung von Priesterehe und Laienkelch ein. Auf der anderen Seite standen etwa die frühen Jesuiten, Petrus Faber (1506 – 1546), Jerónimo Nadal (1507 – 1580), Petrus Canisius (1521 – 1595): für sie war die CA Ausdruck des „wankelmütigen" Melanchthons, die nicht das wahre Denken der Reformatoren widerspiegle.[71] Primär wurde deshalb nicht deren Inhalt kritisiert, für eine Einigung mit den Protestanten musste sie freilich ungeeignet bleiben, da Melanchthon dissimuliert habe. Bei Johannes Eck finden sich beide Dimensionen: er unterschied eine Disputation, die den Gegner besiegen und widerlegen möchte, was ein unparteiischer Schiedsspruch dann aussprechen sollte, von einem *amicum colloquium*, das hinter terminologischen Differenzen das gemeinsame Anliegen herausarbeiten möchte.[72] Zwischen den beiden Rollen

---

69 Vinzenz Pfnür, Die Einigung bei den Religionsgesprächen von Worms und Regensburg 1540/41 eine Täuschung?, in: Gerhard Müller (Hg.), Die Religionsgespräche in der Reformationszeit, Gütersloh 1980 (SVRG 191), 55 – 88, hier 56 – 66.

70 John Patrick Dolan, The Influence of Erasmus, Witzel and Cassander in the church ordinances and reform proposals of the United Duchees of Cleve during the middle decades of the 16th century, Münster 1957 (RST 83); August Franzen, Zölibat und Priesterehe in der Auseinandersetzung der Reformationszeit und der katholischen Reform des 16. Jahrhunderts, Münster 1969 (KLK 29), 42 – 63; ders., Die Kelchbewegung am Niederrhein im 16. Jahrhundert. Ein Beitrag zum Problem der Konfessionsbildung im Reformationszeitalter, Münster 1955 (KLK 13); Barbara Henze, Aus Liebe zur Kirche. Die Bemühungen Georg Witzels (1501–1573) um die Kircheneinheit, Münster 1995 (RST 133); Johannes Meier, Johannes Gropper (1503 – 1559) – Theologie für eine Erneuerung der Praxis der Kirche, in: AmrhKG 70 (2018), 127 – 146; Peter Walter, Julius Pflugs gelehrtes Umfeld, in: Dialog der Konfessionen. Bischof Julius Pflug und die Reformation, Petersberg 2017 (Schriftenreihe der Vereinigten Domstifter zu Merseburg und Naumburg und des Kollegiatstifts Zeitz 10), 69 – 87.

71 Jos E. Vercruysse, ‚Melanchthon, qui modestior videri voluit ...'. Die ersten Jesuiten und Melanchthon, in: Günter Frank (Hg.), Der Theologe Melanchthon, Stuttgart 2000 (Melanchthon-Schriften der Stadt Bretten 5), 393 – 409; Alfons Knoll, Philipp Melanchthon aus römisch-katholischer Sicht, in: Michael Fricke/Matthias Heesch (Hg.), Der Humanist als Reformator. Über Leben, Werk und Wirkung Philipp Melanchthons, Leipzig 2011, 311 – 344, hier 313 – 326.

72 Vinzenz Pfnür, Excommunicatio und amicum colloquium. Das Religionsgespräch auf dem Reichstag zu Augsburg 1530 auf dem Hintergrund der Frage des Lutherbannes, in: Wolfgang Beinert/Konrad Feiereis/ Hermann Josef Röhrig (Hg.), Unterwegs zum einen Glauben. FS Lothar Ullrich, Leipzig 1997 (Erfurter theologische Studien 74), 448 – 460.

konnte er bereits 1530 wechseln. Er stand den Religionsgesprächen in Worms und Regensburg und auch dem im *Regensburger Buch* Erreichten skeptisch gegenüber, ließ sich aber doch auch dann noch auf den Versuch eines Vergleichs mit Melanchthon auf der Basis der CA ein und hielt diese nach wie vor für eine Basis, auf der eine Einigungsformel im Glauben möglich sei.[73] Trotz der ablehnenden Haltung der bayerischen Herzöge stand Eck so hinter der Einigung in der Erbsündenlehre in Worms, wobei die CA hier eine wichtige Basis bildete. Während Ecks Gutachten von Ende 1540 eine Einigung auf der Grundlage der Recht verstandenen *Confessio Augustana* für möglich hielt (am schwierigsten schien ihm die Frage des Messopfers bzw. der Privatmesse zu lösen), tilgte das *Regensburger Buch* seiner Meinung nach zahlreiche Formulierungen, für die bereits eine Einigung erzielt worden sei.[74]

Dennoch wirkten die Konzeption der *Confessio Augustana* und die Augsburger Vergleichsverhandlungen weiter. Dies lässt sich noch in der Erarbeitung der Interimsformel – den wichtigsten Anteil hatten auf altgläubiger Seite Julius Pflug und Michael Helding (1506–1561) – erkennen, wo genau in den drei hauptsächlich in Augsburg strittigen Gebieten den Protestanten Zugeständnisse gemacht werden sollten.[75] Laienkelch – Priesterehe[76] – Verzicht auf Privatmessen bzw. eine Messopfertheologie, die darauf verzichtete, von einer sündenvergebenden Funktion der Messe zu sprechen bzw. von einer Unabhängigkeit und Eigenständigkeit des Opfers der Kirche gegenüber dem Kreuzesopfer.[77] Das Interim war sozusagen ein Substrat, ein Minimum an Zugeständnissen, das man mit katholischer Brille aus der beinahen Einigung in Augsburg 1530 herausziehen konnte; so konnte etwa Georg Witzel in seiner „Bestendigen Antwort" mit Unverständnis über den Widerstand auf protestantischer Seite reagieren, ähnlich wie später Julius Pflug.[78]

Blieb so bei den Religionsgesprächen im Reich die CA präsent, sei es, dass sie von altgläubiger Seite als mögliche Basis einer Verständigung genommen wurde, sei es, dass sie als Täuschungsmanöver galt, das die Häresien der Reformatoren

---

73 Pfnür, Einigung, 71.

74 Pfnür, Einigung, 71 f.

75 Peter M. Seidel, Michael Helding (1506–1561). Ein Bischof im Dienst von Kirche und Reich, Münster 2012 (RST 157), 63–75.

76 Das Augsburger Interim von 1548. Deutsch und lateinisch, hg. v. Joachim Mehlhausen, Neukirchen-Vluyn 1970, Art. 26, hier 142 f.

77 Mehlhausen, Interim, Art. 22, 102–123 und Art. 24, 134 f.

78 Georg Witzel, Bestendige Antwort wider der Luterischen Theologen Bedencken, welchs sie widers Interim Geschrieben, Köln 1549; Julius Pflug, Christliche Ermanu[n]g an des Naumburgischen Stieffts vnderthanen vnd vorwandten, wes sie sich bey dem vorgefallenem hochbeschwerlichem mißvorsta[n]d in Religions sachen halten sollen / Damit sie den dinge[n] jhnen selbst zu hochstem nachtheil nicht zu viel oder zu wenig thuen, Köln 1562.

nur verschleiere, so gilt das für das Trienter Konzil nur abgeschwächt und indirekt. Zu schwach war die Beteiligung aus dem Reich, so dass Theologen, die noch direkt in die Verhandlungen um diese involviert waren, kaum eine Rolle spielten. Johannes Fabri hatte zwar schon 1536 in einer Denkschrift angemahnt, ein künftiges Konzil müsse sich mit den Schriften der Reformatoren befassen, so dass diese im Vorfeld erworben und eingehend studiert werden müssten.[79] Das päpstliche Rom war an den Originalschriften jedoch wenig interessiert und hielt Bücherlisten für ausreichend.[80] Als das Konzil dann 1546 mit der Ausarbeitung von Lehrdekreten begann, wurde eine direkte und negative Verurteilung der Protestanten zunächst vermieden, was von einigen Konzilsvätern kritisiert wurde. Bei der Rechtfertigungsdebatte erklärten die Kardinäle Pole und Pacheco entschieden, die Reformatoren müssten hierzu im Original studiert werden,[81] doch nur eine Minderheit schloss sich ihnen an. Erst ab der Sakramentendebatte führte der Auftrag des Konzilspräsidenten Marcello Cervini (1501–1555) dazu, dass in den vorbereitenden Theologenkommissionen Irrtumslisten aus dem protestantischen Schrifttum erstellt wurden. Zu den Referenzwerken, die vor allem von den Jesuitentheologen nun beigezogen wurden, zählten auch die CA und die *Apologie*.[82] So rekurrierte man dabei auf Formulierungen der CA, die gegen das Fronleichnamsfest gerichtet waren oder die die Sakramentengnade vom Glauben scheinbar abhängig machten.[83]

---

79 Johannes Fabri, Praeparatoria futuri nuper indicti universalis cconcilii, 6. Juli 1536, CT IV, 10–26.

80 Theobald Freudenberger, Zur Benützung reformatorischen Schrifttums in Trient, in: Remigius Bäumer (Hg.), Von Konstanz nach Trient. Beiträge zur Geschichte der Kirche von den Reformkonzilien bis zum Tridentinum, München/Paderborn/Wien 1972, 577–601, hier 580–584.

81 Pedro Pacheco de Villena, Debatte 21. Juni 1546, CT I, 82, 19–32; *Illud autem velim a patribus observari, ut libros omnes, etiam adversariorum, non ut adversariorum, sed ut cuiuslibet alterius, legant, et nolint protinus dicere: id Lutherus dixit, ergo falsum est; nam mos est et semper fuit haereticorum, ut vera falsis immisceant, ut eorum mendacia magis credibiliora suis sequacibus faciant; quod ni facerent, eorum libros nullus legeret.* Reginald Pole, Debatte 21. Juni 1546, CT I, 82, 38–43.

82 Congregatio generalis. Referuntur errores circa sacramenta in genere, baptismum et confirmationem, ac impedimenta residentiae, 17. Januar 1547, CT V, 835–838.

83 *Confessione Augustana articulo 5.: Per verbum et sacramenta tamquam per instrumenta donatur Spiritus Sanctus, qui fidem efficit, ubi et quando visum est Deo, in iis, qui audiunt evangelium.* Congregatio generalis 836, 20–22 (= CA 13,2); *Nullum festum magis odi quam festum corporis Christi. Idem in confessione Augustana.* Articuli haereticorum super sacramento Eucharistiae proposti examinandi theologis minoribus, 3. Februar 1547, CT V 869–871, hier 870, 6 (= CA 22,12); *In confessione Augustana cap. de utraque specie: Hic mos communicandi sub utraque specie habet mandatum Domini. Matth. 26* [27]*: „Bibite ex hoc omnes", ubi manifeste praecipit Christus, ut de poculo omnes bibant.* Congregatio generalis 870, 15–18 (= CA 22,1).

Freilich war auch die mit der CA verbundene Hermeneutik der Einheit in Glauben und der Differenz in den *abusibus* dem Konzil nicht völlig fremd; schon zu Beginn forderte ja die kaiserliche Seite, die Reform der Kirche zu behandeln und die Glaubensfragen bis zum Eintreffen der Protestanten zurückzustellen, damit man hierüber dann gemeinsam eine Antwort finden könne.[84] Als kaiserlicher Orator war am 30. August 1551 Friedrich Nausea auf dem Konzil eingetroffen, wo er die Gewährung des Laienkelchs forderte.[85] In der dritten Sitzungsperiode waren es dann König Ferdinand I., der bayerische Herzog Albrecht V. (1528–1579) und Herzog Wilhelm von Cleve (1516–1592), die Reformprogramme postulierten, zu denen die Gewährung von Laienkelch, Priesterehe und Fastendispensen gehörten.[86] Solche Forderungen sind natürlich nicht einfach eine Reminiszenz an die CA. Sie verbanden sich jedoch mit Strömungen des Erasmianismus und des Evangelismus in Italien und wurden auch von Papst Pius IV. (1499/1558–1565) unterstützt, so dass es immerhin zu päpstlichen Kelchindulten kam. Dadurch wurde der Papst und führende Exponenten des Konzils wie Giovanni Morone (1509–1580) so aber einer extrem rigorosen, antiprotestantischen Partei suspekt, so dass der Kardinalinquisitor Michele Ghislieri (1504–1572) Häresieprozesse gegen beide projektierte.[87]

---

84 Hubert Jedin, Geschichte des Konzils von Trient. Bd. 1–4/2, Freiburg i.B. 1949–1975, hier Bd. 1, 179–182; 202f., Bd. 2, 22–26.

85 Friedrich Nausea, Ad interrogata super sequentibus de sacrosancto eucharistiae sacramento articulis in oecumenico concilio Tridentino responsio, 21. September 1551, CT VII,2, 154–171, hier 160–169.

86 Alfons Beckenbauer, In geistlichen Sachen unterwegs. Die Missionen des Landshuter Kanzlers Augustin Baumgartner im Auftrag Herzog Albrechts V., in: VHVN 108 (1982), 15–39; Karl Saftien, Die Verhandlungen Kaiser Ferdinand I. mit Papst Pius IV. über den Laienkelch und die Einführung desselben in Österreich. Mit archivalischen Beilagen, Göttingen 1890; Ernst Laubach, Ferdinand I. als Kaiser. Politik und Herrscherauffassung des Nachfolgers Karls V., Münster 2001, v. a. 359–516; Jedin, Geschichte, Bd. 4/2, 155–173.

87 Elena Bonora, Morone e Pio IV, in: Massimo Firpo/Ottavia Niccoli (Hg.), Il cardinale Giovanni Morone e l'ultima fase del concilio di Trento, Annali dell'Istituto storico italo-germanico in Trento, Bologna 2010 (Quaderni 80), 30–42; Massimo Firpo, Inquisizione romana e Controriforma. Studi sul cardinal Giovanni Morone (1509–1580) e il suo processo d'eresia, Brescia ²2005; Elena Bonora, Giudicare i vescovi. La definizione dei poteri nella Chiesa postridentina, Rom/Bari 2007 (Quadrante Laterza 137); dies., La controriforma, Rom/Bari ⁴2008 (Biblioteca essenziale Laterza 35); Claus Arnold, Die römische Zensur der Werke Cajetans und Contarinis (1558–1601). Grenzen der theologischen Konfessionalisierung, Paderborn 2008 (Römische Inquistion und Indexkongregation 10).

3 Fazit

Der altgläubige Rekurs auf die *Confessio Augustana* wurde im Lauf der 16. Jahrhunderts schwächer. Die Option der Einigung auf ihrer Grundlage rückte ins Irreale. Dennoch gilt es festzuhalten, dass die CA für die führenden katholischen Kontroverstheologen durchaus als brauchbare Grundlage einer Verständigung im Glauben erschien; lehnte man dies ab, dann weniger wegen des Inhalts des Bekenntnisses an sich, sondern da man glaubte, dass es die wahren Intentionen Melanchthons und Luthers nur verharmlosend zum Ausdruck bringe.

Dort weil die CA als möglicher Referenzpunkt des gemeinsamen Glaubens akzeptabel erschien, lassen sich aber drei für die Theologiegeschichte des 16. Jahrhunderts bedeutsame Entwicklungslinien herausarbeiten:

1. Die Suche nach einem gemeinsamen Anliegen hinter differenten, scheinbar gegensätzlichen Formulierungen ist nicht ein neuer, interessegeleiteter Versuch der Uminterpretation der modernen Theologie, sondern bereits der Standpunkt der Akteure des 16. Jahrhunderts, so explizit ja Johannes Ecks.
2. Eine Sichtweise auf die Reformationsgeschichte, nach der von Beginn an gravierende theologische Unterschiede jede Verständigung unmöglich gemacht hätten, ist sicher unzutreffend. Vielmehr glaubten nicht nur zahlreiche katholische Landesherrn, dass durch Reformen Missstände abgestellt und dem Hass auf den Klerus die Grundlage entzogen werden müsse.[88] Dies war letztlich auch das Konzept der *Confessio Augustana*. Es ging also vor allem um den Streit um Zeremonien, während – beim anderen guter Wille vorausgesetzt – in den Fragen von Theologie und Rechtfertigung eine Verständigung möglich erschien.
3. Besonders unproblematisch erschien eine mögliche Einigung in den Fragen des kirchlichen Amts und der Ekklesiologie. Während im 20. Jahrhundert die Theologen und Historiker beider Konfessionen hier häufig den tiefsten Unterschied zwischen den Konfessionen ausmachten und ein enges Implikationsverhältnis zwischen Rechtfertigungslehre und Kirchenbegriff statuierten, war diese Sichtweise den Zeitgenossen der CA noch fremd und deshalb für das 16. Jahrhundert in hohem Grad anachronistisch. Die konfessionelle

---

88 Klaus Unterburger, Das bayerische Konkordat von 1583. Die Neuordnung der päpstlichen Deutschlandpolitik nach dem Konzil von Trient und deren Bedeutung für das Verhältnis von weltlicher und geistlicher Gewalt, Stuttgart 2006 (Münchener Kirchenhistorische Studien 11), 110–132; Hans-Jürgen Goertz, Pfaffenhaß und groß Geschrei. Die reformatorischen Bewegungen in Deutschland 1517–1529, München 1987; ders., Antiklerikalismus und Reformation. Ein sozialgeschichtliches Erklärungsmodell, in: ders., Antiklerikalismus und Reformation. Sozialgeschichtliche Untersuchungen, Göttingen 1995, 7–20.

Aufladung der Fragen um Kirche und Amt, nach der es sich um heilsentscheidende Glaubensfragen handeln würde, ist späteren Datums, und damit, katholisch gesprochen, eher eine traditionsfremde, neuzeitliche Neologie oder, evangelisch gesprochen, eine unreformatorische Umdeutung des Anliegens der Reformatoren.[89]

Die Stellung der katholischen Theologie des 16. Jahrhunderts zur CA erweist sich so als wichtiger Indikator für das, was konfessionelle Abgrenzung damals hieß und was nicht. Die weitere Erforschung dieser Prozesse ist ein dringendes Postulat. Sie stellt zugleich Möglichkeiten für die Gegenwart bereit: Weder besteht das Wesen der Reformation darin, das allgemeine Priestertum der Gläubigen und die Freiheit und Mündigkeit der Laien gegenüber einer bevormundenden Sakralinstitution entdeckt zu haben,[90] noch ist die Reformation ein Abfall von einer heilsentscheidenden, auf die bischöflichen Sukzession gegründeten, hierarchischen Heilsinstitution, deren Anerkennung über die Gültigkeit der Eucharistie und die Berechtigung des Begriffs „Kirche" für eine Gemeinschaft erst entscheiden müsse.[91] Zurückkehren zur CA und deren Anerkennung würde deshalb nicht nur die Realisierung von etwas bedeuten, was im 16. Jahrhundert nahelag, aber nie ganz realisiert wurde, sondern auch die produktive Aufnahme der Einsicht, dass die definitive Abgrenzung auf grundsätzlichem theologischen und ekklesiologischen Gebiet eben spät erfolgte und historisch kontingent ist und deshalb nicht zum Profil des Christlichen der eigenen Konfession gehören kann. Neben dieser Einsicht wäre zudem noch der Wille erforderlich, daraus dann Konsequenzen zu ziehen.

---

89 Klaus Unterburger, Trient im Fokus. Resonanzen der Gemeinsamen Erklärung in der Erforschung des Konzils von Trient, in: Bernd Oberdorfer/Thomas Söding (Hg.), Wachsende Zustimmung und offene Fragen. Die Gemeinsame Erklärung zur Rechtfertigungslehre im Licht ihrer Wirkung, Freiburg i.B./Basel/Wien 2019 (Quaestiones disputatae 302), 287–303.
90 Vgl. noch: Thomas Kaufmann, Erlöste und Verdammte. Eine Geschichte der Reformation, München 2016, 312–314.
91 Klaus Unterburger, Ecclesia de Eucharistia? Der Zusammenhang zwischen Eucharistiefeier und Kirchenstruktur in theologiegeschichtlicher Betrachtung, in: Stefan Kopp/Benedikt Kranemann (Hg.), Gottesdienst und Kirchenbilder. Theologische Neuakzentuierungen, Freiburg i.B. 2021 (Quaestiones disputatae), (im Druck).

Gunther Wenz

Dikaiopoiia – Die Lehre von der Rechtfertigung des Sünders im Dialog der Wittenberger Reformation mit dem Patriarchat von Konstantinopel

1 Die *Confessio Augustana Graeca* und Melanchthons Schreiben an Patriarch Joasaph II. von Konstantinopel vom September 1559

Vor gut 460 Jahren, im September 1559, schrieb Philipp Melanchthon dem „Allerheiligsten Patriarchen der Gemeinde von Konstantinopel" einen Brief,[1] in dem er den Byzantiner darum bittet, nicht den Verleumdungen zu glauben, welche die römischen Feinde der reformatorischen Bewegung andichten, sondern sich einen vorurteilslosen Eindruck von der Wahrheit zu verschaffen, die man unter den Anhängern Luthers bekennt. Ein gewisser Demetrios wird dabei als Zeuge dafür angerufen, dass die Wittenberger Reformation in Theorie und Praxis als orthodox zu gelten habe. Wer war dieser Mann? Ernst Benz hat darauf in seinem Werk „Wittenberg und Byzanz. Zur Begegnung und Auseinandersetzung der Reformation und der östlich-orthodoxen Kirche"[2] eine detaillierte Antwort gegeben. So genügt der Hinweis, dass es sich bei besagtem Demetrios um einen Diakon des Patriarchen von Konstantinopel handelte, der die religiöse und kirchliche Lage in Wittenberg und Deutschland erkunden sollte. Fast ein halbes Jahr weilte er im Hause Melanchthons als dessen persönlicher Gast. Bei seiner Abreise wurde er vom *Praeceptor Germaniae* mit einer wichtigen Mission an den Patriarchen beauftragt. Zum Zwecke theologischer Verständigung sollte er ihm eine griechische

---

1 Vgl. CR IX, 922–924.

2 Ernst Benz, Wittenberg und Byzanz. Zur Begegnung und Auseinandersetzung der Reformation und der östlich-orthodoxen Kirche, Marburg 1949, hier bes. 59–93. Vgl. ferner die Angaben bei Georg Kretschmar, Die Confessio Augustana graeca, in: Kirche im Osten. Studien zur osteuropäischen Kirchengeschichte und Kirchenkunde, hg.v. Robert Stupperich, Bd. 20 (1977), 11–39, hier: 11f. Anm. 2.

Fassung der *Confessio Augustana*[3] als des wichtigsten reformatorischen Bekenntnisses übergeben.

Die Grundlage der Übersetzung der *Augustana* ins Griechische bildete primär die *Editio princeps* und zwar zumeist in ihrer lateinischen Version. Allerdings konnte gelegentlich auch die *Variata* Verwendung finden, wobei in aller Regel die Ausgabe von 1540 bevorzugt wurde. Das ist vor allem im Kontext der Lehre der Fall, auf die im Folgenden die Aufmerksamkeit ausschließlich konzentriert werden soll, weil sie nach reformatorischem Urteil den *articulus stantis et cadentis ecclesiae* thematisiert: der Rechtfertigungslehre. Die Artikel 4, 5 und 6 der CA *Graeca* sind ganz oder weitgehend, die Artikel 12 und 20 immerhin zum Teil von der *Variata* von 1540 her konzipiert.[4] Das hat sicher auch hermeneutische Gründe; Melanchthon konnte Anlass zu der Meinung haben, die in der *Variata* entwickelte Rechtfertigungslehre sei für griechisches Denken anschlussfähiger als die einschlägigen Passagen der *Editio princeps*, welche ganz vom Konstitutionsgeschehen der Rechtfertigung her entwickelt sind, wohingegen die Version von 1540 explizit auf Genese und Realisierung des Rechtfertigungsglaubens reflektiert.

Um durch den Verweis auf Melanchthon und die konstantinopolitanischen Griechen keine Missverständnisse bezüglich der Entstehung der *Confessio Augustana Graeca* hervorzurufen, muss festgehalten werden, dass ersterer nicht deren Primärautor war und letztere nicht als deren Primäradressaten gelten

---

3 Eine Kopie des nur noch in wenigen Exemplaren bekannten ursprünglichen Drucks der *Confessio Augustana Graeca* von 1559, der bei Johannes Oporinus in Basel erfolgt ist, hat mir dankenswerterweise Herr Kollege Prof. Dr. Dr. Dr. h.c. mult. Theodor Nikolaou zur Verfügung gestellt. Ein Nachdruck erschien 1584 in Wittenberg zusammen mit dem Briefwechsel zwischen der Leitung der Württembergischen Kirche und Patriarch Jeremias II. von Konstantinopel in den *Acta et Scripta Theologorum Wirtembergensium, et Patriarchae Constantinopolitani D. Hieremiae* [...] *Graece et Latine ab iisdem theologis edita. Witebergae. In Officina Haeredum Johannis Cratonis, Anno M.D.LXXXIIII* (5 – 53). Der Titel des Erstdrucks nennt als den Urheber der Übersetzung einen gewissen Paulus Dolscius aus Plauen in Sachsen. Schon im 16. Jahrhundert begegnet allerdings auch die später von Ernst Benz, Byzanz, 94–128, erneut vertretene Auffassung, nicht Dolscius, sondern Melanchthon sei der Autor der Übersetzung von 1559. Demgegenüber hat Georg Kretschmar deutlich zu machen versucht, „daß die Grundlage der CA graeca tatsächlich eine von Paulus Dolscius aufgrund der Invariata gefertigte Übersetzung war. Dieser Text ist aber nun, nachdem er bereits gesetzt war, vor der endgültigen Drucklegung noch einmal überarbeitet worden. Hierfür wird man dann allerdings Melanchthon ins Spiel bringen müssen; nur er hatte die Freiheit und die Autorität zu solch tiefen Eingriffen in den Text des Augsburger Bekenntnisses." (Kretschmar, Confessio, 21). Zu der lateinischen Version, die Martin Crusius in den *Acta et Scripta* der CA *Graeca* beigegeben hat, vgl. Dorothea Wendebourg, Reformation und Orthodoxie. Der ökumenische Briefwechsel zwischen der Leitung der Württembergischen Kirche und Patriarch Jeremias II. von Konstantinopel in den Jahren 1573–1581, Göttingen 1986, 157f. Anm. 15.
4 Vgl. im Einzelnen D. Wendebourg, Orthodoxie, 155–162, hier: 157 Anm. 15.

können. Der ursprüngliche Übersetzer war vielmehr aller Wahrscheinlichkeit nach[5] der Tübinger Philologe Paulus Dolscius (Döltsch), der sein Werk in der humanistisch-pädagogischen Absicht, die Kenntnis des Griechischen an einem klassischen Text der Reformation zu befördern, für gebildete Leser seines engeren und weiteren Umkreises konzipierte und dabei jedenfalls den Patriarchen von Konstantinopel in keiner Weise im Sinn hatte. Er und damit die östliche Christenheit kamen als Adressaten erst sekundär in Betracht, wobei der erwähnte Diakon Demetrios als Mediator fungierte und die Bearbeitung der Vorlage des Dolscius durch Melanchthon gesprächsweise nicht unwesentlich mitgestaltet haben dürfte.

Wie immer der Bearbeitungsvorgang im Einzelnen vonstattengegangen sein mag, durch den Adressatenwechsel hatte sich der Sitz im Leben des Textes grundlegend geändert mit der Folge, dass die Dolsciusübersetzung den veränderten Ansprüchen nicht mehr genügen konnte. Die Neugestaltung der rechtfertigungstheologischen Artikel auf der Basis der *Variata*, die im Abendmahlsartikel bemerkenswerterweise nicht verwendet wird, sowie die Reformulierung einzelner Termini technici der lateinischen Theologensprache dürfte hierdurch motiviert sein, auch wenn sich in letzterer Hinsicht nicht mit Sicherheit nachweisen lässt, welche griechischen Begriffsbildungen schon von Dolscius und welche erst von Melanchthon stammen. Klar ist in jedem Fall, dass der Übersetzungsvorgang in

---

5 Zu den Gründen dieser Annahme vgl. im Einzelnen G. Kretschmar, Confessio, 18 ff., hier: 20 f: „Die CA graeca schließt sich [...] in ihrem Aufriß offenkundig der Invariata an, etwa dort, wo Melanchthon später die Reihenfolge der Artikel verändert hat. Aber auch die Übersetzung der einzelnen Artikel folgt in der Regel der Invariata, bisweilen selbst dort, wo der Wortlaut der beiden Fassungen eine unterschiedliche theologische Position widerspiegelt wie in Art. 10 (de coena domini). Wäre Melanchthon ohne Einschränkungen als Urheber dieser Übersetzung der Confessio Augustana ins Griechische anzusehen, würde ein derartiges Vorgehen in einem sehr seltsamen Lichte erscheinen. Eine detaillierte Analyse könnte aber nun zeigen, daß der aufgrund der Editio princeps von 1531 übersetzte Text auf weite Strecken hin nach der Variata überarbeitet ist, in der Regel durch Einschübe oder Auslassungen. Art. 4 und 5 (von der Rechtfertigung und vom Predigtamt) haben sogar die Fassung der Variata zur Grundlage. Gerade hier und in den überarbeiteten Partien finden sich dann immer wieder die Paraphrasierungen und Ergänzungen, von denen Benz völlig überzeugend den Eindruck gewonnen hat, daß sie dazu bestimmt seien, Sachverhalte der abendländischen, lateinischen Tradition für griechische Empfänger zu verdeutlichen." Diese und andere Beobachtungen haben G. Kretschmar zu der bereits erwähnten – durch D. Wendebourg, Orthodoxie, 156 Anm. 4 bestätigten – Vermutung geführt, Dolscius sei zwar der Urheber der Übersetzung, Melanchthon habe diese aber vor der endgültigen Drucklegung noch einmal gründlich nach Maßgabe seiner theologischen Überzeugungen und unter Berücksichtigung der geplanten konstantinopolitanischen Mission des Demetrios überarbeitet. Kretschmar kann die *Confessio Augustana* in diesem Sinne eine „Variatissima" (Kretschmar, Confessio, 22) nennen.

den Dienst eines um Sachverständigung bemühten hermeneutischen Verfahrens gestellt ist.

Exemplarisch zu verweisen ist in diesem Zusammenhang auf die Umschreibung der Begriffe und Wortgruppen um *satisfactio* und *meritum*[6] sowie auf den reformatorischen Zentralterminus der *iustificatio*, der einerseits mit den einschlägigen neutestamentlichen Äquivalenten, andererseits mit einem eigens erfundenen Kunstwort wiedergegeben wird: *dikaiopoiia*. Offenbar glaubte Melanchthon, auf den dieses „auffälligste (Wort) der ganzen CA Graeca"[7] zurückgehen dürfte, in diesem Fall der bezeichneten Sache nur durch eine direkte Nachbildung des sie genuin bezeichnenden Wortes entsprechen zu können. Auch wenn man zu dem Gesamtresultat gelangen mag, es sei nicht gelungen, eine CA-Version herzustellen, „die Griechen die Lehre des Augsburgischen Bekenntnisses verständlich gemacht hätte"[8], so wird man doch den erstmals gemachten Anfang und die Intention Melanchthons zu würdigen haben, den Griechen in *theologicis* ein Grieche zu sein. Diese Absicht entsprach nicht nur Melanchthons irenischer Natur, sondern auch seinem stark am Erbe der Väter orientierten theologischen Konzept. Sein Schreiben an Patriarch Joasaph II. von Konstantinopel, das er 1559

---

6 Vgl. Kretschmar, Confessio, 24 ff. sowie Wendebourg, Orthodoxie, 159 f.

7 Wendebourg, Orthodoxie, 161. Vgl. in diesem Zusammenhang auch die Bemerkung von G. Kretschmar, wonach es Melanchthon spätestens bei seiner Überarbeitung der Dolscius-Übersetzung klar geworden sein muss, „daß ‚iustificatio' ein Begriff speziell der lateinischen Theologie ist, der nicht einfach und selbstverständlich als gemeinchristlich gelten kann" (Kretschmar, Confessio, 28). Insbesondere fehlte der östlichen Christenheit die abendländische Theorie und Praxis der sakramentalen Buße als Verstehenshorizont der Rechtfertigungslehre, was die Confessio Augustana Graeca nolens volens dazu veranlaßte, die traditionelle rechtfertigungstheologische Thematik spirituell und im Sinne einer Anleitung zum rechten geistlichen Leben zu akzentuieren. Daraus erhellt, „wie sehr die Aufgabe einer Vermittlung der reformatorischen Gewissheiten in Tradition und Sprache der Griechen – wie jede echte Vermittlungsaufgabe – nicht nur Verstehensprobleme im engeren Sinne des Wortes aufwirft, sondern eine neue Klärung der Sache selbst fordert. Es ist für einen abendländischen Theologen leicht, auf dem Hintergrund der ihm vertrauten Verstehenskategorien die Neuakzentuierung der Rechtfertigungslehre in der CA graeca eine Verkürzung zu nennen. Aber es wäre doch auch zu prüfen, ob es nicht ebenfalls eine Verkürzung der Perspektive nach entgegengesetzter Richtung wäre, wenn eine Umsetzung des ‚articulus stantis et cadentis ecclesiae' in Spiritualität von vornherein als unangemessen erscheinen sollte. In diesem Zusammenhang wäre dann das Gewicht der Aussagen über das Wirken des Hl. Geistes im Christen, die aus der Variata in die CA graeca übernommen wurden, im Ganzen des griechischen Textes zu prüfen. Und weiter wäre zu fragen, wie sich diese Einführung des Heiligen Geistes zur Trinitätstheologie verhält, bei Melanchthon und im Blick auf die griechischen Adressaten der Übersetzung." (Kretschmar, Confessio, 31; zu den rechtfertigungstheologischen Darlegungen der CA *Graeca* vgl. ferner E. Benz, Byzanz, 118 – 121).

8 Wendebourg, Orthodoxie, 162.

zusammen mit der CA *Graeca* durch Demetrios in den Pharan gebracht haben wollte, ist ein eindrucksvoller Beleg hierfür.

Zentralmotiv des im Jahr vor Melanchthons Tod verfassten Schreibens ist das Bewusstsein der nahen Endzeit. Dieses ist, wie Ernst Benz zurecht konstatiert hat, „die eigentliche Grundlage der ökumenischen Bestrebungen der Reformation und ist dabei viel maßgeblicher als alles angebliche Bedürfnis nach ‚Propaganda'"[9]. In Anbetracht zu erwartender und bereits manifest gewordener eschatologischer Drangsale gereicht es Melanchthon zum Trost, von Demetrios erfahren zu haben, dass Gott noch immer auf wunderbare Weise eine nicht kleine Gemeinde in Thrakien und Kleinasien und Griechenland erhält, so wie er einst die drei Männer in der chaldäischen Feuerflamme erhalten hatte. Selbiger Demetrios, dem Melanchthon die trostreiche Nachricht über einen Rest Israels im Türkenland verdankt, wird nun zugleich als Zeuge dafür angerufen, dass es in den reformatorischen Gemeinden mit rechten orthodoxen Dingen zugeht.

Demetrios wird, schreibt Melanchthon dem Patriarchen,

> berichten können, dass wir die heiligen Schriften, die prophetischen sowohl wie die apostolischen und die dogmatischen Kanones der heiligen Synoden und die Lehre eurer Väter: des Athanasios, des Basileios, des Gregorios, des Epiphanios, des Theodoret, des Eirenaios und derer, die mit ihnen übereinstimmen, in frommer Weise bewahren. Die alten Frechheiten aber des Samosates und der Manichäer und der Mohammedaner und aller Verfluchten, welche die heilige Kirche verwirft, verabscheuen wir ausdrücklich und lehren, daß die Frömmigkeit im wahren Glauben und im Gehorsam bestehe gegen die uns verordneten Gesetze Gottes, nicht aber im Gehorsam gegen den Aberglauben und die selbstgemachten Gottesdienste, welche die ungebildeten Mönche der Lateiner erfunden haben ohne Gottes Gebot.[10]

Dass dem so sei, davon möge sich der Patriarch auf der Basis der Berichte des Demetrios vorurteilsfrei überzeugen lassen. Die dem Schreiben als Anlage beigefügte *Confessio Augustana Graeca* sollte auf ihre Weise unterstreichen, dass zwischen der Kirche des Ostens und der Reformation grundsätzlicher Konsens auf der Basis des Zeugnisses *Alten* und *Neuen Testaments*, der Kanones der altkirchlichen Synoden, der patristischen Tradition und der Absage an die häretischen Bestreiter der Lehrüberlieferungen der Väter bestehe.

---

9 Benz, Byzanz, 66.
10 CR IX, 923 in der deutschen Wiedergabe von Benz, Byzanz, 66.

2 Von Erbsünde und freiem Willen. Der Briefwechsel der Leitung der Württembergischen Kirche mit Patriarch Jeremias II. von Konstantinopel in den Jahren 1573 bis 1581 im Kontext von FC I und II

Die Wittenberger Sendung von 1559 erreichte ihr Ziel aller Wahrscheinlichkeit nach nicht. Eine Antwort jedenfalls blieb aus. Sie erfolgte erst gut anderthalb Jahrzehnte später, nachdem die *Confessio Augustana Graeca* ein zweites Mal an den Bosporus geschickt wurde, diesmal nicht von Wittenberg aus, sondern aus der Universitätsstadt Tübingen, einem damaligen geistigen Zentrum des Luthertums. Als Bote fungierte ein junger evangelischer Prediger an der kaiserlichen Gesandtschaft in Konstantinopel namens Stephan Gerlach. Vorausgegangen war ein Briefwechsel zwischen Martin Crusius (1526–1607) und Jakob Andreae (1528–1590) einerseits und Patriarch Jeremia II. (1536–1595) andererseits. Bei Martin Crusius (Kraus) handelt es sich um einen nahe Bamberg geborenen, seit 1559 als Sprachlehrer und Homerkommentator in Tübingen wirkenden Gräzisten. Jakob Andreae war kein Geringerer als der Hauptverfasser der *Konkordienformel* und der wichtigste Redaktor des Konkordienwerkes von 1580, mit dem die Einigung des zerstrittenen Luthertums bewirkt werden sollte und jedenfalls z.T. auch tatsächlich bewirkt wurde. Der 1572 zum Patriarchen von Konstantinopel gewählte Jeremias hatte sein Amt bis zu seinem Tode inne, allerdings unterbrochen durch zweimalige Absetzung bzw. politische Verbannung. Auf die slawischen orthodoxen Kirchen übte er großen Einfluss aus; mit seiner Zustimmung wurde 1589 das Moskauer Patriarchat errichtet.

Nachdem Jeremias II. sie mit Schreiben vom 16. September 1574 empfangen hatte, entsprach er der von Crusius und Andreae geäußerten Bitte, die *Confessio Augustana Graeca* wohlwollend auf ihre Rechtgläubigkeit hin zu überprüfen. Im vierten Jahr seines Patriarchats richtete er am 15. Mai 1576 ein erstes theologisches Schreiben an die Tübinger Professoren, indem er ausführlich Konsens und Dissens mit den evangelischen Glaubensartikeln erläuterte, um schließlich die sieben ökumenischen Konzile und die von der Gesamtgemeinde rezipierte Schriftinterpretation der Väter als die wahrheitsverbürgende Autorität seiner Lehre zu benennen. Der Dissens betrifft vornehmlich folgende Themen: 1. das *filioque*, das von Jeremias nicht nur formal als unstatthafter Zusatz zu einem sakrosankten Konzilstext, sondern auch inhaltlich als trinitätstheologisch unangemessen abgelehnt wird; 2. die Willensproblematik, in Bezug auf die der Patriarch die Befürchtung äußert, die reformatorische Lehre von der Rechtfertigung *sola gratia*, *sola fide* und *per solum Christum* verkenne, dass das Heil nicht willenlos, sondern willentlich, nicht ohne tätige Mitwirkung, sondern auf synergistische Weise empfangen werde; 3. die Heiligenfrage, die auf die Frage der Fürbitte der Heiligen, ihrer Anrufung um Fürbitte sowie ihrer möglichen Mittlerfunktion fokussiert wird; 4. die Bilderverehrung; 5. das Mönchtum; 6. die Auseinandersetzung um Begriff und Zahl der Sakramente und schließlich 7. das Verhältnis von Schrift und Tradition. Vor allem diese Kontroversthemen wurden in den folgenden Briefwechsel verhandelt.

Am 18. Juni 1577 replizierten die Tübinger[11] auf das Schreiben des Patriarchen vom Mai des vorangegangenen Jahres. Es folgte im Mai 1579 ein weiteres Lehrschreiben des Patriarchen, das am Johannistag 1580 von Tübingen aus beantwortet wurde. Mit seinem dritten Brief vom 6. Juni 1581 setzte Jeremias der theologischen Korrespondenz ein Ende:

> Wir bitten Euch, uns weiter keine Mühe mehr zu machen und nichts mehr über diese selben Dinge zu schreiben und zu schicken. Da ihr ja die Leuchten und Lehrer der Kirche bald so, bald anders behandelt. Ihr ehrt und haltet sie hoch mit Worten, mit Taten aber verwerft ihr sie. Unsere Waffen bezeichnet ihr als unbrauchbar; dabei sind es ihre heiligen, göttlichen Worte, mit denen auch wir euch zu schreiben und zu widersprechen vermochten. So habt für euren Teil uns der Sorgen entbunden. Geht nun euren Weg! Schreibt uns nicht mehr über Dogmen, sondern allein um der Freundschaft willen (*philias de mones heneka; amicitiae tantum causa*), wenn ihr das wollt. Lebt wohl![12]

---

11 Unterzeichnet haben Martin Crusius und – in Vertretung des abwesenden Andreae – Lucas Osiander, der Sohn von Andreas Osiander. Zu den Unterzeichnern des zweiten (und dritten) Tübinger Antwortschreibens, zu denen neben den Genannten u. a. Jacob Heerbrand zählte, vgl. E. Benz, Byzanz, 95 f.

12 Acta et Scripta, 370. Die Tübinger brachten 1584 den gesamten Briefwechsel einschließlich ihrer Antwort auf das dritte Sendschreiben des Patriarchen in den Anm. 2 erwähnten *Acta et Scripta* an die Öffentlichkeit. (Zu den sonstigen Inhalten vgl. E. Benz, Byzanz, 94–96.) Zu dessen im selben Jahr in Basel erschienener Darstellung in der *Turcograecia* von Martin Crusius vgl. D. Wendebourg, Orthodoxie, 359–370. In deutscher Übersetzung ist der Briefwechsel in weiten Teilen wiedergegeben in: Wort und Mysterium. Der Briefwechsel über Glauben und Kirche 1573 bis 1581 zwischen den Tübinger Theologen und dem Patriarchen von Konstantinopel, hg.v. Außenamt der EKD, Witten 1958. Dort (11–27) finden sich auch knappe einführende Hinweise zu den Etappen des evangelisch-orthodoxen Gesprächs im 16. Jahrhundert im Zusammenhang der Weltereignisse, zur ökumenischen Bedeutung des Briefwechsels im Zusammenhang mit den hochbyzantinischen orthodoxen Denkmälern des 14. und 15. Jahrhunderts sowie zu seiner Publikation und wissenschaftlichen Bearbeitung. Eine englische Übersetzung bietet G. Mastrantonis, Augsburg and Constantinople. The Correspondence between the Tübingen Theologians and Patriarch Jeremiah II of Constantinople on the Augsburg Confession, Brookline/Mass. 1983. Zum Hintergrund und geschichtlichen Verlauf des Briefwechsels vgl. D. Wendebourg, Orthodoxie, 18–

Bevor am rechtfertigungstheologischen Themenkreis der inhaltliche Verlauf der Korrespondenz exemplifiziert werden soll,[13] sei zunächst stichwortartig die Fluchtlinie markiert, auf die hin die Argumentationslinien der Tübinger konvergieren. Dies hat am Beispiel der *Konkordienformel* zu geschehen, als deren Vater Andreae gilt und durch deren im Mai/Juni 1577 – also exakt zum Zeitpunkt der ersten Replik vom Neckar an den Bosporus – erfolgten Abschluss die theologische Position auch der übrigen Tübinger bestimmt ist. Die Entstehungsgeschichte der *Formula Concordiae*[14] gehört in den Zusammenhang der Konfessionalisierung der westlichen Christenheit in der zweiten Hälfte des 16. Jahrhunderts, in der einerseits der tridentinische Katholizismus Gestalt annahm, andererseits die Reformationskirchen zu jenen konfessionellen Formationen sich ausdifferenzierten, die seither die denominationelle Landschaft bestimmen. Das vorkonkordistische Luthertum wurde nach dem Tod des Reformators bekanntlich durch eine Reihe von Streitigkeiten erschüttert, deren weitgehende Beilegung die wesentliche Leistung des Konkordienwerkes von 1577/80 ist.

Zwei Lager bildeten sich seit den schwierigen Interimszeiten der späten 1540er Jahren innerhalb der Wittenberger Reformation aus: auf der einen Seite standen die sog. Gnesiolutheraner, die von ihren Gegnern als Flacianer apostrophiert wurden, auf der anderen die Philippisten, die sich im Wesentlichen aus Melanchthonschülern rekrutierten. Zwar waren die Lager von Anfang an nicht einheitlich, so dass sich künftige Friktionen ahnen ließen. Gleichwohl sind im Blick auf die seit Interimszeiten anhebenden Auseinandersetzungen Frontverläufe durchaus erkennbar: neben Auseinandersetzungen um Abendmahlslehre, Christologie und Prädestination handelt es sich dabei um die sog. majoristischen, antinomistischen, synergistischen und osiandrischen Streitigkeiten. Weil beide für den rechtfertigungstheologischen Diskurs zwischen Tübingen und Konstantinopel von besonderer Bedeutung sind, seien hier die majoristischen und syn-

---

151. Bei den nach Stil und Methode je nach Absender sehr unterschiedlich gestalteten Schreiben handelt es sich von Seiten des Patriarchen im Wesentlichen um Zitatkompilationen, von Seiten der Tübinger um mehr oder minder systematische Abhandlungen (vgl. Wendebourg, Orthodoxie, 151 ff.). Zum autoritativen Status der Lehrschreiben des Patriarchen innerhalb der Orthodoxie vgl. D. Wendebourg, Orthodoxie, 398 ff.

13 Zu den sonstigen Streitfragen vgl. D. Wendebourg, Orthodoxie, 207–346. Sie betreffen, wie erwähnt, vor allem den Ausgang des Heiligen Geistes (a.a.O., 212–223), das Verhältnis zu den Heiligen und den Umgang mit kirchlichen Bildern (a.a.O., 253–265), das Mönchtum (a.a.O., 266–272) sowie das weite Feld der Theorie und Praxis der Sakramente (a.a.O., 272–334) und der Traditionsproblematik (a.a.O., 334–346).

14 Vgl. Gunther Wenz, Theologie der Bekenntnisschriften der evangelisch-lutherischen Kirche. Eine historische und systematische Einführung in das Konkordienbuch, Bd. 2, Berlin/New York 1998, 467–539.

ergistischen Auseinandersetzungen und ihre Lösung in der *Konkordienformel* paradigmatisch in Betracht gezogen.

Ist der majoristische wie übrigens auch der antinomistische Streit primär am Realisierungszusammenhang der Rechtfertigung orientiert, so betrifft die Synergismuskontroverse vor allem die Konstitutionsbedingungen. Vorauszuschicken ist, dass Melanchthon seine ursprüngliche Lehre strenger göttlicher Alleinwirksamkeit im Laufe der Zeit dahingehend abgewandelt hatte, dass er von drei bei der Bekehrung des Menschen zusammenwirkenden *causae* sprach, nämlich vom Wort, vom Heiligen Geist und von dem die eigene Schwachheit tätig bekämpfenden Willen. Als der Melanchthon-Schüler Johannes Pfeffinger im Jahre 1555 diese Auffassung, deren wesentlicher Gehalt im Leipziger Interim Aufnahme gefunden hatte, nicht nur verteidigte, sondern in der Absicht, ein ursächliches Mitwirken des Menschen bei der Entscheidung seines Heils bzw. seines Unheils zu gewährleisten, weiter verschärfte, trat ihm neben Amsdorff, Schnepff und Flacius anfangs auch Viktorin Strigel entgegen. Strigel war einer der ersten Professoren an der Universität Jena, die 1548 im ernestinischen Sachsen als Ersatz für die infolge der Schmalkaldischen Niederlage mit Kurwürde und Kurkreis an die Albertiner verloren gegangene Universität Wittenberg gegründet worden war. Als 1556/57 auch Flacius eine Professur in Jena erhielt, kam es zwischen beiden bald zu heftigen Kontroversen, zumal Strigel sich dem von Flacius und seinen Anhängern erarbeiteten und zur gesetzlichen Lehrnorm im Herzogtum Sachsen erhobenen *Weimarer Konfutationsbuch* von 1559 widersetzte und dafür mehrere Monate inhaftiert wurde.

Auch die vom Herzog im August 1560 anberaumte Weimarer Disputation führte zu keinem Ausgleich, wohl aber zum beginnenden Niedergang des theologischen Sterns von Flacius. Während Strigel die These vertrat, die geschöpfliche Substanz des Menschen als eines vernunft- und willensbegabten Lebewesens sei durch die Erbsünde gleich einem mit Zwiebelsaft bestrichenen Magneten geschwächt, aber nicht gänzlich verdorben, steigerte Flacius seine Auffassung von der gänzlichen Verderbnis des postlapsarischen Menschen zu der Annahme, durch Adams Fall sei die Erbsünde die Substanz der menschlichen Natur geworden. Zwar unterschied er dabei zwischen *substantia materialis* als möglicher Bezugsgröße des Guten und der *forma substantialis* als Trägerin des Bösen und bestritt überdies der Erbsünde eine eigene Subsistenz. Doch konnten ihn solche Differenzierungen nicht mehr vom Verdacht heterodoxer Übertreibung der Orthodoxie befreien. Seither wurde er – und zwar nicht nur unter den Philippisten, sondern auch von wesentlichen Teilen des gnesiolutherischen Lagers – als Ketzer betrachtet.

Die *Konkordienformel* versuchte einen Mittelweg zwischen Strigel und Flacius einzuschlagen und die Einseitigkeiten beider zu vermeiden, wobei trotz antiflacianischer Verdikte durchaus die gnesiolutherische Perspektive dominiert. In diesem Sinne grenzt sich FC I („Von der Erbsünde") in schroff antipelagianischer Absicht gegenüber allen Positionen ab, die dem postlapsarischen Menschen Restbestände eines soteriologischen Eigenvermögens zudenken. Das *peccatum originale* verderbe nicht nur einen Teil des Menschen, sondern dessen ganze Natur und bewirke manifeste Feindschaft wider Gott. Wenn gleichwohl gegen mögliche manichäische Implikationen des Flacianismus gesagt wird, die Erbsünde vertilge nicht die menschliche Wesensnatur, dann geschieht dies ausschließlich in der Absicht, den Menschen auf seine kreatürliche Bestimmung zu verpflichten und die Zurechnung seiner Sünde als Schuld zu gewährleisten. Um die Fatalisierung der Sünde zu einem gleichsam naturhaften Geschick zu verhindern, muss auch unter postlapsarischen Bedingungen zwischen kreatürlichem Wesen des Menschen und der alles andere als unwesentlichen Verkehrtheit seiner Sünde unterschieden werden. Ob diese Unterscheidung mittels der Differenzierung von *substantia* und *accidens* angemessen geleistet werden kann, ist nach Urteil der Väter der *Konkordienformel* primär eine terminologische, den *modus loquendi* betreffende, sachlich hingegen zweitrangige Frage. Sachlich entscheidend hingegen ist der Hinweis in Ep I,10, demzufolge zwischen der kreatürlichen Wesensnatur des Menschen und dem Unwesen der Erbsünde, welcher er schuldhaft verfallen ist, niemand heilsam scheiden kann als Gott allein, dessen in der Kraft des Heiligen Geistes manifeste Offenbarung in Jesus Christus die Voraussetzung für beider erkenntliche Unterscheidung ist. Damit ist erneut klargestellt, dass dem postlapsarischen Menschen sowohl ontologisch als auch gnoseologisch jedes Vermögen fehlt, sein Heil selbsttätig zu besorgen.

Dieser Sachverhalt wird durch die Willenslehre in FC II „Vom freien Willen oder menschlichen Kräften" voll bestätigt. Sie ist auf das kontroverse Thema konzentriert, was Verstand und Wille des gefallenen und unwiedergeborenen Menschen in dessen *conversio* und *regeneratio* zu leisten vermögen, wenn Gottes Wort gepredigt und die Gnade Gottes angeboten wird. Vorausgesetzt ist dabei, dass der postlapsarische Mensch zwar ein gewisses, in seiner Indifferenz sittlich uneindeutiges Willensvermögen besitzt, um sich von Tieren unterscheiden und in einer Menschenwelt bewegen zu können, dass er aber schlechterdings unfähig ist, durch Verstandes- und Willenstätigkeit Gottes Gnade zu erwirken. Kann er in sie zumindest durch eigenes Vermögen einwilligen und ihrer Zusage von sich aus zustimmen? Die Antwort von FC II auf diese Frage fällt differenziert aus: Zwar zwingt Gottes Gnade nicht auf naturkausale Weise und wirkt auf den Menschen daher nicht wie ein Keil auf den Klotz. Der Empfang der Gnade vollzieht sich durchaus im Modus der Freiheit und destruiert nicht das Aufnahmevermögen des Menschen, sondern erfüllt es. Eine menschliche *capacitas passiva* bezüglich der Gnade ist FC II daher durchaus zu attestieren bereit; aber dabei handelt es sich

recht eigentlich nicht um eine Fassungskraft des Menschen, weil das Gnadenge-
schehen *tanquam in subjecto patiente*[15] wirksam ist. Der die Gnade im reinen
Empfangen des Glaubens hinnehmende Mensch verhält sich zu ihr pure passive,
nämlich so, dass er sie sich dankbar gefallen lässt. Jeder Reflex auf ein dem
Gnadengeschehen vorgegebenes soteriologisches Eigenvermögen ist damit obsolet. Der Glaube weiß, dass Gott beides wirkt: *velle et perficere*, Wollen und
Vollbringen. Unter diesem Aspekt kann der postlapsarische Mensch samt seinem
Willen und Verstand nicht anders in Betracht kommen denn als *subjectum con-
vertendum*, als ein „Subjekt", das durch das Evangelium aus seiner Verkehrtheit
bekehrt und aus seiner Unfreiheit zur Freiheit der Kinder Gottes zu befreien ist.
Damit ist die Perspektive benannt, in welcher die Tübinger mit dem konstantinopolitanischen Patriarchen Jeremias brieflich über das Rechtfertigungsereignis
und seine Prämissen diskutieren.

Während Jeremias II. in seinem ausführlichen Kommentar zu den einzelnen
Artikeln der *Confessio Augustana Graeca* vom 15. Mai 1576 CA 2 und 19 hamar-
tiologisch ohne Vorbehalte akzeptierte, ließ er gleichwohl bereits in sünden-
theologischer Hinsicht keinen Zweifel daran aufkommen, dass der Mensch vermöge seines Willens die Sünde grundsätzlich meiden und das geforderte Gute mit
Gottes Hilfe selbsttätig tun könne. Andernfalls werde die Sünde, so der Patriarch
zu CA 19, fatalisiert, und zu einem Naturdatum erklärt, das Schicksal sei, ohne als
Schuld zugerechnet werden zu können. Nicht weil er von Natur aus nicht anders
könne, sondern weil er das Gute nicht wolle und das dem Guten widerstrebende
Böse wähle, sündige der Sünder. Analoges ergibt sich in soteriologischer Hinsicht: Gott zwingt den Menschen nicht zum Heil, sondern er beruft Willige in sein
Reich. Die Unwilligen aber sind, so sie Gott sich selbst überlässt, an ihrer Heil-
losigkeit selbst schuld, weil sie diese durch ihre Unwilligkeit Gott gegenüber bewirkt haben. Die Ausführungen über den freien Willen im Zusammenhang des
Kommentars zu CA 18 bekräftigen diese Auffassung. Obwohl Gnade, so wird unter
Berufung auf den heiligen Chrysostomos gesagt, rettet die Gnade Willige und
nicht nach Weise einer *gratia irresistibilis*. Zwar stehe alles bei Gott, doch nicht so,
dass darüber der freie Wille des Menschen Schaden leide. „Bei uns also steht es
und bei Ihm! Wir müssen zuerst das Gute wählen, und dann bringt Gott das Seine
hinzu. Er kommt unsern Entscheidungen nicht zuvor, damit unser freier Wille
nicht verletzt wird. Wenn wir aber unsere Wahl getroffen haben, dann bringt Gott
uns seine große Hilfe."[16] Wenn Paulus Phil 2,13 sage, dass Gott Wollen und
Vollbringen wirke, meine er nicht, dass Gott das Wollen recht eigentlich schaffe,

---

15 Vgl. BSLK, 910, 16.
16 Acta et Scripta, 114.

sondern helfend unterstütze und befördere. Der Satz, dass Gott in uns das Wollen wirke, stelle also den freien Willen des Menschen nicht in Abrede, sondern setze ihn voraus.

Dies gefiel den Tübingern nicht: zwar lehnen auch sie jede Form der Fatalisierung der Sünde und der Naturalisierung des Heilsgeschehens ab. Dennoch bekräftigen sie die Annahme, dass der postlapsarische Mensch, also der Mensch wie er sich faktisch vorfindet, ausnahmslos nicht über den Willen verfügt, das göttliche Gut zu wählen, sondern der Güte Gottes und damit zugleich der kreatürlichen Bestimmung seiner selbst und seiner Welt willentlich widerstrebt. Als konstitutives Datum des Heilsgeschehens scheidet das *liberum arbitrium* somit aus, ja es ist im Gegenteil so, dass das soteriologische Insistieren auf der Wahlfreiheit des Menschen als ein Unheilsdatum qualifiziert wird. Was der Apostel zu den Philippern sagt, will nach Urteil der Tübinger durchaus *stricte dictu* verstanden sein: „Nicht nur das Gute vollbringen, sondern auch das Gute wollen, ist Gottes Wirkung in uns."[17] Es ist mithin nicht so, dass die Menschen, denen Gottes Gnade in Jesus Christus begegnet, zuerst das Gute wählen, und dann Gott ihnen das Seine hinzufügt. Kraft seines Geistes wirkt Gott vielmehr alles in allem, wenngleich nicht auf naturhafte Weise, sondern im Modus göttlicher Freiheit, welche den Menschen aus der Unfreiheit und Sklaverei seiner Sünde zu sich und seiner Bestimmung befreit. Diese Befreiung von sich aus zu leisten, ist der Mensch auch nicht ansatzweise in der Lage. Der Ansatz bei der unmittelbaren Selbstbestimmung des Menschen in Form eines selbstverständlich vorausgesetzten *liberum arbitrium* indifferenter Wahlfreiheit ist vielmehr bereits in sich ein Indiz für den abgründigen Fall des Menschen. Denn auf einem indifferenten Wahlvermögen dem Guten gegenüber zu insistieren, ist bereits Wille zum Bösen. Von daher muss, um es zu wiederholen, das *liberum arbitrium* aus dem Begründungszusammenhang der Soteriologie ausgeschieden werden. Das betreiben die Tübinger konsequent mit der Folge, dass ihnen der Sünder trotz physischen Lebens als ein geistlich Toter gilt. Wie ein toter Körper nichts will und nichts tut, sondern nur üblen Geruch verbreitet, so kann der geistlich erstorbene Mensch, wenn er nicht von Gott auferweckt und wiedergeboren wird, nichts Gutes wählen und nichts Gutes tun. Der *status controversiae* zwischen Konstantinopel und Tübingen in der Sünden- und Willensfrage ist damit bestimmt. Er wird in der weiteren Korrespondenz nur mehr bestätigt, ohne dass wirklich neue Argumente erkennbar würden.

---

17 Acta et Scripta, 164.

3 Von Glaubensgerechtigkeit und guten Werken. Der Briefwechsel der Württemberger mit Jeremias II. im Kontext von FC III und IV

Kann von einem verbleibenden soteriologischen Eigenvermögen des sündig in sich verkehrten Menschen und von einer soteriologischen Basisfunktion eines menschlichen *liberum arbitrium* nach Urteil der Tübinger in keiner Weise die Rede sein, so verbleibt in zweiter Hinsicht zu bedenken, was der Wille der Wiedergeborenen in geistlichen Dingen vermag. Diese Frage betrifft, wenn man so will, den Realisierungszusammenhang der Rechtfertigungslehre und dabei insbesondere das Problem der guten Werke. Binnenlutherisch wurde dieser Themenkreis u. a. im sog. majoristischen Streit kontrovers verhandelt. Der majoristische Streit verdankt seinen Namen einem seiner Hauptprotagonisten, dem Melanchthonschüler und entschiedenen Philippisten Georg Major, seit 1544 Theologieprofessor in Wittenberg. Wie sein Lehrer intensiv an der Autorität der altkirchlichen Väter und an der humanistischen Forderung sittlichen Christentums orientiert lehrte er die Notwendigkeit guter Werke zur Seligkeit. Damit wollte er keinem meritorischen Rechtfertigungsverständnis Vorschub leisten, sondern lediglich betonen, dass die Früchte des Glaubens für dessen Bewahrung unerlässlich seien. Gleichwohl bezichtigten ihn die Gnesiolutheraner der Preisgabe der ursprünglichen Einsicht der Reformation. Um jeden noch so subtilen Pelagianismus gänzlich auszumerzen, verstieg sich Nikolaus Amsdorff gar zu der – zum Titel eines Traktats (1559) erhobenen – Aussage, „dass diese Propositio ‚gute Werke sind zur Seligkeit schädlich‘ eine rechte, wahre, christliche Propositio sei, durch die Heiligen Paulum und Lutherum gelehrt und gepredigt". Nicht weniger deutlich, doch differenzierter äußerte sich Flacius.

Abermals ist die *Konkordienformel* um Vermittlung bemüht, wobei erneut die gnesiolutherische Tendenz gegenüber dem Philippismus dominiert. Die dezidiert antisynergistische Perspektive bezüglich der Prämissen des Rechtfertigungsgeschehens wird in Bezug auf dessen Folgezusammenhang beibehalten. *Trahit Deus, sed volentem trahit*[18]. Dieser Satz wird in FC II zwar als nicht falsch, aber als in hohem Maße erläuterungsbedürftig bezeichnet. Nicht anders stellt sich die Angelegenheit im Kontext der Lehre von der Gerechtigkeit des Glaubens und von den guten Werken dar, wie FC III und IV sie entwickeln. Zwar wirkt der bekehrte Wille am Heiligungswerk Gottes mit, aber die Mitwirkung hängt ausschließlich an der wirksamen Wirklichkeit des Heiligen Geistes, in welchem sie die Bedingung

---

18 BSLK, 908,2.

ihrer Möglichkeit, ihren alleinigen Konstitutions- und Erhaltungsgrund findet. Weder Anfang noch Vollzug der Bekehrung sind daher in das Vermögen des Menschen gestellt. Das *sola gratia* steht nicht nur hinsichtlich der dem Rechtfertigungsgeschehen vorhergehenden, sondern auch hinsichtlich der ihm nachfolgenden Werke in Geltung. Dessen ist der Rechtfertigungsglaube gewärtig und gewiss; er wird deshalb auch sich selbst nicht als Werk wissen, sondern jenseits aller Selbstsicherheit ganz aus dem Vertrauen auf Gott leben, auf welches sich zu verlassen sein Wesen ausmacht. Es gilt der rechtfertigungstheologische Heilsgrundsatz: *absque ullo respectu praecedentium, praesentium aut consequentium nostrorum operum*[19].

Was die nachfolgenden Glaubenswerke betrifft, so haben sie nach FC IV das *sola gratia* des Rechtfertigungsartikels nicht nur zur anfänglichen, sondern zur durchgängigen Voraussetzung. Hingegen dürfen die guten Werke, sosehr sie gottgeboten und insofern nötig sind, weder zum Konstitutions- noch zum Erhaltungsgrund des Glaubens erklärt werden. Weisen wohl schuldig gebliebene Werke auf schwindenden oder gar fehlenden Glauben hin, so können sie umgekehrt niemals die Gewissheit des Glaubens begründen. In der Konsequenz dessen gelangt die *Konkordienformel* zu der These, dass der Glaube ohne Werke rechtfertige. Damit ist zwar nicht deren Überflüssigkeit behauptet, aber entschieden in Abrede gestellt, dass Werke das Rechtfertigungsgeschehen begründen oder auch nur mitbegründen können. Wo Werke in dieser Absicht erbracht werden, sind sie nicht nur unnütz, sondern schädlich. Nützlich und förderlich und damit ihrem Begriff als gute Werke entsprechend sind sie hingegen nur, wenn sie die im Rechtfertigungsglauben mit Gott versöhnte Person in Dankbarkeit gegenüber der göttlichen Gnade und in der Freiwilligkeit dankbarer Spontaneität vollbringen. Erst wenn die Person des Menschen in der Exzentrizität des Glaubens ihres verlässlichen Gründens in Gott innewird und durch das Rechtfertigungsevangelium Jesu Christi in der Kraft des göttlichen Geistes von der Verkehrtheit der Sünde freikommt, um zu sich selbst und zu seiner gottgegebenen Bestimmung zu gelangen, kurzum: nur wenn die Person des Menschen vor Gott gerechtfertigt ist, sind auch menschliche Werke richtig. Aus diesem Kontext heraus will schließlich auch die Damnation verstanden sein, derzufolge die Lehre zu verwerfen sei, „daß gute Werk nötig sein zur Seligkeit. Item, daß niemand jemals ohne gute Werk sei selig worden. Item, daß es unmuglich sei, ohne gute Werk selig werden."[20]

So scharf drücken sich die Tübinger gegenüber dem Patriarchen nicht aus. Dieser hatte zu Art. 4–6 und entsprechend auch zu Art. 20 der *Confessio Au-*

---

19 Ep III, 4.
20 BSLK, 789, 17–21.

gustana Graeca vermerkt, dass die reformatorische Lehre von der Rechtfertigung des Sünders aus Glauben nur dann ihre Richtigkeit habe, wenn unter diesem der lebendige, durch gute Werke bezeugte Glaube verstanden werde. Denn die Gnade werde dem nicht zuteil, der die nötige Bemühung missen lässt. Beide – menschlicher Eifer und göttliche Begnadung – wirken miteinander und durchdringen sich gegenseitig. Zur Rechtfertigung vor Gott bedürfe es daher der vorhergehenden Buße ebenso wie der nachfolgenden Werke heiligender Liebe. Wer diese zu erbringen sich weigere, habe seinen himmlischen Lohn dahin. Zwar sollen wir unser Vertrauen keineswegs völlig auf unsere Gerechtigkeit setzen, da diese unvollkommen und der Gnade Gottes bedürftig sei, um ganz und integer zu werden. Gleichwohl müssen wir bestrebt sein, der uns durch Gottes Gnade zukommenden Hilfe entgegenzueilen und Fortschritte zu erzielen auf dem Wege der Heiligung. Ohne Werke tätiger Liebe kann von wahrem Glauben und wahrer Gerechtigkeit vor Gott nicht die Rede sein, auch wenn die Vergebung der Sünde uns anfänglich und bis auf Weiteres gratis und nicht unter Ansehung von Verdienst und Würdigkeit zugesprochen wird.

In ihrer Antwort vom 18. Juni 1577, die genau eine Woche vor Publikation der *Konkordienformel* am 50. Jahrestag der Übergabe des *Augsburgischen Bekenntnisses* erfolgte, pflichten die Tübinger Joachim II. bei, dass Buße sowie gute Werke zu tun zweifellos geboten sei und dass ein toter Glaube im Sinne bloßer Historienkenntnis nicht gerecht mache. Dies treffe nur für jenen Glauben zu, der durch die Liebe tätig sei. Dennoch erklären sie,

> daß unsere guten Werke nicht mit dem Artikel von der Rechtfertigung durch Gott vermischt werden dürfen, wo es darum geht, wodurch und weshalb wir mit Gott versöhnt und zu Kindern und Erben Gottes gezählt werden. Warum? Weil wir dafür halten, dass je größerer Wert hier unseren Werken und Verdiensten beigelegt wird, desto geringer die Ehre der Tat Christi wird.[21]

Gerechtigkeit vor Gott und ewiges Heil verdanken wir allein der Gnade Gottes, wie sie in der Kraft des Heiligen Geistes in Jesus Christus, dem auferstandenen Gekreuzigten, offenbar ist. Die Rechtfertigung geschieht somit *strictissime gratis*, allein durch den Glauben und ohne alle Werke des Gesetzes, wobei unter Gesetz nicht nur das zeremoniale und zivile Gesetz, sondern die *lex naturalis* des Dekalogs zu verstehen ist. Weil aber die Früchte des Glaubens, die aus der in reiner Gnade empfangenen Rechtfertigung folgen sollen und tatsächlich folgen, unter irdischen Bedingungen stets unvollkommen sind und nie zur Vollkommenheit heranreifen, kann die Gerechtigkeit vor Gott nicht nur anfänglich, sondern auch

---

21 Acta et Scripta, 166.

fernerhin nicht durch sie bedingt sein. Gewissheit des Heils kann der Glaube nur haben, wenn er sich ganz und gar und in all seinem Beginnen nicht auf gerechte Menschenwerke, sondern auf die Gerechtigkeit Christi verlässt. Deshalb hat es nach Tübinger Urteil seine Richtigkeit zu sagen, dass gute Werke weder der Bedingung- noch auch der Erhaltungsgrund der Gerechtigkeit sind, die vor Gott gilt.

Wenn demgegenüber der Patriarch im Mai 1579 zu bedenken gibt, dass von untätigem Glauben und glaubenslosen Werken zu reden gleichermaßen unsinnig und mit dem Christentum unvereinbar sei, so widersprechen die Tübinger dem zwar nicht einfachhin. Auch sind sie zu bekennen gerne bereit, dass diejenigen nicht Kinder Gottes heißen, die keine guten Werke tun. Ja selbst als empirisches Erkenntnismittel der Rechtfertigung sind sie die Werke des Glaubens unter gewissen Vorbehalten zu würdigen bereit. Gleichwohl bleibt es dabei, dass das Rechtfertigungsgeschehen als solches von Anfang bis Ende und in einer die Gesamtexistenz des Menschen umspannenden Weise allein durch Gnade und keinesfalls durch Menschenwerk bedingt wird. Wollen wir durch die Erfüllung des Gesetzes gerechtfertigt werden, wäre unser Heil dahin. Denn sind wir nach unserem natürlichen Vermögen als gefallene Menschen überhaupt nicht in der Lage, heilsame Werke zu tun, so können wir auch als Begnadete das Gesetz Gottes nur auf anfängliche und niemals vollkommene Weise erfüllen. Unser einziges Heil ist und bleibt daher Christus allein, der das Erlösungswerk nicht nur zum Teil, sondern ganz und gar vollbracht hat. Diese Vollgenügsamkeit der Gerechtigkeit Christi, auf die sich zu verlassen die Heilsgewissheit des Glaubens ausmacht, darf nicht durch falsches Vertrauen auf zwar gebotene, aber stets insuffiziente Werke des Gesetzes in Frage gestellt und in Zweifel gezogen werden. „Dem Mittler Christus *allein* und niemand anders gebührt die Ehre. Er selbst spricht durch den Propheten Jesaia: *Ich, Ich* tilge deine Übertretungen um Meinetwillen und gedenke deiner Sünden nicht. Niemand von uns ist jener *Ich* (*Oudeis hemon esti* [...] *ho ego*), der durch den Propheten spricht. Christus allein ist jener Mittler, der die Sünden abwäscht."[22] Das *solus Christus* und das *sola gratia* bilden sonach einen differenzierten Zusammenhang, worauf sich der Glaube gemäß dem Zeugnis der Schrift von der Rechtfertigung des Sünders verlässt. So bekennt es die Wittenberger Reformation in der Gemeinschaft des christlichen Glaubens.

---

22 Acta et Scripta, 309.

Herman J. Selderhuis

Augsburg in Heidelberg – Der reformierte Umgang mit der *Confessio Augustana*

1 Einführung

In der Frage, wie die Reformierten sich zur *Augustana* verhalten haben, hat sich die Forschung hauptsächlich auf Calvin konzentriert.[1] Der Genfer Reformator hatte schon seine Kritik an diesem Bekenntnis, aber hat sich doch immer hinter die *Augustana* gestellt und hatte keine Probleme, mit ihr übereinzustimmen. Grund dafür war auch, dass er die Unterschiede zwischen der *Augustana* und der reformierten Theologie zu gering achtete, um die Einheit der Kirche zu gefährden. Er unterzeichnete die *Variata* und bezeugte auch seine Übereinstimmung mit der *Invariata*, obwohl er dessen Artikel über das Abendmahl ablehnte.[2] Die Einheit der Lutheraner und Calvinisten war auch ein Hauptthema in der Pfalz, wo von 1559 bis 1576 und von 1583 bis 1618 reformierte Fürsten regierten und die Heidelberger Universität eine internationale Hochburg calvinistischer Theologie war.

Der Religionsfriede, der 1555 in Augsburg geschlossen wurde, bedeutete für die Protestanten, dass sie nicht länger als Ketzer betrachtet wurden, das heißt, insofern sie zu denjenigen gehören, die das *Augsburger Bekenntnis* von 1530 unterschrieben hatten. In Artikel 5 wird festgelegt, dass jeder, der sich nicht entweder zur alten Kirche oder zu derjenigen der *Augustana* rechnet, von diesem Frieden ausgeschlossen ist, mit allen damit verbundenen Konsequenzen. Diese Bestimmung macht die Position der Reformierten im Deutschen Reich sowohl unklar als auch unsicher. Aus diesem Grunde verfolgten die Fürsten namentlich in der Pfalz die politische Absicht, eine Erweiterung der Bedingungen zu erreichen, so dass auch die Reformierten sich die Freiheit und den Schutz sichern

---

1 Danielle Fischer, Calvin et la Confession d'Augsburg, in: Wilhelm Heinrich Neuser (Hg.), Calvinus Ecclesiae Genevensis Custos: Die Referate des Congrès International des Recherches Calviniennes/International Congress on Calvin Research/Internationalen Kongresses für Calvinforschung vom 6. bis 9. September 1982 in Genf, Frankfurt a.M. 1984, 245–271; Willem Nijenhuis, Calvin and the Augsburg Confession, in: Ecclesia Reformata: Studies on the Reformation 1 (1972), 97–114; Jan Rohls, Die Confessio Augustana in den reformierten Kirchen Deutschlands, in: Zeitschrift für Theologie und Kirche 104,2 (2007), 207–245. Jan Rohls hat das Verhältnis der reformierten Kirchen in Deutschlands von Calvin bis Barth beschrieben und sich dabei, was das 16. und 17. Jahrhundert anbelangt, vor allem auf die kirchenpolitische Auseinandersetzung konzentriert.

2 Wim Janse, Calvin's Doctrine of the Lord's Supper, in: Perichoresis 10,2 (2012), 137–163.

konnten. Von Seiten der calvinistischen Theologen versuchte man kräftig, den Lutheranern klar zu machen, dass auch die Calvinisten theologisch zu Luthers Nachfolgern gehörten, ja eigentlich die besseren Lutheraner waren. Dazu gehörte auch, dass immer wieder betont wurde, dass die Reformierten mit der *Confessio Augustana* übereinstimmten. Von lutherischer Seite wurden sie aber beschuldigt, dass sie in Wirklichkeit keinen einzelnen Artikel des Glaubensbekenntnisses in der rechten Weise glaubten.[3]

Um die vielen Diskussionen, die sowohl von der Kanzel aus als auch in Schriften in der Pfalz geführt wurden, zu beenden, erließ Johann Casimir im Jahre 1584 ein Mandat gegen diese Polemik. Die gegenseitige Lästerung und Verurteilung müsse unbedingt ein Ende finden.[4] In diesem Mandat befahl Johann Casimir unter anderem, niemanden mehr lutherisch oder calvinistisch zu nennen, denn „wir sind alle eins in Christus, in dessen Namen wir getauft und erlöst werden."[5]

Eine zentrale Rolle in dieser Diskussion spielt die Heidelberger Universität. Von deren Professoren wurden immer wieder Versuche unternommen, die Brücke zu den Lutheranern zu schlagen. Vertreter dieser sogenannten *irenische Theologie* oder *Pfälzer Irenik* waren vor allem David Pareus und Franciscus Junius.[6] Diese Irenik stimulierte auch außerhalb der Pfalz, nach Einigungen zu suchen. Im Jahre 1628 publizierte der ungarische Superintendent János Samarjai ein Buch, in dem er aufzuzeigen versuchte, dass die *Helvetische Konfession* und die *Confessio Augustana* im völligen Einklang miteinander seien, und für seine Darstellung berief sich Samarjai wiederholt auf Abschnitte aus dem *Irenicum* des Pareus.[7]

Die Diskussion hielt trotzdem an. Während des Regensburger Reichstags 1594 zum Beispiel erschien ein anonymes Dokument, in dem behauptet wird, dass die

---

3 Hierzu: Herman J. Selderhuis, Luther totus noster est. The reception of Luther's thought at the Heidelberg theological faculty 1583–1622, in: Athina Lexutt/Volker Mantey/Volkmar Ortmann (Hg.), Reformation und Mönchtum, Tübingen 2008, 173–188.

4 „Pfaltzgraf Johann Casimirs / etc. Vormunds/ unnd der Churfürstlichen Pfaltz Administrators/ etc. Mandat und Befelch daß bey etlichen Kirchen und Schuln in der Chur Pfaltz/ eingerissene Condemnirn und Lestern uff der Cantzel und in den Schuln/ fürther zu underlassen und abzuschaffen," Heidelberg 1584.

5 Pfaltzgraff Johann Casimirs [...] Mandat und Befelch, daß bey etlichen Kirchen un[d] Schuln in der Chur Pfaltz eingerissene condemnirn und Lestern uff der Cantzel und in den Schuln, fürther zu underlassen und abzuschaffen, Heydelberg 1584, Aiiii.

6 Herman Johan Selderhuis, Frieden aus Heidelberg. Pfälzer Irenik und melanchthonische Theologie bei den Heidelberger Theologen David Pareus (1548–1622) und Franciscus Junius (1545–1602), in: Günter Frank/ Stephan Meier-Oeser (Hg.), Konfrontation und Dialog. Philipp Melanchthons Beitrag zu einer ökumenischen Hermeneutik, Leipzig 2006, 235–257.

7 Samarjai János/Bernhard Máte/Lippay György, Magyar Harmónia; Az Az, Augustana Es Az Helvetica Confessio Articulussinac Eggyező Értelme, Nyomtattatot Papan 1628.

in Heidelberg gelehrte Theologie nicht mit dem Wort Gottes und dem *Augsburger Bekenntnis* übereinstimmt. Auf diese Weise wurde ein weiterer Versuch unternommen, die reformierte Pfalz außerhalb der Schutzvorkehrungen für den Augsburger Religionsfrieden zu halten. Auch anonym erscheint sofort eine Reaktion von Heidelberger Seite, wobei der Verfasser aber von sich sagt, dass dieses Werk geschrieben wurde, „durch einen Theologum der Augspurgischen Confession zugethan" und dass seine Arbeit mit Approbation der Heidelberger theologischen Fakultät geschah.[8]

Interessant ist aber hier zu sehen, wie von drei Heidelberger Theologen in verschiedenen Perioden der Geschichte der Pfälzer Universität versucht wurde, die Einigung durch eine Kontextualisierung der *Augustana* zu erreichen.

2 Zacharias Ursinus

Der 1534 in Breslau geborene Ursinus[9] ist vor allem bekannt geworden als Hauptverfasser des *Heidelberger Katechismus*. Sieben Jahre lang war er in Wittenberg Schüler von Philipp Melanchthon, was sich zeigt in dem von allen reformierten Kirchen als Bekenntnisschrift angenommen Katechismus[10] sowie in seinen anderen Werken. Als leitender Theologe der Pfalz musste er sich mit der *Augustana* auseinandersetzten und tat dies in verschiedenen Veröffentlichungen. Beispielhaft für seine Beurteilung ist das Buch, das er 1564 publizierte, unter dem Titel *Gründtlicher Bericht vom heiligen Abendmahl vnsers Herren Jesu Christi aus einhelliger Lere der heiligen Schrifft der alten rechtgläubigen Christlichen Kirchen und auch der Augsprugischen Confession. Gestellt durch der Uniuersitet Heydelberg Theologen.*[11]

Diese Schrift wurde ab der Ausgabe 1566 erweitert mit *Herrn Philippi Melanthonis Bedencken vber der spaltung vom Abendmal.* Das Werk erschien in meh-

---

8 „Gegenbeweisung// Daß die Heidelbergische Theologen Got=//tes wort / der Augspurgischen Confession/ deroselben// Apologia/ und der Concordia Anno 36/ mit nichten unge=//meß lehren/ noch von ihrem Catechismo und vorigen // Schrifften im geringsten abweichen/ oder // wider einander seyn/ [...]," Heidelberg 1594; Mehr Informationen dazu: Bibliotheca Palatina: Katalog zur Ausstellung vom. 8. Juli bis 2. November 1986 Heiliggeistkirche Heidelberg, hg. v. Elmar Mittler, Heidelberg 1986, Textband: 164–165.
9 Derk Visser, Zacharias Ursinus: the Reluctant Reformer: His Life and Times, New York 1983; Boris Wagner-Peterson, Doctrina Schola Vitae: Zacharias Ursinus (1534–1583) als Schriftausleger, Göttingen 2013 (Refo500 Academic Studies 13).
10 Derk Visser, Zacharias Ursinus (1534–1583). Melanchthons Geist im Heidelberger Katechismus, in: Heinz Scheible (Hg.), Melanchton in seinen Schülern, Wiesbaden 1997, 373–390.
11 Heidelberg 1564.

reren deutschen und lateinischen Ausgabe und wurde 1566 auch in einer französischen und ein Jahr später in Emden in einer niederländischen Übersetzung[12] veröffentlicht.[13]

Dieses Werk passt zu dem Bemühen, der reformierten Pfalz zu beweisen, dass auch die reformierte Tradition als rechtmäßig protestantisch anzuerkennen sei und deshalb unter den Schutz des Augsburger Religionsfriedens falle.[14] Man kann deshalb auch die positive Bewertung der *Augustana* als kirchenpolitisch motiviert beurteilen, aber auch wenn es kirchenpolitisch oder sogar politisch war, muss es doch jedenfalls von reformierter Seite als inhaltlich begründet gelten und ist außerdem eine Motivation, die es wert ist, es als ökumenisch relevant näher zu betrachten. Es geht mir jetzt also nicht um die Frage, wie obengenannte Bemühungen zu bewerten sind und ob die Reformierten sich zurecht auf die *Augustana* berufen haben, aber wichtig ist, wie in diesem Fall Ursinus die *Augustana* als in einem bestimmten historischen Kontext entstandene Bekenntnisschrift beurteilt hat.

Der *Gründtlicher Bericht* erschien im Rahmen des Religionsgesprächs, das im April 1564 in Maulbronn zwischen Lutheranern aus Württemberg und Calvinisten aus der Pfalz geführt wurde, aber ohne die erwünsche Einigung endete.[15] Ursinus verteidigt die reformierte Sakramentslehre zuerst mit Argumenten aus der *Heiligen Schrift* und an zweiter Stelle mit Argumenten aus der kirchlichen Tradition. Dann erst nimmt er die CA dazu und zwar die *Invariata* und versucht dann zu

---

12 Een claer bewys van het heylighe Avontmael onses Heeren Jesu Christi wt de eendrachtighe leere der H. Schriftueren der ouder rechtgelooven der Christelicker Kercken, en oock der Confessien van Augsburg. Door de Doctoren der H. Schrift der Universiteyt van Hydelberch. Wt de Hoochduytsche in Nederlandscher sprake ghetrouwelijcken overgheset. 1 Thess. 5. Proeft alle dinck en behoudt dat goedt is.

13 Eine Übersicht aller Editionen: Wagner-Peterson, Doctrina, 360 – 361.

14 Irene Dingel, Concordia controversa. Die öffentlichen Diskussionen um das lutherische Konkordienwerk am Ende des 16. Jahrhunderts, Gütersloh 1996 (Quellen und Forschungen zur Reformationsgeschichte 63); Christoph Strohm, ,Deutsch-reformierte' Theologie? Die kurpfälzische Reformation im Rahmen der frühneuzeitlichen Konfessionalisierung, in: Christoph Strohm/ Jan Stievermann (Hg.), Profil und Wirkung des Heidelberger Katechismus. Neue Forschungsbeiträge anlässlich des 450jährigen Jubiläums = The Heidelberger Catechism: Origins, Characteristics, and Influences. Essays in Reappraisal on the Occasion of its 450th Anniversary, Gütersloh 2015 (Schriften des Vereins für Reformationsgeschichte 215), 113 – 135.

15 Irene Dingel, Das Gespräch zu Maulbronn – Einigungsversuch zwischen dem lutherischen Württemberg und der reformierten Pfalz, in: Mittler, Bibliotheca Palatina, Textband: 160 – 161; Volker Leppin, Das Maulbronner Religionsgespräch zwischen württembergischen und pfälzischen Theologen 1564, in: Irene Dingel/Volker Leppin/Kathrin Paasch (Hg.), Zwischen theologischem Dissens und politischer Duldung. Religionsgespräche in der Frühen Neuzeit, Göttingen 2018 (VIEG. Beih. 121), 161 – 182.

zeigen, dass die *Invariata* und der *Heidelberger Katechismus* grundsätzlich übereinstimmen oder auf jedem Fall sich nicht widersprechen, wenn es um die Abendmahlslehre geht.

Nach seiner Auffassung wird zu Unrecht davon ausgegangen, dass die CA die Meinung vertritt, dass Christus in den Zeichen von Brot und Wein leiblich präsent ist. Artikel 10 lehrt zwar die Gegenwart Christi in den Elementen, aber nicht eine physische Gegenwart. Das zweite Missverständnis ist die Meinung, dass die CA davon ausgehe, dass auch Ungläubige durch Brot und Wein am Leib und Blut Christi teilhaben können. Deutlich aber betont das *Augsburger Bekenntnis* in Artikel 13 die Notwendigkeit des Glaubens, um an der Erlösung Christi teilzuhaben. Dies zu bezeugen wäre überflüssig, wenn Christus dermaßen leiblich präsent sei, wie oft behauptet wird.

Basierend auf diesen und anderen Annahmen kommt Ursinus zu dem Schluss, dass das *Augsburger Bekenntnis* und auch seine *Apologia* von 1531 in keiner Weise im Widerspruch zur Lehre vom Sakrament steht, wie sie von den Reformierten erklärt wurde, sondern diese vielmehr bestätigt. Umgekehrt lehren die Reformierten nichts über das Sakrament Christi, das dem *Augsburger Bekenntnis* von 1530 oder der *Heiligen Schrift* widerspricht.[16]

Es ist klar, dass die Argumentation von Ursinus eine kirchenpolitische Komponente hat. Sein Kurfürst Friedrich III. musste sich am Augsburger Reichstag 1566 für seine reformierte Position verteidigen und brauchte theologische Argumente, um zu beweisen, dass seine Position genuin protestantisch und also nicht gesetzwidrig war.[17] Deshalb hat er immer wieder bezeugt, dass er sich dem *Augsburger Bekenntnis* von 1530 voll und ganz angeschlossen hat. Trotzdem ist auch aus den anderen Werken von Ursinus klar, dass diese Auffassung zu seiner theologischen Grundidee gehört.

Für unser Thema ist aber wichtig, dass er die *Augustana* kontextualisiert.[18] Er versteht auch, dass an der *Augustana* Kritik geübt werden kann und auch soll, aber er weist darauf hin, dass die *Augustana* in einer bestimmten historischen Situation entstanden ist. Die Finsternis des Papsttums war dermaßen groß, dass es kein Wunder ist, dass nicht „alle stück der Lehre/ gerad auff einmal so hell und

---

16 Ursinus, Gründtlicher Bericht, 365.
17 Walter Hollweg, Der Augsburger Reichstag von 1566 und seine Bedeutung für die Entwicklung der reformierten Kirche und ihrer Konfessionen, Neukirchen 1964.
18 Wolgast spricht von einer „[...] Autoritätsrelativierung durch die Historisierung des Textes.", Eike Wolgast, Die Heidelberger Irenik und die Praxis der Toleranz in der Kurpfalz (1559–1622), in: Herman Selderhuis/J. Marius J. Lange van Ravenswaay (Hg.), Reformed Majorities in Early Modern Europe, Göttingen 2015 (RFO 500 Academic Studies 23), 181–201, 187.

lauter haben mögen an tag bracht und erkläret werden".[19] Zweitens haben die Evangelischen versucht, in ihren Formulierungen vorsichtig zu sein, um Frieden und Einheit der Kirche zu bewahren. Das ist der Grund, dass sie „die Bäptischen Irrthume unnd Mißbrauch auffs aller glimpffichste/ undd lindeste so möglich anzugreiffen sich beflissen haben." Um klar zu machen, dass dies nicht eine Ausrede von Ursinus ist, weist er darauf hin, dass auch in den Vorreden zur *Augustana* sowie zur *Apologia* zu lesen ist, dass man versucht hat, Einigkeit zu bewahren. Die *Augustana* steht also in einer Entwicklung, in der die rechte Lehre immer deutlicher hervortrat. Für Ursinus gibt es also nicht nur eine inhaltliche Übereinstimmung zwischen der Abendmahlslehre der *Augustana* und derjenigen der Reformierten, sondern man muss auch verstehen, in welcher Phase der Reformation und mit welchem Ziel diese verfasst wurde. Ursinus hat diese Kontextualisierung der *Augustana* auch später stets betont wie zum Beispiel in der Reaktion auf das *Konkordienbuch*, das er 1581 im Namen der Pfälzischen Theologen verfasste und das als *Admonitio Christiana* bekannt ist.[20] Dort sagt Ursinus, dass die *Augustana* nur eine Konfession unter anderen sei und sie deshalb nicht verabsolutiert werden soll.[21]

3 Georg Sohn (1551–1589)

Georg Sohn gilt als unverblümter Anhänger von Melanchthon.[22] Geboren 1551 in Roßbach in der Wetterau, studierte er Theologie in Wittenberg und in Marburg. An dieser hessischen Universität wurde er 1574, d. h. im Alter von 23 Jahren, Professor

---

19 Ursinus, Gründtlicher Bericht, 363.

20 Zacharias Ursinus, De Libro Concordiae quem vocant, A quibusdam Theologis, nomine quorundam Ordinum Augustanae Confessionis, edito, Admonitio Christiana: Scripta à Theologis et Ministris Ecclesiarum in ditione Illustrißimi Principis Iohannis Casimiri Palatini ad Rhenum Bavariae Ducis, &c., Neustadii in Palatinatu 1581. Eine ausführliche Beschreibung des Inhalts sowie des historischen Kontextes gibt: Irene Dingel, Concordia controversa. Die öffentlichen Diskussionen um das lutherische Konkordienwerk am Ende des 16. Jahrhunderts, Gütersloh 1996 (Quellen und Forschungen zur Reformationsgeschichte 63), 141–148.

21 Irene Dingel qualifiziert diese Position als „eine deutliche Umwertung" der Augustana. Dingel, Concordia, 148.

22 ADB, Bd. 34, 543–544; **Dagmar Drüll, Heidelberger Gelehrtenlexikon 1386–1651,** Berlin/ Heidelberg 2002, 507–508; Theodor Mahlmann, Theologie, in: Barbara Bauer (Hg.), Melanchthon und die Marburger Professoren, Bd. 2, Marburg 1999, 628–645; Nam Kyu Lee, Die Prädestinationslehre der Heidelberger Theologen 1583–1622. Georg Sohn (1551–1589), Herman Rennecherus (1550–?), Jacob Kimedoncius (1554–1596), Daniel Tossanus (1541–1602), Göttingen 2009 (Reformed Historical Theology 10).

für Theologie. Mit seinem Kollegen dort, Aegidius Hunnius, entstand ein Konflikt, in dem deutlich wurde, wie sehr Sohn ein Schüler von Melanchthon ist. Da der lutherische Hunnius jedoch die Unterstützung des Marburger Landgrafen Ludwig IV. genoss, nahm Sohn 1584 eine Anstellung in Heidelbergs an, wo er bis zu seinem frühen Tod 1589 wirkte. 1588 erschien dort Sohns wichtigstes Werk, nämlich seine *Synopsis Corporis Doctrinae Philippi Melanchthonis.*[23]

Wenn Georg Sohn sich entscheidet, Vorträge über das *Augsburger Glaubensbekenntnis* zu halten[24] – die erst 1609, also zwanzig Jahre nach seinem Tod publiziert wurden –, weist er selbst auf den Zweck hin. Zunächst geht es um ein sehr wichtiges Bekenntnis der Evangelischen Kirchen in Deutschland, das die Theologiestudenten sehr gut kennen müssen, um die Inhalte der *Augustana* in Zukunft weitergeben zu können. Gleichzeitig geht dieses Bekenntnis aber auch auf alle Punkte ein, die heute wieder diskutiert werden.[25] Aus dieser positiven Bewertung heraus macht er auf der Grundlage der *Augustana* die reformierte und nach Heidelberger Ansicht wirklich reformierte Meinung deutlich und weist gleichzeitig die Missverständnisse von Trient und dem Luthertum zurück. Deshalb beschäftigt sich Sohn nicht mit allen Artikeln und beschränkt sich auf wenige Artikel. Zunächst diskutiert er die Lehre Gottes und dies im Zusammenhang mit den Diskussionen über die Dreieinigkeit mit Muslimen und mit einigen protestantischen Gegnern dieser Lehre aus dem 16. Jahrhundert.[26] Die Christologie wird wegen der Doktrin der Ubiquität Christi diskutiert. Die Vorlesungen über die Erbsünde berühren die Diskussion mit Rom und mit den Lehren von Flacius Illyricus, und seine Erwägungen zum Thema des freien Willens beziehen sich auf die Diskussion mit Rom sowie mit den Lutheranern. Wenn er sich schließlich mit der Rechtfertigung beschäftigt, kann er sich zunächst auf die Diskussion mit Rom konzentrieren, aber sobald er die Rechtfertigungslehre mit der Prädestinationslehre verbindet, geht es vor allem um die Polemik mit den Lutheranern. Die Themen, mit denen sich Sohn hier beschäftigt, sind vor allem diejenigen, die auch in der Heidelberger Polemik ständig behandelt werden.

---

23 Synopsis Corporis Doctrinae Philippi Melanchthonis Thesibus beviter comprehensa et anno 1582. Marpurgi in privata schola ad disputandum proposita, et nunc primum edita a Georgio Sohn Sacrae Theologiae Doctore et Professore, Heidelberg 1588. Hier zitiert nach der Ausgabe der Gesammelten Disputationen von Sohn: Theses de plerisque locis theologicis, in Academiis Marpurgensi et Heidelbergensi ad disputandum propositae, Herborn 1609.
24 Diese Vorlesung wurde 1609 durch seinen Sohn herausgegeben als Teil 2 von Sohns gesammelten Werken, Tomus secundus: continens exegesin praecipuorum articulorum Augustanae Confessionis, Heidelberg 1609 und hat einen Umfang von mehr als 100 Seiten.
25 *Tractat haec Confessio praecipuos Locos communes Theologiae, & praecipuas controversias Ecclesiasticas praesertim huius temporis attingit.* Sohn, Exegesin, 4.
26 Sohn, Exegesin, 85–188.

In seinen Vorträgen zur *Augsburger Konfession* gibt Sohn einen dogmatisch-historischen Überblick über die Auseinandersetzung um die Sakramente aus der Sicht der Diskussion über die Allgegenwart. Er glaubt, dass eine solche sachliche Übersicht notwendig ist, weil reformierte Menschen und Lutheraner sich missverstehen, sich manchmal fälschlicherweise gegenseitig beschuldigen, und dass sie nicht immer wissen, was die Position des anderen ist.[27] Seiner Meinung nach entstand das Problem vor allem, als Luther in der Diskussion mit Zwingli den Begriff der *Allgegenwart* zu verwenden begann.[28] Sohn versucht dann, aus Luthers Werken deutlich zu machen, dass Luther hiermit etwas ganz anderes bedeutete als die Lutheraner von heute. Auch Luther hat sich nachdrücklich von diesem Konzept distanziert[29] und daher ist dieser Begriff weder in der *Augustana* noch in Luthers Spätwerk, noch bei Melanchthon oder in den *Schmalkaldischen Artikeln* zu finden. Der Begriff war vergraben, so sagt Sohn, bis Brenz ihn wieder ausgrub.[30] Sohn geht dann auf einigen Seiten gegen Brenz und Jacob Andrea vor und erklärt, dass sie das, was Luther gesagt hat, um Dinge ergänzt haben, die sie als Luthers präsentieren, aber bei Luther nicht vorkommen.[31] Sie zitieren auch aus Luthers Werken von 1527/28, einer Zeit, in der er heftig polemisierte. Gerade deshalb ist es nach Sohn falsch, aus solchen Schriften wesentliche Schlüsse zu ziehen, die nicht durch Zitate aus Luthers eher theoretischen Werken gestützt werden können. Nach diesem Überblick widmet Sohn viele Seiten dem Verständnis der Verbindung zwischen den beiden Naturen Christi.[32]

4 Heinrich Alting (1583–1644)

Alting,[33] geboren in Emden, ausgebildet in Groningen und Herborn, war der Sohn des berühmten reformierten Pastors Menso Alting. Er arbeitete acht Jahre lang in

---

27 *Nam plerique affectibus aut praejudiciis praeoccupati, sinistris interpretationibus, calumniis & convitiis indulserunt.* Sohn, Exegesin, 348.

28 [...] *et Lutherus primus omnium Ubiquitatem corporis Christi contra adversarios suos duobus annis & duobus scriptis illis asseruit, hoc est, semina Ubiquitatis in Ecclesia sparsit.* Sohn, Exegesin, 349.

29 *Lutherus* [...] *etiam doctrinam Ubiquitatis, cujus antea quaedam semina sparserat, expresse rejecit.* Sohn, Exegesin, 355.

30 Sohn, Exegesin, 357.

31 [...] *sed etiam novis additionibus, de quibus nihil apud Lutherum reperitur* [...], Sohn, Exegesin, 367.

32 Sohn, Exegesin, 378–542.

33 Thomas Klöckner, Heinrich Alting (1583–1644). Lebensbild und Bedeutung für die reformierte Historiografie und Dogmengeschichtsschreibung des 17. Jahrhunderts, Göttingen 2019

der Pfalz, so dass dies für Heinrich ein vertrautes Gebiet war. 1613 wurde Heinrich Alting zum Professor für Dogmatik (*Professor locorum communium*) *in antiquissima & tunc florentissima Heidelbergensi Academia*[34] ernannt, eine Position, die 1616 auf die des Leiters des Collegium Sapientiae erweitert wurde. 1618 sollte Alting den Vorsitz im Alten Testament erhalten, aber er überließ ihn Abraham Scultetus. Zusammen mit diesem und Paul Tossanus bildete Alting die pfälzische Delegation bei der Synode von Dordrecht. 1622 entkam Alting glücklich der Kriegsgewalt und ließ sich in Den Haag nieder, wo er Erzieher von Friedrich Heinrich, dem ältesten Sohn des Winterkönigs Frederik V., der in die Niederlande floh, wurde. 1627 nahm Alting den Ruf an die Universität Groningen an und lehrte dort bis zu seinem Tod 1644 Dogmatik. Hier erweiterte er die traditionelle dreifache Berufsteilung (*theologia didactica, theologia elenchtica* und *problemata theoretica et practica*) durch eine *theologia historica*, in der er sich mit der Entwicklung der Lehre beschäftigte und damit zu den Begründern der Geschichte der Dogmatik gehört.[35]

Heinrich Alting diskutiert in seiner *Exegesis Logica et Theologica Augustanae Confessionis* die *Augsburger Konfession* aus der Sicht, ob die deutschen reformierten Kirchen zu der Gruppe gehören, die sich um diese Konfession versammelt haben.[36] Diese Schrift wurde nicht in die Ausgabe seiner Heidelberger Schriften

---

(Reformed Historical Theology 56); Martin Tielke (Hg.), Biographisches Lexikon für Ostfriesland, Bd. 1, Aurich 1993, 22–24; *Biografisch Lexicon voor de Geschiedenis van het Nederlandse Protestantisme*, hg.v. C. Houtman/J. van Sluis/J. H. van de Bank, Kampen 2001, Bd. 2, 22–24; Und die in diesem Lexikon erwähnte Literatur; Portrait und Biographie in: Effigies et Vitae Proessorum Groningae et Eomlandiae, Groningen 1654, 88–101.

34 Effigies et Vitae, 91.

35 Otto Ritschl, Dogmengeschichte des Protestantismus. Grundlagen und Grundzüge der theologischen Gedenken- und Lehrbildung in den protestantischen Kirchen, Bd. 1, Göttingen 1908, 77; 1660 veröffentlichte J. H. Hottinger eine dogmatische Übersicht mit explizitem Bezug auf die Methode des Alting: Cursus Theologicus; methodo altingiana, qua, non modo Definitiones eius proponuntur [...], Duisburgi ad Rhenum 1660.

36 Heinrich Alting, Exegesis logica et theologica Augustanae confessionis: cum appendice problematica: num ecclesiae reformatae in Germania pro Sociis Augustanae confessionis agnoscendae et habendae sint? Acc. syllabus controversiarum, quae reformatis hodie intercedunt cum Lutheranis, Amstelodami 1652; Vgl. zu dieser Problematik: Herman J. Selderhuis, Frieden aus Heidelberg: Pfälzer Irenik und melanchtonische Theologie bei den Heidelberger Theologen David Pareus (1548–1622) und Franciscus Junius (1545–1602), in: Günter Frank/ Stephan Meier-Oeser (Hg.), Konfrontation und Dialog: Philipp Melanchthons Beitrag zu einer ökumenischen Hermeneutik, Leipzig 2006 (Schriften der Europäischen Melanchtonakademie 1); und neuerdings: Christoph Strohm, Die Universität Heidelberg als Zentrum der späten Reformation, in: Ulrich A. Wien/Volker Leppin (Hg.), Kirche und Politik am Oberrhein im 16. Jahrhundert. Reformation und Macht im Südwesten des Reiches, Tübingen 2015 (Spätmittelalter, Humanismus, Reformation 89),

aufgenommen und nach seinem Tod durch seinen Sohn Jakob veröffentlicht. In einer Heidelberger Disputation mit dem Titel *Disputatio Harmonica Confessionum Augustanae, Palatinae, et Helveticae Orthodoxum Consensum exhibens* aus dem Jahr 1620 vergleicht er die *Confessio Augustana*, den *Heidelberger Katechismus* und die *Confessio Helvetica posterior* miteinander. Sein Ergebnis ist, dass diese drei Bekenntnisschriften im Wesentlichen miteinander übereinstimmen, aber dass es in der Abendmahlslehre doch Unterschiede gibt. Diese Unterschiede betreffen aber nicht die Sache, sondern nur die Art und Weise, wie formuliert wird, und deshalb sind diese Unterschiede auch nicht kirchentrennend. Seine Schlussfolgerung ist, dass sie in allem, außer dem Sakrament gleich sind, aber Alting sagt, dass dies kein grundlegender Unterschied ist, weil es eine Übereinstimmung über das Wesen der Angelegenheit gibt.[37] Auch die Reformierten bezeugen die Wirksamkeit des Sakraments und es sei lasterhaft, das zu verneinen.[38] Die Schlussfolgerung von Alting, die nicht nur in dieser Debatte, sondern auch in seiner gesamten Arbeit zu diesem Thema zu hören ist, lautet, dass das deutschreformierte Volk auch zu den Verbündeten der *Augustana* gehört. Sie werden als reformiert bezeichnet, weil sie sich von Rom gelöst und die Lehre und Bräuche gemäß der *Heiligen Schrift* neu geordnet haben. Sie werden evangelisch genannt, weil sie begonnen haben, das Evangelium der Gnade wieder zu verkünden. Sie sind Protestanten, weil sie 1529 auch auf dem Reichstag in Speyer protestiert haben.[39] Auch in dieser Hinsicht gehören sie zur *Societas Augustane Confessionis*.[40]

202–204; Sowie speziell zu Alting: Pierre-Olivier Léchot, Entre Irénisme et controverse. La réécriture historique de la différence confessionnelle chez le théologien paltin Heinrich Alting (1583–1644), in: Bertrand Forclaz (Hg.), L'expérience de la différence religieuse dans l'Europe moderne (XVIe–XVIIe siècles), Neuchâtel 2012, 356–363 (der Autor spricht im Falle Altings von „historiografischem Irenismus", was noch einer genaueren Analyse bedarf; s. unten Kap. 3.3.3); Gustav A. Benrath, Reformierte Kirchengeschichtsschreibung an der Universität Heidelberg im 16. und 17. Jahrhundert, Speyer 1963 (Veröffentlichungen des Vereins für Pfälzische Kirchengeschichte 9).

37 Heinrich Alting, Exegesis logica; Vgl. J. F. G. Goeters, in: Joachim Staedtke/Gottfried W. Locher (Hg.), Glauben und Bekennen: 400 Jahre Confessio Helvetica Posterior, Zürich 1966, 92–94.

38 *Calumnia igitur inanis est, quod Ecclesiae Reformatae negent efficaciam Sacramentorum; naturam eorum ac definitionem multis modis corrumpant; usum denique Sacramentorum in electis vocatis nullum relinquant. Contrarium enim dictae Confessiones demonstrant.* Alting, Exegesis Logica, 1 (hier zit. die letzte konkludierende These der Thesenreihe LXVIII–LXXI).

39 Alting, Exegesis Logica, 64. *Ecclesia Reformata vocantur, quae secessione facta a Papatu Romano, doctrinam ac ritus sacros reformarunt, […]. Eadem Ecclesiae dici solent Euangelica: quia Euangelium aeternum, Apoc. 14. v. 6. quod Antichristus perpetuis tenebris oppressum cupivit, […] propagarunt. Denique etiam Ecclesiae Protestantium appellantur: quia Magistratus earum una protestati sunt adversus iniquissimum decretum Comitiorum Spirensium Anno Christi 1529. quo proscribebantur*; Alting, Exegesis Logica, 114–115.

Für unser Thema noch wichtiger ist, dass Alting die CA in einen historischen Rahmen einordnet. Bevor er mit der Auslegung der CA beginnt, beschreibt er in seinen *Prolegomena in Augustanam Confessionem*[41] die Entstehungsgeschichte dieser Schrift, nicht um dessen Inhalt, sondern um dessen Status zu relativieren. Damit man die CA besser verstehen kann, sind vier Aspekte zu beachten. Erstens wie die CA entstanden ist, zweitens wie sie bewahrt und erweitert wurde, drittens was der Inhalt ist und viertens was das Ziel der CA war. Er nennt die CA „eine besondere Konfession einiger Deutscher Kirchen". Schon das „einiger Deutscher Kirchen" ist bedeutend, aber mehr noch der Begriff *particularis*. Grund für diese Charakterisierung ist, dass die CA „nicht aufgestellt, approbiert und angeboten wurde durch die katholische Kirche (Ecclesia Catholica), sondern nur durch einige bestimmte Kirchen und deren Magistrate und Doctoren in Deutschland". Es geht also um eine Deutsche Bekenntnisschrift und dann noch die Bekenntnisschrift einiger Deutschen Kirchen. Sie ist nicht aus der Catholica entstanden und hat, wie Alting sagt, deshalb auch keine höhere Autorität als andere Konfessionen, die zur gleichen Zeit oder danach entstanden sind.[42] Deshalb sind auch nicht alle Kirche an die CA gebunden und sie ist auch nicht *norma & regula fidei & religiones*[43] wie die drei altkirchliche Symbole. Daraus folgt, dass man denjenigen, der davon abweicht, auch nicht als Ketzer schelten kann. Die CA ist die Konfession einiger Deutscher Kirchen sowie auch der Kirchen in Böhmen, Frankreich, England, der Schweiz und der Niederlande, die ihre eigenen Konfessionsschriften haben.

Was die Entstehung anbelangt, unterscheidet Alting zwischen den Fürsten – deren Namen er auflistet – als diejenigen, die die CA präsentiert haben und deshalb die eigentlichen Produzenten sind, und den Theologen, die für die Inhalte verantwortlich sind. Auch listet Alting die Namen der Theologen auf, die an der CA gearbeitet haben, nennt aber ausdrücklich Luther als Hauptverfasser. Er hat die siebzehn zur Debatte stehende Artikel als Skizze beschrieben und Melanchthon hat das Ganze dann verfeinert. Alting weist darauf hin, dass es zwei Fassungen der CA gibt und dass in der ersten Fassung bezüglich des Herrenmahls eine Formulierung der Präsenz Christi gewählt wurde, die sich absichtlich nicht zu weit von der Transsubstantiationslehre entfernen wollte. In der zweiten Fas-

---

40 Alting, Exegesis Logica, 65.
41 Alting, Exegesis Logica, 1.
42 *Ideoque nec plus authoritatis obtinere potest, quam aliarum Ecclesiarum particulares Confessiones: quae vel circa illa tempora, vel etiam aliquanto post confectae & editae sunt.* Alting, Exegesis Logica, 1.
43 Prolegomena, 4.

sung aber, die 1542 – als Luther noch lebte und davon wusste[44] – entstand, sind einige Artikel geändert und erweitert worden, und das gilt auch für den 10. Artikel zur Abendmahlslehre. Eine weitere Kontextualisierung der *Augustana* ergibt sich aus Altings Einführung, in der er sagt, die *Augustana* stand im Rahmen des kaiserlichen Ziels, eine Einigung zwischen Rom und den Protestanten zu erreichen.[45]

5 Zum Schluss

In dem frühneuzeitlichen Calvinismus setzte man sich mit dem *Augsburger Glaubensbekenntnis* auseinander auf Grund der Überzeugung, mit den Anhängern dieses Bekenntnisses auf gemeinsamer Basis zu stehen. Dazu stützten sich die Reformierten auf die CA-Interpretation Melanchthons und auf das Argument, dass die *Invariata* in ihrem Kontext noch stark mit den katholischen Gegnern rechnen musste.[46] Die Überzeugung der gemeinsamen Grundlage zeigte sich auch darin, dass die reformierte Konfessionalisierung in Deutschland immer Hand in Hand mit der Anerkennung der CA ging, aber dann mit der *Variata*, die dann oft friedlich neben dem *Heidelberger Katechismus* existierte.[47]

---

44 [...] *vivente Luthero& sciente* [...], Prolegomena, 2.
45 [...] *nempe Pontificiorum & Protestantium, conciliatione acturus* [...], Prolegomena, 1.
46 Prolegomena, 231.
47 Jan Rohls, Die Confessio Augustana in den reformierten Kirchen Deutschlands, in: Zeitschrift für Theologie und Kirche 104, 2 (2007), 226 – 227.

Christian Witt
Innerprotestantische Ökumene und Bekenntnis

Zur Frage der Augsburger Konfessionsverwandtschaft im Reich bis 1648

1 Konzeptionelle Vorüberlegungen

Historisch-theologisch betrachtet, wird der betont affirmative Bezug auf einen konfessionellen Text publizistisch dann besonders augenfällig, wenn dieser Text nicht nur als integraler Bestandteil der eigenen theologischen Tradition wahrgenommen wird, sondern darüber hinaus als ein maßgeblicher Referenzpunkt oder gar ein Artikulationsmedium des eigenen, konfessionell-religiös spezifischen Wahrheitsbegriffs, den es auch institutionell aufrechtzuerhalten und angesichts konkurrierender Wahrheitsansprüche durchzusetzen gilt. Im frühneuzeitlichen Werden der Konfessionen kommt einem solchen Referenzpunkt eine eminent institutionsstabilisierende Funktion zu. Unter diesen Voraussetzungen ist jener affirmative Bezug selbst aus der Perspektive konfessionell anders geprägter, bezüglich des religiösen Wahrheitsbegriffs konkurrierender Personen, Institutionen oder Theologien zwar nicht immer verständlich oder gar akzeptabel, aber doch als diskursives Phänomen einigermaßen durchschaubar und damit nachvollziehbar. Wird der affirmative theologische Bezug in seiner religiös profilstiftenden und institutionell stabilisierenden Qualität dann auch noch durch rechtliche Festsetzungen flankiert, die den betreffenden Referenztext zum juristisch-normativ und entsprechend öffentlich legitimierten Identifikationspunkt der eigenen konfessionell-religiösen Gruppe erheben, werden positiv-bejahende Wahrnehmung und traditional-identifikatorische Geltendmachung geradezu selbstverständlich und gegebenenfalls juristisch notwendig.

Das ist freilich institutionentheoretisch begründbar: Die das spannungsreiche Werden der Konfessionen begleitenden und sich auch in der Bekenntnisbildung niederschlagenden Institutionalisierungsprozesse lassen sich im Sinne sozialer Ordnungsleistungen verstehen als Mechanismen der Durchsetzung von Ordnungsansprüchen und -behauptungen und damit als Stabilisierungsleistungen. Dahinter steht die Annahme, dass „das Institutionelle an einer Ordnung [...]

die symbolische Verkörperung ihrer Geltungsansprüche"[1] ist. In diesem Sinne wären dann die sich gesellschaftlich sowie politisch-rechtlich etablierenden und sich theologisch-institutionell in gegenseitiger Abgrenzung profilierenden Konfessionskirchen Organisationsformen, „in denen die Sichtbarkeit der Ordnung in den Mittelpunkt gerückt wurde"[2] – beispielsweise mittels der Produkte der Bekenntnisbildung. Und unter diesen nimmt die *Confessio Augustana* unstrittig einen besonderen Rang ein; sie stellt als Teil jener Institutionalisierungsprozesse eine – gemessen an ihrer geschichtlichen Wirkmacht qua affirmativer und diskursdynamisierender Rezeption – erhebliche Ordnungsleistung dar. Die große Bedeutung der protestantischen Bekenntnisschriften im Allgemeinen, der *Confessio Augustana* als spezifischer kirchlicher Ordnungs- und Stabilisierungsleistungen im Besonderen spiegelt sich wiederum in den historisch feststellbaren Transzendierungsbestrebungen, durch die „faktische und normative Geltungsbehauptungen" bereitgestellt werden, „die das je gelten Sollende von den Entstehungszusammenhängen und ursprünglichen Veranlassungen abheben und es ermöglichen, daß auch hier Geltung und Genese nicht in eins fallen"[3]. Das Bekenntnis verdankt sich demnach zwar einem klar bestimmbaren geschichtlichen Anlass, transportiert aber eine von diesem Anlass letztlich unbedingte übergeschichtliche, nur situativ in Lehrsätze überführte Wahrheit, deren sich herauskristallisierende, aus der werdenden und sich schnell festigenden konfessionellen Pluralität resultierende dogmatische Partikularität gerade nicht Teil des mit ihr artikulierten Geltungsanspruchs ist.

Die durch das *Augsburger Bekenntnis* und seine affirmative Rezeption geleistete institutionelle Ordnungsstabilisierung durch symbolische Verkörperung faktischer und normativer Geltungsbehauptungen reformatorischer Theologie äußert sich nun maßgeblich durch die Reklamation der Augsburger Konfessionsverwandtschaft. Dabei handelt es sich – weiterhin institutionentheoretisch gesprochen – um eine Leitidee: „Die Symbolisierungsleistung des Institutionellen drückt sich auch in einer ‚Leitidee' aus, einer als gültig empfundenen Bestimmung dessen, was der ‚Staat', die römische Kirche, ‚die Kunst' etc. jeweils sein

---

1 Karl-Siegbert Rehberg, Institutionen als symbolische Ordnungen. Leitfragen und Grundkategorien zur Theorie und Analyse institutioneller Mechanismen, in: ders., Symbolische Ordnungen. Beiträge zu einer soziologischen Theorie der Institutionen, hg.v. Hans Vorländer, Baden-Baden 2014, 43–83, hier: 55.
2 Karl-Siegbert Rehberg, Die ‚Öffentlichkeit' der Institutionen. Grundbegriffliche Überlegungen im Rahmen der Theorie und Analyse institutioneller Mechanismen, in: ders., Symbolische Ordnungen, 85–117, hier: 85.
3 Rehberg, Institutionen als symbolische Ordnungen, 62.

wollen"[4]. In und mit dem Begriff der Augsburger Konfessionsverwandtschaft wird nun sowohl theologisch wie – erstmals im Umfeld des Frankfurter Anstands und regelmäßig spätestens seit dem Augsburger Religionsfrieden von 1555 – auch reichsrechtlich nicht zuletzt eine als gültig empfundene Bestimmung dessen zum Ausdruck gebracht, was reformatorischerseits wahre Kirche sein soll; der Begriff benennt präzise den Ort, an dem gültig festgehalten ist, wie die rechte Kirche beschaffen ist, welche Lehre sie traditionsgestützt vertritt und worauf sie dogmatisch-theologisch basiert. Auch darin liegt das offenkundig schon von den Zeitgenossen wahrgenommene Potential des mit jener Leitidee artikulierten affirmativen Bezugs auf die *Confessio Augustana*; der dort in Lehre überführten Wahrheit weiß man sich verwandt.

Allerdings handelt es sich bei Leitideen wie im Falle der Augsburger Konfessionsverwandtschaft in analytischer Perspektivierung keineswegs um singuläre oder homogene Phänomene, ganz im Gegenteil: Zumeist beinhalten sie unausgesprochen eine ganze Vielfalt von Vorstellungen oder konfligierender Ideen, was sie eigentlich meinen und auf wen oder was sie sich beziehen. „Und jede durchgesetzte Leitidee zieht ihren Erfolg aus der (temporären) Herausgehobenheit aus einem Komplex oftmals unvereinbarer Orientierungsmöglichkeiten. Eine Leitidee ist eine Synthese von Widersprüchlichem und verleugnet zugleich die Mehrzahl der in ihr spannungsreich verarbeiteten und der mit ihr konkurrierenden Sinnsetzungen und Ordnungsentwürfe. Jedoch ist ihre Geltung nie unbestritten und von den unterschiedlichen Interessen von Trägerschichten abhängig"[5].

In bestimmten historisch-theologischen Konstellationen oder geschichtlichen Situationen offenbaren derartige scheinbar Selbstverständliches artikulierende und Eindeutigkeit suggerierende Semantiken den in der entsprechenden Leitidee verarbeiteten Spannungsreichtum und damit ihre konfliktträchtige Mehrdeutigkeit. Die sich dann konkurrenzbedingt entladenden Ansprüche auf die strittig gewordene Deutungshoheit konterkarieren die behauptete Selbstverständlichkeit, die reklamierte Eindeutigkeit und nicht zuletzt die beanspruchte Legitimität der betreffenden Selbstzuschreibung. Die angesichts der drohenden Einbußen aufkommenden religiös-konfessionellen Infragestellungen entwickeln nicht selten eine existentielle Tragweite, vor allem im Falle der inhaltlichen und institutionellen Verquickung mit Fragen der rechtlichen Ordnung. Die aus konfessionellen Konkurrenzen resultierenden und medial ausgetragenen Entladungen wiederum setzen ein gewisses geschichtliches Bedingungsgefüge voraus:

---

4 Rehberg, ‚Öffentlichkeit' der Institutionen, 86.
5 Rehberg, ‚Öffentlichkeit' der Institutionen, 86.

Zuerst einmal braucht es überhaupt mindestens zwei Konfessionen, die sich – sodann – zur theologischen wie rechtlichen Absicherung des je eigenen Anspruchs auf institutionelle Daseinsberechtigung und religiöse Wahrheit zumindest formal auf ein und denselben Referenztext berufen. Gerade dadurch entsteht ja jene Konkurrenz, die die in der betreffenden Leitidee spannungsreich verarbeiteten, eigentlich unvereinbarer Sinnsetzungen und Ordnungsentwürfe wahrnehmbar zutage treten lässt. Und deren Sichtbarwerdung sorgt im Rahmen institutioneller Genese und Selbstbehauptung notwendig für Konflikt.

2 Historische Ausgangssituation

So scheint auch die Leitidee der Augsburger Konfessionsverwandtschaft lediglich auf den allerersten Blick rechtlich wie theologisch hinreichend klar: Als Augsburger Konfessionsverwandte sind eben diejenigen, die sich theologisch-dogmatisch und damit kirchlich-institutionell zur Behauptung und Durchsetzung der im Bekenntnistext symbolisch verkörperten Geltungsansprüche affirmativ auf das *Augsburger Bekenntnis* beziehen, ihm also verwandt sind. Die dadurch ausgezeichnete Ständegruppe ist erstmals im Frankfurter Anstand von 1539 in rechtlich relevanter Weise kollektiv als Augsburger Konfessionsverwandte bezeichnet worden[6] und genießt unter dieser Formel aufgrund der Festschreibungen von 1555 den Schutz des Reichsrechts. In der juristischen Wahrnehmung der so genannten Augsburger Konfessionsverwandten als sozialer Größe – die sich zu diesem frühen Zeitpunkt schlechterdings nicht einfach als die Gruppe der Lutheraner oder der lutherischen Stände deklarieren lässt[7] – ist die Sache damit reichsrechtlich zwar vorerst einigermaßen geklärt. Besonders theologisch besteht jedoch sowohl innerhalb der Gruppe wie aus der Außenperspektive von Anfang an Klärungsbedarf.

---

6 Darauf weist Irene Dingel, Augsburger Religionsfrieden und ‚Augsburger Konfessionsverwandtschaft' – konfessionelle Lesarten, in: Heinz Schilling/Heribert Smolinsky (Hg.), Der Augsburger Religionsfrieden 1555. Wissenschaftliches Symposium aus Anlaß des 450. Jahrestages des Friedensschlusses, Augsburg 21. bis 25. September 2005, Gütersloh 2007 (Schriften des Vereins für Reformationsgeschichte 206), 157–76, hier: 157 mit Anm. 3, hin.

7 Vgl. dazu Dingel, Augsburger Religionsfrieden, 158: Die zu dieser Gruppe Gehörigen „alle als ‚lutherisch' oder ‚Lutheraner' zu bezeichnen und zu konstatieren, daß der Augsburger Religionsfrieden den ‚Lutheranern' reichrechtliche Duldung gewährt hätte, geht im Grunde an der unter der Confessio Augustana noch lange bestehenden, ‚vorkonfessionellen' theologischen Vielfalt vorbei und projiziert eine sich im Zuge der lutherischen Konfessionsbildung des späten 16. Jahrhunderts festigende Sichtweise zurück in eine konfessionell durchaus noch offene Situation".

Von zentraler historischer Bedeutung sind in diesem Zusammenhang die Vorgänge in der Kurpfalz und ihre theologischen, politischen und (reichs-)rechtlichen Folgen: Gerade mit der öffentlichkeitswirksamen Einführung der Reformation melanchthonisch-reformierter Prägung in der Kurpfalz zu Beginn der 1560er Jahre durch Kurfürst Friedrich III. wird der mit dem Augsburger Religionsfrieden gewährleistete reichsrechtliche Schutz des Territoriums anfechtbar[8] und die Frage der Augsburger Konfessionsverwandtschaft zu einem „tatsächlich reichsrechtliche Konsequenzen heraufbeschwörenden Problem"[9]. Schließlich galt der Friedensschluss von 1555 formell – verwiesen sei exemplarisch auf die bündige Formulierung in Artikel 16 – allein „des Heyligen Reychs Stende[n], der allten Religion anhengig, Geystlich und Weltlich", sowie eben denjenigen Ständen, „so der Augspürgischen Confession verwandt"[10]. Entscheidend sind bezüglich des damit benannten, zwei primär religiös divergierende und daher auch rechtssprachlich zu unterscheidende Gruppen umfassenden Geltungsbereichs allerdings zwei weitere Tatsachen: Zum einen sollen nach Artikel 17 dezidiert alle anderen, „so obgemelten bede Religionen nit anhängig, In diesem frieden nit gemeint, sonder gentzlich auß geschlossen sein"[11]. Zu dieser exklusiven Formel tritt zum anderen ein dissimulierendes Moment: Der Text des Religionsfriedens lässt offen, welche Fassung der *Confessio Augustana* in Geltung stehen, ob also die *Invariata* oder die *Variata*[12] die reichsrechtlich maßgebliche Bekenntnisversion

---

8 S. dazu grundlegend August Kluckhohn, Friedrich der Fromme, Kurfürst von der Pfalz: der Schützer der reformierten Kirche 1559–1576, Nördlingen 1879, 107–85, Wilhelm Holtmann, Die Pfälzische Irenik im Zeitalter der Gegenreformation, Göttingen 1960 [Masch.], 30–92, sowie Volker Press, Die ,Zweite Reformation' in der Kurpfalz, in: Heinz Schilling (Hg.), Die reformierte Konfessionalisierung in Deutschland – Das Problem der „Zweiten Reformation" in Deutschland, Gütersloh 1986 (Schriften des Vereins für Reformationsgeschichte 195), 104–29.
9 Dingel, Augsburger Religionsfrieden, 162.
10 Der Text des Religionsfriedens wird in modernisierter Wiedergabe zitiert nach: Religiöse Friedenswahrung und Friedensstiftung in Europa (1500–1800): Digitale Quellenedition frühneuzeitlicher Religionsfrieden, hg.v. Irene Dingel, Darmstadt 2013 (Darmstädter Digitale Editionen 1), http://tueditions.ulb.tu-darmstadt.de/e000001/ (10.06.2021).
11 Dingel, Religiöse Friedenswahrung.
12 Zur Entstehungs- und Frühgeschichte der *Variata*, zu ihrer durchaus gegebenen Geltung unter den Mitgliedern des Schmalkaldischen Bundes und zu ihrem Verhältnis zur *Invariata* s. Wilhelm Maurer, Confessio Augustana Variata, in: ders., Kirche und Geschichte, Bd. 2: Gesammelte Aufsätze: Beiträge zu Grundsatzfragen und zur Frömmigkeitsgeschichte, hg.v. Ernst-Wilhelm Kohls/ Gerhard Müller, Göttingen 1970, 213–66. Teilweise in kritischer Auseinandersetzung mit Maurer informiert überblicksartig über die (Rezeptions-)Geschichte der *Variata* Wolf-Dieter Hauschild, Die Geltung der Confessio Augustana im deutschen Protestantismus zwischen 1530 und 1980 (aus lutherischer Sicht), in: ZThK 104 (2007), 172–206, hier: 180–92. Vgl. zu den verschiedenen Versionen der CA auch Jan Rohls, Die Confessio Augustana in den reformierten Kirchen Deutsch-

darstellen sollte,[13] obgleich es durchaus Initiativen zur Festlegung auf die *Invariata* gab.[14] Aufgrund dieser Offenheit blieb die Frage letztlich unbeantwortet, wer genau mit der Formel von den Augsburger Konfessionsverwandten gemeint war. Freilich „wussten alle Seiten während der Verhandlungen über den Religionsfrieden sehr genau um ihre Unbestimmtheit", die aufseiten der reformatorischen Ständegruppe bewusst in Kauf genommen wurde, „barg die nähere Bestimmung des Bekenntnisses doch die Gefahr einer späteren interpretatorischen Einschränkung" und des grundsätzlichen Verlusts der „Deutungshoheit über die eigene Glaubensgrundlage" ausgerechnet an die gegnerische Seite.[15]

---

lands, in: ZThK 104 (2007), 207–45, hier: 207–13. Eine aufschlussreiche Studie zur reichsrechtlichen Stellung der Frage nach der maßgeblichen Bekenntnisfassung liefert Martin Heckel, Reichsrecht und ‚Zweite Reformation': Theologisch-juristische Probleme der reformierten Konfessionalisierung, in: Schilling, Die reformierte Konfessionalisierung, 11–43.

13 Martin Heckel, Augsburger Religionsfriede 1555, in: ders., Staat und Kirche nach den Lehren der evangelischen Juristen Deutschlands in der ersten Hälfte des 17. Jahrhunderts, München 1968 (Jus Ecclesiasticum 6), 212, hält dazu fest: „Nach dem Wortlaut blieb unentschieden: Die Frage, welche Fassung der Augsburger Konfession (invariata, variata, ihre Lehrfortbildungen?) maßgeblich war und wer über deren Inhalt, Auslegung, Anhängerschaft (Sektenverbot! Calvinismus!) entschied". So auch Wolf-Dieter Hauschild, Die Geltung der Confessio Augustana, 177: „Der Religionsfriede machte [...] keinerlei Aussage darüber, welche Fassung der CA (diejenige von 1530 oder diejenige von 1540) für diese Definition [scil. der Augsburger Konfessionsverwandtschaft, C. W.] maßgeblich wäre [...]. So bestimmte eine folgenreiche Äquivokation des Begriffs ‚Augsburgische Konfession' die weitere Verfassungsgeschichte".

14 Zwar sprachen sich 1555 papstkirchliche Reichsstände dafür aus, die *Invariata* als geltende Fassung festzulegen, doch stießen ihre entsprechenden Bemühungen bei den adressierten Augsburger Konfessionsverwandten auf strikte Ablehnung; s. dazu Axel Gotthard, Der Augsburger Religionsfrieden, Münster 2004 (Reformationsgeschichtliche Studien und Texte 148), 123–25, und Walter Hollweg, Der Augsburger Reichstag von 1566 und seine Bedeutung für die Entstehung der Reformierten Kirche und ihres Bekenntnisses, Neukirchen-Vluyn 1964 (Beiträge zur Geschichte und Lehre der Reformierten Kirche 17), 85–87. Dingel, Augsburger Religionsfrieden, 158 f., führt dazu an: „Mit Recht hatten sich die Evangelischen beim Abschluß des Religionsfriedens gegen die von altgläubiger Seite favorisierte Festlegung der Augsburger Konfessionsverwandtschaft auf die erste Fassung der Confessio Augustana, nämlich auf die sogenannte CA invariata von 1530, gewandt. Denn im Zuge der Konsensgespräche mit den Oberdeutschen, die im Jahre 1536 in der Wittenberger Konkordie ihren Höhepunkt erreichten und gleichzeitig ihren Abschluß fanden, hatte Melanchthon das von ihm erstellte Bekenntnis sukzessive an den Stand der Beratungen angepasst".

15 Armin Kohnle, Theologische Klarheit oder politische Einheit? Die Frage der Geschlossenheit der evangelischen Stände im Jahrzehnt nach dem Augsburger Religionsfrieden, in: Enno Bünz/ Stefan Rhein/Günther Wartenberg (Hg.), Glaube und Macht. Theologie, Politik und Kunst im Jahrhundert der Reformation, Leipzig 2005 (Schriften der Stiftung Luthergedenkstätten in Sachsen-Anhalt 5), 69–86, hier: 72.

Und hier befindet sich die offene Flanke für die konkurrierenden Geltungs- und Deutungsansprüche, die mit den religionspolitischen und konfessionellen Entwicklungen in der Kurpfalz einhergingen: Die Zustimmung Friedrichs III. zum *Frankfurter Rezess* mit seiner von Melanchthon stammenden vermittelnd-abgeschwächten Abendmahlsformel macht deutlich, dass der Kurfürst bereits 1558 nicht als Verfechter einer Abendmahlslehre gelten konnte, wie sie die *Invariata* vertrat.[16] Noch augenfälliger wird Friedrichs Haltung zur Bekenntnisversion von 1530 dann auf dem Naumburger Fürstentag im Jahre 1561: Dort unterschrieb er zwar die *Invariata*; doch in der beigefügten und ebenfalls die Unterschrift Friedrichs III. tragenden Präfation wurde Melanchthons Überarbeitung jener Bekenntnisschrift von 1540, also die *Variata*, ausdrücklich „als authentische Interpretation der CA bestätigt und die Abendmahlslehre Melanchthons so anerkannt"[17]. „Nun unterschrieben zwar fast alle anwesenden Fürsten bzw. ihre Räte die fragliche Präfation, aber unter dem Einfluß ihrer Theologen zogen sie nach und nach ihre Unterschrift zurück"[18], wodurch der Pfälzer Kurfürst abendmahlstheologisch und darüber politisch sowie reichsrechtlich zusehends in die Isolation geriet.

Gleichwohl erhob auch die Kurpfalz den Anspruch, weiterhin zu den Augsburger Konfessionsverwandten zu zählen, zumal Friedrich III. auch und gerade nach seiner öffentlichen Hinwendung zum evangelischen Glauben reformierter Fasson im Jahre 1563 an seinem Bekenntnis eben zur *Variata* unvermindert festhielt.[19] Die Reklamation der Augsburger Konfessionsverwandtschaft unbenom-

---

16 Vgl. dazu Hollweg, Der Augsburger Reichstag von 1566, 95, und Rohls, Die Confessio Augustana, 214.

17 Rohls, Die Confessio Augustana, 213. Vgl. dazu auch Holtmann, Die Pfälzische Irenik, 33–35 und Hollweg, Der Augsburger Reichstag von 1566, 96 f. Über die Vorgänge auf dem Naumburger Fürstentag und die bedeutende Rolle, die der Pfälzische Kurfürst dort für den Verlauf der Ereignisse spielte, informieren ausführlicher Robert Calinich, Der Naumburger Fürstentag 1561. Ein Beitrag zur Geschichte des Luthertums und des Melanchthonismus aus den Quellen des Königlichen Hauptstaatsarchivs zu Dresden, Gotha 1870, (zur in Naumburg unterschriebenen Version der CA und zur Präfation, in der die versammelten Stände erklären, auch an der Variata als authentischer Fortentwicklung der Invariata unbedingt festhalten zu wollen, s. a.a.O., 163–77) und Kluckhohn, Friedrich der Fromme, 83–101.

18 Theodor Kolde, Die Augsburgische Konfession II.: Geschichte des Augsburger Bekenntnisses, in: Die symbolischen Bücher der evangelisch-lutherischen Kirche, deutsch und lateinisch. Mit den sächsischen Visitations-Artikeln, einem Verzeichnis abweichender Lesarten, historischen Einleitungen und ausführlichen Registern, besorgt von Johann Tobias Müller, mit einer neuen historischen Einleitung von Theodor Kolde, Gütersloh[10]1907, XXI–XXX, hier: XXVIII.

19 Dies belegt u. a. sein Schreiben vom 14.09.1563, in dem er unter Berufung auf den Naumburger Fürstentag und seine dort geleistete Unterschrift seine unverbrüchliche Zugehörigkeit zur CA und die vollkommene Übereinstimmung der von ihm eingeführten Kirchenordnung und des *Heidel-*

men der theologischen Entwicklungen und religionspolitischen Maßnahmen im eigenen Territorium war freilich vor dem Hintergrund ihrer reichsrechtlichen Tragweite genauso unabdingbar wie gefährlich. Mit der Veröffentlichung des *Heidelberger Katechismus* und der *Pfälzischen Kirchenordnung* wurde die vor dem Hintergrund der konfessionellen Pluralisierung und ihrer Folgen brisante Hinwendung eines der mächtigsten und politisch wichtigsten Territorien des Reiches zum Reformiertentum offenkundig – und damit seine reichsrechtliche Lage prekär. Denn den Schutz des Religionsfriedens von 1555 qua Augsburger Konfessionsverwandtschaft beanspruchte – durch die entsprechenden Voten aus der Kurpfalz zusätzlich alarmiert – die lutherische Ständemehrheit innerhalb des protestantischen Lagers, und zwar unter Verweis auf die *Invariata* als maßgebliche Bekenntnisfassung.

So wird die institutionelle Selbstkonzeptualisierung als Augsburger Konfessionsverwandte durch Pluralisierung und Konkurrenz der interessengeleiteten Trägerschichten des dahinterliegenden Geltungsanspruchs bei vorangegangener reichsrechtlicher Dissimulation strittig: Wer kann sich in den Reihen der protestantischen Stände nun mit Recht auf den Schutz des Religionsfriedens berufen, wenn doch zwei verschiedene Versionen der *Confessio Augustana* offen ins Feld geführt werden? Welche Fassung des Bekenntnisses ist die reichsrechtlich maßgebliche und somit die für die Definition der Augsburger Konfessionsverwandtschaft ausschlaggebende? Die Klärung dieser Fragen war für die Aufrechterhaltung des Religionsfriedens genauso virulent wie für den weiteren Weg der reformatorischen Konfessionskirchentümer mit- oder gegeneinander. Ohnehin setzte der Augsburger Religionsfrieden insgesamt „einen nicht enden wollenden Auslegungsstreit in Gang, der sich an seinen verschiedenen, die Koexistenz der beiden ‚Religionen' betreffenden Bestimmungen festmachte. Aber auch die Frage, was denn eigentlich unter der ‚Augsburger Konfessionsverwandtschaft' zu verstehen sei bzw. wer sich mit Recht der Augsburgischen Konfession verwandt verstehen durfte, blieb noch Jahrzehnte nach 1555 in der Diskussion"[20].

---

berger Katechismus mit jener Bekenntnisschrift herausstellt; s. dazu Heinrich Heppe, Geschichte des deutschen Protestantismus in den Jahren 1555–1581, Bd. 2: Die Geschichte des deutschen Protestantismus von 1563–1574 enthaltend, Marburg 1853, Beilage III, 13 f. Heppe bietet auch das dem angeführten Brief Friedrichs III. vorausgehende Sammelschreiben des Pfalzgrafen Wolfgang von Zweibrücken, des Markgrafen Karl von Baden und des Herzogs Christoph von Württemberg vom 04.05. desselben Jahres (a.a.O., Beilage II, 5–11), in dem die genannten drei Fürsten ihrer Sorge wegen der calvinistischen Umtriebe des Kurfürsten Ausdruck verleihen und ihn auffordern, er solle sich „von dem gottlichen wortt, von der rechten wahren Apostolischen kirchen und denn Christlichen Stenden Augspurgischer Confession nicht absondern" (a.a.O., Beilage II, 10).

20 Dingel, Augsburger Religionsfrieden, 157.

3 Theologische Herausforderungen

Zumindest juristisch erfuhr diese Diskussion mit dem Augsburger Reichstag von 1566 eine gewisse Beruhigung: Der Versuch seitens des von Rom und anfangs auch von bestimmten lutherischen Landesherrn hierin unterstützten Kaisers, die Kurpfalz aus dem Frieden von 1555 auszuschließen und damit Gelegenheit zur „Ausrottung des reformierten Bekenntnisses" dort zu bekommen,[21] scheiterte nicht nur am geschickten Verhalten Friedrichs III.,[22] sondern vor allem am Einlenken der lutherischen Fürsten, das letztlich der Initiative Kursachsens zu verdanken war.[23] Rechtlich begegnete man dem drohenden Verlust der Deutungshoheit über die Frage, wer zu den Augsburger Konfessionsverwandten zu zählen war und wer nicht, ausgerechnet an die papstkirchliche Seite, indem die Juristen im Dienste lutherischer Territorialherren die *Confessio Augustana* aufspalteten, in einen theologischen und „einen juristischen Bekenntnisbegriff: *Sensu theologico* gehörten zur CA nur die Lutheraner, *sensu politico* nahm man auch die Reformierten dazu, obwohl sie nach dem Urteil der reformierten Theologen kaum, nach dem der lutherischen gar nicht zur CA zu zählen waren. So konnten sich die evangelischen Juristen die ungewisse und unerfreuliche Auseinandersetzung mit den Theologen schlichtweg sparen: Der reichsrechtliche Schutz der evangelischen Gesamtpartei blieb ungefährdet durch die inneren orthodoxen Schulen-Streitigkeiten um Abendmahl und Prädestination. Desgleichen ließ sich so die theologische Mitsprache und Mitentscheidung der Katholiken in evangelischen Bekenntnisdingen von vornherein abblocken".[24]

Rechtlich konnte die 1555 aufgerichtete Ordnung also (re-)stabilisiert werden; juristisch wurden die innerhalb der Leitidee der Augsburger Konfessionsverwandtschaft existierenden und sich entladenden Spannungen eingehegt, die

---

21 Andreas Edel, Der Kaiser und Kurpfalz. Eine Studie zu den Grundelementen politischen Handelns bei Maximilian II. (1564–1576), Göttingen 1997 (Schriftenreihe der historischen Kommission bei der Bayerischen Akademie der Wissenschaften 58), 222. Zur entsprechenden konfessionsübergreifenden Initiative Maximilians II. s. a.a.O., 221–25 und Hollweg, Der Augsburger Reichstag von 1566, 329–49.

22 Martin Heckel, Reichsrecht und ‚Zweite Reformation', 20, führt aus, Friedrich III. habe sich dem „heiklen Geschäft [...] mit jener Mischung aus Spitzfindigkeit und bauernschlauer Simplizität unterzogen, wie sie die Situation gebot".

23 Edel, Der Kaiser und Kurpfalz, 226–29; über den Einfluss, den Melanchthons Schwiegersohn Kaspar Peucer auf die kursächsische Linie hatte, und über die daraus resultierende Schwenkung in der Haltung des Kurfürsten August informiert Walter Hollweg, Der Augsburger Reichstag von 1566, 355–68.

24 Martin Heckel, Deutschland im konfessionellen Zeitalter, Göttingen ²2001 (Deutsche Geschichte 5), 80f.

innerprotestantische Konkurrenz somit zumindest entschärft und die mittels jener Leitidee artikulierten Geltungsansprüche nach außen eingeebnet. Die Reihen der Augsburger Konfessionsverwandten blieben gegenüber den taktisch durchschauten Vorstößen der römischen Partei 1566 weiterhin geschlossen, die evangelische Ständegruppe blieb gegenüber dem Kaiser politisch handlungsfähig. Aus dem „theologischen Begriff der ‚Augsburgischen Konfessionsverwandten' von 1555 war endgültig ein rechtlich-politischer Begriff geworden, der theologische Differenzen nicht ausschloss"[25]. Doch gerade deshalb blieb die *sensu politico* stabilisierte Ordnung aus theologischer Perspektive hochgradig fragil, zumal sich die Frage der Augsburger Konfessionsverwandtschaft als Frage nach der reichsrechtlich in Geltung stehenden Fassung der *Confessio Augustana* mit der Frage nach der rechtgläubigen Abendmahlslehre und folglich mit einem klassischen Kampffeld zwischen Lutheranern und Reformierten verquickte. Das ist freilich ebenfalls kein Zufall, war es doch gerade die Bearbeitung des 10. Artikels durch Melanchthon, die den im Zuge der fortschreitenden konfessionskirchlichen Institutionalisierung theologisch schnell dominanten und daher konfessionell umstrittensten Unterschied zwischen *Invariata* und *Variata* ausmachte. Kurz: Der „Streit um die Fassung der CA [...] – invariata oder variata? – als selbstständiges juristisches Problem der Text- und Sinnauslegung des Reichsrechts" war zwar „wesenlos und irrelevant" geworden, aber „er blieb [...] als theologisches Problem den Anhängern der CA aufgeben"[26].

Damit ist schon angesprochen, dass sich der Sachverhalt seit 1566 gerade für Theologen keineswegs so gestaltete wie für ihre Kollegen aus der Jurisprudenz. Denn der mittlerweile alte Zankapfel, die innerprotestantische Auseinandersetzung um die Abendmahlsfrage, sorgte in seiner Verbindung mit der bereits erheblich fortgeschrittenen Institutionalisierung der reformatorischen Konfessionskirchentümer einerseits, andererseits mit der als problematisch empfundenen Offenheit des Religionsfriedens bezüglich der Definition der Augsburger Konfessionsverwandtschaft nach wie vor für Klärungsbedarf. Dieser war auch 1566 trotz der Anerkennung der Konfessionsverwandtschaft Friedrichs III. *sensu politico* keineswegs ausgeräumt worden. Nun hatte man dem Kaiser auf dem Reichstag zwar eine baldige Beilegung des theologischen Konflikts, der angesichts der schwelenden Versionsfrage eben auch eine reichsrechtlich-politische Dimension

---

25 Armin Kohnle, Theologische Klarheit oder politische Einheit?, in: Bünz/Rhein/Wartenberg, Glaube und Macht, 84.

26 Martin Heckel, Die reichsrechtliche Bedeutung der Bekenntnisse, in: Martin Brecht/Reinhard Schwarz (Hg.), Bekenntnis und Einheit der Kirche. Studien zum Konkordienbuch im Auftrag der Sektion Kirchengeschichte der Wissenschaftlichen Gesellschaft für Theologie, Stuttgart 1980, 57–88, hier: 77.

hatte, versprochen, doch eine endgültige Lösung des Streits blieb weiterhin aus, ohne an Dringlichkeit zu verlieren.[27]

Schließlich wurde die Lage durch die in der Veröffentlichung des *Konkordienbuches* 1580 gipfelnden Einigungsbemühungen auf lutherischer Seite[28] nachhaltig verschärft. Sie zielten insgesamt darauf ab, „die im Protestantismus unter den Schülern Luthers und Melanchthons aufgebrochene und kontrovers diskutierte lehrmäßige Vielfalt auf der Grundlage der Lutherschen Theologie zu bekenntnismäßiger Eindeutigkeit und Einhelligkeit zurückzuführen"[29]. Die *Konkordienformel* in ihrem Selbstverständnis als „Gründliche, [Allgemeine], lautere, richtige und endliche Wiederholung und Erklärung etlicher Artikel Augsburgi-

---

27 S. dazu Andreas Edel, Der Kaiser und Kurpfalz, 246: „Ein für die kaiserliche Religionspolitik wichtiges Ergebnis des Reichstages von 1566 war die Zusage der Evangelischen, sich mit Friedrich III. in absehbarer Zeit auf einem innerevangelischen Konvent über die theologischen Streitpunkte zu vergleichen". Im September 1566 kam es daher zu einer Versammlung der Räte evangelischer Reichsstände in Erfurt, „um sich über die Modalitäten des geplanten Konvents abzustimmen" (a.a.O., 248). Doch schon in Erfurt brachen Streitigkeiten um die Frage aus, ob die Räte der Kurpfalz wegen des Bekenntnisses ihres Landesherrn überhaupt an der Versammlung teilnehmen durften oder nicht; deshalb und wegen der mangelhaften Beschickung der Erfurter Konferenz einigte man sich auf eine Vertagung der Räteversammlung. Allein, die geplante neuerliche Zusammenkunft kam nicht mehr zustande (a.a.O., 247–49). Damit waren die 1566 dem Kaiser in Aussicht gestellten innerevangelischen Einigungsbemühungen gescheitert, und zwar an genau dem problembehafteten Thema, das schon auf dem Reichstag jenes Jahres den Gang der Verhandlungen bestimmt hatte und dort nur mit viel Mühe zu einer glimpflichen, aber eben nicht endgültigen Lösung gelangte, nämlich an der Bekenntnishaltung der Kurpfalz und ihrer Legitimität angesichts der Bestimmungen von 1555. Vgl. zur Rätekonferenz in Erfurt, zu den dahinterstehenden Motiven der die Versammlung beschickenden Stände und zum Scheitern der Einigungsbemühungen auch Walter Hollweg, Der Augsburger Reichstag von 1566, 391–97.
28 Eine luzide Einbettung der lutherischen Einigungsbemühungen in den auch nach 1566 nicht nachlassenden Konflikt um den Bekenntnisstand der Kurpfalz und in die damit verbundenen Entwicklungen auf politischer, theologischer und reichsrechtlicher Ebene unternimmt Hans Leube, Kalvinismus und Luthertum im Zeitalter der Orthodoxie, Bd. 1: Der Kampf um die Herrschaft im protestantischen Deutschland, Leipzig 1928, 16–32. Zu diesen Zusammenhängen bleiben grundlegend Irene Dingel, Concordia controversa. Die öffentlichen Diskussionen um das lutherische Konkordienwerk am Ende des 16. Jahrhunderts, Gütersloh 1996 (Quellen und Forschungen zur Reformationsgeschichte 63), und Wolf-Dieter Hauschild, Corpus Doctrinae und Bekenntnisschriften. Zur Vorgeschichte des Konkordienbuches, in: Brecht/Schwarz, Bekenntnis und Einheit der Kirche, 235–52. Zum Einfluss des *Konkordienbuches* auf die primär theologische lutherische Traditionsbildung s. Friederike Nüssel, Das Konkordienbuch und die Genese einer lutherischen Tradition, in: Peter Gemeinhardt/Bernd Oberdorfer (Hg.), Gebundene Freiheit? Bekenntnisbildung und theologische Lehre im Luthertum, Gütersloh 2008 (Die Lutherische Kirche – Geschichte und Gestalten 25), 62–83.
29 Dingel, Augsburger Religionsfrieden, 163.

scher Confession"[30] erklärt mehrfach ausdrücklich die *Invariata* zur allein maßgeblichen Fassung der *Confessio Augustana*[31] und fordert so indirekt von allen, die
sich legitimerweise als Konfessionsverwandte bezeichnen und sich somit unter
den Schutz des Religionsfriedens stellen wollten, die uneingeschränkte Anerkennung jener Bekenntnisversion. Die damit einhergehende kollektive Festlegung
weiter Teile der Reichsstände auf die *Invariata* wirkte naturgemäß zurück auf die
Debatte um die Reichweite der Augsburger Konfessionsverwandtschaft und
folglich auf den Geltungsbereich der Friedensbestimmungen von 1555.

Mit der Unterzeichnung der *Konkordienformel* und der Annahme des *Konkordienbuches* wurde eine bestimmte Lesart des Religionsfriedens durch ein be-
stimmtes exklusives Verständnis der Augsburger Konfessionsverwandtschaft öf-
fentlichkeitswirksam, die die Konkurrenz um die Deutungshoheit jener Leitidee
zugunsten einer konfessionellen Partei aufzuheben drohte. Die aufgezeigte Dissimulation des Vertragstextes wurde so *ex post* durch eine spezifische Engführung
inhaltlich-argumentativ behoben und die einst „bewußt offene Bezeichnung der
Evangelischen als Augsburger Konfessionsverwandte auf die Gruppe der Anhänger der Confessio Augustana invariata und damit auf die ‚Lutheraner' einge-
grenzt bzw. zurückgenommen"[32]. Die bereits 1566 *sensu politico* stabilisierte
Ordnung sollte also in und mit einem weiteren Schritt konfessioneller Institutionalisierung und Profilierung nachträglich auch *sensu theologico* stabilisiert
werden, und zwar durch einseitige Initiative, inhaltliche Klarstellung, strukturelle
Reduktion und exklusive Selbstzuschreibung. Entsprechend sollte innerhalb der
Leitidee der Augsburger Konfessionsverwandtschaft einem konfessionell spezifischen Ordnungsentwurf zur Durchsetzung verholfen werden, um der herrschenden störenden Konkurrenz um jene reichsrechtlich wie theologisch bedeutsame Leitidee im Rahmen institutioneller Selbstkonzeptualisierung ein Ende
zu setzen und so die betreffende Leitidee selbst als singulär, homogen und eindeutig erscheinen zu lassen.

---

30 Schon das Titelblatt enthält diese Formulierung; s. dazu: Die Bekenntnisschriften der evangelisch-lutherischen Kirche, herausgegeben im Gedenkjahr der Augsburgischen Konfession 1930,
Göttingen ²1955 [künftig: BSLK], 735.
31 „[S]o bekennen wir uns auch zu derselben ersten ungeänderten [...] Augsburgischen Confession, nicht derwegen, daß sie von unsern Theologis gestellt, sondern weil sie aus Gottes Wort
genommen und darinnen fest und wohl gegründet ist, allermaßen wie sie Anno etc. 30. in
Schriften vorfasset und dem Kaiser Carol V. [...] als ein allgemein Bekenntnus [...] zu Augsburg
übergeben, als dieser Zeit unserm Symbolo" (BSLK, 835; s. beispielsweise auch a.a.O., 740f., 745,
750f., 761, 768, 830). Vgl. dazu prägnant Reinhold Seeberg, Lehrbuch der Dogmengeschichte,
Bd. 4/2, Die Fortbildung der reformatorischen Lehre und die gegenreformatorische Lehre,
Darmstadt ⁴1954, 536, und Hans Leube, Kalvinismus und Luthertum, 18.
32 Dingel, Augsburger Religionsfrieden, 163.

4 Konfessionelle Klärungsbestrebungen

Die damit nun einhergehende, auch und gerade wegen der reichsrechtlichen Tragweite existentielle Bedrohung für die Kurpfalz und andere reformierte Reichsstände, die die durch das Konkordienwerk forcierte lehrmäßige Festlegung auf die *Invariata* aus konfessionspolitischen und theologischen Gründen ablehnten, war manifest. Der für das eigene Überleben so wichtige Schutz durch die Bestimmungen von 1555 war durch die konfessionell einseitige Behebung der dissimulierenden Formulierungen des Vertragstextes durch gleichermaßen exklusive wie Allgemeingültigkeit beanspruchende Festlegung auf eine bestimmte Version des *Augsburger Bekenntnisses* massiv gefährdet. Das sich so verschärfende Bedrohungsszenario für das Reformiertentum in all seinen Schattierungen im Reich forderte mit Blick auf die Qualität der möglichen juristischen und politischen Konsequenzen Maßnahmen von reformierter Seite. So war der entscheidende Impuls gegeben, das Thema der Augsburger Konfessionsverwandtschaft theologisch-publizistisch zu verhandeln, und in der durch die *Konkordienformel* mit ihrer Festlegung auf die *Invariata* reichsrechtlich und religionspolitisch schwer unter Druck geratenen Kurpfalz[33] nahm man sich der Herausforderung initiativ an.

Entsprechend ist die *Christliche Erinnerung Vom CONCORDIBVCH* des Zacharias Ursinus von 1581 nicht zuletzt dem Streben geschuldet, reformierterseits theologisch wie historisch die eigene Konfessionsverwandtschaft und darüber die Unanfechtbarkeit des Schutzes des Religionsfriedens für die eigene Partei zu er-

---

33 Zusätzlich erschwert wurde die Situation des stark melanchthonisch geprägten Pfälzer Reformiertentums noch durch die konfessionelle Haltung des Kurfürsten Ludwig VI., des Sohnes und seit 1576 Nachfolgers Friedrichs III., der 1579 die *Konkordienformel* unterzeichnete; zu Ludwig VI. und sein Verhältnis zum Konkordienwerk vgl. Irene Dingel, Concordia controversa, 103 f. und 109 f. Nach Ludwigs Verwerfung der reformierten Kirchenordnung seines Vorgängers und der damit einhergehenden lutherischen Reaktion in der Kurpfalz flüchteten sich die vormals unter Friedrich III. zu Einfluss gelangten reformierten Gelehrten zum Bruder des Kurfürsten, Johann Kasimir, in das neubegründete Herzogtum Pfalz-Lautern. Erst nach dem Tode Ludwigs VI. im Jahre 1583 und dem Regierungsantritt des überzeugt reformierten Johann Kasimir, der als Vormund des späteren Kurfürsten Friedrich IV. die Herrschaft innehatte und als entschiedener Gegner des lutherischen Konkordienwerkes gelten muss, entspannte sich die Lage für die Anhänger des durch Friedrich III. zur Durchsetzung gelangten Reformiertentums in der Kurpfalz wieder. Vgl. zu Johann Kasimirs Ablehnung des Konkordienwerkes und seinen dagegen eingeleiteten Maßnahmen Hans Leube, Kalvinismus und Luthertum, 22–26, und Irene Dingel, Concordia controversa, 104–29.

weisen.[34] Ursin erklärt zum Zweck seines Werkes, „daß wir hiemit nichts anders suchen noch meinen/ denn die Ehre Christi/ das Heil gemeiner Kirchen vnd gemeines Vaterlands/ vnd aller darinnen Augspurgischer Confession zugethanen/ Hohes vnnd nidern Stands/ Ehr/ glimpff/ zeitliche vnnd ewige wolfart"[35]. Zu den genannten Augsburger Konfessionsverwandten sind freilich auch die Reformierten zu zählen, zumal die von ihnen vertretene Lehre mit dem *Augsburger Bekenntnis* völlig übereinstimme, „so nur dieselbe recht vnd also verstanden wird/ daß sie mit der Schrifft vnd ihr selbst nicht streite"[36]. Die Frage nach der einzig legitimen Fassung der *Confessio Augustana* ist somit aufs Tapet gebracht, und Ursins Antwort darauf fällt eindeutig aus: Die Änderungen an der *Augsburger Konfession*, die Melanchthon in der *Variata* vorgenommen habe, seien „geschehen bey leben/ mit wissen vnd verwilligung Lutheri. Ist derwegen ein grosse frechheit der jenigen/ die vber den frommen ehrlichen Mann Philippum Melanchthon dürffen schreien/ er hab dieselben heimlich vnd betrüglich beigeschoben", zumal die mit Wissen Luthers erfolgten Änderungen einst die offizielle Bestätigung „von allen Augspurgischer Confession verwandten" erhalten hätten.[37] Demnach sei 1540 nichts am Bekenntnis „wider aller seiner mitverwandten willen vnnd gutheissung"[38] geändert worden.

Die breitestmögliche Zustimmung zur *Variata* unter den Augsburger Konfessionsverwandten sei den entstehungsbedingten Eigenheiten der *Invariata* zu danken: Diese sei 1530 „geschrieben und vbergeben worden/ inn grosser furcht damals fürstehender gefahr/ in welche die Protestirenden/ bey Keiser vnd Fürsten gesetzt wurden/ durch der Papisten häßliche verleumdungen/ blutdürstigen rath

---

34 Zacharias Ursinus, Christliche Erinnerung Vom Concordibvch So newlich durch etliche Theologen gestelt/ Vnd im Namen etlicher Augspurgischer Confession verwandten Stände publicirt/ Der Theologen und Kirchendiener in der Fürstlichen Pfaltz bey Rhein. Auß dem Latein verteutscht/ Vnd an etlichen orten weiter außgeführt, Neustadt a.d. Hardt 1581. Die vorangegangene lateinische Version erschien unter dem Titel: De Libro Concordiae quem vocant, A quibusdam Theologis, nomine quorundam Ordinum Augustanae Confessionis, edito, Admonitio Christiana: Scripta a Theologis et Ministris Ecclesiarum in ditione Illustrißimi Principis Iohannis Casimiri Palatini ad Rhenum Bauariae Ducis, etc., Neustadt a.d. Hardt 1581. Zur Verfasserschaft Ursins s. Wilhelm Holtmann, Die Pfälzische Irenik, 149, und Irene Dingel, Concordia controversa, 141; zur genauen Kontextualisierung dieser „wohl gründlichsten und fundiertesten Gegenschrift zur Konkordienformel" vgl. Wilhelm Holtmann, Die Pfälzische Irenik, 127–50 (das Zitat findet sich a.a.O., 149).
35 Ursinus, Christliche Erinnerung, 15.
36 Ursinus, Christliche Erinnerung, 191. Vgl. dazu auch a.a.O., 23 und 239f.
37 Ursinus, Christliche Erinnerung, 269f. Bei der Aufzählung der Gelegenheiten, zu denen die CA *Variata* als statthafte Verbesserung der *Invariata* allgemein gebilligt worden sei, nennt Ursin selbstverständlich auch den *Frankfurter Rezess* und den Naumburger Fürstentag (a.a.O., 270f.).
38 Ursinus, Christliche Erinnerung, 270.

vnd hetzung", weshalb man sich „in der Confessionformul beflissen/ den grewel vnd Abgötterey deß Papstums/ in denen Articuln/ dauon man zur selben zeit etwas zuschreiben für gut vnd noth angesehen/ auffs kürtzest vnnd leisest/ so möglich war/ anzurüren. Daher ist vieler Artickel/ die verhasset waren/ kein meldung geschehen/ vnd allein die ding widersprochen/ darob Keis. Maiestet nicht so hart hielt"[39]. Insofern hält Ursin eine adäquate, also gleichsam historisch-kritische Interpretation der Lehraussagen der *Invariata* für unerlässlich, lassen sich in ihr doch eben wegen ihres spezifischen Genesekontextes bestimmte Lehraussagen finden, mit denen aus guten theologischen Gründen „nicht alle reformirte/ rechtglaubige Kirchen zufrieden" seien.[40] Betroffen davon ist in erster Linie der Abendmahlsartikel in seiner Formulierung von 1530,[41] sodass selbst lutherische Theologen zugäben, „daß durch die enderungen/ die Confession nicht verbösert/ sonder verbessert sey. Wie stimmen sie denn mit einander/ vnd mit sich selbst/ weil sie das für ein verfelschung schelten/ das sie anderßwo als ein billiche vnd nützliche verbesserung loben?"[42]

Angesichts der geschichtlich begründbaren Defizite der *Invariata* im Vergleich zur unter den Augsburger Konfessionsverwandten vormals konsensfähigen Überarbeitung von 1540 stellt sich Ursin die Frage, warum ausgerechnet jene Fassung des Bekenntnisses Eingang in das *Konkordienbuch* gefunden hat und nicht etwa die von Melanchthon verbesserte Version. Der Grund für diesen Fehlgriff steht ihm allerdings klar vor Augen: Die *Invariata* sei aus keiner anderen Ursache ausgewählt worden als der, dass sich in der *Variata* lehrmäßig rein gar nichts finden lasse, „das wider uns sey/ vnnd vermeinen [scil. die Schöpfer und Verfechter des *Konkordienbuches*, C. W.]/ sie wollen aus dem ersten etwas herfür kratzen. Damit aber bekennen sie/ daß die erfolgten Exemplar auff vnser seiten stehen. Diß nemen wir von jnen für bekant an"[43]. Vor diesem Hintergrund ist es nicht nur unrechtmäßig, sondern auch Ausdruck unchristlicher Böswilligkeit und Engherzigkeit, die Reformierten „zuverdammen/ vnd aus der Christlichen Kirchen

---

39 Ursinus, Christliche Erinnerung, 228 f.
40 Ursinus, Christliche Erinnerung, 218; vgl. dazu auch a.a.O., 234 f. „Reformirte Kirchen" ist dabei Ursins Integrationsbezeichnung zur Benennung der Gesamtheit der lutherischen und reformierten Kirchentümer (s. dazu exemplarisch auch a.a.O., 11, 215, 221, 232, 235, 307, 421, 617, 620, 629, 633, 681, 726, 730, 741, 749). Daneben kann er auch von „Euangelischen Kirchen" oder schlicht von „Euangelischen" sprechen, wenn es ihm darum geht, der Geschlossenheit von Reformierten und Lutheranern terminologisch Ausdruck zu verleihen (vgl. dazu beispielsweise a.a.O., 232, 415, 422, 525, 619, 648, 731, 746, 748, 753, 763, 804 f.).
41 Ursinus, Christliche Erinnerung, 241. Vgl. dazu auch a.a.O., 648.
42 Ursinus, Christliche Erinnerung, 269.
43 Ursinus, Christliche Erinnerung, 266 f.

und Confessionsverwandschafft/ als Ketzer außzuschließen"[44]. Dagegen gelte es im protestantischen Lager, „die Christliche Brüderschafft vnd einigkeit der Kirchen" zur wirksamen Abwehr papstkirchlicher Nachstellungen zu behaupten[45] und in dieser Stoßrichtung genauso offen wie selbstbewusst zu erklären, dass die Lutheraner „mit samt vns/ Aug. Confession verwandt seind/ [...] wegen der wahren wesentlichen gemeinschafft deß leibs Christi/ welche sie mit uns/ vermög der Confession/ bekennen"[46].

Den skizzierten argumentativen Bahnen Ursins folgt das 1614 erschienene *Irenicum* seines Schülers David Pareus.[47] Auch Pareus widmet sein Werk neben Überlegungen zur Aussöhnung zwischen Reformierten und Lutheranern dem Nachweis der Augsburger Konfessionsverwandtschaft der erstgenannten Partei. In diesem Kontext hält er grundsätzlich fest, 1566 seien *illi, qui Calviniani vocantur, ab Imperatoria Maiestate, & a Statibus Protestantibus pro sociis Confessionis agniti, & pace Religionis comprehensi*[48], nachdem auf dem betreffenden Augsburger Reichstag bereits Friedrich III. öffentlich als *socius Augustanae Confessionis* anerkannt worden sei.[49] Dass *anno 1566. in comitiis Augustanis Protestantes utriusque partis inter se convenisse, & Calvinistas, quos vocant, pro sociis Confessionis a Caesarea Maiestate & Ordinibus reliquis agnitos, paceque religionis comprehensos esse*[50], ist dem Heidelberger Theologen zentrale Voraussetzung für

---

44 Ursinus, Christliche Erinnerung, 423.

45 Ursinus, Christliche Erinnerung, 627.

46 Ursinus, Christliche Erinnerung, 747.

47 David Pareus, Irenicum sive DE UNIONE ET SYNODO EVANGELICORUM CONCILIANDA LIBER VOTIVUS Paci Ecclesiae & desiderijs pacificorum dicatus [...], Heidelberg 1614. Im Jahr darauf erfuhr das *Irenicum* eine deutsche Übersetzung: IRENICUM Oder Friedemacher/ Wie die Evangelischen Christlich zuvereinigen/ vnd zu einem Synodo, oder allgemeinen Versamblung gelangen mögen/ Dem lieben Kirchen Frieden zu Förderung/ vnd allen Friedliebenden zu Gefallen geschrieben Durch Herrn DAVID PAREUM der heyligen Schrifft Doctor. Vnd nun auß dem Latein ins Teutsch gebracht/ Durch Herrn GWINANDVM ZONSIVM Pfarrherrn vnd Inspectorn zu Bretta. Sampt einer Vorrede/ vnd newen Erinnerungen an den Christlichen Leser, Frankfurt a. M. 1615. Einen inhaltlichen Überblick und eine theologiegeschichtliche Einordnung dieses prominenten Werkes bieten Wilhelm Holtmann, Die Pfälzische Irenik, 238–60 und Gustav Adolf Benrath, Irenik und Zweite Reformation, in: Schilling, Die reformierte Konfessionalisierung, 349–58. Bedenkenswert sind daneben die kritischen Beobachtungen in Hans Leube, Kalvinismus und Luthertum, 59–73. Dieser Linie folgt analytisch Christian Volkmar Witt, Keine Irenik ohne Polemik. Konfessionelle Wahrnehmungsformationen am Beispiel des David Pareus, in: ders./Malte van Spankeren (Hg.), Confessio im Barock. Religiöse Wahrnehmungsformationen im 17. Jahrhundert, Leipzig 2015, 17–53.

48 Pareus, Irenicum, 297.

49 Pareus, Irenicum, 293.

50 Pareus, Irenicum, 304.

die dauerhafte reichsrechtliche Absicherung der Kurpfalz und darüber hinaus für den von Reformierten und Lutheranern gemeinsam zu führenden Abwehrkampf gegen den altbösen Feind zu Rom und seine Handlanger. Denn wie für die Lutheraner gilt auch für die Reformierten: *Non damnamus, neque rejicimus confessionem Augustanam*[51], solange diese nur *secundum Scripturam divinarum mentem* verstanden werde;[52] von den Reformierten das Gegenteil zu behaupten stelle jedenfalls eine *ridiculam magis an malitiosam criminationem* dar.[53]

Der Anspruch auf Anerkennung der eigenen Augsburger Konfessionsverwandtschaft wird bald auch jenseits der Grenzen der Kurpfalz und für die kommenden Jahrzehnte laut. In Bremen erklärt Christoph Pezel in seinem *Wahrhaffte[n] Bericht* von 1591 unter Verweis auf die Ereignisse von 1566 die Reformierten genauso zu Augsburger Konfessionsverwandten[54] wie wenige Jahre später von Herborn aus Wilhelm Zepper in seinem *Christlich Bedencken/ Vorschlag vnd Raht*[55]. Selbstbewusst tragen Christian Beckmanns 1621 publizierte *Ausführliche Behauptung*[56] und

---

51 Pareus, Irenicum, 273.

52 Pareus, Irenicum, 292.

53 Pareus, Irenicum, 275.

54 Christoph Pezel, Wahrhaffter Bericht Von den vorbesserten Exemplarn Augsp. Confession: Vnd Warümb es eigentlich zuthun sey inn dem Streit vom Heiligen Nachtmal. Vnnd daß Philippo Melanchthoni vngütlich zugelegt werde/ als solte er nach D. Luthers Tode erst eine newe Lehr vom Abentmal eingeführet haben. Zu Gründlicher Widerlegung Der genanthen letzten Bekendtnus vnd Testaments/ D. Nicolai Selnecceri. Vnd zu Christlicher Warnung guthertziger Leuth/ Damit sie im Grund erkennen mögen/ daß solcher D. Selneckers widerholten letzten Bekentnus gar nicht zugetrawen sey/ vnd daß die jenigen sich gentzlich werden betrogen finden/ die von dem Testament Jesu Christi/ vnd desselben rechtem/ wahrhafftem/ vnd tröstlichem Verstandt/ auff das nichtige vnnd betrigliche Selneckerische Testament sich abführen lassen/ alß welches anders nicht ist/ dann eine Vorwirrung der heilsamen Lehr vom Heiligen Abentmal/ vnnd ein solches Gemenge/ das durchaus zweiffelhafftig vnd vngewiß ist/ darinnen Jha zugleich Nein/ vnd Nein zugleich Jha heissen mus, Bremen 1591, 8 f.

55 Wilhelm Zepper, Christlich Bedencken/ Vorschlag vnd Raht/ Durch waserley mittel vnd wege dem hochbetrübten zustand der Kirchen Gottes/ wegen der vnchristlichen/ ergerlichen spaltungen/ lästerns/ verketzerns vnd verdammens zwischen den Euangelischen Kirchen und Lehrern: auch derenthalben besorglichen/ ja vngezweifelten straffen Gottes/ vnd vndergang der Euangelischen Stände/ vermittelst götlicher gnaden/ bey zeiten vorzukomen vnd abzuhelffen seyn möge. Mit der alten Christlichen Kirchen/ Keyser vnd Lehrer exempeln/ vnd darneben gehaltenen newen gemeinen Constitutionen im heiligen Römischen Reich/ zusamt besondren Abschieden/ Handlungen vnd Edicten der Protestirenden Ständen befestiget vnd bewehret, Herborn 1594, 105–11.

56 Christian Beckmann, Ausführliche Behauptung der verbesserten Augspurgischen Confession vnd etlicher dazu gehörigen materien/ Das ist: Gründliche Beweise/ daß die verbesserte Augspurg. Confession niemals bey lebzeiten Herrn D. Martini Lutheri/ auch nit etliche jahre nach seinem sehligen abscheide den Euangelischen Protestierenden Ständen sey verdächtig gewesen: sondern das sie viel mehr so wol von D. Mart. Luth. selbst/ als auch allen Protestierenden Ständen vnd dero

Heinrich Altings EXEGESIS *Logica & Theologica* AUGUSTANAE CONFESSIONIS von 1647[57] den Anspruch gleich im Titel. Mit Nachdruck stellt Alting, vor der politisch-militärischen Katastrophe Friedrichs V. dessen Lehrer und Professor in Heidelberg, später Flüchtling in den Niederlanden, dann auch heraus, *Reformatas per Germaniam Ecclesias pro Augustanae Confeßionis sociis agnoscendas & habendas esse*[58]. Nicht minder offen – nämlich ebenfalls bereits im Titel – trägt schließlich Johann Crocius im selben Jahr wie Alting die Selbstwahrnehmung des Reformiertentums vor: In seinem in Kassel gedruckten COMMENTARIUS *De* AUGUSTANAE CONFESSIONIS SOCIETATE erklärt er begründend, Friedrich III. habe die *Confessio Augustana* 1561 eigenhändig unterschrieben, woraufhin ihn der Kaiser persönlich damals als *confessionis Augustanae socium* anerkannt habe.[59] Und wie seinerzeit

---

Theologis/ keinen ausgenommen zu derselben zeit sey beliebet vnd gebilliget worden: Dann auch/ Das Johannes Calvinus beydes von D. Mart. Luth. vnd von allen Protestirenden Theologis/ wie auch von Fürsten vnd Ständen für ein gliedmas der Augsp. Confession sey gehalten: die von ihme also genanten Calvinisten auch im Religionsfried seind begriffen/ vnd von samtlichen Ständen für glaubensgenossen erkant worden: Fürnemlich aus theils Lutherischen/ theils Bäpstlichen Scribenten trewlich in zweyen Schreiben zusammen gezogen, ohne Ortsangabe 1621.

57 Heinrich Alting, EXEGESIS Logica & Theologica AUGUSTANAE CONFESSIONIS: cum Appendice Problematica; Num Ecclesiae Reformatae in Germania pro Sociis Augustanae Confeßionis agnoscendae & habendae sint? Accessit Syllabus Controversiarum Quae Reformatis hodie intercedunt cum Lutheranis, Amsterdam 1647.

58 Alting, EXEGESIS, 116. S. dazu auch den Syllogismus a.a.O., 117: *Quae Ecclesiae de omnibus articulis doctrinalibus, uno, eoque non toto, nec fundamentali excepto, idem sentiunt cum Augustana Confessione: & Consensum suum publice testificati sunt & approbarunt; eae pro sociis Augustanae Confessionis merito agnoscendae & habendae sunt. Atqui Ecclesiae Reformatae per Germaniam, de omnibus articulis doctrinalibus, uno, eoque non toto, nec fundamentali excepto, idem sentiunt cum Augustana Confessione & consensum suum publice testificati sunt & approbarunt. Ergo Ecclasiae Reformatae per Germaniam pro Sociis Augustanae Confessionis merito agnoscendae & habendae sunt.*

59 Johann Crocius, Protestantium paci sacer COMMENTARIUS De AUGUSTANAE CONFESSIONIS SOCIETATE, Quo demonstratur, Reformatos Ordines & coetus NEC EA VNQVAM EXCLVSOS, CAVSA RITE COGNITA, CONSENTIENTIBVS Protestantium reliquorum suffragiis, Nec leges, opiniones & ceremonias a Regiomontano ministerio praescriptas recipere sub exclusionis periculo teneri, Solutis complurium theologorum politicorumque argumentis, Ex IMPERATORUM, REGUM, PRINCIPUM, aliorum dictis, factis, Itemque Comitiorum Imperii, principalium Conventuum, Synodorum, Colloquiorum Actis, Protocolis, aliis historiae secularis & ecclesiasticae monumentis, In Serenissimi Electoris Brandeburgici, Dn. Johannis Sigismundi, nunc coelitis, causa primum consignatus, dein varie auctus & bono tandem publico in lucem editus, Kassel 1647, 62f.: *Fridericus Palatinus Septemvir anno sexagesimo primo cum caeteris Electoribus & Principibus confessioni propria manu subscripsisset Naumburgi, eamque Ferdinando Imperatori obtulisset, hic eum non excludit, ob doctrinae nostrae professionem, Electoratu, quem ipso regnante adiverat, non movet, sed confessionis Augustanae socium agnoscit.*

der Pfälzer Kurfürst hätten sowohl seine Nachfolger als auch andere reformierte Fürsten sie als ihr Bekenntnis angenommen.[60]

Die hier nur in aller gebotenen Kürze angeführten Voten reformierter Provenienz, deren Liste sich mit wenig Aufwand noch erheblich erweitern ließe, illustrieren gleichsam den steigenden Druck, aber eben auch das wachsende Selbstbewusstsein des Reformiertentums im Reich seit der Festlegung weiter Teile des Luthertums auf die *Invariata* in und mit *Konkordienformel* und *Konkordienbuch*. Bis dahin hatte man sich mit der Berufung auf die *Variata* beholfen und zugleich aufseiten der lutherischen Ständemehrheit auf die Einsicht vertraut, dass gegenüber der papstkirchlichen Agitation die Geschlossenheit der protestantischen Reihen überlebensnotwendig ist. Besonders die Ereignisse von 1566 gaben dieser Doppelstrategie recht. Doch ab den späten 1570er Jahren verschärfte sich mit den genannten lutherischen Einigungsbemühungen die Situation in einem solchen Maße, dass sich nun die Notwendigkeit verbindlicher Klärung zur nachhaltigen Stabilisierung der ohnehin fragilen reichsrechtlichen Situation ergab. In diesem Zusammenhang traten in den folgenden Dekaden immer wieder reformierte Theologen zwecks Nachweis der eigenen Augsburger Konfessionsverwandtschaft und darüber der Legitimität des – anfechtbaren und wiederholt angefochtenen – Schutzes des Reformiertentums durch den Religionsfrieden in die Schranken.

Während allerdings reformierte Theologen in historisch-rechtlichen und dogmatischen Argumentationsgängen beständig die Augsburger Konfessionsverwandtschaft ihrer Konfession bzw. der ihr zugehörigen Kirchentümer im Reich behaupteten, um der Gefahr des Ausschlusses aus dem Friedensschluss von 1555 zu entgehen, sperrte sich das fest auf dem Boden der *Konkordienformel* mit ihrem klaren Bekenntnis zur *Invariata* stehende Luthertum mit aller Konsequenz und Vehemenz gegen jene reformierten Bemühungen. An eine Anerkennung der sogenannten Calvinisten als Konfessionsverwandte oder *socii confessionis* war für Theologen wie Johann Georg Sigwart, Leonhard Hutter, Matthias Hoe von Hoenegg oder Abraham Calov schlicht nicht zu denken. In ihrer diesbezüglichen Argumentation schöpften sie, wie die Gegenseite, aus historisch-rechtlichen und theologischen Begründungen und gelangten dabei zum diametral entgegengesetzten Ergebnis: Die von den Reformierten eingeforderte Akzeptanz ihrer Konfessionsverwandtschaft sei letztlich, wie die Sachlage unzweifelhaft beweise, nichts weiter als blanke Anmaßung.[61]

---

60 Crocius, Protestantium, 534.
61 Zu den entsprechenden Schriften der genannten Vertreter des Konkordienluthertums s. Christian Volkmar Witt, Protestanten. Das Werden eines Integrationsbegriffs in der Frühen Neuzeit, Tübingen 2011 (Beiträge zur historischen Theologie 163), 91–120.

5 Reichsrechtliche Integration

Als die Werke Altings und Crocius' veröffentlicht werden, sind die Verhandlungen um einen die blutigen Waffengänge der europäischen Mächte beilegenden Friedensschluss in vollem Gange und nähern sich allmählich ihrem Ende. Dabei boten die Verhandlungen, die um eine Beendigung des Dreißigjährigen Krieges geführt wurden, auch die Gelegenheit, jene Offenheit bezüglich der Augsburger Konfessionsverwandtschaft, die den Religionsfrieden von 1555 kennzeichnete, mittels reichsrechtlicher Klarstellung zu beheben – und diese Gelegenheit wurde genutzt.

Im Verlauf der Verhandlungen zum Westfälischen Frieden gelingt es den reformierten Reichsständen mit Unterstützung Schwedens letztlich, auf reichsrechtlich-offizieller Ebene – zumindest einer bestimmten Lesart des Vertragstextes nach – als Angehörige der *Confessio Augustana* bezeichnet sowie akzeptiert zu werden und damit ein Ziel zu erreichen, in dessen Dienst sie seit annähernd 70 Jahren weite Teile ihrer theologischen Publizistik gestellt haben. So wird 1648 im *Instrumentum Pacis Osnabrugensis*, Artikel VII, § 1 festgelegt, dass die im Religionsfrieden von 1555 festgeschriebenen Rechte für die katholischen ebenso wie für die der *Confessio Augustana* angehörenden Stände gelten sollen. Dabei werden sie ausdrücklich auch denen zugesprochen, *qui inter illos reformati vocantur*[62]. Freilich lässt nun die gewählte Formulierung wegen des *illos* und der damit verbundenen Dissimulation einen gewissen Interpretationsspielraum,[63] doch kann

---

[62] Instrumentum Pacis Osnabrugensis [künftig: IPO], Art. VII, § 1, in: Acta Pacis Westphalicae, Serie III, Abt. B: Verhandlungsakten, Bd. 1/1: Die Friedensverträge mit Frankreich und Schweden. Urkunden, bearb. v. Antje Oschmann, Münster 1998, 129.

[63] Die interpretationsbedürftige Formulierung lautet: *Unanimi quoque Caesareae maiestatis omniumque ordinum Imperii consensu placuit, ut quicquid iuris aut beneficii cum omnes aliae constitutiones Imperii tum pax religionis et publica haec transactio in eaque decisio gravaminum caeteris catholicis et Augustanae confessioni addictis statibus et subditis tribuunt, id etiam iis, qui inter illos reformati vocantur, competere debeat salvis tamen semper statuum, qui protestantes nuncupantur, inter se et cum subditis suis conventis pactis, privilegiis, reversalibus et dispositionibus aliis, quibus de religione eiusque exercitio et inde dependentibus cuiusque loci statibus et subditis hucusque provisum est, salva itidem cuiusque conscientiae libertate* (IPO, Art. VII, § 1, 129). Fritz Dickmann, Der Westfälische Frieden, hg.v. Konrad Repgen, Münster ⁷1998, 464 f., erklärt dazu: „Was der Friede den Ständen allgemein, sowohl katholischer wie Augsburgischer Konfession, zubilligte, hieß es da, solle auch denen zustehen, ‚die unter jenen Reformierte genannt werden'. Dieses ‚inter illos' ließ sich nach Belieben auf die zuerst genannten Stände allgemein oder auf die zuletzt genannten Stände Augsburgischer Konfession beziehen. Nahm man das zweite an, so waren die Reformierten ausdrücklich zur Confessio Augustana gezählt, entschied man sich aber für das erste, so blieb die Frage offen, es lag dann zwar keine Anerkennung, aber auch keine Verneinung dieser Zugehörigkeit vor. Die Re-

letztlich daran kein Zweifel bestehen, dass die Deutung, mit jenen Worten würden die reformierten Stände „reichsrechtlich als CA-Angehörige definiert"[64], eine nicht unerhebliche Plausibilität für sich beanspruchen kann. Fortan konnten die Reformierten demnach als juristisch belastbar in die Gruppe der Augsburger Konfessionsverwandten integriert, eben als *Augustanae confessioni addicti* betrachtet werden. Zwar war die Debatte um die konfessionelle Reichweite der Augsburger Konfessionsverwandtschaft auf theologischer Ebene damit noch längst nicht beendet, im Gegenteil: Der theologisch-dogmatische Schlagabtausch ging munter weiter. Doch delegierte das Osnabrücker Friedensinstrument den Streit von der Ebene des Reiches auf die der Reichsterritorien; reichsrechtlich konnte die Einbeziehung der Reformierten in den Religionsfrieden zur Wahrung der mühsam aufgerichteten Ordnung seit 1648 als erledigt angesehen werden. Daher verlor die Auseinandersetzung angesichts der flächendeckenden Durchsetzung der integrativen Lesart des IPO und aufgrund bestimmter Akzentverschiebungen in der Argumentation weitestgehend ihre rechtlich wie politisch existentiell bedrohliche Dimension für die reformierten Stände auf der Ebene des Reiches.[65]

6 Abschließende Überlegungen

Freilich ist mit all dem die innerprotestantische – in diesem Kontext präziser: die zwischen reformierten und lutherischen Theologen über Generationen kontrovers ausgetragene – Debatte um den Anspruch auf Augsburger Konfessionsverwandtschaft und somit auf den Schutz der Friedensbestimmungen von 1555 nur ausschnittweise nachgezeichnet worden. Zudem bildet die skizzierte Auseinandersetzung selbst lediglich *ein* Diskussionsfeld zwischen den reformatorischen Konfessionskirchentümern im Reich, wenn auch ein diskursiv bemerkenswertes. Denn der den Diskurs begründende und dynamisierende theologische Spannungsreichtum innerhalb der Leitidee der Augsburger Konfessionsverwandtschaft war schon formal bedingt durch die zwei von den konkurrierenden Lagern als Referenztexte aktivierten Versionen der *Confessio Augustana* bei diesbezüglich mangelnder Festlegung oder – positiv formuliert – gezielter Offenheit des Vertragstextes von 1555. An und mit der Frage nach der reichsrechtlich verbindlichen Bekenntnisversion und der historischen sowie dogmatischen Begründung der je eigenen Antwort wurden letztlich konkurrierende religiöse Wahrheitsansprüche

---

formierten hatten ‚inter hos' gefordert, was die Frage zu ihren Gunsten entschieden hätte; was jetzt vorlag, war ein Kompromiß, die jeder Partei die ihr genehme Auslegung erlaubte (*IPO* VII § 1)".
64 Hauschild, Die Geltung der Confessio Augustana, 178 f.
65 S. dazu Christian Volkmar Witt, Protestanten, 124–58.

in ihrer ganzen theologischen und juristischen Tragweite gegeneinander ins Feld geführt, die unbenommen aller faktischen konfessionellen Pluralität, mit der es rechtlich umzugehen galt, vorerst jeden Pluralismus als affirmativen Zugang zu jener Pluralität ausschlossen. Vor diesem Hintergrund bedeutete die Inanspruchnahme der Augsburger Konfessionsverwandtschaft durch die eine Seite dogmatisch die Exklusion der anderen, und diese lehrmäßige Exklusion aus der Gemeinschaft der Augsburger Konfessionsverwandten, die eben mit dem Ausschluss aus dem Bereich der Rechtgläubigkeit gleichzusetzen war, zog aufgrund der zeitgenössischen Wahrnehmungsmuster das Damoklesschwert des Ausschlusses aus dem Augsburger Religionsfrieden nach sich. Die damit angerissene Verquickung von Theologie, Politik und Reichsrecht verlieh der Auseinandersetzung der Theologen letztlich ihre Schärfe.

Die um die Augsburger Konfessionsverwandtschaft als theologischem und rechtlichem Zentralbegriff ausgetragene konfessionelle Konkurrenz trug nun allerdings dazu bei, „Modelle der rechtlichen Zähmung von Konflikten sich ausschließender religiöser Wahrheitsansprüche zu entwickeln"[66], wie das IPO und die entsprechenden Folgedebatten verdeutlichen. Die religiösen Wahrheitsansprüche und der daraus resultierende theologisch-konfessionelle Streit gefährdeten die mit dem Augsburger Religionsfrieden aufgerichtete Ordnung im Reich, deren Fragilität auch für um die Wahrheit streitende protestantische Theologen außer Frage stand. Kurz: Sie mochten als Anhänger verschiedener reformatorischer Strömungen um den *Geltungsbereich* des Religionsfriedens streiten; seine prinzipielle *Geltung*, seine Würde und seinen Wert stellten sie dadurch keineswegs infrage. Vielmehr wurde die schwerlich zu überschätzende Bedeutung des Friedensschlusses von 1555 durch das Ringen um seinen Schutz noch unterstrichen. Die aufgezeigten rechtlichen Einhegungen des Konflikts sind demnach in ihrer Entwicklung nicht unabhängig von den theologischen Debatten zu betrachten und wirkten wiederum in komplexen Zusammenhängen auf die theologischen Diskurse und die dahinterliegenden religiösen Wahrnehmungsmuster zurück, wie diese ihrerseits auf die Rechtsentwicklung wirkten, bis schließlich nach einem langwierigen Prozess des historisch nur schwer zu sortierenden In- und Miteinanders beider Felder und in spezifischen mentalitäts-, ideen- und institutionengeschichtlichen Bedingungsgefügen die Kräfte der konfessionellen Unterscheidung und Abgrenzung allmählich abnahmen.

---

66 Christoph Strohm, Die produktive Kraft konfessioneller Konkurrenz für die Rechtsentwicklung, in: ders. (Hg.), Reformation und Recht. Ein Beitrag zur Kontroverse um die Kulturwirkung der Reformation, Tübingen 2017, 131–71, hier: 160.

Nun lässt sich über die Schlussfolgerungen aus dem frühneuzeitlichen innerprotestantischen Streit um die Augsburger Konfessionsverwandtschaft und über dessen Orientierungspotential für heutige Ökumenebemühungen zwischen evangelischen Kirchen und katholischer Kirche im Allgemeinen, die ökumenische Arbeit an und mit der *Confessio Augustana* im Besonderen schon angesichts der historischen Distanz diskutieren. Bedenkens- oder zumindest erinnernswert bleibt jedenfalls dreierlei: Zum einen wird man heute das gegenwärtig oftmals positive Verhältnis zur und Verständnis von Ökumene aufseiten landeskirchlich-protestantischer Gemeinden und Kirchen nicht losgelöst vom mehr oder weniger ausgeprägten Bewusstsein um die Trennung zwischen Reformierten und Lutheranern einerseits, andererseits aber eben auch um die Überwindung dieser Trennung sehen und geschichtlich einordnen können. Diese Überwindung war sicher kein ausschließliches Verdienst protestantischer Theologie, die ohnehin faktisch nur in Wechselwirkung mit anderen Kulturfeldern existierte und sich dessen in ihren gesellschaftsgestaltenden Höhen auch stetig bewusster wurde. Gleichwohl prägte der lange, wechselhafte geschichtliche Weg, den die beiden genannten reformatorischen Kirchentümer gegen- und zugleich miteinander zurückgelegt haben, gerade in und mit seiner theologischen Begleitung die religiöse Selbst- und Fremdwahrnehmung zahlreicher Generationen und setzte schließlich seit der zweiten Hälfte des 18. Jahrhunderts nicht zuletzt dezidiert pluralistische Hermeneutiken aus sich heraus.[67] Diese Hermeneutiken sollten wesentlich dazu beitragen, dass im 20. Jahrhundert im Rahmen der europaweiten protestantischen Ökumene kirchlich-institutionelle und theologische Konsense erarbeitet werden konnten, die auf der positiven Wahrnehmung konfessioneller Pluralität beruhten. Gedacht ist besonders an die *Leuenberger Konkordie*.

Damit hängt ein zweiter Punkt unmittelbar zusammen: Die auf Dauer pazifizierende Wirkung konfessioneller Konkurrenz, wie sie um den Anspruch der Augsburger Konfessionsverwandtschaft in der Frühen Neuzeit herrschte, mündete eben nicht in umfassende dogmatische Uniformierung oder anderweitige institutionelle Pluralitätsreduktionen, ganz im Gegenteil: Die spannungsreiche Vielfalt der reformatorischen Kirchen und Theologien blieb als Nebeneinander unterschiedlicher konfessioneller Geltungsansprüche und -behauptungen erhalten und nahm durch das Aufkommen der unierten Landeskirchen und ihrer dezidierten Ablehnung im 19. Jahrhundert sogar noch zu. So kommt das sich konkret

---

67 Vgl. als illustrierende Fallstudie Christian Volkmar Witt, „... denn Friede ist nur, wo Verschiedenheit ist!" Historisch-theologische Beobachtungen zum Verhältnis der Konfessionen zwischen Pluralität und Pluralismus, in: Stefan Kopp/Joachim Werz (Hg.), Gebaute Ökumene. Botschaft und Auftrag für das 21. Jahrhundert?, Freiburg i. B. 2018 (Theologie im Dialog 24), 39–57.

unterschiedlich ausgestaltende institutionelle Zusammengehen von Reformierten und Lutheranern als Folge der Konkurrenzerfahrung – als Folge der geschichtlichen Erfahrung konfessionellen Streits und seiner Überwindung – und als Ausdruck aufgeklärten religiösen Pluralismus in der Rückschau exemplarisch als Phänomen der konfessionellen Pluralitätssteigerung zu stehen. Nicht zuletzt darin dürfte sich der in der institutionellen Leitidee der Augsburger Konfessionsverwandtschaft verarbeitete Spannungsreichtum empirisch widerspiegeln.

Drittens vermögen die kursorisch vorgestellten vielschichtigen kirchen- und theologiegeschichtlichen Entwicklungen vielleicht insofern auch als Lehrstück für die gegenwärtige theologische Arbeit an der Ökumene zu dienen, als sie verdeutlichen, dass die Erarbeitung des Gemeinsamen dem Bewusstsein des Trennenden nicht entgegensteht und nicht zwangsläufig im Modus des Bedauerns vorfindlicher Pluralität geschehen muss. Die theologische Auseinandersetzung um die Reichweite des Religionsfriedens entlang der Debatte um die Augsburger Konfessionsverwandtschaft mit all ihren rechtlichen wie religiösen Implikationen, ihre sich geschichtlich verändernde theologische, historische, kirchliche Wahrnehmung, Deutung, Analyse und Einordnung legen doch mindestens nahe, worauf zeitlich wie inhaltlich belastbare Ökumene angewiesen ist: auf die sorgsame, beizeiten sicher auch diskursiv mühsame Identifikation sowie auf die wissenschaftlich gewissenhafte Aufarbeitung der historisch-theologischen und theoretisch-begrifflichen Voraussetzungen, Zusammenhänge und Aneignungen sowohl des Trennenden als auch des Gemeinsamen.

Freilich verweist diese Angewiesenheit, konkret bezogen auf die Denkarbeit mit und an der *Confessio Augustana*, in einem ersten Schritt auf die Notwendigkeit der historischen Kontextualisierung des Bekenntnisses. Die *Confessio Augustana* erweist sich dann „dem Kirchenhistoriker [...] als ein durchaus zeitbedingtes und systemgebundenes Dokument, sie breitet ihre Inhalte nicht einfach in freier Darlegung aus, sondern ist durch spezifische Rücksichten gelenkt und gefesselt. Diese Feststellung klingt abschätzig, doch ist sie nicht so gemeint, im Gegenteil: Über den Zeiten schwebende, eine theologia perennis wiedergebende Texte kann sich zumindest der evangelische Theologe nicht vorstellen"[68].

---

68 Bernd Moeller, Das Reich und die Kirche in der frühen Reformationszeit, in: Bernhard Lohse/ Otto Hermann Pesch (Hg.), Das „Augsburger Bekenntnis" von 1530 damals und heute, München 1980, 17–31, hier: 30.

Rezeptionen

Johannes Ehmann

Die Berufung evangelischer Theolog(i)en in Baden auf die *Confessio Augustana* vom 16. bis zum 19. Jahrhundert

1 Einführung

Wer sich mit wachen Augen im Brettener Melanchthonhaus bewegt, wird sehr schnell eines der Hauptbilder der Halle als Darstellung des Augsburger Reichstags von 1530 identifizieren. Kaiser und Stände sind zu erkennen, dazu die Übergabe eines Buches durch einen Mann in der Schaube des Gelehrten. Im Vordergrund ist eine hohe edle Gestalt zu erkennen, ebenfalls in der Gelehrtenschaube. Und auch wenn wir wissen, dass Philipp Melanchthon (1497–1560) keineswegs eine hohe Gestalt hatte, ist dem Künstler doch gelungen, ganz klar zu zeigen, *wer* hier steht: eben Philipp Melanchthon. Und auch wenn wir weiter wissen, dass er damals gar nicht dabei war, als ein kursächsisches „Buch", (wenn man so will) „sein" Buch – er war ja Hauptverfasser – dem Kaiser übergeben wurde, hat sich der Künstler diese Darstellung erlaubt, nicht als Fehler, nicht als Missverständnis, sondern als künstlerische Interpretation. Der Genius Melanchthons, ja er selbst war da, quasi *real präsent*, als das für die weitere Geschichte des Protestantismus nachhaltigste Dokument in die Geschichte des Reiches eintrat: das sog. *Augsburger Bekenntnis*, lat. *Confessio Augustana*, abgekürzt: CA.

Die folgenden Ausführungen befassen sich nicht mit der Entstehungsgeschichte der CA, auch nicht mit den theologischen Fragen darin (auch wenn die Abendmahlslehre immer einmal anklingen muss). Vielmehr möchte ich zeigen, wie und warum eine Landeskirche, in diesem Fall die Evangelische Kirche in Baden, durch die Jahrhunderte hindurch durch die CA geprägt worden ist; oder vielleicht zurückhaltender und zugleich präziser formuliert: welche Rolle sie in der badischen evangelischen Kirche gespielt hat. Es wird sich zeigen, dass dies recht unterschiedliche Rollen gewesen sind und sich die CA als durchaus anpassungsfähig erwies, was ihre theologische Interpretationsfähigkeit oder auch politische Funktion betraf.

Eigentlich ist das gar nichts Besonderes, sondern vielleicht sogar ganz typisch für die CA, lange bevor sie die badische Geschichte bestimmte: Schon vor 40 Jahren hat Gottfried Seebaß gezeigt, dass und wie die CA aus einer Schrift zur Verteidigung evangelischer Reformen in den Gemeinden zu einem Bekenntnis wurde, das dann auch ausschließende Artikel kannte.[1] Ja, das Changieren der eher apologetischen und der eher polemischen Aussagen in der CA ist sogar schon Teil ihrer Entstehungsgeschichte – gestaltet je nach dem religionspolitischen Klima vor dem Reichstag und dann in den Wochen des Reichstages selbst.

Die Frage, was die CA nun eigentlich sei: Diskussionsgrundlage, Arbeitspapier, Glaubenszeugnis oder Verteidigungsschrift, hat die Geschichte dann beantwortet. Die CA wurde das vor Kaiser und Reich von den evangelischen Ständen vorgetragene Bekenntnis der evangelischen Kirche. Neben seinem theologischen Gehalt und seinem Bekenntnischarakter wurde es 1555 aber auch zur Rechtsgrundlage für die lutherische Kirche. Nur die Signatare der CA standen – abgesehen von Altgläubigen – unter dem Schutz des Reichsfriedens, also die sog. *Augsburger Religionsverwandten.*

2 Die Geltung der *Confessio Augustana* in der Markgrafschaft Baden-Pforzheim des Jahres 1556

Es war der eben genannte Augsburger Friede von 1555, der den Markgrafen Karl II. (1529; reg. 1552–1577) bewog, für sein kleines Territorium zwischen Pforzheim, Mühlburg[2] und Graben wie auch für das sog. *Markgräflerland* dem Drängen vor allem Württembergs zu folgen und die Reformation einzuführen. Angesichts der damals schwelenden Streitigkeiten im Protestantismus waren zwei Optionen möglich.

Zum einen wurde Baden-Pforzheim (seit 1565 Baden-Durlach) von zwei Seiten umworben. Da war das nahe Württemberg mit seiner bedeutenden Universität in Tübingen, das damals noch ein eher mildes Luthertum vertrat, was sich aber zwischen 1559 und 1563 änderte. Da waren aber auch herzoglich-sächsische Theologen Weimarer und Jenenser Prägung, die den Anspruch vertraten, die Lehre Luthers v. a. im Abendmahl reiner zu vertreten, als Melanchthon spätestens seit 1540 und intensiviert in den 1550er-Jahren es tat.

Zum andern: Lehrgrundlage war die CA, sie musste es sein, um die Reformation überhaupt reichsrechtlich unbeanstandet durchführen zu können. Für Karl II. war das eine Existenzfrage, denn die Unklarheiten seiner Herrschafts-

---

1 Gottfried Seebaß, Apologia und Confessio, in: Martin Brecht/Reinhard Schwarz (Hg.), Bekenntnis und Einheit der Kirche, Stuttgart 1980, 9–21.
2 Heute: Karlsruhe-Mühlburg.

rechte in Südbaden waren von den katholischen Habsburgern, also dem Kaiserhaus, stets in Erinnerung gebracht worden. Der Markgraf durfte dem Kaiser auch nicht den geringsten Anlass geben, seine Ansprüche in den Herrschaften Rötteln, Hochberg und Sausenberg in Frage gestellt zu sehen.

Die Grundlage der badischen Reformation waren also die CA und Melanchthons *Apologie* (also: Verteidigung der CA) – dazu traten die *Schmalkaldischen Artikel* Luthers, ein Zugeständnis an die sächsischen Theologen. Ansonsten setzten sich im badischen Reformationswerk die Württemberger Theologen durch.

Karl folgte weiterhin dieser südwestdeutschen Allianz, auch als Württemberg und Kurpfalz mit Kursachsen und anderen 1558 einen Versuch wagten, die Einheit des Protestantismus mittels eines durch und durch melanchthonisch geprägten Dokuments herzustellen.[3] Dieses Dokument war der sog. *Frankfurter Rezess*, den auch Karl II. unterschrieben hat. Seit dem Übergang der Kurpfalz zum Reformiertentum nach 1559 zerbrach diese Allianz und wich bitterster Polemik zwischen Tübingen und Heidelberg.[4]

Nun wird es komplizierter: Im (heute) mittelbadischen Zentralterritorium wirkten überwiegend aus Württemberg stammende Theologen aus der Schülerschaft der Reformatoren Johannes Brenz (1499 – 1579) und Jakob Andreae (1528 – 1590). Baden selbst hatte ja kaum evangelische Pfarrer; Württemberg stellte diese Pfarrer für den westlichen Nachbarn. Und auch der Generalsuperintendent in Pforzheim, Ruprecht Dürr (ca. 1525 – 1580), stammte aus Württemberg.

Die kleine badische Markgrafschaft war viel zu unbedeutend, dass man die Koalition mit Württemberg hätte aufkündigen können. Dennoch gibt es Anzeichen, dass Baden dem württembergischen Weg hin zur *Konkordienformel*, der orthodoxen Festigung des Luthertums nicht uneingeschränkt folgte. Wieder sind es zwei Sachverhalte, die hier zu nennen sind: Zum einen war es der eben genannte Ruprecht Dürr, der in einem Gespräch in Maulbronn 1576, bei dem die Vorlagen zur *Konkordienformel* (FC) gesichtet wurden, Formulierungen in der Abendmahlslehre stützte, die milde ausfielen und sich nur an der CA, der *Apologie* und der *Wittenberger Konkordie* von 1536 orientierten: die sog. *Maulbronner Formel*[5], die Ruprecht Dürr für Baden unterschrieb. Zum zweiten war man sich in Durlach darüber im Klaren, dass man vorsichtig verfahren musste, denn in den südbadischen Herrschaften gab es starken reformierten Einfluss durch die nahe

---

3 Irene Dingel, Melanchthons Einigungsbemühungen zwischen den Fronten: der Frankfurter Rezeß, in: Jörg Haustein (Hg.), Philipp Melanchthon. Ein Wegbereiter für die Ökumene, Göttingen 1997 (Bensheimer Hefte 82), 119 – 141.
4 Vgl. dazu Julia D. Weiß, Admonitio Christiana, Stuttgart 2018, passim.
5 Titel, Kommentar und Text in BSELK QuM 2, 277 – 340.

Schweiz. Generalsuperintendent in diesen Gebieten war in Personalunion der Basler Antistes Simon Sulzer (1508–1585), ein Schüler Martin Bucers (1491–1551).

Sulzer hat zwar die Unterschrift der badischen Pfarrer unter die FC gutgeheißen. Aber sein Abendmahlsbekenntnis von 1578[6] bietet eine oberdeutsche Theologie im Lichte Bucers und auch Nähe zu Melanchthon – jedenfalls nicht die Lehre des Konkordienluthertums.

Hier ist nun ein Rückblick nötig: Nicht zuletzt aus politischen Gründen und zur Stärkung protestantischer Einheit waren 1536 Wittenberger Theologen und Theologen aus dem Oberdeutschen Raum (Straßburg, Esslingen, Reutlingen, Augsburg, aber einer auch aus dem Kraichgau) in Wittenberg zusammengetroffen und hatten ein Communiqué zur Abendmahlslehre unterzeichnet – die bereits genannte *Wittenberger Konkordie*.[7]

Und wieder sind zwei Linien zu verfolgen. Einmal: Die Bedeutung der CA für die Protestanten im Reich wuchs, indem bei Friedensverhandlungen 1532 und 1539 die CA als Positionspapier der Evangelischen zugrunde gelegt wurde.

Die zweite wichtige Linie ist diese: Im Jahre 1540 nahm Philipp Melanchthon im Vorfeld des Regensburger Religionsgesprächs 1541 eine Redaktion der CA vor, wobei er den Abendmahlsartikel 10 kürzte und mit dem Wörtchen CUM (MIT) das Abendmahlsgeschehen als ein Zusammenspiel göttlichen Wirkens und menschlichen Handelns entfaltete. Melanchthon arbeitete das Ergebnis der *Wittenberger Konkordie* in die aktualisierte Ausgabe der CA ein – und er veränderte damit faktisch die CA. Damals fand das keinen Anstoß; später schon, wie wir noch sehen werden.

Erfolgte 1540 also eine *Redaktion* der CA, so entwarf 1551 Melanchthon für das Konzil von Trient ein kursächsisches Bekenntnis, die *confessio saxonica*.[8] Auch hier arbeitete er *seine* Abendmahlslehre ein. Wichtiger aber noch als dieser Umstand ist die Tatsache, dass diese neuerliche kursächsische Konfession mit dem Anspruch auftrat, eine *repetitio*, eine Wiederholung der CA zu sein.[9] Die CA war jetzt also normierende und legitimierende Tradition.

Und ebenso war es der vorhin schon genannte *Frankfurter Rezess*, der nicht nur diese melanchthonische Abendmahlslehre enthielt, sondern wiederum sich als *repetitio* der CA verstand. An der CA kam man nicht vorbei und wollte das auch

---

6 Jetzt abgedruckt und erschlossen bei Daniel Abendschein, Simon Sulzer, Stuttgart 2019, 509–543.

7 Abdruck in BDS 6, 1, 121–131 und RBS I, 2, 86f.

8 MSA 6, 80–167.

9 Vgl. dazu Günther Wartenberg, Die Confessio Saxonica von 1551 und ihre Außenwirkung, in: Günter Frank/Stephan Meier-Oeser (Hg.), Konfrontation und Dialog. Philipp Melanchthons Beitrag zu einer ökumenischen Hermeneutik, Leipzig 2006, 219–234.

nicht. Dennoch: In wesentlichen Punkten wurde nun das als CA „wiederholt", was in den Augen des konsequenten Luthertums *nicht* als Lehre der CA gelten konnte. Damit wurde die CA in ihrer Gültigkeit weiter bestätigt. Zugleich kam es aber zum Streit der Interpretationen vor allem in der Abendmahls- und Rechtfertigungslehre. Jeder berief sich auf die CA, sowohl die Anhänger Melanchthons wie auch das Luthertum Weimarer oder norddeutscher Prägung.[10]

Jetzt aber – wir wählen das Jahr 1559 – spaltet sich die Wirkungsgeschichte der CA in eine dreifache auf: eine melanchthonische, eine reformierte und eine konsequent lutherische, eine teilweise bis heute den Protestantismus belastende Entwicklung.

(1) Zunächst die melanchthonische bzw. philippistische Perspektive: Kurz vor Melanchthons Tod (1560) erschien noch eine Sammlung von Lehrschriften (*Corpus doctrinae*[11]), in der gleich in mehreren Schriften Melanchthon seine Abendmahlslehre vortrug, die er als Fortentwicklung, keineswegs als Zurücknahme der CA ansah. So konnte er – polemisch betrachtet eine Irreführung – im Inhaltsverzeichnis und Vorwort (der lateinischen Ausgabe) von der CA sprechen, die 1530 dem Kaiser Karl übergeben worden war. Der Text war freilich der von 1540 mit den entsprechenden Änderungen in der Abendmahlslehre. Entsprechend ergab sich eine Traditionslinie: CA 1530, *Wittenberger Konkordie* 1536, CA*var* 1540, *Corpus doctrinae* 1560.

(2) Dann die reformierte Entwicklung: Zu den Abendmahlsstreitigkeiten zwischen lutherischen und reformierten Theologen in Heidelberg hatte Melanchthon im Herbst 1559 ein Gutachten erstellt, in dem er erneut seine Abendmahlslehre vortrug.[12] Für die jetzt vom Luthertum zum Reformiertentum drängende Kurpfalz bedeutete dieses Gutachten zweifellos einen maßgeblichen Zwischenschritt. Bereits die lutherische Kirchenordnung des Kurfürsten Ottheinrich von 1556 war durch Melanchthons *Examen Ordinandorum* (1553)[13] ergänzt worden, eine Schrift, die ebenfalls die typisch melanchthonische Abendmahlstheologie enthielt und die auch ins *Corpus doctrinae* aufgenommen worden war. Der 1563 erscheinende *Heidelberger Katechismus* war nun zweifelsfrei nicht mehr lutherisch, vielleicht eben *noch* melanchthonisch in seiner Abendmahlslehre, zugleich aber auch *schon* kalvinisch. Nichtsdestotrotz waren in einer Verteidigungsschrift von 1564 die Heidelberger reformierten Theologen fest davon überzeugt, dass in ihrer Abendmahlslehre Bibel, altkirchliche Rechtgläubigkeit

---

10 Zunächst fassbar im Magdeburger Bekenntnis von 1550: Bekentnis Vnterricht vnd vermanung der Christlichen Kirchen zu Magdeburgk. Anno 1550.
11 Vgl. MSA 6, Ziff. I. – VI.
12 MSA 6, Ziff. XI.: Iudicium de controversia de coena Domini [1559] 1560, 482–486.
13 MSA 6, Ziff. IV.: Examen ordinandorum […] 1553, 168–259.

und die CA zur Geltung kämen.[14] Aus Sicht der Heidelberger reformierten Theologen ergab sich also eine Wirkungsgeschichte der CA, die man mit den Stationen CA 1530, CA*var* 1540, *Frankfurter Rezess* 1558[15], *Heidelberger Katechismus* 1563 beschreiben konnte. Für die Reformierten war dies von hoher Bedeutung, da an der Rezeption der CA die reichsrechtliche Legitimität des Reformiertentums hing. Es mag bei einem Ausgleichsversuch der protestantischen Stände auf dem Naumburger Fürstentag 1561 durchaus Erschrecken ausgelöst haben, als man feststellte, dass es tatsächlich verschiedene Fassungen der CA gab. Damals hat man die CA von 1540 (*variata*) freilich notgedrungen akzeptiert.

(3) Der lutherische Weg war ein anderer. Der Schock des Kurpfälzer Weges saß vor allem in Württemberg tief und führte zum Einigungsweg des Konkordienluthertums, an dem Jakob Andreae maßgeblich beteiligt war. Das ist hier nicht zu schildern. Festzuhalten ist, dass auch die *Konkordienformel* sich selbst wie selbstverständlich als legitime Wiederholung der CA verstand, nun aber definitiv der ungeänderten CA von 1530 unter Ausschluss abweichender Interpretationen. Zwar wurde auch die *Wittenberger Konkordie* aufgenommen, aber im Text quasi „absorptiv" umrahmt.

Damit ist wieder der Horizont der badischen Geschichte erreicht.

3 Der Streit der Brüder und dessen Vorgeschichte

Wie bereits geschildert hatte der „mittelbadische" Generalsuperintendent sich an den Vorarbeiten zur *Konkordienformel* beteiligt. Sein Bezugspunkt waren allein die CA und deren *Apologie* (nebst *Wittenberger Konkordie*). Das ist wichtig. Zum gewaltigen Problem wurde nun aber der frühe Tod des Markgrafen Karl 1577 mit sich daraus ergebenden drei Irritationen.

Die erste Irritation bestand darin, dass wegen der Unmündigkeit der Söhne Karls nun eine Vormundschaftsregierung eingesetzt wurde; die beiden wichtigsten Vertreter waren die kurzzeitig wieder lutherische Kurpfalz und der Vorreiter des Konkordienluthertums Württemberg. Vor allem der Regierung in Stuttgart war zu verdanken, dass die nun fällige Unterschrift der Pfarrer unter die FC im Mittelterritorium auf geringen, in Südbaden aber auf erheblichen Widerstand stieß. Die südbadische Pfarrerschaft bestand zu großem Teil aus Baslern, die Simon

---

14 Gründtlicher Bericht vom heiligen Abendmahl unseres Herren Jesu Christi aus einhelliger Lere der heiligen Schrifft der alten rechtgläubigen Kirchen und auch der Augspurgischen Confession. Gestellt durch der Universität Heydelberg Theologen, Heidelberg 1564.
15 Diesen hatte der Heidelberger Kurfürst Ottheinrich (reg. 1556–1559) mit initiiert und unterzeichnet.

Sulzer vermittelt hatte. Er selbst unterstützte die Unterschrift seiner badischen Pfarrer, auch wenn er die Abendmahlstheologie der FC nicht geteilt haben kann. Aber er erkannte die reichsrechtliche Bedeutung. Basel selbst war damals zerstritten und bewegte sich zwischen dem Bucertum Sulzers und dem wachsenden Zürcher Einfluss, der vor allem durch die schwäbisch-basler Familie Grynäus ausgeübt wurde. Thomas Grynäus (1512–1564) war nun einer der ersten *badischen* Pfarrer und Superintendenten Basler Herkunft, ebenso sein Sohn Jakob (1540–1617), später Sulzers Nachfolger in Basel, und dessen Bruder Theophil (1534–1583), ein Melanchthonschüler.

Mit – die Zahlen schwanken – vielleicht sieben Kollegen wurde nun das Grynäische Pfarrhaus in Rötteln zur Zelle des Widerstandes gegen die FC.[16] Die „Halstarrigen" mussten schließlich gehen. Für uns ist wichtig zu sehen, dass die Widerständigen sich nicht etwa auf reformierte Bekenntnistraditionen beriefen, sondern auf die lutherisch-badische Kirchenordnung von 1556: d. h. (allein) die CA und deren *Apologie*. Dem seien sie verpflichtet, was hier stehe, sei ausreichend. Dahinter stand freilich die Überzeugung, dass die lutherische Fortbildung der Abendmahlslehre und der damit verbundenen christologischen Auffassungen als illegitim anzusehen seien. In der Aufnötigung der FC erblickten diese Pfarrer eine *Veränderung* des badischen Bekenntnisstandes!

Wie dem auch sei, seit der Unterschrift der Vormünder für die badisch-durlachischen Prinzen im November 1579 war das Territorium nun offiziell dem Konkordienluthertum zugehörig.

Die folgenden zwei Irritationen erwuchsen aus der Mündigkeit der beiden älteren Prinzen Ernst Friedrich und Jakob (1584).

(1) Nach zwei Religionsgesprächen trat Jakob III. (1562–1590)[17] 1590 zur römisch-katholischen Kirche über. Ob er dies unter Beratung des zunächst lutherischen, dann reformierten, schließlich katholischen Arztes und Rates Johann Pistorius (1546–1608), Sohn des gleichnamigen hessischen Reformators,[18] getan hat, oder politische Rücksichten maßgeblich waren, ist bisher leider nur Gegenstand polemischer Forschung gewesen. Ein wichtiger Hinweis könnte aber darin liegen, dass der fortwährende Streit im Protestantismus, der ja zwischen 1577 und 1617 nicht endete, mit seiner Vorstellung einer kirchlichen Einheit nicht vereinbar

---

16 Vgl. dazu einstweilen Friedemann Merkel, Geschichte des evangelischen Bekenntnisses in Baden von der Reformation bis zur Union, Karlsruhe 1960, 43–49.

17 Helmut Steigelmann, Die Religionsgespräche zu Baden-Baden und Emmendingen 1589 und 1590, Karlsruhe 1970.

18 Hans-Jürgen Günther, Die Reformation und ihre Kinder – Vater und Sohn Johannes Pistorius Niddanus – eine Doppelbiographie, in: Niddaer Geschichtsblätter 2 (Selbstverlag Nidda 1994).

war. Kurz nach seiner Konversion starb Jakob III. an einer Arsen-Vergiftung; das bietet bis heute Anlass zu nicht immer ökumenischen Spekulationen.

(2) Das Erbe seiner südbadischen Herrschaften trat sein älterer Bruder Ernst Friedrich (1560–1604) an. Dessen zeitweiliger Hauslehrer und Prinzenerzieher war Georg Hanfeld (ca. 1545–nach 1595) gewesen, der 1579 am reformierten Casimirianum in Neustadt wirkte und sein pastorales und schriftstellerisches Wirken nach seiner Pfarrtätigkeit an der Heidelberger Peterskirche (1585–1590) als Superintendent in Bretten beschloss. Er und vielleicht Pistorius in seiner reformierten Phase weckten in Ernst Friedrich erhebliche Zweifel an der Legitimität des Luthertums in seiner jüngsten Entwicklung. Von der Unterschrift seiner Vormünder distanzierte sich der nunmehrige Regent. Mehr noch: er suchte durch voluminöse Schriften die Legitimität der *Konkordienformel* zu bestreiten. Mit dem Exemplar der CA seiner Kanzlei und sogar Luthers *Großem Katechismus* erkannte er darauf, dass in der FC zu Abendmahl und Christologie nur ungereimte Dinge stünden. Erster Referenzpunkt war also *seine* CA aus der Durlacher Kanzlei, die er irrend für einen Originaldruck hielt. Die Kritik an der FC sollte den Übergang zum Reformiertentum legitimieren. Es gibt leider nur wenige Hinweise auf kurpfälzisch-badische Kooperation. Es fällt aber auf, dass Ernst Friedrichs reformiertes Bekenntnis – das sog. *Stafforter Buch* von 1599[19] – nach dem Ort benannt ist, in dem es gedruckt wurde. Und Staffort gehört zu den altbadischen Orten, die Heidelberg oder auch dem kurpfälzischen Weingarten räumlich am nächsten lagen. War der Druckort also der Ermöglichung einer unauffälligen „kurpfälzischen Redaktion" geschuldet? Wenige Jahre später erfolgte ein Nachdruck des Buches in Heidelberg und in Neustadt – jeweils vermehrt durch eine Verteidigungsschrift der kurpfälzischen Theologen gegen[20] die umfassende Bekämpfung des *Stafforter Buches* durch Kursachsen und Württemberg.[21]

---

19 „Christlichs Bedencken" und „Kurtze vnd Einfeltige ausser Gottes Wort vnd der Alten Rechtglaubigen Kirchen gestelte Bekandnuß, Staffort 1599".
20 Deß Durchleuchtigen Hochgebornen Fürsten vnd Herrn / Herrn Ernst Friderichen [...] Wolgegründte vnd satte Ableinung / der / durch die Theologen deß Württembergischen Consistorij zu Stuttgarten / wider Jhrer F. Gn. Christliches Bedencken vnd erhebliche wolfundierte Motiven [...] welche in Jhrer F.G. Landt heimlicher weis eyngescheucht worden [...] Gedruckt zur Newstadt an der Hardt / Anno M. D CI. [= Neuauflage des *Staffortschen Buches* mit Apologie (Zusatz)]; – (Anonymus, Heidelberger Theologen) Kurtzer Beweiß/ Das des Durchleuchtigen Hochgebornen Fürsten vnd Herren/ Herren Ernst Fridrich Marggrafen zu Baden vñ Hochberg/ Landgrafen zu Sausemberg Herrn zu Röteln vnd Badenweiler ec. Christliche Confession in dem grossen Tübingischen Buch nicht widerleget. Heydelberg Im Jahr 1601.
21 [Kursachsen:] Gründtliche Widerlegung Des zu Staffort / vnter dem namen / des Durchleuchtigen Hochgebornen Fürsten vnd Herrn / Herrn Ernst Friedrichen / Marggraffen zu Baden etc. Anno 99. außhesprengten Caluinischen Buchs [...] Durch die Churf. Sächsische hiezu ver-

Auch dieser kirchenpolitisch riskante Versuch scheiterte, zunächst am Widerstand der Pforzheimer Bürgerschaft[22] und dann durch den frühen Tod des Markgrafen schon 1604.

Das Gesamterbe trat nun Georg Friedrich (1573–1638; resign. 1622) an, bekannt als der Verlierer der Entscheidungsschlacht im Südwesten bei Wimpfen im Dreißigjährigen Krieg (1622). Georg Friedrich konsolidierte erneut die badische Kirche als Kirche konkordienlutherischer Prägung. Erst mit ihm ist eigentlich die lutherische Reformationsgeschichte Altbadens abgeschlossen.

Freilich sind auch hier zwei Sachverhalte auffällig: (1) Als Kriegsherr stellte er die Bekenntnisfrage im Gegensatz zu Württemberg klar zurück, war und blieb (auch nach Übergabe der Herrschaft an seinen Sohn 1622) engster Verbündeter Kurfürst Friedrichs V. von der Pfalz. Georg Friedrich selbst starb in Straßburg. (2) Die kirchliche Reorganisation der Markgrafschaft Baden-Durlach nach dem Westfälischen Frieden 1648 erfolgte lediglich mit einem Neudruck der alten Kirchenordnung Karls durch Markgraf Friedrich V. Erst *seine* Vorrede zur 1649 erneut und in Straßburg nachgedruckten Kirchenordnung kennt einen expliziten Bezug zur FC und zur ungeänderten CA.[23] Einzug gehalten hat die *Konkordienformel* auch in die Ordinationsverpflichtung, wohl das ganze 17. und auch das 18. Jahrhundert, aber in eher blasser Gestalt, wenn es heißt, „also sollen die Prediger sich [...] befleißigen, ihrem Amt ein Genügen zu leisten, und zu dem Ende das Wort Gottes

---

ordnete Theologen [...] Wittemberg / [...] Anno 1602; [Württemberg:] Kurtzer vnd warhaffter Bericht AVff zwo vnterschidliche/ vnter dem Namen des Durchlauchtigen Hochgebornen Fürsten [...] Ernst Friderichen/ Margrauen zu Baden [...] publicirte Schrifften: damit deroselben Verfasser dem bewußten Staffortischen Buch auf die Bein zuhelffen / vnd es wider der Würtembergischen Theologen Summarische *Relation*, vnd daruff geuolgte außführliche Widerlegung ermelten Staffortischen Buchs / zuuertheidigen / dardurch auch des Caluinismus sich zuentladen / vergeblich vnterstanden. Auff Gnädigen Beuelch / Des Durchleuchtigen Hochgebornen Fürsten vnd Herrn / Herrn Friderichen / Herzogen zu Würtemberg [...] ec. Gestellt Durch die hierzu verordnete Würtembergische Theologen. Tübingen Anno M. DCII.

22 Volker Leppin, Der Kampf des Markgrafen Ernst Friedrich von Baden um sein Bekenntnis und der Widerstand aus Pforzheim, in: Udo Wennemuth (Hg.), Reformierte Spuren in Baden, Karlsruhe 2001, 52–67.

23 Kirchen-Ordnung/ Sampt anderen Mandaten/ Wie die in der vndern Marggraffschafft Baden/ Marggraffschafft Hochberg/ Landgraffschafft Sausenberg/ Herrschafft Röteln vnd Badenweyler/ solle gehalten werden. Gedruckt zu Straßburg/ bey Johann Andreae Sel. Erben / Anno 1649, ii a: „Und aber wir in vnserer Regierung biß dahero/ nach den löblichen Fußstapfen vnserer Gottseeligen Vorfahren/ die wahre vnd allein seeligmachende Lehr des H. Evangelij/ nach anleitung der vngeänderten Augspurgischen *Confession* vnd *formulę Concordię* bey vnsern getrewen Vnterthanen vnserer Fürstenthumb vnd Landen/ auff die liebe Nachkommen fortzupflantzen vnd vnverruckt zu erhalten [...]“.

und die aus demselben gezogene symbolische Bücher, so in der Formula Concordiae begriffen seynd, und andere geistreiche Schrifften fleißig zu lesen."[24]

Wir können also innerhalb der badischen Kirchengeschichte von einer mehrfachen Bezugnahme auf die CA sprechen, zunächst die Grundlegung in der badischen Kirchenordnung von 1556, dann ihre Rezeption im Sinne des Konkordienlutherums nach 1577; ihre Verwerfung durch Jakob III., ihre reformierte Vereinnahmung unter Ernst Friedrich und schließlich ihre (erneute) Bekräftigung im Sinne des Konkordienluthertums durch Georg Friedrich.

4 Die *Confessio Augustana* als inspiriertes Wort Gottes 1730

1630 wurde das erste *Augustana*-Jubiläum in Baden begangen. Es kann kein Zweifel herrschen, dass in Baden nach dem großen Krieg eine lutherische Orthodoxie Einzug hielt. Allerdings wird diese in Kirchenordnungen nicht (mehr) sichtbar. Schon seit 1629 traten neben die Kirchenordnung und nach 1649 faktisch an deren Stelle sog. Synodalbefehle, die zwar immer von rechter Lehre sprachen, dies aber nicht entfalteten. Als Hauptliteratur galten nun Johann Arndts vier bzw. sechs *Bücher vom wahren Christentum* sowie dessen *Paradiesgärtlein*[25]. Wichtige aus Baden stammende Theologen wirkten im lutherisch-orthodoxen Sinne v. a. in Straßburg [z. B. Johann Georg Dannhauer (1603–1666), der Lehrer Speners], die folgende Generation wich aufgrund der Kriegsverwüstungen nach 1689 auf auswärtige Hochschulen aus [z. B. der hochorthodoxe Johannes Fecht (1636–1716) nach Rostock].

Allerdings – ein ganzer wesentlicher Aspekt – wird man auch auf die sog. Augustana*feiern* zu blicken haben. Sie stehen nicht nur für die Bedeutung der CA für eine Kirche, sondern machten das Grundbekenntnis auch zum Gegenstand der öffentlichen Feier, also „volkstümlich".

Als 1717 die Karlsruher Schlosskirche eingeweiht wurde, wurde dies verbunden mit der Feier des Reformationsjubiläums, das bereits 100 Jahre zuvor begangen worden war. Die Indienstnahme der Kapelle war verbunden mit dem

---

24 Kirchen-Agenda, Carlsruhe 1750, 271.
25 Vgl: Johann Arnd's des hocherleuchteten Lehrers, weil. General-Superintendenten des Fürstenthums Lüneburg Sechs Bücher vom wahren Christenthum, nebst dessen Paradies-Gärtlein. Mit der Lebensbeschreibung des seligen Mannes [...] Neue Stereotyp-Ausgabe. Fünfter Abdruck. Stuttgart [o. J.; Original 1605 f und 1617].

feierlichen Eintragen der Bibel, der Sakramentsgeräte, der Agenden – und des *Konkordienbuches* (das aber, wenn ich recht sehe, in Baden nie gedruckt wurde)!

Bei dieser Feier wurde nun ein Gebet vorgetragen, das – ein Initial der späteren Entwicklung – die Reformation ganz auf die Übergabe der CA an den Kaiser bezog. Hier heißt es u. a.:

> Du, Gott, hast uns abermal einen Tag erleben lassen, den du Herr gemacht hast, darinnen wir uns freuen und fröhlich sein und an demselben uns billich mit dankbarem Herzen erinnern sollen deren überaus großen und hohen Gutthaten, die du anjetzo vor 2 hundert Jahren deiner höchstbedrängten und durch die Päpstische Abgötterei und Greuel jämmerlich verführten Christenheit reichlich erzeiget: in dem du nicht allein das selige Licht deines heiligen Worts, welches eine lange Zeit verdunkelt geblieben, durch deinen getreuen Diener und auserwähltes Werkzeug D. Luthern wunderlich angezündet und erleuchtet, sondern eine kleine Zeit hernach unter dem grausamen Wüten und Toben des Satans und fast der ganzen Welt, etliche wenige christliche Obrigkeiten erwecket hast, die mit Gottseligem Eyfer und tapffrem unerschrockenen Heldenmuth die ganze reine und alleinseligmachende Lehre in eine kurze Schrift zusammengezogen, sich mit Mund, Hand und Herzen zu solcher bekandt, und dieselbige auf dem großen Reichstag in Augspurg übergeben, öffentlich abgelesen und hiermit deinen Nahmen und dein heiliges Wort vor Kayser, König, Fürsten und Herren usw. damahlen getragen haben. Du hast aber, o großer und starker Gott noch ferner diesen deinen wunderbarlichen Segen verliehen, daß von dieser Reichsversammlung und solch Christl. Evangel. Glaubensbekäntniß in unterschiedlichen Sprachen bei vielen anderen Ländern und Völkern in der Welt bekandt gemacht und bald darauf auch dieser Marggrafschaft der gute Geruch deines Erkäntniß und heiligen Evangelii durch deine Göttliche Kraft geoffenbaret worden, welchem gemäß in diesen Fürstenthumen und Landen auf diese Stund gelehret wird.[26]

Es folgen noch ein paar Unfreundlichkeiten gegen Katholiken und Calvinisten.

Klar: Luther musste genannt werden. Aber wesentlich war das Bekenntnis von 1530 durch die christlichen Obrigkeiten, sowie die Ausbreitung der CA.

Gesteigert wurde die Bedeutung der CA dann im Jubiläumsjahr 1730. Noch gemäßigt zeigten sich die dazu erörterten Thesen des Pforzheimer Pfarrkonvents,[27] die sich so zusammenfassen lassen: Die CA ist aus Antrieb des Heiligen Geistes von den Protestanten aus den *Heiligen Schriften* besiegelt: zur Wiedergabe des Glaubens und zur Verteidigung gegen die Verleumdungen der Gegner. Sie darf das erste und vorzügliche Symbol der lutherischen Kirche genannt werden. Andere Symbole wie die *Apologie* oder die *Schmalkaldischen Artikel* sind ihr nachgeordnet. Sie ist der *heiligen Schrift* aber nicht gleich.

---

26 Zitat nach Emil Zittel, Das Reformationsjubiläum von 1817 und Die Union, Heidelberg 1897, 3.
27 Vgl. dazu und zu den folgenden Durlacher Thesen: Johannes Bauer, Zur Geschichte des Bekenntnisstandes der vereinigten ev.-prot. Kirche im Großherzogthum Baden, Heidelberg 1915, 5–7.

Der Durlacher Konvent zeigte sich freilich maßlos, wenngleich der Religionseid auf die Bekenntnisse dort auch auf Widerstände stieß, wofür man „Pietisten"
verantwortlich machte. Dort hieß es: Die CA wird mit Recht Glaubensbekenntnis
genannt. Ihr höchster Autor und hauptsächlicher Urheber ist der dreieinige Gott
selbst. Sie ist Norm, u.z. unfehlbare. Sie muss absolut, nicht conditional unterschrieben werden. Sie bietet keinen Anknüpfungspunkt zu den Reformierten,
allenfalls die Möglichkeit eines weltlichen Friedens mit ihnen. (Damit stellte man
sich auf den Standpunkt der Tübinger Theologen von 1616!)[28] Melanchthons CA
von 1540 stellt einen substantiellen Texteingriff zugunsten des Zwinglianismus
dar, ist also zu verwerfen. Und schließlich: Gottfried Arnolds (1666–1717) polemische Auffassung,[29] die CA bilde ein (evangelisches) Papsttum, ist grundfalsch.

Schärfer, polemischer und kirchenpolitischer ist in Baden die CA kaum mehr
betrachtet worden. Ein halbes Jahrhundert später schon kannte die badische
Kirche auch keinen Religionseid mehr. Nachdem dieser 1786 letztmals erneuert
wurde, wurde er bereits 1788 abgeschafft.

5 Die Geltung der *Confessio Augustana* als Grundlegung der Unionskirche 1821

Die Geschichte des Werdens der badischen Union ist hier nicht zu schildern.[30]
Erwähnenswert ist aber, dass sie ohne das Wirken des Juristen Friedrich Brauer
(1754–1813)[31] nicht denkbar ist. Seine multiplen Integrationsmaßnahmen waren
von der Auffassung geleitet, dass eine Unionskirche (die Union selbst hat er nicht
mehr erlebt) aufgrund ihrer Neubildung nicht den Rechtsstatus des alten Reiches
verlieren dürfe, sich also auf die CA gründen müsse.

Scheinbar selbstverständlich wurde die CA zum Grundbekenntnis der badischen Union. Scheinbar deshalb, weil im Vorfeld der Unionsberatungen die CA
durchaus als lutherisches Bekenntnis verstanden wurde, der ergänzend der *Heidelberger Katechismus* zur Seite gestellt werden sollte. Es hat sich dann aber eine
Formulierung durchgesetzt, welche die CA als *verbindendes* Grunddokument erwähnte und speziellen konfessionellen Prägungen durch Aufnahme des *Kl. Ka-*

---

28 Vgl dazu wieder Julia D. Weiß, Admonitio christiana, 229–234.
29 Eine Anspielung auf dessen *Unpartheyische Kirchen- und Ketzerhistorie* (1699/1700).
30 Vgl. dazu: Johannes Ehmann, Union und Konstitution. Die Anfänge des kirchlichen Libera-
lismus in Baden im Zusammenhang der Unionsgeschichte (1797–1834), Karlsruhe 1994.
31 Zu Brauer allgemein vgl.: Christian Würtz, Johann Niklas Friedrich Brauer (1754–1813). Badischer Reformer in napoleonischer Zeit, Stuttgart 2005.

techismus Luthers und des *Heidelberger Katechismus* Genüge tat. Damit begriff man *nun* die CA als mit dem Luthertum der alten Markgrafschaft *und dem Reformiertentum* der rechtsrheinischen Kurpfalz vereinbar – keineswegs eine Selbstverständlichkeit.[32]

Für unser Thema hochinteressant ist die Deutung der CA in der Vereinigungsurkunde (§ 2):

> Diese vereinigte evangelisch-protestantische Kirche legt den Bekenntnisschriften, welche späterhin mit dem Namen symbolische Bücher bezeichnet wurden, und noch vor der wirklichen Trennung in der evangelischen Kirche erschienen sind, und unter diesen namentlich und ausdrücklich der Augsburgischen Konfession im allgemeinen, sowie den besonderen Bekenntnisschriften der beiden bisherigen Evangelischen Kirchen im Großherzogtum Baden, dem Katechismus Luthers und dem Heidelberger Katechismus das ihnen bisher zuerkannte normative Ansehen auch ferner [bei] [...].

Soweit können wir gut folgen. Der Text fährt nun signifikant für den neuzeitlichen Geist fort:

> insofern und insoweit [...], als durch jenes erstere mutige Bekenntnis vor Kaiser und Reich das zu Verlust vergangene Prinzip und Recht der freien Forschung in der heiligen Schrift als der einzig sicheren Quelle des christlichen Glaubens und Wissens wieder laut gefordert und behauptet, in diesen beiden Bekenntnisschriften [*Kleiner Katechismus* Luthers, *Heidelberger Katechismus*] aber faktisch angewendet worden, demnach in demselben die reine Grundlage des evangelischen Protestantismus zu suchen und zu finden ist.[33]

Dieses „insofern und insoweit" ist in der Jahrhundertmitte erwartungsgemäß zum Streitpunkt geworden. Der Deutung der CA 1821 liegt nun aber folgendes Verständnis zugrunde: *Die CA ist das Grundbekenntnis des Protestantismus, nämlich das Bekenntnis zur freien Schriftforschung, und bildet somit (!) das übergeordnete Prinzip, von dem aus die beiden Konfessionskatechismen praktisch abgeleitet werden.*

Das ist historisch ein wenig schief, da Luthers Katechismen ja schon vor der CA entstanden sind. Auch würde man das Schriftprinzip eher mit der Leipziger Disputation schon von 1519 verbinden. Wichtig war aber das Bekenntnis vor Kaiser und Reich als protestantisches Prinzip. Die spätere (1855) Bekräftigung des § 2 im Sinne einer positiven Union unterstrich dem gegenüber die CA als

---

32 Vgl. dazu: Johannes Ehmann, Zwischen Konfession und Union. Zur Diskussion über die Vereinbarkeit von Heidelberger Katechismus und Augsburger Bekenntnis, in: EvTh 72,6 (2012), 457–465.
33 Zitat nach: Bekenntnisschriften der Evangelischen Landeskirche in Baden I, Karlsruhe 2014, 134 f.

Grundlage der evangelischen Kirche *Deutschlands* und die Übereinstimmung mit den Grundlehren der *Heiligen Schrift* „und des in den allgemeinen Bekenntnissen *der ganzen Christenheit* ausgesprochenen Glaubens"[34] – eine nationale und zugleich ökumenische Öffnung.

6 Die *Confessio Augustana* als Konstitution des Erwecktentums 1830 und Inbegriff der Reformation

Die erste landesweite Reformationsfeier der Unionskirche fand am 27. Juni 1830 statt – also nicht am 31. Oktober, sondern als Augustanajubiläum. Zwei Impulse sind kurz zu nennen.

(1) Mit dem Jubiläum setzte die badische Erweckung Aloys Henhöfers (1789 – 1862) und seiner Schüler einen ersten Markstein als künftiger „Player" der badischen Kirchen- und Frömmigkeitsgeschichte. Ihnen war die Deutung der CA in der Unionsurkunde zu schwach.

Am 27. Juni 1830 schloss der erweckte Georg Adam Dietz in Friedrichsthal seine Predigt mit den Worten:

> [...] [Es] ist [...] der heutige Tag das zweite [nach 1817] Signal zum Sammeln unter der Kreuzesfahne, die Reihen zu schließen. – Wir heißen Protestanten, aber nicht weil wir gegen, sondern für das Evangelium protestieren. Nicht weil gegen Zeitirrtümer protestiert wurde ist der Tag zu Augsburg ein hochwichtiger Tag, sondern weil die ewige Wahrheit, das Evangelium von Christo öffentlich bekannt wurde. Schämen müssen sich alle in ihr Herz hinein, denen das Evangelium Aergerniß, Thorheit oder ein Märlein ist; sie sollten sich heute in den Boden hinein verkriechen. Denn der heutige Ehrentag der treuen Bekenner ist der Tag ihrer Schmach und Schande, ihres Gerichts, und ein Vorbote dessen, was ihrer wartet am großen Tage. [...] Das sei unsre Losung: ‚Hie Schwert des Herrn und Gideon!' der rechte Gideon Jesus Christ, der Herr Zebaoth und ist kein andrer Gott, das Feld muß er behalten! Amen. Amen Amen![35]

Die CA war nun Bekenntnis des Evangeliums, an dem im Jüngsten Gericht Schafe und Böcke geschieden wurden.

(2) In gewisser Anlehnung an den Konstitutionsgedanken des Vormärz wurde darüber hinaus im ebenfalls 1830 einsetzenden badischen Katechismusstreit die

---

34 Bekenntnisschriften der Evangelischen Landeskirche in Baden I, 141.
35 Zitat nach: Geschichte der badischen evangelischen Kirche seit der Union in Quellen, Karlsruhe 1996, Nr. 38.

CA von Henhöfer als „Geschäftsvertrag, Vertragsurkunde, Konstitution" gegen Spätaufklärung und Frühliberalismus entwickelt. Die *Confessio Augustana* war zur kirchenpolitisch wirksamen *Constitutio Augustana* geworden.[36]

Eine von allen Gruppierungen gern getragene Entscheidung war die der Generalsynode von 1834, das jährliche Reformationsfest am letzten Junisonntag zu begehen. Wieder und weiterhin wurde also die Reformation mit der CA verbunden. Und – in ökumenisch durchaus erhitzter Zeit – hört man staunend die Bestimmung der Kirchensektion, es solle bei den Feiern „niemals die brüderliche Liebe gegen unsere Schwesterkirche vergessen werden, so daß alles mit christlicher Liebe geschehe."[37]

7 Johannes Bauers Reklamierung der *Confessio Augustana* für die Unionskirche

Es zwingt uns die Zeit zu einem großen Sprung, der manches Erwähnenswerte im Streit um Bekenntnisfreiheit und Bekenntnisbindung übergehen muss. Wir springen aus dem 19. Jahrhundert ins Jahr 1930. Damals hat Heidelberger Universitätsprofessor Johannes Bauer (1860–1933) einen kurzen Artikel in der liberalen Kirchenzeitung geschrieben, der in seinem historischen Rückblick wie auch für seinen Standpunkt für sich selber spricht. Bauer schrieb 1930:

> Vielleicht ist es neulich dem einen oder anderen aufgefallen, daß in der Ankündigung der Augustanafeier, die auch an unseren Kirchentüren angeheftet war, zu einer Feier der lutherischen Kirche und des Luthertums aufgefordert wurde. Darnach schien es, als ob die reformierten und unierten Kirchen von der Feier ausgeschlossen seien, als ob sie diese Feier nichts angehe. [...] Wir in Baden haben von dem Jahre 1834 an bis zum Jahre 1882 das Reformationsfest jeweils am letzten Sonntag im Juni, eben zur Erinnerung an die Uebergabe des Augsburger Bekenntnisses am 25. Juni 1530, gefeiert. [...] Ohne die Frage hier näher zu erörtern, inwieweit die Augustana im übrigen den Ansichten Luthers entsprach, wird man doch sagen müssen, daß damals, im Juni 1530, Ansichten, die später ‚reformiert' genannt wurden, ausgeschlossen waren, daß also das Bekenntnis von Augsburg insofern mit Recht als ein ausschließlich ‚lutherisches' zu bezeichnen ist. Die Oberdeutschen – nicht die Schweizer – haben sich bald nach 1530 aus politischen Gründen und unter dem Einfluß des Straßburger Reformators Martin Butzer den Ständen, die die Augustana unterschrieben

---

36 Vgl. dazu wieder Ehmann, Union und Konstitution, 295 f. Zum Katechismusstreit: ders., Die badischen Unionskatechismen. Vorgeschichte und Geschichte vom 16. bis zum 20. Jahrhundert, Stuttgart 2014, 269–298.

37 Karl-Friedrich Vierordt, Geschichte der evangelischen Kirche in den Großherzogthum Baden 2, Karlsruhe 1858, 438.

hatten, genähert und wurden daher 1536 [scil. durch die *Wittenberger Konkordie*] in deren Gemeinschaft aufgenommen. [...] Das ist nach einer Seite hin die Vorgeschichte des § 2 unserer badischen Unionsurkunde. Von den ersten Verhandlungen an haben besonders die Vertreter der reformierten Pfalz auf die öffentlich-rechtliche Bedeutung der Augustana hingewiesen.[38] [...] Daß diese Anlehnung an die Augustana in jenen Jahren um der Rechtssicherheit der unierten Kirche willen [...] notwendig war, braucht hier nicht näher begründet zu werden. Heute [1930] aber liegen gänzlich andere öffentlich-rechtliche Verhältnisse vor. Die Stellung der evangelischen Kirche im Staat hängt nicht mehr unmittelbar von ihrer Zugehörigkeit zu den Augsburger Glaubensverwandten ab. Trotzdem werden auch die Reformierten dankbar der A.C. gedenken, nicht wegen ihres Inhalts und nicht wegen ihrer Bedeutung im alten Deutschen Reich, sondern weil jenes Bekennen der Fürsten und Stände, der Laien und Theologen ein erstes freudiges Zeugnis für das Evangelium war: in Worms war Luther allein der Bekenner, in Augsburg war es eine Gemeinschaft von solchen, die ‚mutig vor Kaiser und Reich' (§ 2 der Unionsurkunde) ihre Glaubensüberzeugung bekannten.[39]

Historisch korrekt ordnete Bauer also die CA in die ältere und neuere Kirchengeschichte ein. „Liberal" war freilich seine Interpretation. Der Bekenntnischarakter war geschmälert, die Rechts*kraft* der CA als Rechts*last* abgetan. Was blieb, war das zuversichtliche Bekennen, das 1717 schon den christlichen Obrigkeiten zugesprochen worden war – jetzt generalisiert, ja demokratisiert hinsichtlich einer Gemeinschaft von Theologen und Laien, die (gut protestantisch) kein Glaubens*bekenntnis*, sondern ihre Glaubens*überzeugung* kund taten. Die CA war weniger Zeugnis als ihre Übergabe lebendige Zeugenschaft.

8 Ergebnis

Wir haben die Geschichte der CA in unserer Kirche verfolgt und ihre unterschiedliche Funktion kennen gelernt. Sie diente der Grundlegung lutherischen Kirchentums, sie war so etabliert wie in ihrer Deutung umstritten, war dem Wort Gottes nahezu gleichrangig und (nur noch) Bewährung des Schrift*prinzips*. Sie wurde Rechtsdokument und als solches dann auch obsolet. Sie war notwendiges Bekenntnis und das Gewissen mancher auch beschwerendes Dogma. Sie war also im Grunde alles und ist es bis heute geblieben – einerseits verbindlich, andererseits unbekannt.

Ist das eine Schwäche oder eine Stärke? Selbst Inbegriff des volkskirchlichen Pluralismus? Oder in ökumenischer Perspektive ein Friedensinstrument? Diese

---

38 Vgl. Johannes Bauer, Zur Geschichte des Bekenntnisstandes der vereinigten ev.-prot. Kirche im Großherzogtum Baden, Heidelberg 1915, Nr. 45 – 47!

39 Johannes Bauer, Ist das Augsburgische Bekenntnis nur ein Bekenntnis der lutherischen Kirche?, in: Süddeutsche Blätter für Kirche und freies Christentum 1930, Nr. 8, 77 – 79, 78 f.

Fragen kann ich hier und heute nur stellen und keine Antworten wagen; bis auf eine:

Betrachte ich *historisch* die neuralgischen Eckpunkte der Geschichte meiner Kirche, so taucht die CA immer auf; betrachte ich diese Eckpunkte *theologisch*, so will ich doch sagen, dass die CA – mit und bei allem kritischen Potential, das ihr innewohnt – eine gute Begleiterin der badischen Kirche gewesen ist.

Am Anfang stehen *Reformwille, theologische Durchdringung und Bekenntnis.* Ohne diese drei wird kaum eine Kirche auskommen. Die CA bietet dafür ein anschauliches Beispiel.

Peter Neuner

Die *Confessio Augustana* in der Sicht Döllingers und in den Unionsbemühungen der frühen altkatholischen Bewegung

Der Münchner Kirchenhistoriker Ignaz von Döllinger (1799–1890) war ein streitbarer Theologe, er liebte die Kontroverse und er hatte, wie man sagte, mehr Freude „an neunundneunzig Sündern als an einem Gerechten"[1]. Die Polemik seiner frühen Jahre richtete sich vornehmlich gegen die nicht römisch-katholischen Kirchen. Zum Protestantismus seiner Zeit fand er zunächst kaum einen Zugang, doch die *Confessio Augustana* erachtete als wichtige Quelle für die Theologie und als ein Beispiel für christliches Bekenntnis.

1 Döllinger als Polemiker

Um Döllingers Wertung des *Augsburger Bekenntnisses* zu würdigen, gilt es zunächst, die Grundlagen seiner Ekklesiologie in den Blick zu nehmen. Zentrales Kriterium war ihm die Apostolizität der Kirche. Glaubensinhalt kann nur sein, wie Döllinger im Anschluss an Vinzenz von Lerin formulierte, *quod semper, quod ubique, quod ad omnibus creditum est*, was immer, überall und von allen geglaubt wurde.

Apostolizität[2] hat nach Döllinger eine doppelte Zuspitzung: Ursprungstreue in der Lehre und die Sukzession des bischöflichen Amtes. Als christliche Kirche würdigte er nur Gemeinschaften, die mit der Lehre der Apostel und der frühen Kirche übereinstimmten, wie sie in der *Bibel* und in den Dogmen und Bekenntnissen der ersten christlichen Jahrhunderte festgeschrieben sind. Als Historiker war ihm natürlich klar, dass bereits von der neutestamentlichen Botschaft zu den altkirchlichen Dogmen eine erhebliche Entwicklung stattgefunden hat. Diese sah er überbrückt durch die Sukzession der Bischöfe. Die Amtssukzession verstand er als die Art und Weise, wie die apostolische Lehre bewahrt wird, sie ist die Form, wie die rechte Botschaft verkündet wird. Er erachtete sie als den „Kanal, durch

---

1 Joseph Bernhart nach Heinrich Fries, Newman und Döllinger, in: Newman-Studien, Bd. 1, Nürnberg/Bamberg/Passau 1948, 31.
2 Siehe hierzu Peter Neuner, Döllinger als Theologe der Ökumene, Paderborn u. a. 1979.

den uns die Lehre Jesu unverfälscht zufließt"[3]. In traditioneller katholischer Terminologie, die Döllinger verteidigte, stellt die bischöfliche Sukzession die formale Apostolizität dar, die die Identität der Lehre, die materiale Apostolizität gewährleistet. Daraus folgt nach Döllinger, dass jede Gemeinschaft, die nicht in der bischöflichen Sukzession steht, nicht die Lehre der Apostel verkündet, sie ist ihm wie ein aus der Erde geschossener Pilz. Eine Unterbrechung in der bischöflichen Nachfolge beweist ihm, dass auch ein Bruch in der Lehre vorliegen muss. Sonst hätte kein Grund bestanden, die Sukzessionskette preiszugeben. In einem Vergleich will er das verdeutlichen:

> Wenn man irgend ein wegen seiner Heilkraft berühmtes Wasser trinken will, so fragt man nach der rechten Quelle, und wo diese ist, da ist auch das rechte Wasser [...] So ist's auch mit der rechten Lehre, zu dem Quelle, der aus dem Felsen hervorsprudelt, auf welchen Christus seine Kirche gegründet hat, muß man seine Zuflucht nehmen und aus ihm die Lehre des Heiles schöpfen[4].

In der Konsequenz verwirft Döllinger in einer frühen Schrift die protestantische Vorstellung, „wo die rechte Lehre ist, dort ist die rechte Kirche". Vielmehr gilt ihm: „Wo die rechte Kirche ist, dort ist auch die rechte Lehre"[5].

Diese Überzeugung führte den jungen Döllinger zu harschen Urteilen über den Protestantismus. Weil dieser mit dem bischöflichen Amt als dem Garanten der apostolischen Lehre gebrochen hat, kann er nicht die rechte Botschaft verkünden. Er ist die falsche Quelle. In der lutherischen Rechtfertigungslehre hat, wie der junge Döllinger urteilte, eine menschliche Erfindung die Verkündigung der Apostel verdrängt. Dies hatte zur Folge, dass die Anhänger der Reformation sich guter Werke enthielten und es sich in ihrer Sünde wohl sein ließen. In seinem monumentalen dreibändigen Werk *Die Reformation* breitete Döllinger eine Fülle historischen Materials aus, das den sittlichen Niedergang im Umkreis der Reformation aufzeigen sollte.[6] Luther selbst kommt ausführlich zu Wort, aber es werden nur Texte von ihm vorgestellt, die den moralischen Verfall seiner Zeit beklagen. Dieses Werk sowie Döllingers Aufsatz über Luther in *Wetzer und Welte's Kirchenlexikon* gehören zum Höhepunkt der antiprotestantischen Polemik des 19. Jahrhunderts.

---

3 So die Zusammenfassung durch Johann Finsterhölzl, Die Kirche in der Theologie Ignaz von Döllingers bis zum ersten Vatikanum, hg.v. Johannes Brosseder, Göttingen 1975, 157.
4 Zitiert nach Neuner, Döllinger als Theologe, 33 f.
5 Über ‚protestantische Kirchenverfassung', in: Historisch-Politische Blätter 6 (1840 II), 606 f.
6 Ignaz von Döllinger, Die Reformation, ihre innere Entwicklung und ihre Wirkungen im Umfange des Lutherischen Bekenntnisses, 3 Bde., Regensburg 1846–1848.

Die vielfältigen Spaltungen innerhalb des Protestantismus sind die Folge des fundamentalen Bruchs, der am Anfang seiner Geschichte steht, sie sind für Döllinger der Beweis dafür, dass eine Urspaltung mit der apostolischen Tradition stattgefunden hat. Die diachrone Spaltung ist die Ursache für die zahlreichen synchronen Spaltungen. Weil nicht mehr die apostolische Botschaft verkündet wurde, sondern jeder Prediger seine eigene Vorstellung propagierte, waren und sind ständige Abspaltung und Sektenbildung unvermeidbar.

Die Überzeugung, dass der Protestantismus durch den Verlust der bischöflichen Sukzession aufgehört habe, die Kirche des Credos zu sein, begleitete Döllinger sein Leben hindurch. Andererseits hat ihn seine zunehmend kritische Haltung gegenüber der Entwicklung des römischen Katholizismus im Verlauf der Neuzeit dazu geführt, christliche Elemente auch in den nicht-katholischen Kirchen zu suchen. In seinem Werk *Kirche und Kirchen*[7] entfaltete er ein ökumenisches Programm für eine Wiedervereinigung der katholischen und der lutherischen Kirche. Dabei spielt die *Confessio Augustana*, zu der sich nach seinem Urteil die Mehrzahl der Protestanten bekennen, eine zentrale Rolle, sie könnte neben Schrift und altkirchlichen Bekenntnissen gemeinsame Basis sein. Er zitiert den Artikel 7 des *Augsburger Bekenntnisses* mit der Aussage, „dass die eine heilige Kirche allezeit sein und bleiben müsse, welche ist die Versammlung aller Gläubigen, bei welchen das Evangelium rein gepredigt und die heiligen Sakramente laut des Evangelii gereicht werden"[8]. Dies beweist ihm die Überzeugung der Reformatoren der ersten Generation, dass die Kirche ungebrochen auf die apostolische Botschaft zurückreicht und dass sie nicht 1517 neu gegründet wurde. Döllinger urteilte: „Wäre dieses sich Bekennen ein völlig ernstliches und auf klare Erkenntnis und richtiges Verständnis des Inhaltes gegründetes, dann würde die Wiedervereinigung der getrennten Kirchen verhältnismäßig leicht sein"[9]. Allerdings fügt er einschränkend hinzu, alljährlich werde das *Augsburger Bekenntnis* „in jeder protestantischen Schule gepriesen, und fast kein Mensch weiß, was darinnen steht"[10].

---

7 Ignaz von Döllinger, Kirche und Kirchen, Papstthum und Kirchenstaat. Historisch-politische Betrachtungen, München ²1861. In einer umfangreichen „Vorrede" (S. V–XXXIV) gibt Döllinger einen Überblick über die Situation der getrennten Kirchen. Die zentralen Thesen sind dokumentiert in Johann Finsterhölzl, Ignaz von Döllinger, Graz/Wien/Köln 1969 (Wegbereiter heutiger Theologie), 208–217.
8 Döllinger, Kirche und Kirchen, XXV.
9 Döllinger, Kirche und Kirchen, XXV.
10 Döllinger, Kirche und Kirchen, XXV.

In einer Rede von 1863 über *Die Vergangenheit und Gegenwart der katholischen Theologie*[11] formulierte Döllinger ein ökumenisches Programm, das sich allerdings sehr im Banne eines deutschen Nationalbewusstseins bewegte:

> Uns allein unter allen Völkern ist das Geschick widerfahren, daß das scharfe Eisen der Kirchentrennung mitten durch uns hindurchgegangen ist und in zwei fast gleiche Hälften uns zerschnitten hat, die nun nicht einander lassen und doch auch nicht recht miteinander leben können [...] Deutsche Theologen sind es gewesen, welche die Spaltung begonnen, welche das Feuer der Zwietracht entzündet und es seitdem, emsig Holz tragend, genährt haben [...] So hat denn auch die deutsche Theologie den Beruf, die getrennten Konfessionen einmal wieder in höherer Einheit zu versöhnen[12].

Allerdings kam Döllinger in seiner Rede von 1863 zu dem resignierenden Urteil, dass weder Protestanten noch Katholiken die Einheit wirklich wollten.

> Denn nur derjenige will wirklich einen Zweck, der auch die Mittel will, ohne deren Anwendung der Zweck nicht erreichbar ist, und dieses sein Wollen durch die Tat kundgibt. Die Mittel aber heißen hier: Demut, Bruderliebe, Selbstverleugnung, aufrichtige Anerkennung des Wahren und Guten, wo es sich auch findet, gründliche Einsicht in die Gebrechen, Schäden und Ärgernisse unserer eigenen Zustände und ernstlicher Wille, die Hand anzulegen zu ihrer Abstellung[13].

Hier hat die Theologie ihre Aufgabe: „Ähnlich dem Prophetentume in der hebräischen Zeit, das neben dem geordneten Priestertume stand, gibt es auch in der Kirche eine außerordentliche Gewalt neben den ordentlichen Gewalten, und dies ist die öffentliche Meinung. Durch sie übt die theologische Wissenschaft die ihr gebührende Macht, welcher in der Länge nichts widersteht"[14].

2 Die Kritik am Vatikanischen Konzil

Im Vertrauen auf die öffentliche Meinung, die er vor allem durch die Gebildeten repräsentiert sah, führte Döllinger auch seinen Kampf gegen das Unfehlbarkeitsdogma. Er war zunächst überzeugt, dass dieses von einer historisch gebil-

---

11 Diese Rede ist vollständig wiedergegeben bei Johann Finsterhölzl, Ignaz von Döllinger, 227–263.

12 In: Ignaz von Döllinger, Kleinere Schriften, hg.v. Franz Heinrich Reusch, Stuttgart 1890, 161–196, hier 181f. Die Rede ist vollständig wiedergegeben bei Johann Finsterhölzl, Ignaz von Döllinger, 227–263.

13 Döllinger, Kleinere Schriften, 183f.

14 Döllinger, Kleinere Schriften, 184.

deten Öffentlichkeit nicht rezipiert würde. Die Kritik, die der fast 70jährige Döllinger am Vatikanischen Konzil übte, folgte den gleichen Kriterien, die er früher am Protestantismus geäußert hatte: Nach seiner Überzeugung hat nun auch die vatikanische Kirche durch die Papstdogmen ihre Apostolizität preisgegeben und das Fundament des Glaubens, die *regula fidei* verändert. Künftig ist nicht mehr das zu glauben, was immer, überall und von allen geglaubt wurde, sondern was der Papst jeweils neu zu glauben vorschreibt. Als die prägnanteste Formulierung dieser neuen Glaubensregel erschien ihm das Wort Papst Pius IX.: „La tradizione son io", die Tradition bin ich. Damit, so Döllinger, hat der Papst den Anspruch erhoben, an die Stelle der Tradition zu treten, er hat diese außer Kraft gesetzt.[15]

Dieser Bruch mit der Botschaft führte nach Döllingers Überzeugung auch zum Bruch mit dem bischöflichen Amt, also der formalen Seite der Tradition. Im Dogma vom päpstlichen Universalprimat hat der Papst die volle, unmittelbare, bischöfliche Gewalt in der Kirche usurpiert. „Sorgfältig sind die Worte so gestellt, daß für die Bischöfe schlechterdings keine andere Stellung und Autorität, als die, welche päpstlichen Kommissären oder Bevollmächtigten zukommt, übrig bleibt. Damit ist denn, wie jeder Kenner der Geschichte und der Väter zugeben wird, der altkirchliche Episkopat in seinem innersten Wesen aufgelöst". Bischöfe sind fortan „wohl noch kirchliche Würdenträger, aber keineswegs mehr wahre Bischöfe"[16]. Der Episkopat ist damit untergegangen. Im Vatikanum hat Rom ebenso mit der apostolischen Kirche gebrochen, wie im 16. Jahrhundert die Protestanten. Das Konzil hat, wie er dem Münchner Erzbischof gegenüber äußerte, eine neue Kirche gemacht, die nicht mehr die Kirche des Credos ist.

Als Folge der vatikanischen Dogmen erwartete Döllinger nun eine Flut von neuen Glaubenslehren. Er hat die Unfehlbarkeitsdefinition von einer Extremposition her kritisiert und dabei eine Schreckvision entwickelt, die durch die Rezeptionsgeschichte der vergangenen 150 Jahre widerlegt wurde. Dass sie sich nicht hat durchsetzen können ist wohl mit eine Frucht von Döllingers tragischem Kampf. Allerdings ist auch die Deutung nicht ausgeschlossen, dass die Unfehlbarkeit nicht um der Treue zur christlichen Botschaft willen verkündet wurde, sondern allein um die Autorität des Papstes in höchst möglicher Form festzuschreiben.

---

15 Siehe hierzu Peter Neuner, Der lange Schatten des I. Vatikanums, Freiburg i.B./Basel/Wien 2019, 84 – 88.
16 Ignaz Döllinger, Briefe und Erklärungen über die Vatikanischen Dekrete 1869 – 1887, München 1890, 30.

3 Ökumenische Aktivitäten

Als nach seiner Überzeugung zu Unrecht exkommunizierter Katholik sah sich Döllinger nach dem I. Vatikanum in Gemeinschaft mit all den Christen und ihren Kirchen, die wegen ihres legitimen Protestes gegen unberechtigte päpstliche Ansprüche von der katholischen Kirche getrennt waren: mit den Kirchen der Orthodoxie sowie der Anglikanischen Gemeinschaft. Die Altkatholische Bewegung, die zu einem guten Teil aus seinem Protest gegen das Konzil erwuchs, verstand er „als Werkzeug und Vermittlungsglied einer künftigen großen Wiedervereinigung der getrennten Christen und Kirchen"[17] und die Altkatholiken haben diese Vision bereitwillig aufgegriffen. Bereits der Zweite Altkatholikenkongress 1872 berief eine Kommission zur Förderung der christlichen Einheit und Döllinger wurde ihr Vorsitzender.

3.1 Die Vorträge über Die Wiedervereinigung der christlichen Kirchen

In dieser Eigenschaft hielt Ignaz Döllinger im Frühjahr 1872 in München sieben Vorträge *Über die Wiedervereinigung der christlichen Kirchen*[18], die ein lebhaftes Echo in der Öffentlichkeit fanden. Sie wurden teilweise nach stenographischer Mitschrift in der Augsburger Allgemeinen Zeitung veröffentlicht, im gleichen Jahr erschienen sie in englischer Übersetzung. Döllinger zögerte mit einer deutschen Publikation, er wollte die Vorträge breiter ausarbeiten, was ihm nicht mehr gelang. Zudem änderte sich nach seiner Überzeugung in der Folge des Vatikanischen Konzils das Verhältnis der Kirchen zu Rom fundamental. So wurden diese Vorträge erst 1888 in ihrer ursprünglichen Form in deutscher Sprache veröffentlicht.

Als Hauptmotiv für die Bemühung um Einheit nannte Döllinger das Gebot des Herrn, der „ihre Einheit gewollt, geboten habe"[19]. Er regte an, die Kirchen sollten das Gemeinsame mehr betonen als das Trennende, Dogmen und Bekenntnisschriften so interpretieren, dass Missverständnisse abgebaut, Einseitigkeiten überwunden werden und das gemeinsame Erbe deutlich wird. Besondere Hoffnung setzte Döllinger dabei auf die Theologie in Deutschland. „Da, wo die Ent-

---

17 Döllinger, Briefe und Erklärungen, 105.
18 Ignaz Döllinger, Über die Wiedervereinigung der christlichen Kirchen. Sieben Vorträge, gehalten zu München im Jahr 1872, Nördlingen 1888.
19 Döllinger, Über die Wiedervereinigung, 12.

zweiung entstanden ist, die Trennung geboren wurde, da muß auch die Versöhnung erfolgen, muß die Spaltung zu einer höheren und besseren Einheit führen; das wäre dann die tragische Katharsis in dem großen Drama unserer Geschichte"[20]. Eine gegenseitige Anerkennung erschien ihm mit jenen Kirchen als möglich, die in Übereinstimmung stehen mit der Apostolischen Überlieferung und die am bischöflichen Amt in ungebrochener Sukzession festgehalten haben.

Was müssten die Kirchen konkret verwirklichen, um ihre Apostolizität zu festigen und dadurch die Gemeinschaft der Christenheit zu realisieren? Für die Orthodoxie forderte Döllinger keine tiefgreifenden Reformen, ihre Lehre und ihre Struktur entsprechen der Alten Kirche. Jedoch müssten sie sich von abergläubischen Praktiken lösen, die Ausbildung ihrer Priester erneuern, sowie sich aus der Umklammerung durch den Staat befreien. Die Kirchen der anglikanischen Gemeinschaft müssten ihre katholische Tradition in den Vordergrund stellen, die Oxford-Bewegung und deren Interpretation der *39 Artikel* im altkirchlichen Sinne könnte Bindeglied zu einer Wiedervereinigung werden. Zu überwinden wäre die enge Verbindung von Staat und Kirche sowie manche calvinistische Tendenz im Flügel der low church. In der römisch-katholischen Kirche sind nach Döllingers Darlegung alle Elemente der Kirche verwirklicht, lediglich manche Dekrete des Tridentinums bedürften einer irenischen Interpretation. Inzwischen haben jedoch nach seiner Überzeugung die Dogmen des Vatikanischen Konzils die Apostolizität der römischen Kirche nach Form und Inhalt zerstört. Doch in seinen Vorträgen im Frühjahr 1872 war Döllinger noch überzeugt, dass diese Dogmen von der Kirche nicht rezipiert würden, dass sie im weiteren Verlauf des Konzils, mit dem er zunächst rechnete, von den Bischöfen modifiziert würden und darum auf längere Sicht eine Annäherung der Kirchen nicht verhindern könnten. 1888, als die Vorträge veröffentlicht wurden, war das keine realistische Erwartung mehr.

Der Protestantismus müsste sich zufolge Döllinger tiefgreifend reformieren, weil er nicht mehr in der Kontinuität der apostolischen Botschaft steht. Das gilt nach seiner Überzeugung noch nicht für Luther und Melanchthon, wie er jetzt im Gegensatz zu seinen früheren Äußerungen betonte, wohl aber für Calvin und dann insgesamt für die zweite Generation der Reformatoren. Die Spaltung der Kirche geschah demnach erst durch die Annäherung an die Tradition Calvins und in der *Konkordienformel*. Luther, Melanchthon und insbesondere das *Augsburger Bekenntnis* erachtete Döllinger in seinen Vorträgen von 1872 als im Rahmen der Alten Kirche stehend. Die *Confessio Augustana* betont nachdrücklich die Übereinstimmung mit der Alten Kirche. Insbesondere erscheint Döllinger dabei das bischöfliche Amt betont, es wird als verbindliche Struktur der Kirche festgehalten, weil es

---

20 Döllinger, Über die Wiedervereinigung, 31.

von Christus eingesetzt ist.²¹ Die Aufgaben der Verkündigung des Evangeliums, der Vergebung der Sünden und der Darreichung des Herrenmahls kann zufolge der *Confessio Augustana* niemand wahrnehmen „ohn ordentlichen Beruf"²². Es ist nach Döllingers Überzeugung zentrales Anliegen dieses Textes, das Bischofsamt als geistliches Amt wieder unverfälscht zu realisieren. Darum benennt und verurteilt der umfangreichste Artikel des zweiten Teils der CA nachdrücklich die Missstände in der Entwicklung des Bischofsamtes. Dieses nach altkirchlicher Ordnung zurückzugewinnen, erachtete Döllinger als ein zentrales Anliegen des *Augsburger Bekenntnisses*. Darin sah er in Übereinstimmung mit seinen Kriterien der Kirche die christliche Botschaft bewahrt.

Die Kirchenspaltung legte Döllinger in diesen Vorträgen nicht Luther zur Last. In dessen Person kristallisierte sich vielmehr die allgemein verbreitete Unzufriedenheit mit der Lage der Kirche seiner Zeit. Damit kam Döllinger zu einer Würdigung des Reformators, die seiner früheren Deutung diametral entgegengesetzt war.

> Luthers überwältigende Geistesgröße und wunderbare Vielseitigkeit machte ihn allerdings zum Manne seiner Zeit und seines Volkes: es hat nie einen Deutschen gegeben, der sein Volk so intuitiv verstanden hätte und wiederum von der Nation so ganz erfasst, ich möchte sagen eingesogen worden wäre, wie dieser Augustiner Mönch zu Wittenberg. Sinn und Geist der Deutschen waren in seiner Hand wie die Leier in der Hand des Künstlers. Hatte er ihnen doch auch mehr gegeben, als jemals in christlicher Zeit ein Mann seinem Volke gegeben hat: Sprache, Volkslehrbuch, Bibel, Kirchenlied. Alles was die Gegner ihm zu erwidern oder auf die Seite zu stellen hatten, nahm sich matt, kraftlos und farblos aus neben seiner hinreißenden Beredsamkeit; sie stammelten, er redete²³.

Nicht die Reformatoren haben nach seiner Überzeugung die Kirche gespalten, sondern der päpstliche Hof. In aller Deutlichkeit stellte Döllinger die spätmittelalterliche Abneigung in Deutschland gegen die Kurie dar. Die Erfahrungen um das I. Vatikanum bildeten den Hintergrund, von dem aus er nun auf die Reformation zurückblickte. Als besonderes Verschulden führte er an, dass die Päpste die unabweisbare Reform unterdrückten und das notwendige Konzil durch taktische Winkelzüge über Jahrzehnte hin verhinderten. Die altkirchliche Verfassung wurde durch die päpstlichen Machtansprüche zerstört. Damit mangelte es an Instanzen und Befugnissen, die in dieser schwierigen Situation einen Weg hätten weisen können.

---

21 Das Amt hat nach CA 28 den Auftrag, „das Evangelium zu predigen, die Sünde zu vergeben und zu behalten und die Sakrament zu reichen".
22 *Nisi rite voctus* (CA 14).
23 Döllinger, Über die Wiedervereinigung, 53.

Den Reformatoren kam es nicht in den Sinn, die Kirche zu spalten und eine Kirchengründung zu betreiben.

Es war ja nur eine Reformation, was man begehrte, wie sie schon seit Jahrhunderten ersehnt worden war. Das alte Wohnhaus hielt man für baufällig und reinigungsbedürftig, aber man meinte nicht, daß es von Grund aus niedergerissen und auf dem Platze, wo es gestanden, ein neues erbaut werden sollte. Von dem Gedanken, dass in Deutschland von nun an zwei Kirchen in fortdauernder Feindschaft einander gegenüberstehen sollten, erschrak noch jedermann. Auf allen damaligen Reichstagen und Religionsgesprächen ging man stets von der Voraussetzung aus, dass die Bekenner der neuen Lehre und die Anhänger der alten Kirche innerhalb der eigenen allgemeinen Kirche sich befänden, daß eine Versöhnung und Verständigung noch gefunden, die gottesdienstliche Gemeinschaft wiederhergestellt werden könne und solle[24].

Noch beim Augsburger Religionsfrieden (1555) und selbst beim Westfälischen Frieden (1648) bestand nach Döllingers Darstellung die Hoffnung einer künftigen Einigung durch ein allgemeines Konzil, in dem die gegenwärtige Trennung als etwas Vorübergehendes, als ein provisorischer Zustand überwunden werden könnte.

Von dem Gedanken einer alle Kontroversen noch umgreifenden kirchlichen Einheit waren die Reformatoren, vor allem Melanchthon und Luther, bestimmt. Wichtigstes Zeugnis dafür ist die *Confessio Augustana*, die Döllinger nun als wichtiges Dokument für eine künftige Einigung erachtete. „Wenn wirklich nur der Wortlaut dieser symbolischen Schrift in Mitten läge, und nur über die in ihr ausgesprochenen Doktrinen verhandelt werden müsste, wie sehr wäre da bei dem jetzigen Stande theologischer Erkenntnis eine Einigung erleichtert!"[25]. Das *Augsburger Bekenntnis* erscheint Döllinger als eine Basis, auf der sich die Wiedervereinigung der evangelischen und der katholischen Kirche anbahnen ließe.

Zufolge Döllinger erfolgte der endgültige Bruch zwischen den Kirchen erst rund 50 Jahre später. Damals wurde neben dem *Augsburger Bekenntnis*

das viel weiter gehende Konkordienbuch dem nach Luther sich nennenden Teile der Nation auferlegt und allmählig ist ein Lehrgebäude aufgestellt worden, bei dessen Ausbildung die Rücksicht auf das kirchliche Altertum nicht mehr maßgebend war, die Kirchengeschichte nicht zu Rate gezogen wurde, obgleich Luther und Melanchthon es als eine unerlässliche Bedingung und ein Kennzeichen der wahren Lehre und Kirche erklärt hatten, dass sie mit der alten, noch unverdorbenen Kirche der ersten Jahrhunderte im Einklang stehen müsse[26].

---

24 Döllinger, Über die Wiedervereinigung, 64f.
25 Döllinger, Über die Wiedervereinigung, 63f.
26 Döllinger, Über die Wiedervereinigung, 64.

Faktisch entstand nun eine neue Kirche, die die Verbindung mit der alten Kirche aufgegeben hatte.

Eine parallele Entwicklung sah Döllinger auch in der katholischen Kirche. Zunächst wurde die Reformation zu einem Anlass für eine Reinigung des Katholizismus nach dem Vorbild der alten Kirche. Er nennt die Bemühungen von Erasmus, Witzel und Cassander, durchgesetzt aber haben sich auf Dauer andere Kräfte, vor allem getragen von den Jesuiten. Sie haben weithin die Macht in der Kirche übernommen, die Schulen und Hochschulen besetzt und als Beichtväter und Gewissensräte an den katholischen Fürstenhöfen erheblichen politischen Einfluss erlangt. Zu ihrem Abschluss kam diese Entwicklung im Vatikanischen Konzil, in dem die römische Kirche nach Döllingers Überzeugung die Verbindung mit der alten Kirche aufgegeben hat, und das sowohl hinsichtlich der ihrer Lehre als auch der bischöflichen Struktur.

Döllinger verweist in seinem Vortrag *Über die Wiedervereinigung der christlichen Kirchen* auf Bemühungen in der evangelischen Kirche, die bischöfliche Sukzession wieder zu gewinnen. Er beruft sich auf Leibniz, der meinte, „es wäre besser gewesen wenn die Reformatoren die linea ordinationis (Sukzession), welche in der alten Christenheit richtig fortgegangen, nicht unterbrochen hätten, wenn die Bischöfe in ihrem Stande geblieben und, wie vormals, Priester von Bischöfen wären ordiniert worden"[27]. Döllinger bezog sich auf den preußischen Hofpredigers Jablonski, der meinte, die Abschaffung des Episkopats sei zu dem Zweck erfolgt, „um der römischen Kirche möglichst wehe zu thun, wobei man aber auch alle morgenländischen und die englische Kirche, sowie das ganze christliche Alterthum, gegen sich habe". Er fügte an, „die Wiedereinführung des Episkopats sei um so wünschenswerter, als es sonst aussehe, als habe man durch die Trennung von der römischen auch von der ganzen allgemeinen Kirche sich getrennt"[28]. Eine gewisse Frucht trugen diese Bemühungen beim preußischen König Friedrich I., der durch die Vermittlung der englischen Kirche zwei Prediger zu Bischöfen weihen ließ. Allerdings erlosch dieser Episkopat wieder mit dem Tod der beiden. In unseren Tagen, so Döllinger weiter, hat Friedrich Wilhelm IV. diese Idee wieder aufgegriffen, indem er bei der Errichtung des protestantischen Bistums in Jerusalem deutsche Geistliche durch anglikanische Bischöfe ordinieren ließ. In diplomatisch ausgeklügelter Formulierung wurde hier eine richtige theologische Einsicht vertreten, wenn Friedrich Wilhelm schrieb „vertrauensvoll biete er seine Hand der bischöflichen Kirche Englands, welche mit evangelischen Grundsätzen eine auf Allgemeinheit zielende geschichtliche Verfassung und

---

27 Döllinger, Über die Wiedervereinigung, 71.
28 Döllinger, Über die Wiedervereinigung, 71.

kirchliche Selbstständigkeit verbinde"[29]. Döllinger betonte, „dass Friedrich Wilhelm IV., unzufrieden mit seinem ‚Summepiskopat', die Leitung der Kirche gerne in geeignetere Hände gelegt hätte, und daß er dabei an eine bischöfliche Verfassung dachte"[30]. Eine Rückbesinnung auf das *Augsburger Bekenntnis* legt nach Döllingers Überzeugung eine Wiedergewinnung des Bischofsamts nahe. Dadurch, so hoffte er, könnte der zentrale Kontroverspunkt, der die Kirchen trennt, überwunden werden. Von der Polemik, mit der der frühe Döllinger derartige Versuche bedacht hatte, ist nach dem Vatikanum nichts mehr übrig geblieben.

3.2 Die Bonner Unionskonferenzen

Döllinger war Initiator und die treibende Kraft in den Bonner Unionskonferenzen von 1874 und 1875, den bedeutendsten ökumenischen Gesprächen im 19. Jahrhundert. Es sollten Expertentagungen sein, in denen die Theologie der kirchlichen Einigung den Weg bereiten würde. Als Grundlage der Verhandlungen formulierte Döllinger „die Bekenntnisformeln der ersten kirchlichen Jahrhunderte". Ziel der Konferenzen solle nicht sein „eine absorptive Union oder völlige Verschmelzung der verschiedenen Kirchenkörper, sondern die Herstellung einer kirchlichen Gemeinschaft auf Grund der ‚unitas in necessariis'"[31]. Diese *unitas in necessariis* sah Döllinger insbesondere in der Apostolizität, die er den evangelischen Kirchen seiner Zeit absprach. Faktisch fühlten sich evangelische Theologen durch seine Einladung kaum angesprochen, die *Confessio Augustana* spielte folglich bei den Verhandlungen keine Rolle. Im Zentrum standen das *Filioque* und die Gültigkeit der anglikanischen Weihen. Kirchenamtlicher Erfolg war diesen Konferenzen allerdings nicht beschieden. Döllinger war darüber tief enttäuscht. Resigniert schrieb er: „Wir Theologen haben das Unsrige getan. Es kommt darauf an, wie die kirchlichen Autoritäten sich dazu stellen werden. Aber die einen tun nichts aus gewohnter Indolenz, die anderen aus politischen Rücksichten"[32].

---

29 Döllinger, Über die Wiedervereinigung, 72.
30 Döllinger, Über die Wiedervereinigung, 72.
31 So in Döllingers öffentlichem Einladungsschreiben, in: Franz Heinrich Reusch (Hg.), Bericht über die am 14., 15. und 16. September zu Bonn gehaltenen Unions-Conferenzen, Bonn 1874, 1.
32 Johann Friedrich, Ignaz von Döllinger, Bd. 3, München 1901, 649 f.

3.3 Ökumenische Fernwirkungen

Die Altkatholische Kirche, die sich auf Döllingers Wirken beruft und in ihm gründet, ist der ökumenischen Verpflichtung treu geblieben. Es kam zu Vereinbarungen mit der anglikanischen Gemeinschaft zunächst über eine Interkommunion, 1931 hat man volle kirchliche Gemeinschaft (full communion) erklärt. Das *Augsburger Bekenntnis* spielte dabei keine wichtige Rolle, die lutherische Tradition war nicht involviert.

Anders bei der Vereinbarung einer Abendmahlsgemeinschaft der Altkatholiken mit der Kirche von Schweden (2000), wo die Schlussbemerkung des ersten Teils der *Confessio Augustana* zitiert wird, wonach die Lehre der Reformatoren „nichts enthält, das der Heiligen Schrift oder der katholischen oder römischen Kirche widerspricht, soweit es aus den Schriftstellern der Alten Kirche bekannt ist"[33] Auf dieser Basis konnte im Januar 2018 die Feststellung kirchlicher Gemeinschaft gefeiert werden. In der Vereinbarung der Altkatholiken mit der EKD über eine gegenseitige Einladung zur Teilnahme am Abendmahl wird ebenfalls auf das *Augsburger Bekenntnis* Bezug genommen, allerdings im gleichen Atemzug auch auf Bekenntnistexte der reformierten und unierten Tradition.[34] Dies steht in Spannung zu Döllingers Überzeugung, der lediglich das *Augsburger Bekenntnis* für ein tragfähiges Fundament kirchlicher Einheit erachtete.

---

33 Zitiert in: Utrecht und Uppsala auf dem Weg zu kirchlicher Gemeinschaft. Bericht des offiziellen Dialogs zwischen den Altkatholischen Kirchen der Utrechter Union und der Kirche von Schweden (2013), Nr. 6.1.1. S. 57.
34 Text in: Alt-Katholische Kirche in Deutschland/VELKD (Hg.), Hände-Reichung, Hannover/ Bonn 2012.

Bernd Jochen Hilberath

50 Jahre danach – sind wir schon weiter?

1 Zur Ausgangslage

Wer als Theolog*in zu ökumenischen Vorträgen und Gesprächsabenden an der Basis unterwegs ist, dem/der wird häufig entgegengehalten: „Wir sind aber schon viel weiter als die [...]". Nun gilt hier in besonderem Maße, was jedem theologischen Statement gut ansteht: differenzieren! Gewiss, man kann sich auch totdifferenzieren und dann leicht sarkastisch feststellen: „Gut, dass wir darüber geredet haben." Es ist nicht ganz von der Hand zu weisen, dass auch für die ökumenische Szenerie gilt: „Wir haben jetzt lange genug interpretiert, nämlich Lehrverurteilungen aufgearbeitet und Bekenntnistexte miteinander verglichen – nun geht es darum auch zu handeln!" Gleichwohl müssen Theolog*innen einen gewissen Widerstand leisten und auf das Unterscheiden, griech: das *krinein* (der Wortstamm für Krise und Kriteriologie), drängen. Bildet das folgenlose und immer wieder aufs Neue eingeforderte „das müssen wir nochmal gründlich aufarbeiten" den einen, so der heillose Aktivismus den anderen Pol des ökumenischen Spektrums.

Was gilt es zu unterscheiden? Ganz grob, notwendig wenn auch nicht hinreichend, sind es die drei Großsubjekte kirchlich-theologischer Kommunikation: das Gottesvolk insgesamt, zu dem wissenschaftlich arbeitende Theolog*innen sowie Repräsentant*innen in mehr oder weniger lehramtlicher Funktion dazugehören – und das nicht in einem Darüberstehen, sondern einem verantwortlichen Miteinander. Die Zuordnung dieser drei Bezeugungsinstanzen (Gemeinden/Kirchen-„Lehramt"-wissenschaftlich arbeitende Theologie) zueinander und dann vor allem zu den normativen Bezeugungsinstanzen, vor allem zur Auslegung der *Heiligen Schrift*, ist selbst wieder in den Konfessionskirchen unterschiedlich ausgeprägt. Ich erinnere nur an das geradezu konträre Procedere im Zusammenhang der Gemeinsamen Erklärung zur Rechtfertigungslehre. Inwieweit auf evangelischer Seite Mitchrist*innen, die keine Theolog*innen sind und kein Kirchenamt begleiten, jeweils involviert sind, wird selbst differenziert zu prüfen sein. Katholischerseits jedenfalls klafft eine Kommunikationslücke zwischen Lehre und Theologie auf der einen und den Erfahrungen und der Praxis der Gläubigen in den Gemeinden. Ja, wie Theodor Schneider, einer der Altmeister ökumenischer Theologie, feststellt, gilt diese Kluft auch für das Verhältnis von Lehramt und Theologie – und das eben nicht nur in synchroner, sondern auch in diachroner

Hinsicht.[1] Wer, auch von den heutigen Bischöfen, kennt die ökumenischen Dokumente, die in Jahrzehnten erarbeitet wurden? Wer kennt das Ökumenismusdekret und überhaupt die Texte des Zweiten Vatikanischen Konzils, von der Würzburger Synode ganz zu schweigen? Und wie steht es mit der Kenntnis der in Lima verabschiedeten Konvergenzerklärungen, des Projekts *Lehrverurteilungen – kirchentrennend?*, wie mit der Gemeinsamen Erklärung, wie mit *Vom Konflikt zur Gemeinschaft?* Gewiss gilt auch hier das notwendige Unterscheiden: innerhalb der drei Großsubjekte gibt es selbst ein breites Spektrum an bewusst vertretenen oder auch nur de facto eingenommenen Positionen. Hier gilt, was Johanna Rahner unlängst öffentlich und deutlich behauptete: Die Furcht vor Kirchenspaltung ist unbegründet, denn wir haben sie schon. Das erschwert das ohnehin nicht einfache Amt episkopal-lehramtlicher Prägung und erzwingt die Verabschiedung eines undifferenzierten Einheitsdenkens, das möglichst *una voce* zum Ausdruck gebracht werden soll.

Die Frage also, ob wir 40 Jahre nach der einschlägigen Debatte und zur Entlastung der kommenden 10 Jahre behaupten dürfen, wir seien schon (viel) weiter, kann nur differenzierend beantwortet werden, wobei ich jetzt nur für die römisch-katholische Seite spreche. Ökumenisch engagierte und z. B. bewusst eine konfessionsverbindende Ehe lebende Katholik*innen schätzen ihre evangelischen Partner*innen, bewundern Charakteristika ihres Glaubenslebens, gönnen ihnen die Freiheit im Kompetenzennetz der Glaubenskommunikation. Diese Katholik*innen wollen zugleich ihre eigene Herkunft einbringen und lebendig halten oder auch wieder erwecken, und sie fragen sich, ob die unterschiedlichen Lehrgebäude, von denen sie zumeist nur gehört, die sie aber nie gelehrt und erklärt bekamen, ihr gemeinsames Christenleben spalten kann. Zwei Reaktionen von Seiten des Lehramtes und der Theologie sind in jedem Fall denkbar: entweder das Projekt einer großangelegten, aber wohl kaum noch flächendeckend gefragten ökumenischen Katechese und Erwachsenenbildung oder der Versuch, die Erfahrungen der Basischristen ernst zu nehmen und auf ihre Relevanz für die Einschätzung der womöglich gar nicht mehr kirchentrennenden unterschiedlichen Lehrgestalten zu befragen.

Die römisch-katholische Kirche hat ihre eigene Geschichte, was das Verhältnis von Glaubenslehre und Glaubenserfahrung angeht. Selbst da, wo das sich auf die eigene Erfahrung Berufen nicht absolut gesetzt wurde und nicht seinerseits Kommunikation verweigerte, begegnete Argwohn und Abwertung. Spätestens an dieser Stelle wird deutlich, dass es einschlägige Machtverhältnisse in der kon-

---

1 Vgl. Theodor Schneider, Ökumenisches Porträt, in: Una Sancta 71 (2016), 71–79.

kreten Ausprägung des Kommunikationsdreiecks[2] gibt, und es gilt ins Auge zu fassen, dass der ekklesiologischen und von daher auch der ökumenischen „Psychologie" größeres Gewicht zukommt als Ekklesiologie und ökumenischer Theologie.[3]

Beim Niederschreiben habe ich mich, spätestens an dieser Stelle, gefragt, ob die Bedenken, die ich für notwendig erachte, überhaupt hilfreich sein können für die Tagung selbst und das Projekt der ökumenischen Bemühungen um die *Confessio Augustana*. War die Situation nicht immer so, so dass es keinen Sinn macht, hier als ökumenische Greta Thunberg aufzutreten und endlich schnelles Handeln einzufordern, bevor das ökumenische Klima kollabiert? Es mag sein, dass sich etwa durch den Beitrag von Theo Dieter herausstellt: wir sind heute nicht weiter als in den 70er Jahren und um 1980 herum. Wenn wir aber, was den theologischen Stand angeht, nicht weiter wären (was ich nicht für zutreffend halte), so hat sich gleichwohl der Kontext, der kirchliche und gesamtgesellschaftliche, erheblich verändert. Und heutzutage leugnet ja kein vernünftiger Theologe, dass Kontextualität von elementarer Bedeutung für die Verantwortung des überlieferten Glaubens ist. Damit betreibt ökumenische Theologie keine der einseitigen Formen von Ökumene, die seinerzeit Kardinal Ratzinger den Thesen von Heinrich Fries und Karl Rahner[4] bzw. ihrer Stoßrichtung unterstellte:[5] Es handelt sich weder um eine „Basisökumene", die die Gemeinden spaltet, noch um eine die Bischöfe bloß belehrende und von oben herab dozierende „Obrigkeitsökumene", noch ist Ökumene Verhandlungssache – ein Vorwurf, den Joseph Ratzinger als Benedikt XVI. erneut erhoben hatte. Mir scheint, dass es sich lohnt, folgende Spur zu verfolgen, die ich in diesem Rahmen nur vorsichtig vorzeichnen kann: Wenn Christenmenschen ihren Glauben im ökumenischen Miteinander leben und sich im Kern nicht als getrennt erfahren, wenn der geänderte gesellschaftliche Kontext – zunehmende Kirchenaustritte bzw. Nicht-eintritte, so dass die Christ*innen nicht mehr die Mehrheit in der Bevölkerung darstellen; Herausforderung durch andere Religionen und Religionsformen, besonders durch die Muslim*innen in unserem Land; gemeinsame Herausforderungen ethischer Art und das Wach-

---

2 Vgl. meinen Beitrag: Das Spannungsverhältnis zwischen Kirchenleitung, Theologie, Basis und geistlichen Gemeinschaften aus römisch-katholischer Perspektive, in: Una Sancta H.3/2013 (Themenheft), 195–205.
3 Vgl. meinen Beitrag: Nicht-genuin-theologische Faktoren im Prozess der (Ent)Konfessionalisierung. In Erinnerung an Günther Gassmann, in: Theologische Quartalschrift 197 (2017), 277–288.
4 Heinrich Fries/Karl Rahner, Einigung der Kirchen – reale Möglichkeit, Freiburg i.B. 1983.
5 Vgl. Heinrich Fries, Einigung der Kirchen – reale Möglichkeit, in: Heinrich Fries/Otto Hermann Pesch (Hg.), Streiten für die eine Kirche, München 1987, 77–81.

halten einer Zukunftshoffnung – wenn dieser Kontext dringender denn je, wenn auch spezifischer zur Besinnung auf das, was wir gemeinsam bezeugen können, zwingt, was bedeutet dies dann für das Verhältnis der Konfessionskirchen zueinander? Müssen wir wieder einmal gezielt das Verhältnis von sprechendem und handelndem Glauben, von Orthodoxie und Orthopraxie ins Auge fassen?[6] Wieweit kann uns eine mögliche Anerkennung der CA bei diesem Projekt helfen?

2 Zur Struktur der Glaubenslehre

Melanchthons Anliegen war es, durch die Unterscheidung von unverzichtbaren Fundamentalartikeln – systemisch gesprochen: von solchen, die Unterschiede machen würden – und den Adiaphora, also Artikeln, denen kein kirchentrennender Charakter zukommt, den Beweis zu erbringen, dass die Reformwilligen und die Altgläubigen im Herzen des Glaubens übereinstimmen. Manche Artikel würden auch heute noch so eingeordnet sein, andere hinzukommen oder an die Stelle treten. Darüber ging ja vor 40 – 50 Jahren die Debatte, wie Theo Dieter zeigen wird, und genau diese zuordnende Unterscheidung spielte auch in der Rezeption der Debatte in nachfolgenden ökumenischen Dokumenten eine Rolle. Nach Jahrzehnten macht es keinen Sinn einfach zu kopieren; zumindest in diesem Sinn würde eine Anerkennung der CA gerade keinen Sinn ergeben. Geradezu mustergültig ist dagegen die Unterscheidung zwischen gemeinsamem Fundament und legitimer Pluralität im Sinn eines differenzierenden Konsenses. Einige Beiträge hier haben sich ja schon mit der Frage auseinandergesetzt, welche Relevanz den damaligen Kontroversen im Einzelnen heute noch zukommt. Zugleich ist zu fragen, welche damals so nicht artikulierten Lehrunterschiede heute einer Anerkennung der Kirchen als legitime Ausprägungen der einen Kirche Jesu Christi im Wege stünden bzw. übereinstimmend als nicht mehr kirchentrennenden eingestuft werden können. Wie uns hier in Erinnerung gerufen wurde, sind die Topoi der CA: Gott und der Mensch vor Gott und der Weg des Menschen in und mit der Kirche, mit den Heilsmitteln zu Gott. In einer tatsächlichen oder auch nur, jedenfalls partiell, nominell christlichen Welt kommt der Vielzahl der Heilsmittel auf dem einen Heilsweg mit Jesus Christus viel Aufmerksamkeit zu. Heute scheint eine Konzentration auf den, den wir als „den Weg, die Wahrheit und das Leben" bekennen, Vorrang zu haben. Es geht im Kontext der interreligiösen Begegnung wie eines neuen Atheismus, Agnostizismus und Desperantismus darum, die Au-

---

6 S. jetzt: Theodor Schneider, Orthodoxie und Orthopraxie. Glauben bekennen – Glauben leben, hg. u. weitergeführt von Bernd Jochen Hilberath/Dorothea Sattler, Ostfildern 2020.

gen zu öffnen für und die Hoffnung wachzuhalten auf den Gott, der – ohne aufzuhören Gott zu sein – in diese Menschenwelt eingeht, auf die Menschen zugeht und mit ihnen geht. In Anlehnung an Karl Rahner lässt sich formulieren: Unser transzendierendes Sehnen nach seliger Erfüllung verfehlt nicht asymptotisch sein Ziel. Wir geben Zeugnis vom „Grund unserer Hoffnung" – ich zitiere bewusst das Bekenntnis der Würzburger Synode, die ja im Jahrzehnt vor dem CA-Jubiläum ebenfalls den Versuch wagte, die Fundamentalartikel unseres Glaubens im Heute zu formulieren.[7] Wir Christ*innen – und das interreligiöse Gespräch wird erweisen, wieweit dies auch für andere Religionen gilt – glauben, einen Grund benennen zu können, weshalb unser Streben nicht ins Leere greift: Gott selbst ist transzendent und unverfügbar, aber aus freien Stücken – wir nennen es Gnade, also *sola gratia* – nicht in asymptotischer Fastannäherung geblieben. „Wer mich gesehen hat, hat den Vater gesehen" (Joh 14,9) ist das Herzstück des Evangeliums. Wir Christ*innen können von Gott nur sprechen, wenn wir in dieser Theo-logik von Jesus Christus sprechen.

So wenig wie zu Zeiten Melanchthons – von Ausnahmen abgesehen – Gott in Frage gestellt wurde, so wenig war auch das trinitarische Gottesbild bestritten, jedenfalls weithin. Heute erfordert die Kontextualität unseres Glaubens ein entsprechendes Zeugnis. Es genügt eben nicht, sich mit dem mehr oder weniger gewissen Festhalten an dem allmächtigen und barmherzigen Gott zufrieden zu geben, jedenfalls genügt dies für das unverkürzte und evangeliumsgemäße Lehren der Kirchen nicht. Aber nicht primär um der Integrität willen, sondern in erster Linie um des menschenfreundlichen Gottes willen bedeutet Rechenschaft vom Grund unserer Hoffnung heute, von Gott, Jesus Christus und, was in der CA keine Rolle spielt, dem Heiligen Geist zu sprechen in *Leiturgia*, *Martyria* und *Diakonia*.

Die römisch-katholische Kirche war in dieser Hinsicht zwar nicht weiter, aber immerhin bis dahin gelangt. In der Debatte um das Ökumenismusdekret spielte die Rede von der Hierarchie der Wahrheiten eine gewichtige Rolle (und die Würzburger Synode hat sie in ihrem Beschluss zur Ökumene 3.2.4 aufgenommen).[8] Auf dem Konzil[9] wurde diese methodologische Orientierung eingebracht von Bischof Pangrazio aus Gorizia, der in einem multikulturellen, inhomogenen

---

7 Unsere Hoffnung. Ein Bekenntnis zum Glauben in dieser Zeit, in: Gemeinsame Synode der Bistümer in der Bundesrepublik Deutschland. Offizielle Gesamtausgabe (I), Freiburg i.B. 1976, 84–111 (mit einer Einleitung von Theodor Schneider, 71–84).
8 Pastorale Zusammenarbeit der Kirchen im Dienst an der christlichen Einheit, in: Gemeinsame Synode, 774–806, hier: 781 (Einleitung von G. Voss, 765–773).
9 S. dazu meinen Kommentar zum Ökumenismusdekret „Unitatis Redintegratio", in: Herders Theologischer Kommentar zum Zweiten Vatikanischen Konzil, Bd. 3, Freiburg i.B. 2005, 69–223.

Kontext lebt, was möglicherweise „seine ungewöhnliche ökumenische Nach-denklichkeit"[10] erklärt. Später sorgte dann Kardinal König von Wien für die er-neute Aufnahme dieses Theologumenons. Pangrazio beklagte, dass der Aufzäh-lung der *elementa ecclesiastica* das „einigende Band" und Zentrum fehle, nämlich Jesus Christus, „den alle Christen als Herrn der Kirche bekennen, dem zweifellos die Christen aller Gemeinschaften treu dienen wollen und der auch in den ge-trennten Gemeinschaften durch seine aktive Gegenwart im Heiligen Geist seine Wunder vollbringen will, freilich nicht durch die Verdienste der Menschen, son-dern allein durch die Gnade seiner Barmherzigkeit"[11].

Ich möchte vor dem Hintergrund der nachkonziliaren Nicht-Wirkungsge-schichte weiter fragen: Handelt es sich nicht dann bei den „Gemeinschaften" um „Kirchen im eigentlichen Sinn"? Nach Pangrazio ergibt sich aus der Struktur der Offenbarung selbst eine Hierarchie der Wahrheiten, derzufolge die Wahrheiten des Zieles über den Wahrheiten der Mittel einzuordnen sind. Zu den ersten gehört „das Geheimnis der allerheiligsten Dreifaltigkeit, der Menschwerdung des Wortes und der Erlösung, der göttlichen Liebe und Gnade gegenüber der sündigen Menschheit, des ewigen Lebens in der Vollendung des Reiches Gottes"[12]. Zu den sekundären Wahrheiten der Heilsmittel zählt Pangrazio z. B. „die Wahrheiten über die Siebenzahl der Sakramente, über diese hierarchische Ordnung der Kir-che, über die apostolische Sukzession". Dies seien Mittel für den „irdischen Pil-gerweg" der Kirche, aber nicht ewige Wahrheiten.

1990 veröffentlichte eine Gemeinsame Arbeitsgruppe des Päpstlichen Rates zur Förderung der Einheit der Christen und der Kommission für Glauben und Kirchenverfassung ein Studiendokument unter dem Titel „Der Begriff der ‚Hier-archie der Wahrheiten' – eine ökumenische Interpretation"[13]. Eine hoffnungsvolle Perspektive tut sich auf, wenn es darin heißt: „Eine Anerkennung der ‚Hierarchie der Wahrheiten' könnte bedeuten, dass die ökumenische Tagesordnung auf eine Gemeinschaft im ‚Fundament' gegründet wird, die bereits besteht und den Weg weisen wird zu jener Ordnung von Prioritäten, die ein allmähliches Hinein-wachsen in die volle Gemeinschaft ermöglicht."[14]

Die Gemeinsame Erklärung war als wichtiger Schritt auf diesem Weg gedacht, als Meilenstein, der dann für manche zum Stolperstein wurde oder dafür erklärt wurde. Ich frage mich an dieser Stelle und gebe die Frage weiter: Sind wir nicht

---

10 Otto Hermann Pesch, „Hierarchie der Wahrheiten" – und die ökumenische Praxis, in: Con-cilium 37 (2001), 310, Anm. 13.
11 AS (Acta Synodalia) II/6, 34.
12 AS (Acta Synodalia) II/6, 34.
13 In: DwÜ (Dokumente wachsender Übereinstimmung) 2, 751–760.
14 DwÜ 2, 758.

längst in die volle Gemeinschaft hineingewachsen, so dass wir das „allmählich" streichen können, auch wenn eine ‚Gemeinsame Offizielle Feststellung' noch aussteht?

Unter uns sind Berufenere, die aufzeigen können, wie diese Unterscheidung einer Hierarchie der Wahrheiten in den ökumenischen Dokumenten seit 1980 sichtbar wird. Sind wir nicht inzwischen „Vom Konflikt zur Gemeinschaft" gekommen? Hat nicht z. B. das Plädoyer der drei Ökumenischen Institute *Abendmahlsgemeinschaft ist möglich*[15] vor fast 20 Jahren vorweggenommen, was jetzt vom ÖAK ausführlich dargelegt und als „theologisch ausreichend" beurteilt wird? Wir können nur hoffen, dass die Kritik jetzt differenzierter ausfällt, zumal es ja nicht gleich zu sein scheint, wer was in Sachen Ökumene vorträgt – das wäre dann wieder ein Thema der Ökumenischen Psychologie. Ich will an dieser Stelle die Thesen von Fries und Rahner unter dem Gesichtspunkt der Struktur der Glaubenslehre in Erinnerung rufen.[16]

Die erste These lautet: „Die Grundwahrheiten des Christentums, wie sie in der Heiligen Schrift, im Apostolischen Glaubensbekenntnis und in dem von Nizäa und Konstantinopel ausgesagt werden, sind für alle Teilkirchen der künftig einen Kirche verpflichtend."[17]

Schnell hören wir die Einwände: Was sind denn die biblischen Grundwahrheiten und vor allem: wer legt sie verbindlich aus und vor? Genügt das Zitieren des Symbolums, selbst wenn das in der Liturgie geschieht? Teilen denn alle das gleiche Verständnis der Grundwahrheiten? Wir erinnern uns an die Debatte um die Gemeinsame Erklärung zur Rechtfertigungslehre: „Konsens in Grundwahrheiten", also nicht dezidiert „in *den* Grundwahrheiten". Und jetzt einen Konsens in Grundwahrheiten nicht nur der Rechtfertigungslehre, sondern aller fundamentalen Glaubensartikel? Diese kritischen Nachfragen sind nicht überflüssig und nicht beckmesserisch, jedoch: Wie kann es jemals zur Feststellung eines differenzierenden Konsenses kommen, wenn immer und bei allem alle mitgenommen werden müssen und quasi die Katechismusprüfung zu bestehen haben? Die Hierarchie der Wahrheiten des je persönlichen Glaubens muss nicht de-

---

15 Centre d'Études Œcuméniques (Strasbourg)/Institut für Ökumenische Forschung (Tübingen)/ Konfessionskundliches Institut (Bensheim), Abendmahlsgemeinschaft ist möglich. Thesen zur Eucharistischen Gastfreundschaft, Frankfurt a. M. 2003, ²2007.
16 Fries/Rahner, Einigung.
17 Fries/Rahner, Einigung, 17.

ckungsgleich sein mit dem, was die Glaubensgemeinschaft als solche festhält, es sei denn, das laufe auf die Leugnung von Grundwahrheiten hinaus.[18]

Ich möchte diese kritischen Nachfragen, die ja auch unser Geschäft als ökumenische Theolog*innen betreffen, zurückstellen. Das wäre nur dann fatal, wenn eine Einheit der Kirchen in versöhnter Verschiedenheit allein auf der Basis eines vollständigen (fach)theologischen Konsenses erklärt werden könnte. Freilich liebäugele ich nicht mit einer Ökumene der Differenz, die ja nur spiegelbildlich als vollständig gegeben abbilden müsste, dass es eben keinen Konsens in Grundwahrheiten geben könne. Der freilich nur grob skizzierte Kontext unseres heutigen Glaubens, Lehrens und Theologietreibens empfiehlt das, was Dorothea Sattler ihrem Statement zur jüngsten ÖAK-Studie als Überschrift gewählt hat, eine *Hermeneutik des Vertrauens*.[19] Dies muss, bis zum öffentlichen Erweis des Gegenteils, einschließen, dass alle, die zu einer Kirche gehören, die grundlegenden Überzeugungen dieser Gemeinschaft zumindest implizit annehmen und dass die, die für die theologische Reflexion zuständig sind bzw. den Lehrkonsens der je eigenen Kirche vertreten, es als ausreichend erachten, dass sich die jeweiligen Theologien und Lehrgebäude der Bekenntnisschriften und Dogmen prinzipiell auf die Schrift und die altkirchlichen Bekenntnisse beziehen wollen. Übrigens sind diese Erwägungen und Bedenken schon in den Kommentaren von Fries und Rahner berücksichtigt worden, und sie haben die Formulierung der zweiten These mitbestimmt: „Darüber hinaus gelte ein realistisches Glaubensprinzip: in keiner Teilkirche darf dezidiert und bekenntnismäßig ein Satz verworfen werde, der in einer anderen Teilkirche ein verpflichtendes Dogma ist." Und abschließend wird hinzugefügt: „Bei diesem Prinzip würde nur getan, was jede Kirche heute schon ihren eigenen Angehörigen gegenüber praktiziert."[20] Die Thesen von Fries und Rahner wurden z.T. heftig von zwei entgegengesetzten Seiten kritisiert, prominent von Eilert Herms und offiziös im Osservatore Romano (von Daniel Ols OP).[21] Eine gewisse Allianz verbindet offenbar einen Typ dezidierten Luthertums mit einem Typ konservativen Katholizismus; da sind beide Positionen klar und man weiß, wogegen man seine eigene Identität verteidigen muss. Dass dann im Zusam-

---

18 Hellsichtig und zukunftsweisend auch in dieser Frage: Karl Rahner, Offizielle Glaubenslehre der Kirche und faktische Gläubigkeit des Volkes, in: Schriften zur Theologie, Bd. 16, Zürich/ Einsiedeln/Köln 1984, 217–230.

19 KNA-ÖI 38 v. 17.09.2019.

20 Fries/Rahner, Einigung, 17.

21 Vgl. dazu den Kommentar von H. Fries, in: Fries/Pesch, Streiten für die eine Kirche, 51–61 (zu Herms) und 61–68 (zu Ols).

menhang des mit der Lateranuniversität durchgeführten Studienprojekts[22] behauptet wurde, hier werde endlich die richtige Methodologie ökumenischer Theologie (vielleicht doch zutreffender: Kontroverstheologie) angewendet, verblüfft bzw. spricht eben Bände!

Mit Blick auf die einschlägige Diskussion schreibt Heinrich Fries:

> Unsere These I sagt dagegen, in den grundlegenden Inhalten des christlichen Glaubens, bezeugt in der Heiligen Schrift, bestätigt in den alten Glaubensbekenntnissen und Konzilien, gäbe es eine große verbindende Gemeinsamkeit. Davon geht auch die Confessio Augustana von 1530 aus, ebenso Luther in den Schmalkaldischen Artikeln, wo er erklärt, in den ‚hohen Artikeln der göttlichen Majestät, im Glauben an den dreifaltigen Gott und an Jesus Christus gebe es keinen Zank und Streit, weil wir zu beiden Seiten dasselbe glauben und bekennen‘. Auf der Gemeinsamkeit in den Grundartikeln beruht die Basisformel des Weltrats der Kirchen, ebenso [berufen darauf] sämtliche ökumenische Dokumente [...][23].

Ich kann nachvollziehen, dass evangelische Kolleg*innen insbesondere beim Lesen der zweiten These geschluckt haben. Das dogmatische Gebäude der römisch-katholischen Kirche erscheint nun als unvergleichbar größer oder höher, während auf evangelischer Seite sogar die Zustimmung zu den Bekenntnisschriften nicht überall gleich verpflichtend gemacht wird oder de facto bindend ist. Akzeptabler erscheint mir eine Fassung dieser These, die lautet: „Keine Kirche sollte eine Lehre als für alle verbindliche vertreten, die nach dem Urteil anderer Kirchen dem Konsens in Grundwahrheiten widerspricht und die Identität des Christlichen gefährdet." Unter Berücksichtigung der Hierarchie der Wahrheiten könnte der Satz auch heißen: „die nach dem Urteil anderer Kirchen den Wahrheiten erster Ordnung, also den Wahrheiten des Zieles, widerspricht." Das Problem würde sein, wie eine Kirche, die eine solche Lehre, der fundamental widersprochen wird, vertritt, sich in dieser Situation verhält: soll sie auf ein klärendes Konzil drängen oder weitere theologische Studien anregen oder diese Lehre zumindest vorläufig einklammern, oder soll sie sie, wenigstens als missverständlich, nicht länger vertreten? In jedem Fall ist eine Vergewisserung des Grundkonsens erforderlich. Angesichts der Thesen von Fries und Rahner stellen in dieser Hinsicht besonders die These IV zum Petrusdienst und die These V zur episkopalen Struktur der Kirchen eine bleibende Herausforderung dar, wenn auch hier m. E. die Materialien für einen differenzierenden Konsens bzw. wenigstens für eine In-Via-Erklärung schon erarbeitet wurden. Hilfreich erscheint mir die Einbettung in das, was die übrigen Thesen behaupten bzw. vorschlagen: die Legiti-

---

22 Eilert Herms/Ludomir Žak (Hg.), Grund und Gegenstand des Glaubens nach römisch-katholischer und evangelisch-lutherischer Lehre, Tübingen 2008 ff.

23 Heinrich Fries, Einigung, in: Fries/Pesch, Streiten für die eine Kirche, 54.

mität der Teilkirchen innerhalb dieser einen Kirche (These III), der Austausch in allen ihren Lebensdimensionen" (These VI), die Anerkennung der gegenwärtigen und künftigen Ordinationen (These VII). Für die beiden Altmeister der Ökumene mündet dies in ihre abschließende achte These: „Zwischen den einzelnen Teilkirchen besteht Kanzel- und Altargemeinschaft."[24]

3 Glauben: erfahren – bekennen – handeln

Artikel 12 des Ökumenismusdekrets schließt dessen zweites Kapitel ab, das „die praktische Verwirklichung des Ökumenismus" behandelt. Der Text ist also alles andere als ein frommer Abgesang, sondern so etwas wie ein ökumenisches Manifest, er wurde auch schon das „Ökumenische Hohe Lied der Liebe" genannt.[25] Während im ersten Textentwurf die praktische Ökumene im Mittelpunkt stand, verknüpft der Eingangssatz des verabschiedeten Textes, der die Basisformel des ÖRK aufgreift, Orthopraxie und Orthodoxie: „Vor allen Völkern sollen alle Christen den Glauben an den einen und dreifaltigen Gott, an den fleischgewordenen Sohn Gottes, unseren Erlöser und Herr, bekennen und in gemeinsamem Bemühen in gegenseitiger Hochschätzung Zeugnis geben für unsere Hoffnung, die nicht trügt." Das Bezeugen der Wahrheiten erster Ordnung, der Wahrheiten des Zieles – mit Karl Rahner spreche ich lieber von der einen Wahrheit, dem einen Geheimnis von Trinität, Inkarnation, Gnade – geschieht angesichts der Zeichen der Zeit wesentlich auch in der evangeliumsgemäßen Praxis:

> Da in den heutigen Zeiten auf sozialem Gebiet die Zusammenarbeit sehr weitgehend hergestellt wird, werden ausnahmslos alle Menschen zur gemeinsamen Anstrengung gerufen, in gesteigertem Maße aber diejenigen, die an Gott glauben, am meisten aber alle Christen, da sie ja mit dem Namen Christi bezeichnet sind. Die Zusammenarbeit aller Christen drückt auf lebendige Weise jene Verbindung aus, in der sie schon untereinander geeint werden, und setzt das Antlitz Christi, des Dieners, in volleres Licht. Diese Zusammenarbeit, die bei nicht wenigen Völkern schon hergestellt ist, muss mehr und mehr vervollkommnet werden, besonders in Gebieten, wo sich die gesellschaftliche oder technische Entwicklung vollzieht, sei es bei der rechten Wertschätzung der Würde der menschlichen Person oder bei der Förderung des Guts des Friedens oder bei der Durchführung der gesellschaftlichen Anwendung des Evangeliums [so lässt sich politische Theologie bzw. Theologie der Befreiung auch umschreiben] oder bei der Weiterentwicklung von Wissenschaften und Künsten in christlichem Geist oder auch bei der Anwendung von Heilmitteln jedweder Art gegen die Nöte

---

24 Fries/Rahner, Einigung, 18.
25 Vgl. zum Folgenden meinen Kommentar zum Ökumenismusdekret.

unserer Zeit, zu denen Hunger und Unglücke, Analphabetismus und Armut, Wohnungs-
mangel und ungerechte Verteilung der Güter gehören.[26]

Dies sei, so das Dekret zum Schluss, eine Möglichkeit sich besser kennenzulernen
und den Weg zur Einheit zu ebnen. Das könnte als Mittel zum Zweck missverstanden werden. Deshalb möchte ich unter nochmaligem Hinweis auf die Ver-
knüpfung am Anfang des Textes festhalten wollen: dies ist gelebtes Evangelium,
dies ist ökumenisch gelebte Evangelisierung der Welt.

Erfahren, bekennen, handeln bilden keine Abfolge von Vollzügen, sondern
sind miteinander verwoben. Besonders gilt es hervorzuheben, dass auch das
Handeln ein Bekennen ist und dass im Handeln Erfahrungen gemacht wird, die
wiederum zum Bekennen und Handeln drängen. Die Basisformel des ÖRK wurde
in Neu-Delhi 1961 trinitarisch erweitert, in den Texten des letzten Konzils ist der
zuvor dominierende ekklesiologische Christomonismus pneumatologisch aufgebrochen. Inzwischen kann nicht mehr von einer allgemeinen Geistvergessenheit
gesprochen werden. Häufig gleicht jedoch die Erwähnung des Heiligen Geistes,
der allein ja letztlich die Einheit bewirken kann, einer Vertröstung, einer takti-
schen Auskunft, ja einer Ausrede. Besonders den römisch-katholischen Christen
ist in Erinnerung zu rufen: Es gilt darauf zu hören, was der Geist den Gemeinden
sagt (so in den Sendschreiben an die sieben Gemeinden in der Apk). Es ist nicht
geschrieben, darauf zu hören, was Papst und Bischöfe den Gemeinden sagen,
auch nicht, was Theolog*innen den Gemeinden sagen. Das kann hilfreich sein,
bleibt aber eine *norma normata*. Das mangelnde Vertrauen auf den Heiligen Geist
kommt auch in dem Paradox zum Ausdruck, dass einerseits die Verantwortung
auf ihn geschoben wird und andererseits gemeint wird, zu wissen, was der Geist
von uns will. Der fromme evangelische Kabarettist Hanns Dieter Hüsch hat in
seinem Pfingstpsalm formuliert, er wolle „ein Virtuose des Heiligen Geistes" sein.
Ja, das gilt es zu bezeugen in der Schwere des Seins: die Leichtigkeit des heiligen-
heilenden Geistes.

---

26 Dekret über den Ökumenismus 12,1.

Theodor Dieter

Die Diskussionen um eine katholische Anerkennung des *Augsburger Bekenntnisses* im Zusammenhang mit dem 450jährigen *Confessio Augustana*-Jubiläum 1980

In memoriam Vinzenz Pfnür (1937 – 2012)

Man kann die ökumenische Bewegung als eine zweite Chance verstehen, die den Kirchen gegeben ist, bestimmte Konflikte, die in der Vergangenheit nicht gelöst werden konnten und zu Trennungen geführt haben, noch einmal unter veränderten Umständen aufzugreifen, und zwar mit besseren Aussichten auf eine Lösung. Das trifft in besonderem Maß auf das Augsburger Bekenntnis zu. Walter Kasper, damals Theologieprofessor in Tübingen, schrieb 1980:

> [Das *Augsburger Bekenntnis* war ein Vermittlungsversuch, der] damals aus vielfältigen Gründen gescheitert [ist]. Aus einem Dokument der Einheit ist so faktisch das Dokument der Trennung, das Basisdokument einer von der katholischen Kirche getrennten Kirchengemeinschaft geworden. Wenn wir heute über die katholische Anerkennung der CA diskutieren, dann greifen wir deren ursprüngliche Intention wieder auf in der Hoffnung, dass heute in der neuen ökumenischen Situation von sich aufeinander zubewegenden Kirchen die Voraussetzungen für eine Einigung in den damals und teilweise bis heute umstrittenen inhaltlichen Fragen günstiger sind.[1]

Aber während diese veränderten Umstände auf der einen Seite eine Chance eröffnen, bereiten sie auf der anderen Seite neue Schwierigkeiten für eine Lösung. Denn unter den neuen Gegebenheiten ist der alte Konflikt nicht mehr derselbe, und es stellt sich die Frage, welchen Konflikt man eigentlich löst, wenn man auf einen konfliktträchtigen Text der Geschichte zurückgeht und ihn in einem neuen Kontext bearbeiten will. Durch die Veränderung der Umstände entsteht eine Fülle neuer Perspektiven auf den alten Konflikt und damit eine hochgradige Komplexität, die nur schwer handhabbar ist. So war das auch mit den Diskussionen um eine katholische Anerkennung der CA um das Jahr 1980.

---

1 Walter Kasper, Bekenntnis und Bekenntnisgemeinschaft in katholischer Sicht, in: Harding Meyer/Heinz Schütte (Hg.), Confessio Augustana: Bekenntnis des einen Glaubens, Paderborn/ Frankfurt a. M. 1980, 44.

Der Gedanke geht vornehmlich auf den katholischen Münsteraner Kirchen-historiker Vinzenz Pfnür zurück. Pfnür hatte bereits 1958/9 in seinem ersten theologischen Semester in Freising an einem Seminar über die *Confessio Augustana* teilgenommen, das der junge Professor Joseph Ratzinger leitete.[2] Dieses Bekenntnis sollte Pfnürs Lebensthema werden. Ihm galt seine Doktorarbeit: *Einig in der Rechtfertigungslehre?* Diese Arbeit wurde 1970 publiziert. 1974 wurde durch die Ökumenische Bistumskommission Münster, der Pfnür angehörte, die Empfehlung an die Deutsche Bischofskonferenz gerichtet, sie möge „die Möglichkeit einer Anerkennung der Confessio Augustana von Seiten der katholischen Kirche prüfen"[3].

Pfnür hat seinen Vorschlag in einem großen Aufsatz 1975/1976 erläutert.[4] Kardinal Ratzinger äußerte sich in seinem viel zitierten Grazer Vortrag *Prognosen für die Zukunft des Ökumenismus*[5] 1976 vorsichtig zustimmend dazu. Das *Augsburger Bekenntnis* hatte, wie oben angezeigt, schon früh Ratzingers Interesse gefunden, und das aus dem Grund, dass es für ihn im Blick auf die Einheit der Kirche nicht primär um das Verhältnis von Theologien ging, sondern um die Lehre, wie sie in den Kirchen verkörpert ist und deren Leben jedenfalls in gewissem Maß bestimmt. In seiner Stellungnahme zeigte Ratzinger sogleich die Komplexität des Vorgangs auf:

Es „sind Bemühungen im Gang, eine katholische Anerkennung der Confessio Augustana oder richtiger: eine Anerkennung der CA als katholisch zu erreichen und damit die Katholizität der Kirchen Augsburgischen Bekenntnisses festzustellen, die eine korporative Vereinigung in der Unterschiedenheit möglich macht." Letzteres hat natürlich bei vielen evangelischen Theologen die Alarmglocken läuten lassen. Wichtig ist nun, wie Ratzinger „Anerkennung" versteht:

---

2 Vgl. Vinzenz Pfnür, Einig in der Rechtfertigungslehre?: Die Rechtfertigungslehre der Confessio Augustana (1530) und die Stellungnahme der katholischen Kontroverstheologie zwischen 1530 und 1535, Wiesbaden 1970, Vorwort (V).

3 Zit. nach Harding Meyer/Heinz Schütte, Einleitung, in: Harding Meyer/Heinz Schütte/Hans-Joachim Mund (Hg.), Katholische Anerkennung des Augsburgischen Bekenntnisses?: Ein Vorstoß zur Einheit zwischen katholischer und lutherischer Kirche, Frankfurt a. M. 1977, 11.

4 Vinzenz Pfnür, Anerkennung der Confessio Augustana durch die katholische Kirche?, in: Meyer/Schütte/Mund, Katholische Anerkennung, 60 – 81.

5 Aufgenommen unter der Überschrift: Die ökumenische Situation – Orthodoxie, Katholizismus und Reformation, in: Benedikt XVI./Joseph Ratzinger, Theologische Prinzipienlehre: Bausteine zur Fundamentaltheologie, Donauwörth [2]2005, 203 – 214. Vgl. zu Ratzingers Haltung in der Frage einer katholischen Anerkennung der CA: Thorsten Maaßen, Das Ökumeneverständnis Joseph Ratzingers, Göttingen 2011, 268 – 280.

Freilich wäre eine solche Anerkennung der CA durch die katholische Kirche wieder weit mehr als ein bloß theoretisch-theologischer Akt, der unter Historikern und Kirchenpolitikern ausgehandelt wird. Er würde vielmehr eine konkrete geistliche Entscheidung und insofern ein wirklich neuer geschichtlicher Schritt auf beiden Seiten sein. Er würde bedeuten, dass die katholische Kirche in den hier gegebenen Ansätzen eine eigene Form der Verwirklichung des gemeinsamen Glaubens mit der ihr zukommenden Eigenständigkeit annähme. Er würde umgekehrt von reformatorischer Seite her bedeuten, diesen vielfältiger Auslegung fähigen Text in der Richtung zu leben und zu verstehen, die zuerst ja auch gemeint war: in der Einheit mit dem altkirchlichen Dogma und mit seiner kirchlichen Grundform. Er würde also insgesamt bedeuten, dass die offene Frage nach der Mitte der Reformation in einem geistlichen Entscheid in Richtung einer katholisch gelebten CA gelöst und das Erbe von damals unter dieser Hermeneutik gelebt und angenommen würde.[6]

Mit dieser kardinalen Unterstützung, die zugleich die Schwierigkeit der Aufgabe deutlich gemacht hat, hat die Diskussion trotz rasch einsetzender Kritik Fahrt aufgenommen. Die Frage ist nicht nur in Deutschland, sondern auch in den USA diskutiert worden.[7] Es verdient Beachtung, dass die Initiative zur Diskussion um eine katholische Anerkennung der CA von katholischer Seite ausging. Das war 1930 noch ganz anders; damals hatte es, abgesehen von Vorschlägen Friedrich Heilers, so gut wie keine katholische Reaktion zum 400jährigen CA-Jubiläum gegeben.

Der Gedanke wurde auch an das Einheitssekretariat in Rom herangetragen. Dort hat ihn vor allem Heinz Schütte vorangetrieben.[8] Kardinal Willebrands hat offen und unterstützend auf diesen Vorschlag reagiert.[9] Das Exekutivkomitee des Lutherischen Weltbunds hat 1976 folgende Empfehlung gegeben: „Die lutherischen Kirchen sollten ihre Offenheit und ihr Interesse gegenüber den Diskussionen auf römisch-katholischer Seite bekunden, die um die Möglichkeit einer Rezeption der Augsburgischen Konfession als einer legitimen Ausprägung

---

6 Ratzinger, Die ökumenische Situation, 212 f.

7 Vgl. Joseph A. Burgess (Hg.), The Role of the Augsburg Confession: Catholic and Lutheran Views, Philadelphia 1980. Der Band enthält eine englische, revidierte Fassung von Meyer/Schütte/Mund, Katholische Anerkennung, zusammen mit drei amerikanischen Beiträgen. Vgl. Richard Penascovic, Roman Catholic Recognition of the Augsburg Confession, in: Theological Studies 41 (1980), 303–321.

8 Heinz Schütte, Zur Möglichkeit einer katholischen Anerkennung der Confessio Augustana als einer legitimen Ausprägung christlicher Glaubenswahrheit, in: Meyer/Schütte/Mund, Katholische Anerkennung, 35–53.

9 Vgl. Johannes Kardinal Willebrands, Vorwort, in: Meyer/Schütte/Mund, Katholische Anerkennung, 7: „Man kann nur wünschen, dass unvoreingenommene historische und theologische Untersuchungen die Bedeutung der Confessio Augustana zu klären versuchen, um so die Wiederherstellung der Einheit in der Unterschiedenheit zu ermöglichen und der vom Herrn gewollten Einheit in der Wahrheit zu dienen."

christlicher Wahrheit kreisen."[10] Und auf seiner Vollversammlung in Daressalam erklärte der Lutherische Weltbund 1977:

> Die Vollversammlung nahm von der Tatsache Kenntnis, dass bedeutende römisch-katholische Theologen es für möglich halten, dass ihre Kirche die Confessio Augustana als einen besonderen Ausdruck des gemeinsamen christlichen Glaubens anerkennt. Sie hoffen, dass diese Anerkennung den Weg für eine Form der Gemeinschaft zwischen der Römisch-Katholischen Kirche und der Lutherischen Kirche öffnet, in der beide Kirchen, ohne ihre Besonderheit und Identität aufzugeben, die Entwicklung zur vollen kirchlichen Gemeinschaft als Schwesterkirchen fördern. *Die Vollversammlung begrüßt* – im Bewusstsein der Bedeutung dieser Initiative – Bemühungen, die eine römisch-katholische Anerkennung der Confessio Augustana zum Ziel haben, und bringt die Bereitschaft des LWB zum Ausdruck, mit der Römisch-Katholischen Kirche in einen Dialog über diese Frage einzutreten; sie *fordert*, dass das Exekutivkomitee alle Studien über diese Thematik, ihre Möglichkeiten, ihre Probleme und weitere ökumenische Implikationen sorgfältig begleitet und fördert.[11]

Um diese breite und komplexe Diskussion[12] zu strukturieren, ordne und analysiere ich die Beiträge nach vier verschiedenen Aspekten der Anerkennung. Diese Aspekte seien an einem simplen Beispiel, am Abitur, erläutert: In ihm geht es darum, dass ein Schüler (A) von einem Gremium von Prüfenden (B) als hochschulreif (C) anerkannt wird (der Vorgang der Anerkennung: D). Damit ein Schüler oder eine Schülerin *als* hochschulreif anerkannt werden kann, müssen in ihm oder ihr bestimmte Merkmale gegeben sein, und die anerkennende Instanz (B) braucht eine bestimmte Norm oder Regel, die sie auf diese Merkmale bezieht, sodass sie zu dem Urteil kommen kann, einen Schüler (A) als hochschulreif (C) anzuerkennen. Die folgende Untersuchung der Diskussionen um die CA stellt demnach folgende Fragen: Welches ist das Objekt der Anerkennung? (1.) Wie wird der Akt oder der Prozess der Anerkennung verstanden? (2.) Als was wird das Objekt anerkannt? (3.) Was ist das Subjekt der Anerkennung? (4.)

---

10 Zit. nach Hermann Dietzfelbinger, Schwierigkeiten einer katholischen Anerkennung des Augsburgischen Bekenntnisses aus lutherischer Sicht, in: Meyer/Schütte/Mund, Katholische Anerkennung, 54. Vgl. Reinhard Frieling, Katholische Anerkennung der Confessio Augustana, in: Materialdienst des Konfessionskundlichen Instituts 27 (1976), 85.

11 Zit. nach Harding Meyer (Hg.), Das katholisch/lutherische Gespräch über das Augsburger Bekenntnis: Dokumente 1977–1981, Genf o.J. (LWB-Report 10), 25.

12 Im Jahr 1978 hat Heiner Grote 76 Publikationen zum Thema einer katholischen Anerkennung der CA zusammengestellt [Materialdienst des Konfessionskundlichen Instituts 29 (1978), 26 f.]. Im Vorspann zu seinem Leitartikel: Die Augustana-Debatte und die Wiedergewinnung einer Bekenntnisschrift (ebd., 27–34) schreibt er: „Wollte man alle Artikel, Stellungnahmen, Meldungen, Erwägungen und Sendungen mitzählen, so ergäbe das eine Liste von mehreren Hundert Veröffentlichungen. Aber auch, wenn nur fundiertere, interessantere oder markantere Beiträge bibliographiert werden, kommen schon mehr als fünfundsiebzig Titel zusammen." (ebd., 27).

1 Das Objekt der Anerkennung

Zuerst soll es um das Objekt der Anerkennung gehen. Das unmittelbare Objekt ist natürlich das *Augsburger Bekenntnis* von 1530 selbst. Dessen Anerkennung setzt aber eine Interpretation oder ein Verständnis des Bekenntnisses voraus, und sie geschieht in einem bestimmten Kontext, mit bestimmten Perspektiven und Absichten. Vinzenz Pfnür formuliert seine Perspektive so:

> Mit der Anerkennung der CA als Zeugnis kirchlichen Glaubens geht es darum, die CA so zu verstehen, wie sie sich selbst versteht, nämlich 1. als Zeugnis, in dem *Kirchen* ihren Glauben zum Ausdruck bringen (*Ecclesiae magno consensu apud nos docent*, CA 1), und 2. als Zeugnis, in dem der mit der *Gesamtkirche* übereinstimmende Glaube seinen Niederschlag findet (*nihil esse receptum contra scripturam aut ecclesiam catholicam*, Beschluss des 2. Teils, vgl. Beschluss des 1. Teils).[13]

Wenn es um die katholische Anerkennung der CA gehen soll, dann stellt sich natürlich auch die Frage, ob lutherische und katholische Theologen dieses Dokument überhaupt gemeinsam verstehen können. Diese Frage war Gegenstand einer „Gemeinsame[n] Untersuchung lutherischer und katholischer Theologen". In dem Band *Confessio Augustana. Bekenntnis des einen Glaubens*[14] (ohne Fragezeichen!) werden die wichtigsten Themen der CA in zehn Sachkomplexen jeweils gemeinsam von einem katholischen und lutherischen Theologen erörtert und kommentiert. Die CA wird in ihrem historischen Zusammenhang wahrgenommen und interpretiert; wenn nach ihrem Verhältnis zum katholischen Glauben gefragt wird, werden darüber hinaus „die gegenwärtigen ökumenischen Entwicklungen und Dialoge mit ihren Ergebnissen"[15] berücksichtigt wie auch heutige katholisch-theologische Auffassungen. Diese zweifache Perspektive – eine historische Interpretation im Kontext der CA und ein Blick auf ökumenische Entwicklungen und das heutige Selbstverständnis katholischer Theologie – zeichnet jenen Kommentar zur CA aus. Die gemeinsame Studie und ihre Ergebnisse sollen dazu beitragen, dass „die zuständigen Organe der römisch-katholischen Kirche" klären können, ob sie „dieses Lehrdokument als Ausdruck katholischen Glaubens anerkennen können und wie sich evangelisch-lutherische Kirche dazu zu verhalten hat"[16]. Als Ergebnis wird festgestellt,

---

13 Vgl. Pfnür, Anerkennung der Confessio Augustana, 81.
14 Meyer/Schütte, Bekenntnis des einen Glaubens.
15 Meyer/Schütte, Bekenntnis des einen Glaubens, XV.
16 Meyer/Schütte, Bekenntnis des einen Glaubens, 337.

dass wir im Rückgriff auf das Augsburger Bekenntnis ein gemeinsames Verständnis der Mitte des christlichen Glaubens erreicht haben.[17] [...] Das gemeinsame Verständnis der Rechtfertigungslehre des Augsburgischen Bekenntnisses ist ein gemeinsames Verständnis der Mitte des christlichen Glaubens, des Heils, das Gott durch Jesus Christus im Heiligen Geist für die Welt gewirkt hat.[18] [...] Die Einheit der Kirche ist nicht etwas, was Menschen herzustellen hätten. Getrennte kirchliche Gemeinschaften können sich aber in der vorgegebenen Einheit der einen Kirche, ‚die immer bleiben wird' (perpetuo mansura), wiedererkennen. [...] Solches Wiedererkennen hat sich in dieser Studienarbeit immer neu ereignet. Insofern haben wir die Confessio Augustana als ‚Bekenntnis des einen Glaubens' wiedergefunden, auch wenn noch offene Fragen bleiben und wir die Confessio Augustana nicht als gemeinsames Bekenntnis dieses einen katholischen Glaubens sprechen können. Wir hoffen, dass unsere Kirchen Formen finden, diese erkannte Gemeinsamkeit anzuzeigen als Zeichen und Hilfe für unsere Gemeinden und vor der Welt.[19]

Wolfhart Pannenberg, der in verschiedenen Beiträgen zur Debatte das Selbstverständnis der CA, die zur Diskussion stehenden Sachfragen wie auch die hermeneutischen Probleme der angestrebten Anerkennung eingehend untersucht hat, merkt für die Interpretation an:

Der Anspruch der Augsburger Konfession auf Katholizität ihrer Bekenntnisaussagen braucht nicht zu verhindern, dass wir die Zeitbedingtheit ihrer Formulierungen und Akzentuierungen erkennen. Das gilt für alle Dogmenformulierung. Wenn der zeitbedingte und partielle Charakter solcher Formulierungen nicht berücksichtigt wird, kann die Berufung auf sie häretisch werden. Darum wird nur eine Interpretation des Augsburger Bekenntnisses, die seiner Zeitbedingtheit und den einseitigen Akzentuierungen seiner Aussagen Rechnung trägt, zugleich seine Katholizität würdigen können.[20]

Aber die CA ist ja nicht das einzige lutherische Bekenntnis, sie steht in einer Reihe mit anderen Bekenntnissen, die oft in viel größerer Spannung zur katholischen Lehre stehen als die CA. Die *Konkordienformel* will das *Augsburger Bekenntnis* bekräftigen und auslegen und setzt doch viel weitergehende Akzente.[21] Das lässt sogleich die Frage aufkommen, was mit einer Anerkennung der CA gewonnen

---

17 Meyer/Schütte, Bekenntnis des einen Glaubens, 333.
18 Meyer/Schütte, Bekenntnis des einen Glaubens, 336.
19 Meyer/Schütte, Bekenntnis des einen Glaubens, 337.
20 Wolfhart Pannenberg, Die Augsburgische Konfession als katholisches Bekenntnis und Grundlage für die Einheit der Kirche, in: Meyer/Schütte/Mund, Katholische Anerkennung, 34. Vgl. ders., Die ökumenische Bedeutung der Confessio Augustana, Jahrgang 1981, München 1981 (Sitzungsberichte der Bayrischen Akademie der Wissenschaften, Heft 6), 1–22; ders., Die Augsburger Konfession und die Einheit der Kirche, in: Heinrich Fries u. a. (Hg.), Confessio Augustana: Hindernis oder Hilfe?, Regensburg 1979, 259–279.
21 Vgl. Die Bekenntnisschriften der Evangelisch-Lutherischen Kirche. Vollständige Neuedition, hg. v. Irene Dingel [BSELK], Göttingen 2014, 26,30–28,5.

wäre, wenn sie von den anderen Bekenntnissen isoliert würde. Umgekehrt stellt sich aber auch die Frage, was es denn genau ist, das anerkannt wird, wenn die CA im Licht der anderen Bekenntnisschriften gelesen wird. Bischof Dietzfelbinger jedenfalls betonte:

> Wenn die Augsburgische Konfession um des 1530 noch zu erhoffenden Friedens willen die Auseinandersetzung um das Papsttum vermieden hat, so hat Luther selbst dies in den auch den Bekenntnisschriften zuzurechnenden ‚Schmalkaldischen Artikeln' von 1537 kräftig nachgeholt. So wird von uns ein diesbezügliches Gespräch mit der römisch-katholischen Kirche gewiss unter vorrangiger Bezugnahme auf die Augsburgische Konfession zu führen sein. Aber es müsste zugleich auch die Gesamtheit der lutherischen Bekenntnisschriften in den Blick genommen werden.[22]

Dazu kommt ein weiteres Problem. Während die CA 1530 ein Dokument war, mit dem die bedrohte Einheit der Kirche bewahrt werden sollte, wurde sie im Gang der Geschichte ein Dokument, das die Trennung manifestierte; 1980 jedoch sollte sie ein Dokument sein, die verlorene Einheit wieder herzustellen. Harding Meyer urteilte:

> Natürlich wird die CA als Text durch die ihr nachfolgende Trennungsgeschichte nicht verändert. Aber gilt das nicht doch von der CA, wie sie in der nachfolgenden Zeit von den lutherischen Kirchen rezipiert, verstanden, gebraucht und gelebt wird? Die Augustana als kirchliches Bekenntnis ist in ihrem Sachgehalt, so wird man sagen müssen, mitbestimmt durch den sich verändernden geschichtlichen Kontext. Und damit liegt die Hypothek der Trennungsgeschichte auch auf ihr.[23]

Weiter problematisiert wird das Objekt der Anerkennung durch die Frage nach dem Verhältnis der CA zur Theologie Luthers. Peter Brunner urteilt hier so: „So wichtig die Lutherforschung auch für den gegenseitigen Dialog sein mag, so muss doch bedacht werden, dass Luthers Werke als solche kein für die Lehre der evangelisch-lutherischen Kirche maßgebendes Corpus doctrinae darstellen. Das gilt erst von denjenigen Bekenntnisschriften, auf die bis heute bei der Einsetzung in das öffentliche geistliche Amt durch Ordination die Ordinanden sich verpflichten."[24]

---

22 Dietzfelbinger, Schwierigkeiten, 58.
23 Harding Meyer, Augustana Romae recepta? Was lutherische und katholische Theologen dazu beitragen können, in: Meyer/Schütte/Mund, Katholische Anerkennung, 84, Anm. 29.
24 Peter Brunner, Reform – Reformation, Einst – Heute, in: Kerygma und Dogma 13 (1967), 179.

Ganz anders und besonders lautstark hat sich Peter Manns dazu zu Wort gemeldet.[25] Mit barocker *verbositas* schleudert er wie ein wilder Zeus, der sich nicht beruhigen lässt, seine Pfeile auf die wahrheitsvergessenen Anerkennungs-Fanatiker, die angeblich eine Ökumene auf Kosten Luthers betreiben wollen. Ihm

> erscheint Mag. Philippus als ein ‚Zwitter-Wesen‘, das im Sinne eines radikal umgedeuteten reformatorischen ‚Simul‘ zu vereinen sucht, was sich seiner Natur nach nicht vereinen lässt [...] So weint Melanchthon gewiss ehrlich um die ‚Autorität‘ Luthers, die er gleichzeitig verrät und verraten zu müssen glaubt. So opfert er um der ‚Concordia‘ willen zahlreiche kirchen-kritische Ansätze, Anliegen und Grundforderungen, die er an sich nicht preisgeben möchte.[26]

Cochläus hatte einst die CA als „ein ganz hinterhältiges teuflisches Täuschungs-manöver"[27] bezeichnet, und um diesem verhängnisvollen Manöver zu begegnen, hämmert der gelehrte Luther-Kenner den Lesern ein, ja die Aufgabe ernst zu nehmen, „die CA aus der Fülle der genuin reformatorischen Grundanliegen zu interpretieren"[28]. Darin wird man ihm gerne zustimmen, auch wenn man sich durchaus eine Auseinandersetzung mit der Schwierigkeit gewünscht hätte, dass das, was Theologen für die „reformatorischen Grundanliegen" halten, nicht immer die Grundanliegen Luthers, sondern eher die der Lutherforscher sind. Es ist eine aparte Situation: Ein katholischer Theologe widerspricht einem ökumeni-schen Projekt der Annäherung beider Kirchen, um das theologische Erbe und die geistliche Autorität Luthers gegen Beschädigung durch dieses Vorhaben zu ver-teidigen und zu schützen! Die Kritik stammt, wie Manns beteuert, „aus der Feder eines ‚*katholischen Schülers* des Reformators‘ [...], der in mehr als zwei Jahr-zehnten die geistliche Vaterschaft M. Luthers nicht nur wissenschaftlich entde-cken, sondern auch spiritualiter für sich selbst und im amtlichen Dienst am Glauben der eigenen Brüder *erfahren* durfte"[29]. Was für Ratzinger der große Vorzug der CA ist, dass sie gegenüber Theologenauffassungen eine *kirchliche* Lehräuße-

---

25 Peter Manns, Welche Probleme stehen einer ‚katholischen Anerkennung‘ der Confessio Au-gustana entgegen und wie lassen sie sich überwinden?, in: Heinrich Fries u. a., Hindernis oder Hilfe?, 79 – 144.

26 Manns, Probleme, 120.

27 Pfnür, Anerkennung der Confessio Augustana, 65.

28 Manns, Probleme, 140.

29 Peter Manns, Zum Vorhaben einer „katholischen Anerkennung der Confessio Augustana": Ökumene auf Kosten Martin Luthers, in: Ökumenische Rundschau 28 (1977), 430. Vgl. auch Daniel Olivier, Die Confessio Augustana und das lutherische Bekenntnis des gemeinsamen Glaubens, in: Ökumenische Rundschau 28 (1977), 417 – 425.

rung ist, erscheint Manns weniger bedeutsam im Vergleich zum Gewicht der Einsichten des einzelnen Theologen Martin Luther.

Mit Blick auf die Frage nach dem Verhältnis der CA zu Luthers Theologie erscheint je nach der Beantwortung dieser Frage das mögliche Objekt der Anerkennung ganz unterschiedlich. Ratzinger betont: „Auch für Melanchthon ist Luther Maßstab, so dass die Frage berechtigt ist: Inwieweit muss die CA sachlich nach dem Maßstab der Werke Luthers gelesen werden und inwieweit darf man sie doch als davon abgelösten, selbständig gewordenen ‚kirchlichen' Text und ihrerseits als Maßstab ansehen?"[30] Angesichts des enorm vielschichtigen Werkes Luthers ist eine *gemeinsame* Antwort auf diese Frage, die den Kirchen eine Entscheidung ermöglichen würde, schwer zu finden.

Aber es wartet schon die nächste Schwierigkeit: das *sola scriptura*. Zwar kommt dieser Grundsatz nicht explizit in der CA vor, aber Theologen geben sich Mühe, ihn wenigstens implizit in der CA zu finden.[31] Auf jeden Fall ist er prominent in der *Konkordienformel*, die ja eine Auslegung der CA sein will.[32] Für Bischof Dietzfelbinger stellt sich hier sogar das Hauptproblem:

> Mit den lutherischen Bekenntnisschriften hat es eine eigene Bewandtnis. So sehr sie [...] die Lehre, Frömmigkeit und Gestalt der lutherischen Kirche bestimmen, so wenig wollen sie letztlich ihre Autorität von sich selber her beziehen. Sie wollen nichts anderes sein als eine Auslegung der Heiligen Schrift, gewiss nicht eines einzelnen Theologen, sondern – auch wenn ein einzelner sie geschrieben hat – eine Auslegung durch die Kirche Jesu Christi selbst [...] Sie sind [...] offen zur Hl. Schrift hin und setzen sich ihrem Urteil aus. Die Verwerfungen, die sie ausgesprochen haben, müssten heute auch unter dem Gesichtspunkt durchgeprüft werden, wie die Hl. Schrift unser Verhältnis zueinander heute bestimmt. Ihre Gültigkeit und Verbindlichkeit ist also eine abgeleitete, von der Hl. Schrift hergenommene und auf sie bezogene Autorität. Unter solchen Gesichtspunkten wäre jedenfalls das Gespräch über die Augsburgische Konfession von uns her zu führen.[33]

Da wird man freilich den Bischof fragen können: Wir haben wohl historische und systematische Kommentierungen der CA, aber einen Versuch, die Themen der CA in konsequenter Exegese mit den heutigen exegetischen Methoden zu rekonstruieren, gibt es, soweit ich weiß, nicht.[34] Wie soll man sich die mögliche Kor-

---

30 Joseph Ratzinger, Klarstellungen zur Frage einer „Anerkennung" der Confessio Augustana durch die katholische Kirche, in: ders., Theologische Prinzipienlehre, 233.

31 Vgl. Brunner, Reform, 181–183.

32 Vgl. BSELK, 1216,9–19; 1216,28–1218,2.

33 Dietzfelbinger, Schwierigkeiten, 58.

34 Vgl. jedoch: John Reumann, Das Augsburger Bekenntnis im Licht der Exegese, in: Vilmos Vajta (Hg.), Confessio Augustana 1530–1980: Besinnung und Selbstprüfung, Genf 1980 (LWB-Report 9/ 1980), 9–39; Ulrich Wilckens, Das Augsburger Bekenntnis im Lichte der Heiligen Schrift, in:

rektur einer Verwerfung unter Berufung auf die Schrift im Einzelnen vorstellen? Auf welche von den vielen exegetischen Auffassungen soll sich die Korrektur berufen und warum gerade auf diese? Wer hat die Autorität, diese Korrektur mit gleicher Verbindlichkeit, wie sie bisher die Bekenntnisschrift gehabt hat, festzustellen?

Auch für Josef Ratzinger ist der konstitutive Schriftbezug der Bekenntnisse ein gravierendes Problem in der Frage der Anerkennung. Er fasst das Problem so:

> Wie weit kann unter Voraussetzung des Sola scriptura eine Bekenntnisschrift eine mehr als faktische Geltung, nämlich eine eigene Verbindlichkeit als kirchliche Lehraussage haben? Die Tendenz von Luthers Sola scriptura geht dahin, dass eine kirchliche Lehraussage keine andere theologische Qualität als die der richtigen Schriftauslegungen hat und daher immer durch bessere Schriftauslegung revidierbar bleibt. Die Kirche hat demgemäß zwar eine faktische Ordnungsfunktion, aber theologisch keine eigene Stimme. Sie kann letztlich nicht als Kirche in Sachen des Glaubens mit einem anderen Gewicht reden, als es der Theologe tut. [...] Der Disput um die CA schließt das grundlegende Problem ein: Ist die CA mehr als Theologie? Und wenn, mit welchem Grund? Worin besteht die Verbindlichkeit kirchlichen Lehrens?[35]

Die schroffe Alternative Schriftprinzip (mit Schriftauslegung des einzelnen Theologen) und Lehramt (mit verbindlichem kirchlichem Reden) wird dem lutherischen Verständnis von der Autorität der Schrift – man sollte besser von den in der Geschichte wechselnden Verständnissen sprechen – allerdings nicht gerecht. Wenzel Lohff notiert:

> Nicht ein Schriftprinzip, sondern die aus der Schriftauslegung gewonnene doctrina evangelii ist die kritische Norm für Leben und Lehre der Kirche. Die zentrale Bedeutung der Kategorie ‚Evangelium' für die ganze Lehre und das Leben der Kirche ist das eigentlich Neue im reformatorischen Bekenntnis [...] Evangelium ist [...] kein Depositum von Lehrsätzen, sondern das in Verkündigung und Sakramentenspendung sich ereignende Geschehen, in dem

---

Bernhard Lohse/Otto Hermann Pesch (Hg.), Das Augsburger Bekenntnis von 1530 damals und heute, München/Mainz 1980, 199–214; Peter Stuhlmacher, Schriftauslegung in der Confessio Augustana: Überlegungen zu einem erst noch zu führenden Gespräch, in: ders., Versöhnung, Gesetz und Gerechtigkeit: Aufsätze zur biblischen Theologie, Göttingen 1981, 246–270. Ebd., 247: „Der Beitrag der biblischen Fachexegeten beschränkt sich bis zur Stunde [1980] auf verschwindend wenige tastende Aufsätze und Referate." Und ebd., Anm. 9: „Mir sind nur fünf (!) Beiträge bekanntgeworden", u. a. der zuvor genannte Aufsatz von John Reumann.

35 Ratzinger, Klarstellungen, 234f.

Menschen durch den Heiligen Geist Gottes Rechtfertigung in Jesus Christus wirklich zugeeignet wird.[36]

Aber noch die Konkordienformel, die letzte der großen Lutherischen Bekenntnisschriften, die als einzige einen Artikel über die Grundlagen der Lehre enthält [...], zählt neben der Heiligen Schrift die altkirchlichen Bekenntnisse, die Confessio Augustana und die übrigen Bekenntnisschriften und darüber hinaus andere Lehrschriften, vor allem Luthers, als Summa der Lehre nacheinander auf. Dabei kommt unter dem Bilde eines Gerichtshofes der Schrift wohl in Zweifelsfällen die ,Autorität des Richters' (Epitome: BSLK 769,29) zu. Doch gegen die Verfälschung der Lehre durch die Häretiker bedarf es eben der anderen Bekenntnisse als ,Zeugen' der Wahrheit auch für die Auslegung der Schrift selbst (BSLK 769,30 ff).[37]

Nimmt man dieses Verständnis des *sola scriptura* in der *Konkordienformel* ernst, dann kann man diesen Grundsatz nicht als permanente Relativierung der Autorität des Bekenntnisses verstehen, wohl aber als Offenheit und Verpflichtung zu seiner Weiterentwicklung.

2 Akt und Prozess der Anerkennung

Nach der Frage des Objekts der Anerkennung soll nun zweitens der Akt oder Prozess der Anerkennung in den Blick genommen werden. Wie soll Anerkennung verstanden werden?

Für Joseph Ratzinger geht es bei der Anerkennung der CA um einen geistlichen Prozess, „der nur durch geistliche Entscheide vorwärts kommen kann"[38]. Der Prozess müsste also Entscheidungs- und nicht Erklärungscharakter haben.[39]

Dass diese Entscheidung aber einen Prozess des Reifens voraussetzt, der nicht leicht ist und auch nicht kurzfristig gedacht werden darf, ist aus den bisherigen Ausführungen wohl deutlich geworden. Für solche Prozesse auf Entscheidung zu ist insofern Raum, als das reformatorische Erbe selbst Entfaltungen nach verschiedenen Seiten zulässt, vor allem nach zwei gegensätzlichen Richtungen [...]: in der ekklesialen Richtung oder in der Richtung der Zentrierung auf die religiöse Erfahrung, deren Absolutsetzung freilich jede Institution sprengen müsste.[40]

---

36 Wenzel Lohff, Die Bedeutung der Augsburgischen Konfession für die Lutherische Kirche und ihr Verhältnis zur römisch-katholischen Kirche, in: Meyer/Schütte, Bekenntnis des einen Glaubens, 7 f.

37 Lohff, Bedeutung, 9.

38 Ratzinger, Klarstellungen, 235.

39 Ratzinger, Klarstellungen, 240.

40 Ratzinger, Klarstellungen, 240.

Ratzinger entwickelt daraus eine weitreichende Forderung an die lutherischen Kirchen:

> Die katholische ,Anerkennung' der CA setzt ihre evangelische ,Anerkennung' voraus, nämlich Anerkennung dessen, dass hier Kirche als Kirche lehrt und lehren kann. Eine solche evangelische Anerkennung bedeutet den Entscheid über das Formalprinzip des Glaubens (Schrift und Überlieferung) und dieser formale Aspekt des Ganzen ist in mancher Hinsicht wichtiger als der materiale. Das katholische Ringen um ,Anerkennung' ist ein Fragen um die Anerkennung [der CA] im evangelischen Raum und insofern das Ringen um die Stellung der Kirche im Glauben.[41]

Für Ratzinger geht es, überspitzt gesagt, um die Kirchwerdung der evangelischen Kirchen als Voraussetzung für die Anerkennung der CA, wobei diese Kirchwerdung daran hängt, dass die Kirche als Kirche sprechen kann, also formale Autorität hat. Dann würde „das faktische Lehren und Leben von Kirche [...] theologisch die Ekklesialität konkret formieren, die bisher unter dem einseitigen Sola scriptura und der daraus folgenden grundsätzlichen Revidierbarkeit der Kirche durch das gelehrte theologische Urteil verdeckt, ja, grundsätzlich immer wieder in Frage gestellt ist."[42] Das ist etwas merkwürdig, weil es ja um die CA *invariata* geht, die auch 450 oder bald 500 Jahre nach ihrem Entstehen immer noch in den Grundordnungen der lutherischen Kirchen und des LWB steht. Die Variationen der CA, die es in der Geschichte gegeben hat, sind ja auch nicht durch die exegetischen Einfälle bestimmter lutherischer Theologen motiviert gewesen.

Hinter Ratzingers anspruchsvollem Begriff der „Anerkennung" kann man die Alternative im Verständnis der Kirche sehen, die Adolf von Harnack und Erik Peterson in einem kurzen Briefwechsel 1928 entwickelt haben; dieser Briefwechsel hat auf katholischer Seite viel Beachtung gefunden. Darauf soll in einem kurzen Exkurs hingewiesen werden.

Exkurs 1: Der Briefwechsel zwischen Adolf von Harnack und Erik Peterson aus dem Jahr 1928

In jenem Briefwechsel schrieb Harnack: „Dass das sog. ,Formalprinzip' des Altprotestantismus [das *sola scriptura*] eine kritische Unmöglichkeit ist und ihm

---

41 Ratzinger, Klarstellungen, 235.
42 Ratzinger, Klarstellungen, 235.

gegenüber das katholische Traditionsprinzip [Dogma und Lehramt] *formal* das bessere ist, ist ein truism."[43] Und weiter:

> Mit dem alten Begriff der ‚Kirche‘ ist aber [im Protestantismus] auch der alte Begriff des ‚Dogmas‘ und damit das ‚Dogma‘ überhaupt dahin; denn ein Dogma ohne Unfehlbarkeit bedeutet nichts. Schon durch die Haltung Luthers auf der Leipziger Disputation war es gerichtet, obschon Luther selbst die Tragweite seiner Aussagen niemals voll erkannt und das Ungenügende seines widerspruchsvollen Ersatzes durch einen halben Biblizismus sich niemals klar gemacht hat.[44]

Harnack stimmte Peterson zu: „Wie Sie richtig sagen, kann es, wenn es keine ‚Kirche‘ mehr gibt, nur ‚Gemeinschaft‘ geben; denn zwischen ‚dieser‘ und ‚Kirche‘ gibt es theoretisch nichts Drittes; praktisch werden noch lange Stufen-Mischungen fortdauern."[45] Das heißt aber: „*begrüßen* kann ich nur die Entwicklung, die immer mehr zum Independentismus und der reinen Gesinnungsgemeinschaft im Sinne – ich scheue mich nicht – des Quäkertums und des Kongregationalismus führt."[46] Harnack betont also, dass eine evangelische Kirche nicht Kirche im eigentlichen Sinn ist und auch nicht sein kann, sondern allein Gesinnungsgemeinschaft. Ob die von Harnack behauptete Alternative von Kirche mit Dogma und autoritativem Lehramt und reiner Gesinnungsgemeinschaft eine vollständige Alternative ist, ist die Meisterfrage evangelischer wie ökumenischer Ekklesiologie.

Die in jenem Briefwechsel entwickelte Alternative scheint im Hintergrund von Ratzingers Auffassung von „Anerkennung" zu stehen, und das entgegen dem Selbstverständnis der CA, die, wie Georg Kretschmar schrieb, „den inneren Anspruch von Anfang an [hatte], Lehrnorm und ‚Bekenntnis‘ zugleich zu sein"[47]. Evangelische Anerkennung der CA, die nach Ratzinger die Voraussetzung für die katholische Anerkennung der CA ist, würde also heißen, dass sich die Kirchen, die die CA in ihrer Grundordnung haben, entscheiden, Kirche und nicht Gesinnungsgemeinschaft zu sein. So kompliziert sich die Frage der Anerkennung dadurch, dass sie tief in das Leben dieser Kirchen eingreifen würde, indem die Frage nach dem Status der CA mit der Frage nach ihrem Selbstverständnis als Kirchen so verbunden wird, dass diese durch eine – von katholischer Seite – vorgegebene Alternative bestimmt erscheint.

---

43 Erik Peterson, Briefwechsel mit Adolf von Harnack und ein Epilog, in: ders., Theologische Traktate, Würzburg 1994, 177.
44 Peterson, Briefwechsel, 182.
45 Peterson, Briefwechsel, 183.
46 Peterson, Briefwechsel, 183 f. (kursiv von Harnack).
47 Georg Kretschmar, Die Bedeutung der Confessio Augustana als verbindliche Bekenntnisschrift der Evangelisch-Lutherischen Kirche, in: Heinrich Fries u. a., Hindernis oder Hilfe?, 38.

Weil das Wort „Anerkennung" im allgemeinen Sprachgebrauch nicht ohne Weiteres einen solchen anspruchsvollen Prozess bezeichnet, möchte Ratzinger dieses Wort lieber durch den folgenden Ausdruck ersetzen: „Dialog über die theologische und kirchliche Struktur der evangelisch-lutherischen Bekenntnisschriften und deren Vereinbarkeit mit der Lehre der katholischen Kirche"[48]. Das entspricht in etwa dem, was in *Lehrverurteilungen – kirchentrennend?* unternommen wurde, aber ein Dialog hat als solcher ja gerade nicht den Entscheidungscharakter, den Ratzinger in seinen Überlegungen zur Anerkennung entwickelt hatte. Darum wird man diesen Ausdruck nicht als treffende Wiedergabe seines Anliegens annehmen können. Vielleicht wird man darin auch ein etwas resignatives Urteil über das, was zwischen den Kirchen möglich ist, sehen müssen.

Walter Kasper hat in unserem Zusammenhang einen mehrdimensionalen Begriff der Anerkennung begrifflich entwickelt und die einzelnen Aspekte (bezogen auf Anerkennung im zwischenmenschlichen Bereich, als Ausdruck von Anerkennung in bestimmten Sachbereichen und auf der Ebene der Gemeinschaft) hypothetisch durchgespielt. Zum ersten Aspekt von Anerkennung, wie er ihn sieht, erläutert Kasper:

> Anerkennung bedeutet nicht Fusionierung und Nivellierung, sondern Profilierung des Eigenen. Aber diese Profilierung führt nicht zu dessen exklusiver Monopolisierung, sondern anerkennt eine legitime Pluralität in der Ausprägung der gemeinsam verbindlichen ‚Sache'. Eine katholische Anerkennung der Confessio Augustana wäre demzufolge mehr als eine bloße theologische Rezeption; sie wäre ein amtlicher öffentlicher Akt. Auf der anderen Seite würde eine solche Anerkennung nicht bedeuten, dass die katholische Kirche diese Bekenntnisschrift als eigenes römisch-katholisches Bekenntnis annimmt, vielmehr dürfte aufgrund eines solchen Aktes die CA als *ein* legitimer Ausdruck des gemeinsamen katholischen Glaubens gelten, so dass die sich darauf berufende kirchliche Gemeinschaft einen Raum innerhalb der katholischen Kirche haben kann. Nicht mehr, aber auch nicht weniger war bei ihrer Überreichung an Kaiser Karl V. beim Reichstag zu Augsburg im Jahr 1530 intendiert.[49]

Zum zweiten Aspekt, dem der Sachbereiche, erklärt Kasper: Anerkennung geschieht hier „konkret durch die gegenseitige Anerkennung von Glaubensbekenntnissen (Glaubenssymbolen), durch eucharistische Gemeinschaft, durch Anerkennung der Ämter wie durch gemeinsames Zeugnis und gemeinsamen

---

48 Ratzinger, Klarstellungen, 240.
49 Walter Kasper, Was bedeutet das: Katholische Anerkennung der Confessio Augustana?, in: Meyer/Schütte/Mund, Katholische Anerkennung, 152.

Dienst."[50] Der dritte Aspekt betrifft die Ebene der Kirchengemeinschaften. Hier taucht die Alternative auf, ob selbständig bleibende Kirchen einander als Gliedkirchen der einen Kirche Jesu Christi anerkennen, „deren Einheit aber nach diesem Modell keine strukturierte Gestalt annimmt"[51], oder ob Anerkennung im Modell der sogenannten organischen Union gedacht wird, „nach dem eine Gemeinschaft mit eigener Identität entsteht, die sich auch institutionellen Ausdruck verleiht, so dass die Kirche als die eine Kirche sprechen und handeln kann"[52]. Kasper favorisiert das letztere Modell, das für die lutherische Seite natürlich größte Schwierigkeiten bereitet. Hier stellt sich für die lutherischen Kirchen die Frage: Wenn die korporative Union, das Eingehen in eine größere strukturierte Gemeinschaft, das Ziel der katholischen Anerkennung ist, wollen sie dann überhaupt diese Anerkennung? Zu ihrem Verständnis der Einheit der Kirche gehört ja, dass sie eigenständige Teilkirchen der einen Kirche Jesu Christi bleiben. Der Vorschlag, den Kasper schließlich macht, ist denn auch bescheidener: Es würde

> dem gegenwärtigen Stand der ökumenischen Bemühungen auch am ehesten gerecht werden, wenn die katholische Kirche zunächst nicht unmittelbar die CA, sondern die bisher erfolgte theologische Rezeption der CA amtlich anerkennen würde, wenn sie also amtlich erklären würde, dass die CA katholisch interpretierbar und rezipierbar ist. Ein solcher amtlicher Schritt – etwa anlässlich des 450-jährigen Jubiläums der CA im Jahr 1980 – würde über die rein theologische Rezeption der CA hinausführen und könnte einen entscheidenden Wendepunkt im Verhältnis von katholischer und lutherischer Kirche bedeuten.[53]

Deutlich ist, wie stark eine Anerkennung die anerkannte Seite verändern kann. Bischof Dietzfelbinger fragt:

> Welche Veränderungen und ‚Umpolungen' im Felde der Kirchen der Reformation würde solch ein Akt vonseiten der römisch-katholischen Kirche schaffen? Wer sind wir dann, wenn die römisch-katholische Kirche die Augsburgische Konfession anerkennen würde? [...] Der Schritt der römisch-katholischen Kirche könnte für die evangelisch-lutherische Kirche ein Test dafür werden, wie weit sie selber dazu steht, dass in der Augsburgischen Konfession wie in den anderen lutherischen Bekenntnisschriften nicht eine Partikularkirche, sondern die una sancta ecclesia gesprochen hat, wie weit sie sich also auch in Zukunft eben nicht nur als ‚protestantisch', sondern als ‚katholisch' im ursprünglichen Sinne versteht. Ich meine, sie sollte dieser Identitätsfrage standhalten und ihr nicht ausweichen.[54]

---

50 Kasper, Anerkennung, 153. Hier überlappen sich offenbar die Aspekte.
51 Kasper, Anerkennung, 155.
52 Kasper, Anerkennung, 155.
53 Kasper, Anerkennung, 156.
54 Dietzfelbinger, Schwierigkeiten, 57.

Wenn der in Aussicht genommene Akt der Anerkennung eine Identitätsfrage für die anzuerkennende Seite stellt, wird diese sich wohl fragen, ob sie überhaupt anerkannt werden will, in diesem Fall: als katholisch anerkannt werden will. Man kann im Akt der Anerkennung etwas Übergriffiges sehen, wenn der Anerkennende den Anerkannten nach seiner, des Anerkennenden, Vorstellung anerkennen will. Bischof Dietzfelbinger hat dies nicht, wie manche andere, als Zumutung, sondern als positive Herausforderung begriffen.[55]

Umgekehrt aber wird die Anerkennung auch die anerkennende Seite verändern. Ob die katholischen Befürworter einer katholischen Anerkennung der CA sich immer klargemacht haben, was ein solcher Prozess für die römisch-katholische Kirche bedeuten und welche Veränderungen er von ihr fordern würde? Für Heinrich Döring geht die Anerkennung der Bekenntnisschrift über diese hinaus in eine Anerkennung der Kirchen Augsburgischer Konfession:

> Unter der Voraussetzung, dass es in der einen Kirche – was hinsichtlich der Kirchen des Ostens schon deutlich gesehen wird – zunächst bei aller grundsätzlichen Katholizität einen unterschiedlichen (wenn auch nicht gegensätzlichen) Bekenntnisstand geben kann, wäre der Vorteil gegeben, dass es die katholische Seite in Analogie zu den Kirchen des Ostens lernte, die Kirchen der Augsburgischen Konfession in dem Bekenntnis, das sie sich als katholisches bewahrt haben, als rechtmäßige, rechtgläubige und katholische anzuerkennen, wohingegen die Kirchen dieses lutherischen Bekenntnisses auf der Basis dieses Bekenntnisses darauf verzichten würden, die lehrmäßige Weiterentwicklung in der römisch-katholischen Kirche als häretische anzusehen, sondern diese katholische Kirche in ihrer sakramental-strukturierten Gestalt als rechtmäßige und rechtgläubige anzunehmen. Auf diese Weise könnte sich jene Entwicklung in Gang setzen, gemäß der die Kirchen, durchaus in ihrer eigenen Tradition stehend und lebend, Kirchen bleiben und doch, aufeinander zugehend, immer mehr die eine Kirche werden (J. Ratzinger). Nur so kann ja ein Prozess in Gang kommen, in dem die getrennten Kirchen zu Trägern einer legitimen Vielfalt werden.[56]

Daraus lässt sich erkennen, dass Anerkennung des *Augsburger Bekenntnisses* letztlich nicht ein einseitiger Vorgang, sondern nur ein wechselseitiger sein kann.

---

55 Wolfhart Pannenberg hat wiederholt die Frage der Anerkennung als Herausforderung zur Selbstprüfung der lutherischen Kirchen angemahnt: „Es ist auch eine Aufgabe evangelischer Theologie zu klären, inwieweit der Anspruch auf Katholizität für die Aussagen der Augsburger Konfession im Lichte heutiger theologischer Erkenntnis aufrechterhalten werden kann" [ders., Eine Grundlage für die Einheit? Die Augsburgische Konfession als katholisches Bekenntnis, Teil I, in: KNA – Ökumenische Information Nr. 3 (19. Januar 1977), 7].

56 Heinrich Döring, „Eine Frage der Interpretation": Die Confessio Augustana und die Dogmen von 1854, 1870 und 1950, in: KNA – Ökumenische Information Nr. 12 (23. März 1977), 5. Vgl. Joseph Ratzinger, Die Kirche und die Kirchen, in: Reformatio 13 (1964), 105: „die Idee der Einheit der Kirchen [...], die *Kirchen* bleiben und doch *eine* Kirche werden."

Während Kasper und Ratzinger einen komplexen, sehr anspruchsvollen Begriff von Anerkennung in die Diskussion eingebracht haben, haben andere, wie Peter Manns, gegen den Begriff der Anerkennung eingewandt, dass er dem „politischen Sprachgebrauch unserer Tage entlehnt" sei und dass die „vieldeutige Vokabel – bewusst oder unbewusst – bekannte weltliche Prozeduren auf das Leben der Kirche [überträgt]. Die positivistisch-staatsrechtliche Konvention – ‚BRD anerkennt DDR' – wird unbemerkt zum Struktur-Prinzip der zu vollendenden kirchlichen Einheit."[57] Wie weiland die Bundesrepublik die DDR immer in Anführungszeichen gesetzt hat, so setzt, so könnte man Manns interpretieren, die katholische Kirche die lutherischen „Kirchen" in Anführungszeichen, während die Anerkennung der CA diese Anführungszeichen wegnehmen und langfristig die lutherischen „kirchlichen Gemeinschaften" als Kirchen anerkennen würde. Wäre das so schlimm?

Weil der Begriff der Anerkennung höchst unterschiedlich gefasst werden kann und gefasst wird, wird man fragen müssen, ob er sich dazu eignet, das Anliegen, das hinter dem Vorhaben einer „römisch-katholischen Anerkennung der CA" steht, zum Ausdruck zu bringen.

3 Anerkennung – als was?

Nun zu einem dritten Aspekt von Anerkennung: Für eine Anerkennung konstitutiv ist das *Als* der Anerkennung. Ein Mensch kann *als* Mensch, *als* Bürger eines Staates, *als* Lehrer, *als* Christ, *als* Vereinsvorsitzender usw. anerkannt werden. Die Anerkennung gilt derselben Person, und dennoch hat die Anerkennung, abhängig von ihrem *Als*..., jeweils einen anderen Charakter und Inhalt. Dieses *Als*... bestimmt auch die Kriterien, nach denen über Anerkennung entschieden wird. Die CA soll *als* katholisch anerkannt werden,[58] oder „*als* Ausdruck des katholischen Glaubens" oder *als* „Bekenntnis des einen Glaubens", wenn auch nicht „*als* gemeinsames Bekenntnis dieses einen katholischen Glaubens",[59] wie die „Gemeinsame Untersuchung lutherischer und katholischer Theologen" formulierte. Walter Kasper sprach, wie schon angemerkt, davon, dass aufgrund der katholischen Anerkennung die CA „als *ein* legitimer Ausdruck des gemeinsamen katholischen Glaubens gelten" könnte.[60]

---

57 Manns, Probleme, 98.
58 Ratzinger, Die ökumenische Situation, 212.
59 Vgl. oben Anm. 19 (Kursive hinzugefügt).
60 Vgl. oben Anm. 49.

Hier sei noch einmal an das oben erwähnte Beispiel vom Abitur erinnert. Damit ein Schüler *als* hochschulreif anerkannt werden kann, muss er bestimmte Leistungen erbringen und die prüfenden Lehrer brauchen eine bestimmte Norm oder Regel, die sie auf diese Leistungen beziehen, um zu dem Urteil zu kommen, einen Schüler als hochschulreif anzuerkennen. Die Norm kann, wie man weiß, in Bayern oder Berlin unterschiedlich sein, so dass ein Schüler mit denselben Abiturleistungen im einen Bundesland die Abiturprüfung bestehen, im anderen aber durchfallen würde. Man kann den lutherisch/katholischen Kommentar *Confessio Augustana – Bekenntnis des einen Glaubens* als eine solche Prüfung ansehen, ob die CA anerkennungswürdig ist, *als* eben ein Bekenntnis des einen, katholischen Glaubens.[61] Das Ergebnis der Prüfung ist positiv. Liest man hingegen den Prüfbericht von Peter Manns, so fällt die CA durch: nicht anerkennungswürdig – *als* Ausdruck des christlichen Glaubens im Verständnis Luthers.[62] Das kann sowohl an der Norm wie auch an den Prüfenden liegen, denn auch in derselben Schule können verschiedene Lehrer bei gleicher Norm über dieselben Leistungen eines Schülers unterschiedlich urteilen. Was ist die Norm? Trient? Oder ist die CA, wie Walter Kasper sagte, „im Licht des Selbstverständnisses heutiger katholischer Theologie nach dem II. Vatikanischen Konzil"[63] zu beurteilen? Und wenn Trient, dann in welcher Interpretation? Der von Hans Küng oder in einer traditionalistischen? Nach den bisherigen Darlegungen schien das Problem der Anerkennung eher auf lutherischer denn auf katholischer Seite zu liegen, aber die Fragen nach der Norm des Urteilens wie auch nach dem *Als* der Anerkennung und die damit verbundene Frage, welches nach katholischer Auffassung die legitimen Verschiedenheiten sind, zeigen, dass auch katholischerseits ein großer Klärungsbedarf bestand, der damals wohl nicht in seinem Ausmaß gesehen wurde. Es war leichter, die vielen Probleme auf lutherischer Seite aufzuzeigen.

---

61 Vgl. Meyer/Schütte, Bekenntnis des einen Glaubens.

62 Vgl. die Argumente von Peter Manns in: ders., Probleme, 122–130. Avery Dulles kommt zu diesem Urteil: „In spite of the remarkable convergences reached in the ecumenical dialogues of the past few decades, it seems hardly likely that the Catholic Church in our time will be able to recognize the CA as an unexceptionable statement of Catholic doctrine. Even if in some way Catholics could see their way to saying that the formal statements of the CA could be acknowledged as in some sense true, still it can be argued that the CA contains, only slightly below the surface, fundamental differences that were to come into the open in more polemical writings, such as the *Smalcald Articles* of 1537." (Ders., The Augsburg Confession and Contemporary Catholicism, in: Joseph A. Burgess (Hg.), The Role of the Augsburg Confession: Catholic and Lutheran Views, Philadelphia 1980, 135).

63 Kasper, Anerkennung, 151.

4 Das Subjekt der Anerkennung

Ein weiterer Aspekt von Anerkennung betrifft das Subjekt der Anerkennung. Wenn Melanchthon am Ende des ersten Teils der CA betont, dass die *summa doctrinae apud nos* nicht von der Ecclesia Romana abweiche,[64] dann wurde in der Diskussion gefragt, ob die Kirche, die 1980 aufgefordert war, die CA als katholisch anzuerkennen, noch die Ecclesia Romana der CA ist, nachdem sich diese Kirche durch die Papstdogmen und die beiden Mariendogmen doch erheblich gewandelt hat. Die Veränderung des Subjekts der Anerkennung affiziert auch deren Objekt, weil das Bekenntnis die Übereinstimmung mit der römischen Kirche behauptet und Anerkennung in einem solchen Fall immer wechselseitig ist. Heinrich Döring fragt darum: „Sind auch von evangelischer Seite her die Hindernisse, die mit diesen Dogmen [1854, 1870, 1950] gesetzt sind, zu überwinden und die schwerwiegenden Bedenken zu beseitigen?"[65] Das betrifft insbesondere die Frage der päpstlichen Lehrautorität. Die Frage einer katholischen Anerkennung der CA als eines katholischen Bekenntnisses bringt für die lutherischen Kirchen Prüfungsaufgaben mit, die weit über das *Augsburger Bekenntnis* hinausgehen. Die Überlegung Dörings macht deutlich, dass Anerkennung der CA, wenn sie als substantiell gedacht wird, eine wechselseitige Anerkennung sein muss.

Exkurs 2: Alle unter einem Christus. Stellungnahme der Gemeinsamen Römisch-katholischen/Evangelisch-lutherischen Kommission

Diese Stellungnahme der internationalen Dialog-Kommission ist darum besonders interessant, weil sie in ihrem Mittelteil als eine Form katholischer Anerkennung der CA gelesen werden kann, die jedoch die Worte „Anerkennung" oder „anerkennen" nicht ein einziges Mal gebraucht. Es werden mit Bezug auf die CA eine Reihe von Glaubensaussagen gemacht, die eben dadurch, dass sie *gemeinsam gemacht* werden, diese Anerkennung vollziehen. Mit einfachen Sätzen, die an die CA angelehnt sind oder sie weiterführen, wird gemeinsam der eine Glaube bekannt. Die Stellungnahme wurde einstimmig von den katholischen und lutherischen Mitgliedern der Kommission gebilligt. Der erste Teil der Stellungnahme erinnert an den historischen Kontext der CA und an die erneute Beschäftigung mit

---

64 BSELK, 131,4 f.
65 Döring, Interpretation, 6.

ihr in Wissenschaft und ökumenischem Dialog. Der dritte Teil enthält einen kurzen Ausblick auf die Aufgabe des Bekennens heute. Hier seien die wichtigsten Abschnitte aus dem mittleren Teil zitiert:

(Nr. 7) [D]ieses Bekenntnis, das Basis und Bezugspunkt der anderen lutherischen Bekenntnisse ist, spiegelt wie kein anderes in Inhalt und Struktur den ökumenischen Willen und die katholische Intention der Reformation.

(Nr. 8) Es ist dabei von großem Gewicht, dass dieser ökumenische Wille und diese katholische Intention in einem Bekenntnisdokument zum Ausdruck kommen, das auch heute noch – unter und zusammen mit der Heiligen Schrift – Lehrgrundlage der lutherischen Kirchen ist und für sie Verbindlichkeit besitzt.

(Nr. 10) Es ist die erklärte Absicht des Augsburgischen Bekenntnisses, den Glauben der einen, heiligen und apostolischen Kirche zu bezeugen. Es geht nicht um Sonderlehren oder gar um die Gründung einer neuen Kirche (CA 7,1), sondern um Reinerhaltung und Erneuerung des christlichen Glaubens – in Einklang mit der Alten Kirche, ‚auch der römischen Kirche‘ und in Übereinstimmung mit dem Zeugnis der Heiligen Schrift.

(Nr. 11) Gemeinsame Untersuchungen katholischer und lutherischer Theologen haben ergeben, dass die inhaltlichen Aussagen des Augsburger Bekenntnisses dieser Absicht in hohem Maße entsprechen und insoweit als Ausdruck des gemeinsamen Glaubens angesehen werden können.

(Nr. 14) [Für die Rechtfertigungslehre wird ein „weitreichender Konsens" beansprucht:] Allein aus Gnade und im Glauben an die Heilstat Christi, nicht auf Grund unseres Verdienstes, werden wir von Gott angenommen und empfangen den Heiligen Geist, der unsere Herzen erneuert und uns befähigt und aufruft zu guten Werken.

(Nr. 17) So hat sich Katholiken und Lutheranern in der Besinnung auf das Augsburgische Bekenntnis ein gemeinsames Verständnis in grundlegenden Glaubenswahrheiten erschlossen, das auf Jesus Christus, die lebendige Mitte unseres Glaubens, verweist.

(Nr. 27) Was wir im Augsburgischen Bekenntnis an gemeinsamem Glauben wiedererkannt haben, kann dann helfen, diesen Glauben auch in unserer Zeit gemeinsam neu zu bekennen. Das ist der Auftrag des erhöhten Herrn an unsere Kirchen, und das sind sie der Welt und den Menschen schuldig. Dies entspricht auch der Intention des Augsburgischen Bekenntnisses.[66]

Der in dieser Stellungnahme verwendete Begriff des „Wiederentdeckens" scheint besser als der hochkomplexe Begriff der „Anerkennung" geeignet zu sein, das in jenem Projekt Intendierte zum Ausdruck zu bringen. In der Begegnung von katholischen und lutherischen Theologen und der sie begleitenden wissenschaftlichen Forschung hat sich demnach wechselseitig eine Wahrnehmung des Glau-

---

66 Vgl. Dokumente wachsender Übereinstimmung. Sämtliche Berichte und Konsenstexte interkonfessioneller Gespräche auf Weltebene 1931–1982, hg.v. Harding Meyer/Hans Jörg Urban/Lukas Vischer, Paderborn/Frankfurt a.M. 1983, 324–328.

bens des je Anderen eingestellt, die in diesem den eigenen Glauben wiedererkannt hat. Wird dieses Wiedererkennen wie in *Alle unter einem Christus* als gemeinsame Rezeption der CA in gemeinsamen Lehraussagen vollzogen, dann geschieht darin, was wohl in einem elementaren Sinn mit „Anerkennung" gemeint sein könnte, ohne die weit reichenden Implikationen, die Ratzinger anzeigt, sogleich mit zu verwirklichen.

Ausblick

Blickt man auf die im Vorstehenden skizzierte Diskussion um die Anerkennung der CA zurück, dann wundert es nicht, dass die Diskussion im Sand verlaufen ist. Für jedes der einzelnen Momente der Anerkennung sind in der Diskussion mehrere Möglichkeiten genannt worden. Zusammengenommen multiplizieren sich die Weisen, Anerkennung zu fassen, so dass eine Komplexität entsteht, die kaum handhabbar ist. Wer sollte bestimmen, welche der zahlreichen Optionen gewählt werden soll? Bestimmte Verständnisse der Anerkennung waren mit dem Anspruch verbunden, tief in das Leben der Kirchen einzugreifen, so dass man vermuten kann, dass die Kirchen, wohl auf beiden Seiten, Angst vor einem solchen Prozess bekommen haben. Sofern Anerkennung als Prozess und nicht nur als öffentlich-offizieller Akt verstanden wurde, hätte diese einen Bewusstseinsbildungsprozess in beiden Kirchen eingeschlossen, von dem man nur schwer sagen kann, wer ihn initiieren und organisieren könnte. Ratzinger hat immer wieder betont, dass es in der Ökumene um geistliche Wachstumsprozesse gehe, die gerade nicht von oben dekretiert werden könnten. Aber wie sollen solche Prozesse in Gang kommen, die eine ganze Kirche oder doch beachtliche Teile derselben erfassen sollen? Darüber ist noch wenig nachgedacht worden. Geistliche Wachstumsprozesse sind in den Kirchen immer wieder aufgebrochen, aber sie geschehen *ubi et quando visum est Deo*.

Blickt man auf das nächste CA-Jubiläum voraus, sollte man aus den dargestellten Schwierigkeiten lernen. Ein erneuter Versuch, zu einer römisch-katholischen Anerkennung der CA als katholisch zu kommen, sollte nicht unternommen werden. Im Kontext getrennter Kirchen entfaltet der Versuch, zur Anerkennung eines existierenden Bekenntnisses einer der Kirchen durch die andere zu kommen – vor allem, wenn das Bekenntnis in der Vergangenheit Gegenstand von Kontroversen war – eine Dynamik, die viele Probleme mit sich bringt, die sich schwer lösen lassen. Der theologischen Arbeit der ökumenischen Dialoge ist es gelungen, die jeweiligen Lehrauffassungen der anderen Kirchen in ihrem Selbstverständnis besser zu verstehen und ihr Verhältnis zueinander neu zu bestimmen. Diese Einsichten sollte man aufnehmen und auf ihrer Basis den Versuch machen, zu einem gemeinsamen Bekenntnis zu kommen, das die Herausforderungen der heutigen Zeit ernst nimmt. Die Logik und Dynamik in dem Bemühen, ein solches gemeinsames Bekenntnis zu entwickeln, wäre eine andere als in dem Vorhaben einer Kirche, das existierende Bekenntnis einer anderen Kirche anzuerkennen. Schon in *Alle unter einem Christus* heißt es im letzten Abschnitt:

> (Nr. 28) Angesichts der neuen Fragen, Herausforderungen und Chancen unserer heutigen Wirklichkeit können wir uns nicht damit begnügen, das Bekenntnis von 1530 zu wiederholen und auf es zurückzuverweisen. Was wir als Ausdruck unseres gemeinsamen Glaubens wiederentdeckt haben, will sich neu artikulieren. Es will den Weg zeigen zu einem Bekennen hier und heute, in dem Katholiken und Lutheraner nicht mehr getrennt und gegeneinander, sondern miteinander die Botschaft vom Heil der Welt in Jesus Christus bezeugen und als erneutes Gnadenangebot Gottes verkündigen.

Im Sinn der Hierarchie der Wahrheiten bräuchten in einem Text, der den gemeinsamen Glauben ausdrückt, nicht alle damals kontroversen Themen und auch nicht alle seither hinzugekommenen Konflikte aufgenommen werden. Vielmehr ginge es darum, in einer das Selbstverständnis unserer Zeitgenossen kritisch-konstruktiv aufnehmenden Weise gemeinsam unseren christlichen Glauben zu bekennen. Wahrscheinlich würde ein solches Dokument eine andere Form als die eines klassischen Bekenntnisses haben. Dieses Plädoyer verkennt nicht die erheblichen Schwierigkeiten, die ein solches Unternehmen mit sich bringen würde, denn heute sind beinahe alle dogmatischen Topoi faktisch in den Kirchen umstritten. Wir bewegen uns nach meinem Urteil als Kirchen lehrmäßig und theologisch auf dünnem Eis. Und unter den Mitgliedern der Kirchen herrscht eine weit verbreitete Reserviertheit oder gar Aversion gegenüber Fragen der Lehre; diese erscheinen als lebensfern und irrelevant für den persönlichen Glauben; viele wehren sich gegen den Anspruch der Lehre, verbindlich für die Kirchen zu sprechen, und weisen ihn als autoritär zurück. Aber kann man die Sprachunfähigkeit vieler Christenmenschen im Blick auf ihren Glauben beklagen und überwinden wollen, ohne die Fragen der Lehre wiederaufzunehmen? Wollen Christenmenschen nicht verstehen und sagen können, an wen sie glauben, wen sie lieben, auf wen oder was sie hoffen? Und wenn Wahrheit keine Privatsache sein kann – was wahr ist, ist für alle wahr –, werden sie sich dann nicht in kommunikativen Prozessen um eine gemeinsame Einsicht in das Elementare ihres christlichen Glaubens bemühen? Wenn die Kirche der Leib Christi ist, dann kann sie nicht bloß die Summe von Individuen sein, die ihren religiösen Bedürfnissen nachgehen und sich aus diesem Interesse associieren. Es wird dann ein Wir des Glaubens geben, das auch dem Einzelnen gegenübertreten kann, sosehr dieses Wir von den Einzelnen getragen wird. Wenn dieses Wir im Hören auf die *Heilige Schrift* zu gemeinsamen Einsichten in den christlichen Glauben gelangt, dabei die

Schätze der verschiedenen kirchlichen Traditionen einbringt und aus den Konflikten der Vergangenheit gelernt hat, werden diese Einsichten Autorität für die Einzelnen haben. So können Christenmenschen ihren Glauben bekennen: Im Bekenntnis bekennen sie sich zu Gott und legen vor der Welt Rechenschaft für ihren gemeinsamen Glauben ab. Und wenn sie das gemeinsam tun, evangelische und römisch-katholische Christinnen und Christen, dann verwirklichen sie eine Ökumene, die nicht vergangenheitsfixiert ist, sondern in der sie mit ihrem Glauben, durchaus belehrt und beschenkt durch den Umgang mit ihren unterschiedlichen Traditionen, in die gegenwärtige Welt hineinwirken.[67]

---

67 Es sei auch der Vorschlag von Avery Dulles erwähnt, den dieser am Ende seines bedenkenswerten Aufsatzes macht: „Thus the time may not be far away when it will be possible for Catholics and Lutherans, without loss of their distinctive identities and without reaching full agreement on all doctrines, to recognize each other as belonging to the same ecclesial fellowship. Such a mutual recognition would be of vastly greater significance than a Catholic recognition of the CA." (Dulles, Augsburg Confession, 138).

Ökumenische Perspektiven

Friederike Nüssel

Das ökumenische Potential der *Confessio Augustana* – einst und jetzt

Eine kritisch-konstruktive Bilanz

1 Zur ökumenischen Ausrichtung der *Confessio Augustana*

Ziel der *Confessio Augustana* (CA) als Urkunde des Glaubens und Bekenntnisschrift war es, die aus Sicht der reformatorischen Stände nötige Reform der Kirche zu verteidigen und zugleich die Einheit der Kirche zu wahren. Gerade in der Verbindung dieser beiden Ziele ist sie ein ökumenisches Dokument. Die Einheit der abendländischen Kirche war lange vor der Reformation im 16. Jahrhundert gefährdet durch den „großen vorreformatorischen Reformstau"[1], der im Mittelalter sukzessive angewachsen war. Die inzwischen evangelisch-katholisch geteilte Einsicht, dass die Kirche *ecclesia semper reformanda*[2] sei und ständiger Erneuerung[3] bedürftig, wird zwar in der CA noch nicht als ekklesiologische Bestimmung auf den Begriff gebracht. Doch die Überzeugung, dass die Bewahrung der Einheit der Kirche immer wieder Reform und Erneuerung verlangt und dass diese Reformen so zu gestalten sind, dass sie der Einheit dienen und diese zu wahren helfen, ist bestimmend für Melanchthons Komposition der CA als Bekenntnisschrift und für ihre ausführliche Verteidigung gegenüber den Kritikern in der *Apologie* der *Confessio Augustana*.

Für das Verständnis der ökumenischen Ausrichtung ist zunächst die komplexe Entstehungsgeschichte der CA bedeutsam. Die Entwicklung des Textes basiert auf den sog. *Torgauer Artikeln*, in denen deutlich ist, dass für die Wittenberger Reformatoren zunächst die Verteidigung der kursächsischen Kirchenreform im Zentrum stand. Auch noch auf der Reise der sächsischen Delegation

---

1 Wolf-Dieter Hauschild, Art. Bischof, in: RGG⁴ 1, 1617.
2 Vgl. dazu Theodor Mahlmann, „Ecclesia semper reformanda". Eine historische Aufklärung. Neue Bearbeitung, in: Torbjörn Johannson/Bengt Hägglund (Hg.), Hermeneutica Sacra: Studien zur Auslegung der Heiligen Schrift im 16. und 17. Jahrhundert. Bengt Hägglund zum 90. Geburtstag, mit einer Bibliographie der Schriften des Jubilars, Berlin/New York 2010, 381–442.
3 Vgl. die Aussage in der Kirchenkonstitution des Zweiten Vatikanischen Konzils *Lumen gentium* Nr. 8 (DH, 4101–4179, hier bes.: 4120).

zum Augsburger Reichstag standen „praktisch-rechtliche Fragen des Kultus und der Ordnung im Zentrum der theologischen Reflexionen"[4]. Dabei dürfte selbst in den ersten Tagen nach der Ankunft der Reichstagsteilnehmer in Augsburg am 2. Mai 1530 noch „in der sächsischen Delegation der Eindruck beherrschend gewesen sein, der Kurfürst könne sich darauf beschränken, die im Zuge der Visitationen durchgeführten praktischen Kirchenreformen als evangeliumsgemäß zu rechtfertigen."[5] Am 4. Mai allerdings erschienen die *404 Artikel* von Johannes Eck. In diesen präsentierte Eck Martin Luther in gezielter Zusammenstellung mit Ulrich Zwingli, den Taufgesinnten und Schwarmgeistern als ketzerische Einheit „mit dem Ziel, der Reformation einen prinzipiellen Lehrgegensatz zur altgläubig-katholischen Tradition zu attestieren."[6]

Die Bedeutung der *404 Artikel* für die Entwicklung der Argumentationsstrategie in der CA kann nicht unterschätzt werden. Ihre Publikation führte dazu, dass sich Melanchthon und die sächsische Delegation nicht darauf beschränken konnten aufzuweisen, dass und in welchem Sinne die kursächsischen Reformen dem Evangelium gemäß waren. Die massiven Vorwürfe von Eck erforderten vielmehr nun, die Verteidigungsschrift für die praktischen Kirchenreformen in einem Glaubensbekenntnis zu fundieren, welches die Rechtgläubigkeit der Anhänger der Reformen und die Katholizität ihrer Lehre bekundet und zugleich die klare Abgrenzung gegenüber solchen Auffassungen markiert, die von der Wittenberger Reformation nicht als katholisch angesehen wurden. Um den Kaiser bereits im Vorfeld des Reichstages von der Katholizität der Wittenberger Reformanliegen zu überzeugen, hatte der sächsische Kurfürst Johann „auf Initiative der Grafen von Nassau und Neuenahr [...] den kursächsischen Marschall und Rat Hans von Dolzig als Geheimgesandten nach Innsbruck geschickt"[7], der dem Kaiser die bis dahin weitgehend geheim gehaltenen *Schwabacher Artikel* übergab. Die Mission erbrachte jedoch nicht den erhofften Erfolg. Der Kaiser reagierte auf die Offerte mit einer Zurückhaltung, „die einer Verwerfung gleichkam"[8]. Ob es an der sozusagen auf den letzten Drücker angefertigten schlechten lateinischen Übersetzung lag oder an dem Einfluss der päpstlichen Legaten oder an beidem, ist nicht auszumachen.

---

4 Gunther Wenz, Theologie der Bekenntnisschriften der evangelisch-lutherischen Kirche, Bd. 1–2., Berlin/New York 1996 und 1998, hier: Bd. 1, Berlin u. a. 1996, 432.
5 Wenz, Theologie der Bekenntnisschriften, Bd. 1, 432–433.
6 Wenz, Theologie der Bekenntnisschriften, Bd. 1, 433.
7 Wenz, Theologie der Bekenntnisschriften, Bd. 1, 434.
8 Wilhelm Maurer, Historischer Kommentar zur Confessio Augustana, Bd. 1: Einleitung und Ordnungsfragen, Gütersloh ²1979, 24.

Wie Gunther Wenz im Rekurs auf die gescheiterte Dolzig-Mission festhält, hätte es möglicherweise gar nicht des Antriebes durch Ecks Zusammenstellung der 404 Ketzereien bedurft, um Melanchthon zu der Komposition der CA in ihren zwei Teilen zu bewegen. Die ablehnende Haltung des Kaisers gegenüber den *Schwabacher Artikeln* mag auch für sich genommen schon Grund genug gewesen sein, um die CA nicht auf eine reine Verteidigung der Reformen abzustellen, sondern als Bekenntnis des Glaubens in Gestalt einer Bekenntnisschrift zu konzipieren. Ende Mai 1530 hatte Melanchthon bereits eine Textfassung (in der Quellenkritik als Na signiert) produziert,[9] in der *Schwabacher* und *Torgauer Artikel* zusammengeführt sind und die Zweiteiligkeit der CA entwickelt ist. In Melanchthons Weiterarbeit an dieser Version lassen sich zwei Motive erkennen, die für das Verständnis der CA und ihre „ökumenische" Ausrichtung von grundlegender Bedeutung sind. Zum einen hat Melanchthon die Artikel über die bürgerlichen und kirchlichen Ordnungen, die in den *Schwabacher Artikeln* noch als Interimsordnung und anhangsweise behandelt wurden, nunmehr in den heilsgeschichtlichen Zusammenhang des ersten Teils der CA eingebunden. Damit werden sie in ihrer Bedeutung für das rechte Verständnis der reformatorischen Position und für die Kircheneinheit aufgewertet. Zum Zweiten hat Melanchthon in Na und in CA „die Kirche als Stätte der Wortverkündigung und Sakramentsverwaltung unmittelbar hinter die Rechtfertigung gerückt und der Sakramentenlehre vorgeordnet."[10] Auch diese kompositorische Entscheidung hat ökumenische Tragweite. Denn auf diese Weise wird die Einheit der Kirche, an der die CA festhält und der sie dienen will, klar herausgestellt, bevor die Frage der Sakramente erörtert wird, in denen bezüglich der Zahl und insbesondere dem Verständnis der Buße Differenzen bestehen.

Die Entwicklungsgeschichte der Textkomposition und die endgültige Gestaltung der CA in zwei Teilen dokumentiert mithin, dass die Konzeption der CA von den beiden Anliegen, die evangelischen Reformen zu verteidigen und zugleich die Einheit der Kirche zu wahren, geleitet ist. Im ersten Teil der CA werden das katholische Verständnis des christlichen Glaubens und die Grundlagen für christliches Leben und die Ordnung der Kirche in einer streng am Konsens orientierten Weise entfaltet. Die Aussagen der einzelnen Artikel werden jeweils begründet im Rekurs auf die Schrift und das Zeugnis der Alten Kirche. Diese Prinzipien der theologischen Erkenntnis und Urteilsbildung werden zwar nicht in

---

9 Vgl. dazu Reinhold Seeberg/Volker Leppin, Einleitung zur Confessio Augustana, in: Die Bekenntnisschriften der Evangelisch-Lutherischen Kirche. Vollständige Neuedition, hg.v. Irene Dingel [BSELK], Göttingen 2014, 79.
10 Wenz, Theologie der Bekenntnisschriften, Bd. 1, 440.

einem eigenen kriteriologischen Artikel erklärt. Erst in der Einleitung zur *Konkordienformel* findet sich die Aussage, dass alleinige Regel und Richtschnur für den Glauben und die Lehre die *Heiligen Schriften* des *Alten* und *Neuen Testaments* seien.[11] Gleichwohl ist aber deutlich, dass die *Schrift* als Erkenntnisgrund des Glaubens und der Lehre und als Maßstab für die Rechtgläubigkeit angesehen und dass darüber hinaus die Lehre der Alten Kirche als adäquate Auslegung der *Schrift* und der Glaubensregel verstanden wird. Ein wesentliches Ziel der Reformen, welche Melanchthon in der CA verteidigt, wird in der Rückkehr zur Praxis der Alten Kirche gesehen. Die kontroversen Themen wie vor allem die Rechtfertigungslehre, das Verständnis der Sakramente, insbesondere der Buße/Beichte und des Abendmahls, sowie das Verständnis der Kirche werden so formuliert, dass – nach Einschätzung von Melanchthon – eine Zustimmung von altgläubiger Seite hätte erwartet werden können.

Das in Entstehungsgeschichte und Inhalt erkennbare *ökumenische Profil* der CA wurde im modernen ökumenischen Dialog insbesondere in der Stellungnahme zum 450-jährigen Jubiläum der CA 1980 *Alle unter einem Christus* von der internationalen römisch-katholischen/evangelisch-lutherischen Kommission für die Einheit gewürdigt. Ausdrücklich wird im Vergleich mit anderen Dokumenten aus der Zeit betont, die CA spiegele „wie kein anderes in Inhalt und Struktur den ökumenischen Willen und die katholische Intention der Reformation"[12]. Es sei „die erklärte Absicht des Augsburgischen Bekenntnisses, den Glauben der einen, heiligen, katholischen und apostolischen Kirche zu bezeugen."[13] Es gehe „nicht um Sonderlehren oder gar um Gründung einer neuen Kirche (CA 7,1), sondern um Reinerhaltung und Erneuerung des christlichen Glaubens – in Einklang mit der Alten Kirche, ‚auch der römischen Kirche' und in Übereinstimmung mit dem Zeugnis der Heiligen Schrift."[14] Dabei sei es zugleich „von großem ökumenischen Gewicht, daß dieser ökumenische Wille und diese katholische Intention in einem Bekenntnisdokument zum Ausdruck kommen, das auch heute noch – unter und zusammen mit der Heiligen Schrift – Lehrgrundlage der lutherischen Kirchen ist und für sie Verbindlichkeit besitzt".[15] Diese Aussagen zeugen davon, dass sich die

---

11 Siehe die Einleitung zur Konkordienformel in: BSELK, 1216, Zeilen 9–19.
12 Alle unter einem Christus. Stellungnahme der Gemeinsamen Römisch-katholischen/Evangelisch-lutherischen Kommission zum Augsburgischen Bekenntnis 1980, in: Dokumente wachsender Übereinstimmung, Bd. 1: 1931–1982, hg.v. Harding Meyer/Damaskinos Papandreou/Hans Jörg Urban/Lukas Vischer, Paderborn/Frankfurt a.M. ²1991, 323–328, hier: 324, Nr. 7.
13 Alle unter einem Christus, DWÜ 1, 324, Nr. 7.
14 Alle unter einem Christus, DWÜ 1, 325, Nr. 10.
15 Alle unter einem Christus, DWÜ 1, 324, Nr. 8.

Kommission in ihrem Dialog über die CA gemeinsam von deren ökumenischem Charakter überzeugen konnte.

Zugleich wird in der Stellungnahme *Alle unter einem Christus* auch das *ökumenische Potential* der CA zur Geltung gebracht. Dieses wird aus dem Ergebnis der bilateralen Reflexion abgelesen, wonach „in Besinnung auf das *Augsburgische Bekenntnis* ein gemeinsames Verständnis in grundlegenden Glaubenswahrheiten erschlossen" werden konnte, „das auf Jesus Christus, die lebendige Mitte unseres Glaubens, verweist".[16] Dieser „Grundkonsens" habe in den Dokumenten des offiziellen katholisch-lutherischen Dialogs „seinen Ausdruck und seine Bestätigung" gefunden. Im Einzelnen gelte dies für die „gemeinsamen Aussagen über das Verhältnis von Evangelium und Kirche" im sogenannten *Malta-Bericht*[17] und für das weitgehend gemeinsame Verständnis der Eucharistie, welches in dem Bericht *Das Herrenmahl*[18] zum Ausdruck gebracht werden konnte.[19] Schließlich bestehe auch „Übereinstimmung darin, daß ein besonderes, durch Ordination übertragenes Dienstamt für die Kirche konstitutiv ist und nicht zu dem gehört, was das Augsburgische Bekenntnis als ‚nicht nötig' bezeichnet."[20]

2 Zum ökumenischen Potential der *Confessio Augustana* in der Reformationszeit

Trotz der durchdachten Gestaltung der CA hat sie auf dem Augsburger Reichstag und in den nachfolgenden Ausgleichsverhandlungen im August 1530 das von Melanchthon verfolgte Ziel nicht erreicht, eine Anerkennung der evangelischen Reformen zu erwirken und die Einheit der Kirche zu wahren. Bemerkenswert ist dabei, dass die Ausgleichsverhandlungen zwischen den Reformatoren und den Vertretern der römischen Kirche nicht an der Rechtfertigungslehre und auch nicht am Kirchen- und Amtsverständnis scheiterten, sondern an der Frage des Laien-

---

16 Alle unter einem Christus, DWÜ 1, 326, Nr. 17.

17 Das Evangelium und die Kirche. Bericht der Evangelisch-lutherischen/Römisch-katholischen Studienkommission (1972), in: Meyer/Papandreou/Urban/Vischer, Übereinstimmung, Bd. 1, 246–270.

18 Das Herrenmahl. Bericht der Evangelisch-lutherischen/Römisch-katholischen Studienkommission (1978), in: Meyer/Papandreou/Urban/Vischer, Übereinstimmung, Bd. 1, 271–295.

19 Vgl. dazu Friederike Nüssel, „Vom Konflikt zur Gemeinschaft". Der lutherisch/katholische Dialog und die Versöhnung im Verständnis der Reformation, in: André Birmelé/Wolfgang Thönissen (Hg.), Auf dem Weg zur Gemeinschaft. 50 Jahre evangelisch-lutherischer/römisch-katholischer Dialog. Theodor Dieter zum 65. Geburtstag, Paderborn/Leipzig 2018, 193–208.

20 Alle unter einem Christus, DWÜ 1, 326, Nr. 18.

kelchs.[21] Obwohl Melanchthon in CA 22 auf irenische Weise für die Wiedereinführung der Kommunion unter beiderlei Gestalt auch für die Laien argumentierte,[22] ließ sich keine Einigung in dieser Frage erreichen. Die CA konnte in der damaligen kontroverstheologischen und religionspolitischen Konstellation das ökumenische Potential, das ihr heute attestiert wird, nicht entfalten. De facto gelang es auf dem Boden der CA im Gefolge der gescheiterten Verhandlungen nur, die Anhänger der Wittenberger Reformation untereinander durch ein gemeinsames Glaubensbekenntnis zu vereinen. Dies geschah in deutlicher Abgrenzung von den Auffassungen der „Widersacher", die in der Taufe und in der Abendmahlsfrage andere Positionen vertraten. So wird in CA 9 in Abgrenzung von täuferischen Positionen ein klares Bekenntnis zur Praxis der Kindertaufe abgelegt.[23] Und in CA 10 wird in Abgrenzung von einer symbolischen Auslegung der Abendmahlslehre, wie sie Zwingli, Karlstadt und Oekolampad vertreten hatten, die reale, d. h. wirkliche und leibhaftige Gegenwart Jesu Christi im Abendmahl unter der Gestalt von Brot und Wein gelehrt.[24]

Die Abendmahlsfrage wurde mit CA 10 bekanntlich innerreformatorisch noch keineswegs abschließend entschieden. In der *Confessio Augustana variata* wurde der Versuch unternommen, die Wittenberger Sicht mit der oberdeutschen und calvinischen zu vermitteln. Doch im zweiten Abendmahlsstreit kam es zur lutherischen Ablehnung einer solchen Sicht. In der *Konkordienformel* von 1577, in der eine verbindliche Auslegung der CA gegeben wird, wurde die Abgrenzung vom zwinglischen und calvinischen Lehrtyp mit entsprechenden Verwerfungen definitiv vollzogen.[25] Die CA bereitete mithin in der Reformationszeit zwar den Weg für die politische Anerkennung der kursächsischen Reformen bzw. der Wittenberger Reformation und band ihre Vertreter unter dem Religionsschutz zusammen. Aber der Ausgleich mit den Vertretern der römischen Kirche, die die von den Reformatoren vertretenen Reformen ablehnten, scheiterte. Was das Verhältnis zu

---

21 Vgl. dazu Wenz, Theologie der Bekenntnisschriften, Bd. 1, 409 – 418.

22 Vgl. dazu Gunther Wenz, Confessio Augustana XXII und der Streit um den Laienkelch. Ein historisches Beispiel mißlungenen Ausgleichsbemühens, in: ders., Grundfragen ökumenischer Theologie, Bd. 1, Göttingen 1999, 173 – 193, hier bes.: 181 – 183.

23 Siehe CA 9, BSELK, 104,2 – 6: „Von jder Tauff wirt gelert, das sie nötig sey und das dadurch gnad angeboten wirt, Das man auch die kinder teuffen sol, welche durch solche Tauff Gott uberantwort und gefellig werden. Derhalben werden die Widderteuffer verworfen, welche leren, das die kindertauff nicht recht sey."

24 Siehe CA 10, BSELK, 104,8 – 11: „Von dem Abendmal des Herrn wirt also geleret, das warer leib und blut Christi warhafftiglich untert gestalt des brods und weins im Abentmal gegenwertig sey und da ausgeteilt und genomen wirt. Derhalben wirt auch die gegenlahr verworffen."

25 FC VII, Epitome: Vom Heiligen Abendmal Christi, BSELK, 1254 – 1266, siehe bes. die Negativa, a.a.O., 1263 – 1266.

den anderen reformatorischen Bewegungen in der Schweiz und in Oberdeutschland sowie den radikalen Strömungen betraf, so war die mit der CA verbundene Religionspolitik nicht darauf ausgelegt, diese in die Verhandlungen einzubeziehen und auf Konsense in den strittigen theologischen Fragen hinzuwirken. Vielmehr war es in der Reaktion auf die *404 Artikel* von Johannes Eck das Bestreben, sich von solchen reformerischen Lehren abzugrenzen, die nicht der Wittenberger Reformation entsprangen, die Eck aber gemeinsam mit lutherischen Lehren in seinen Ketzerkatalog versammelt hatte. Aussichtsreiche Verständigungsmöglichkeiten zwischen lutherischen Kirchen und reformierten Kirchen und ihren Theologien wurden erst in der Aufklärungszeit und in den Ansätzen der Vermittlungstheologie ausgelotet und haben zu einzelnen Kirchenunionen im frühen 19. Jahrhundert geführt,[26] darunter die Bekenntnisunion der Evangelischen Landeskirche in Baden, in deren Gebiet die Melanchthonakademie in Bretten liegt und deren zweihundertjähriges Jubiläum in 2021 begangen wird.

3 Das ökumenische Potential der *Confessio Augustana* heute

Nachdem mit den lutherisch-reformierten Kirchenunionen zu Beginn des 19. Jahrhunderts eine erste Welle der innerprotestantischen Ökumene institutionelle Früchte getragen hatte, gelang es 1973 mit der *Leuenberger Konkordie*,[27] auf europäischer Ebene Kirchengemeinschaft zwischen lutherischen, reformierten, unierten und vorreformatorischen Kirchen zu schließen. Für diese Entwicklung ist insbesondere die in der CA in den Artikeln 7 und 8 entfaltete Ekklesiologie von zentraler Bedeutung. Der ekklesiologische Grundgedanken für das Verständnis der Einheit der Kirche wird in CA 7 wie folgt formuliert:

> Es wirt auch geleret, das alzeit müsse ein heilige Christlich kirche sein und bleiben, welche ist die versamlung aller gleubigen, bey welchen das Evangelium rein gepredigt und die heiligen Sacrament laut des Evangelii gereicht werden. Denn dieses ist gnug zu warer einigkeit der Christlichen kirchen, das da eintrechtiglich nach reinem verstand das Evange-

---

26 Vgl. dazu Johannes Ehmann (Hg.), Die Kirchen der Union. Geschichte – Theologie – Perspektiven, mit Beiträgen von Jean-Françoise Collange, Joël Dautheville, Bernhard Dinkelacker, Martin Friedrich, Anne Heitmann, David N.A. Kpobi, Susanne Labsch, Charlotte Methuen, Barbara Rudolph und Yan Suarsana, Leipzig 2019.
27 Konkordie reformatorischer Kirchen in Europa (Leuenberger Konkordie), mit einer Einleitung von Michael Bünker. Im Auftrag des Rates der Gemeinschaft Evangelischer Kirchen in Europa hg. v. Michael Bünker/Martin Friedrich, Dreisprachige Ausgabe, Leipzig 2013.

lium gepredigt und die Sacrament dem Göttlichen wort gemes gereicht werden. Und ist nicht not zu warer einigkeit der Christlichen kirchen, das allenthalben gleichformig Ceremonien, von menschen eingesatzt, gehalten werden, wie Paulus spricht Ephes. iiii.: ‚Ein leib, ein geist, wie ihr beruffen seid zu einerley hoffnung euers beruffs, Ein Herr, ein glaub, ein Tauffe‘.[28]

Ziel des Artikels ist es, die notwendigen Bedingungen zu bestimmen für die Einheit der Kirche. Notwendig ist die reine Predigt des Evangeliums und die dem Evangelium gemäße Verwaltung der Sakramente. Nicht notwendig ist demgegenüber die Übereinstimmung in von Menschen eingesetzten Zeremonien. In der innerprotestantischen Ökumene im 20. Jahrhundert bot die Feststellung Übereinstimmung im Verständnis des Evangeliums anhand der Auslegung in der reformatorischen Rechtfertigungslehre den Boden, um in der *Leuenberger Konkordie* die traditionellen kirchentrennenden Fragen in der Christologie und Prädestination erneut anzugehen und in einem differenzierten Konsens zu überwinden.[29] Neben der Übereinstimmung in der Rechtfertigungslehre verbindet die reformatorischen Kirchen, die der *Leuenberger Konkordie* beigetreten sind, auch, dass sie mit CA 7 die Übereinstimmung in menschlichen Zeremonien für die Einheit der Kirche als nicht konstitutiv erachten.[30] Die Frage nach dem Verständnis und der Ordnung der kirchlichen Ämter stand dabei nicht im Zentrum.

Im Unterschied zur innerprotestantischen Ökumene war im Dialog zwischen der römisch-katholischen Kirche und lutherischen und reformierten Kirchen die Rechtfertigungslehre zunächst das zentrale Thema. Eine Übereinstimmung in Grundwahrheiten der Rechtfertigungslehre konnte in der *Gemeinsamen Erklärung zur Rechtfertigungslehre*[31] erzielt werden, die 1999 vom Präsidenten des Einheitsrates und vom Präsidenten des Lutherischen Weltbundes in Augsburg un-

---

28 CA 7, BSELK, 102,7–17.
29 Vgl. Paragraph 2 der *Leuenberger Konkordie*: „Die Kirche ist allein auf Jesus Christus gegründet, der sie durch die Zuwendung seines Heils in der Verkündigung und in den Sakramenten sammelt und sendet. Nach reformatorischer Einsicht ist darum zur wahren Einheit der Kirche die Übereinstimmung in der rechten Lehre des Evangeliums und in der rechten Verwaltung der Sakramente notwendig und ausreichend. Von diesen reformatorischen Kriterien leiten die beteiligten Kirchen ihr Verständnis von Kirchengemeinschaft her, das im Folgenden dargelegt wird."
30 Leuenberger Konkordie, Abschnitt II: Das gemeinsame Verständnis des Evangeliums. Vgl. zur knappen Information über die Entstehung der Konkordie Michael Beintker, Art. Leuenberger Konkordie, in: TRT 2, 732–733.
31 Gemeinsame Erklärung zur Rechtfertigungslehre des Lutherischen Weltbundes und der Katholischen Kirche (1999), in: Dokumente wachsender Übereinstimmung, Bd. 3: 1990–2001, hg.v. Harding Meyer/Damaskinos Papandreou/Hans Jörg Urban/Lukas Vischer, Paderborn/Frankfurt a. M. 2003, 419–441.

terzeichnet worden ist und der sich inzwischen der reformierte Weltbund, die methodistische Weltkonferenz und die anglikanische Kirchengemeinschaft in unterschiedlicher Form angeschlossen haben.[32] Neben und nach der Klärung der gnadentheologischen Frage stehen die Frage nach Sakramenten und kirchlichem Amt nunmehr im Vordergrund. Vor allem die Amtsthematik besitzt dabei auch in der Ökumene mit anglikanischen und orthodoxen Kirchen zentralen Stellenwert. Für die evangelisch-ökumenische Argumentation im Rekurs auf die CA ist dabei zunächst von nicht geringer Bedeutung, dass in CA 7 zur Bedeutung der Über-einstimmung in der Frage des Amtes nichts gesagt wird. Von den von Menschen eingesetzten Zeremonien wird gesagt, sie seien nicht konstitutiv für die Einheit der Kirche. Doch über die Rolle des Amtes ist damit in keiner Weise entschieden. Aus CA 7 lässt sich also nicht der Schluss ziehen, dass das Amt nicht notwendig für die Einheit der Kirche sei.

Dass Melanchthon die Amtsfrage in CA 7 nicht thematisiert, lässt sich dabei nicht einfach als irenische Strategie verstehen, sondern dürfte damit zu tun ha-ben, dass die Frage nach der Ordnung des Amtes 1530 noch nicht den Stellenwert hatte, den sie im konfessionellen Zeitalter, in den innerprotestantischen Aus-einandersetzungen im Gefolge der Kirchenunionen im 19. Jahrhundert und schließlich in den modernen ökumenischen Dialogen zwischen bischöflich ver-fassten Kirchen und presbyteral bzw. kongregationalistisch verfassten Kirchen gewonnen hat. Die Amtsfrage rückte in der Wittenberger Reformation zuerst in den Fokus, als in Wittenberg erste presbyterale Ordinationen durchgeführt wur-den, weil es keine Bischöfe gab, die reformatorische Geistliche ordinierten.[33] Mit und nach dem Trienter Konzil wurde die Frage nach der Gültigkeit der evangeli-

---

32 Vgl. dazu Bernd Oberdorfer/Thomas Söding (Hg.), Wachsende Zustimmung und offene Fra-gen. Die Gemeinsame Erklärung zur Rechtfertigungslehre im Licht ihrer Wirkung, Freiburg i.B./Basel/Wien 2019 (Quaestiones Disputatae 302).
33 Vgl. die Aufbereitung der historischen Kontroverse in Karl Lehmann/Wolfhart Pannenberg (Hg.), Lehrverurteilungen – kirchentrennend?, Bd. 1: Rechtfertigung, Sakramente und Amt im Zeitalter der Reformation und heute, Freiburg i.B./Göttingen 1986 (DiKi 4), 157–169. Siehe au-ßerdem die folgenden internationalen lutherisch-katholischen Dialogdokumente: Das geistliche Amt in der Kirche. Bericht der Gemeinsamen Römisch-katholischen/Evangelisch-lutherischen Kommission (1981), in: Meyer/Papandreou/Urban/Vischer, Übereinstimmung, Bd. 1, 329–357. Und vor allem: Die Apostolizität der Kirche. Studiendokument der Lutherisch/Römisch-katholi-schen Kommission für die Einheit (2006), in: Dokumente wachsender Übereinstimmung, Bd. 4: 2001–2010, hg.v. Johannes Oeldemann/Friederike Nüssel/Uwe Swarat/Athanasios Vletsis, Pa-derborn/Leipzig 2012, 527–678. Siehe schließlich die Behandlung dieses Sachverhalts in einem gemeinsamen Narrativ der Reformation, welches die internationale lutherisch-katholische Kommission ausgearbeitet hat in: Bericht der Lutherischen/Römisch-katholischen Kommission für die Einheit. Vom Konflikt zur Gemeinschaft. Gemeinsames lutherisch-katholisches Reforma-tionsgedenken im Jahr 2017, Leipzig 2013, hier: 36, Nr. 66–68.

schen Ämter zu einem elementaren kontroverstheologischen Problem zwischen der römischen Kirche und den reformatorischen Kirchen, wie insbesondere die Debatte zwischen Johann Gerhard und Robert Bellarmin zeigt.[34] Bei den Religionsgesprächen, die im Gefolge der gescheiterten Ausgleichsverhandlungen von 1530 stattfanden, standen hingegen noch soteriologische und sakramententheologische Fragen ganz im Vordergrund, allen voran die Frage nach der Möglichkeit der Gemeinschaft in der Feier von Abendmahl und Eucharistie. Für die katholisch-evangelische Ökumene in Deutschland, die durch den Ökumenischen Arbeitskreis evangelischer und katholischer Theologen maßgeblich geprägt ist, war die Kirchen- und Abendmahlsgemeinschaft zwischen reformatorischen Kirchen anhand der *Leuenberger Konkordie* von großer Bedeutung. Denn mit der Überwindung der Kirchentrennung in der Abendmahlsfrage zwischen Reformierten und Lutheranern wurde es möglich, die evangelisch-katholische Verständigung trilateral zu gestalten und die zentrale Frage nach der Präsenz Jesu Christi in der Aufarbeitung der theologischen Anliegen der drei Lehrgestalten in der lutherischen, der calvinischen und der römisch-katholischen Tradition einer Klärung zuzuführen.[35] Was die Amtsthematik betrifft, so ist für die ökumenische Verständigung neben der Frage nach dem Stellenwert des Amtes vor allem der Artikel 14 der CA maßgeblich, in dem gelehrt wird, es solle niemand öffentlich lehren ohne ordentliche Berufung.[36] Damit gilt die Ordination als die Voraussetzung der öffentlichen Evangeliumsverkündigung in Wort und Sakrament.

Im Blick auf die zweite Frage nach der Einsetzung des Amtes sind die Artikel 5 und 14[37] in ihrer Verbindung wichtig und zugleich in der innerevangelischen Debatte umstritten. Dabei geht es um die Frage, ob das nach CA 5 von Gott eingesetzte *ministerium verbi docendi evanngelii et porrigenda sacramenta* bzw. das

---

34 Vgl. dazu Friederike Nüssel, Zum Verständnis des evangelischen Bischofsamtes in der Neuzeit, in: Dorothea Sattler/Gunther Wenz (Hg.), Das kirchliche Amt in apostolischer Nachfolge, Bd. 2: Ursprünge und Wandlungen, Freiburg i.B./Göttingen 2006 (DiKi 13), 145–189.

35 Vgl. dazu Lehmann/Pannenberg, Lehrverurteilungen – kirchentrennend?, Bd. 1, 89–124, bes. 104–116 zu den drei „Lehrgestalten".

36 CA 14, BSELK, 108,13–15: „Vom kirchen regiment wirt gelert, das niemant inn der kirchen öffentlich leren odder predigen odder Sacrament reichen sol on ordenlichen beruff."

37 CA 5, BSELK, 100,2–9: „Solchen glauben zuerlangen, hat Got das predig ampt eingesatzt, Evangelium und Sacramenta geben, dadurch als durch mittel der heilig geist wirckt und die hertzen tröst und glauben gibt, wo und wenn er wil, inn denen, so das Evangelium hören, welches leret, das wir durch Christus verdienst ein gnedigen Gott haben, so wir solchs gleuben. Und werden verdammet die Widderteuffer und andere, so leren, das wir one das leibliche wort des Evangelii den heiligen geist durch eigene bereittung und werck verdienen." Vgl. zur Interpretation von Artikel 5 und 14 im Lichte der bekenntnistheologischen Debatte Gunther Wenz, Theologie der Bekenntnisschriften, Bd. 2, 315–336.

„*ministerium ecclesiasticum* nicht nur und nicht einmal in erster Linie das öffentliche Predigtamt, sondern vor allem auch das allgemeine Priestertum" meint,[38] während sich CA 14 auf das öffentliche Predigtamt bezieht. In seiner historisch-kritischen Auslegung legt sich Gunther Wenz dabei der Schluss „nahe, daß es sich bei dem ministerium ecclesiasticum von CA V um kein anderes Amt handelt als um das ordinationsgebundene Amt von CA XIV."[39] Entscheidend ist dabei zum einen, dass die Besonderheit des an die Ordination gebundenen Amtes der Evangeliumsverkündigung in Wort und Sakrament in dem öffentlichen Auftrag besteht, und dass zum zweiten dieses Amt sich nicht dem Gemeindewillen verdankt. Wenngleich dieser Gedanke in der lutherischen Debatte um Delegations- und Institutionstheorie im 19. Jahrhundert umstritten war und bis heute immer wieder debattiert wird, überzeugt doch die Interpretation der CA und der *Apologie* von Gunther Wenz, in der die Unterschiedenheit, Gleichursprünglichkeit und wechselseitige Verwiesenheit von allgemeinem Priestertum und ordinationsgebundenem Amt herausgearbeitet wird.[40] Wenn in verschiedenen evangelisch-katholischen Dialogen zum einen die Berufung aller Christen zum Zeugnis des Evangeliums und die Verantwortung der Kirche als ganzer für diesen Dienst[41] und zum anderen die Besonderheit des an die Ordination gebundenen Verkündigungsdienstes gleichermaßen betont wird, so kann dies auf lutherischer Seite nicht nur als der Theologie der CA entsprechend verstanden werden, sondern zugleich als eine Einsicht, die in dem von der CA anhebenden Auslegungsdiskurs gewonnen wurde. Für diesen Auslegungsdiskurs ist nicht nur die Debatte im 19. Jahrhundert über Delegations- und Institutionstheorie bedeutsam, sondern zunächst die lutherische Ausdifferenzierung der Amtstheologie im 17. Jahrhundert im Kontext der kontroverstheologischen Debatte insbesondere bei Johann Gerhard, der zum einen die göttliche Ordnung des an die Ordination gebundenen Dienstes der Verkündigung in Wort und Sakrament und zum anderen die Lehrverantwortung der *tota ecclesia* unterstrichen hat.[42]

---

38 So die Auffassung von S. Grundmann, zitiert nach Wenz, Theologie der Bekenntnisschriften, Bd. 2, 321.
39 Wenz, Theologie der Bekenntnisschriften, Bd. 2, 325.
40 Vgl. Wenz, Theologie der Bekenntnisschriften, Bd. 2, 327–330.
41 Siehe zur Rolle der Kirche als ganzer Wenz, Theologie der Bekenntnisschriften, Bd. 2, 334. Siehe zur Rezeption dieses Gedankens in der frühen lutherischen Ekklesiologie auch Nüssel, Bischofsamt, 146–165.
42 Vgl. zum Auslegungszusammenhang Friederike Nüssel, Amt und Ordination bei Martin Luther und in der lutherischen Dogmatik, in: Felix Körner SJ/Wolfgang Thönissen (Hg.), Vermitteltes Heil. Luther und die Sakramente, Leipzig 2018, 143–161.

Neben der Auslegung des Evangeliums durch die Rechtfertigungslehre ist es vor allem die spezifische Ekklesiologie der CA, die in der modernen ökumenischen Bewegung Früchte getragen hat. Dazu gehören zunächst die lutherisch-reformierten Kirchenunionen im 19. Jahrhundert und sodann die Verständigung über die Ekklesiologie, die in der Gemeinschaft evangelischer Kirchen in Europa (GEKE) mit der Studie *Die Kirche Jesu Christi* (KJC) von 1994[43] erreicht wurde. Diese ist als Beitrag zum ökumenischen Dialog über die Einheit konzipiert und entwickelt im ersten Kapitel ein evangelisch konsentiertes Kirchenverständnis, das an die zentrale Aussage von CA 7 und ähnlichen Aussagen in anderen reformatorischen Bekenntnisschriften anknüpft. Dabei wird erstens an der Grundaussage von CA 7 festgehalten und die Übereinstimmung im Evangelium und in der Verwaltung der Sakramente als notwendige Bedingung der Einheit der Kirche bestimmt, der das an die Ordination gebundene Amt dienend zugeordnet ist.[44] Zweitens wird die kontroverse Unterscheidung zwischen sichtbarer und unsichtbarer bzw. verborgener Kirche geklärt.[45] Im Einklang mit Melanchthons Überlegungen in der *Apologie* werden der Vorwurf einer *civitas platonica* und die Vorstellung einer prinzipiell unsichtbaren Kirche abgewiesen. Stattdessen geht KJC davon aus, dass die Eigenschaften der geglaubten Kirche, also ihre Einheit, Heiligkeit, Katholizität und Apostolizität sichtbar zu bezeugen sind,[46] und bestimmt die Kennzeichen der wahren Kirche als Ausdruck ihrer dem Ursprung entsprechenden Gestalt.[47] Diese Kennzeichen sind primär die reine Predigt des Evangeliums und die einsetzungsgemäße Feier der Sakramente, doch es werden über diese „klassischen Kennzeichen" hinaus weitere Kennzeichen benannt, zu denen das Schlüsselamt und die Ordnung des Bischofsamtes gerechnet werden.[48] In den Kennzeichen und im Zeugnis der geglaubten Eigenschaften ist die Kirche also nicht etwa unsichtbar und unerkennbar, sondern vielmehr erfahrbar. Drittens und damit verbunden wird zwischen Grund, Gestalt und Bestimmung der Kirche unterschieden und verdeutlicht, dass die Kirche als *creatura verbi* im Handeln des dreieinigen Gottes gründet, dass sie bestimmt ist, Vorzeichen des Reiches Gottes in der Welt zu sein und dass ihre Gestalt diesem ihrem Grund und ihrer Bestimmung zu entsprechen hat. Mit der Differenzierung zwischen Grund, Gestalt und

---

43 Michael Bünker/Martin Friedrich (Hg.), Die Kirche Jesu Christi. Der reformatorische Beitrag zum ökumenischen Dialog über die kirchliche Einheit, Leuenberger Texte Nr. 1, 4., rev. Aufl., Leipzig 2012 [im Folgenden KJC].
44 Siehe KJC Kap. I,1 und I,2 zu Ursprung und Gestalt der Kirche, 31–48.
45 Siehe KJC Kap. I, 2.2 und 2.3, 35–38.
46 Siehe KJC Kap. I, 2.3, 37–38.
47 Siehe KJC Kap. I, 2.4, 38–41.
48 Siehe KJC Kap. I, 2.4, 39–40.

Bestimmung wird einerseits die Möglichkeit von Gestaltungsunterschieden in Kirchen- und Ämterordnung eingeräumt, andererseits aber klar argumentiert, dass die Gestalt der Kirche eben nicht beliebig ist.

Diese Ekklesiologie der GEKE geht mit der Differenzierung von Grund, Gestalt und Bestimmung zwar über Melanchthons ekklesiologische Terminologie in der CA und *Apologie* hinaus. Doch ist sie als eine Auslegung der ekklesiologischen Grundeinsichten der CA zu verstehen. Denn in der Bestimmung der reinen Evangeliumsverkündigung und stiftungsgemäßen Sakramentsverwaltung als Grund und Kennzeichen der Kirche, dem das Amt zu dienen hat, liegt zum einen die Möglichkeit und Aufgabe begründet, das Leben der Kirche und ihre Ordnung so zu gestalten, dass die Kennzeichen in ihr kenntlich sind. Zum anderen ist mit der Konzentration auf die genannten Kennzeichen als hinreichend für die Kircheneinheit und mit der dienenden Zuordnung des *ministerium ecclesiasticum* ein Gestaltungsspielraum gegeben, der auch das Amt betrifft. Grundlegend ist dabei jedoch, dass die Ordnung des Amtes dem Grund und der Bestimmung der Kirche entsprechen muss, wie die Kirchenstudie in ihrer Auslegung der CA ekklesiologisch geltend macht. Inzwischen konnte das ökumenische Potential dieser Ekklesiologie im Anschluss an die CA auch über die innerprotestantische Ökumene hinaus in einer Konsultation zwischen GEKE und päpstlichem Einheitsrat über „Kirche und Kirchengemeinschaft"[49] reflektiert werden. Für das wechselseitige Verstehen der ekklesiologischen Grundgedanken war es dabei wichtig, gemeinsam zu erkennen, dass die Differenzierung von Grund, Gestalt und Bestimmung der Kirche in der Kirchenstudie der GEKE darauf abhebe, „geglaubte und sichtbare Kirche nicht als zwei verschiedene Größen zu verstehen"[50]. Insofern könne sie von römisch-katholischer Seite „als implizite Antwort" auf die konziliare Differenzierung zwischen sichtbarer Versammlung und geistlicher Gemeinschaft in LG 8 gelesen werden, „die ihrerseits eine implizite Auseinandersetzung mit der reformatorischen Unterscheidung zwischen sichtbarer und verborgener Kirche bietet"[51]. Weiter wird festgehalten, die Differenzierung von Grund, Gestalt und Bestimmung könne „dann gemeinsam geteilt werden, wenn tatsächlich gilt, dass die Kirche in ihrer Gestalt nicht beliebig, sondern für ihren Grund transparent und darin als Kirche Jesu Christi und schließlich auf ihre Bestimmung hin erkennbar ist."[52] Und schließlich wird von katholischer Seite im Blick auf das Verständnis

---

49 Christian Schad/Karl-Heinz Wiesemann (Hg.), Bericht über Kirche und Kirchengemeinschaft. Ergebnis einer Konsultationsreihe im Auftrag der Gemeinschaft Evangelischer Kirchen in Europa und des Päpstlichen Rats zur Förderung der Einheit der Christen, Leipzig 2019.
50 Bericht über Kirche und Kirchengemeinschaft, Nr. 13, 22.
51 Bericht über Kirche und Kirchengemeinschaft, Nr. 13, 22.
52 Bericht über Kirche und Kirchengemeinschaft, Nr. 13, 22.

des *subsistit* geltend gemacht, eine *„unmittelbare, ununterscheidbare* Identifikation der römisch-katholischen Kirche mit der Kirche Jesu Christi" liege „nicht im Duktus der Argumentation der Kirchenkonstitution und des Ökumenismusdekretes und wäre auch nicht verträglich mit dem Sachverhalt, dass die orthodoxen Kirchen als Schwesterkirchen anerkannt werden, obwohl für sie nicht gilt, dass sie ‚vom Nachfolger Petri und von den Bischöfen in Gemeinschaft mit ihm geleitet' werden."[53]

4 Fazit

Die knappe Sichtung der ökumenischen Wirkungsgeschichte der CA, die für die Bestimmung ihres ökumenischen Potentials grundlegend ist, hat gezeigt, dass die CA das in ihrer Konzeption gelegene ökumenische Potential in der Reformationszeit und im konfessionellen Zeitalter vornehmlich in der Sammlung und Ausrichtung der Wittenberger Reformation entfaltete. In der modernen ökumenischen Bewegung hingegen trug im evangelisch-katholischen Gespräch (und darüber hinaus) der Rückbezug auf die CA dazu bei, die Übereinstimmung im Verständnis des Evangeliums als dem Grund der Kirche gemeinsam als die ökumenische Basis zu definieren und in der GER die kirchentrennenden Differenzen in der Rechtfertigungslehre zu überwinden. Des Weiteren sind Eckpunkte in der Theologie der Sakramente und des Amtes im Kontext der Reflexion auf die Aussagen zum Amt in der CA gewonnen worden. Und schließlich zeigte sich, dass die Ekklesiologie der CA nicht nur die innerprotestantische Ökumene befördert hat, sondern ekklesiologische Interpretation in der Kirchenstudie der GEKE auch für das evangelisch-katholische Gespräch über die Ekklesiologie Bedeutung gewonnen hat. Damit rechtfertigt die ökumenische Wirkungsgeschichte rückblickend das Anliegen der internationalen lutherisch-katholischen Arbeitsgruppe, die mit Blick auf das heranrückende 450jährige Jubiläum der CA im Januar 1974 in Rom vorgeschlagen hatte, als konkreten Schritt zum Ausbau gegenseitigen Vertrauens und der Vertiefung der gemeinsamen theologischen Basis das *Augsburgische Bekenntnis* als Zeugnis kirchlichen Glaubens durch die katholische Kirche anzuerkennen.[54] Wenige Monate später griff die ökumenische Bistumskommission Münster auf ihrer Sitzung vom 19. Juni 1974 diesen Vorschlag auf und regte an,

---

53 Bericht über Kirche und Kirchengemeinschaft, Nr. 14, 23.
54 Vgl. KNA, Ök.Inf. 1974, Nr. 6 (6. Febr.), 10 f.; Catholica 28 (1974), 126.

die Deutsche Bischofskonferenz möge die Möglichkeit einer Anerkennung der Confessio Augustana von seiten der katholischen Kirche prüfen. Mit einer derartigen Anerkennung soll erstens die Augsburgische Konfession in ihrer historischen und gegenwärtigen Bedeutung als Ausdruck evangelisch-lutherischen Glaubens ernst genommen und gleichzeitig ein katholisches Bild des Luthertums abgebaut werden, das vor allem durch polemisch überspitzte reformatorische Äußerungen aus der bewegten Umbruchszeit von 1520/21 bestimmt ist, die in Sammlungen ketzerischer reformatorischer Sätze konserviert wurden, auch wenn sie in der Zwischenzeit in der Confessio Augustana bereits korrigiert waren. Zweitens soll damit zum Ausdruck gebracht werden, daß die Augsburgische Konfession keine kirchentrennenden Lehren vertritt und als Zeugnis gemeinkirchlichen Glaubens von katholischer Seite bejaht werden kann.[55]

Rückblickend wird man heute sagen können, dass das erste Ziel, welches mit der Anerkennung nach diesem Vorschlag der Bistumskommission Münster verbunden wurde, in verschiedenen Etappen des Dialogs zwischen römisch-katholischer Kirche und reformatorischen Kirchen, für die die CA Relevanz besitzt, weitestgehend erreicht ist. Dass das zweite Ziel mit Blick auf eine Reihe von Aussagen in der CA noch nicht erreicht ist, macht Kardinal Kurt Koch in seinem Beitrag in diesem Band anhand verschiedener Beispiele geltend. Zugleich wird man aber mit Blick auf die Wirkungsgeschichte der CA im evangelisch-katholischen Dialog auch sagen können, dass in den heute besonders brisanten Fragen des Amtes und des Kirchenverständnisses Verständigungen erreicht werden konnten, für die die CA theologisch amtstheologische und vor allem ekklesiologische Weichen gestellt hat, in deren Spur der Dialog weiter vorangebracht werden kann.

---

55 Zitiert nach http://ivv7srv15.uni-muenster.de/mnkg/pfnuer/CA-OEK.htm (15.06.2021).

Burkhard Neumann

Die *Confessio Augustana* in den offiziellen ökumenischen Dialogen

Im Folgenden soll ein Überblick gegeben werden, wie und in welchen Kontexten die *Confessio Augustana* (CA) in den offiziellen ökumenischen Dialogen auftaucht bzw. behandelt wird und welche Aspekte dabei zur Sprache kommen. Dabei konzentriere ich mich auf die internationalen Dialoge, auch wenn selbstverständlich eine Ausweitung auf die nationalen Dialoge, beispielsweise die beiden ersten Dokumente der Bilateralen Arbeitsgruppe der Deutschen Bischofskonferenz und der Kirchenleitung der Vereinigten Evangelisch-Lutherischen Kirche Deutschlands oder den lutherisch-katholischen Dialog in den USA und in Finnland in einem weiteren Schritt durchaus sinnvoll wäre. Konkret werden die Dialoge des Lutherischen Weltbundes (LWB) mit anderen Kirchen oder Kirchenbünden daraufhin untersucht, welche Beobachtungen sich machen lassen, wenn man der Frage nachgeht, wie das *Augsburger Bekenntnis* verwendet wird, in welchen Kontexten es zur Sprache kommt und ob und in welcher Weise auf die Rolle dieses Bekenntnisses reflektiert wird.

1 Die *Confessio Augustana* als verbindliches Bekenntnis der lutherischen Kirchen

Der erste und sicherlich selbstverständliche Punkt ist, dass die *Confessio Augustana* immer wieder neben den drei altkirchlichen Bekenntnissen, die am Beginn des *Konkordienbuches* stehen, und dem *Kleinen Katechismus* als verbindliche Bekenntnisse der lutherischen Kirchen und damit, wie es im Dialog mit den Mennoniten an einer Stelle heißt, auch als „Band [...], das die lutherischen Kirchen im Lutherischen Weltbund miteinander verbindet",[1] benannt wird. So heißt es etwa im Dialog mit den Adventisten:

> Die Kirchen der lutherischen Reformation halten an fünf Bekenntnissen bzw. Bekenntnisschriften fest: Den altkirchlichen Bekenntnissen (Apostolikum, Nicaenum, Athanasium [sic!]), dem Augsburgischen Bekenntnis und Luthers Kleinem Katechismus. Das apostolische Bekenntnis und das Bekenntnis von Nicaea haben einen selbstverständlichen Platz in der

---

1 Heilung der Erinnerungen – Versöhnung in Christus. Bericht der Internationalen lutherisch-mennonitischen Studienkommission, 2005–2008, in: DwÜ 4, 401–506, Nr. 2 (407).

Liturgie der lutherischen Kirchen. Luthers Kleiner Katechismus wird in der allgemeinen christlichen Unterweisung benutzt, und das Augsburgische Bekenntnis ist vorrangig für die theologische Ausbildung und Orientierung von Bedeutung.[2]

Dass hier nur die CA, und zwar die *Invariata*, und Luthers *Kleiner Katechismus* genannt werden bzw. dass an anderer Stelle gesagt werden kann, dass ihnen im Rahmen des *Konkordienbuches* „eine zentrale Rolle"[3] zukommt, liegt daran, dass laut der Lehrgrundlage des Lutherischen Weltbundes diese beiden Bekenntnisse besonders hervorgehoben werden, weil sie in allen Kirchen des LWB anerkannt werden:

Der Lutherische Weltbund bekennt die Heilige Schrift des Alten und Neuen Testamentes als die alleinige Quelle und Norm seiner Lehre, seines Lebens und seines Dienstes. Er sieht in den drei ökumenischen Glaubensbekenntnissen und in den Bekenntnissen der lutherischen Kirche, insbesondere in der unveränderten Augsburgischen Konfession und in dem Kleinen Katechismus Martin Luthers eine zutreffende Auslegung des Wortes Gottes.[4]

Selbstverständlich wird dabei, wie eben auch in der Verfassung des Lutherischen Weltbundes, immer herausgestellt, dass diese Bekenntnisse unter der *Heiligen Schrift* als der *norma normans* stehen, sie „eine unter der Schriftnorm liegende Norm"[5] darstellen, aber in dieser Funktion eine „getreue Darlegung der Lehre der Heiligen Schrift und der Alten Kirche"[6] bilden. Auf den letzten Punkt, den Bezug zur Alten Kirche, werde ich am Ende noch einmal zu sprechen kommen.

---

2 Adventisten und Lutheraner im Gespräch. Bericht über die Gespräche zwischen dem Lutherischen Weltbund und der Kirche der Siebenten-Tags-Adventisten, 1994–1998, in: DwÜ 3, 77–109, Nr. 43 (86); vgl. Communion: On Being the Church. Report of the Lutheran-Reformed Joint Commission between the Lutheran World Federation (LWF) and the World Communion of Reformed Churches (WCRC), 2006–2012, Genf 2014, Nr. 146 (42), wo nach den Nennung dieser beiden Bekenntnisse alle Schriften des *Konkordienbuches* als „integraler Teil" ihrer Tradition aufgeführt werden.
3 Wachsende Gemeinschaft. Bericht der Internationalen anglikanisch-lutherischen Arbeitsgruppe, 2000–2002, in: DwÜ 4, 129–193, Nr. 100 (154).
4 Artikel II der Verfassung des LWB: https://de.lutheranworld.org/sites/default/files/documents/Constitution%20DE%20final.pdf (16.06.2021).
5 Die Apostolizität der Kirche. Studiendokument der Lutherisch/Römisch-katholischen Kommission für die Einheit, in: DwÜ 4, 527–678, Nr. 374 (650).
6 Die Kirche: Gemeinschaft der Gnade. Bericht der Gemeinsamen Lutherisch/Methodistischen Kommission, 1984, in: DwÜ 2, 231–257, Nr. 19 (236).

2 Die Aussagen der *Confessio Augustana* als Kriterium der Kirchlichkeit

Darüber hinaus wird das *Augsburger Bekenntnis* im ökumenischen Dialog auch ausdrücklich als Maßstab oder Kriterium der Kirchlichkeit verstanden. Diese Rolle der lutherischen Bekenntnisse und vor allem der CA kommt im Wesentlichen in zwei Kontexten vor:

a) Zum einen findet sie sich dort, wo es gilt, zunächst die *Grundlagen* eines gemeinsamen Dialogs und einer gemeinsamen christlichen Basis festzustellen, wo es also, anders gesagt, darum geht, ob man gemäß Artikel 7 der CA im Verständnis des Evangeliums übereinstimmt. Dies wird zwar faktisch in meisten Dialogen bereits vorausgesetzt und im Verlauf eines solchen Dialogs dann entsprechend festgehalten.[7] Aber, und das zeigt sich am Gespräch zwischen Adventisten und Lutheranern, es kann durchaus der Fall sein, dass der Dialog diesen Sachverhalt, d. h. die grundsätzliche Übereinstimmung im Evangelium, zunächst einmal ausdrücklich klären muss.[8] Darum wird hier nicht nur allgemein auf die Rolle der drei altkirchlichen Bekenntnisse, der *Confessio Augustana* und Luthers *Kleinem Katechismus* als den grundlegenden und verbindlichen Bekenntnissen der lutherischen Kirche hingewiesen, sondern es wird ausdrücklich auf der Grundlage von CA 7 als einem für die Lutheraner maßgeblichen Kriterium eine „Übereinstimmung in der zentralen christlichen Botschaft von der Rechtfertigung allein durch den Glauben"[9] festgestellt, die, verbunden mit der Frage nach der Taufe, auf die ich in einem anderen Kontext noch zu sprechen kommen werde, und dem Ausschluss eines exklusivistischen Kirchenverständnissen auf adventistischer Seite zu der abschließenden Empfehlung führt,

> dass die Lutheraner in dem jeweiligen nationalen und regionalen Umfeld ihrer Kirchen die Siebenten-Tags-Adventisten nicht als Sekte, sondern als Freikirche und weltweite, christliche Gemeinschaft behandeln. Diese Empfehlung gründet sich zum einen auf das adventistische Verständnis der Wassertaufe im Namen des Dreieinigen Gottes, einem Verständnis, das für Lutheraner bedeutet, dass diese Taufe gültig ist, wie auch ferner auf der gemeinsamen Überzeugung, dass ‚wahre Christen auch in anderen Kirchen gefunden werden können' [...], einer Sicht, die mit CA VIII vereinbar ist.[10]

---

7 Vgl. etwa: Communion: On Being the Church, Nr. 106–113 (35 f.).
8 Vgl. Adventisten und Lutheraner im Gespräch.
9 Adventisten und Lutheraner im Gespräch, Nr. 22 (82).
10 Adventisten und Lutheraner im Gespräch, Nr. 94 (94).

Die *Confessio Augustana* stellt hier also die Grundlage dar, um unbeschadet weiterhin bestehender Differenzen von der grundsätzlichen Christlichkeit adventistischer Lehre auszugehen und damit auch den kirchlichen Charakter der Siebten-Tags-Adventisten anzuerkennen.

In diesem Zusammenhang ist es m. E. bezeichnend, dass diese Funktion des *Augsburger Bekenntnisses* im internationalen lutherisch/katholischen Dialog nie angesprochen bzw. problematisiert worden ist. Vielmehr ist man auch hier faktisch immer schon von einer solchen grundlegenden Übereinstimmung im Evangelium und d. h. nach lutherischem Verständnis auch in der Rechtfertigungslehre ausgegangen. Bereits im so genannten Malta-Bericht *Das Evangelium und die Kirche* wird ja nicht nur eine solche grundlegende Übereinstimmung in der Rechtfertigungslehre angesprochen,[11] die dann nach langen Vorarbeiten 1999 in der *Gemeinsamen Erklärung zur Rechtfertigungslehre* verbindlich festgehalten werden konnte,[12] sondern es wird dort auch bereits ausdrücklich festgestellt, dass die lutherischen Bekenntnisschriften „den kirchlichen Charakter der römisch-katholischen Gemeinschaft"[13] betonen, d. h. dass sie also das voraussetzen, was sie mit manchen anderen Kirchen, wie etwa den Adventisten, erst klären müssen.

b) Der zweite Sachverhalt, in dem diese kriterielle Funktion der CA ausdrücklich behandelt wird, ist die Frage nach konkreten Schritten auf dem Weg zur *Kirchengemeinschaft.* Hier geht es darum, die verschiedenen Bekenntnisse bzw. Bekenntnistraditionen miteinander in Einklang zu bringen bzw. danach zu fragen, inwieweit und auf welcher Grundlage eine Kirchengemeinschaft bekenntnisverschiedener Kirchen möglich ist und wie sie auszusehen habe. Auf internationaler Ebene wird das vor allem im Dialog zwischen Lutheranern und Anglikanern sowie zwischen Lutheranern und Reformierten behandelt, und zwar auch und gerade deshalb, weil es auf regionaler Ebene bereits zahlreiche Formen von Kirchengemeinschaft dieser Kirchen untereinander gibt, die sich aber aus unterschiedlichen Gründen auf Weltebene noch nicht verwirklichen lassen.[14] In beiden Dialogen sieht man auf dieser Ebene in den unterschiedlichen Bekennt-

---

11 Bericht der Evangelisch-lutherisch/Römisch-katholischen Studienkommission, Das Evangelium und die Kirche, 1972 („Malta-Bericht"), in: DwÜ 1, 248–271, Nr. 26 (255).
12 Gemeinsame Erklärung zur Rechtfertigungslehre des Lutherischen Weltbundes und der Katholischen Kirche, in: DwÜ 3, 419–441. Zwar stimmt es, was in der Fußnote zu Nr. 1 gesagt wird, dass die CA und Luthers *Kleiner Katechismus*, die von einigen lutherischen Kirchen als alleinige verbindliche Lehrgrundlage anerkannt werden, „keine die Rechtfertigungslehre betreffenden Lehrverurteilungen gegenüber der Römisch-Katholischen Kirche" (419) enthalten, aber die Frage nach der Übereinstimmung im Evangelium beschränkt sich ja nicht allein auf die Aufarbeitung gegenseitiger Lehrverurteilungen, gerade wenn man vom gegenwärtigen Stand der Lehre ausgeht.
13 Das Evangelium und die Kirche, Nr. 64 (265)
14 Vgl. Wachsende Gemeinschaft; Communion: On Being the Church.

nissen und ihrer jeweiligen Rolle in den beiden Kirchen keine kirchentrennende Differenz mehr, sondern einen Ausdruck einer versöhnten und damit legitimen Vielfalt.[15] Während aber der lutherisch-reformierte Dialog ausgehend von der Einheit im Verständnis des Evangeliums davon spricht, dass darum beide Kirchen in Gemeinschaft miteinander stehen („we are in communion")[16] und entsprechende praktische Schritte empfiehlt, um diese Gemeinschaft besser zum Ausdruck zu bringen, wird im Gespräch zwischen Lutheranern und Anglikanern ausdrücklich darauf hingewiesen, dass es neben diesen Punkten noch ein Reihe von anderen Fragen gibt, die auf dieser internationalen Ebene noch keine volle Kirchengemeinschaft möglich machen.[17]

3 Die *Confessio Augustana* im Kontext einer dezidierten Bekenntnishermeneutik

Ein weiterer Aspekt, in dem das *Augsburger Bekenntnis* in den internationalen Dialogen behandelt wird, ist die Frage nach einer sachgerechten historischen und theologischen Auslegung einzelner Artikel, also die Frage nach einer sachgerechten Bekenntnishermeneutik.

Der konkrete Anlass für eine entsprechende Untersuchung sind im Rahmen des internationalen ökumenischen Dialogs die Verwerfungen der „Wiedertäufer" in der *Confessio Augustana*, die im Dialog mit jenen Kirchen, die sich in der Tradition der „Wiedertäufer" sehen, problematisiert werden. Während im lutherisch/katholischen Dialog über *Kirche und Rechtfertigung* die Verurteilungen der

---

15 Vgl. Wachsende Gemeinschaft, Nr. 138: „Eine ausreichende Übereinstimmung im Glauben verpflichtet uns nicht, uns ‚jede lehrmäßige Formulierung zu eigen zu machen, die für die jeweils andere unserer verschiedenen Traditionen charakteristisch ist' (Porvoo § 33)." (166); Nr. 150: „Unsere Arbeitsgruppe hat nicht den Versuch unternommen, alle Fragen aufzulisten, die sich gestellt haben oder die sich im Rahmen des anglikanisch-lutherischen Dialogs noch stellen werden. Es gab jedoch drei Themenschwerpunkte, die die beiden Gemeinschaften ihr zur Prüfung unterbreitet hatten: a) der Stellenwert der grundlegenden Bekenntnistexte; b) die Formulierung des Ziels der Einheit; c) die historische Bischofssukzession als Zeichen der Apostolizität der Kirche. In einem früheren Kapitel des vorliegenden Berichts ist die Arbeitsgruppe zu dem Schluss gelangt, dass die Anomalien, die in diesen Bereichen beim Ausdruck und der Formulierung von Übereinstimmungen bestehen, als hinnehmbar empfunden werden, ja dass sich ein klarer Konsens abzeichnet." (169); vgl. ähnlich: Communion: On Being the Church, Nr. 149–151 (43 f.), wo als Fazit festgehalten wird: „The above mentioned Lutheran and Reformed confessional writings today exist in dogmatically reconciled, hence legitimate, diversity." (Nr. 151 [44]).
16 Communion: On Being the Church, Nr. 155 (45).
17 Vgl. Wachsende Gemeinschaft, Nr. 153 (170).

Wiedertäufer in CA 5 nur genannt und inhaltlich bejaht werden, ohne das eine weiter Reflexion über den historischen Kontext oder die Wirkungsgeschichte dieser Verurteilungen stattfindet,[18] stellt sich die Frage im Dialog mit den Baptisten und vor allem im Dialog mit den Mennoniten verständlicherweise auf eine ganz andere Weise. Das im Laufe der Zeit gewachsene Problembewusstsein zeigt sich allein schon dadurch, dass der baptistisch/lutherische Dialog diese Frage noch auf etwas mehr als drei Seiten behandeln kann,[19] während der mennonitisch/lutherische Dialog dieses Problem dann in einer viel tiefer gehenden Gründlichkeit auf insgesamt über 100 Seiten angeht.[20]

Im baptistisch/lutherischen Dialog werden zunächst die Verurteilungen der Täufer in der *Confessio Augustana* und in der *Konkordienformel* genannt.[21] Auf der einen Seite wird festgehalten, dass diese Verwerfungen sich „gegen Lehren und Lehrer [richteten], die dem lutherischen Verständnis des Evangeliums entgegenstanden."[22] Zugleich aber wird anerkannt, dass sie Folgen hatten, die weit über diesen Inhalt hinausgingen und die auch, wie es relativ zurückhaltend gesagt wird, dazu führten, dass die moderne baptistische Bewegung „ihrerseits auch unter Diskriminierung und rechtlichen Schwierigkeiten als Folge der lutherischen Verwerfungen gelitten"[23] hat.

Im Blick auf die Geltung der Bekenntnisse wird auf der einen Seite von lutherische Seite die Kontinuität im Glauben festgehalten, andererseits aber un-

---

18 Vgl. Gemeinsame Römisch-katholische/Evangelisch-lutherische Kommission, Kirche und Rechtfertigung. Das Verständnis der Kirche im Licht der Rechtfertigungslehre, in: DwÜ 3, 317–419, Nr. 125, wo hervorgehoben wird, dass auch die Verkündigung des Evangeliums für Lutheraner „‚sakramentalen' Charakter hat, insofern dem hörbaren Wort die Kraft innewohnt, den Glaubenden jene Wirklichkeit des Heils zu vermitteln, auf die die Worte der Verkündigung hinweisen. [...] Deshalb werden die Wiedertäufer ausdrücklich zurückgewiesen, da sie ‚lehren, dass wir den Heiligen Geist ohne das leibhafte Wort des Evangeliums [...] erlangen'. In dieselbe Richtung weist die Ablehnung der Donatisten, nach deren Auffassung die Sakramente durch den Dienst schlechter Spender unnütz und unwirksam werden. Wort und Sakrament bleiben wegen der Einsetzung und des Auftrags Christi wirksam, auch wenn sie von schlechten Spendern mit- und ausgeteilt werden." (362) Die entsprechenden Anmerkungen verwiesen auf CA 5 und CA 8.
19 Baptisten und Lutheraner im Gespräch. Eine Botschaft an unsere Kirchen/Gemeinden. Bericht der Gemeinsamen Kommission des Baptistischen Weltbundes und des Lutherischen Weltbundes, 1990, in: DwÜ 2, 189–216, hier 212–215 (Nr. 93–107). Auf dieses Dokument wird auch im adventistisch/lutherschen Dialog hingewiesen, wo es um die Bewertung der Glaubenstaufe geht, vgl. Adventisten und Lutheraner im Gespräch, Nr. 60 (88).
20 Heilung der Erinnerungen – Versöhnung in Christus.
21 Es handelt sich um die Artikel 5, 9, 12, 16 und 17 der CA und Kapitel 12,3 der Epitome der *Konkordienformel*, vgl. Baptisten und Lutheraner im Gespräch, Nr. 94 f. (212 f.)
22 Baptisten und Lutheraner im Gespräch, Nr. 97 (213).
23 Baptisten und Lutheraner im Gespräch, Nr. 98 (214).

terschieden zwischen dem „Geist der Bekenntnisse"[24] und jenen menschlichen Formulierungen, die im Konflikt mit dem heutigen Verständnis des Evangeliums stehen. Faktisch bedeutet das, dass inhaltlich nur noch Artikel 9 der CA, d. h. die Frage der Kindertaufe, relevant ist und die theologische Diskussion über ihn weiterhin notwendig bleibt, während die anderen Verurteilungen heute nicht mehr gelten und sie weithin auch schon im 16. Jahrhundert nicht auf die Täufer zutrafen. Damit wird auch immer noch vorkommenden aktuellen Diskriminierungen eine Absage erteilt.

Zu den abschließenden Empfehlungen[25] gehört darum der Vorschlag, dass zukünftige Auflagen der Bekenntnisschriften eine Erklärung enthalten sollten, dass die damaligen Verwerfungen heute nicht mehr zutreffen und weiterhin bestehende Unterschiede „mit einem freundlichen Nein behandelt und zum Anlass vertiefter gemeinsamer Studien gemacht werden"[26] sollen.[27] Vor allem wird abschließend deutlich unterschieden zwischen einer legitimen Ablehnung einer Lehre und eine illegitimen Verurteilung einer Person.

Diese knappen Ausführungen werden, wie schon gesagt, im lutherisch-/mennonitischen Dialog wesentlich breiter und differenzierter behandelt. Ausgangspunkt war das Gedenken der *Confessio Augustana* 1980, zu der auch die Mennoniten eingeladen wurden und durch das den lutherischen Kirchen bewusst wurde, welche Rolle die Verwerfungen der so genannten „Wiedertäufer" in der CA sowohl historisch wie theologisch gehabt hatten und z. T. noch heute haben.[28] Die verschiedenen Dialoge zunächst auf nationaler und dann auf internationaler Ebene führten zu dem genannten Dialogdokument und schließlich zu den beeindruckenden Versöhnungsfeierlichkeiten zwischen Lutheranern und Mennoniten während der 11. Vollversammlung des Lutherischen Weltbundes in Stuttgart 2010.[29]

---

24 Baptisten und Lutheraner im Gespräch, Nr. 99 (214).

25 Vgl. Baptisten und Lutheraner im Gespräch, Nr. 107 (215).

26 Baptisten und Lutheraner im Gespräch, Nr. 107 (215).

27 Das geschieht in der deutschen Übersetzung: Unser Glaube. Die Bekenntnisschriften der evangelisch-lutherischen Kirche. Ausgabe für die Gemeinde, im Auftrag der Kirchenleitung der Vereinigten Evangelisch-Lutherischen Kirche Deutschlands (VELKD), hg. v. Amt der VELKD, redaktionell betreut v. Johannes Hund u. Hans-Otto Schneider, Gütersloh ⁶2013, 49; 51 f. wesentlich deutlicher als in der wissenschaftlichen Neuausgabe der Bekenntnisschriften: Die Bekenntnisschriften der Evangelisch-Lutherischen Kirche. Vollständige Neuedition, hg. v. Irene Dingel im Auftrag der Evangelischen Kirche in Deutschland, Göttingen 2014, 100, Anm. 52.

28 Vgl. Heilung der Erinnerungen – Versöhnung in Christus, Nr. 1 ff.

29 Vgl. dazu Rainer W. Burkart/Oliver Schuegraf, Heilung der Erinnerungen – Versöhnung in Christus. Dialog zwischen der Mennonitischen Weltkonferenz und dem LWB, in: KNA-ÖKI Nr. 39, 23. 09. 2013, Dokumentation: I–XII.

Das Dokument bietet zunächst eine sehr genau und detaillierte Analyse dessen, was die Aussagen der CA inhaltlich aussagen und gegen welche Positionen sie sich sachlich richten und von wem im 16. Jahrhundert diese Position vertreten worden ist. Dann wird aber ebenso die Wirkungsgeschichte untersucht, und zwar vor allem im Blick auf die politischen Folgen, die ja nicht in der Intention der CA lagen. „Jetzt wurden die Verwerfungen des *Augsburger Bekenntnisses*, weit davon entfernt, nur theologische Dispute zu definieren, zu Mitteln, um theologische Konformität zu erzwingen und daher Dissidenten zu bestrafen."[30]

Auch hier wird – aufbauend vor allem auf dem nationalen Dialog in den USA – deutlich, dass die Verwerfungen in den Artikeln 5, 12 und 17 der CA auf Fehlurteilen über die Täufer des 16. Jahrhunderts beruhen.[31] Da die nationalen Dialoge zu unterschiedlichen Ergebnissen kommen, was die beiden anderen Artikel betrifft, nämlich CA 9 über die Taufe und CA 16 über das Verhältnis zu Politik und Gesellschaft, geht der Bericht diesen Fragen ausdrücklich nach und tut dies, wie nicht anders möglich, auf der Grundlage der Veränderungen in Kirche, Staat und Gesellschaft, die sich seit dem 16. Jahrhundert ergeben haben und die die Mennoniten ebenso wie die Lutheraner betreffen. Während das Ergebnis für Artikel 16 lautet, dass es zwar weiterhin Unterschiede in der Verhältnisbestimmung zur staatlichen Obrigkeit gibt, die aber keinesfalls unter das Verdikt einer Verwerfung fallen,[32] wird im Blick auf die Taufe zwar auch die Rede von einer ausdrücklichen Verwerfung vermieden, wohl aber festgehalten, dass die Kirchen hier „noch keinen Weg gefunden [haben], die Kluft zwischen den beiden Kirchen in der Tauflehre und Taufpraxis zu überbrücken",[33] so dass hier weiterhin eine kirchentrennende Frage vorliegt. Gerade in diesem Kontext wird deshalb von lutherischer Seite – unbeschadet aller mit der historischen Einordnung wie auch Weiterentwicklung verbundenen Differenzierungen und Klärungen – die unaufgebbare Bindung an die Bekenntnisse und das heißt hier konkret an die inhaltlichen Aussagen der *Confessio Augustana* als einem Merkmal lutherischer Identität deutlich gemacht.[34] Entsprechend wird an diese Bindung auch in anderen Dialogen erinnert und damit die Bedeutung gerade des *Augsburger Bekenntnisses* hervorgehoben.[35]

---

30 Heilung der Erinnerungen – Versöhnung in Christus, Nr. 104.

31 Vgl. Heilung der Erinnerungen – Versöhnung in Christus, Nr. 130 – 135 (468 – 470).

32 Vgl. Heilung der Erinnerungen – Versöhnung in Christus, Nr. 153 (476).

33 Heilung der Erinnerungen – Versöhnung in Christus, Nr. 163 (481).

34 Vgl. Heilung der Erinnerungen – Versöhnung in Christus, Nr. 187 (187).

35 Vgl. etwa: Bericht der von der Lambeth-Konferenz und dem Lutherischen Weltbund autorisierten Gespräche 1970 – 1972 („Pullach-Bericht"), in: DwÜ 1, 54 – 76, Nr. 29 (58); Adventisten und Lutheraner im Gespräch, Nr. 43 (86); Baptisten und Lutheraner im Gespräch, Nr. 20 (194); Die

4 Die Aussagen der *Confessio Augustana* zu Kirche und Amt

Es dürfte für niemanden überraschend sein, dass in den verschiedenen ökumenischen Dialogen des Lutherischen Weltbundes gerade die Aussagen der *Confessio Augustana* zu Kirche und Amt immer wieder zitiert werden, denn sie bilden bekanntlich die Grundlage nicht nur des lutherischen, sondern, wie etwa im Dialog mit den Reformierten und den Anglikanern festgehalten wird, des reformatorischen Kirchenverständnisses insgesamt.[36]

Dabei sind es vor allem drei Sachverhalte, die durchgehend angesprochen werden und in allen Dialogen festgehalten werden.

a) Zum einen wird im internationalen Dialog, wenn es um die Rolle des *Amtes* geht, von lutherischer Seite der Artikel 7 der *Confessio Augustana* immer mit den Artikeln 5 und 14 zusammengesehen und die beiden letzteren Artikel – m. E. aus dem historischen Kontext zutreffend – als Aussagen zu ein und demselben Amt verstanden, das damit wesentlich zur Kirche dazugehört.[37] So heißt es etwa im

---

Kirche: Gemeinschaft der Gnade, Nr. 19 (236); Alle unter einem Christus. Stellungnahme der Gemeinsamen Römisch-katholischen/Evangelisch-lutherischen Kommission zum Augsburgischen Bekenntnis, 1980, in: DwÜ 1, 323 – 328, Nr. 8 (324); Die Apostolizität der Kirche, Nr. 374 (650).

36 Vgl. Bericht der von der Lambeth-Konferenz und dem Lutherischen Weltbund autorisierten Gespräche 1970 – 1972 („Pullach-Bericht"), Nr. 61: „Unsere beiden Kirchen bekräftigen mit nahezu den gleichen Worten (CA VII; 39 Art. XIX), dass die reine Verkündigung des Wortes und die rechte Verwaltung der Sakramente wesentlich und konstitutiv für das Leben der Kirche ist. Wo dies geschieht, sehen wir Kirche." (62 f.); Zur Gemeinschaft und zum gemeinsamen Zeugnis berufen. Bericht der Gemeinsamen Arbeitsgruppe zwischen dem Lutherischen Weltbund und dem Reformierten Weltbund, 1999 – 2002, in: DwÜ 3, 111 – 130, Nr. 28: „Es gibt eine allgemeine Überzeugung, dass eine fundamental-dogmatische Übereinstimmung über die Predigt des Wortes sowie ein gemeinsames Verständnis und eine gemeinsame Praxis der Sakramente ausreichend sei, um Kirchengemeinschaft zu erklären. Wie die Confessio Augustana ausdrücklich hervorhebt, ist grundsätzlich nicht mehr notwendig (*satis est*). [...] Dieses Grundprinzip sollte jedoch nicht dazu missbraucht werden, die Notwendigkeit zu leugnen, der Einheit der Kirche auch strukturell Ausdruck zu verleihen. Um erfahrbar und anerkannt zu werden, muss die Gemeinschaft sichtbar werden." (119)

37 Alle unter einem Christus, Nr. 16 spricht von „der Übereinstimmung darin, dass ein besonders, durch Ordination übertragenes Dienstamt für die Kirche konstitutiv ist und nicht zu dem gehört, was das Augsburgische Bekenntnis als ‚nicht nötig' bezeichnet." (326); Das geistliche Amt in der Kirche. Bericht der Gemeinsamen Römisch-katholischen/Evangelisch-lutherischen Kommission, 1981, in: DwÜ 1, 329 – 357, Nr. 80: „Das ‚satis' darf nicht so verstanden werden, als sei die Feststellung weiterer Übereinstimmungen etwa nicht mehr legitim. Wenn solche weiteren Übereinstimmungen als ‚nicht-notwendig' bezeichnet werden, so soll damit das Wachsen der Einheit in Christus auch in der Gestalt der Kirche nicht verhindert, sondern gerade in rechter Weise frei-

anglikanisch/lutherischen Dialog: „Die Kirchen der lutherischen Tradition haben folgende Gaben empfangen, in denen sich Gottes Treue ihnen gegenüber konzentriert: die Glaubensbekenntnisse der Alten Kirche, die Bekenntnisschriften des 16. Jahrhunderts und die Kontinuität des ordinierten Amtes, durch welches das Wort Gottes verkündigt und die Sakramente und Riten der Kirche verwaltet worden sind."[38]

Und ebenso wird im lutherisch/katholischen Dokument *Kirche und Rechtfertigung* festgehalten:

> Schon die Confessio Augustana mit ihrem charakteristischen Übergang vom Rechtfertigungsartikel zum Artikel über das kirchliche Amt macht dies klar: Hier wird der rechtfertigende Glaube auf das Evangelium gegründet, welches das kirchliche Amt in Predigt und Sakramenten zu verkündigen hat; und dass „kirchliches Amt" oder „Predigtamt" etwas anderes meinen könnte als die kirchliche Institution des ordinierten Amtes – ein Gedanke, der erst im 19. Jahrhundert auftaucht – wird durch CA 14 ausgeschlossen.[39]

b) Zum anderen wird verständlicherweise gerade im Gespräch mit der Anglikanischen Gemeinschaft, mit der katholischen Kirche und sachlich auch mit der Orthodoxie die Frage nach dem *Bischofsamt* als legitimer Gestalt der Episkopé immer wieder positiv auf CA 28 Bezug genommen, das von den Reformatoren grundsätzlich gewollte Festhalten an der bischöflichen Struktur betont und in-

---

gegeben werden: als Ausdruck des geistgewirkten Glaubens an das Evangelium, der – wie die Werke des Gerechtfertigten – diesem Glauben folgen sollen. Das so verstandene lutherische ‚satis est' steht deshalb dem Verlangen nach der ‚Fülle' kirchlichen Lebens nicht entgegen, sondern schließt den Weg dahin gerade auf." (354); Kirche und Rechtfertigung, Nr. 200, Anm. 269: „Apol 7,30 – 37 erläutert CA 7: Worum es in dem ‚nec necesse est' von CA 7 geht, ist nicht, ob das, was in der Kirche zur Verkündigung des Evangeliums hinzukommt, ‚gut und nützlich' für die Kirche ist. Die ‚Hauptfrage (Krinomenon)' ist vielmehr, ob es ‚not sei zur Seligkeit (necessarius ad iustitiam)'; BSLK 243 f.)" (382); Communion: On Being the Church, Nr. 87: „The ordained ministry rests on Christ's particular commission and, at the same time, stands together with the whole congregation under the Word of God in Christ's service.This ministry is necessary for the church." (32); Das Mysterium der Kirche. Wort und Sakramente (Mysterien) im Leben der Kirche. Erklärung der Gemeinsamen Lutherisch/Orthodoxen Kommission, Damaskus/Syrien, 3.–10. November 2000, in: DwÜ 3, 106 – 109, Nr. 9: „In Bezug auf die Manifestation der Kirche in der göttlichen Ökonomie, d. h. in der Heilsgeschichte, bekräftigen wir gemeinsam, dass die Verkündigung des Evangeliums und die Verwaltung der Sakramente durch das ordinationsgebundene Amt in der Kirche zu den wichtigsten Zeichen der Kirche gehören." (109); Lutheran-Orthodox Joint Commission, 2017 Common Statement: The Mystery of the Church: F. Ordained Ministry/Priesthood [https://blogs.helsinki.fi/ristosaarinen/lutheran-orthodox-dialogue/ (16.06.2021)]; Nr. 1; 22; 25.

38 Bericht der Anglikanisch/Lutherischen Konsultation über Episkopé, 1987 („Niagara-Bericht"), in: DwÜ 2, 62 – 91, Nr. 84 (83).

39 Kirche und Rechtfertigung, Nr. 185 (378).

sofern die Einordnung in die so genannte historische Sukzession als Möglichkeit für die lutherischen Kirchen akzeptiert. Andererseits aber kann, nicht nur in diesen Dialogen,[40] sondern auch an anderer Stelle gerade die Offenheit der Aussagen der CA gegenüber den konkreten Strukturen der Kirche betont werden, wie das etwa im baptistisch/lutherischen oder reformiert/lutherischen Dialog der Fall ist.[41]

---

40 Vgl. neben dem oben genannten „Niagara-Bericht" auch: Wachsende Gemeinschaft, Nr. 133: „Lutheraner in aller Welt sind zunehmend bereit, die Bedeutung des Episkopats in der apostolischen Sukzession als Zeichen im Dienst der apostolischen Kontinuität und Einheit der Kirche zu würdigen. Die Vereinbarungen zeigen eine wachsende Bereitschaft zur Eingliederung in diese Sukzession; so werden anglikanische und lutherische Bischöfe, die Kirchen mit historischer Bischofssukzession angehören, zur aktiven Teilnahme an Ordinationen oder Einführungen lutherischer Bischöfe in Kirchen eingeladen, die bislang nicht an dieser Sukzession teilhatten. Die Lutheraner sind frei, sich in die historische Bischofssukzession einzugliedern, (1) wenn diese Integration lutherischer Bischöfe in die historische Bischofssukzession nach der gegenseitigen Anerkennung der Kirchen und Ämter und der Erklärung von Kirchengemeinschaft voller Gemeinschaft erfolgt; (2) wenn diese Integration weder ein negatives Urteil über die lutherischen Ämter in der Vergangenheit noch eine Stärkung ihrer kirchlichen Machtposition in der Zukunft impliziert, und (3) wenn es auch weiterhin möglich bleibt, das Amt des Bischofs der Bischöfin und seine ökumenische Bedeutung unterschiedlich auszulegen." (164); Die Apostolizität der Kirche, Nr. 269: „Das historische Bischofsamt, das Gegenstand von regionalen ökumenischen Vereinbarungen zwischen Anglikanern und Lutheranern ist, wird von Lutheranern als ein Zeichen für die Apostolizität der Kirche anerkannt. Es wird nicht als eine Garantie für die Apostolizität verstanden, wohl aber als Zeichen, das die ganze Kirche und in ihr besonders die Bischöfe verpflichtet, für diese Apostolizität Sorge zu tragen. So heißt es in der Porvooer Gemeinsamen Feststellung: ,Der Gebrauch des Zeichens der historischen bischöflichen Sukzession allein garantiert nicht die Treue einer Kirche gegenüber jedem Aspekt apostolischen Glaubens, Lebens und Sendung. In der Geschichte der Kirchen, die das Zeichen der historischen Sukzession benutzen, hat es Spaltungen gegeben. Das Zeichen garantiert auch nicht die persönliche Treue des Bischofs. Nichtsdestoweniger bleibt die Beibehaltung des Zeichens eine permanente Aufforderung zu Treue und Einheit, ein Aufruf dazu, die bleibenden Merkmale der Kirche der Apostel zu bezeugen sowie ein Auftrag, sie vollständiger zu verwirklichen.' So wie ein Bischof zugleich für die Einheit unter den Gemeinden zu seiner Zeit sorgt (synchron) und mit den Ordinationen für die Einheit und Apostolizität der Kirche durch die Zeiten eintritt (diachron), so ist es angemessen, mit dem Zeichen der historischen Sukzession die temporale Dimension der Apostolizität auszudrücken: die Kontinuität der Kirche, die der Heilige Geist wirkt; unter seiner Leitung und seinem Beistand kann der Bischof Diener an der Kontinuität und Apostolizität der Kirche sein." (617); The Mystery of the Church: F. Ordained Ministry/Priesthood, Nr. 43; 45.
41 Vgl. etwa: Baptisten und Lutheraner im Gespräch, Nr. 24: „Grundsätzlich schreiben lutherische Bekenntnisschriften (CA 7) keine besondere Struktur der Kirche vor – sei die kongregational, presbyteral oder episkopal –, aber sie bestehen darauf, dass jede Struktur dem Evangelium freien Lauf lassen muss und es nicht behindern darf. So wird angenommen, dass das ordinierte Amt von Gott um des Evangeliums willen gegeben wurde, d. h. um sowohl den freien Lauf als auch die Reinheit des Evangeliums als Wort und Sakrament zu gewährleisten. Deshalb ist die Vollmacht

c) Und schließlich wird in diesem Zusammenhang ein dritter Aspekt immer wieder erwähnt, nämlich das in CA 7 ausgesprochene bleibende *Bestehen* der Kirche, ein Aspekt, der zum einen die Verbundenheit der lutherischen Kirchen mit der Kirche der Väter ausdrückt,[42] der zum anderen aber auch und vor allem theologisch relevant ist für das Verständnis der Indefektibilität der Kirche und ihrer von Gott ermöglichten Treue zum Glauben.[43] Denn

> [f]ür die Reformatoren steht die Frage nach dem Bleiben der Kirche in der Wahrheit im Zusammenhang mit der Gewissheit, „dass alle Zeit müsse eine heilige christliche Kirche sein und bleiben". Diese Kirche wird verstanden als „Versammlung aller Gläubigen, bei welchen das Evangelium rein gepredigt und die heiligen Sakramente laut dem Evangelium gereicht werden". Darum ist das Bleiben in der Wahrheit des Evangeliums wesentlich für das Kirchesein der Kirche.[44]

5 Die *Confessio Augustana* als Dokument der Einheit

Dieser Aspekt schließlich ist der Leitgedanke des einzigen Dokuments im internationalen ökumenischen Dialog, das sich ausdrücklich mit der CA befasst, nämlich das Dokument des internationalen lutherisch/katholischen Dialogs *Alle*

---

der ordinierten Pfarrer/Pfarrerinnen, das Wort öffentlich zu predigen und zu lehren und die Sakramente zu verwalten, nicht in der Struktur der Kirche, sondern im Evangelium begründet. Die Struktur vermittelt diese Vollmacht, d. h., die Struktur ist immer dem Evangelium untergeordnet." (194); Communion: On Being the Church, Nr. 9 (7); Nr. 39 (18 f.); The Mystery of the Church: F. Ordained Ministry/Priesthood, Nr. 16.

42 Vgl. Alle unter einem Christus, Nr. 10 (325); Nr. 16 (326); Die Apostolizität der Kirche, Nr. 282: „Lutheraner lehren die Kontinuität der Kirche und betonen, ‚dass alle Zeit müsse eine heilige christliche Kirche sein und bleiben'. Deshalb gehört die Geschichte des Amtes von der Zeit des Neuen Testaments an auch zu ihrer Geschichte, die als Geschichte der Kirche ohne den Heiligen Geist nicht zu denken ist." (621); Nr. 446 (672 f.); Lutheran-Orthodox Joint Commission, The Nature, Attributes and Mission of the Church (15th, Wittenberg 2011), https://blogs.helsinki.fi/ristosaarinen/lutheran-orthodox-dialogue/ (17.06.2021), Nr. 12.

43 Vgl. etwa: Kirche und Rechtfertigung, Nr. 151: „Für Luther ist dieser Glaube an die Unzerstörbarkeit und Permanenz der Kirche als eines heiligen Volkes Gottes eine wesentlich Komponente seines Kirchenverständnisses" (369); Nr. 174: „Als Geschöpf des stets ‚externen', schöpferischen und von der Treue Gottes getragenen Evangeliums und dessen Verkündigung existiert die Kirche kontinuierlich durch die Zeiten: ‚Allezeit [muss] die eine, heilige, christliche Kirche sein und bleiben.'" (375 f.).

44 Die Apostolizität der Kirche, Nr. 355 (642); vgl. den ganzen Abschnitt „4.4 Die Kirche, die in der Wahrheit erhalten wird, in der Perspektive der lutherischen Reformation" (642–655).

unter einem Christus,[45] das 1980 aus Anlass der 450-Jahr-Feier der *Confessio Augustana* veröffentlicht worden ist.

Dieser Text weist gleich zu Beginn zu Recht darauf hin, dass 1530 die Einheit der Kirche „zwar eminent bedroht, aber noch nicht zerbrochen" war: „Die damaligen ‚Religionsparteien' empfanden sich – selbst im Streit und in der Verschiedenheit ihrer Überzeugungen – als ‚unter einem Christus' und jener kirchliche Einheit verpflichtet."[46]

Dementsprechend nennt das Dokument nicht nur, aufbauend auf den bisherigen lutherisch/katholischen Dialogen, eine Reihe von Gemeinsamkeiten im Verständnis von Rechtfertigung, Herrenmahl, Kirche und Amt, die dann ja weitgehend in den nachfolgenden Dialogen vertieft worden sind,[47] sondern es hebt gleich zu Beginn den spezifischen Anspruch der *Confessio Augustana* hervor, nämlich ein Dokument der (synchronen wie diachronen) Einheit und der Verständigung zu sein,[48] das seine besondere Bedeutung dadurch erhält, dass dieser Text mit dieser Intention zu den verbindlichen Bekenntnissen der lutherischen Kirchen gehört:

> Es ist erklärte Absicht des Augsburgischen Bekenntnisses, den Glauben der einen, heiligen, katholischen und apostolischen Kirche zu bezeugen. Es geht nicht um Sonderlehren oder gar um Gründung einer neuen Kirche (CA 7,1), sondern um Reinerhaltung und Erneuerung des christlichen Glaubens – in Einklang mit der Alten Kirche, „auch der römischen Kirche" und in Übereinstimmung mit dem Zeugnis der Heiligen Schrift. Diese ausdrückliche Intention der Confessio Augustana behält auch für das Verständnis der späteren Lutherischen Bekenntnisschriften Bedeutung.[49]

---

45 Alle unter einem Christus.

46 Alle unter einem Christus, Nr. 2 (323).

47 Vgl. Alle unter einem Christus, Nr. 14 – 22 (326 f.).

48 Vgl. Alle unter einem Christus, Nr. 7: „Denn dieses Bekenntnis, das Basis und Bezugspunkt der anderen lutherischen Bekenntnisschriften ist, spiegelt wie kein anderes in Inhalt und Struktur den ökumenischen Willen und die katholische Intention der Reformation." (324); Vgl. Vom Konflikt zur Gemeinschaft. Gemeinsames lutherisch-katholisches Reformationsgedenken im Jahr 2017. Bericht der Lutherisch/Römisch-katholischen Kommission für die Einheit, Leipzig/Paderborn 2013, Nr. 70: „Das Augsburger Bekenntnis ist ein starkes Zeugnis für die Entschlossenheit der lutherischen Reformatoren, die Einheit der Kirche zu bewahren und innerhalb der einen sichtbaren Kirche zu bleiben. Indem es die Differenz ausdrücklich als von geringerer Bedeutung dargestellt hat, ist dieses Bekenntnis dem ähnlich, was wir heute einen differenzierenden Konsens nennen würden." (37).

49 Alle unter einem Christus, Nr. 10 (325); vgl. auch Nr. 8: „Es ist dabei von großem Gewicht, dass dieser ökumenische Wille und die katholische Intention in einem Bekenntnisdokument zum Ausdruck kommen, das auch heute noch – unter und zusammen mit der Heiligen Schrift – Lehrgrundlage der lutherischen Kirchen ist und für sie Verbindlichkeit besitzt." (324).

Und man wird hier wohl hinzufügen dürfen, dass die Bedeutung dieses Textes auch darin liegt, dass er nach den altkirchlichen Bekenntnissen der erste Text ist, der am Beginn der lutherischen Bekenntnisschriften des 16. Jahrhunderts steht und er damit gleichsam den Schlüssel für die Lektüre und Interpretation der weiteren Bekenntnisse bildet.[50]

6 Ausblick

Ich schließe mit einem kurzen Ausblick, der danach fragt, welche Folgen bzw. theologischen Herausforderungen sich aus diesem Blick auf die Rolle der CA im ökumenischen Dialog ergeben.

Zum einen erscheint es als eine weiterhin offene Frage, und damit sage ich nichts Neues, eine genauere Verhältnisbestimmung der *Confessio Augustana* und der anderen lutherischen Bekenntnisse zur Theologie Martin Luthers zu geben. Mit dem Jahr 2017 im Rücken und auf das Jahr 2030 zugehend stellt sich hier eine Aufgabe, die auch der ökumenische Dialog meiner Wahrnehmung nach bisher kaum angesprochen hat. Auf der einen Seite wird die Verbindung zwischen beiden selbstverständlich und zur Recht bejaht, wie es etwa das Dokument *Martin Luther – Zeuge Jesu Christi* ausspricht: „Die Einsicht, dass die Confessio Augustana ,eine Übereinstimmung in zentralen Glaubenswahrheiten' zwischen Katholiken und Lutheranern widerspiegelt (Papst Johannes Paul II., 1980; Exekutivkomitee des Lutherischen Weltbundes, 1981), hilft, auch wesentliche Einsichten Luthers gemeinsam zu bejahen."[51] Auf der anderen Seite muss der Status der CA als ausdrückliches und verbindliches Bekenntnis der lutherischen Kirchen unterschieden werden von der Geltung der Aussagen Luthers, auch und gerade, wenn man die einheitsstiftende Intention der CA wie auch ihre Bedeutung im Rahmen des gesamten *Konkordienbuchs* ernstnimmt.

---

50 Vgl. Burkhard Neumann, Die Bedeutung der „Confessio Augustana" und der „Apologie" Melanchthons für die Ökumene. Historische Beobachtungen und Überlegungen aus der Sicht eines katholischen Systematikers, in: Günter Frank/Stephan Meier-Oeser (Hg.), Konfrontation und Dialog. Philipp Melanchthons Beitrag zu einer ökumenischen Hermeneutik, Leipzig 2006 (Schriften der Europäischen Melanchthonakademie 1), 125–138, 129.
51 Martin Luther – Zeuge Jesu Christi. Wort der Gemeinsamen Römisch-katholischen/Evangelisch-lutherischen Kommission anlässlich des 500. Geburtstages Martin Luthers, 1983, in: DwÜ 2, 444–451, Nr. 5 (445); vgl. auch: Heilung der Erinnerungen – Versöhnung in Christus, Nr. 187: „Lutheraner sind auch heute sehr dankbar für die Lehre des Evangeliums, die sie von Martin Luther empfangen haben, und sie sehen sich weiterhin seinem Verständnis des Wortes Gottes verpflichtet, wie es vor allem in ihrer Verpflichtung auf das Augsburger Bekenntnis und die anderen Bekenntnisschriften zum Ausdruck kommt." (491).

Zum anderen stellt m. E. gerade der lutherisch/mennonitische Dialog ein Beispiel dafür dar, was eine historisch wie theologisch gründliche Auslegung des Augsburger Bekenntnisses einschließlich eines durchaus kritischen Blicks auf ihre Wirkungsgeschichte beitragen kann zu einem wirklichen Verständnis der in der *Confesio Augustana* gemachten und weiterhin als verbindlich geltenden Aussagen. Was in diesem Text geschieht, lässt sich vergleichen mit der Intensität, mit der das Projekt *Lehrverurteilungen – kirchentrennend* zu Beginn der 80-Jahre des vergangenen Jahrhunderts die Lehrverurteilungen des 16. Jahrhunderts untersucht und im Blick auf den aktuellen Stand der Lehre in den Kirchen bewertet hat.[52] Unter diesem Niveau sollte bzw. dürfte ein theologisch verantworteter Blick auf die CA heute nicht mehr möglich sein. Es wäre darum umso wichtiger, ihn in ökumenischer Gemeinschaft anzugehen.

---

52 Karl Lehmann/Wolfhart Pannenberg (Hg.), Lehrverurteilungen – kirchentrennend?, Bd. 1: Rechtfertigung, Sakramente und Amt im Zeitalter der Reformation und heute, Freiburg i.B./ Göttingen ³1988 (Dialog der Kirchen 4); Karl Lehmann, (Hg.), Lehrverurteilungen – kirchentrennend?, Bd. 2: Materialien zu den Lehrverurteilungen und zur Theologie der Rechtfertigung, Freiburg i.B./Göttingen 1989 (Dialog der Kirchen 5); Wolfhart Pannenberg (Hg.), Lehrverurteilungen – kirchentrennend?, Bd. 3: Materialien zur Lehre von den Sakramenten und vom kirchlichen Amt, Freiburg i.B./Göttingen 1990 (Dialog der Kirchen 6); Wolfhart Pannenberg/Theodor Schneider (Hg.), Lehrverurteilungen – kirchentrennend?, Bd. 4: Antworten auf kirchliche Stellungnahmen, Freiburg i.B./Göttingen 1994 (Dialog der Kirchen 8).

Bo Kristian Holm

Gemeinsame Verheißung und gemeiner Nutzen

Ein Beitrag für eine aktuelle Würdigung der *Confessio Augustana* als gemeinsames ökumenisches Dokument

1 Einleitung

Wenn man das *Augsburger Bekenntnis* heute als mögliches gemeinsames ökumenisches Dokument betrachtet, stellt sich die Frage, was sich seit den intensiven Diskussionen in den Jahren vor 1980 geändert hat.[1] Damals gab es sowohl eine große Menge sehr tiefer Analysen des Bekenntnistextes als auch intensive Diskussionen über eine mögliche gemeinsame Anerkennung von katholischer und lutherischer Seite.[2] Die damals vorgebrachten Gedanken und Argumente sollen an dieser Stelle nicht wiederholt werden. Die Intention dieses Beitrags ist es vielmehr, zu einem Perspektivwechsel in der Diskussion anzuregen und möglicherweise auch neue Erkenntnisse in das noch laufende Gespräch einzubringen.

Ich werde mich im Folgenden auf drei Punkte beschränken, die m. E. in die Diskussion eingebracht werden müssen:[3] die neue gesellschaftliche, kirchliche und politische Lage der Gegenwart im Vergleich zur Situation um 1980, des Weiteren die veränderte Haltung der Verfasser der *Gemeinsamen Erklärung zur Rechtfertigungslehre* von 1999 im Vergleich zum Selbstverständnis der Diskussi-

---

1 Für die sprachliche Überprüfung dieses Beitrags danke ich Dr. Kinga Zeller und Dr. Axel Lange.
2 S. z. B. Harding Meyer/Heinz Schütte (Hg.), Confessio Augustana. Bekenntnis des einen Glaubens. Gemeinsame Untersuchung lutherischer und katholischer Theologen, Paderborn/Frankfurt a. M. 1980; Peter Gauly, Katholisches Ja zum Augsburger Bekenntnis? Ein Bericht über die neuere Anerkennungsdiskussion, Freiburg i. B. 1980; Harding Meyer/Heinz Schütte/Hans-Joachim Mund (Hg.), Katholische Anerkennung des Augsburgischen Bekenntnisses? Ein Vorstoß zur Einheit zwischen katholischer und lutherischer Kirche, Frankfurt a. M. 1977 (Ökumenische Perspektiven 9); Fritz Hoffmann/Ulrich Kühn (Hg.), Die Confessio Augustana im ökumenischen Gespräch, Berlin 1980; Johannes Brosseder, Die Anerkennung der Katholizität der Confessio Augustana und ihre ekklesiologischen Implikationen. Historische und fundamentaltheologische Probleme, in: Friedrich Mildenberger/Joachim Track (Hg.), Zugang zur Theologie. Fundamentaltheologische Beiträge. Wilfried Joest zum 65. Geburtstag, Göttingen 1979.
3 Andere Perspektiven, wie bspw. die Diskussion um die Frage, wie eine gemeinsame Anerkennung der *Confessio Augustana* aussehen könnte, werden in diesem Beitrag nicht berücksichtigt.

onspartner von 1980. Dazwischen setze ich einen Exkurs zu humanistischen Diskursen zur Reformationszeit.

Meine These ist, dass sich diese drei Aspekte fruchtbar verbinden lassen. Der zu entfaltende Gedankengang ist folgender:

1) Das *Augsburger Bekenntnis* als Ausdruck der Wittenberger Theologie behandelt nicht nur innere kirchliche und theologische Fragestellungen, sondern ist auch als Teil der Wittenberger Antwort auf eine grundlegende epistemologische Krise des Renaissance-Humanismus anzusehen. Ein Skeptizismus wie der des frühen 16. Jahrhunderts ist in veränderter Form auch heute wieder aktuell und bleibt somit auch in der Gegenwart eine theologische Herausforderung.

2) Mitten in einer epistemologischen Krise des späten Renaissance-Humanismus repräsentiert die *Confessio Augustana* einen spezifisch christlichen Blick auf Schöpfung und weltliche Autorität mit tiefen Wurzeln in sowohl biblischer als auch antiker römischer Sozialphilosophie. Im Zentrum dieses Blickes steht der Begriff der *promissio*, wie er auch für die Rechtfertigungslehre zentral ist.

3) Wenn wir die Diskussion anlässlich der 450-jährigen Feier des *Augsburger Bekenntnisses* mit der *Gemeinsamen Erklärung* vergleichen, wird deutlich, dass der Begriff der *promissio*, der Verheißung, Ende der 1990er Jahre eine ganz andere Rolle spielte als noch 1980. Das könnte auch für ein heutiges Verständnis der *Confessio Augustana* entscheidend sein. Es dreht sich hier um eine Veränderung in der Selbstwahrnehmung auf beiden Seiten des Gesprächs.[4] Die Chancen für eine Wahrnehmung des konfessionell Gemeinsamen in der *Confessio Augustana* scheinen günstiger geworden zu sein.

Um diese drei Punkte miteinander zu verbinden, werde ich meine Ausführungen mit dem letzten Aspekt beginnen, mit der Analyse des gegenwärtigen Diskurshorizontes. Ich verstehe die *Gemeinsame Erklärung* von 1999 dabei als eine wichtige Zäsur, weil sich die Grundhaltung beider Gesprächspartner, die für die Einschätzung des konfessionell Gemeinsamen von großer Bedeutung ist, seit dieser Zeit nicht wesentlich verändert hat. In der *Gemeinsamen Erklärung* finden

---

[4] Lutherische konfessionelle Identität ist nicht unbeweglich, sondern eine sich in der Geschichte entwickelnde Identität. So lässt sich die Hervorhebung der *promissio* in beiden Konfessionen am Ende des 20 Jahrhunderts auch als eine erneute Selbstwahrnehmung auf beiden Seiten des Gesprächs verstehen. Zur konfessionellen Variation in der lutherischen Tradition s. z.B. Irene Dingel, Von der Wittenberger Reformation zum Luthertum. Konfessionelle Transformationen, in: Wolfgang Thönissen/Josef Freitag/Augustinus Sander (Hg.), Luther: Katholizität & Reform. Wurzeln – Wege – Wirkungen, Leipzig/Paderborn 2016, 239–60.

wir zum ersten Mal die offizielle Lehre der jeweiligen Kirchen „*offiziell im* Dokument selbst".[5]

2 *Promissio* und Gewissheit des Glaubens in der *Gemeinsamen Erklärung zur Rechtfertigungslehre*

Es ist bekannt, dass die vielen Studien zur gemeinsamen Anerkennung der *Confessio Augustana* aus der Zeit um 1980 folgenlos blieben. Wer diese Diskussion heute weiterführen möchte, muss zuerst nach Änderungen im Selbstverständnis der beteiligten Konfessionen fragen. Zur Klärung dieser Frage bietet sich *Die Gemeinsame Erklärung zur Rechtfertigungslehre* von 1999 als Grundlage an.[6]

In der *Gemeinsamen Erklärung* wird als gemeinsamer Ausgangspunkt das Wort Gottes in der *Heiligen Schrift*, und als erstes Zitat das verheißende Wort in Joh 3,16 (8) genommen.[7] Alle anderen Schriftbelege folgen dieser Spur, indem hervorgehoben wird, dass die Gläubigen „die Verheißung Gottes immer wieder hören" müssen, weil sie ständig von Mächten und Begierden angefochten werden (12).[8] Zwar wird der Zuspruch in der Darstellung des lutherischen Verständnisses von dem Zusammenhang zwischen Sündenvergebung und Erneuerung noch stärker hervorgehoben (23),[9] aber gemeinsam wird bekannt, dass der „Mensch [...] im rechtfertigenden Glauben auf Gottes gnädige Verheißung, im dem die Hoffnung auf Gott und die Liebe zu ihm eingeschlossen sind", vertraut (25).[10] Ganz

---

5 So Theodor Dieter in: Der lutherisch/römisch-katholische Dialog und die *Gemeinsame Erklärung zur Rechtfertigungslehre* (erscheint demnächst). S. a. ebd. „Die *Gemeinsame Erklärung* hingegen ist eine gemeinsame verbindliche Lehräußerung des Lutherischen Weltbunds im Auftrag seiner Mitgliedskirchen und des Vatikans".

6 Ich zitiere nach der Endfassung der Erklärung, nachgedruckt in Friedrich Hauschildt/Udo Hahn/Andreas Siemens (Hg.), Die gemeinsame Erklärung zur Rechtfertigungslehre. Dokumentation des Entstehungs- und Rezeptionsprozesses, Göttingen 2009, 273 – 85.

7 Hauschildt/Hahn/Siemens, Die gemeinsame Erklärung, 275. Im Vergleich zum ersten Entwurf ist das gemeinsame Hören in der Endfassung hervorgehoben. Vgl. a.a.O., 33 f. (8).

8 Hauschildt/Hahn/Siemens, Die gemeinsame Erklärung, 277. Vgl. a.a.O., 34 (11). Die Wendung „in Sünde fallen" ist im Vergleich zur Erstfassung hinzugefügt.

9 Hauschildt/Hahn/Siemens, Die gemeinsame Erklärung, 279. Die Hervorhebung des Zuspruches ist im Vergleich zur Erstfassung hinzugefügt.

10 Hauschildt/Hahn/Siemens, Die gemeinsame Erklärung, 280. Das enge Verhältnis zwischen gnädiger Verheißung und vertrauendem Glauben war hier schon im Erstentwurf zentral. Vgl. a.a.O., 37 (27).

ähnlich heißt es in Punkt 34: „Wir bekennen gemeinsam, dass die Gläubigen sich auf die Barmherzigkeit und die Verheißungen Gottes verlassen können."[11] Auch hier wird die besondere Weise, in der dieser Aspekt bei den Reformatoren betont wurde, hervorgehoben (35),[12] aber auch „Katholiken können das Anliegen der Reformatoren teilen, den Glauben auf die objektive Wirklichkeit der Verheißung Christi zu gründen" und „allein auf Christi Verheißungswort zu vertrauen" (36).[13] Damit ist das entscheidend Gemeinsame lokalisiert. Der Text sagt zwar nicht mehr, „Glaube ist Heilsgewissheit" in der Darstellung der katholischen Lehre wie in der Erstfassung,[14] aber generell ist die Betonung auf die zentrale Stelle des Gewissheit schaffenden Verheißungswortes von beide Seiten ins Zentrum gerückt.

Der kurze Überblick über den expliziten Gebrauch der Verheißungsterminologie zeigt deutlich, dass das ganze Dokument unter einer verheißungstheologischen Perspektive steht. Der in den Fußnoten durchgeführte Vergleich mit dem Erstentwurf zeigt, dass die verheißungstheologische Perspektive seit Beginn der Arbeit richtungsgebend war. Damit wird das für diese Argumentation Entscheidende gesagt. Die Selbstwahrnehmung der Gesprächsteilnehmer hat sich in diesem Punkt stark aufeinander zubewegt. Wie weit dieses Entscheidende reicht, ist noch zu prüfen. Dass sich aber das Verständnis des Gemeinsamen an diesem Punkt merkbar geändert hat, zeigt ein Vergleich mit der Diskussion über eine gemeinsame Anerkennung der *Confessio Augustana* zum 450-jährigen Jubiläum von 1980.

Schauen wir z. B. in die von Harding Meyer und Heinz Schütter herausgegebene Dokumentation einer gemeinsamen Untersuchung lutherischer und katholischer Theologen zum Status des *Augsburger Bekenntnisses* in Kommentarform,[15] lässt sich leicht feststellen, dass der verheißungstheologische Zugang eine weit geringere Rolle spielt. Im Kapitel „Rechtfertigung – Glaube – Werke" von Gerhard Müller und Vinzenz Pfnür sucht man auch dort, wo es zu erwarten wäre, vergeblich nach einem Hinweis auf die göttliche *promissio*.[16] In dem von Erwin Iserloh und Vilmos Vajta verfassten sakramentstheologischen Beitrag taucht sie

---

11 Hauschildt/Hahn/Siemens, Die gemeinsame Erklärung, 283. So schon der Erstentwurf. Vgl. a.a.O. 38 (36).
12 Hauschildt/Hahn/Siemens, Die gemeinsame Erklärung, 283. Die Formulierung ist hier präziser geworden. Vgl. a.a.O., 38 (37): „So ist er seines Heils gewiss, wenn auch niemals sicher."
13 Hauschildt/Hahn/Siemens, Die gemeinsame Erklärung, 283. Ebenfalls so im Erstentwurf. Vgl. a.a.O. 38f. (38). Auch Theodor Dieter hebt diesen Aspekt besonders hervor in: Der lutherisch/römisch-katholische Dialog und die *Gemeinsame Erklärung* (erscheint demnächst).
14 Vgl. Hauschildt/Hahn/Siemens, Die gemeinsame Erklärung, 284 (39), mit a.a.O., 39 (38).
15 Meyer/Schütte, Bekenntnis des einen Glaubens.
16 Gerhard Müller/Vinzenz Pfnür, Rechtfertigung – Glaube – Werke, in: Meyer/Schütte, Bekenntnis des einen Glaubens, 106–139.

im Zusammenhang mit der Taufe auf[17] – anders wäre es aber auch kaum möglich. Ebenfalls in sakramentstheologischer Perspektive wird auf die Betonung der Neuentdeckung des Verheißungswortes im Zusammenhang mit der Buße in dem Beitrag Holsten Fagerbergs und Hans Jorissens hingewiesen.[18]

Wenn das Promissionale im reformatorischen Wortverständnis vernachlässigt wird, wird auch das zentrale kommunikative Moment der Rechtfertigungslehre, vor allem in der Relation zwischen Wort und Glaube, übersprungen. Für ein tieferes Verständnis der Sache ist dieser Mangel ein klares Hindernis. Ausnahmsweise hebt Walter Kasper in seinem Beitrag über *Bekenntnis und Bekenntnisgemeinschaft in katholischer Sicht* zwar die enge Verbindung zwischen Lehre und Vertrauensglauben in Zusammenhang mit der reformatorischen Position hervor, sieht aber in der nachreformatorischen Theologie eine deutliche Tendenz, die existentielle Bedeutsamkeit auf Kosten des „objektiven" Gehalts zu betonen.[19] In seiner Darstellung der katholischen Position wird dieses Thema aber im Zusammenhang mit der Frage behandelt, wo die wahre Kirche sei, d. h. als Unterstützung einer römischen Ekklesiologie, und nicht hinsichtlich der Offenbarung und der Zusage der göttlichen Gnade.[20]

Diese kurze Übersicht, die auch durch andere bedeutende Beiträge zur damaligen Diskussion bestätigt werden kann,[21] zeigt, dass in repräsentativen Texte der 1980er-Diskussion das Wort der *promissio* eher am Rande im Vergleich mit sakramentstheologischen Topoi oder im Fall Walter Kaspers eher im Zusammenhang mit der katholischen Ekklesiologie entfaltet wird. Im Hinblick auf den Kern, die Rechtfertigungslehre, ist sie nicht zu finden. Dieser Unterschied zwischen 1980 und 1999 ist beachtenswert und in sich selbst verheißungsvoll. Die Entwicklung von sowohl katholischer als auch lutherischer Seite schafft eine bessere Grundlage, um das Gemeinsame in der *Confessio Augustana* zu finden. Für die katholische Seite ist u. a. hervorzuheben, dass sich innerhalb der katho-

---

17 Erwin Iserloh/Vilmos Vajta, Die Sakramente: Taufe und Abendmahl, in: Meyer/Schütte, Bekenntnis des einen Glaubens, 198–217, 202f.

18 Holsten Fagerberg/Hans Jorissen, Buße und Beichte, in: Meyer/Schütte, Bekenntnis des einen Glaubens, 228–55, 232f., 236, 238.

19 Walter Kasper, Bekenntnis und Bekenntnisgemeinschaft in katholischer Sicht, in: Meyer/Schütte, Bekenntnis des einen Glaubens, 23–47, 30.

20 Kasper, Bekenntnis und Bekenntnisgemeinschaft, 41: „Die wahre Kirche ist aufgrund der Verheißung des Herrn eine schon jetzt gegenwärtige Größe". Damit wird aber hervorgehoben, dass die Verheißung im Dienst der Kirche steht, und nicht umgekehrt.

21 Z. B. spielt die *promissio* keine Rolle bei W. Pannenberg in seinem Aufsatz: Die Augsburgischen Konfession als katholisches Bekenntnis und Grundlage für die Einheit der Kirche, in: Meyer/Schütte/Mund, Katholische Anerkennung, 9, 17–34.

lischen Kirche ein differenzierterer Blick auf Luther entwickelt hat.[22] Aber schon in den Arbeiten der Untersuchung *Lehrverurteilungen – kirchentrennend* wird die Objektivität des Wortes im Zusammenhang mit der Frage nach der Heilsgewissheit hervorgehoben und in dieser Weise auf die spätere Zentralrolle in der *Gemeinsamen Erklärung* hingedeutet:

> Von hier aus zeigt sich der wahre Sinn der reformatorischen Lehre von der Heilsgewissheit: Weil wir von dem Anspruch des göttlichen Gesetzes, das unsere Werke fordert, von uns aus „subjektiv" nie bestehen können, soll sich der Glaube auf das „Objektivste" verlassen, was es für die Kirche gibt: auf das Wort Gottes, wie auch immer es um den Menschen, der sich darauf verlässt, bestellt sein mag.[23]

Um die *Confessio Augustana* als gemeinsames christliches Bekenntnis anzuerkennen, ist es nötig, das Bekenntnis im Lichte seiner zusammenbindenden Grundorientierung zu verstehen. Hier bietet die *Gemeinsame Erklärung* sich selbst als Interpretationsschlüssel an, weil sie eben das Element hervorhebt, das nicht nur gemeinsames Herzstück bei Luther und Melanchthon war, sondern, wie im Folgenden gezeigt wird, auch richtunggebend für die Interpretation der *Confessio Augustana* ist.

3 Das Wort der Verheißung in der *Confessio Augustana*

In der CA 1 wird die gemeinsame Basis des Glaubens in dem dreieinigen Gott selbst festgelegt. Nur wenn es *ein* Gott ist, kann er in seinen drei ewigen Personen „von unermesslicher Macht, Weisheit und Güte" in sowohl seinem Schöpfungs- als auch in seinem Erhaltungswerk geglaubt werden.[24] Den trinitarischen Charakter von Luthers Theologie haben Karl Lehmann und Horst Georg Pöhlmann

---

22 Vgl. Wolfgang Thönissen: Martin Luther in Roman Catholics German-Language Theologies, in: Oxford Encyclopedia on Martin Luther, hg. v. Derek R. Nelson/Paul Hinlicky, Oxford 2017. Schon Walter Kasper konnte auf Grund der Arbeiten von V. Pfnür, W. Pannenberg und H. Jorissen in dem Band *Katholische Anerkennung des Augsburgischen Bekenntnisses? Ein Vorstoß zur Einheit zwischen katholischer und lutherischer Kirche*, konkludieren, dass „die Augustana zumindest im Licht des Selbstverständnisses heutiger katholischer Theologie nach dem II. Vatikanischen Konzil grundsätzlich katholisch interpretiert und insofern auch katholisch rezipiert werden kann", a.a.O., 151.
23 Karl Lehmann/Wolfhart Pannenberg/Theodor Schneider (Hg.), Lehrverurteilungen – kirchentrennend?, Freiburg i.B. 1986, 60. S. a. die folgenden Seiten, sowie 56 f.
24 BSLK, 50,3 – 15.

1980 ganz richtig hervorgehoben, als sie die CA 1, 3 und 16 kommentierten.[25] Sie fassten nach einer Lektüre der *Confutatio* zusammen, dass es eine tiefe Übereinstimmung in den fundamentalen Artikeln des christlichen Glaubens gibt, einschließlich der Artikel über die Trinität.[26] Gleichzeitig machten Lehmann und Pöhlmann darauf aufmerksam, dass trinitarische Theologie in der protestantischen Theologie des 19. und 20. Jahrhunderts eher marginalisiert worden sei. Seit dem Ende des 20. Jahrhunderts würden protestantische Theologen dann jedoch wieder stärker die zentrale Bedeutung der Trinitätslehre für die Reformation betonen. Das ist auch in unserem Zusammenhang von besonderer Wichtigkeit: Je mehr konsensfähige Inhalte in der *Confessio Augustana* erkannt werden, desto größer wird auch die Basis für eine Verständigung.[27]

Die Erbsünde wird in CA 2 als Mangel an Furcht und Vertrauen gegenüber Gott definiert (*sine metu Dei, sine fiducia erga deum*).[28] Das Bekenntnis zum Sohn Gottes in CA 3 entfaltet den verheißenen Inhalt des Evangeliums, der mit dem Glauben als Gewissheit von der Wirklichkeit der Gnade (CA 4) empfangen wird. Notger Slenczka misst CA 7 von der Kirche unter den ersten dreizehn Artikeln eine zentrale Bedeutung zu – zwischen den vorigen sechs Artikeln vom Wort (CA 1–6) und den folgenden sechs Artikeln vom Sakrament (CA 8–13). Wird die CA so gelesen, kann es auch so verstanden werden, dass damit sichergestellt wird, dass auch in den evangelischen Kirchen das Verheißungswort gehört und empfangen werden kann.[29]

Eine solche Darstellung der Hauptgedanken sowohl des *Augsburger Bekenntnisses* als auch der *Gemeinsamen Erklärung* ist in der Hervorhebung der konfessionellen Gemeinsamkeiten sehr nahe an den Positionen, die Luther in den *Schmalkaldischen Artikeln* als unverzichtbar hervorhebt: Sie zeigt die Übereinstimmung in Gotteslehre und Christologie, und ebenso eine Übereinstimmung in dem Artikel, in dem man von nichts weichen oder nachgeben kann, „es fälle

---

25 Karl Lehmann/Horst Georg Pöhlmann, Gott, Jesus Christus – Wiederkunft Christi, in: Meyer/Schütte, Bekenntnis des einen Glaubens, 48–78. S. a. Kasper, Bekenntnis und Bekenntnisgemeinschaft, 28 f., der den Ursprung der lutherischen Bekenntnisbildung in Luthers trinitarischem Bekenntnis von 1528 ganz richtig verortet.
26 Lehmann/Pöhlmann, Gott, 66.
27 Wenn das Gemeinsame groß genug ist, wird es ein degressives Argument zu behaupten, dass eine wechselseitige Anerkennung die notwendige Rahmenbedingung sei, wie Walter Kasper es behauptet. Die wechselseitige Anerkennung droht damit das gemeinsame Bekenntnis zu verdrängen. Vgl. Kasper, Bekenntnis und Bekenntnisgemeinschaft, 46.
28 BSLK, 53, 5–8.
29 Vgl. N. Slenczkas Beitrag in diesem Band.

Himmel und Erden", d.h. „das Ampt und Werk Jesu Christi oder unser Erlösung".[30]

Wenn Melanchthon in seiner *Apologie* zu Artikel 4 zusammenfasst, dass auch die Väter nicht durch das Gesetz gerechtfertigt wurden, sondern *per promissionem et fidem*,[31] dann hebt er die zentrale, kommunikative und bekannte Struktur des Wortes als den Mittelpunkt der Rechtfertigung hervor, und damit den engen Zusammenhang zwischen dem Gewissheit schaffenden Wort und dem vertrauensvollen Glauben. Dass dieser Aspekt im Hinblick auf die Interpretation des Bekenntnisses 1980 nicht die Beachtung bekam, die er verdient hatte, wird nochmals ganz deutlich, wenn wir das Kapitel von Müller und Pfnür lesen: Obwohl sie genau auf diese Passage der *Apologie* Bezug nehmen, indem sie zeigen, wie die Formulierung *justificatio per gratiam* für die Reformatoren nicht treffend genug war, gehen sie auf die *promissio* nicht ein.[32]

Um die Bedeutung des Verheißungswortes für die *Confessio Augustana* in ihrer ganzen Breite und Tiefe zu verstehen, muss man auch den Kontext von Luthers Verheißungstheologie im Horizont des späten Renaissance-Humanismus berücksichtigen. Dieser Rückblick erhellt zugleich den Blick auf die Gegenwart.

3.1 Das *Augsburger Bekenntnis* und die Herausforderungen des späten Renaissance-Humanismus

Wenn wir unsere Gegenwart mit dem Anfang des 16. Jahrhunderts vergleichen, finden wir überraschend viele Gemeinsamkeiten. Nicht nur die revolutionäre Erweiterung der medialen Möglichkeiten verbindet unsere digitale Gegenwart mit der blühenden Publizistik aus den neuen Druckerpressen des 16. Jahrhunderts. Die Beschleunigung der Informationsströme hat damals wie heute einen grundlegenden Skeptizismus befördert. Wie in der Gegenwart fragten sich die Menschen vor fünfhundert Jahren, was als sicheres Wissen gelten kann. Wenn wir den

---

30 BSLK, 415,21–22. Wir haben in dieser Hinsicht einen noch breiteren Zugang als denjenigen, den Wenzel Lohff 1980 bemerken konnte. Vgl. Wenzel Lohff, Die Bedeutung der Augsburgischen Konfession für die Lutherische Kirche und ihr Verhältnis zur römisch-katholischen Kirche, in: Meyer/Schütte, Bekenntnis des einen Glaubens, 20: „Lässt man Luthers Polemik beiseite, so müsste es aufgrund dieses Modells möglich sein, die nachreformatorische Lehrentwicklung auch in der römischen Kirche neu, offen und nüchtern zu prüfen, ob sie als Interpretation, als Ausdruck des in der Rechtfertigung bezeugten Heilsgeschehens begriffen werden kann. Damit würde zumindest ein Zugang eröffnet zu dem, was in römisch-katholischer Lehrüberlieferung als ‚Fülle' des allgemeinen christlichen Glaubens gemeint wird."
31 BSLK, 171,47–49.
32 Müller/Pfnür, Rechtfertigung, 118.

wachsenden Skeptizismus im damaligen Denken in den Blick nehmen, wird klar, dass die Reformation nicht nur als eine Kritik an kirchlichen Missbräuchen zu verstehen ist, sondern auch als eine christliche Antwort auf eine generelle epistemologische Krise.[33]

3.2 Epistemologischer Skeptizismus und das Suchen nach Gewissheit

Die europäische Spät-Renaissance war auf verschiedene Weise durch einen verbreiteten Skeptizismus herausgefordert.[34] Dieser wurde durch nominalistisches Denken, einen wachsenden Handel und vermehrte Kriegsführung befeuert, findet seine Grundlage aber vor allem in einem humanistischen Skeptizismus, dessen Wurzeln in der norditalienischen Renaissance liegen. Diese humanistische Bewegung eine Hauptquelle für Unsicherheit und Skepsis. Humanisten wie Lorenzo Valla nährten in der Tradition des Nominalismus die Zweifel, ob ein sicheres Wissen überhaupt möglich sei. Dabei hatten die italienischen Humanisten zwar nicht die Absicht, Sätze der kirchlichen Lehre in Frage zu stellen, dennoch blieb diese Folge nicht aus.[35] „As historians or using external criticism of texts, humanists could observe how social mores and customs varied across space and time." Das brachte ein generell skeptisches intellektuelles Klima hervor.[36] Obwohl der Humanismus sehr inspirierend für viele Universitäten nördlich der Alpen war, bot er doch keine Antwort auf die Frage nach gesichertem Wissen.[37] Das zeigte sich vor allem in der Diskussion zwischen Luther und Erasmus.

Wenn wir die Prämisse akzeptieren, dass die Entwicklung einer praktischen Skepsis einen generellen epistemologischen Skeptizismus hervorbrachte, dann wird klar, dass die Reformation sich nicht nur gegen falsche Darstellungen des Evangeliums wandte. Die neue Theologie ist somit zugleich als Antwort auf eine philosophische Debatte zu verstehen, in der die Möglichkeit zuverlässigen Wis-

---

33 Auch Victoria Kahn weist auf eine Gemeinsamkeit zwischen Gegenwart und Renaissance hin. Sie sieht aber vor allem die Ähnlichkeiten in dem heutigen Streit zwischen Logikern und Pragmatisten in Richard Rortys Terminologie. Victoria Kahn, Rhetoric, prudence and skepticism in the Renaissance, Ithaca u. a. 1985, 190 f. Die mediale Entwicklung seit 1985 macht die Gemeinsamkeiten noch größer.

34 Vgl. William John Wright, Martin Luther's understanding of God's two kingdoms: a response to the challenge of skepticism, Grand Rapids, Mich. 2010 (Texts and studies in Reformation and post-Reformation thought). Wright baut sein Studium u. a. auf die Arbeit von Victoria Kahn, Rhetoric.

35 Wright, Martin Luther's understanding, 56 f.

36 Wright, Martin Luther's understanding, 60 with reference to Victoria Kahn, Rhetoric, 27.

37 Wright, Martin Luther's understanding, 94.

sens grundlegend bezweifelt wurde.[38] Daraus folgt auch die Möglichkeit, die *Augsburger Konfession* nicht nur aus der Perspektive des internen Konfessionsverhältnisses zu sehen, sondern auch in dem Kontext einer generellen kulturellen Krise, die beide Konfessionen gleichermaßen betraf. Damit wird nochmals hervorgehoben, dass konfessionelle Kontroversen nicht nur in ihrer Bilateralität zu sehen sind, sondern auch in Blick auf eine gemeinsame Herausforderung interpretiert werden können. Diese gemeinsame Aufgabe ist in dieser Hinsicht aber eine doppelte. Sie besteht erstens in der Verkündigung des Evangeliums, für die mit der *Gemeinsamen Erklärung* eine überzeugende Grundlage gefunden wurde. Die zweite Aufgabe besteht darin, für die Welt insgesamt eine gemeinsame, von der Last der Ambivalenz befreiende Antwort auf die Möglichkeit gesicherter Erkenntnis zu formulieren. Beide Perspektiven sind wichtig, um einen vollständigen Blick auf die Verantwortung der Kirchen im Umgang mit der konfessionellen Differenz zu gewinnen.

William Wright sieht die sogenannte Zwei-Reiche-Lehre als Angebot zur Bewältigung der Welt, mit der zugleich eine Antwort auf eine grundlegende epistemologische Anfechtung gegeben wird: mit Luthers Unterscheidung des Gotteswortes mit seiner unzweideutigen Vergewisserung des Wohlwollens Gottes von einer Welt der Zweideutigkeit, in die es hineinspricht. Wenn wir Wrights Verständnis von Luthers „Zwei-Regimenten-Lehre" als eine Antwort auf den epistemologischen Skeptizismus folgen,[39] dann ist diese Lehre eng mit Luthers neuem Verständnis des Wortes Gottes als *promissio* verbunden, das als solches die alleinige Quelle der unzweideutigen Gewissheit ist. Sowohl bei Luther als auch bei Melanchthon finden wir ein Verständnis von der *promissio*, die sowohl das Versprechen einer heilvollen Zukunft ist als auch Gott als den in seiner Verheißung Wohlwollenden und schon gegenwärtig in der sich als zweideutig erfahrbaren Welt Wirkenden bezeugt.[40] In dieser Weise ist die Verheißung Gottes weitgehend identisch mit der Offenbarung der Barmherzigkeit Gottes.

---

38 Wright, Martin Luther's understanding, 95.
39 Diese Antwort auf einen epistemologischen Skeptizismus hängt natürlich auch mit Luthers Versuch zusammen, seine Theologie und Schriftlektüre gegenüber Erasmus' hermeneutischem Skeptizismus zu verteidigen. Zu letzterem vgl. Rochus Leonhardt, Skeptismus und Protestantismus. Der philosophische Ansatz Odo Marquards als Herausforderung an die evangelische Theologie, Tübingen 2003 (HUTh 44), v. a. 145 – 176.
40 Vgl. hierzu Bo Kristian Holm, Luther, Seneca, and benevolence in both creation and government, in: Pekka Kärkkäinen/Olli-Pekka Vainio (Hg.), Apprehending Love: Theological and Philosophical Inquiries, Helsinki 2019 (SLAG 73), 287–312.

3.3 Christliche Theologie und römische Sozialphilosophie

Um den begrifflichen Kontext der *promissio* zu verstehen, ist es auch notwendig, den intellektuellen Kontext der Reformation weiter zu klären. Es ist festzuhalten, dass Luther bei seinem Versuch, Gewissheit sowohl theologisch als auch epistemologisch neu zu begründen, auch damit begann, das theologische Vokabularium zu erneuern. Es ist in den letzten Jahren deutlich geworden, dass die römische Sozialphilosophie, vor allem in der Gestalt von Senecas *De beneficiis* und *De clementia* und Ciceros *De officiis*, eine bisher unterschätze Rolle in der Entwicklung der reformatorischen Theologie gespielt hat. Wie Risto Saarinen zeigen konnte, hat die Sprache des *beneficiums* eine entscheidende Bedeutung für die Entwicklung einer neuen theologischen Terminologie in der Reformation.[41]

Luthers Hervorhebung der Gnade als *favor dei* in seiner *Schrift gegen Latomus*, die Melanchthon sofort in seine *Loci communes* von 1521 übernahm, war von einem Senecanischen Verständnis der Benefizien inspiriert.[42] Die wahre Gabe oder das wahre *beneficium* sind nicht erst mit der Gabe oder Wohltat als solcher identifiziert, sondern mit dem Wohlwollen oder dem *favor*, mit welchem es gegeben wurde. Wenn wir die lutherische Rechtfertigungslehre von dieser Perspektive aus betrachten, wird nicht nur die Rolle der *promissio* innerhalb der lutherischen Theologie deutlicher, sondern auch der Anteil der Gläubigen in der Rechtfertigung, der von katholischen Diskussionspartnern regelmäßig in der Diskussion betont wird. Damit ist die Begrifflichkeit der Rechtfertigung von Anfang an in eine Sprache der Gabe eingeschrieben, in der die gute Gabe sich immer als solche zeigen muss, indem sie den Geber als uneigennützig und wohlwollend offenbart, und der Empfänger die Gabe immer in dem mit der Gabe gegebenen Vertrauen empfangen muss. Auch das könnte dem interkonfessionellen Dialog zu Gute kommen. In dem Moment, in dem zentrale und allzu vertraute theologische *Loci* durch „neutrale" Gabe-Kategorien analysiert werden, wird zugleich die gemeinsame christliche Grundlage und damit auch die christliche Fürsorge „für den gemeine Nutzen" klar erkennbar (vgl. 1 Kor 12,7).[43]

---

41 Risto Saarinen, Gunst und Gabe. Melanchthon, Luther und die existentielle Anwendung von Senecas „Über die Wohltaten", in: Johannes Brosseder/Markus Wriedt (Hg.), Kein Anlass zur Verwerfung. Festschrift für O. H. Pesch, Frankfurt a. M. 2007, 184–197.
42 Diese Inspiration ist nicht notwendigerweise direkt zu erkennen. Das wichtigste ist hier die inhaltlichen Übereinstimmungen mit Seneca, die übrigens ganz verbreitet war in der Spätrenaissance, und deswegen zur gebildeten Hintergrundkultur gehörte. Vgl. hierzu: Holm, Luther.
43 Vgl. hierzu vor allem Risto Saarinen, God and the Gift. An Ecumenical Theology of Giving, Collegeville, Minnesota 2005, und die Arbeiten, die in Zusammenhang des interkonfessionellen DFG-Netzwerkes „Gabe: Beiträge der Theologie zu einem interdisziplinären Forschungsfeld"

Wenn man die lutherische Rechtfertigungslehre aus der Perspektive ihrer sozialen Dimensionen betrachtet, wird der Anteil der Gläubigen, ein – wie schon betont – für die katholische Seite wichtiger Gesichtspunkt, klar erkennbar. Die Funktion des Vertrauens in die Intention des Gebers ist entscheidend für jede Gabe-Relation, wenn eine Form der Anerkennung von dem Geber auf Seiten des Empfängers intendiert ist. Ein Mangel an Vertrauen in das Wohlwollen des Gebers macht jede Gabe ambivalent.[44] Wenn Luther von Anfang an Gott als den absoluten Geber versteht, finden wir auch bei ihm eine Aufmerksamkeit auf die notwendige Ambivalenzüberwindung.[45] So wird bei ihm ein Mangel an Vertrauen in das Wohlwollen des göttlichen Gebers durch das Gefühl des Zornes Gottes charakterisiert und macht es in seinen Augen unmöglich, Gott vom Teufel zu unterscheiden. Wenn an den gebenden Gott mit Vertrauen geglaubt werden soll, ist ein Punkt der Eindeutigkeit notwendig, der den Geber als guten Geber erscheinen lässt und auf den der Glaube sich deswegen stützen kann. So lässt sich das gemeinsame Verständnis des Glaubens im *Lehrverurteilungs*-Studium gabentheologisch wiederholen: Hier wurde die mögliche gegenseitige Verurteilung des jeweiligen Glaubensbegriffes aufgehoben, indem als entscheidender Punkt die Unterscheidung zwischen Heilsgewissheit und Heilssicherheit hervorgehoben wurde. Vertrauen ist „Heilsgewissheit", aber nur wenn es in einem Vertrauen auf etwas Externes verankert ist und nicht im Sinne einer „fleischlichen" Sicherheit verstanden wird.[46]

In ihrem Versuch zur Überwindung der epistemologischen Krise des Renaissance-Humanismus nahmen die Reformatoren Aspekte sozialphilosophischer Diskurse auf und brachten sie in die Behandlung von Glaube, Gnade und

---

herauskam: Veronika Hoffmann (Hg.), Die Gabe. Ein „Urwort" der Theologie?, Frankfurt a.M 2009; Veronika Hoffmann/Ulrike Link-Wieczorek/Christof Mandry (Hg.), Die Gabe: Zum Stand der interdisziplinären Diskussion, Freiburg i.B. 2016 (Scientia et religio 14); Veronika Hoffmann, Skizzen zu einer Theologie der Gabe. Rechtfertigung – Opfer – Eucharistie – Gottes- und Nächstenliebe, Freiburg i.B. 2013. Die ökumenischen Möglichkeiten dieser Perspektive sind noch nicht ausgeschöpft, nicht zuletzt zum Thema Aktivität und Passivität und zum Thema Abendmahlslehre bestehen noch Desiderate. Vgl. hierzu vor allem die Diskussionen in Hoffmann, Skizzen zu einer Theologie der Gabe.

44 Vgl. hierzu Bo Kristian Holm, Justification and Reciprocity. „Purified Gift-Exchange" in Luther and Milbank, in: Bo Kristian Holm/Peter Widmann (Hg.), Word – Gift – Being, Tübingen 2009 (RPT 37), 87–116.

45 Zur Ambivalenzüberwindung bei Luther s. Bo Kristian Holm, Gabe und Geben bei Luther. Das Verhältnis zwischen Reziprozität und reformatorischer Rechtfertigungslehre, Berlin/New York 2006 (TBT 134), 48–69.

46 Lehmann/Pannenberg/Schneider, Lehrverurteilungen, 62. Vgl. hierzu auch Veronika Hoffmanns Versuch die Rechtfertigungslehre als gegenseitige Anerkennung unter dem Stichwort „Befreiung zur Wechselseitigkeit" darzustellen: Hofmann, Skizzen, 326–346.

Rechtfertigung ein. Konkret war dies der Fokus auf wohlwollendes Geben und damit gebendes Wohlwollen. In diesem Adaptionsprozess fügten die Reformatoren einen äußerst unstoischen Aspekt hinzu, indem sie den starken Zusammenhang zwischen Materialität, also der „Gabe", und Intentionalität, dem *favor*, betonten. Das wird deutlich, wenn Luther Christus selbst als die Gabe Gottes verstand.[47]

Weil ein Mangel an Vertrauen sowohl menschliches als auch göttliches Geben ambivalent macht, können göttliche Wohltaten nicht nur von der *benevola actio* abhängig sein, sondern auch vom Glauben des Empfängers. In Luthers Hervorhebung der Inkarnation und des göttlichen Selbst-Gebens wird die enge Relation zwischen „Materialität", also dem, was gegeben wird, und Intentionalität, in der der Geber als ein wirklicher Geber und nicht als ein Manipulator erscheint, entscheidend. Die Hervorhebung der Intention des Gebers unterstreicht das starke Beharren auf einer notwendigen Externalität der Heilsmittel, Wort und Sakrament. Beide werden als *promissio* verstanden und deswegen als unzweideutige Qualifizierung des Gegebenen. Von Melanchthon wird in seinen ersten Loci der rechtfertigende Glaube als *non aliud nisi fiducia misericordia divinae promissae in Christo* erklärt.[48] Wenige Seiten später setzt er fort „[...] zweifle nicht im Vertrauen darauf, dass du nun keinen Richter mehr im Himmel hast, sondern einen Vater hast, der dich umsorgt, nicht anders als sich unter Menschen die Eltern um die Kinder sorgen".[49]

Melanchthon hat dieses Verständnis vom Glauben vor allem von Luther und aus Hebr. 11,1 gelernt.[50] Dieses Zentralelement reformatorischer Theologie wird nun dazu benutzt, die Rechtfertigungslehre mit Blick auf die Schöpfung zu öffnen:

> Wer so Kraft des Geistes die Schöpfung der Dinge beurteilt, der nimmt auch die Macht Gottes, des Urhebers solcher großen Dinge wie seiner Güte wahr. Wenn er fühlt, dass er alles gleichwie aus den Händen des Schöpfers empfängt, das Leben, die Nahrung und das Kind.

---

47 Wie z. B. im gedruckten Galaterkommentar von 1519: „‚Gegeben' hat er jedoch nicht Gold und nicht Silber, aber auch nicht einen Menschen, und nicht alle Engel, nein *sich* selbst. Größeres als das gibt es nicht und hat er nicht." WA 2, 458,3 – 5. Übersetzung nach Martin Luther, Kommentar zum Galaterbrief 1519, übers. v. Immanuel Mann, Gütersloh 1990 (Calwer Luther-Ausgabe 10). Hervorhebung im Original gesperrt. Vgl. hierzu Bo Kristian Holm, Gabe und Geben, 74 – 77.
48 Philipp Melanchthon, Loci Communes 1521. Lateinisch – Deutsch. Übersetzt von Horst Georg Pöhlmann, hg.v. Lutherisches Kirchenamt der VELKD, Gütersloh ²1997, 6,22.
49 Melanchthon, Loci Communes 1521, 6,27. Zu diesem und dem Folgenden, s. Holm, Luther.
50 S. z. B. Instructio pro confessione peccatorum, 1518, WA 1,258, 4; Von den guten Werken, 1520, WA 6,209, 25 – 27.

> Und das [alles] überlässt er dem Schöpfer, damit er es lenkt, regiert, verwaltet und, was er
> will, nach seiner Güte schenkt.[51]

Die Identität von dem verheißenden Gott mit dem Bild vom barmherzigen Vater im Himmel, der sich zugleich in Kreuz und Auferstehung Christi offenbart, führt zu einem grundlegenden Perspektivwechsel: Sie ändert nicht nur das Verständnis von Gott, sondern auch von der Welt – und eben in dieser Reihenfolge. Die Reformatoren betonen damit zugleich die gegen den Manichäismus formulierte altkirchliche Auffassung, dass auch die zweideutige Welt Gottes gute Schöpfung sei. Mit dieser Betonung von der Präsenz Gottes in den Strukturen des menschlichen Lebens, mit der auch die Güte in einer gefallenen Welt ihren Platz findet, wurde der Gesellschaft gleichzeitig eine allgemeine Idee von Fürsorge für das gemeinsame Gute gegeben. Die Verantwortung der Obrigkeit wurde nach den Pflichten des fürsorglichen Vaters modelliert. Auch hier scheint die *Confessio Augustana* ein gemeinsames Anliegen beider Konfessionen zu betonen, was u. a. die Studie von George W. Forell und James F. McCue bestätigt.

3.4 Die *Confessio Augustana* in der Mitte des irdischen Lebens

In dem kurzen, abschließenden Beitrag von George W. Forell und James F. McCue über weltliches Regiment und Beruf in der *Confessio Augustana* in dem Sammelband von Meyer/Schütte beginnen die Autoren mit der Beobachtung, dass diese Abschnitte „anderer Art als alle übrigen in diesem Kommentar" sind. Unter den Gegnern der CA in Augsburg habe es hier keinen Widerspruch gegeben. CA 16 über weltliches Regiment wurde „von den Verfassern der *Confutatio* ‚billich angenommen' (libenter acceptatur),"[52] was auch Melanchthon explizit bemerkte.[53] Es scheint zwei gute Gründe zu geben, auf diesen „geringeren" Artikel zu fokussieren und ihn mit dem epistemologischen Hintergrund, wie er hier bereits im Zusammenhang mit der Spät-Renaissance ausgeführt wurde, zusammenzubringen.

Der erste Grund liegt darin, dass dieser Artikel zunächst das Verständnis für die Gemeinsamkeiten der Gegner der CA in Augsburg eröffnet. In einem weiteren Schritt werden dann auch die Herausforderungen für eine Verständigung zwi-

---

51 Melanchthon, Loci communes 1521, 6,64.
52 George W. Forell/James F. McCue, Weltliches Regiment und Beruf in der Confessio Augustana, in: Meyer/Schütte, Bekenntnis des einen Glaubens, 319 – 337 (319).
53 Forell/McCue, Weltliches Regiment, 319; Vgl. Apol 16,1: *sine ulla exeptione* (BSLK, 307,34).

schen Gegnern und Befürwortern der CA identifizierbar. Der Ausgangspunkt der Überlegungen ist, dass die christliche Pflicht gegenüber der gemeinsamen Welt gemäß CA 16 durch ein klar anti-machiavellistisches Verständnis weltlicher Autorität geprägt ist. Hier finden wir antike römische Ideale von wohlwollender Obrigkeit, die durch biblische Familie-Metaphern und Gottesvorstellungen gestärkt und mit dem Aufruf zum verantwortlichen Handeln in der Welt gekoppelt werden.[54]

4 Monastische Theologie und weltliche Verantwortung

4.1 Fröhlicher Wechsel und Ehe-Metapher

Forscher wie Volker Leppin und Berndt Hamm haben unser Verständnis der Wurzeln von Luthers Theologie in der spätmittelalterlich-monastischen Tradition vertieft.[55] Es wird dadurch deutlich, wie die Reformation zwei bedeutende Linien in der abendländischen Theologie zusammenführte: die monastische und die humanistische Tradition mit ihrer Weiterführung spätantiker sozialphilosophischer Ideale. Diese zwei Traditionen wurden konstruktiv miteinander verbunden, um eine neue theologische Sprache für den Inhalt des christlichen Glaubens zu entwickeln.

Ich möchte diesen Punkt nur insoweit elaborieren, dass ich zeigen kann, wie die Reformation auch im Hinblick auf ihre Position zur weltlichen Verantwortung des Christenmenschen als eine Fortsetzung dessen gesehen werden kann, was Luther im Kloster gelernt hat. In dieser Perspektive wird diese konstruktive Bearbeitung monastischer Theologie entscheidend für das Verständnis des Menschen sowohl in seinem Verhältnis zu Gott als auch zur Welt.

Von seinem Beichtvater, Johannes von Staupitz, hat Luther das seelsorgerliche Ziel der Theologie gelernt, das später das gemeinsame Herz der Wittenberger Theologie werden sollte. Wahre Lehre und wahre Seelsorge wurden eins.[56] Im

---

54 Vgl. Holm, Luther.
55 S. Volker Leppin, Die fremde Reformation: Luthers mystische Wurzeln, München 2017.
56 Leppin, Die fremde Reformation, 14, 34 – 54. Für Melanchthons seelsorgerliche Theologie s. z. B. Timothy J. Wengert, Philip Melanchthon's Annotationes in Johannem in Relation to its Predecessors and Contemporaries, Genf 1987 (Travaux d'Humanisme et Renaissance 220), 154: „The consequences [of stressing certitude] for Melanchton's exegesis are clear. He interprets the promises of Jesus in John's Gospel by investigating their effect on the uncertain conscience of a

Kloster lehrte Staupitz Luther, sein Heil in dem Gekreuzigten zu sehen. Als Luther die *promissio* bei der Betrachtung des Kreuzes zu begreifen begann, fand er zugleich das Zentrum seines theologischen Denkens. Er bezog sich fortan wie sein Lehrer Staupitz auf die *communicatio idiomatum*-Figur,[57] die auch in der Antiphon zur Vesper und zur Laudes am Weihnachtsoktav in der römischen Liturgie präsent war.[58] Während nun allerdings der Kirchenvater Augustin mit dieser Figur allein die Betrachtung von Kreuz und Auferstehung verband, liegt in der Antiphon der Schwerpunkt auf der Inkarnation als entscheidendem Akt der Versöhnung. Dieser Punkt gibt der *communicatio idiomatum* die Funktion als „Achse und Motor" in Luthers gereifter Theologie.[59] In dem fröhlichen Wechsel werden Gerechtigkeit und Sünde in einer soteriologischen Parallele zur christologischen Kommunikation der Eigenschaften getauscht. In Luthers Gebrauch kommt der Sprache der Liturgie und Frömmigkeit eine Zentralstelle in der Theologie zu, das gilt vor allem für das Ehe-Bild.

Mit Hilfe der Ehe-Metapher wird der Aspekt der göttlichen Selbsthingabe ein Kardinalpunkt in der Theologie Luthers. Der inkarnierte Christus sowie seine Gegenwart in Brot und Wein werden zum Ausdruck dieser Selbsthingabe, die das göttliche Wohlwollen den sündigen Menschen offenbart. Gleichzeitig wird eben dieses promissionale Selbstgeben die Möglichkeitsbedingung für das menschliche Empfangen dieser Gabe in der Form eines „Zurück-Gebens" im Glauben.[60] Das Verständnis von Glauben als *fiducia* lässt ein spezifisches Verständnis vom

---

believer beset by ‚Anfechtungen'. In order for the Word to provide certitude, the promise itself must be clear and simple."

57 S. David C. Steinmetz, Luther and Staupitz. An essay in the intellectual origins of the Protestant Reformation, Durham, N.C. 1980 (Duke monographs in medieval and Renaissance studies 4), 24 f., 29, 139.

58 *O admirabile commercium!*
Creator generis humani,
animatum corpus sumens,
de Virgine nasci dignatus est:
et procedens homo sine semine,
largitus est nobis suam Deitatem.

59 S. hierzu Johann Anselm Steiger, Die communicatio idiomatum as Achse und Motor der Theologie Luthers. Der „fröhliche Wechsel" als hermeneutischer Schlüssel zu Abendmahlslehre, Anthropologie, Seelsorge, Naturtheologie, Rhetorik und Humor, in: Neue Zeitschrift für systematische Theologie und Religionsphilosophie 38 (1996).

60 Vgl. die einsichtsvolle Studie von Wolfgang Simon, Die Messopfertheologie Martin Luthers. Voraussetzungen, Genese, Gestalt und Rezeption, Tübingen 2003 (Spätmittelalter und Reformation. Neue Reihe 22).

menschlichen Selbstgeben zu, in dem Vertrauen eine Antwort des ganzen Selbst ist.[61]

Das wechselseitige Selbst-Geben, für welches die Ehe eine Metapher wird, hebt die Relation zwischen der wohlwollenden Intention des göttlichen Gebers und dem Vertrauen des menschlichen Empfängers hervor. Die Bewegung des wechselseitigen Selbst-Gebens ist aus zwei Gründen wichtig. Es wird erstens ein Verständnis menschlicher Passivität im Empfang göttlicher Gnade ermöglicht, das zugleich mit dem Gedanken menschlicher Teilnahme im Ereignis der Rechtfertigung verbunden werden kann, worauf katholische Theologen immer wieder insistieren. Zweitens wird dadurch unser Verständnis der gemeinsamen Verantwortung für das Gute vertieft. Diesem Punkt gilt der folgende Abschnitt, in dem unsere gegenwärtige Verantwortung für die Welt behandelt wird.

4.2 *Bonum commune* – politische Wechselseitigkeit im Hohelied

Luthers Gebrauch des Ehebildes hebt die Symmetrie in der Gott-Mensch-Relation überraschend hervor.[62] Der Bräutigam gibt sich selbst, und ebenso tut es die Braut. Um den nötigen Unterschied zwischen Gott und Mensch zu sichern, wird bei Luther die Verwendung des Ehebildes mit der Geschichte des Hosea, der eine unwürdige Partnerin zur Frau genommen hatte, kombiniert. In dem wechselseitigen Selbstgeben, das die Rechtfertigung veranlasst, wird der unwürdigen Braut, die nichts zu geben hat, eine neue Würdigkeit und ein neuer Status gegeben, indem sie im Modus des glaubenden Vertrauens sich selbst gibt. Für eine ökumenische Verwendung von Begriffen wie Gabe und Anerkennung ist es wichtig zu wissen, dass Luther dieses Modell der Rechtfertigung in der Lehre von der christlichen Liebe wiederverwendet.

Wie Christus dem Sünder einen neuen Status gibt, ist es beispiels- und bemerkenswerter Weise die Pflicht des Christen in der Ausübung der guten Werke, immer alles, was sein Nächster sagt, in der besten Weise zu deuten (als Auslegung des achten Gebotes), und immer die Lebensbedingungen des Nächsten zu verbessern (als Auslegung des siebten Gebotes).

Dies wird ganz deutlich, wenn wir eine von Luthers politischen Schriften in die Betrachtung einbeziehen. Im Jahr des Augsburger Reichtages hält Luther eine

---

61 Bo Kristian Holm, Positive Ökonomie als Promissio, in: Hoffmann/Link-Wieczorek/Mandry, Die Gabe, 141–162.
62 Vgl. z. B. Martin Luther, De libertate christiana (1520), StA 2,274,37–275,38.

fast vergessene Vorlesung über das Hohelied.[63] In seinem Buch *Über Liebe und Herrschaft* hat Hans-Martin Gutmann gezeigt, wie Luther in seiner Auslegung das Hohelied vielleicht überraschend für viele als ein politisches Traktat – und nicht anders – liest. Demnach sollte sich die Obrigkeit von Relationen der wechselseitigen Verpflichtungen und im Dienst für das Gemeinwohl auszeichnen.[64]

In Luthers sozialen Vorstellungen des Politischen arbeiten alle Teile der Gesellschaft auf ihrer jeweiligen Ebene für den gemeinen Nutzen zusammen. Luther wendet die mystische Vereinigung der monastischen Theologie zu einer starken sozialen Vorstellung von dem Staat als einem Ganzen, das eng verbunden ist mit der Gegenwart des Schöpfers in seiner Schöpfung, und in dieser Weise ein Grundelement trinitarischen Denkens hervorhebt.

5 „Zum gemeinen Nutzen" – Vertrauen, Politik und gegenseitige christliche Anerkennung

Forell und McCue enden ihren Beitrag über weltliches Regiment und Beruf mit einem Hinweis auf die mögliche Orientierungshilfe, die die *Confessio Augustana* den heutigen Kirchen leisten könnte:

> In der CA sehen wir nicht so sehr fertige Antworten auf unsere Fragen als vielmehr wichtige und wertvolle Orientierungspunkte, die, wenn man sie sorgsam beachtet, sich für Lutheraner und Katholiken hilfreich erweisen könnten in ihrem Bemühen, einen Weg zu finden in einer grundlegend gewandelten politischen Welt.[65]

Gewiss hat sich die Welt seit dem *Augsburger Bekenntnis* geändert. Es gibt aber heute einen dringenden Bedarf für politische und gesellschaftliche Visionen von Vertrauen, Gemeinsamkeit und Einheit zu Gunsten des Gemeinwohls. Wenn Kirchen die Wahrheit in einer Welt voll Falschheit und Misstrauen sagen wollen, sollten sie ernsthaft überlegen jede Möglichkeit zu nutzen, Gemeinsamkeiten zu betonen. Die *Confessio Augustana* bietet dazu eine Möglichkeit, im Vertrauen darauf, dass auch der Andere auf dem Boden der gemeinsamen Verheißung nichts

---

63 Martin Luther, Vorlesung über das Hohelied, 1530/31, WA 31 II, 586–769.
64 Hans-Martin Gutmann, Über Liebe und Herrschaft: Luthers Verständnis von Intimität und Autorität im Kontext des Zivilisationsprozesses, Göttingen 1991 (Göttinger theologische Arbeiten 47), 234. S. auch Bo Kristian Holm, Dynamic Tensions in the Social Imaginaries of the Lutheran Reformation, in: Bo Kristian Holm/Nina Javette Koefoed (Hg.), Lutheran Theology and the Shaping of Society. The Danish Monarchy as Example, Göttingen 2018.
65 Forell/McCue, Weltliches Regiment, 332.

Anderes in dieser Welt sucht als das Gemeinwohl. Dann ist die Frage der katholischen Anerkennung des *Augsburger Bekenntnisses* auch nicht in erster Linie von bestimmten wechselseitigen Anerkennungsschritten abhängig.[66] Es zählt vielmehr, ob christliche Kirchen in einer brüchigen und von Skeptizismus belasteten Welt zeigen wollen, wie gegenseitige Anerkennung Konflikte heilen und Vertrauen schaffen kann. Das könnte eine dringende Aufgabe sein: der Welt zeigen, dass die christlichen Kirchen eine gemeinsame Basis in einem eindeutigen göttlichen Versprechen haben, von dem das Augsburger Bekenntnis Zeugnis gibt, und somit auch eine gemeinsame Vision eines Lebens im Dienst des Gemeinwohls.

---

66 S. z. B. die sonst perspektivreichen Überlegungen zum Begriff wechselseitiger exogener Rezeption, die auch den Rezipienten selbst verändert, in: Ulrich Kühn, Die Frage einer katholischen Anerkennung der Confessios Augustana als Problem ökumenischer Rezeption, in: Hoffmann/ Kühn, Die Confessio Augustana im ökumenischen Gespräch, 21–25.

Johanna Rahner

„… ein Gewalt und Befehlich Gottes das Evangelium zu predigen" – Zur episkopalen Verfassung der Kirche

1 Zwei kurze, aber notwendige (hermeneutische) Vorbemerkungen

Ad 1: Die Ausführungen zum Bischofsamt CA 28 stehen im zweiten Teil der CA; also jenem Teil, in dem Melanchthon die *traditiones humanae seu ritus aut ceremoniae ab hominibus institutae* zusammenfasst, die zum einen als legitime Differenzen in Gestalt und Gestaltung von Kirche, zum anderen aber angesichts eines in der ‚Papstkirche' sichtbar gewordenen *abusus* als – aus der Perspektive der Reformatoren – notwendig zu verändernde strukturelle Desiderate bezeichnet werden:

> So nun von den Artikeln des Glaubens in unseren Kirchen nicht gelehrt wird gegen die heilige Schrift oder allgemeine christliche Kirchen, sondern allein etliche Mißbräuche geändert sind, welche zum Teil mit der Zeit selbst eingerissen, zum Teil mit Gewalt aufgerichtet sind, erfordert es unsere Not, diese zu benennen und die Ursache anzuzeigen, warum hierin Änderungen geduldet sind, damit Kaiserliche Majestät erkennen mögen, daß wir hierin nicht unchristlich oder freventlich gehandelt haben, sondern daß wir durch Gottes Gebot, welches billig höher zu achten als alle Gewohnheit, gedrungen sind, um solche Änderung zu gestatten[1].

Bewusst hatte sich Melanchthon im ersten Teil der CA jener Methodik der Religionsgespräche, Disputationen und verschiedenster, auch innerevangelischer Verhandlungsgespräche bedient, durch die er sehr wohl zwischen Formulierungen und eigentlichem Gehalt einer Sache zu unterscheiden verstand und zugleich der Tradition der anderen zunächst die Möglichkeit eines Wahrheitsgehaltes zusprach und nicht von vornherein jede andere theologische Bewertung strikt ablehnte. So dürfte sein berühmtes Diktum, dass man sich hinsichtlich des Verständnisses der Rechtfertigungslehre im letzten eigentlich einig sei, nicht als politischer Schachzug, sondern als eigene innere Überzeugung betrachtet werden können. Von diesen Dingen, in denen der *magnus consensus* (im Sinne des Nachweises der ‚Rechtgläubigkeit', aber auch als Plädoyer für das Gemeinsame)

---

[1] CA, Vorwort zum II. Teil.

wichtig und auch feststellbar ist, unterscheidet nun Melanchthon die Themen des II. Teils der CA. Dabei erweist sich dieser im *magnus consensus* formulierte gemeinsame Glaubensgehalt als für die kontroversen Themenfelder nun kritisch anzuwendende Größe. Freilich ist Melanchthon dabei bewusst, dass die ursprüngliche Mitte der theologischen Differenzen sich schon längst auf andere Streitfelder verlagert hat und erst mit diesen die eigentlichen Probleme anfangen. Wenngleich er noch in der Apologie zur CA schreibt: „Nu hab ich diesmal auch noch aufs gelindest geschrieben" und ausdrücklich betont: „Wir haben wahrlich nicht Lust oder Freude an Uneinigkeit; auch sind wir nicht so stock- oder steinhart, dass wir unser Fahr [Gefahr] nicht bedenken"[2], so drängt sich nicht erst im Umfeld des Augsburger Reichtags die Notwendigkeit einer Grenzziehung um der Sache willen deutlich in den Vordergrund: „[...] Aber wir wissen die öffentlichen, göttlichen Wahrheit, ohne welche die Kirche Christi nicht kann sein oder bleiben, und das ewige heilige Wort des Evangelii nicht zu verleugnen oder zu verwerfen"[3]. In den unterschiedlichen Wortmeldungen nehmen die Topoi der schärferen Abgrenzung zu; die Liste der unverglichenen theologischen Themen wird länger; sie sind hier bereits auf dem Weg, zu Unterscheidungskriterien zu werden. Und eines der nun relevant werdenden Differenzkriterien ist – spätestens mit der verbindlichen Regelung der Wittenberger Ordinationen 1535 dann explizit – das Bischofsamt bzw. die bischöfliche Verfassung der Kirche.

Ad 2: An dieser Stelle sei nun sogleich eine zweite Vorbemerkung im Sinne eines ausdrücklichen *Caveat* formuliert: Aus heutiger Perspektive haben die kontroversen theologischen Streitpunkte, die die CA 28 bezüglich des Bischofsamtes ausdrücklich benennt, eigentlich nichts bzw. nur indirekt mit den heute im ökumenischen Diskurs relevanten Fragen nach der episkopalen Verfassung der Kirche zu tun. Denn an vielem, was in CA 28 – über die ausdrückliche, konsensuale Anerkennung des traditionellen Bischofsamts und der Erklärung, dass die episkopale Ordination wünschenswert, wenngleich die presbyterale Ordination im Ausnahmefall legitim sei, hinaus[4] – ausdrücklich als Streitpunkte benannt wird, scheint die Zeit vorüber gegangen: Sei dies das Bischofsamt, das als ein rein geistliches Amt zu verstehen sei (eben: „[...] ein Gewalt und Befehlich Gottes das Evangelium zu predigen [...]"), und es daher nun gelte, sich von der unzulässigen Vermischung von geistlicher und weltlicher Macht zu verabschieden; sei es die letztlich *iure humano* begründete, aber auch akzeptierte jurisdiktionelle Voll-

---

2 ApolCA, BSLK, 143, 49–57.

3 ApolCA, BSLK, 143, 49–57.

4 Vgl. dazu u. a. Gunter Wenz, Das kirchliche Amt in apostolischer Nachfolge. Historische Reminiszenzen und systematische Perspektiven, in: Catholica 68 (2014), 126–150, 146. Näheres dazu s. u. 2.

macht, d. h. dass dort, wo Bischöfe rechtliche Vollmacht bezüglich bestimmter Ordnungen, Satzungen, Gebote, Zermonien etc. beanspruchen, sie dies nach menschlichem Recht um der Ordnung und des Friedens willen tun und ihnen dafür in legitimer Weise Gehorsam gebührt.[5] Dass Bischöfe als geistliche Amtsträger zugleich über weltliche (Voll-)Macht verfügen, wird man heute als vielleicht theologisch erstaunliche, indes aus den Konflikten des 11. und 12. Jh. und der

---

5 „Nun lehren die Unseren, daß die Gewalt der Schlüssel oder der Bischöfe gemäß dem Evangelium sei eine Gewalt und Befehl Gottes, das Evangelium zu predigen, die Sünde zu vergeben und zu behalten, und die Sacrament zu reichen und zu handeln. [...] Darum soll man die zwei Regimente, das geistliche und das weltliche, nicht ineinander mengen und werfen. Denn die geistliche Gewalt hat ihren Befehl, das Evangelium zu predigen und die Sakramente zu reichen, sie soll auch nicht in ein fremdes Amt fallen, soll nicht Könige einsetzen und absetzen, soll das weltliche Gesetz und den Gehorsam gegenüber der Oberkeit nicht aufheben und zerrütten, soll weltlicher Gewalt nicht Gesetze vorschreiben darüber, wie das öffentliche Leben zu regeln sei [...]. Dieser Gestalt unterscheiden die Unseren beide Regimente und Gewalt-Ämter, und heißen sie beide als die höchsten Gaben Gottes auf Erden in Ehren halten. Wo aber die Bischofe weltliches Regiment und Schwert haben, so haben sie dieselben nicht als Bischöfe aus göttlichem Recht, sondern aus menschlichen kaiserlichen Rechten, geschenkt von römischen Kaisern und Königen zu weltlicher Verwaltung ihrer Güter, und geht das Amt des Evangeliums gar nichts an. Dieweil nun die Gewalt der Kirchen oder Bischöfe ewige Güter gibt und allein durch das Predigtamt geübt und getrieben wird, so hindert sie die Polizei und das weltliche Regiment nicht. Denn das weltliche Regiment gehet mit ganz anderen Sachen um als das Evangelium, weltliche Gewalt schützt nicht die Seele, sondern Leib und Gut gegen äußerliche Gewalt mit dem Schwert und leiblichen Strafen [...]". An der positiven Bestimmung des Amtes kann es keine Differenz geben: „Deshalb ist das bischöfliche Amt nach göttlichem Recht, das Evangelium zu predigen, Sünde zu vergeben, Lehre zu urteilen, und die Lehre, die dem Evangelium entgegen steht, zu verwerfen, und die Gottlosen, deren gottloses Wesen offenbar ist, aus der christlichen Gemeinde auszuschließen, ohne menschliche Gewalt, sondern allein durch Gottes Wort. Und diesfalls sind es die Pfarrer und Kirchen schuldig, den Bischöfen gehorsam zu sein [...]. Daß aber die Bischöfe sonst Gewalt und Gerichtszwang haben in etlichen Sachen, als nämlich Ehesachen oder Zehnten, dieselben haben sie kraft menschlicher Rechte. Wo aber die Ordinarien nachlässig in solchem Amt sind, sind die Fürsten schuldig, sie mögen es auch gern oder ungern tun, hierin ihren Untertanen um Friedens willen Recht zu sprechen, zu Verhütung von Unfrieden und großer Unruhe in den Ländern [...]. Dazu geben die Unseren die Antwort, daß die Bischofe oder Pfarrherren Ordnungen machen mögen, damit es in der Kirche ordentlich zugehe, nicht, um damit Gottes Gnade zu erlangen, auch nicht, um damit für die Sünde genugzutun oder die Gewissen damit zu binden, solches für einen notwendigen Gottesdienst zu halten und zu meinen, daß sie Sünde täten, wenn sie dieselben ohne Ärgernis brechen [...]. Sankt Peter verbietet den Bischöfen die Herrschaft, als hätten sie Gewalt, die Kirchen zu zwingen, wozu sie wollten. Jetzt geht man nicht damit um, wie man den Bischöfen ihre Gewalt nehme, sondern man bittet und begehrt, sie wollten die Gewissen nicht zu Sünden zwingen. Wenn sie aber solches nicht tun werden und diese Bitte verachten, so mögen sie gedenken, wie sie deshalb Gott werden Antwort geben müssen, dieweil sie mit solcher ihrer Hartnäckigkeit Ursache geben zu Spaltung und Schisma, das sie doch billig sollen verhüten helfen" (CA 28).

daraus erwachsenden Sondersituation im Römischen Reich deutscher Nation (‚Ottonisches Reichskirchensystem'[6]) erklärbare Ausnahme bezeichnen dürfen.[7] Dass diese Problematik indes in der CA 28 so ausführlich und kritisch zu Wort kommt, ist – neben dem konkreten Erfahrungsbezug – einer durchaus interessensgeleiteten, und daher seit dem 15. Jh. verstärkt eingesetzten, „anti-bischöflichen Negativpropaganda" geschuldet, „die den Episkopat am Modell und der Norm des Hirten und Seelsorgers maß und ihm dann Desinteresse und Negligenz vorwarf; die Bischöfe lebten danach verweltlicht und kümmerten sich nicht um die kanonische Lebensform ihres Klerus. Dieses eingängige Bild, aus einer machtbewussten Interessenspolitik erwachsen, ist ungemein einflussreich geworden"[8]. Indes ist klar: Diese Vorwürfe, die der zeitgenössischen Verwechselbarkeit von geistlicher und weltlicher Macht und der sich daraus ergebenden Folgen für die bischöfliche Amtsführung entspringen, sind heute ohne weitere theologische Bedeutung und vor allem, in Folge der Säkularisation, ohne strukturelle, ekklesiologische Relevanz, stellen also eigentlich eine Art historischer Petitesse dar. Und so kann man die Frage, ob ein Großteil der Ausführungen der CA zum Bischofsamt überhaupt noch zu den heute ökumenisch zu diskutierenden Problemfeldern gehört, zunächst mit einem schlichten ‚Nein!' beantworten.[9] Die heutige Frage nach der bischöflichen Verfassung der Kirche hat mit den Diskussionen der Reformationszeit, wie sie sich in weiten Teilen der Ausführungen in CA 28 widerspiegeln, also recht wenig zu tun. Hier trifft die konziliante Äußerung Melanchthons durchaus den theologischen Kernbestand: „Und wenn es keine Bischöfe gäbe, müsste man sie dennoch erfinden!"[10]

---

6 Vgl. dazu Egon J. Greipl, Zur weltlichen Herrschaft der Fürstbischöfe in der Zeit vom Westfälischen Frieden bis zur Säkularisation, in: RQ 83 (1988), 252–264.
7 Klaus Unterburger kennzeichnet die zentralen Elemente des ‚vormodernen Bischofsamtes' zutreffend: „adelige Herkunft, Verflechtung mit dem Reich und den lokalen Machthabern, Doppelfunktion eines innerkirchlichen Jurisdiktionsträgers und eines weltlichen Machthabers", die „Juristen und Experten in der Regierungs- und Verwaltungspraxis, nicht aber Theologen" verlangten (Vgl. Klaus Unterburger, Die bischöfliche Vollmacht im Mittelalter und in der Neuzeit, in: S. Demel/K. Lüdicke (Hg.), Zwischen Vollmacht und Ohnmacht. Die Hirtengewalt des Diözesanbischofs und ihre Grenzen, Freiburg i.B. 2015, 65–89, 74).
8 Unterburger, Vollmacht, 78.
9 Die inhaltlich im zweiten Teil von CA 28 dominierenden Aussagen zu bischöflichen Vorschriften, Gehorsam und Gewissensbindung zielen im Kern auf das grundlegendere Thema vom Verhältnis von kirchlicher Autorität/Verbindlichkeit und individueller (Gewissens-)Freiheit, nicht aber auf das strukturelle Thema der bischöflichen Verfassung und werden daher im Weiteren nicht in den Blick genommen.
10 Philipp Melanchthon, Consilium de moderandis controversiis religionis (Corpus Reformatorum II, hg.v. K. G. Bretschneider, Halle 1835, 745 f., 1535).

Die eigentliche ekklesiologische und damit ökumenische Brisanz des Themas setzt vielmehr an einer ganz anderen Stelle an. Sie macht sich formal an der in CA 28 vorausgesetzten, prinzipiellen theologischen Gleichsetzung von Pfarramt und Bischofsamt fest, die sich ihrerseits auf die auf Hieronymus zurückreichende theologische Tradition berufen kann und auch von der mittelalterlichen Kanonistik insoweit geteilt wurde, als das diese das Bischofsamt nur anhand seiner (zusätzlichen) juridischen Vollmachten vom Pfarramt unterscheidet. Bei näherem Hinsehen umfasst diese Gleichsetzung aber auch die historisch aus der veränderten theologischen Deutung heraus erwachsenden strukturellen wie organisatorischen Differenzen. Freilich kommt an dieser Stelle eine grundlegende Prinzipienverschiebung der katholischen Ekklesiologie selbst zum Zuge, die ihrerseits das Thema einer neuen (auch ökumenischen) Brisanz zuführt.

2 Wann ist eine Veränderung der Amtsstruktur legitim und was bedeutet eigentlich ,episkopale Verfassung' der Kirche?

Einen ersten Hinweis auf die zentrale Problematik gibt das 2008 veröffentlichte Studiendokument *Die Apostolizität der Kirche* der Lutherisch/Römisch-katholischen Kommission für die Einheit. Dort ist in der Nr. 290 zu lesen:

> In beinahe zweitausend Jahren der Geschichte der Kirche hat es – entsprechend den sehr unterschiedlichen Kontexten – vielfältige Wandlungen der Gestalt des Bischofs- und Priesteramtes gegeben; sie geben zu einer Unterscheidung zwischen einer Grundstruktur oder auch einer elementaren Aufgabe dieses Amtes und den Gestalten ihrer Ausübung Anlass. Auch sind die unterschiedlichen Auslegungen des Amtes in theologischer und kirchlicher Lehre diesem keineswegs äußerlich, sondern betreffen seine gelebte Wirklichkeit. Die katholische Theologie betont, dass sich in diesem Gestaltwandel die Grundstruktur des Amtes durchgehalten hat. Da aber der geschichtliche Gestaltwandel nicht als Widerspruch zur Grundstruktur des dreigegliederten Amtes beurteilt wird, legt sich die Frage nahe, ob es nicht die Möglichkeit gibt, wegen der beschriebenen substantiellen Gemeinsamkeiten die Gestalt des Amtes in den lutherischen Kirchen, die sich in unterschiedlichen Kontexten parallel zur katholischen Kirche auf eigene Weise entwickelt hat, als gültige Form des öffentlichen Dienstes an Wort und Sakrament anzuerkennen.[11]

---

11 Die Apostolizität der Kirche. Studiendokument der Lutherisch/Römisch-katholischen Kommission für die Einheit, Paderborn/Frankfurt a.M. 2009, Nr. 290.

Das Bekenntnis zu einem legitimen geschichtlichen Wandel in der Gestaltung der kirchlichen Ämter stellt gerade die katholische Theologie vor eine grundlegende hermeneutische Herausforderung, auch wenn festgestellt wird, dass dieser Wandel mit der ‚Grundstruktur des Amtes‘ vereinbar sei. Denn die Differenz „zwischen einer Grundstruktur oder auch einer elementaren Aufgabe dieses Amtes und den Gestalten ihrer Ausübung“ ist, gerade weil sie diesem Amt „keineswegs äußerlich“ ist, sondern „seine gelebte Wirklichkeit“ betrifft (vgl. Nr. 290), von besonderer ekklesiologischer Relevanz. Die These von einem legitimen geschichtlichen Wandel berührt denn auch die traditionelle katholische Logik der theologischen Begründung des dreigliedrigen Amtes und damit der ‚bischöflichen Verfassung‘ der Kirche *divina institutione* an ihrer Wurzel.

Das genannte Studiendokument – Ähnliches kann man aber auch in *Vom Konflikt zur Gemeinschaft* nachlesen[12] – exerziert die damit verbundenen Herausforderungen und möglichen Konsequenzen an der Frage der theologischen Legitimität der von Martin Luther zur Behebung eines ‚kirchlichen Notstandes‘ durchgeführten presbyterialen Ordination durch[13] und nimmt so die in CA 28 argumentativ vorausgesetzte Gleichsetzung von Bischofs- und Pfarramt in ihren konkreten Auswirkungen zunächst historisch differenzierend in den Blick. Dazu gilt es, die Pluralität mittelalterlicher amtstheologischer Ansätze (presbyterale oder episkopale Sukzession als geschichtliche Variabilität;[14] die rein rechtliche und eben nicht sakramententheologisch begründete Differenz von Bischof und Priester als kanonistische Mehrheitsmeinung,[15] weshalb „die mittelalterliche Theologie den sakramentalen Charakter der Bischofsweihe ablehne“[16]) wahrzunehmen. Darüber hinaus kommt die Möglichkeit in den Blick, eine selbstkritische Analyse möglicher Verfehlungen des apostolischen Selbstanspruches durch die römische Kirche zur Zeit Luthers selbst und insbesondere, was das zeitgenössische Erscheinungsbild und Verhalten der Reichsfürstbischöfe angeht,

---

12 Vom Konflikt zur Gemeinschaft. Gemeinsames lutherisch-katholisches Reformationsgedenken im Jahr 2017. Bericht der Lutherisch/Römisch-Katholischen Kommission für die Einheit, Leipzig/Paderborn ²2013. Vgl. insbesondere im III. Kapitel Nr. 66 ff.

13 Vgl. z.B. Volker Leppin, Zwischen Notfall und theologischem Prinzip. Apostolizität und Amtsfrage in der Wittenberger Reformation, in: T. Schneider/G. Wenz (Hg.), Das kirchliche Amt in apostolischer Nachfolge, Bd. 1: Grundlagen und Grundfragen, Freiburg i.B./Göttingen 2004, 376 – 400.

14 Vgl. dazu Peter Walter, Das Verhältnis von Episkopat und Presbyterat von der Alten Kirche bis zum Reformationsjahrhundert, in: D. Sattler/G. Wenz (Hg.), Das kirchliche Amt in Apostolischer Nachfolge, Bd. 2: Ursprünge und Wandlungen, Freiburg i.B./Göttingen 2006, 39 – 96.

15 Vgl. Klaus Unterburger, Protestanten sind Kirche, in: HerKorr 3 (2019), 22 – 25, 24.

16 Karl Lehmann, Der Bischof in der Lehre des Zweiten Vatikanischen Konzils, in: R. Potz (Hg.), Der Bischof und seine Eparchie, Wien 1985, 11 – 22, 17.

voranzutreiben und auch kriteriologisch in Anschlag zu bringen. Der in CA 28 kritisierte ‚weltliche' Status der Fürstbischofe und die berechtigte Klage über die Verweigerung der Ordination von Anhängern der Reformation durch die um ihre weltliche Macht fürchtenden Fürstbischöfe führt zu einer Erfahrung, die für die Beurteilung des Bischofsamts selbst relevant wird, da hier nun offen zu Tage tritt, dass die formale Autorisierung nicht notwendig eine evangeliumsgemäße Amtsführung nach sich zieht und so die Orientierung am Evangelium und Loyalität gegenüber den Bischöfen in eine unaufhebbare Spannung zueinander treten. Berücksichtigt man beides – offene theologische Bewertung und konkrete Erfahrung –, legt sich ein differenziertes Urteil zur Problematik des ‚Bruchs' mit der ‚bischöflichen Verfassung' durch die Reformatoren nahe. So hält z.B. Otto Hermann Pesch zu Recht fest, dass die „auch für Luther vorgegebene theologische Auffassung, wonach [...] der Vorrang des Bischofs vor dem einfachen Priester nur auf dem Gebiet der Jurisdiktion liege", notwendig zur Folge hat, dass – nach Luthers Auffassung – die durch ihn vorgenommenen Ordinationen in Wittenberg zwar „ein kirchenrechtlicher Übergriff, aber kein theologischer Unfug waren – Notlösungen, um der Reformation einen Weg in die Zukunft offen zu halten"[17]. In kanonistischer Diktion würde man vielleicht formulieren: Diese Weihen waren zwar verboten, aber angesichts der konkreten Notstandssituation und der nicht bestreitbaren theologisch-legitimen Begründung ist damit über eine mögliche Gültigkeit noch nicht entschieden! Aus der Tatsache der presbyterialen Ordinationen kann also weder ein expliziter Wille zur Abschaffung des Bischofsamtes noch ein Abbruch der apostolischen Sukzession abgeleitet werden. Pesch benennt daher ausdrücklich die theologische Brisanz dieses historischen Sachverhalts: „Die ökumenische Öffnung, die sich damit in der Frage nach dem Amt ergeben hat, scheint noch nicht hinreichend wahrgenommen zu werden."[18]

So ist ein valides Urteil über Gültigkeit oder Nichtgültigkeit und damit über Bruch oder Kontinuität ist nur über eine weiterführende, differenzierte und theologisch qualifizierte Analyse möglich, die Zeitumstände, Selbstverständnis und theologische Selbstdeutung der aus der Reformation hervorgegangenen Kirchen mitberücksichtigt.[19] Zugleich ist aber eine (zu) enge Vorstellung von apostolischer (Amts-)Sukzession auf ein tieferes und umfassenderes Verständnis

---

17 Otto Hermann Pesch, Hermeneutik des Ämterwandels? Kleine Ausarbeitung einer Frage, in: Sattler/Wenz, Das kirchliche Amt, Bd. 2, 304–327, 325.
18 Pesch, Hermeneutik, 325.
19 Vgl. dazu auch das Votum des Studiendokuments *Die Apostolizität der Kirche* bezüglich eines differenzierten Konsenses in Nr. 292 und 293.

des apostolischen Charakters der ganzen Kirche hin aufzubrechen:[20] Die apostolische Sukzession umfasst eben mehr als nur eine bestimmte Form der Amtsübergabe.

Unter der Vorgabe der Möglichkeit historisch unterschiedlicher, aber theologisch legitimer Verwirklichungsgestalten und mit dem Bekenntnis zu einem legitimen geschichtlichen Wandel verschiebt sich nun aber die Berufung auf Apostolizität methodologisch von der Funktion als legitimatorisches Formalprinzip hin zu einem kriteriologisch abgesicherten theologischen Normbegriff. Eine inhaltlich-theologische Konkretion von Apostolizität ist nicht nur nach außen, sondern eben auch nach innen als Maßstab der je eigenen Kirchlichkeit in Anschlag zu bringen. Wenn daher, so schlussfolgert Pesch zu Recht, „der legitime geschichtliche Wandel in der Gestaltung der kirchlichen Ämter immer wieder am Grundsinn des Amtes zu überprüfen ist, ist seine Ausgestaltung, wenn sie diese Prüfung besteht, auch ekklesiologisch anzuerkennen"[21]. Das legt nun aber eine veränderte Beurteilung der Themenfelder ‚apostolische Sukzession' und ‚bischöfliche Verfassung' nahe. Denn dann hat eine „Kirche, die auf solche Weise ein gemeindebezogenes Predigtamt hat (was die Sakramentsverwaltung einschließt) und darüber hinaus ein über gemeindliches kirchenleitendes Amt, das aber das Gemeindeamt im beschriebenen Sinne einschließt, [...] das, was man in der katholischen Theologie ‚bischöfliche Struktur' nennt"[22]. So legt sich auch das Urteil nahe:

> Wenn in der – einer – Kirche ein übergemeindliches Amt, gegebenenfalls sogar kollektiv ausgeübt, besteht, das alles und jedes zu tun hat wie das gemeindliche Amt und darüber hinaus zur Demonstration der Katholizität der Kirche Lehrüberwachung (Visitation, Luther: „Besuchsdienst") und Ordination vornimmt, [...] dann kann die römisch-katholische Kirche ohne theologische Bedenken ein solches Amt auch in einer nicht-katholischen Kirche, also

---

20 Vgl. dazu gleichfalls den thematischen Aufbau des Studiendokuments, das ausgehend von der Apostolizität des Evangeliums und Gesamtkirche erst in einem dritten Teil (vgl. Nr. 165 ff.) über die apostolische Amtssukzession handelt.

21 Otto Hermann Pesch, Thesen zu einem ökumenischen Verständnis vom kirchlichen Amt, in: Sattler/Wenz, Das kirchliche Amt, Bd. 2, 328 – 333, 332. Vgl. auch Wenz, Historische Reminiszenzen, 145: Es wäre so ein Ansatzpunkt gegeben, „die durch eine Notsituation veranlasste reformatorische Übung presbyteraler Ordination katholischerseits nichts zwangsläufig als illegitim betrachten zu müssen, auch wenn sie von der kanonistischen Regel abweicht. Für die katholische Beurteilung der Gültigkeit evangelischer Ordination und damit für das Problem des sogenannten *defectus ordinis* samt seinen Folgeproblemen wäre dies von kaum zu überschätzender Bedeutung".

22 Pesch, Thesen, 332.

in einer Kirche der Reformation anerkennen und damit diese Kirche als „Kirche im eigentlichen Sinne"[23].

Damit erweist sich aber das Themenfeld ‚apostolische Sukzession' und ‚bischöfliche Verfassung der Kirche' in dieser Hinsicht als ökumenisch weitestgehend konsensfähig, wie dies das eingangs zitierte Studiendokument auch ausdrücklich als Resümee festhält.[24]

In enger Verbindung dazu steht nun auch eine veränderte Wahrnehmung der *episkopé* als übergemeindlicher Leitungsfunktion und als besonderer Dienst an Katholizität und Einheit der Kirche. Hier findet sich gerade in den im Lutherischen Weltbund zusammengeschlossenen Kirchen eine deutliche Kontinuität zu den in CA 28 formulierten Grund-Sätzen, indem in ihnen das Bischofsamt ausdrücklich beibehalten wird, wenngleich mitunter der Titel ‚Bischof' – aus historischen und nicht aus theologischen Gründen – nicht weitergeführt wurde. Dabei sind der personale wie der kollegiale Charakter dieses ‚Amts der Aufsicht' von wesensbestimmender Bedeutung. D. h. es ist wichtig, dass nach lutherischem Verständnis sowohl *episkopé* als auch die Repräsentation der Kirche jeweils eine Aufgabe der gesamten Kirche sind und so in der gemeinsamen Verantwortung aller stehen und nicht nur auf die Träger*innen des bischöflichen Amtes reduziert werden können. Das scheint indes immer noch in einer unaufgebbaren Spannung zu einer katholischen Konzeption einer bischöflichen Verfassung der Kirche zu stehen. Doch bei näherem Hinsehen erweist sich diese Gewissheit als trügerisch.

Muss und soll, so wäre zunächst zu fragen, nicht auch die Ämterstruktur der Katholischen Kirche gerade in ihrer Geschichtlichkeit, und damit auch in ihrer geschichtlichen Variabilität und Veränderlichkeit wahrgenommen werden? Damit wäre auch die Möglichkeit wie die Notwendigkeit eines selbstkritischen Rückblicks auf die je eigene katholische Geschichte der Ämterstruktur zu verbinden. Dazu gehört die Frage einer legitimen Varianz von verschiedensten Entwicklungen in historischer Hinsicht ebenso wie die Ehrlichkeit, historische Fehlformen (d.h. auch eine potentielle ‚strukturelle Sündigkeit' der eigenen Ausgestaltungsweisen) als solche zu identifizieren und ggf. zu bearbeiten bzw. die eigene Struktur auch weiterzuentwickeln. Eine katholische Theologie, die sich mit Blick auf die eigene Amtsstruktur stets auf das *ius divinum* oder zumindest die ‚göttlichen Einsetzung' als Legitimationspunkt bezogen hat und von dort her die unmittelbare Verbindlichkeit ihrer Ämterstruktur in Anspruch nimmt bzw. verteidigt, tut sich naturgemäß schwer, Veränderung und Veränderbarkeit, geschichtliche

---

23 Pesch, Thesen, 323.
24 Vgl. Die Apostolizität der Kirche, Nr. 292 f.

Entwicklung, gar Fehl-Entwicklungen als Teile der eigenen Identität ekklesiologisch wahr- und ernst zu nehmen; das gilt auch und gerade für die bischöfliche
Verfassung der Kirche, die zunehmend zum ökumenisch entscheidenden Diffe-
renzkriterium stilisiert wird. Warum das so ist und welche Konsequenzen das für
die Frage nach einer adäquaten Ausgestaltung der ‚bischöflichen Verfassung' der
Kirche hat, klärt wiederum ein Blick in die Theologiegeschichte und auf das II.
Vatikanische Konzil und seine noch offene Rezeptionsgeschichte.

3 Die bischöfliche Verfassung der Kirche als ultramontaner Identitätsmarker

Es ist letztlich die theologische Hermeneutik des 19. Jh., die das das *semper idem*
zum entscheidenden katholischen Identitätsmarker stilisiert. Jene Selbstinszenierung des Katholischen, das sich durch eine als programmatisch behauptete
Innovationsintoleranz bzw. Innovationsverweigerung auszeichnet und einen
ausgeprägten, aufklärungsfeindlichen, ahistorischen ‚Anti-Modernismus' zum
selbstgewählten Markenzeichen der Katholischen Kirche macht. Dazu erfindet die
Katholische Kirche des 19. Jh. in Abwehr einer „als modernistisch empfundenen
Theorie von einer Dogmengeschichte"[25] auf verschiedensten Feldern eine ‚feste',
immer gleichbleibende und eindeutige ‚Tradition' als Konstruktions- und Selek-
tionsprozess, die letztlich nur dazu dient, sich gegen die Kontingenzerfahrungen
der eigenen Lehre und Struktur abzuschotten und so deren Störungspotential wie
auch das Mehrdeutigkeitspotential eines Plurals gar unterschiedlicher ‚Traditionen' zu eliminieren. Die Kirche steht unter einem Vereindeutigungszwang und
entwickelt eine ausgeprägte Ambiguitäts-Intoleranz. Gerade die bischöfliche
Verfassung der Kirche wird nun zu einem dieser strikten Identitätsmarker, freilich
mit einer deutlich konfessionalistischen Schlagseite!

Hier ist eine grundlegende theologische Akzentverschiebung zu den Diskussionen der Reformationszeit erkennbar.

Hatte die Frage der bischöflichen Sukzession in den Argumenten der anti-
reformatorischen Kontroverstheologen keine große Rolle gespielt, das Trienter
Konzil gar die Frage nach der theologischen Qualität des Bischofsamtes bewusst
offen gelassen, verändern sich jetzt die ekklesiologischen Vorzeichen der Dis-

---

25 Vgl. Georg Essen, Die Geschichte, die aus der Wahrheit kommt. Reflexionen zu einer inner-
kirchlichen Kultur der Innovationstoleranz, in: Wilhelm Damberg/Matthias Sellmann (Hg.), Die
Theologie und ‚das Neue'. Perspektiven zum kreativen Zusammenhang von Innovation und
Tradition, Freiburg i.B. 2015, 169–196, 176 Anm. 11.

kussion an entscheidender Stelle.[26] Gerade in einer Zeit, in der die – trotz der Reformversuche des Trienter Konzils auch nachtridentinisch anhaltende – Verquickung von geistlicher und weltlicher Herrschaft durch Säkularisation und Reichdeputationshauptschluss 1803 nun endlich an ein Ende gekommen sind und so durch Wegfall der weltlichen Herrschaft jetzt erst die Ideale des Bischofsamtes im Sinne Trients in die Tat umzusetzen wären,[27] gerät das Bischofsamt in den Strudel ganz anders orientierter Dynamiken. Erst „im Laufe des 17. Jahrhunderts" hatte – wie Klaus Unterburger treffend beobachtet – „die fehlende successio apostolica als Argument für die Ungültigkeit von Weihe und Eucharistie eine wichtigere Rolle zu spielen" begonnen.[28] Hatte schon Trient in seinen Reformdekreten das Ideal des Bischofs als „seeleneifriger Hirte seiner Herde [...], der selber predigte und die Sakramente spendete, seinen Klerus visitierte und überwachte, regelmäßig Synoden abhielt und durch die Gründung eines Klerikerseminars die Ausbildung des Seelsorgsklerus verbesserte"[29] ins Zentrum gestellt, ist es erst der Aufklärungskatholizismus des 18. Jh. im Gefolge von Trient, der das aufgrund unterschiedlicher Faktoren nach Trient kläglich gescheiterte[30] tridentinische Ideal des Bischofs als Hirt und Seelsorger neu zur Geltung und zu seiner eigentlichen Blüte bringt.[31] Doch sind es dann die ekklesiologischen Spezifika des 19. Jh., die jetzt die exklusiven katholischen Identitätsmarker amtstheologisch engführen. Hier haben wir es mit einem anschaulichen Beispiel für das zu tun, was Yves Congar treffend als ‚Tridentinismus' bezeichnet:[32] Die Dekrete Trients – z. B. die in der Konzilsaula höchst umstrittenen und im Messopfer-Dekret äußerst zurückhaltend formulierten Ausführungen zum Opfercharakter der Messe, die nun dazu führen, dass die „ultramontane Ekklesiologie des 19. Jahrhunderts [...] die explizite Intention [verlangt], zu einem

---

26 Vgl. Unterburger, Protestanten, 24.

27 Vgl. Erwin Gatz, Der Diözesanbischof und sein Klerus im deutschsprachigen Mitteleuropa von der Säkularisation bis zum II. Vatikanischen Konzil, in: Römische Quartalschrift für christliche Altertumskunde und Kirchengeschichte, 95 (2000), 250 – 261, 250.

28 Unterburger, Protestanten, 24.

29 Unterburger, Vollmacht, 79 f.

30 Unterburger nennt den auf dem Konzil von Trient beschlossenen Kompromiss um die Residenzpflicht der Bischöfe, die auf dem Konzil nicht geklärte Verhältnisbestimmung von Bischofs- und Papstamt und die Herrschaftsstreitigkeiten gegenüber weltlichen Territorialherren sowie exemten Organisationsstrukturen wie Orden, Kapiteln etc., die eine wirksame Stärkung der bischöflichen Jurisdiktion verhinderten (vgl. Unterburger, Vollmacht, 80 f.).

31 Vgl. Unterburger, Vollmacht, 81 f.

32 Vgl. dazu auch Giuseppe Alberigo, From the Council of Trent to ‚Tridentinism', in: R. F. Bulman/F. J. Parrella (Hg.), From Trent to Vatican II. Historical and theological Investigation, New York 2006, 19 – 38.

propriatorischen Opferpriestertum zu weihen"[33], was im Kontext der Diskussion um die Gültigkeit der anglikanischen Weihen dann auch zum entsprechenden ‚negativen' Urteil Leos XIII. führt[34] – werden nun, mitunter gegen die eigentliche Intention des Tridentinums, zum Spezifikum der katholischen Lehre schlechthin stilisiert, in Folge dessen die Neuscholastik unter fast jeden Satz von Trient die dogmatische Qualifikation *de fide*, also eines dogmatisch verbindlichen Glaubenssatzes, setzt.[35] Das ‚zweite Zeitalter des Konfessionalismus' dämmert mit Macht empor. Das „Tridentinum wird zum Gehäuse, in das man sich zurückzog" (Hubert Jedin). Es wird – von der ‚römischen Zentrale' forciert und den römischen Zentralismus forcierend – jetzt zum Label einer ganzen Epoche und zum identitätsstiftenden Gründungs-Mythos der Catholica des 19. Jh. Im Strom dieser Geschichtspolitik steht nun auch die ‚bischöfliche Verfassung' der Kirche.

Nicht zu Unrecht spricht Klaus Unterburger in diesem Zusammenhang von einer „beinahe völligen Neukonzeption des Bischofsamtes und seiner Vollmacht"[36] durch die Umbrüche der Moderne und von einer „Neuerfindung des Bischofsamts im Ultramontanismus"[37]. Im Rahmen der Neuorganisation der Katholischen Kirche nach der Säkularisation von 1803 hatte die „vatikanische Konkordatspolitik [...] zu dieser Zeit das größte Interesse, keine starken Zusammenschlüsse von Diözesen und Bischöfen entstehen zu lassen, die gegenüber dem Papsttum ein machtpolitisches Gegengewicht hätten sein können"[38]. Hier muss dann auch von den historischen Auseinandersetzungen um die Ausgestaltung der Bistumsleitung auf dem Gebiet des Reiches im Gefolge der Säkularisation die Rede sein. Der flächendeckende Zusammenbruch der traditionellen Kirchenstrukturen stellt zu Beginn des 19. Jh. vor die Aufgabe, nach neuen Strukturprinzipien in der Leitung der Ortskirchen zu suchen. Die Idee einer gleichberechtigten Leitung durch Bischof und Diözesankapitel steht hier einem streng monarchischen Modell der Alleinzuständigkeit des Bischofs bzw. des ihn rechtlich vertretenden Generalvikars gegenüber.[39] In der Gemengelage der unterschiedlichen kirchenpolitischen Driften, die den Katholizismus in dieser Zeit prägen und grundlegend umwälzen, verlieren die kollegial-synodalen und sub-

---

33 Unterburger, Protestanten, 24.
34 Vgl. Unterburger, Protestanten, 23 f.
35 Vgl. dazu Otto Hermann Pesch, Trient und das ökumenische Gespräch heute – eine katholische Perspektive, in: Katholische Akademie Hamburg (Hg.), Das Konzil von Trient im ökumenischen Gespräch, Hamburg 1996, 71–118, hier 75.
36 Unterburger, Vollmacht, 65.
37 Unterburger, Vollmacht, 82.
38 Unterburger, Vollmacht, 83.
39 Vgl. Unterburger, Vollmacht, 83–86.

sidiaren Elemente aber gegen die zentralistischen Dynamiken auch auf der Ebene des Einzelbistums. Alle weiteren Mitwirkungsrechte der Ortskirche, d. h. partizipatorische wie demokratische Strukturelemente sowie synodale und subsidiäre Dynamiken werden sukzessive zurückgedrängt, entsprechende Kräfte in Laienschaft und Klerus als ‚Revolutionäre‘ und ‚Frondeure‘ denunziert[40] und ausgeschaltet, der Klerus systematisch dem Bischof untergeordnet.[41] Klaus Unterburger resümiert: „Binnen 100 Jahren wurden die Strukturen und die Stellung der Bischöfe in ihren Diözesen auf diese Weise auf eine radikale Weise umgestaltet; der Diözesanbischof mit seinem Generalvikar erreichte eine innerdiözesane Machtstellung, die seit der Christianisierung der mitteleuropäischen Gebiete undenkbar war"[42].

Im 19. Jh. verstärkt sich zugleich die zentralistische Drift und die Durchgriffsrechte der römischen Zentrale werden in die einzelnen Diözesen ausgedehnt.[43] Der Ultramontanismus sorgt dann noch für die Durchsetzung des ‚Ideals‘ eines ‚romorientierten‘ Bischofs samt einer bis heute andauernden Uniformisierung und Romanisierung des Episkopats (u. a. durch die möglichst lückenlose Durchsetzung des päpstlichen Bischofsernennungsrechts)[44] und einer damit verbundenen ‚Kadermentalität‘. Darüber hinaus machen moderne „Technik und Medien [...] den Papst im Glaubensleben der Katholiken präsent wie noch nie"[45]. Diese päpstliche Dominanz wird ihrerseits durch die Beschlüsse des I. Vatikanischen Konzils zum Jurisdiktionsprimat verfestigt, die u. a. bewirkten, dass noch bis in die Enzyklika *Mystici Corporis* von Pius XII. aus dem Jahr 1943 hinein[46] die These, dass die bischöfliche Jurisdiktion sich von der päpstlichen ableite, als *certa sententia* galt[47] und nicht nur bei Reichkanzler Bismarck den Eindruck nahelegten, die Bischöfe seien nur noch ‚Werkzeuge‘ des Papstes, dessen ‚Beamte ohne eigene Zuständigkeit‘.[48] Das II. Vatikanum ändert an dieser Dynamik wenig. Im Gegenteil! Durch die theologisch-sakramentale Aufwertung des Bischofsamts wird die eben skizzierte kontingente Verschiebung des Selbstverständnisses des bischöflichen Amtes nach 1789 bzw. 1803 durch das historische Konstrukt einer

---

40 Vgl. Gatz, Diözesanbischof, 258.
41 Vgl. Gatz, Diözesanbischof, 260.
42 Unterburger, Vollmacht, 86.
43 Vgl. Unterburger, Vollmacht, 83 – 86.
44 Vgl. Unterburger, Vollmacht, 87.
45 Unterburger, Vollmacht, 86.
46 Vgl. DH, 3804.
47 Vgl. auch Unterburger, Vollmacht, 86 f.
48 So die berühmte ‚Circular-Depesche‘ vom 14. Mai 1872 als Reaktion auf die Beschlüsse des I. Vatikanums.

theologischen ‚Wiederentdeckung' des altkirchlichen Bischofsamts im Rahmen der *communio*-Ekklesiologie des Konzils schlicht verdeckt bzw. verleugnet. Man kann fast von einer dadurch bedingten theologischen Ideologisierung des Bischofsamtes bzw. ‚Essentialisierung' der ultramontanen Entwicklungen durch dieses Konzil sprechen,[49] die zu einer ‚Sakralisierung' und ‚Immunisierung' „der innerdiözesanen Monarchie der ultramontanen Epoche" führt.[50] Das nötigt nun aber zu einem kritischen Blick auf die weitere Entwicklung, die mit dem II. Vatikanischen Konzil eingesetzt hat.

4 „… die Fülle des Weihesakraments…": Die theologische ‚Wiederentdeckung' des II. Vatikanischen Konzils mit Schlagseite

„Die Heilige Synode lehrt, dass durch die Bischofsweihe die Fülle des Weihesakraments übertragen wird"[51] und: „Die Bischofsweihe überträgt mit dem Amt der Heiligung auch die Ämter des Lehrens und des Leitens"[52]. Mit diesen beiden Grundsätzen setzt das II. Vatikanische Konzil letztlich eine grundlegende Neukonstellation der bischöflichen Struktur der Katholischen Kirche in Gang, deren Konsequenzen bis heute noch nicht wirklich vollständig abzusehen oder gar ‚bewältigt' sind.

> Das II. Vatikanum verlässt das Schema *ordo – iurisdictio* und ersetzt es durch das calvinistischer Tradition entstammende der *tria munera* bzw. des *triplex munus* […]. Damit wird […] auch die seit Trient offene Frage nach dem Ursprung der Jurisdiktionsvollmacht der Bischöfe […] prinzipiell entschieden […]. Klar und unmissverständlich wird [in CD 8; JR] den Bischöfen alle ordentliche, ursprüngliche und unmittelbare Vollmacht (*potestas ordinaria, propria et immediata*) zugesprochen, die zur Ausübung des Hirtenamtes (*ad exercitium eorum muneris pastoralis*) in ihren Diözesen gehört, und zwar per se, d.h. aufgrund ihres Titels als Nachfolger der Apostel, *ex divina institutione* (LG 20,3), nicht aus der Vollmacht des Papstes als des Nachfolgers des Petrus.[53]

---

49 Vgl. Unterburger, Vollmacht, 88.
50 Unterburger, Vollmacht, 88.
51 LG 21,2.
52 LG 21,2.
53 Guido Bausenhart, Das Bischofsamt. Intentionen, Impulse und Weichenstellungen des Konzils, in: Sabine Demel/Klaus Lüdicke (Hg.), Zwischen Vollmacht und Ohnmacht. Die Hirtengewalt des Diözesanbischofs und ihre Grenzen, Freiburg i.B. 2015, 90 – 109, 95 f.

Den Grund für diesen grundlegenden Perspektivwechsel resümiert Hubert Wolf zu Recht wie folgt: Das Ziel der Konzilsväter des II. Vatikanums

> war es, [...] das Bischofsamt gegenüber dem päpstlichen Primat aufzuwerten: Ihre Juris-
> diktionsgewalt hatten sie jetzt als Nachfolger der Apostel durch die Bischofsweihe, sie waren
> nicht länger davon abhängig, ob der Papst ihnen die Rechte gewährte oder verweigerte, die
> zur Leitung der Diözesen notwendig waren [...]. Zu diesem Zweck wurde noch einmal betont,
> dass die Bischofsweihe die höchste Stufe des Weihe-Sakraments darstellt [...].[54]

Freilich, so Wolf weiter, „vollzog das Zweite Vatikanische Konzil [damit] auch sakramententheologisch einen Bruch mit der kirchlichen Tradition"[55]. Und das mit
fatalen Folgen, denn: Die „vom Zweiten Vatikanischen Konzil angestrebte Aufwertung des Bischofsamtes gegenüber dem Primat des Papstes führte – absichtlich
oder unabsichtlich – zu einer Abwertung aller anderen Glieder der Kirche"[56].

Das Konzil hat sich zwar um eine theologische Erneuerung des Bischofsamtes
im Rekurs auf die altkirchlichen Traditionen bemüht und dazu seine sakramentale
und insbesondere seine kollegiale Grundstruktur in den Mittelpunkt gerückt:
„Nicht der einzelne Bischof steht in einer – letztlich imaginären – historischen
Sukzession zu einem der Erstapostel; vielmehr steht das Bischofskollegium als
Ganzes in der Nachfolge des Apostelkollegiums; [...] [d]ie Kollegialität geschieht
also nicht nur ‚vertikal' via Rom, sondern auch ‚horizontal' zwischen den Bischöfen
selbst" – so das zutreffende Resümee von Walter Kasper.[57] Das führt in der Folge
aber zu neuen Fragen und Problemfeldern. Es zeigt sich nämlich, dass die
Grundidee der Konzilsväter – eine ekklesiologische ‚Einhegung' der Entscheidungen des Ersten Vatikanischen Konzils durch die Aufwertung des Bischofskollegiums wie eine theologisch vertiefte Grundlegung des Bischofsamtes selbst – im
Weiteren nicht wirklich nicht dazu geeignet war, „dem kurialen Zentralismus ein

---

54 Hubert Wolf, Krypta: Unterdrückte Traditionen der Kirchengeschichte, München 2015, 57 f.
55 Wolf, Krypta, 58. Interessanterweise mit Ausnahme der Nota explicativa Nr. 2, die doch noch
den Unterschied beider *potestates* festhält – vgl. dazu Walter Kasper, Zur Theologie und Praxis des
bischöflichen Amtes. Wirklichkeiten – Herausforderungen – Wandlungen, in: Werner Schreer/Georg
Steins (Hg.), Auf neue Art Kirche sein. Festschrift für Bischof Homeyer, München 1999, 32–48, 30:
„Die Unterscheidung der beiden potestates taucht freilich in der Nota explicativa praevia 2 zu
‚Lumen gentium' in etwa wieder auf. Dort wird festgestellt, daß die durch die Bischofsweihe verliehene sacra potestas einer kanonischen d. h. juridischen determinatio, einer Zuweisung bestimmter Aufgaben durch die hierarchische Obrigkeit bedarf". Zur historischen Entwicklung der
Gesamtfrage sowie den Vorgaben des Konzils differenziert und materialreich: Pier Virginio Aimone-
Braida, Die Teilnahme der Laien an der sacra potestas. Eine kurze kirchenrechtliche und rechts-
geschichtliche Untersuchung, in: Fides – Theologia – Ecclesia (2012), 165–186.
56 Wolf, Krypta, 58.
57 Vgl. Kasper, Theologie und Praxis, 40.

wirksames Gegengewicht entgegenzusetzen"[58]. Auch das Bischofskollegium bleibt in der von LG 23 und dem CIC von 1983 vorgegebenen (rechtlichen) Gestalt eine Ausübungsform der primatialen Gewalt und wird nicht wirklich zu einer kollegialen und synodalen Einrichtung, also zu einem Organ echter Synodalität. Der Episkopalismus – also die vom Konzil intendierte und auch durchgeführte ‚theologische Aufwertung des Bischofsamtes' – ist damit eher vergangenheits- (Richtung I. Vatikanum und Trient) als zukunftsorientiert (als Teil des Zukunftsprojekts einer am Prinzip der Subsidiarität ausgerichteten, umfassenden Synodalität).[59]

---

58 Unterburger, Vollmacht, 88. Diese Tendenz bestätigt Georg Bier für das geltende kirchliche Recht: „Auch aus rechtlicher Perspektive kann daher von einer ‚Aufwertung' der Bischöfe nicht die Rede sein. Der Begriff weckt Erwartungen, die der CIC nicht einlöst. Die Eckdaten des Verhältnisses zwischen Papst und Diözesanbischof haben sich nicht geändert" (ders., Aufwertung der Bischöfe nach dem Zweiten Vatikanischen Konzil, in: Rottenburger Jahrbuch für Kirchengeschichte 26 (2007), 71–92, 90.

59 Zu dieser strukturellen ‚Zukunftsoption' und der damit verbundenen Notwendigkeit zu Aufbau und Erweiterung synodaler Strukturen in der Katholischen Kirche vgl. besonders: Papst Franziskus, Ansprache zur 50-Jahr-Feier der Einrichtung der Bischofssynode am 17. Oktober 2015; zitiert nach: https://www.vatican.va/content/francesco/de/speeches/2015/october/documents/papa-francesco_20151017_50-anniversario-sinodo.html (17. 06. 2021).: „[...] Vom Anfang meines Dienstes als Bischof von Rom an hatte ich vor, die Synode aufzuwerten, die eines der kostbarsten Vermächtnisse der letzten Konzilssitzung ist. Nach Absicht des seligen Pauls VI. sollte die Bischofssynode das Bild des ökumenischen Konzils aufgreifen und dessen Geist und Methode widerspiegeln. Der Papst selbst stellte in Aussicht, der Organismus der Synode werde ‚im Verlauf der Zeit eine immer noch vollkommenere Form erlangen können'. Dem stimmte der heilige Johannes Paul II. zwanzig Jahre später zu, als er sagte: ‚Vielleicht kann dieses Instrument noch verbessert werden. Vielleicht könnte sich die kollegiale pastorale Verantwortung in der Synode noch voller ausdrücken.' [...] Auf diesem Weg müssen wir weitergehen. Die Welt, in der wir leben und die in all ihrer Widersprüchlichkeit zu lieben und ihr zu dienen wir berufen sind, verlangt von der Kirche eine Steigerung ihres Zusammenwirkens in allen Bereichen ihrer Sendung. Genau dieser Weg der *Synodalität* ist das, was Gott sich von der Kirche des dritten Jahrtausends erwartet [...]. Eine synodale Kirche ist eine Kirche des Zuhörens, in dem Bewusstsein, dass das Zuhören ‚mehr ist als Hören'. Es ist ein wechselseitiges Anhören, bei dem jeder etwas zu lernen hat: das gläubige Volk, das Bischofskollegium, der Bischof von Rom – jeder im Hinhören auf die anderen und alle im Hinhören auf den Heiligen Geist, den ‚Geist der Wahrheit' (*Joh* 14,17), um zu erkennen, was er ‚den Kirchen sagt' (vgl. *Offb* 2,7) [...]. Der synodale Weg beginnt im Hinhören auf das Volk, das ‚auch teilnimmt am prophetischen Amt Christi', gemäß einem Prinzip, das der Kirche des ersten Jahrtausends wichtig war: ‚*Quod omnes tangit ab omnibus tractari debet* – Was alle angeht, muss von allen besprochen werden'. Der Weg der Synode setzt sich fort im Hinhören auf die Hirten. Durch die Synodenväter handeln die Bischöfe als authentische Hüter, Ausleger und Zeugen des Glaubens der ganzen Kirche, wobei sie verstehen müssen, diesen von den oft wechselhaften Strömungen der öffentlichen Meinung zu unterscheiden [...]. Und schließlich gipfelt der synodale Weg im Hören auf den Bischof von Rom, der berufen ist, als ‚Hirte und Lehrer aller Christen' zu sprechen: nicht von seinen persönlichen Überzeugungen ausgehend, sondern als oberster Zeuge der *fides totius Ecclesiae* [des Glaubens der gesamten Kirche],

Die bleibende Skepsis auch ökumenisch aufgeschlossener, orthodoxer Theolog*innen (mit Ignatius und Cyprian im Rücken) gibt einen deutlichen Hinweis darauf, wie sehr Realität der Katholischen Kirche heute und altkirchliche Tradition in einer an der Tradition der Kirchenväter geschulten Perspektive in der Frage einer angemessenen Theologie und Praxis des Bischofsamtes doch auseinanderfallen. So legt sich die Frage nahe, inwieweit die altkirchlichen Gepflogenheiten, die den Bischof als den entscheidenden Repräsentanten und als Garanten der Autonomie seiner Ortskirche theologisch legitimieren (der Bischof als *divina institutione* Nachfolger der Apostel) und damit seine Stellung im Gesamtgefüge der altkirchlichen *communio ecclesiarum* als *communio episcoporum* begründen – als da wären: synodale Mitwirkungsrechte der Gemeinden bei der Bischofswahl, synodale Grundvollzüge in Lehre und Ordnung[60] –, überhaupt für die heutigen Konditionen der Ausübung des Amtes eines Ortsbischofs in der Katholischen Kirche zutreffen. Hier muss das Fehlen einer Strukturierung von Wahl und Auswahl der Bischöfe im Sinne eines geregelten, transparenten und kommunikativen Auswahlverfahrens[61] ebenso angesprochen werden wie der offensichtliche ‚rechtlichen Totalausfall' des altkirchlichen Synodal- wie Subsidiaritätsprinzips, das als eigentlicher Legitimationsgrund der *successio apostolica* das Mitspracherecht der Ortskirche tatsächlich so ernstnehmen würde, wie es die Alte Kirche als amtstheologisch wie ekklesiologisch entscheidendes Prinzip voraussetzte und stets neu zur Geltung brachte. In dieser Perspektive gälte es eigentlich auch in der Katholischen Kirche heute, das historische Bischofsamt in all seinen Dimensionen und damit die ‚bischöfliche Verfassung' von Kirche erst einmal wiederzuentdecken!

Mit der strategisch zwar erklärbaren, dennoch nicht folgenlosen ‚Hypertrophierung' des theologischen Gehaltes des Bischofsamtes und der theologischen Strapazierung des Bischofskollegiums riskiert man letztlich sogar eine ekklesiologische Aporie. Denn im unmittelbaren Zusammenhang damit gilt es, an die bedauernswerte Tatsache zu erinnern, dass das II. Vatikanum die im III. Kapitel der Kirchenkonstitution *Lumen gentium* entfaltete *communio hierarchica* unter vollkommener Ausblendung des im II. Kapitel noch dominierenden Leitgedankens

---

als ‚Garant des Gehorsams und der Übereinstimmung der Kirche mit dem Willen Gottes, mit dem Evangelium Christi und mit der Überlieferung der Kirche' [...]. Das Engagement, eine synodale Kirche aufzubauen – eine Aufgabe, zu der wir alle berufen sind, jeder in der Rolle, die der Herr ihm anvertraut –, ist reich an Auswirkungen auf die Ökumene [...]."

60 Vgl. dazu Wilhelm Geerlings, Dialogische Strukturen in der Alten Kirche, in: G. Fürst (Hg.), Dialog als Selbstvollzug der Kirche?, Freiburg i.B. 1997 (QD 166), 71–92.

61 Vgl. dazu Andreas Merkt, Bischof, Pfarrgemeinderäte und Zölibat. Aktuelle Reformthemen in der alten Kirche, in: ders. u.a. (Hg.), Reformen in der Kirche. Historische Perspektiven, Freiburg i.B. 2014, 12–50, 35.

einer Volk-Gottes-Ekklesiologie konzipiert hat, sei dies nun mit Blick auf die theologische Aufwertung des Bischofsamtes, die Vollmachten des Bischofskollegiums in ihrem Verhältnis zur Primatialgewalt oder die theologische Differenzierung der amtlichen Dienste in der Kirche. Diese theologische Aufwertung des Bischofsamts durch das Konzil wirkt ekklesiologisch wie die sprichwörtliche ‚Dame ohne Unterleib'. Eine ähnliche Beobachtung lässt sich für das Bischofsdekret des Konzils, *Christus Dominus*, festhalten: Auch hier wird eine „Hirtenaufgabe entwickelt ohne Rücksicht auf die Schafe"[62]. *Christus Dominus* verbleibt ebenso wie die Kirchenkonstitution selbst in seinen Ausführungen zum Bischofsamt unter der Leitperspektive: Zentrale – Ortskirche, Papst – Einzelbischof.[63]

Hier steht also nicht nur eine Wiederentdeckung des Subsidiaritätsprinzips zur Stärkung der Eigenrechte der Ortskirche und die Einrichtung institutioneller Repräsentationsorgane mit Entscheidungsbefugnis zu ihrer synodalen Ausübung einfachhin ‚aus'; es steht eine Revision von theologischen Begründungsformen wie dogmatischer Bewertung der bischöflichen Verfassung samt der darin wirksamen Vollmachten aus, die über die Ausführungen des Konzils selbst hinaus eingefordert und ausgestaltet werden müssen, da sie dort allenfalls fragmentarisch angedacht worden sind bzw. die Regularien des Konzils selbst im Identitätsstrom des 19. Jh. verbleiben bzw. sich von dieser Denkform eben gerade nicht verabschiedet haben. Dabei ist durchaus eine andere Rezeptionsgeschichte denkbar als die, die wir bisher erlebt haben und die auch im aktuell geltenden kirchlichen Recht zu finden ist.

Dazu sei kurz und ganz spekulativ der Ansatz von Eugenio Corecco zur synodalen Gestalt der einen *sacra potestas* des Bischofsamtes an einem Punkt weitergedacht:[64] Warum sollte, was ‚nach oben', also vom Einzelbischof hinein in der Gemeinschaft des Bischofskollegiums, gilt, nicht auch ‚nach unten', in die Diözese, gelten? Denn das, was z. B. Peter Krämer zum Ansatz Coreccos ausführt – „Die ‚communio Ecclesiarum' macht also eine synodale Ausübung der bischöflichen Vollmacht erforderlich, um die Einheit der vielen Teilkirchen untereinander und ihr Verbleiben in der Gesamtkirche zu gewährleisten. Diesem Ziel dienen unterschiedliche verfassungsrechtliche Institutionen, die die bischöfliche Synodalität in unterschiedlicher Weise zum Ausdruck bringen und den jeweiligen Zeiterforder-

---

62 Bausenhart, Bischofsamt, 103.
63 Vgl. dazu auch Johanna Rahner, Der Geist weht, wo er will? Von Kollegialität, Synodalität und Subsidiarität zwischen Bischof und Bischofskonferenz, in: T. Schüller/M. Seewald (Hg.), Die Lehrkompetenz der Bischofskonferenz. Dogmatische und kirchenrechtliche Perspektiven, Regensburg 2020, 115 – 142.
64 Vgl. u. a. Eugenio Corecco, Die ‚sacra potestas' und die Laien, in: FZPhTh 27 (1980), 120 – 154; ders., Das Wesen der Synodalität, in: ders. (Hg.), Ordinatio Fidei. Schriften zum Kanonischen Recht, Paderborn 1994, 380 – 401.

nissen stets neu angepaßt werden müssen: Ökumenisches Konzil und Bischofs-
synoden, Partikularkonzilien und Bischofskonferenzen"[65] – das kann und muss
zugleich für die Etablierung einer beteiligungsgerechten und entscheidungsbefug-
ten synodale Praxis ‚nach unten', in die Einzeldiözese hinein, umsetzbar sein und
dort auch zum Ausdruck kommen. Eine monarchisch-monistische Struktur der
Teilkirche ist ja aus ekklesiologischen Gründen abzulehnen.[66] Theologisch plausibel und begründbar ist daher die These: Der synodale Charakter der Ausübung
der Vollmacht des Bischofsamtes *innerhalb* einer Teilkirche gehört ebenso zum
theologischen Wesensausdruck dieser Vollmacht hinzu wie ihre Eingliederung in
die *Communio* der Bischöfe, kurz Kollegialität und Synodalität sind die beiden
unaufgebbaren Grundprinzipien der bischöflichen Verfassung der Kirche. Ob diese
theologische Notwendigkeit indes im geltenden katholischen Kirchenrecht angemessen umgesetzt ist oder ob der Ausbau im Sinne der Grundprinzipien von Re-
präsentativität, differenzierter Entscheidungsbefugnis gestalteter synodaler Strukturen nachkonziliar bis heute an einem zunehmend problematisch empfundenen
Realisierungsdefizit leidet, scheint mir kaum mehr eine ernstzunehmende Frage.[67]
Aufs Engste damit verbunden wäre die Notwendigkeit einer Ausgestaltung von
Kommunikationsstrukturen, die dialogfähig sind.[68] Denn Dialogbereitschaft bedeutet hier nicht nur Lernbereitschaft, sondern auch den „Mut" zu einem auch
strukturell wirksam werdenden „Antagonismus in der Kirche, zu einem echten
Pluralismus der Charismen, der Aufgaben und Funktionen"[69]. ‚Checks and Ba-
lances' heißt das magische soziologische Zauberwort, damit auch als Grundprinzip
der bischöflichen Verfassung von Kirche zu gelten hat: „Das Normale und Ordentliche in der Kirche muss die kollektive und dialogische Wahrheitsfindung
sein."[70]

---

65 Peter Krämer, Worin gründet kirchliche Vollmacht? Das Zusammenspiel von Weihe und
Sendung nach Eugenio Corecco, in: AfKKR 163 (1994), 74–84, 80.
66 Vgl. Krämer, Vollmacht, 80.
67 Vgl. dazu auch die Forderung von Papst Franziskus, dass die Strukturen der Katholischen
Kirche synodaler werden sollen, denn „dieser Weg der *Synodalität* ist das, was Gott sich von der
Kirche des dritten Jahrtausends erwartet" (Papst Franziskus, Ansprache zur 50-Jahr-Feier der
Einrichtung der Bischofssynode).
68 Hermann Josef Pottmeyer spricht eindrücklich von der fehlenden Dialogkultur (vgl. ders., Die
Mitsprache der Gläubigen in Glaubenssachen. Eine alte Praxis und ihre Wiederentdeckung, in:
IKaZ 25 (1996), 134–147, 146).
69 Karl Rahner, ‚Löscht den Geist nicht aus!', in: ders., SW 21/1, Freiburg i.B. 2013, 23–35, 32.
70 Walter Kasper, Die Lehre von der Tradition in der Römischen Schule, Freiburg i.B./Basel/Wien
1962, 65.

5 Epilog

In den ökumenischen Diskussionen um die episkopale Verfassung der Kirche treten daher bei näherem Hinsehen nichts weniger als die innerkatholisch im Gefolge des Konzils nur mangelhaft geklärten Strukturfragen offen zutage. Die nachkonziliar mühsam verdeckten ,Baustellen' katholischer Ekklesiologie sind angesichts der hier aufgeworfenen prinzipiellen Fragen kaum mehr zu verschleiern. Wie verhält sich Kirche zu den ,demokratischen Lektionen' der Moderne: allgemeine Teilhabe an der Macht, Machtkontrolle und prinzipielle Begrenzung von Macht? Und sie hat eine Antwort auf die Frage nach Partizipation und Kommunikation und der Schaffung dazu notwendiger Strukturen einzufordern? Das alles gehört hinein in die Frage einer Umsetzung der bischöflichen Verfassung der Kirche im 21. Jahrhundert. Behält man diese Zusammenhänge im Gedächtnis, kann es kaum verwundern, dass sich manche katholische Kreise in Sachen Ekklesiologie zur Beantwortung der Frage nach dem Wesen der Kirche, also dem ,eigentlichen Kirchesein', letztlich nur auf einen Punkt zu kaprizieren scheinen: die formale Sukzession des Bischofsamtes und so die Bewertung der Angemessenheit eines ekklesiologischen Entwurfes anhand dieses Formalkriteriums vollziehen zu können meinen, ohne aber die notwendige Öffnung dieser Frage auf einen systemisch-strukturellen Problemhorizont überhaupt in den Blick zu nehmen. Unter einer veränderten, nämlich umfassenderen Perspektive, die all die genannten Dinge mitberücksichtigte, wäre die Frage nach dem ,eigentlich Kirche-Sein' indes auch mit Blick auf die Katholische Kirche nicht mehr so einfach zu beantworten. „Wären", so hat Eva-Maria Faber vor einigen Jahren provokant gefragt, „nicht gerade diese Strukturfragen einer jener Bereiche, wo die römisch-katholische Kirche demütig genug sein sollte, um einzugestehen, dass sie umzukehren – und dabei auch von anderen Kirchen zu lernen hätte?"[71] Die Frage nach der bischöflichen Verfassung der Kirche ist alles andere als ,als erledigt' zu betrachten; ja sie gewinnt an neuer (nicht nur ökumenischer) Brisanz. Denn immer noch ausstehende Lösung dieser Frage stilisiert sich langsam aber sicher zur entscheidenden Identitätsfrage der Katholischen Kirche in der späten Moderne.

---

[71] Eva-Maria Faber, Umkehr und Veränderungsbereitschaft als konstitutive Elemente des ökumenischen Weges, in: SdZ 230 (2012), 723 – 734, 728.

Eva-Maria Faber

Wann ist es genug?

Zur ökumenischen Herausforderung des *satis est*

Selbst wer versucht, ökumenisch einen langen Atem zu haben, kennt Momente, in denen er oder sie „genug hat". Um es gleich von dieser psychologischen Ebene auf die theologische Ebene zu heben: Es stellt sich die Frage, wann denn in den ökumenischen Bemühungen endlich genug geschehen sei, um nächste Schritte zu tun. Vor diesem Hintergrund möchte ich das *satis est* der *Confessio Augustana* (CA) würdigen und aktualisierend fragen, welche Relevanz ein solches *satis est* in der heutigen ökumenischen Situation hat. Mein Fokus ist also nicht primär die historische Rückfrage nach Umständen und Implikationen des damaligen *satis est*, sondern die Transposition auf die ökumenischen Bemühungen heute. Dabei nehme ich einen konfessionellen Standpunkt insofern ein, als ich die Herausforderung primär an meine eigene, die römisch-katholische Kirche wende und (im Sinne des *Ökumenedekretes* des II. Vatikanischen Konzils *Unitatis Redintegratio* [UR] 4)[1] selbstkritisch analysiere, inwiefern sich die katholische Seite offenkundig schwer tut, sich überhaupt auf eine Bestimmung des *satis est* einzulassen. Mein Ziel ist es, in dieser Sache Wege nach vorn aufzuzeigen. Annäherungen an dieses Thema hat es natürlich schon vielfach gegeben. Ich setze darum viele diesbezügliche Reflexionen voraus und konzentriere mich auf einige Faktoren, die es nach meinem Dafürhalten verdienen, besser beachtet zu werden.

1 Das *satis est* im damaligen Kontext

Der Text von CA 7 gehört zu den bekanntesten und am meisten diskutierten Artikeln der *Confessio Augustana*. Er lässt auf die Wesensbestimmung der christlichen Kirche von Evangelium und Sakrament her die Ausdeutung folgen:

> Denn dieses ist gnug zu warer einigkeit der Christlichen kirchen, das da eintrechtiglich nach reinem verstand das Evangelium geprediget und die Sacrament dem Göttlichen wort gemes gereicht werden. Und ist nicht not zu warer einigkeit der Christlichen kirchen, das allenthalben gleichformig Ceremonien von menschen eingesatzt, gehalten werden, wie Paulus

---

1 „Aber in erster Linie sollen sie [die katholischen Gläubigen] doch ehrlich und eifrig ihr Nachdenken darauf richten, was in der eigenen katholischen Familie zu erneuern und was zu tun ist, damit ihr Leben mit mehr Treue und Klarheit für die Lehre und die Einrichtungen Zeugnis gebe, die ihnen von Christus her durch die Apostel überkommen sind." (UR 4).

spricht Ephes. iiii.: „Ein leib, ein geist, wie ihr beruffen seid zu einerley hoffnung euers beruffs, Ein Herr, ein glaub, ein Tauffe."[2]

Für meine Zielsetzung genügt hier zur Orientierung ein Resümee von drei Aspekten der Forschung und Debatten um diesen Artikel.

Ein erster relevanter Aspekt ist seine Kontextualisierung. Es besteht heute weitgehend Konsens darüber, dass der Augsburger Reichstag und somit auch die *Confessio Augustana* noch nicht auf eine formelle Spaltung reagierten, sondern innerhalb einer wenn auch tiefgreifenden Kontroverse um Einigung bemüht waren.[3] Dafür sprechen Aussagen katholischer Akteure[4] ebenso wie die Knappheit der Ausführungen der CA.[5] Damit handelt es sich bei CA 7 um den Versuch einer binnenkirchlichen, nicht (anachronistisch gesprochen) „zwischenkonfessionellen" Klärung, wie Einheit im Notwendigen und Vielfalt in wandelbaren Gestaltformen sich zueinander verhalten.

Eine zweite Frage betrifft den Bezug des *satis est.* Erschöpft sich sein Inhalt mit den in CA 7 genannten Merkmalen, oder weist der Artikel über sich selbst hinaus? Zahlreiche historische ebenso wie aktualisierende[6] Auslegungen von

---

2 BSELK, 102; vgl. den lateinischen Text: *Et ad veram unitatem Ecclesiae satis est consentire de doctrina Evangelii et administratione Sacramentorum. Nec necesse est ubique esse similes traditiones humanas seu ritus aut ceremonias ab hominibus institutas. Sicut inquit Paulus: „Una fides, unum baptisma, unus Deus et pater omnium etc."* (BSELK, 103).

3 So auch Gemeinsame Römisch-katholische/Evangelisch-lutherische Kommission, Alle unter einem Christus. Stellungnahme zum Augsburgischen Bekenntnis, 1980, in: Dokumente wachsender Übereinstimmung. Sämtliche Berichte und Konsenstexte interkonfessioneller Gespräche auf Weltebene, [Bd. 1:] 1931–1982, hg.v. Harding Meyer/Hans Jörg Urban/Lukas Vischer, Paderborn/Frankfurt a. M. 1983, 323–328, Nr. 2.

4 Siehe z. B. Bernwardt Schmidt, Katholiken und die Reformation. Überlegungen zu einer ökumenisch interessierten Reformationsgeschichtsschreibung, in: Cath(M) 72 (2018), 273–289, 286, mit Hinweis auf Herzog Georg von Sachsen, der im Kontext des Augsburger Reichstags 1530 zwar die Gefahr einer Spaltung sah, aber die Hoffnung äußerte, es möge nicht so weit kommen.

5 Wenzel Lohff argumentiert mit der knappen Form der Darlegung, die „zureichend nur sein konnte, wenn man eine fundamentale Übereinstimmung mit der kirchlichen Lehrüberlieferung eben voraussetzen konnte": Wenzel Lohff, Die Bedeutung der Augsburgischen Konfession für die Lutherische Kirche und ihr Verhältnis zur römisch-katholischen Kirche, in: Harding Meyer/Heinz Schütte (Hg.), Confessio Augustana. Bekenntnis des einen Glaubens. Gemeinsame Untersuchung lutherischer und katholischer Theologen, Paderborn/Frankfurt a. M. 1980, 1–21, 3.

6 „Zugleich werden die in CA VII formulierten Bedingungen kirchlicher Einheit auch nicht exklusiv verstanden.": Bernd Oberdorfer/Oliver Schuegraf (Hg.), Sichtbare Einheit der Kirche in lutherischer Perspektive. Eine Studie des Ökumenischen Studienausschusses der Vereinigten Evangelisch-Lutherischen Kirche Deutschlands und des Deutschen Nationalkomitees des Lutherischen Weltbundes, Leipzig 2017, 81, als Formulierung der Position des LWB. Siehe auch Theodor Dieter (Hg.), Lutherische Identität. Lutheran Identity. Im Auftrag des Instituts für Öku-

lutherischer Seite sehen in CA 7 das kirchliche Amt als Dienst an Wort und Sakrament (vgl. CA 5) ebenso wie institutionelle Formen der Konsensbildung über die schriftgemäße Verkündigung und Sakramentsverwaltung impliziert.[7] Eine reduktive Lesart ginge demnach am damaligen Kontext vorbei und würde auch heutigen lutherischen Positionen nicht gerecht.

Eine dritte Beobachtung betrifft die damalige katholische Reaktion. Die *Confutatio* geht auf die Thematik des *satis est* nur insofern ein, als sie die Legitimität unterschiedlicher partikulärer Riten anerkennt, aber an der Verbindlichkeit universaler Riten festhält.[8] 1980 formulierten Harding Meyer und Heinz Schütte den Eindruck: „In Augsburg hat man von katholischer Seite auch hier, jedenfalls was die Formel anbetrifft, kein gravierendes Problem gesehen."[9] Dieser Befund macht nachdenklich hinsichtlich der weiteren Entwicklungen. Ich möchte sie unter dem Stichwort „Grenzverschiebungen" beleuchten, und zwar für die Reformationszeit ebenso wie für spätere römisch-katholische Entwicklungen.

2 Grenzverschiebungen

2.1 Verschiebung der Grenzen der Kircheneinheit

Es ist die Tragik der Reformationszeit, dass die Kontroversen relativ bald nicht mehr als Konflikt im Binnenraum ausgetragen wurden. Vielmehr wurden Grenzen aktiv gezogen bzw. verschoben. Was im Jahr 1500 und möglicherweise noch im Jahr 1530 für das Leben, Verständnis und die Einheit der Kirche genug war, schien wenige Jahre später nicht mehr genug zu sein. Es erfolgten Verengungen, die

---

menische Forschung in Strasbourg, Leipzig 2019. Das Dokument nimmt die Konzentration auf die beiden in CA 7 genannten Merkmale auf (vgl. Nr. 25 und 67), hält aber fest: „Der gemeinsame Gottesdienst bedarf einer Verständigung über das kirchliche Amt insbesondere der ordinierten Amtsträger, die diesem Gottesdienst vorstehen. Es ist darum ökumenisch notwendig, zu einem gemeinsamen Verständnis des Amtes, seiner Strukturen und angemessener Formen gemeinsamer Ausübung dieses Amtes zu kommen. Es ist wohl die schwierigste Aufgabe der ökumenischen Dialoge, eine Verständigung darüber zu erreichen, welche Gemeinsamkeiten in der Institution des Amtes und in seiner Ausübung nötig sind, damit man die sichtbare Communio der Kirchen erfahren kann." (Nr. 94).

7 Dass dies für die reformierte Ekklesiologie ebenfalls gilt, zeigt Michael Beintker, Leitlinien reformatorischer Ekklesiologie. Das Beispiel Calvins, in: ZThK 114 (2017), 398–416.

8 Vgl. Confutatio Nr. 7: Die Confutatio der Confessio Augustana vom 3. August 1530, bearb. v. Herbert Immenkötter, Münster 1979 (Corpus Catholicorum 33), 96 f.

9 Harding Meyer/Heinz Schütte, Die Auffassung von Kirche im Augsburgischen Bekenntnis, in: Meyer/Schütte, Bekenntnis des einen Glaubens, 168–197, 184.

Konsequenzen für die Einschätzung des *satis est* haben mussten. Im Laufe der folgenden Jahrhunderte setzte sich diese Abgrenzungs- und Verengungsdynamik fort.

Klaus Unterburger hat aufgewiesen, wie sich Martin Luther ekklesiologisch im Rahmen von Traditionssträngen positionierte, „die bislang nach- und auch nebeneinander existierten und mitunter auch schon vorher unter bestimmten Aspekten in Konflikt geraten waren."[10] Selbst papalistisch argumentierende Theoretiker ließen am Vorabend der Reformation noch ein „Notstandsrecht" gelten. Doch ekklesiologische Optionen im Sinne eines „altkatholischen Kirchenrechts" oder des Notstandsrechts gerieten in der Kontroverse ins Abseits und waren je länger je mehr nicht mehr „genug" für ein römisch akzeptables Kirchenverständnis. Damit wurden im Laufe des Geschehens die Regeln dafür verändert, was unabdingbar für die Kircheneinheit ist.

Positiv lässt sich natürlich dasselbe Geschehen so deuten, dass sich im Laufe von geschichtlichen Ereignissen und auch Kontroversen Einsichten herausschälten, hinter die es danach kein Zurück mehr gab. Beispiele dafür gibt es in der Profan- und Kirchengeschichte genug. Gleichwohl ist Sorgfalt der Unterscheidung angezeigt. Denn derartige nachfolgende Grenzverschiebungen führ(t)en nicht selten zu verzerrten Beurteilungen der Reformation. Im Rückblick neigte die römisch-katholische Seite dazu, für das 16. Jahrhundert ein kompaktes Set von selbstverständlichen Gegebenheiten anzusetzen, die durch die Reformatoren verletzt worden waren. Dies gilt selbst für differenziertere Einschätzungen wie die folgende, 1980 von Walter Kasper formulierte:

> Die katholische Antwort auf die Herausforderung der Reformation konnte nicht in der bloßen Wiederholung der – ohnedies wenig durchreflektierten – altkirchlichen Verhältnisbestimmung von Schrift, Bekenntnis und apostolischer Sukzession innerhalb der sakramentalen communio bestehen. Die Antwort auf die neue Frage führte notwendig zu einer neuen geschichtlichen Gestalt des Katholischen, die freilich durch das II. Vatikanische Konzil nunmehr an ihr Ende gekommen ist.[11]

Die altkirchliche Verhältnisbestimmung von „Schrift, Bekenntnis und apostolischer Sukzession innerhalb der sakramentalen communio" konnte nicht „in bloßer Wiederholung" aufgenommen werden, weil sie insbesondere im Punkt der

---

10 Klaus Unterburger, Unter dem Gegensatz verborgen. Tradition und Innovation in der Auseinandersetzung des jungen Martin Luther mit seinen theologischen Gegnern, Münster 2015, 109; vgl. insgesamt 94–119.

11 Walter Kasper, Bekenntnis und Bekenntnisgemeinschaft in katholischer Sicht, in: Meyer/Schütte, Bekenntnis des einen Glaubens, 22–46, 33 (auch in: ders., Einheit in Jesus Christus. Schriften zur Ökumene 2, Gesammelte Schriften 15, Freiburg i.B./Basel/Wien 2013, 49–75, 61).

apostolischen Sukzession so weder altkirchlich schlechthin existierte noch im 16. Jahrhundert selbstverständliche Voraussetzung war.[12] Kasper deutet dies durch die Parenthese an, die das Problem allerdings – möglicherweise dem damaligen Forschungsstand geschuldet – unterbelichtet. Brisanter noch ist der folgende Satz, insofern er erkennen lässt, dass die römische Kirche in der Folge der Kontroversen eine „neue Gestalt" entwickelte – war und ist es wirklich eine neue geschichtliche „Gestalt des *Katholischen*"? Inwiefern war oder ist es berechtigt, an dieser *veränderten* Gestalt die Bedingungen für Kircheneinheit abzulesen? War diese Entwicklung notwendig (und führte sie zu Recht zu weitergehenden Forderungen des für die Einheit Notwendigen), wenn sie inzwischen an ihr Ende gekommen ist (und ist sie das wirklich)?

Grenzverschiebungen hinsichtlich der Bedingungen und Kriterien für die Kircheneinheit dauern bis in die Gegenwart fort. Ich greife einige aktuelle Beobachtungen von unterschiedlichem Gewicht heraus.

Ein erstes Beispiel sind unterschiedliche Thematisierungen des Petrusdienstes. Ursprünglich hätte die Beschreibung kirchlicher Einheit in Nr. 2 des *Ökumenedekretes* die „Bischöfe mit dem Nachfolger Petri" nennen sollen, ohne den Zusatz „als Haupt"[13]. Eine Initiative von Papst Johannes Paul II., den Petrusdienst als solchen von Formen seiner Ausübung zu unterscheiden, wird später noch zu erinnern sein. Demgegenüber insistiert *Dominus Iesus* darauf, dass Voraussetzung für die volle Gemeinschaft mit der römisch-katholischen Kirche die katholische Lehre vom Primat sei.[14]

Unter anderen Beispielen für Veränderungen im Kirchenbegriff arbeitet Bruno Hünerfeld in seiner Studie Verschiebungen hinsichtlich der Bedeutung der *successio apostolica* heraus. Die Bindung nicht nur der Einheit der Kirche, sondern des Kirchenbegriffs[15] an die Kriterien des im Sinne der apostolischen Sukzession gültigen Episkopates und der vollständigen Wirklichkeit des eucharisti-

---

12 Dazu hat der Ökumenische Arbeitskreis erhellende Studien vorgelegt: vgl. die drei Bände: Dorothea Sattler/Gunther Wenz (Hg.), Das kirchliche Amt in apostolischer Nachfolge, Bd. 1–3, Freiburg i.B./Göttingen 2004/2006/2008 (Dialog der Kirchen 12–14). Siehe zudem: Georg Kretschmar, Die Wiederentdeckung des Konzeptes der „Apostolischen Sukzession" im Umkreis der Reformation, in: ders., Das bischöfliche Amt. Kirchengeschichtliche und ökumenische Studien zur Frage des kirchlichen Amtes, hg.v. Dorothea Wendebourgh, Göttingen 1999, 300–344.

13 Vgl. Bernd Jochen Hilberath, Theologischer Kommentar zum Dekret über den Ökumenismus Unitatis redintegratio, in: HThK Vat II 3 (2005), 69–223, 118. Siehe unten Anm. 32.

14 Vgl. Kongregation für die Glaubenslehre, Erklärung Dominus Iesus über die Einzigkeit und die Heilsuniversalität Jesu Christi und der Kirche, 2000, Nr. 17: http://www.vatican.va/roman_curia/congregations/cfaith/documents/rc_con_cfaith_doc_20000806_dominus-iesus-ge.html (18.06.2021).

15 Vgl. Kongregation für die Glaubenslehre, Dominus Iesus, Nr. 17.

schen Mysteriums hat in der römisch-katholischen Kirche keine lange Tradition. Es war die im 19. Jahrhundert entstandene anglikanische Branch-Theorie, welche die apostolische Sukzession als Unterscheidungskriterium für eine gestufte Anerkennung von kirchlichen Gemeinschaften entwickelte. Das damalige römische Lehramt lehnte eine solche kriterielle Unterscheidung ab.[16] Darauf weist auch das Votum des Ökumenischen Arbeitskreises evangelischer und katholischer Theologen *Gemeinsam am Tisch des Herrn* hin:

> Eine Engführung der Bestimmung des „eigentlichen" Kircheseins auf das exklusive Kriterium der apostolischen Sukzession im Weihesakrament ist eine neuere Entwicklung in einzelnen römisch-katholischen Lehrschreiben. Diese Begrifflichkeit und die dabei leitende theologische Intention können sich nicht auf das 2. Vatikanische Konzil berufen.[17]

Zu erwähnen ist eine terminologische Verschiebung. Der Refrain römisch-katholischer Aussagen zum Ziel der Ökumene fokussiert heute auf die „volle und sichtbare Gemeinschaft"[18] (Papst Johannes Paul II.), oder in weiterer Differenzierung die „sichtbare Einheit im Glauben, im sakramentalen Leben und in den kirchlichen Ämtern"[19] (Kurt Koch). Der Begriff der sichtbaren Einheit kommt jedoch, dies stellt Johannes Oeldemann nüchtern fest, in den Dokumenten des II. Vatikanischen Konzils nirgends vor.[20] Damit ist nicht gesagt, dass in den Konzilstexten nicht von der Sichtbarkeit der Kirche (und zwar auch im Rahmen von ökumenischen Zielvorstellungen) die Rede wäre.[21] Das Anliegen wird ja auch von der

---

16 Vgl. Bruno Hünerfeld, Ecclesiae et Communitates ecclesiales. Eine Analyse des ekklesiologischen Status von Protestanten und ihren Gemeinschaften in den lehramtlichen Dokumenten der Pontifikate von Pius IX. (1846–1878) bis Benedikt XVI. (2005–2013), Münster 2016 (Dogma und Geschichte 9), 13–17.

17 Siehe Abschnitt 6.4 im Dokument unter https://www.uni-muenster.de/imperia/md/content/fb2/zentralseiten/aktuelles/gemeinsam_am_tisch_des_herrn._ein_votum_des___kumenischen_arbeitskreises_evangelischer_und_katholischer_theologen.pdf (18.06.2021), dort S. 49.

18 Papst Johannes Paul II., Enzyklika Ut unum sint [UUS] Nr. 95: http://www.vatican.va/content/john-paul-ii/de/encyclicals/documents/hf_jp-ii_enc_25051995_ut-unum-sint.html (18.06.2021).

19 Kurt Koch, Auf dem Weg zur Kirchengemeinschaft. Welche Chance hat eine gemeinsame Erklärung zu Kirche, Eucharistie, Amt?, in: Cath(M) 69 (2015), 77–94, 92.

20 „In den Dokumenten des Zweiten Vatikanischen Konzils ist dagegen nirgends von ‚sichtbarer Einheit' die Rede, sondern vielmehr von ‚voller Gemeinschaft' der Kirchen. Was für eine solche volle Gemeinschaft erforderlich ist und welche ‚sichtbaren' Elemente unabdingbar dazugehören, ist eine Frage, die in der Ökumene nach 2017 weiter diskutiert werden muss.": Johannes Oeldemann, Ökumene nach 2017 ... auf dem Weg zur Einheit?, Paderborn/Leipzig 2018 (Blickpunkt Ökumene 1), 54.

21 Vgl. UR 1; LG 8.

Charta Oecumenica und von lutherischen Dokumenten geteilt.[22] Es geht mir um die *Formel* der „sichtbaren Einheit" als Beispiel für – unbemerkte? leichtfertige? – Akzentverschiebungen, die in diesem Fall zur Klärung überdies wenig beitragen. Der Formel lässt sich nicht entnehmen, welche Art von Sichtbarkeit sie für unabdingbar erklärt. Die jüngst postulierte Gemeinschaft in der eucharistischen Mahlgemeinschaft[23] wäre ja auch eine Form sichtbarer Einheit, wie sie derzeit von römisch-katholischer Seite abgelehnt wird.

Derzeit scheint sich eine weitere Verschiebung zu vollziehen. In einem Artikel über die Möglichkeit einer Gemeinsamen Erklärung zu Kirche, Eucharistie und Amt bemerkt Kardinal Kurt Koch: „Ein sakramentales Verständnis von Kirche [...] bildet freilich die Basis, auf der erst und sinnvollerweise die Möglichkeit einer gemeinsamen Erklärung zu Kirche, Eucharistie und Amt ausgelotet werden kann."[24] Damit scheint ein weiteres Thema als notwendig für die Kirchengemeinschaft ebenso wie schon für weitere Schritte der Annäherung gesetzt zu werden: die Anerkennung eines sakramentalen Kirchenverständnisses, dessen genaue Konturen jedoch unklar sind. Was genau meinte das II. Vatikanische Konzil mit dem ekklesiologischen Sakramentsbegriff, wie ist dieses Verständnis nachkonziliar aufgeladen worden, was daran gehört mit welcher Begründung zu einem verbindlichen römisch-katholischen Kirchenbegriff?

2.2 Doktrinalisierung

Zu Grenzverschiebungen gehört auch der Ausbau des Lehrsystems. Noch gegenläufig scheint sich das Konzil von Trient in seiner dritten Sitzung 1546 zu artikulieren, wenn es dem Dekret über das Glaubensbekenntnis eine mit dem *nicäno-konstantinopolitanischen Glaubensbekenntnis* verbundene Einleitung voranschickt: Das Konzil entscheide sich,

> das Glaubensbekenntnis, das die heilige Römische Kirche gebraucht, als jenen Ursprung, in dem alle, die den Glauben an Christus bekennen, notwendig zusammenfinden (necessario conveniunt), und (als jenes) feste und einzige Fundament, über das die Pforten der Unterwelt niemals Gewalt haben werden (vgl. Mt 16,18), mit denselben Worten, mit denen es in allen Kirchen gelesen wird, ausdrücken zu sollen.[25]

---

22 Eine lutherische Studie führt die Formel auf den Ökumenischen Rat der Kirchen zurück und sieht darin anglikanischen Einfluss wirksam: vgl. Oberdorfer/Schuegraf, Sichtbare Einheit, 99.
23 Siehe oben Anm. 17.
24 Koch, Auf dem Weg, 90.
25 DH, 1500.

Im *necessario conveniunt* liegt ein „es ist notwendig, necesse est" vor, und im „fundamentum firmum et *unicum*" zugleich implizit so etwas wie ein *satis est*. Dabei wird das Bekenntnis nicht der Kontroverse angepasst und erweitert, sondern „mit denselben Worten", *totidem verbis* ausgedrückt. Hätte sich das Konzil von Trient damit begnügt, so wären weitere Verständigungen möglich gewesen. Stattdessen stehen wir mit dem Konzil von Trient an der Schwelle zu fortschreitenden Doktrinalisierungen. Die „Überdoktrinalisierung"[26] gilt nach Jörg Lauster für beide Seiten, doch hat sich die evangelische Seite nicht zuletzt mit dem *satis est* ein Korrektiv eingebaut, um Doktrinen nicht überzubewerten und revidierbar zu halten.[27] Dies ist im Lehrsystem der römisch-katholischen Kirche bekanntermaßen schwieriger.

Bereits in der Reformationszeit fällt bei den römischen Stellungnahmen auf, dass sie nicht nur die Wahrheit reformatorischer Positionen anfechten, sondern auch und vielleicht primär Fehlendes monieren. Das Konzil von Trient kennt dafür bei den Canones die Formulierung „wer leugnet, dass [...], anathema sit". Mehr noch: bei zahlreichen Canones, welche die positive Formulierung „wer sagt, dass [...], anathema sit" verwenden, folgt eine negative Formulierung, so dass implizit eine Leugnung verurteilt wird, z. B.:

> Wer sagt, in der katholischen Kirche sei die Buße nicht wahrhaft und eigentlich ein von Christus, unserem Herrn, eingesetztes Sakrament, um die Gläubigen, sooft sie nach der Taufe in Sünden fallen, mit Gott wiederzuversöhnen, der sei mit dem Anathema belegt[28].

Ich spitze die Beobachtung zu und aktualisiere die Fragestellung: Ist es also nur dann genug, wenn all dieses Fehlende, das die andere Seite leugnet bzw. von dem

---

26 Jörg Lauster, Verzauberung der Welt. Eine Kulturgeschichte des Christentums, München 2014, 329.

27 Interessant ist der Hinweis von Martin Brecht auf ein „Adiaphora-Gutachten" von Johannes Brenz, das sinngemäß deklariere: „Es genügt jetzt nicht zu sagen, ich glaube an Jesus Christus – das Apostolicum ist wohl zitiert –, sondern es muß mit einem Zusatz versehen werden. Aktuelles Bekennen heißt jetzt, ich muß gleichzeitig dazusagen: Ich glaube, daß der Papst mit seiner ganzen Sache nichts ist." Hier habe man „eine Art von Verbindung von praktisch Mißbrauch-Kritik und Bekenntnis, die höchst eigentümlich ist.": Diskussionsbeitrag in: Erwin Iserloh (Hg.), Confessio Augustana und Confutatio. Der Augsburger Reichstag 1530 und die Einheit der Kirche. Internationales Symposion der Gesellschaft zur Herausgabe des Corpus Catholicorum in Augsburg vom 3.–7. September 1979, Münster 1980 (Reformationsgeschichtliche Studien und Texte 118), 309. Vgl. Johannes Brenz, Werke. Frühschriften, Teil 1, Tübingen 1970, 119: „Es ist ytzt die zeyt, das man Cristum nit bekent mit dißen worten: Ich glaub an Jesum Cristum, sonder es will anders gefedemt [begonnen] sein, nemlich: Ich halt und glaub auff die baptistischen mes nichtz. Ich glaub nichtz, da mich menschen gebot mogen zur todsund verbinden."

28 DH, 1701.

sie sagt, dass es nicht so ist, akzeptiert ist? So gesehen wäre es nicht verwunderlich, dass hinsichtlich der Rechtfertigungslehre eine Gemeinsame Erklärung gelungen ist, wie sie für Sakramente und Kirche, insbesondere Eucharistie und Amt noch aussteht. Bei der Rechtfertigungslehre konnte eine Komplementarität von zwei Perspektiven herausgearbeitet werden. In Sachen Eucharistie und Amt bzw. allgemeiner Sakramente und Kirche gibt es eine umfangreichere römisch-katholische Lehrsubstanz, die evangelischerseits nicht geteilt wird. Dabei handelt es sich nicht nur um schon in der Reformationszeit kontroverse Themen, sondern darüber hinaus um Hinzugewachsenes. Schlägt man den *Denzinger-Hünermann* ungefähr in der Mitte auf, so befindet man sich bei den Lehrdokumenten des Jahres 1800... Das illustriert ansatzweise die Notwendigkeit, sich katholischerseits Gedanken über das *satis est* zu machen.

Ein Indiz für das Problem zeigt sich in der lutherisch/römisch-katholischen Erklärung zur *Confessio Augustana* von 1980. Nach der Aufzählung von vielem, was die *Confessio Augustana* an Gemeinsamkeiten birgt, folgt ein Abschnitt, der benennt, was in diesem Bekenntnis *fehlt*, etwa auch Äußerungen zu Dogmen, die später verkündet wurden.[29] Zu Recht stellt Johannes Brosseder dazu die Frage, „ob ein ‚Lehrperfektionismus' zum Zustandekommen gelebter kirchlicher Gemeinschaft notwendig ist, der so nicht einmal im engeren Gehäuse der katholischen Kirche faktisch gegeben ist."[30]

Ich lasse es dabei bewenden. Meine Ausführungen wollten den Finger darauf legen, dass die Aussagen der römisch-katholischen Kirche darüber, welches die unverzichtbaren Bedingungen für die Einheit der Kirche sind, durchaus wechselnd ausgefallen sind und dass es schon in der Reformationszeit, aber auch danach zu verschärfenden Grenzverschiebungen kam.

3 Systematische Überlegungen

Der letzte Teil des Artikels soll die Reihe solcher Beobachtungen in systematische Reflexionen überführen.

---

29 Vgl. Gemeinsame Römisch-katholische/Evangelisch-lutherische Kommission, Alle unter einem Christus, Nr. 23. Nr. 24 fragt zwar im Anschluss nach dem Gewicht dieser Punkte und Divergenzen, doch wurde seit 1980 das „erforderliche Maß an Gemeinsamkeit" (Nr. 25) nicht wirklich präzisiert.

30 Johannes Brosseder, „Alle unter einem Christus". Erwägungen zu zwei Veröffentlichungen aus Anlaß des 450jährigen Jubiläums der Confessio Augustana, in: US 35 (1980), 248–256, 253.

3.1 *Satis est* im Horizont verpflichtender ökumenischer Zusammengehörigkeit

Wer das *satis est* der CA auf heutige ökumenische Fragen übertragen will, muss sich Rechenschaft über die veränderte Situation ablegen. Während die *Confessio Augustana* trotz aller vorausgehenden Verwerfungen noch nicht eine formelle Trennung voraussetzt, bewegen sich die ökumenischen Bemühungen heute zwischen unterdessen formell getrennten Kirchen. Wir fragen heute nach einem *satis est* nicht für das Verbleiben in Einheit, sondern für das Gewinnen von Einheit. Zu ergänzen ist zudem die prozessuale Frage: Welche ökumenische Annäherung wäre hinreichend, um daraus lebenspraktische Konsequenzen zu ziehen?

Der Unterschied zwischen dem Verbleiben in Einheit und dem Gewinnen von Einheit führt zu einer Grundsatzfrage. Sind die damit verbundenen Kriterien identisch? Oder müssen beim Gewinnen von Einheit sogar höhere Ansprüche erfüllt werden? Bei den Grenzverschiebungen sah es ja so aus, als müssten die Kriterien nach zerbrochener Einheit verschärft werden. Demgegenüber gilt das II. Vatikanische Konzil als Abschied von der sog. Rückkehrökumene.[31] Dies aber würde bedeuten, dass für das Eintreten in Kirchengemeinschaft nicht dieselben Faktoren wirksam sind wie für die binnenkirchliche Einheit. Doch das II. Vatikanum konkretisiert nicht, was dies bedeuten würde. Im Vergleich laufen das Dekret über den Ökumenismus und die Dogmatische Konstitution über die Kirche *Lumen Gentium* (LG) in etwa auf identische Vorstellungen von Kirche und Kircheneinheit bzw. Kirchenzugehörigkeit hinaus.[32] Wenngleich einzelne Formulie-

---

31 Siehe dazu als Resümee des *Ökumenedekretes:* Hilberath, Kommentar, 195–200.

32 UR 2 benennt dieselben zwei Faktoren wie CA 7, Verkündigung des Evangeliums und Verwaltung der Sakramente, legt dann aber weitere strukturelle Konkretionen hinzu. Es sei der Wille Jesu, dass die Kirche durch „gläubige Predigt des Evangeliums und Verwaltung der Sakramente durch die Apostel und durch ihre Nachfolger, die Bischöfe mit dem Nachfolger Petri als Haupt, sowie durch ihre Leitung in Liebe unter der Wirksamkeit des Heiligen Geistes wachse". Die Vollendung der Gemeinschaft in der Einheit wird an Bekenntnis, gemeinsame Feier des Gottesdienstes und Eintracht der Familie Gottes gebunden. Bekenntnis, Sakramente und Leitung sind auch jene drei Faktoren, die LG 14 für die volle Kirchenzugehörigkeit (von einzelnen) nennt, auch hier konkretisiert als Eingliederung in den „sichtbaren Verband mit Christus, der sie durch den Papst und die Bischöfe leitet". Hinzu kommt an dieser Stelle pauschal, dass zur vollen Eingliederung in die Kirche gehört, „ihre ganze Ordnung und alle in ihr eingerichteten Heilsmittel" anzunehmen. Hinsichtlich von Ortskirchen öffnet sich das Konzil gerade erst der Perspektive, dass Teilkirchen (*Ecclesiae particulares*) „sich eigener Überlieferungen erfreuen" (LG 13), nämlich „ihrer eigenen Disziplin, eines eigenen liturgischen Brauches und eines eigenen theologischen und geistlichen Erbes." (LG 23) Dies gilt „unbeschadet des Primats des Stuhles Petri, welcher der gesamten Liebesgemeinschaft vorsteht, die rechtmässigen Verschiedenheiten schützt und zu-

rungen vor allem in UR 2 dazu dienen, die traditionellen Formeln von bloßen Unterwerfungsaussagen zu befreien und sie mit eher pneumatologischen Ansätzen kompatibel zu machen, bleiben die Formulierungen doch an den Maßgaben der römisch-katholischen Ekklesiologie orientiert.[33] Wäre es aber zur Erlangung der Einheit der Kirchen erforderlich (und womöglich mit einer besonderen Wachsamkeit eingefordert), dass andere Kirchen „alles" aus römisch-katholischer Sicht Fehlende anerkennen, dann wären wir faktisch immer noch bei so etwas wie einer Rückkehrökumene.

Dass Papst Franziskus für die Ökumene das Bild des Polyeders verwendet, der eine Einheit bildet, obwohl seine Teile verschieden sind,[34] spricht jedoch dafür, dass die Ordnung *innerhalb* von Kirchen andere Gestaltungsprinzipien hat als die Verbundenheit *zwischen* den Kirchen. Der Vergleich ratifiziert damit die Abwendung von der Rückkehrökumene, ohne allerdings die weiterführenden Fragen zu lösen.

Die gegenwärtige Situation möchte ich aber noch andersherum wenden, um die erwähnte prozessuale Herausforderung zu konturieren. Die Einsicht, dass sich innerhalb einer Lebensgemeinschaft Differenzen durch gegenseitigen Austausch relativieren, gebietet es in der gegenwärtigen ökumenischen Situation, Zwischenschritte der Ökumene zu definieren. Hier wird ein prozessuales *satis est* von Bedeutung. Die römisch-katholische Seite neigt dazu, so sehr auf das Ziel voller Einheit fokussiert zu sein, dass sie sich zu wenig Rechenschaft darüber ablegt, wann die erreichten Annäherungen genug weitreichend wären, um vorläufige Schritte einer erfahrbaren Gemeinschaft zu ermöglichen, die ihrerseits zur gegenseitigen Annäherung beitragen würden.

Dies ist umso dringlicher, als im ökumenischen Prozess vielfach anerkannt und begrüßt wurde, dass trotz der Trennung eine grundlegende Einheit nicht zerbrochen ist und dass das Gemeinsame gewichtiger ist als das, was uns trennt. In diesem Sinne betonen die evangelisch-lutherisch/römisch-katholischen Dialogdokumente, dass das ökumenische Ziel gegeben, vorgegeben, zu empfangen und jetzt schon unter uns gegenwärtig und wirksam ist. Zu realisieren wäre, wie

---

gleich darüber wacht, dass die Besonderheiten der Einheit nicht nur nicht schaden, sondern ihr vielmehr dienen." (LG 13).

33 Es wird „das spezifisch Katholische (bei Kardinal Bellarmin als Unterstellen unter die rechtmäßige Hierarchie, besonders den römischen Pontifex gefasst) als ‚Lenkung in Liebe' beschrieben und [...] mit dem Wirken des Heiligen Geistes verbunden [...], so dass die pneumatologische Ekklesiologie nicht verloren geht.": Hilberath, Kommentar, 118.

34 Papst Franziskus, Ansprache bei einem privaten Besuch in Caserta aus Anlass der Begegnung mit Pastor Giovanni Traettino, 2014: https://w2.vatican.va/content/francesco/de/speeches/2014/july/documents/papa-francesco_20140728_caserta-pastore-traettino.html (18.06.2021).

sehr dieses teleologisch wirksame Ziel zugleich klärend und gebieterisch vor den Kirchen steht.[35]

1980 formulierten lutherische und römisch-katholische Theologen gemeinsam:

> Getrennte kirchliche Gemeinschaften können sich aber in der vorgegebenen Einheit der einen Kirche, „die immer bleiben wird" (perpetuo mansura), wiedererkennen. Das verpflichtet sie, Schritte zur Wiederversöhnung zu tun und zu prüfen, ob die fortdauernde Trennung vor Gott verantwortet werden kann.[36]

Wann ist es genug, um Zwischenschritte zu tun?

3.2 Einheit in Vielfalt: ein binnenkatholisches Problem

Wenngleich die Frage nach einem zwischenkirchlichen *satis est* nicht mit dem binnenkirchlichen *satis est* identisch ist, lohnt sich an dieser Stelle ein Blick auf die entsprechende binnenkatholische Problematik. Theoretisch kennt die römisch-katholische Ekklesiologie durchaus die Unterscheidung von Notwendigem und freier Vielfalt Überlassenem. Allerdings hat sie – nicht zuletzt infolge der Reformation – einiges an Freude über den Reichtum von Vielfalt eingebüßt und ist eher durch die Sorge um Einheit geprägt. Das II. Vatikanische Konzil unterscheidet in der Pastoralkonstitution über die Kirche in der Welt von heute *Gaudium et spes* in der Nr. 92 jedoch die rechtmäßigen Verschiedenheiten von der geforderten Eintracht.

> Das aber verlangt von uns, dass wir vor allem in der Kirche selbst, bei Anerkennung aller rechtmäßigen Verschiedenheit, gegenseitige Hochachtung, Ehrfurcht und Eintracht pflegen, um ein immer fruchtbareres Gespräch zwischen allen in Gang zu bringen, die das eine Volk Gottes bilden, Geistliche und Laien. Stärker ist, was die Gläubigen eint als was sie trennt. Es gelte im Notwendigen Einheit, im Zweifel Freiheit, in allem die Liebe.[37]

Die Überzeugung, dass das, was die Gläubigen eine, stärker sei, als was sie trennt, ist hier auf den Binnenraum der eigenen Konfessionskirche bezogen. Appellativ

---

35 Vgl. Eva-Maria Faber, „Sich ausstrecken auf das Kommende". Plädoyer für eine antizipatorische Struktur der Ökumene, in: André Birmelé u. a. (Hg.), Auf dem Weg zur Gemeinschaft. 50 Jahre internationaler evangelisch-lutherisch/römisch-katholischer Dialog, Paderborn/Leipzig 2018, 209 – 234, v. a. 224 – 233.

36 Confessio Augustana – Bekenntnis des einen Glaubens, in: Meyer/Schütte, Bekenntnis des einen Glaubens, 333 – 337, 337.

37 Gaudium et spes, Nr. 92.

endet der Absatz mit einer CA 7 verwandten Unterscheidung der Einheit im Notwendigen und der Freiheit beim Zweifel (über dieses Notwendige). Ein verwandter Gedanke wird im *Dekret über den Ökumenismus* aufgenommen bei positiverer Begründung der Freiheit: Zu unterscheiden sei die Einheit im Notwendigen und die Freiheit in den verschiedenen Formen von Lebensgestaltung, Liturgie und Theologie.[38] Interessanterweise ist auch im *Ökumenedekret* an dieser Stelle eher die Praxis innerhalb der römisch-katholischen Kirche selbst im Blick. Ich möchte das hier positiv werten: Es scheint dem Konzil bewusst gewesen zu sein, dass Ökumene nur gelingen kann, wenn das Thema Verschiedenheit nicht nur „für die anderen" auf die Tagesordnung gesetzt wird. Die römisch-katholische Kirche kann glaubwürdige Akteurin in Richtung einer Einheit unter Respekt der Verschiedenheiten nur sein, wenn sie dies im Binnenraum praktiziert. Bekannterweise liegt hier manches im Argen und ist eine echte Vielfalt wenig eingeübt. Gewiss ließen sich Beispiele für solche Vielfalt aufführen, von der Dualität des Kirchenrechtes über Ordensstrukturen und -spiritualitäten, liturgische Vielfalt[39] bis zu kulturell unterschiedlichen Prägungen der Ortskirchen. Gleichwohl lässt der Codex für die orientalischen Kirchen durchaus noch Wachstumsspielräume hinsichtlich des Respektes vor den orientalischen Traditionen zu. Die Eigenheiten der verschiedenen Orden werden zu wenig als Lernchance für die Gesamtkirche genutzt. Was die kulturellen Verschiedenheiten angeht, ist die Ängstlichkeit gegenüber ortskirchlich gestalteten Prozessen und Lebensformen unübersehbar. Die Erfordernisse der Einheit werden binnenkatholisch sehr unterstrichen. Spielräume müssen erkämpft werden und bleiben eher in einer Grauzone, als dass ein beherztes *satis est* Freigabe ermöglichen würde. Das Postulat der Dezentralisierung taucht bei Papst Franziskus zwar z. B. in seinem Apostolischen Schreiben *Evangelii Gaudium* (EG) auf,[40] ohne dass die Umsetzung schon gelingen

---

38 „Alle in der Kirche sollen unter Wahrung der Einheit im Notwendigen je nach der Aufgabe eines jeden in den verschiedenen Formen des geistlichen Lebens und der äusseren Lebensgestaltung, in der Verschiedenheit der liturgischen Riten sowie der theologischen Ausarbeitung der Offenbarungswahrheit die gebührende Freiheit walten lassen, in allem aber die Liebe üben." (UR 4). Siehe auch LG 13 und 23.

39 Vgl. das Dokument des Ökumenischen Arbeitskreises evangelischer und katholischer Theologen „Gemeinsam am Tisch des Herrn", das im 4. Abschnitt die historische gewachsene Vielfalt der Feiergestalten aufweist.

40 „Ich glaube auch nicht, dass man vom päpstlichen Lehramt eine endgültige oder vollständige Aussage zu allen Fragen erwarten muss, welche die Kirche und die Welt betreffen. Es ist nicht angebracht, dass der Papst die örtlichen Bischöfe in der Bewertung aller Problemkreise ersetzt, die in ihren Gebieten auftauchen. In diesem Sinn spüre ich die Notwendigkeit, in einer heilsamen ‚Dezentralisierung' voranzuschreiten.": Papst Franziskus, Apostolisches Schreiben Evangelii Gaudium über die Verkündigung des Evangeliums in der Welt von heute, 2013, Nr. 16: http://

würde. Zu einer Unterscheidung lädt dasselbe Schreiben hinsichtlich des Reformthemas in Nr. 43 ein:

> In ihrem bewährten Unterscheidungsvermögen kann die Kirche auch dazu gelangen, eigene, nicht direkt mit dem Kern des Evangeliums verbundene, zum Teil tief in der Geschichte verwurzelte Bräuche zu erkennen, die heute nicht mehr in derselben Weise interpretiert werden und deren Botschaft gewöhnlich nicht entsprechend wahrgenommen wird. Sie mögen schön sein, leisten jedoch jetzt nicht denselben Dienst im Hinblick auf die Weitergabe des Evangeliums. Haben wir keine Angst, sie zu revidieren! In gleicher Weise gibt es kirchliche Normen oder Vorschriften, die zu anderen Zeiten sehr wirksam gewesen sein mögen, aber nicht mehr die gleiche erzieherische Kraft als Richtlinien des Lebens besitzen. Der heilige Thomas von Aquin betonte, dass die Vorschriften, die dem Volk Gottes von Christus und den Aposteln gegeben wurden, „ganz wenige" sind [STh I II 107,4]. Indem er den heiligen Augustinus zitierte, schrieb er, dass die von der Kirche später hinzugefügten Vorschriften mit Maß einzufordern sind, „um den Gläubigen das Leben nicht schwer zu machen" und unsere Religion nicht in eine Sklaverei zu verwandeln, während „die Barmherzigkeit Gottes wollte, dass sie frei sei". Diese Warnung, die vor einigen Jahrhunderten gegeben wurde, besitzt eine erschreckende Aktualität. Sie müsste eines der Kriterien sein, die in Betracht zu ziehen sind, wenn über eine Reform der Kirche und ihrer Verkündigung nachgedacht wird, die wirklich erlaubt, alle zu erreichen.[41]

An der hier erwähnten Stelle zitiert Thomas von Aquin den Brief des Augustinus an Januarius,[42] der auch in dem jüngsten Dokument des Ökumenischen Arbeitskreises (Abschnitt 4.6) angeführt wird, um die *variatio per loca* zu verteidigen. Auf dieselbe Stelle weist auch CA 26 hin. Die *Confutatio* von 1530 nimmt den Bezug auf. Doch obwohl sie der Unterscheidung zwischen partiellen Kirchenbräuchen und universalen apostolischen Bräuchen zustimmt, zitiert sie den Brief des Augustinus durch Zitatverkürzung in dem einseitigen Sinn, „das man die breuch und haltung der gemainen cristenhait nit abthun sollt, dann zu vermutten sey,//das die von Aposteln herkhomen"[43]. Immerhin ist mit dem Hinweis von Papst Franziskus nun auch die andere Seite des Briefes von Augustinus wiedergewonnen...

Die Unterscheidung zwischen apostolischen und kirchlichen Traditionen ist somit der römisch-katholischen Tradition durchaus vertraut und spielt auf dem Konzil von Trient[44] ebenso eine Rolle wie im aktuellen *Katechismus der Katholi-*

---

w2.vatican.va/content/francesco/de/apost_exhortations/documents/papa-francesco_esortazi-one-ap_20131124_evangelii-gaudium.html (18.06.2021).

41 Evangelii Gaudium, Nr. 43.

42 Ep. 54 ad inquisitiones Ianuarii 1,1–2,2: CSEL 34,158–160.

43 Confutatio Nr. 7: CCath 33,96.

44 Vgl. DH, 1501.

schen Kirche.[45] Gescheut wird aber die konkrete Durchführung dieser Unterscheidung, die es verlangen würde, kirchliche Traditionen wirklich frei zu geben und den Status der apostolischen Traditionen bzw. des *ius divinum* in historischer Redlichkeit zu überprüfen. Einzugestehen wäre, dass vielfach zu klären ist, inwiefern konkrete Gestaltformen und Traditionen zu den konstitutiven Merkmalen des Christ- und Kircheseins gehören und dafür „apostolische" Würde bzw. den Charakter des *ius divinum* tragen und inwiefern sie Teil menschlicher und kirchlicher Gestaltung sind. Bekannterweise sind die Grenzen schwer zu ziehen.

Diese Frage betrifft Gestaltformen der Kirche ebenso wie die kirchliche Lehre.

3.3 Der katholische Glaube und das kirchliche Lehrgebäude

Die Herausforderung der Unterscheidung von Wesentlichem und Variablem kann eine Anwendung im Kleinen und noch im Vorfeld der großen Themen von Kirchengemeinschaft verdeutlichen. Ich bediene mich hier eines Artikels von Georg Hintzen zur Frage, welcher katholische Eucharistieglaube gefordert ist, damit ein Nichtkatholik an der Kommunion teilnehmen kann. Hintzen durchleuchtet die Kriterien minutiös und zeigt sachlich ausgehend von UR 8 weitergehende Möglichkeiten auf, als es die derzeitigen Bestimmungen vorsehen. In unseren Kategorien formuliert: Genug ist die Sorge um die Gnade; diese ernst genommen ist es nicht notwendig (und nicht sachgemäß), die Bedingung der Nichterreichbarkeit eines Spenders der eigenen Kirche aufzustellen; das Kirchenrecht müsse konsequenterweise geändert werden.

Schwierigkeiten diagnostiziert Hintzen bei der Frage, welches das unverzichtbare Minimum zur Bekundung des katholischen Eucharistieglaubens ist. Skeptisch formuliert er:

> Wenn man bedenkt, welche Implikationen das katholische Eucharistieverständnis hat – z. B. bezüglich des Amts- und des Kirchenverständnisses –, stellt sich erst recht die Frage, ob eine Bekundung des katholischen Eucharistieglaubens der Sache nach nicht am Ende auf eine – zumindest implizite – Bekundung des „ganzen" katholischen Glaubens hinauslaufe.[46]

Realistischer müsste hier wohl statt „ganzer katholische Glaube" „ganzes kirchliches Lehrgebäude" stehen. Dann aber ist mit Hintzens Beobachtung der kritische Punkt römisch-katholischen Agierens in der Ökumene auch in anderen

---

45 Vgl. Katechismus der Katholischen Kirche, Nr. 83.
46 Georg Hintzen, Die Sorge um die Gnade. Anmerkungen zur Orientierungshilfe der Deutschen Bischofskonferenz, in: Cath(M) 72 (2018), 263 – 272, 269.

Bereichen prägnant zur Sprache gebracht. Möglicherweise könnte man römisch-katholisch sogar den Satz von CA 7 unterschreiben: *satis est consentire de doctrina Evangelii et administratione Sacramentorum.* Doch ein Konsens in der Lehre des Evangeliums und der Verwaltung der Sakramente geht in römisch-katholischer Optik sehr bald ins Detail. In der „Hierarchie der Wahrheiten" von UR 11 ist dann vor allem wichtig, dass alle Wahrheiten der katholischen Lehre in einem Zusammenhang stehen, so dass nach manchen Auffassungen an jedem Zipfel das Ganze auf dem Spiel steht. Demgegenüber ist die römisch-katholische Seite gefordert, die Kunst der Unterscheidung von Glauben und kirchlicher Lehre einzuüben, und zwar nicht nur in vagen allgemeinen Äußerungen, sondern in konkreter Relativierung von Lehraussagen. Anders lässt sich die Struktur des differenzierenden Konsens, dem das gemeinsame Bekenntnis im Notwendigen genug ist, während es nicht notwendig ist, in den Entfaltungen zu denselben Aussagen zu kommen, kaum auf jene Themen beziehen, die katholischerseits mit detaillierten Lehraussagen dargelegt werden.

3.4 *Satis est* im Zurückbuchstabieren von Entwicklungen nach der Trennung?

Um einen Hoffnungsschimmer und Ansatz für ein katholisches *satis est* zu entfalten, möchte ich auf den Petrusdienst zurückkommen. Aus vielen römisch-katholischen Aussagen über die anvisierte Einheit in Leitungsstrukturen lässt sich für andere Kirchen bislang letztlich nur schließen, dass damit eine Einverleibung hinein in die heutigen Strukturen der römisch-katholischen Kirche unvermeidlich wäre.[47]

Gegenläufig zu diesem Eindruck lässt sich der Anstoß von Papst Johannes Paul II. identifizieren, gemeinsam nach einer Primatsausübung zu suchen, „die zwar keineswegs auf das Wesentliche ihrer Sendung verzichtet, sich aber einer neuen Situation öffnet", in Formen, „in denen dieser Dienst einen von den einen und anderen anerkannten Dienst der Liebe zu verwirklichen vermag"[48]. Nüchtern

---

47 Eine ausführliche Sondierung verschiedener Modelle ebenso wie der Vorschlag von Zwischenschritten findet sich in: Gemeinsame Römisch-katholische/Evangelisch-lutherische Kommission, Einheit vor uns, 1984, in: Dokumente wachsender Übereinstimmung. Sämtliche Berichte und Konsenstexte interkonfessioneller Gespräch auf Weltebene, Bd. 2: 1982–1990, hg. v. Harding Meyer/Damaskinos Papandreou/Hans Jörg Urban/Lukas Vischer, Paderborn/Frankfurt a. M. 1992, 451–506. Die Vorschläge des Dokumentes sind aber nicht in formelle römisch-katholische Lehraussagen eingegangen.
48 UUS, Nr. 95.

bemerkt Papst Franziskus dazu: „In diesem Sinn sind wir wenig vorangekommen."[49]

Doch lässt sich hier ein Mosaikstein ergänzen, der sehr viel mit dem *satis est* zu tun hat. An einer Stelle hat sich die römisch-katholische Kirche getraut, ein entgegenkommendes *satis est* in Betracht zu ziehen.

Der Theologe Joseph Ratzinger formulierte 1976 den Gedanken, dass die angestrebte Versöhnung und Einheit mit den orthodoxen Kirchen auf der Basis der kirchlichen Gepflogenheiten des 1. Jahrtausends möglich wäre:

> Obgleich uns nicht gegeben ist, die Geschichte stillzustellen, den Weg von Jahrhunderten zurückzunehmen, darf man doch sagen, dass nicht heute christlich unmöglich sein kann, was ein Jahrtausend lang möglich war. [...] Anders gesagt: Rom muss vom Osten nicht mehr an Primatslehre fordern, als auch im ersten Jahrtausend formuliert und gelebt wurde.[50]

Während Ratzinger das Thema meines Wissens als Papst nicht weiterführte, hat Papst Franziskus diese Perspektive aufgenommen und 2014 in der Patriarchatskirche St. Georg von Istanbul vor Vertretern der Orthodoxie erklärt:

> Jedem von euch möchte ich versichern, dass die katholische Kirche, um das ersehnte Ziel der vollen Einheit zu erreichen, nicht beabsichtigt, irgendeine Forderung aufzuerlegen als die, den gemeinsamen Glauben zu bekennen, und dass wir bereit sind, im Licht der Lehre der Schrift und der Erfahrung des ersten Jahrtausends gemeinsam die Bedingungen zu suchen, um mit diesen die notwendige Einheit der Kirche unter den gegenwärtigen Umständen zu gewährleisten[51].

Dies wäre nun in verbindliche Formen zu gießen. Dann wäre in Sachen Einheit im Notwendigen festzulegen, was „genug ist" (*satis est*), und freizugeben, was in Verschiedenheit gelebt werden kann (*non necesse est*). Es wäre ein großer Schritt, wenn die römisch-katholische Kirche sich hier im Dialog mit der Orthodoxie verbindlich festlegen und im Licht des 1. Jahrtausends ein verbindliches *nec necesse est* erlernen könnte.

---

49 EG, Nr. 32.

50 Joseph Ratzinger, Prognosen für die Zukunft des Ökumenismus, in: ders., Kirche – Zeichen unter den Völkern. Schriften zu Ekklesiologie und Ökumene. 2. Teilband, Gesammelte Schriften 8/2, Freiburg i.B. 2010, 717–730, 724 (Erstveröffentlichung 1976). Wichtig ist hier die doppelte Angabe „formuliert und gelebt". Es geht also nicht um erhobene Primatsansprüche, sondern gemeinsam gelebte Strukturen.

51 Papst Franziskus, Ansprache in der Patriarchatskirche St. Georg, Istanbul, 2014: http://w2.vati can.va/content/francesco/de/homilies/2014/documents/papa-francesco_20141130_divina-litur gia-turchia.html (18.06.2021).

Wenn aber dies gegenüber der Orthodoxie möglich ist, muss es auch gegenüber den reformatorischen Kirchen möglich sein.[52] Denn in der Konkretisierung wird deutlich, dass für die Orthodoxen, um mit dem Gröbsten zu beginnen, die Anerkennung des I. Vatikanischen Konzils und seiner Primatslehre nicht notwendig wäre. Dasselbe müsste den reformatorischen Kirchen gegenüber gelten, denn dieses Konzil gehört in die Periode, die nicht mehr gemeinsam gelebt wurde. Ich möchte sogar noch einen Schritt weitergehen. Zwar könnte eine Übertragung des für die Orthodoxie formulierten Perspektive für die reformatorischen Kirchen lauten: Wir suchen im Licht der Lehre der *Schrift* und der Erfahrung der ersten gemeinsamen 15 Jahrhunderte gemeinsam die Bedingungen, um die notwendige Einheit der Kirche unter den gegenwärtigen Umständen zu gewährleisten. Doch ließe sich ja im Dialog mit den Orthodoxen lernen, dass sich gerade die schon vor der Jahrtausendwende zugespitzten Primatsideen zerstörerisch auf die Einheit der Kirche gewirkt haben. So wäre in diesem Licht einzusehen, wie überzogene zentralistische Einheitsvorstellungen – überzogene Bestimmungen des für die Einheit Notwendigen – die Kirche zerrissen haben. Diese Einsicht wäre auch für die Ökumene mit den Kirchen aus der Reformation anzuwenden, selbst wenn dies bei Kirchen, die nicht säuberlich auf „Ost" und „West" zu verteilen sind, schwerer fällt. Damit könnte das Konzept des *consensus quinquesaecularis/antiquitatis*, das ja auch in reformatorischer Theologie eine bedeutende Rolle spielt, neue Aktualität erhalten.[53]

Relevant ist dieser Ansatz nicht nur für ekklesiologische Themen. Die Argumentation von Joseph Ratzinger, es könne christlich nicht unmöglich sein, was ein Jahrtausend lang möglich war, könnte zahlreiche Anwendungen finden.

Ein Beispiel neben der Primatslehre ist die Thematik der Sakramente. Im Licht des ersten Jahrtausends öffnet sich die fixierte Siebenzahl auf einen größeren Fächer von unterschiedlich gewichteten sakramentalen Handlungen.[54] Bezeichnen-

---

52 So auch Hermann Döring, Die Confessio Augustana und die Dogmen von 1854, 1870 und 1950, in: Harding Meyer/Heinz Schütte/Hans-Joachim Mund (Hg.), Katholische Anerkennung des Augsburgischen Bekenntnisses? Ein Vorstoß zur Einheit zwischen katholischer und lutherischer Kirche, Frankfurt a. M. 1977 (Ökumenische Perspektiven 9), 93–102, 93 f: „In Analogie zu der Einstellung gegenüber den Kirchen des Ostens darf, wenn man die CA als ein katholisches Bekenntnis anerkennen will, von den Kirchen des Augsburgischen Bekenntnisses nicht mehr abverlangt werden, als was zur Zeit der Entstehung der CA katholischerseits formuliert und gelebt wurde." Döring bezieht sich hier nicht explizit auf Joseph Ratzinger.
53 Andreas Merkt, Das patristische Prinzip. Eine Studie zur theologischen Bedeutung der Kirchenväter, Leiden 2001 (Supplements to Vigiliae Christianae 58).
54 Vgl. Eva-Maria Faber, Den Fächer des göttlichen Segens weit öffnen. Sakramentliche Feiern auf den facettenreichen Lebenswegen der Menschen, in: Julia Knop u. a. (Hg.), Segensfeiern in der offenen Kirche. Neue Gottesdienstformen in theologischer Reflexion, Freiburg i. B. 2020 (Quaestiones disputatae 305), 266–282.

derweise blenden römisch-katholische Aussagen über die große Nähe zur Orthodoxie durchaus bestehende Differenzen in der Sakramententheologie gern aus: die in orthodoxer Perspektive nur relative Bedeutung der Siebenzahl, unterschiedliche Zählungen von Sakramenten in altorientalischen Kirchen (anders gefasste Siebenzahl mit dem „Sakrament des Sauerteigs") bis zur Skepsis gegenüber bzw. Ablehnung der Transsubstantiationslehre. Zuweilen dürfte die postulierte Übereinstimmung in schierer Unkenntnis über faktische Unterschiede der Sakramententheologie gründen; bewusst vollzogen wäre auch hier impliziert, dass von den Orthodoxen nicht erwartet wird, die Lehrentwicklungen des 2. Jahrtausends zu übernehmen. Erwähnenswert ist an dieser Stelle die Sorgfalt des Konzils von Trient in Sachen Ehe. In der Opposition gegen die reformatorische Ablehnung der Ehe als verrechtlichte Institution und Sakrament bemühte man sich, weder die anderen Auffassungen der Orthodoxie noch Lehren von Kirchenvätern zu verurteilen. Auffassungen, die in der Alten Kirche möglich waren und von geschätzten Kirchenvätern vertreten wurden, sollten weiterhin unverurteilt bestehen können. Würde dies heute generell beachtet, würde sich der Bereich des *non necesse est* bedeutend weiten.

3.5 Großzügiges *satis est* im Binnenbereich

Ich möchte schließen mit einem binnenkatholischen Phänomen überraschender Milde hinsichtlich dessen, was „genug" ist, um im Binnenraum nicht Inkohärenzen und Diskontinuitäten zu riskieren.

1947 veränderte Papst Pius XII. durch die Apostolische Konstitution *Sacramentum ordinis*[55] die kirchliche Lehre und Praxis über Form und Materie des Sakraments des *ordo*, die auf dem Konzil von Florenz 1439 anderslautend festgelegt worden war.[56] Die Vollmacht, dies zu tun, wurde damit begründet, dass das Wesen des Sakramentes davon unberührt bleibe. Damit werden Form und Materie des Sakramentes in den Bereich verwiesen, für den es nicht notwendig ist, Kontinuität zu bewahren. Zudem scheint sich die Möglichkeit aufzutun, zwischen Praxis und Deutung zu unterscheiden. Während die Praxis der Handauflegung weitergeführt wurde, veränderte sich doch die Deutung: Jahrhundertelang galt die Handauflegung als lediglich vorbereitender Ritus, während sie heute als konstitutiv angesehen wird. Ausdrücklich erklärt die Apostolische Konstitution *Sacramentum ordinis*, dass auch zur Zeit einer anderslautenden römisch-katholischen Lehre die orthodoxe Praxis als

---

55 DH, 3857–3861.
56 Vgl. DH, 1326.

gültig anerkannt gewesen sei. Für die Einheit im Sinne einer Anerkennung der Gültigkeit des *ordo* jenseits der eigenen Grenzen ist demnach der Konsens über Form und Materie nicht konstitutiv.

Erstaunlich klein wird auf einmal der Unterschied zur Position der *Confessio Augustana*, für die – ich zitiere hier die Auslegung der Studie des Ökumenischen Studienausschusses der Vereinigten Evangelisch-Lutherischen Kirche Deutschlands und des Deutschen Nationalkomitees des Lutherischen Weltbundes von 2017 – das ordinationsgebundene Amt notwendig zu den Funktionen der Evangeliumsver-kündigung und der Sakramentsspendung gehört, während seine „konkrete Ausgestaltung und Einbettung in ein institutionelles Gefüge dem geschichtlichen Wandel und der pragmatischen Anpassung an veränderte kirchliche und gesellschaftliche Konstellationen ausgesetzt" ist.[57]

Doch der Hoffnungsschimmer trügt: Bekannterweise werden die Grenzen zwischen *satis est* und *non necesse est* in der Bewertung der anglikanischen Weihen im Brief *Apostolicae curae* von 1896[58] anders gezogen. Auch in anderen amtstheologischen Hinsichten (Gliederung des *ordo*, sakramentale Bewertung der Bischofsweihe) beweist die römisch-katholische Kirche gegenüber Brüchen in ihrer eigenen Tradition eine gelassene Großzügigkeit, die sie nicht schon gegenüber anderen Traditionen anwendet. Entgegen der Reflexion auf den Unterschied zwischen binnenkonfessionellen und zwischenkirchlichen Bestimmungen der Kircheneinheit werden die Grenzen zwischen *satis est* und *non necesse est* hier nach außen strikter gezogen als im Binnenbereich. Dass dies der Kohärenz entbehrt, weckt Hoffnung auf bessere Einsicht.

Welches wäre der Weg zu besserer Einsicht? Wie gelangen wir zu einer Klärung dessen, was zur Einheit notwendig ist, im Unterschied zu jenen Aspekten kirchlicher Struktur und Lehre, die der Vielfalt überlassen bleiben können? Im Rückblick auf gut 50 Jahre Ökumene scheint mir – bei aller Wertschätzung der bi- und multilateralen Dialoge – eines zu kurz zu kommen: die Reflexion im Binnenraum über Klärungen und Reformen, die im eigenen Bereich vorzunehmen wären, um einerseits die Früchte der Dialoge zu rezipieren und umzusetzen und um andererseits künftige Schritte vorzubereiten. Die theologisch notwendigen Forschungen und Differenzierungen liegen für die meisten der relevanten Fragestellungen vor. Für die Rezeption wären in historischer Redlichkeit Hausaufgaben zu machen. Was hieße es, ernst zu nehmen, dass die Vorschriften, die dem Volk Gottes von Christus und den Aposteln gegeben wurden, ‚ganz wenige' sind? Was ist genug, was ist nicht notwendig? CA 7 gibt der römisch-katholischen Kirche zu denken.

---

57 Oberdorfer/Schuegraf, Sichtbare Einheit, 17 f.
58 DH, 3315–3319.

Dorothea Sattler

Beichte und Buße im ökumenischen Gespräch

Ein Beispiel für die bleibende theologische Bedeutung der *Confessio Augustana*

1 Eine These und die gewählte Form ihrer Begründung

Ich beginne mit einer These: Die Prägnanz der von Philipp Melanchthon in der *Confessio Augustana* (künftig CA) formulierten Argumente ist eine bleibende Herausforderung für die Theologien aller Konfessionen jeder Zeit, sich den Fragen zu stellen, die in diesem Dokument angesprochen werden. Die formulierte These setzt die Kenntnis der theologischen Reflexionen im 16. Jahrhundert voraus und lässt zugleich eine Bezugnahme auf die Gegenwart erwarten. In dem Geschehen der Kommunikation zwischen früheren Erkenntnissen und heutigen Einsichten sind die in den ökumenischen Gesprächen inzwischen gewonnenen Konvergenzen von hoher Bedeutung. Mit meiner These verbindet sich der Gedanke, dass die CA durch eine theologisch reflektierte Würdigung der in ihr formulierten Anliegen die ihr entsprechende christlich-ökumenische Anerkennung findet. Unter „Anerkennung" verstehe ich in meinem Beitrag – ganz schlicht – eine Würdigung der theologischen Argumentationen in Gestalt der kritischen Aufnahme der in der CA eingenommenen Positionierungen.

Die Begründung der These kann aus meiner Sicht angesichts der Fülle der in der CA besprochenen kontroverstheologischen Themen nur exemplarisch geschehen. Ich wähle beispielhaft eine Thematik, die mich von den ersten Zeiten des eigenen theologischen Wirkens an begleitet:[1] das ökumenische Gespräch über

---

[1] Vgl. Dorothea Sattler, Gelebte Buße. Das menschliche Bußwerk (satisfactio) im Ökumenischen Gespräch, Mainz 1992. In jüngerer Zeit habe ich mich insbesondere bei der Edition der bußtheologischen Schriften von Karl Rahner erneut mit der Thematik befasst: vgl. Karl Rahner, Mensch und Sünde. Schriften zur Geschichte und Theologie der Buße. Sämtliche Werke, Bd. 11, Freiburg i.B. 2005; ders., De Paenitentia I und II. Dogmatische Vorlesungen zum Bußsakrament. Sämtliche Werke, Bd. 6.1–6.2, Freiburg i.B. 2007/2009. Rahner hat sein umfassendes Wissen um die Geschichte der Buße mit seiner eigenen Perspektive verbunden, existentielle Zugänge zum

Beichte und Buße, von dem ausgehend Grundfragen der Erlösungslehre mit anthropologischem Bezug zu besprechen sind. Fragen möchte ich, ob es aus gegenwärtiger Perspektive gelingen könnte, die theologischen Äußerungen in der CA mit der römisch-katholischen Tradition in ein solches Gespräch zu führen, an dessen (immer vorläufigem) Ende ein wechselseitiges Verstehen der gemeinsamen christlich motivierten Interessen möglich erscheint.

Im Folgenden werde ich zunächst (Teil 2) die Aussagen der CA über Beichte und Buße in ihrem zeitgeschichtlichen reformatorischen Kontext vorstellen (Abschnitt 2.1), an die römisch-katholische Gegenrede im 16. Jahrhundert erinnern (Abschnitt 2.2) und referieren, warum gerade diese Thematik als eine kaum lösbare Problematik in Publikationen um 1980 bei den Bemühungen um eine Anerkennung der CA nach 450 Jahren galt (Abschnitt 2.3); sodann (Teil 3) werde ich bezogen auf die theologischen Anliegen der CA im gewählten Themenkreis Überlegungen aus heutiger Sicht einbringen – konkret zur Bedeutung des Sündenbekenntnisses (Abschnitt 3.1) sowie zur Unterscheidung zwischen der inneren Gesinnung (Reue und Glaube) und einem äußeren Geschehen im kirchlichen Raum (Abschnitt 3.2). Ich schließe mit Reflexionen auf die bleibende theologische Bedeutung der CA angesichts der Herausforderungen in der christlichen Gegenwart (Teil 4).

2 Aussagen zum Thema Beichte und Buße in der *Confessio Augustana* und deren Rezeption

2.1 Reformatorische Anliegen im Themenbereich Beichte und Buße

„Steht die Bußlehre der Confessio Augustana einer Anerkennung durch die katholische Kirche im Wege?"[2] – so fragte Hans Jorissen im Kontext der vielen Bemühungen um eine ökumenische Würdigung der CA in den 70er Jahren des

---

Verständnis der Sakramente zu erschließen. Darin stimmt er mit den reformatorischen Anliegen im Grundsatz überein.

2 Hans Jorissen, Steht die Bußlehre der Confessio Augustana einer Anerkennung durch die katholische Kirche im Wege?, in: Harding Meyer/Heinz Schütte/Hans-Joachim Mund (Hg.), Katholische Anerkennung des Augsburgischen Bekenntnisses? Ein Vorstoß zur Einheit zwischen katholischer und lutherischer Kirche, Frankfurt a. M. 1977, 132–150.

20. Jahrhunderts.[3] Vor dem Hintergrund der nach dem II. Vatikanischen Konzil auf kirchenamtlicher Ebene aufgenommenen Dialoge zwischen dem Lutherischen Weltbund und dem Päpstlichen Rat zur Förderung der Einheit der Christen war es sehr naheliegend, nach Lehrtexten Ausschau zu halten, die in den Konfessionen Autorität haben und als Grundlage der weiteren Gespräche gelten konnten. Die CA bot sich als Bezugstext an, da sie – anders als die inner-lutherische *Konkordienformel* von 1577 – noch weniger kontroverstheologisch geprägt war. Martin Luther selbst kann als Verfechter einer ökumenischen Würdigung der CA gelten; in einer Tischrede soll er gesagt haben: „Ich habe sorg, das wir nimer mehr so nahent zw samen khumen werden als zw Augspurg"[4].

2.1.1 Die theologische Argumentation in der *Confessio Augustana*

In der theologischen Gesamtkomposition der CA gehören die Aussagen über Beichte und Buße zu den einundzwanzig Artikeln, bei denen Philipp Melanchthon in Anbetracht der biblischen Begründung der Lehren sowie der vielfachen Bezeugung in der christlichen Tradition optimistisch mutmaßte, dass „auch unser widdersacher können inn obangezeigten Artikeln nicht uneinig mit uns sein"[5]. In argumentativ überzeugender Weise schließen die Ausführungen über die Beichte und Buße an das Bekenntnis zu Gottes Wesen (CA 1), die menschliche Sündigkeit (CA 2), die Erlösung in Christus Jesus (CA 3), die göttliche Entschiedenheit aus Gnade und Barmherzigkeit für die Rechtfertigung der Sünder und Sünderinnen (CA 4), Gottes Wirken in der Kirche durch den Dienst an der Verkündigung und der Feier der Sakramente (CA 5 – 8) an. Nach den kurzen Ausführungen über die Taufe (CA 9) und das Abendmahl (CA 10) folgen zwei Äußerungen über Beichte (CA 11) und Buße (CA 12), das rechte Verständnis der Wirkweise der Sakramente (CA 13) und das ordinierte Amt (CA 14). Die weiteren Überlegungen im ersten Teil der CA befassen sich gedanklich ebenfalls mit der rechten Ordnung des kirchlichen Handelns angesichts der Sündigkeit der Geschöpfe. Zunehmend wird dabei die eschatologische Dimension des christlichen Glaubens angesprochen – insbesondere in CA 17 und 21 im Blick auf die Erwartung des göttlichen Gerichts und die

---

3 Vgl. die Literatursammlung von Heiner Grote, Studien und Beiträge zur jüngsten Augustana-Debatte. Eine Bibliographie, in: Materialdienst des Konfessionskundlichen Instituts 29 (1978), 26 – 27.

4 WA TR 4, 495.

5 CA 21: BSELK, 130, 17 – 18. Ich zitiere die CA nach folgender Ausgabe: Die Bekenntnisschriften der Evangelisch-Lutherischen Kirche. Vollständige Neuedition, hg.v. Irene Dingel, Göttingen 2014.

Anrufung der bereits vollendeten Heiligen zur Fürsprache für die Sünderinnen und Sünder bei Gott.

Die Verortung der beiden Artikel der CA über das Thema Beichte und Buße im größeren Kontext der reformatorischen Lehre von den Sakramenten war vielfach Anlass zu Kommentierungen. Offenkundig war Philipp Melanchthon daran gelegen, die biblisch überlieferte Weisung Jesu Christi, die Vergebung der Sünden als eine von Gott gebotene Zeichenhandlung zu verstehen, zu bewahren. Beichte und Buße sind aus reformatorischer Sicht geeignete kirchliche Handlungen, auf die bezogen sich exemplarisch erörtern lässt, wie Sakramente wirken: aufgrund der Gnade Gottes in einem zum Glauben berufenen Menschen.

Die konkreten Äußerungen der CA zur Beichte und zur Buße lassen sich in folgender Weise zusammenfassen: Die Praxis der Beichte möge bewahrt bleiben, ein detailliertes Bekenntnis aller einzelnen Sünden ist jedoch nicht erforderlich, um Gottes Erbarmen zu erlangen – ja, es ist sogar nicht einmal möglich (CA 11). Die Kirche darf niemandem, der oder die Reue zeigt und den christlichen Glauben bekennt, die Gabe einer zweiten Buße nach der Taufe verweigern (CA 12). Die rechte Buße besteht im eigenen Erschrecken über die Sünde, im Vertrauen auf die Barmherzigkeit Gottes und im Versprechen, sich zu bessern. Diese „Früchte der Buße" – die guten Werke – sind als eine Folge des erlösenden Zuspruchs der Vergebung, der allein in Gottes Handeln durch Jesus Christus begründet ist, zu verstehen. In den wenigen Sätzen der CA zum Thema Beichte und Buße werden zentrale Anliegen der Reformation sehr deutlich: die Unterordnung des kirchlichen Handelns unter Gottes Verheißung seiner Gnade Sündern und Sünderinnen gegenüber sowie das Streben nach einer Übereinstimmung zwischen innerer Gesinnung in Reue und Glauben und äußerer Tat im Bekenntnis der Sünden und Werken der Liebe.

2.1.2 Hintergründige Bezüge zum Leben und Denken von Martin Luther

Martin Luther hat sich bis zu seinem Lebensende für die Bewahrung der Praxis der Einzelbeichte verbunden mit der Absolution durch einen ordinierten Amtsträger eingesetzt.[6] Der in der Schule von Lukas Cranach 1547 (ein Jahr nach dem Tod von Luther 1546) vollendete und heute in der Stadtkirche von Wittenberg zu betrachtende Flügelaltar zum Gedächtnis des Verständnisses des Dienstes an der

---

6 Vgl. Ernst Bezzel, Frei zum Eingeständnis. Geschichte und Praxis der evangelischen Einzelbeichte, Stuttgart 1982; Martin Ohst, Pflichtbeichte. Untersuchungen zum Bußwesen im Hohen und Späten Mittelalter, Tübingen 1995.

Verkündigung des Wortes Gottes und der Feier der Sakramente bei Luther bezeugt anschaulich, dass seine Zeitgenossen mit seiner Wertschätzung des Geschehens der Beichte vertraut waren: Die von der Predigtkanzel ausgehende Verkündigung des österlichen Evangeliums konkretisiert sich in drei Sakramenten, für die nach der neutestamentlichen Überlieferung Jesus Christus ein Wort der Stiftung hinterlassen hat: für die Taufe, für das Abendmahl und für die Absolution der mit Reue erfüllten gläubigen Christinnen und Christen.

In der Beschreibung der Geschichte theologischer Thesen ist es inzwischen vertraut, einzelne Erkenntnisse in ihren sozialen und biographischen Kontexten verstehen zu lernen. 1533 schrieb Martin Luther an die Gemeinde zu Frankfurt am Main: „Wenn tausend und abertausend Welt mein wäre, so wollt ich alles lieber verlieren, denn ich wollt von der Beichte das geringste Stücklein aus der Kirchen kommen lassen: ja, lieber sollt' mir sein des Papsttums Tyrannei von Fasten, Feiern, Kleidern [...], denn dass die Beicht sollt' von den Christen genommen werden; denn sie ist der Christen erste, nötigste und nützlichste Schule, darin sie lernen Gottes Wort und ihren Glauben verstehen und üben, welches sie nicht so gewaltig tun in öffentlichen Lektionen und Predigten"[7]. Martin Luther fühlte sich missverstanden mit seiner Kritik an der Beichte. Er kämpfte für den Erhalt dieses kostbaren Guts. Die Praxis sollte bleiben, nur erneuert musste sie aus seiner Sicht werden.

Damals wie heute galten Verweise auf Missbräuche, wie auch Martin Luther sie wagte, als Ermutigung zur Preisgabe des Sakramentes der Versöhnung überhaupt. Wie bei kaum einem anderen kirchlichen Geschehen ist bei dieser gottesdienstlichen Feier die Sensibilität aller Beteiligten gefordert. Verletzungen können sehr leicht entstehen. Die Abschaffung der gesamten Einrichtung erscheint dann schnell als die vordergründig einfachste Lösung. Doch wird damit ein hoher Preis gezahlt. Nach Martin Luther kann nicht einmal die Predigt, die Schriftverkündigung, so tief in das menschliche Innere reichen wie der Zuspruch der Sündenvergebung in der Absolution. Die Wortverkündigung hören alle zugleich in ganz unterschiedlichen Lebenssituationen. Das Wort der Lossprechung von der Last der Schuld trifft einen einzelnen Menschen in seiner unverwechselbaren Eigenheit. Es ist ein unverzichtbar kostbares Wort der Zusage des barmherzigen Gottes an den sündigen Menschen – so sah es Martin Luther. Um sich als solches Gehör verschaffen zu können, bedurfte es der Unterscheidung zwischen dem Evangelium gemäßen Sinn der Buße und geschichtlich bedingten Zuwächsen, die diesen verstellen.

Martin Luther hielt im Sinne von CA 14 auch daran fest, dass der Dienst der öffentlichen Wortverkündigung und der Feier der Sakramente Menschen vorzubehalten sei, die dazu in rechtmäßiger Weise ordiniert sind. Im Blick auf das Buß-

---

7 WA 30/3, 569.

sakrament zeigte Luther Offenheit für mehrere Positionen: Als ein Teil der öffentlichen Verkündigung des Evangeliums blieb dieser Dienst auch in Wittenberg den ordinierten Pastoren – vorab Johannes Bugenhagen, einem offenkundig begnadeten Beichthörenden – vorbehalten. Zugleich erinnerte Luther an die Tradition der Laienbeichte: Jeder und jede Getaufte ist von Gott berufen, andere Menschen zu vergewissern, als Sünderinnen und Sünder aufgrund ihres vertrauenden Glaubens von Gott angenommen zu sein.

2.2 Römisch-katholische Lehrentscheide des Trienter Konzils

Die Bußtheologie des Trienter Konzils ist als eine zeitgeschichtlich geprägte, durch die reformatorische Theologie herausgeforderte Lehrgestalt zu verstehen, deren primäres Anliegen es war, die Legitimität der bestehenden Bußpraxis zu begründen und auf diese Weise deren Erhalt zu gewährleisten. Die nach langen Debatten verabschiedeten Canones über die Buße auf dem Konzil von Trient[8] sprechen sich für die Sakramentalität dieser kirchlichen Handlung aus, bestimmen die *materia* der Buße (das von Menschen gestaltete äußere Zeichen) als Reue, Bekenntnis und Genugtuung, die als einzelne jeweils näher beschrieben werden, und gehen auf die Frage nach der amtlichen Schlüsselgewalt in Gestalt der priesterlichen Absolution ein. In dem erläuternden Lehrtext (der *Doctrina*), der den knappen Formulierungen in den Canones vorausgeht, kommt die pastorale Sorge der Trienter Konzilsväter zur Sprache. Dies zeigt sich beispielsweise in der Zustimmung zu der (zumindest auch) therapeutischen Wirksamkeit des Bußsakraments. So kommt in den Ausführungen über die zeitlichen Sündenstrafen und die ihnen entsprechende Bußauflage zur Sprache, dass der Weg zur Versöhnung so zu gestalten sei, dass die Menschen zukünftig vorsichtiger und wachsamer sind; zudem sollen die leidvollen Folgen der Sünde durch tätige Buße geheilt werden. Das Bußwerk soll eine Gestalt haben, die das neue Leben schützt und als eine Arznei für die Schwachheit der Menschen erfahrbar ist.[9]

Im Vergleich mit den in der CA begründeten Lehrmeinungen sind insbesondere zwei Canones in den kontroverstheologischen Fokus geraten. Canon 4 der Trienter Bußdekrets lehrt über die drei Formen der Beteiligung des Menschen am Geschehen der sakramentalen Buße:

---

8 Vgl. die von Peter Hünermann auf der Grundlage der Sammlung von Heinrich Denzinger herausgegebene Edition: Kompendium der Glaubensbekenntnisse und Kirchlichen Lehrentscheide (künftig: DH), Freiburg i.B. 1991, hier DH, 1701–1715.

9 Vgl. DH, 1690 und 1691.

> Wer leugnet, dass zur vollständigen und vollkommenen Vergebung der Sünden drei Akte beim Büßenden gleichsam als Materie des Bußsakramentes erforderlich sind, nämlich die Reue, das Bekenntnis und die Genugtuung, welche die drei Bestandteile der Buße genannt werden; oder sagt, es gebe nur zwei Bestandteile der Buße, nämlich die dem Gewissen nach Erkenntnis der Sünde eingejagten Schrecken und der aufgrund des Evangeliums oder der Lossprechung empfangene Glaube, mit dem man glaubt, dass einem durch Christus die Sünden vergeben sind: der sei mit dem Anathema belegt[10].

Ein weiterer Widerspruch zwischen der CA und der Trienter Lehre bezieht sich auf Canon 7:

> Wer sagt, beim Sakrament der Buße sei es zur Vergebung der Sünden nicht nach göttlichem Recht notwendig, die Todsünden samt und sonders zu bekennen, an die man sich nach gehöriger und sorgfältiger vorheriger Überlegung erinnert, auch die verborgenen und diejenigen, die gegen die zwei letzten Vorschriften der Zehn Gebote gerichtet sind, mitsamt den Umständen, die die Art der Sünde verändern; sondern dieses Bekenntnis sei nur zur Erziehung und Tröstung des Büßenden nützlich und sei einst nur in Gebrauch gewesen, um eine kanonische Genugtuung aufzuerlegen; oder sagt, wer alle Sünden zu bekennen trachte, wolle der göttlichen Barmherzigkeit nichts zum Verzeihen übriglassen; oder schließlich, man dürfe keine verzeihlichen Sünden bekennen: der sei mit dem Anathema belegt[11].

Es wäre im Blick auf das Trienter Konzil viel zu ergänzen zu den traditionsgeschichtlichen Hintergründen dieser Lehrformulierungen, die sich vordergründig als Gegenrede gegen die CA in zwei Themenbereichen lesen lassen: (1) nicht zwei (Reue und Glauben), vielmehr drei (Reue, Bekenntnis und Genugtuung) menschliche Anteile an einem wirksamen Bußgeschehen; (2) das vollständige Bekenntnis aller schweren Sünden ist erforderlich.

2.3 Beichte und Buße als Thema der ökumenisch motivierten Veröffentlichungen zur *Confessio Augustana*

In nicht wenigen Veröffentlichungen, die sich seit Mitte der 70er Jahre des 20. Jahrhunderts mit der Frage nach einer möglichen ökumenischen Anerkennung der CA befasst haben, wird der Themenkreis Beichte und Buße explizit angesprochen. Dabei richtete sich die Aufmerksamkeit vor allem auf die (scheinbare) Schwierigkeit, dass in CA 12 von (nur) zwei Teilen der Buße die Rede ist (Reue und Glaube), während das Trienter Konzil an den drei Teilen der Buße

---

10 DH, 1704.
11 DH, 1707.

(Reue, Bekenntnis und Genugtuung) festhält.[12] Die Analyse der Quellentexte belegt, dass es bereits in den Ausschüssen des Augsburger Reichstags 1530 möglich war, sich darauf zu verständigen. Grund dieser Kontroverse sei ein Missverständnis: Die reformatorische Theologie spricht von den inneren Voraussetzungen der Wirksamkeit der Buße durch Reue und Glaube, während die Konzilsväter in Trient an der institutionellen kirchlichen Ordnung festhalten wollten, die in ihrem äußeren Vollzug die Bekundung der Reue, die Bereitschaft zu einem Bekenntnis sowie (in der Folge der erfahrenen Absolution) den Vorsatz zur Aussöhnung mit der beschädigten Lebenswirklichkeit voraussetzte. Viel seltener war bisher im Blick, welche bleibende theologische Relevanz das reformatorische Augenmerk auf die Schwierigkeit eines vollständigen Sündenbekenntnisses hat.

Bereits im Kontext der Bemühungen um eine ökumenische Anerkennung der CA vor 1980 wurde die gemeinsam erkannte seelsorgliche Relevanz der Thematik Beichte und Buße als eine Perspektive der Hoffnung betrachtet. Hans Jorissen hat seinen 1977 veröffentlichten Beitrag mit dem Gedanken beschlossen:

> Das kirchliche Beichtgebot hat die gegenwärtige Krise des Bußsakramentes in der katholischen Kirche ebenso wenig verhindern können wie Luthers Optimismus sich erfüllt hat, wenn nur recht von der Beichte gelehrt werde, „so künnde man Lust und Liebe dazu machen, daß die Leut erzukämen und uns nachliefen, mehr denn wir gerne hätten". Die damit angezeigte Gemeinsamkeit einer pastoralen Aufgabe könnte ein Weg der Verständigung sein.[13]

Ich folge dieser Gedankenspur und frage im Fortgang nach den Lebensbezügen der Thematik Beichte und Buße heute.

3 Beichte und Buße in der Gegenwart

Dichterinnen und Dichter nehmen das Leben deutend wahr. Scheinbar Altvertrautes wird in der literarischen Betrachtung zunächst fremd und kommt dann ganz neu nahe. Ein Gedicht von Gottfried Benn[14] ist mit dem Titel *Nur zwei Dinge* überschrieben:

---

12 Vgl. zu dieser Thematik auch die Bemühungen um eine Sichtung der Konvergenzen und der im 16. Jahrhundert verbliebenen Kontroversen in der Bußtheologie in: Karl Lehmann/Wolfhart Pannenberg (Hg.), Lehrverurteilungen – kirchentrennend? Rechtfertigung, Sakramente und Amt im Zeitalter der Reformation und heute, Bd. 1, Freiburg i.B./Göttingen 1986, 63–72.
13 Jorissen, Bußlehre, 150. Das Zitat im Zitat ist aus Martin Luther, Großer Katechismus: BSELK, 1162 (dort in revidierter Sprachgestalt).
14 Gottfried Benn, Nur zwei Dinge (1953), in: ders., Sämtliche Gedichte, Stuttgart 1998, 320.

Durch so viel Formen geschritten,
durch Ich und Wir und Du,
doch alles blieb erlitten
durch die ewige Frage: wozu?

Das ist eine Kinderfrage.
Dir wurde erst spät bewusst,
es gibt nur eines: ertrage
– ob Sinn, ob Sucht, ob Sage –
dein fernbestimmtes: Du musst.

Ob Rosen, ob Schnee, ob Meere,
was alles erblühte, verblich,
es gibt nur zwei Dinge: die Leere
und das gezeichnete Ich.

Vielerlei Gestalt nimmt das Leben in Gemeinschaft an: Ein Ich lebt mit einem Du und immer auch im Wir. In allem bleibt die Frage nach dem Grund und dem Sinn dessen, was ist und sich beständig wandelt. Das Leben als nicht frei gewählte Auflage erfüllen, ist eine zu ergreifende Möglichkeit: Du musst, sagt der Dichter. Doch das Wissen um Endlichkeit und Sterblichkeit des Schönen legen sich schwer auf das Gemüt: Was alles erblühte, verblich. Nur zwei Dinge bleiben: die Leere und das gezeichnete Ich.

In der Rede von dem durch das Leben gezeichneten Ich, das in sich wandelnden Formen der Gemeinschaft lebt, wie ein Kind nach den Zusammenhängen fragt und um den Daseinssinn angesichts des Todes und der Sünde ringt, lässt sich ein Menschenbild erkennen, dessen Wesenszüge als Voraussetzung für die Möglichkeit, Erleichterung des Lebens erreichen zu können, gelten: Sozialfähigkeit, Selbstreflexion, Suche nach Verstehen, Wissen um die Sterblichkeit sowie Bereitschaft zum treuen Dienst kennzeichnen den geschilderten Menschen. Das durch die Lebensgeschichte gezeichnete Ich muss jedoch nicht in die Leere fallen. Es gibt Wege erfüllender Deutung und Verwandlung des Daseins. Das Leben ist nicht nur einfach zu ertragen. Es gibt Hoffnung auf eine Erleichterung des Lebens. Ohne diese Aussicht wäre nicht zu begründen, dass Menschen ihr immer auch schuldbeladenes Leben vor Anderen thematisieren.

3.1 Sündenbekenntnis

3.1.1 Biographisches Erzählen – von vielen erwünscht

Viele Menschen suchen heute nach Gelegenheiten, die Zusammenhänge ihres Lebens zu thematisieren. Das biographische Erzählen ist in der Alltagskommunikation weit verbreitet. Die Medien tragen dem wachsenden Interesse der Menschen Rechnung, sich in eigenen Konflikten an der Weise zu orientieren, wie andere Menschen das Leben mit seinen Beeinträchtigungen bestehen. Viele autobiographische Schriften erscheinen auf dem Buchmarkt. Die wissenschaftliche Disziplin der Biographieforschung untersucht die Bedeutung des lebensgeschichtlichen Erzählens für die menschliche Identitätsfindung. Zu den primären Funktionen, die biographische Bemerkungen im Alltag haben, zählen zum einen die rechtfertigende Begründung (ein apologetisches Moment), die Selbstvergewisserung (ein anamnetisches Geschehen) und schließlich die Handlungsorientierung (ein prognostischer Zug). Auffällig ist bei dieser Zusammenstellung das Vorkommen der dreifachen Zeitstruktur menschlicher Wirklichkeitswahrnehmung: Menschen erinnern, gegenwärtigen und planen ihr Leben, und all dies geschieht mehr oder weniger bewusst. Die Wahrnehmung der eigenen Zeitlichkeit wirkt sich auf die Gestalt der Thematisierung des widerfahrenen Lebens aus. Das Wissen um die Endlichkeit des Lebens und das Erspüren der Besonderheit bestimmter Zeiten gelten als wichtige Motivationen für die Bereitschaft von Menschen, von sich zu erzählen. In Krisenzeiten kommen größere Zeiträume in den Blick der von sich Erzählenden. Wenn Diskontinuitäten im Lebenslauf eintreten, wenn Entscheidungen anstehen oder ein Abschied zu bestehen ist, dann erhöht sich die Bereitschaft, autobiographisch zu erzählen. Bei der erzählerischen Selbstthematisierung entwerfen die einzelnen Menschen ein Konzept ihres Lebens. Der Lieferant des Materials ist das Gedächtnis, das wichtig Erscheinendes erinnert, eine Verkettung von Ereignissen herstellt und Deutungen vornimmt. Beim biographischen Erzählen wird die unverwechselbare Eigenart des einzelnen menschlichen Lebens offenkundig. Zugleich tritt aber auch die unaufhebbare Verbundenheit der einzelnen mit den Anderen in Erscheinung. Die Beschreibung des eigenen Lebens kommt ohne die Beschreibung des Lebens der Anderen nicht aus. Gelebtes und Erlittenes verbinden sich zu einer unverwechselbaren Geschichte mit den Anderen und durch die Anderen. Die Mitlebenden sind beim Erzählen gegenwärtig. Beim Nachdenken über die Strukturen des biographischen Erzählens treten die Temporalität, die Subjektivität und die Sozialität menschlicher Lebenswahrnehmung vor Augen.

Es erscheint mir wichtig, die Forderung des Trienter Konzils nach einem vollständigen Sündenbekenntnis unter den geschilderten Aspekten zu betrachten.[15] Es kann dabei nicht um einen Leistungswettbewerb in der Differenzierung der Erinnerungen gehen, auch nicht um die Förderung der Scham im Aussprechen eines Sachverhalts, schon gar nicht um die Befriedigung der möglichen Neugier des

---

15 Vgl. DH, 1707.

Gegenübers. Es geht vielmehr um die durch das Einzelbekenntnis ermöglichte, situativ konkrete Lebenshilfe.

3.1.2 Einzelheiten im Leben und deren Hintergründe

Viele Menschen erfahren Lebenssituationen, in denen es wichtig ist, mit einem Menschen in ein Gespräch zu kommen, der die Gabe hat, in geduldiger und kundiger Weise Einsicht in die unheilstiftenden Lebenszusammenhänge zu vermitteln und Wege der Aussöhnung mit dem gewordenen Dasein aufzuzeigen. Einzelne Taten haben oft tiefliegende Motivationshorizonte, die es zu lichten gilt. Erst ein solches einfühlendes Verstehen der Kontexte menschlichen Handelns birgt die Aussicht auf dauerhafte Besserung.

Das Charisma der Heilung von Lebenswunden ist nicht jedem gegeben. Persönliche Reife ist erforderlich für eine fruchtbare Wirksamkeit in der Begegnung mit Menschen, die unter ihrer Schuld leiden. Bestehende Begabungen für diesen Dienst können durch eine entsprechende fachliche Qualifizierung gefördert werden. In vielen großen Städten und an Wallfahrtsorten gibt es Beichtzentren, an denen Priester anzutreffen sind, die sich in jahrelanger Weiterbildung auf ihren Dienst vorbereitet haben. In dem Maße, wie Menschen das Gespräch über ihr mit Schuld beladenes Lebens als erlösend und befreiend erleben, werden sie die Orte aufsuchen, an denen ihnen dieses widerfährt. In diesem Geschehen wird von Menschen als hoch bedeutsam erfahren, ob sie ihr personales Gegenüber als authentisch, zugewandt und wohlwollend erleben.

3.1.3 Das Bekenntnis als vielfältiges Phänomen – historisch betrachtet

In historischer Betrachtung ist das Sündenbekenntnis ein vielfältig sich wandelndes Phänomen. Ein Kennzeichen des Kanonischen Bußwesens im Altertum war sein Öffentlichkeits-Charakter: Der Ausschluss aus der Gemeinde trat als Folge der schweren Sünde ein. Die als gottesdienstliche Feier gestaltete, an das Schuldbekenntnis sich anschließende Aufnahme des Sünders oder der Sünderin in den Büßerstand galt als erste Stufe im langwierigen Prozess der Wiederaufnahme in die Gemeinde. In auch äußerlich erkennbarer, zeichenhaft gelebter Weise bekundeten die Umkehrwilligen durch zum Teil langwierige, das Leben spürbar verändernde Bußübungen ihre neue Gesinnung. Das Sündenbekenntnis war in der Zeit der öffentlichen Buße weniger bedeutsam; alle Angehörigen der kleinen christlichen Gemeinden wussten ohnehin von den Vorfällen. Entscheidend war zunächst die Bereitschaft zur tätigen Umkehr. Das Sündenbekenntnis war das Initialgeschehen für ein öffentliches Verfahren, um deren Dringlichkeit die Gemeinde bereits wusste und es nur einmal im Leben zugestand.

Nach der Konstantinischen Wende und mit der Entwicklung des Christentums zur vorherrschenden Gestalt der Religiosität änderten sich auch die Formen der Versöhnungsfeiern. Im frühen Mittelalter bildete sich eine häufig zu vollziehende, auch im Falle kleinerer Verfehlungen sinnvoll erscheinende Buße heraus, bei der das Sündenbekenntnis und die Bußauflage in Gestalt eines festen Bußtarifs vorrangig bedeutsam waren (sogenanntes Tarifbußwesen). Diese Bußgestalt war ein Erbe des klösterlichen Gemeinschaftslebens und gewann im Zuge der Mission iroschottischer Mönche auf dem europäischen Festland ab dem 7./8. Jahrhundert zunehmend an Bedeutung. Die neue Bußgestalt unterschied sich von der bis dahin geübten in der Häufigkeit (unbeschränkte Wiederholbarkeit), im Zeitpunkt (kein Aufschub in die Sterbestunde aus Angst vor der sonst möglicherweise zu frühzeitig ergriffenen einmaligen Bußmöglichkeit und den harten, dauerhaft belastenden Bußauflagen), im existentiellen Bezug (auch leichtere Sünden), im Verfahren (ohne Öffentlichkeit der Gemeinde, veränderte Bedeutung des Sündenbekenntnisses als Tat der Selbstbeschämung und zur Festlegung adäquater Bußtarife) und im angenommenen Grund der Wirksamkeit (Ausübung von Gott ermöglichter geistlicher Vollmacht der Beichtväter). Das Schuldbekenntnis war nun primär die Grundlage für die Bemessung einer der Schwere der Schuld entsprechenden Bußleistung, bei deren Festlegung detaillierte Angaben in Bußbüchern Hilfestellung gaben.

Die Wandlung der Sinngebung des Schuldeingeständnisses von einem Geschehen zunächst mit öffentlich erkennbarer sozial-ekklesialer Bedeutung zu einer Voraussetzung für ein Gespräch im Rahmen der geistlichen Begleitung eines Menschen, die im ausgehenden Altertum einsetzte, hat sich trotz mancher Reformvorhaben bis heute durchgehalten.

3.2 Innerliches und Äußerliches

Reue, Bekenntnis und Genugtuung (*materia*) sowie Absolution (*forma*) haben sich in der wechselvollen Geschichte der Feiergestalt der Buße als Konstanten erwiesen, für die sich jedoch eine Variabilität aufzeigen lässt, die nachdenklich stimmen kann. Mein Anliegen dabei ist vor allem, sozial-anthropologische Erkenntnisse in ein Gespräch mit der christlichen Tradition zu bringen.

Von mir vorausgesetzt wird dabei folgende Annahme: Die Vielgestalt der kirchlichen Feierformen im Geschehen der menschlichen Umkehr und der von Gott verheißenen Versöhnung sollte und könnte der Vielgestalt der menschlichen Lebenssituationen entsprechen. Es lassen sich meines Erachtens insbesondere drei eigenartige Gestalten der christlichen Buße unterscheiden, die jeweils eine spezifische menschliche Situation aufgreifen: (1) Die Feier der Wiederversöhnung mit Gott durch die Wiederaufnahme in die eucharistiefeiernde Gemeinschaft im Falle einer schwerwiegenden Infragestellung des in der Taufe gegebenen Versprechens, im Geist Jesu Christi ein Leben der Liebe gestalten zu wollen. (2) Die von kompetenten, entsprechend ausgebildeten Gesprächspartnern ermöglichte geistliche Begleitung als ein lebenslanger Prozess der Reflexion auf die dunklen Seiten der eigenen Existenz in der Hoffnung auf Lichtung der Lebenszusammenhänge. (3) Gemeinschaftliche Feiern der Buße, in denen Menschen, die sich wechselseitig auch im alltäglichen Leben als bedeutsam erfahren, die berechtigte Erwartungen aneinander hatten und die enttäuscht und verletzt sind durch die Mitlebenden, einander offen ihre Schuld eingestehen und nach neuen Wegen des versöhnten Miteinanders suchen. Bei diesen drei Formen behalten die Einzelaspekte der kirchlichen Versöhnungsfeiern allesamt ihre Bedeutung, hilfreich wäre es jedoch, sie entsprechend der jeweiligen Sozialgestalt, in der eine Schuldverstrickung wirksam wird, zu differenzieren.

3.2.1 Leidvolle Folgen des eigenen Handelns erkennen

Die Reue erwächst aus der bitteren Erkenntnis der leidvollen Folgen des eigenen Handelns. Dabei lassen sich Folgen im Blick auf die eigene Lebensgestaltung und Folgen für das Leben anderer Menschen unterscheiden. Als Kriterium in der Frage, wann eine Folge beklagenswert ist, kann die Achtsamkeit auf Formen der Lebensbeeinträchtigung oder gar der Beraubung des Lebens anderer Menschen gelten. Doch ist es nicht immer leicht vorauszusehen, welche Wirksamkeit eine Tat nachhaltig entfalten wird.

Als personale, frei begangene und im geschöpflichen Beziehungsgefüge wirksame Sünde bezeichnet die Theologie auf der Basis der biblischen Überlieferung einen von Menschen vollzogenen Bruch der Gemeinschaft mit Gott, durch den auch die Daseinsmöglichkeiten anderer Menschen beeinträchtigt werden. Dabei war in den älteren biblischen Schriften zunächst ohne Bedeutung, ob eine Tat willentlich oder unabsichtlich geschah, entscheidend war die eintretende leidvolle Folge. Der Gedanke, dass sich die Sünde als Sünde in der auch erfahrbaren Schädigung des Lebens erweist, bleibt auch in den ethischen Weisungen Jesu im Grundsatz erhalten: Nicht etwa erst die Tat des Tötens schädigt das Leben des Mitmenschen, sondern bereits jede im Herzen begangene Anfeindung (Mt 5,21 f.). Das Zehngebot, der Dekalog, schärft als von Gott unbedingt geforderte Lebensregel ein, die Daseinsrechte der Mitgeschöpfe zu schützen: niemandem das Leben zu nehmen durch treuloses Verhalten, durch absichtliches Töten, durch den Bruch der familiären

Gemeinschaft, durch eine Falschaussage vor Gericht oder den Raub des für die Mitmenschen lebensnotwendigen Eigentums.

Das Wahrnehmen der Schädigung des allen Geschöpfen von Gott geschenkten Lebens führt in die Reue. Die Formen dieser Schädigung können sehr unterschiedlich sein. Die leidvollen Auswirkungen können leichter, schwerer oder gar nicht mehr zu verhindern sein. Differenzierende Aufmerksamkeit auf die konkrete Last, die Menschen einander sind, ist eine Bedingung der Möglichkeit, nach Wegen der Erleichterung des Lebens zu suchen. Dabei sind die Lebenswünsche aller in einem Handlungszusammenhang mitwirkenden Menschen zu bedenken.

3.2.2 Um die eigene Verwobenheit in die Zusammenhänge wissen

Nicht zuletzt das derzeit vielbesprochene Stichwort „Globalisierung" hat die Weltgemeinschaft darauf aufmerksam gemacht, welche auch unheilvollen Verbindungen zwischen ökonomischen, ökologischen und politischen Bereichen bestehen. Ganz konkret ist die Not hungernder, dürstender sowie von Epidemien, Krankheiten und Naturkatastrophen geplagter Menschen in einzelnen Regionen der Erde – nachhaltig in Afrika und Südostasien. Menschen in Not bekommen Gesichter durch die weltweite Berichterstattung. In der globalisierten Welt kommen alle sich nahe. Die Not erbringt Nähe – jenseits aller Grenzen von Nationalität oder Stammeszugehörigkeit. Was wäre zu tun, tatkräftig die Güter der Schöpfung gerechter zu verteilen? Ohnmacht angesichts all der weltweiten Formen der in ungleicher Weise einzelnen Erdregionen zugemuteten Lebensentbehrungen prägt das Empfinden vieler Betrachter. Welche Formen der Reue nehmen diese Erkenntnisse angemessen auf? Müssten oder könnten wir in den christlichen Gemeinden eine Prüfung unserer Lebensverhältnisse anregen und danach fragen, ob alle erworbenen Güter angesichts der Not weltweit erforderlich wären? Schwer vorstellbar ist dies und unvertraut. Zugleich erscheint es als unangemessen, einzig ein Fehlverhalten im Bereich der personalen Beziehungen – eine Wiederheirat Geschiedener etwa – als eine solche Tat zu betrachten, deren Unverträglichkeit mit den Weisungen Gottes zu einem Ausschluss aus der eucharistischen Gemeinschaft führt.

Das Wissen darum, in schwer löslichen Verstrickungen gefangen zu sein, ist vielen Menschen sehr vertraut. Es fällt daher schwer, sich der Rede von der Sünde zu öffnen, da unter diesem Begriff zumeist ein einzelner absichtlich geschehener Fehltritt mit konkreten Folgewirkungen verstanden wird. Was aber könnte es heißen, von der Macht der Sünde in Christus Jesus befreit worden zu sein und diese Wirklichkeit in der Taufe zu feiern? Von der Gestalt der personalen Sünde und der Frage nach ihrem Grund unterscheidet die theologische Tradition die Frage nach dem vor-personalen Bösen, das Menschen vorgängig zu ihrer eigenen Entscheidung prägt, beeinflusst und in den Entfaltungsmöglichkeiten beschränkt. Die Rede von der Erbsünde meint Formen des Bösen, die einmal durch personale Sündentaten verursacht wurden, dann aber weiterwirkten und strukturelle Beeinträchtigungen erzeugten.

Die hohe Bereitschaft nicht weniger Menschen heute, das eigene Leben in seinen gewordenen Zusammenhängen zu bedenken, spiegelt sich auch in der gewachsenen gesellschaftlichen Relevanz psychotherapeutischer Arbeit. Die in aller Regel auch mit der Methode des biographischen Erzählens arbeitenden, in ihren anthropologischen Grundannahmen recht unterschiedlichen Schulrichtungen der Psychologie konvergieren gegenwärtig in der Überzeugung, dass die Befreiung eines Menschen von Lebensbeeinträchtigungen, die von ihm als unheil erfahren werden, nur im Gesamt der Beziehungswirklichkeit dieses Menschen gelingen kann. Systemisch denkende und arbeitende Zweige der Psychotherapieforschung, die auf die Verwobenheit einzelner Lebensgeschichten in das Gesamt der generationenübergreifenden Familienerfahrungen hinweisen, erfahren derzeit Wertschätzung. Beachtung findet zudem die eigene Stärke gruppentherapeutischer Arbeit: Das Wissen darum, dass auch andere Menschen die Grenzen der Erfüllung menschlicher Sehnsucht nach einem glückenden Leben erleiden, tröstet und ermutigt dazu, miteinander nach erprobten Wegen der Besserung Ausschau zu halten.

3.2.3 Die Wurzelsünden (immer wieder) erkennen

In jüngerer Zeit hat die alte christliche Tradition, die Wurzeln des eigenen sündigen Handelns zu erkennen und in ihren Folgewirkungen zu bedenken, wieder an Bedeutung gewonnen. Es gibt Pfarrgemeinden, die in Bußgottesdiensten die Mitfeiernden einladen, dem Priester im Einzelbekenntnis das Wichtigste, die Grundwurzel ihrer Einzelsünden zu sagen. Diese Praxis greift die aus der geistlichen Tradition des östlichen Mönchtums stammende Vorstellung von den Wurzelsünden auf, die in der überlieferten Gestalt als *Gula* (Unmäßigkeit, Völlerei), *Luxuria* (Unzucht, Unkeuschheit), *Avaritia* (Geiz, Habsucht), *Ira* (Zorn), *Acedia* (Trägheit, Lauheit), *Invidia* (Ruhmsucht, Neid) und *Superbia* (Hochmut, Stolz) bestimmt werden.[16] Es entspricht dem reichen geistlichen Erfahrungsschatz der Kirche, diese Grundantriebe, die durch eine Isolation zu sündigen Beweg-

---

16 Vgl. Michael Schneider, Aus den Quellen der Wüste. Die Bedeutung der frühen Mönchsväter für eine Spiritualität heute, Einsiedeln 1987.

gründen menschlichen Handelns werden können, zu bedenken, und einzelne Taten in Bezug auf diese zu betrachten. Meines Erachtens hilft diese Anstrengung dabei, eine bloße Aufzählung einzelner Sündentaten – dazu noch in der Angst, etwas vergessen haben zu können und dadurch die Wirksamkeit des Zuspruchs der Versöhnung Gottes zu gefährden – zu vermeiden. Auf unterschiedliche Weise tragen wohl alle Menschen diese Wurzelsünden in sich. Der Blick auf die konkreten Lebensumstände, in denen sie sich leidvoll auswirken, hilft bei dem Bemühen, die Last des Lebens zu erleichtern.

4 Reflexionen

Eine Verbindung zwischen dem menschlichen Leben und der christlichen Buße zu suchen, war der reformatorischen Tradition nicht fremd – im Gegenteil. „Als unser Herr und Meister sagte: ‚Tut Buße‘ (...), wollte er, dass das ganze Leben der Gläubigen Buße sei"[17]. Diese erste der *95 Thesen* von Martin Luther, die er – wie er eingangs ausdrücklich sagt – „aus Liebe zur Wahrheit" formuliert hat, bringt ins Wort, was als das Grundanliegen der reformatorischen Bewegung nicht nur im Blick auf das Bußsakrament gelten kann: Personale Authentizität wird angestrebt, Echtheit im Umkehrwillen gesucht, nicht Angst vor Strafen soll das Handeln leiten, Verbundenheit von Gottesdienst und Alltag wird vorausgesetzt – kurz: keine äußere Werkerei, sondern innere Entschiedenheit aus bewusstem Glauben heraus soll das Bußwesen prägen.

Der einzelne Augenblick – erlebt in der gefeierten Gestalt der Vergebungszusage Gottes in der gottesdienstlichen Feier – steht in enger Verbindung zu den vielen Momenten des tagtäglichen Lebens, das immer wieder vor Augen führt, wie begrenzt der Wille zur Umkehr im konkreten Handeln je eingelöst werden kann. Die Vorsätze sind immer wieder groß. Die gelebte Wirklichkeit ruft auf zur Barmherzigkeit mit dem eigenen Leben. Vielleicht können Menschen am schwersten mit ihren eigenen Sünden umgehen und sich selbst annehmen. Auch dann ist es ein Hoffnungszeichen, wenn wenigstens kleine Schritte in die gewünschte Richtung gelingen.

Martin Luther sah bei sich selbst – und nicht nur bei anderen Getauften – Tag für Tag die Notwendigkeit, zur Besinnung auf das eigene Leben zu ermahnen. Er blieb bei aller Schärfe im Wort, die zu Teilen auch das Ergebnis erlittener Verletzungen war, ein zutiefst reumütiger Mensch. Die christlichen Traditionen sind reich an liturgischen Formen, in denen Schuldbekenntnisse in allgemeiner Form vorge-

---

[17] WA 1, 233.

tragen werden. Jeder und jede Beteiligte kann eigene Lebenssituationen in das Gesagte hineindenken. Das Bekenntnis zur sogenannten „Allgemeinen Schuld" verbindet die westlichen Konfessionsgemeinschaften in ihren eucharistischen Liturgien. Gemeint ist damit eine öffentlich bekundete Zustimmung zu der Wahrnehmung, mit dem eigenen Leben hinter den Anforderungen des Evangeliums Jesu Christi immer wieder zurückzubleiben. Unnütz kann diese geistliche Übung nicht sein.

Ist das allgemeine Schuldbekenntnis eine unzulässige Konkurrenz zur Beichte? In der Geschichte der Ökumene haben die christlichen Kirchen miteinander und voneinander gelernt, die Vielfalt der Formen gottesdienstlicher Feiern als einen Reichtum zu betrachten: Es gibt Lebenssituationen, die es nicht notwendig angeraten erscheinen lassen, Gottes Versöhnungszusage als Wort an einen einzelnen Menschen zu erbitten. Wege der geistlichen Begleitung, die nicht immer mit einem persönlichen Bekenntnis und einem sakramentalen Vergebungszuspruch abschließen, stehen im Lebensalltag jedem Menschen offen. Die reformatorische Bewegung hat dazu beigetragen, das Leben der getauften Menschen immerzu auch unter dem Aspekt der bleibenden Sündigkeit zu betrachten. Jeder Tagesrückblick am Abend gibt Anlass dazu, neben dem Gelungenen und positiv Widerfahrenen auch die eigenen Versäumnisse oder die missglückten Taten wahrzunehmen.

Nicht nur aus reformatorischer Sicht ist das Bußgeschehen in enger Beziehung zur Taufe zu deuten. Gemeinsam betrachten die christlichen Konfessiongemeinschaften die Taufe als die Feier der Lebenswende im Bekenntnis zu Jesus Christus. Mit der neutestamentlich überlieferten paulinischen Tauftheologie (vgl. vor allem Röm 5 und Röm 6) stimmen alle christlichen Konfessionsgemeinschaften darin überein, dass in der Taufe das grundlegende Umkehrgeschehen gegeben ist: Der alte Mensch, der sündige Adam, wird reingewaschen von der Sünde und ersteht verwandelt zur Hoffnung auf unverlierbares Leben. Rein aus Gnade gewährt Gott diese Gabe des Lebens den Sünderinnen und Sündern. Aus eigener Kraft allein wäre der Mensch nicht fähig, sich das Leben auf ewig zu bewahren.

Wie bei vielen anderen Fragen ist es auch in der Bußthematik die Ämtertheologie, die das höchste Maß an ökumenischen Differenzen aufweist. Einerseits gilt: Nicht jeder und jede darf den Anspruch erheben, im Namen Gottes Vergebung zuzusagen; eine Beauftragung ist dazu erforderlich – eine Ermächtigung im Namen der Gemeinschaft der Glaubenden; Kenntnisstände und Lebensführung sind dann zu prüfen. Im besten Fall gibt es auch eine menschliche Begabung zu diesem schweren Dienst. Und zugleich gibt es gerade im Bereich des Versöhnungsgeschehens eine andere Wahrheit: Es gibt Menschen, die zu einem versöhnlichen Miteinander motivieren, ohne zu diesem Dienst von der Kirche eigens berufen worden zu sein. Die Ausstrahlung dieser Personen wirkt auf andere. In der Traditionsgeschichte sind es vor allem die Mitglieder der geistlichen Gemeinschaften, denen ein solches Charisma zugetraut wurde. Martin Luther war – befangen in dieser Position auch angesichts seiner eigenen Biographie – skeptisch gegenüber dem Mönchsstand und der Beichte. Nicht der Blick auf Personen in bestimmten geistlichen Ständen ist auf Zukunft hin entscheidend beim Bußsakrament, vielmehr die Begegnung mit Menschen, die das Evangelium von der Barmherzigkeit Gottes anderen Menschen nahebringen. Vielleicht durchsteht dieses kostbare Sakrament die Dürrezeiten in Gestalten, die manches zu ahnen geben von dem, was möglich ist an Friedensbereitschaft unter unversöhnten Menschen. Die Absolution ist kein Freispruch von der Verantwortung für die leidvollen Sündenfolgen – wohl ein Freispruch von der Möglichkeit, angesichts der Sünde die Gottesgemeinschaft verlieren zu können. Gott bewahrt den Sünder und die Sünderin vor dem ewigen Tod in Ferne zu ihm.

Pascale Jung
Anerkennung der *Confessio Augustana* – was Paul Ricœur zu einem ökumenischen Schlüsselbegriff beitragen kann

1 Vorüberlegungen

Anerkennung ist, wie der langjährige Direktor des Instituts für Ökumenische Forschung in Straßburg, Harding Meyer, 1980 in einem Aufsatz betont hat, ein Schlüsselbegriff der Ökumene, dessen gründliche historische und systematische Untersuchung notwendig sei.

In den Fokus der Aufmerksamkeit rückte der Begriff mit der Diskussion um eine mögliche Anerkennung der *Confessio Augustana* durch die römisch-katholische Kirche in den 1970er und 1980er Jahren. Seit 1975 wurde die Frage der Anerkennung der CA sowohl von katholischer wie auch von lutherischer Seite diskutiert, angestoßen durch einen Artikel von Vinzenz Pfnür in der Zeitschrift *Communio*.[1] Dieser wiederum beruft sich auf den Vorschlag einer internationalen lutherisch-katholischen Arbeitsgruppe, die im Januar 1974 in Rom vorgeschlagen hat, „als konkreten Schritt zum Aufbau gegenseitigen Vertrauens und der Vertiefung der gemeinsamen theologischen Basis, [...] das Augsburgische Bekenntnis als Zeugnis kirchlichen Glaubens durch die katholische Kirche anzuerkennen"[2]. Der Aufsatz Pfnürs selbst geht auf ein Referat zurück, das er im Januar 1974 auf einer Sitzung dieser internationalen Arbeitsgruppe gehalten hat. Eine Anerkennung der CA würde nach Pfnür das bisherige „katholische Bild der Reformation" durch eine positive Sicht erweitern und den positiven Beitrag der CA „zum Aufbau der lutherischen Gemeinden"[3] in den Vordergrund stellen. Weiterhin würde durch eine Anerkennung der *Confessio Augustana* durch die katholische Kirche „zum Ausdruck gebracht werden, daß die Augsburgische Konfession keine kirchentrennenden Lehren vertritt und als Zeugnis gemeinkirchlichen Glaubens von ka-

---

1 Vinzenz Pfnür, Anerkennung der Confessio Augustana durch die katholische Kirche? Zu einer aktuellen Frage des katholisch-lutherischen Dialogs, in: Internationale katholische Zeitschrift Communio 4 (1975), 298–307; 5 (1976), 374–381; 477 f.; Vgl. auch: Klaus Kürzdörfer/Bernd Jochen Hilberath/Albert Reble (Hg.), Die Einigung der Kirchen und der Religionsunterricht: Karl Rahners Einigungsvorschlag aus pädagogischer und theologischer Sicht, Hamburg 1995.
2 Kürzdörfer/Hilberath/Reble, Einigung, 300 f., Vgl. auch: KNA, Ök. Inf. 1974, Nr. 6 (6. Febr.), 10 f.; Catholica 28 (1974), 126.
3 Pfnür, Anerkennung, 307.

tholischer Seite bejaht werden kann"[4]. Nach Pfnür würde die katholische Kirche damit bestätigen, dass sie in der *Confessio Augustana* ihre eigene Lehre wiedererkennt.

Namhafte Theologen beschäftigten sich in dieser Zeit mit der Frage der Anerkennung, ohne aber ganz explizit auf die Bedeutung des Begriffs einzugehen. Damit teilt der Begriff *Anerkennung* das Schicksal so mancher theologischer Grundbegriffe, die vielfach verwendet werden, meist aber nur vage oder jedenfalls nicht allgemeinverbindlich definiert werden und Grundlegendes oder Entscheidendes nicht aufnehmen oder nicht beachten.

Ich werde im Folgenden zunächst einen Blick auf den Begriff der Anerkennung werfen und zeigen, dass unterschiedliche Vorstellungen davon existieren, was unter Anerkennung zu verstehen ist, bzw. wie diese vollzogen werden sollte.

Anschließend wird kurz die dahinterliegende Problematik erläutert und mit dem Philosophen Paul Ricœur ein Lösungsvorschlag unterbreitet, der meines Erachtens für die Ökumene fruchtbar gemacht werden kann.

2 Unterschiedliche Modi der Anerkennung

In der Diskussion um die Anerkennung der *Confessio Augustana* finden sich vornehmlich zwei unterschiedliche Modi, wie Anerkennung verstanden werden kann:

Einmal: Anerkennung durch Finden und Identifizierung von Gemeinsamkeiten und Übereinstimmungen. Anerkennung als etwas/jemand, der Ähnlichkeiten und Gemeinsamkeiten mit dem Anerkennenden hat.

Und außerdem: Anerkennung durch Akzeptanz der Identität und Unterschiedlichkeit des Anderen. Eine Anerkennung als etwas/jemand, der unabhängig von meinem ‚Ich', eine Berechtigung „als" etwas oder jemand hat.

Gerard Kelly hat in seinem Buch *Recognition. Advanced ecumenical thinking*[5] eine katholische und eine lutherischen Sicht von Anerkennung unterschieden. Die katholische Position, der es um die Anerkennung von Gemeinsamkeiten also eher um Identifizierung und das Finden von Übereinstimmungen geht, und die protestantische Sicht, die auf die gegenseitige Anerkennung von bestehenden Differenzen hinzielt, – der Anerkennung von Eigenständigkeit, Identität und Unterschiedlichkeit besonders wichtig ist. Die Ursache dieser unterschiedlichen Denkrichtung sieht er im unterschiedlichen Verständnis von Katholizität, sowie

---

4 Pfnür, Anerkennung, 374.
5 Gerard Kelly, Recognition: Advancing ecumenical thinking, New York 1996.

der Einordnung der Anerkennung als eher juristische oder als eher theologische Frage.[6]

Das Problem ist auch in der Unterschiedlichkeit der Bedeutung in den einzelnen Sprachen zu finden, was Gerald Kelly jedoch nicht beachtet. Axel Honneth, der sich intensiv mit dem Begriff der Anerkennung auseinandergesetzt hat, weist darauf hin, dass „der Anerkennungsbegriff in den verschiedenen Sprachen des Englischen, Französischen und Deutschen unterschiedliche Bedeutungskomponenten umfasst, deren Verhältnis untereinander nicht wirklich durchsichtig ist"[7]. Der deutsche Begriff Anerkennung sei wesentlich enger gefasst als das englische *recognition* und das französische *récognition*. Im Deutschen bezeichne Anerkennung im Wesentlichen nur jenen normativen Sachverhalt, der mit der Verleihung eines positiven Status verknüpft sei, während er im Englischen und Französischen zusätzlich noch die epistemische Bedeutung des Wiedererkennens oder Identifizierens umfasse.[8]

Ich bin der Meinung, dass die unterschiedlichen Modi nicht generell konfessionsabhängig sind. Es gibt durchaus auch Ausnahmen. Texte der Kommission für Glauben und Kirchenverfassung (Faith and Order), der ja seit 1968 eine Gruppe katholischer Theologen als offizielle Mitglieder angehören[9], zeigen, dass diese Aussage nicht pauschal getroffen werden kann. An den Texten, die seit 1968 als Studiendokumente und Erklärungen herausgegeben wurden, aber auch an der letzten Weltkonferenz in Santiago de Compostella 1993, waren katholische Theologen beteiligt. Auch Stellungnahmen des katholischen Theologen Heinrich Fries, der in seinen Texten zur Anerkennung die Andersheit des Anderen stark betont, zeigen, dass diese Aussage nicht pauschal getroffen werden kann, wenn auch eine Tendenz in diese Richtung zu bemerken ist.

Die beiden angesprochenen Positionen decken sich im Übrigen mit den zwei Formen der Anerkennung, die der bulgarische Schriftsteller und Wissenschaftler Tzvetan Todorov in seinem Buch *Abenteuer des Zusammenlebens – Versuch einer allgemeinen Anthropologie*[10] unterschieden hat. Er spricht von Anerkennung

---

6 Kelly, Recognition, 27 f.

7 Axel Honneth, Das Ich im Wir. Studien zur Anerkennungstheorie, Berlin 2010 (Suhrkamp-Taschenbuch Wissenschaft 1959), 109 f.

8 Axel Honneth, Anerkennung als Ideologie, in: WestEnd. Neue Zeitschrift für Sozialforschung 1 (2004), 55.

9 Vgl. dazu: Minna Hietamäki, „Ecumenical Recognition" in the Faith and Order Movement, in: Open Theology 1 (2015), 204–219.

10 Tzvetan Todorov, Abenteuer des Zusammenlebens: Versuch einer allgemeinen Anthropologie, Berlin 1996, 34. Siehe auch: Tzvetan Todorov, Die Eroberung Amerikas. Das Problem des Anderen, Frankfurt a. M. 1985 (Edition Suhrkamp 213).

durch Unterscheidung und Anerkennung durch Übereinstimmung. Todorov sagt, dass Menschen beide Formen anstreben, nur eben mit unterschiedlichem Ziel. Bei der Anerkennung durch Unterscheidung steht das Anders-sein-wollen, der Wettbewerb, im Vordergrund, bei der Anerkennung durch Übereinstimmung das Gleich-sein-wollen, das Wir-Gefühl.

3 Hegel als Ausgangspunkt

Trotz der Bedeutungsvielfalt und der unterschiedlichen Deutungen finden sich in allen Positionen vornehmlich Ansätze des klassischen philosophischen Anerkennungsbegriffs, wie er sich von Hegel ausgehend entwickelt hat.

Bei Hegel hat Anerkennung immer etwas mit Gerechtigkeit und Tausch zu tun. Anerkennung stellt eine Vermittlung zwischen individuellen Bedürfnissen und allgemeiner Vernunft dar. Der Tausch ist in der Regel reziprok, symmetrisch und äquivalent, das heißt, es geht etwas hin und her, die Tauschenden sind Gleiche unter Gleichen, und es wird Gleiches für Gleiches bzw. Entsprechendes getauscht. „Sie erkennen sich als gegenseitig sich anerkennend"[11], schreibt Hegel in der *Phänomenologie des Geistes*. Weil im Hintergrund der Theorie Hegels Dialektik von „Herr" (Anerkennungsgeber) und „Knecht" (Anerkennungsempfänger)[12] sichtbar bleibt, ist die Anerkennung zwar gegenseitig, aber von unterschiedlichen Machtpositionen gekennzeichnet. Der aus dem Hegelschen Begriff entwickelte Kampf, der sich hauptsächlich aus der Verweigerung der Anerkennung, der Missachtung, ergibt, hat ihm zufolge immer den negativen Beigeschmack des Gefühls „Opfer zu sein" bzw. einen unerreichbaren Idealzustand anzustreben.

Für das Anerkennungsgeschehen gibt es gewissermaßen einen „Zwang zur Reziprozität", zum Tausch. Dieser nötigt die sich begegnenden Subjekte dazu, „ihr soziales Gegenüber in einer bestimmten Weise anzuerkennen", weil sie auch sonst nicht sich selbst anerkannt wissen können, weil ihnen „ja gerade jene Eigenschaften und Fähigkeiten abgesprochen werden".[13] Der Kampf um Gleichbe-

---

11 Georg Wilhelm Friedrich Hegel, Phänomenologie des Geistes, hg.v. Johannes Hoffmeister, Hamburg ⁶1952 (Philosophische Bibliothek 114), 143.

12 Herrschaft und Knechtschaft sind Grundbegriffe in G. W. F. Hegels Phänomenologie des Geistes (1807). Man soll aber die heutige Theorie der Anerkennung nicht allzu massiv als nackte Machtfrage deuten.

13 Axel Honneth, Kampf um Anerkennung: Zur moralischen Grammatik sozialer Konflikte, Frankfurt a. M. ³2002 (Suhrkamp-Taschenbuch Wissenschaft 1129), 64.

rechtigung und Anerkennung ist im Sinne Hegels ein Kampf wahrgenommen zu werden, ein Kampf von Konkurrenten.

4 Gerechtigkeit und Tausch als wichtig für Anerkennung

Der Tausch ist auch ein wichtiger Aspekt, wenn von Anerkennung in der Ökumene die Rede ist. Er stellt eine Wesensdimension dar, die auch bei den Ideen zur Einheit in der Ökumene immer wieder, wenn auch nicht explizit erwähnt, vorkommt. Es geht dort immer um einen Tausch, einen Austausch von Inhalten, der dazu führen soll, sich einander näher zu kommen. Implizit wird also auch damit gerechnet, dass ein Austausch dazu führt, dass sich die Gesprächspartner Zugeständnisse machen oder eine Verpflichtung auf künftig zu erbringende Leistungen im Sinne Hegels abgeben.

Meine Vermutung ist, dass gerade das der Stolperstein ist, der ein weiteres Vorgehen in der Ökumene verhindert. Beim Suchen verschiedener Anerkennungsdeutungen und Hermeneutiken kann der Philosoph Paul Ricœur hilfreich sein. Dieser entwickelt in seinem Buch *Wege der Anerkennung* eine Deutung des Begriffs über Hegel hinaus und mit einem doppelten Anliegen. Seine Theorie der Anerkennung kann der Ökumene dienlich sein. Im Anliegen, den Anderen in seiner Andersheit anzuerkennen und sich gleichzeitig als verantwortliches, handelndes Subjekt zu erkennen, gelangen die Beteiligten in wechselseitiger Anerkennung zu einer Gewissheit ihrer eigenen Identität. Die Frage, die sich stellt, definiert Ricœur so:

> Wie kann man die originäre Asymmetrie mit der Wechselseitigkeit zusammendenken, um dem Verdacht entgegenzutreten, diese Asymmetrie untergrabe von innen her das Vertrauen in die mit dem Anerkennungsprozeß verbundene Versöhnungsmacht?[14]

5 Die Theorie Paul Ricœurs

Die Theorie Ricœurs fußt auf einem sprachphilosophischen Fundament, die er dann phänomenologisch vertieft und präzisiert.

---

[14] Paul Ricœur, Wege der Anerkennung: Erkennen, Wiedererkennen, Anerkanntsein, Frankfurt a. M. 2006, 324.

Die Polysemie, d. h. das breitgefächerte Spektrum der Bedeutung des Begriffs ‚reconnaître' in seiner aktivischen wie passivischen Verwendung ist Ausgangspunkt. Aus der peniblen Lektüre von mehr als zwanzig Lesarten, mit denen zwei der besten französischen Wörterbücher den Sinn von *reconnaissance* erklären, entwickelt Paul Ricœur drei miteinander in Beziehung stehende Handlungen, die alle „Anerkennung" bedeuten:

- Anerkennung bedeutet: Ein Akt der *reconnaissance*, der durch Identifizieren und Wahr-nehmen gekennzeichnet ist. Das heißt identifizieren, was etwas oder jemand ist, oder was er eben nicht ist. Ein „Urteilen als".
- Anerkennung bedeutet auch: Ein Akt des Sich-selbst-Erkennens. Auch hier geht es um Identifizieren, es geht um die Erkenntnis der individuellen Fähigkeiten und Handlungsmöglichkeiten. Es geht um die Anerkennung des eigenen Handelns.
- Die dritte Bedeutung ist das eigentlich Neue: Ricœur sieht in der Bedeutung der *reconnaissance* einen Akt der wechselseitigen Anerkennung auf der Grundlage von Gabe und Dankbarkeit.

Im Rückgriff auf die Bedeutung von *Recognition* in Kants *Kritik der reinen Vernunft*, von Wiedererkennen in Henri Bergsons *Matière et Mémoire* und dem Begriff der Anerkennung in Hegels *Jenaer Frühschriften* und der *Phänomenologie des Geistes* versucht Ricœur dem Begriff der Anerkennung als Kerndynamik der Beziehung des eigenen Selbst auf den Anderen und damit als Schlüsselbegriff des Zusammenlebens näher zu kommen.

Die drei gefundenen Bedeutungen von Anerkennung präzisiert er nochmals als

- *Identifikation über die Zeit* hinweg durch Urteilen, Verbinden und Verknüpfen, um insbesondere die Einzigartigkeit und damit Eigenheit des zu Erkennenden deutlich werden zu lassen;
- als *Sich-Selbst-Erkennen*, das als narrative Identität in der Dialektik der Beharrlichkeit der Selbstheit (*ipse*) und der Modifizierbarkeit der Selbigkeit (*idem*) immer des Selbst wie des Anderen bedarf;
- und als wirkliche *wechselseitige Anerkennung*.

Ricœur verändert mit seinem Ansatz die Blickrichtung. Er denkt über das Phänomen der wechselseitigen Anerkennung nicht wie Hegel vom Horizont des nie aufzuhebenden Kampfes um Anerkennung nach, sondern er geht von außerordentlichen, aber immer wieder auffindbaren, „befriedeten Erfahrungen wechselseitiger Anerkennung"[15] aus.

5.1 Wie kommt man zu diesen Erfahrungen „wechselseitiger Anerkennung"?

In dem Zwang zur Reziprozität, der Verpflichtung der Gegengabe innerhalb des Tauschs, sieht Ricœur eine Paradoxie. Eine Gabe ist etwas, das ich gebe, ein Geschenk, etwas, mit dem ich zeige, wie wertvoll mir mein Gegenüber ist. Wenn das Gegenüber sich verpflichtet fühlt, die Gabe in gleicher Wertigkeit zurückzugeben, wird die erste Gabe nicht nur entwertet, sie kann auch bei nicht rechtzeitiger Rückgabe oder weniger wertiger Rückgabe „Zorn oder den Vorwurf der Undankbarkeit hervorrufen"[16]. Einen Schlüssel zur Auflösung dieser Paradoxie der Gegengabe sieht Ricœur in der Arbeit des Soziologen und Ethnologen Marcel Mauss, der den Gabentausch in archaischen Gesellschaften als Situation beschrieben hat, die jegliche Gegenseitigkeit übersteigt, die das Phänomen des ökonomischen Tausches hinter sich lässt, die die Logik der Äquivalenz durch die Logik der Großzügigkeit überschreitet.

Ricœur verbindet diese Idee mit Marcel Hénaff um zu zeigen, dass es sich um die symbolische Darstellung der wechselseitigen Anerkennung, um eine (Tausch) Beziehung ohne Preis handelt. Es geht um eine wechselseitige Beziehungsstiftung, die Schaffung eines sozialen Bandes und nicht um die Gegenseitigkeit einer ökonomischen Anhängigkeit. In seinem Ansatz versucht er den mit dem hegelschen Ansatz einhergehenden Kampf durch den Begriff der Agape zu umgehen. Weil die Agape keine Gegengabe erwartet und weil sie sich den Prinzipien des Tausches, des Vergleichens und des Kampfes entzieht, ist es möglich, Erfahrungen der Liebe zu machen, die Raum lassen für den Frieden.[17] Der Vorteil der Agape ist folgender: Während die Gerechtigkeit argumentiert und deshalb immer Streit und Kampf mit sich zieht, erklärt und verkündet die Agape. Da, wo ein Urteil gefällt wird, fällt ein trennendes Wort, das den Abstand zwischen Gerechtigkeit und Friedenszuständen nur weitet. „Der Streit ist entschieden; aber damit ist er nur der Rache entzogen, ohne dem Friedenszustand näher gekommen zu sein"[18], schreibt Ricœur.

---

15 Ricœur, Wege der Anerkennung, 274.
16 Ricœur, Wege der Anerkennung, 299.
17 Vgl. Ricœur, Wege der Anerkennung, 276.
18 Ricœur, Wege der Anerkennung, 279.

Statt Kampf um Anerkennung – die Gabe der Anerkennung. Ricœurs Anerkennungstheorie lenkt den Blick weg vom Begriff der Macht, der der Anerkennung immer anhaftet, hin zum Begriff der Dankbarkeit, die aufgrund der Gabe entsteht. Er lenkt den Blick hin zu Erfahrungen, die Menschen in diesem Zusammenhang machen.

Ricœur nennt das: „befriedete Erfahrungen wechselseitiger Anerkennung"[19] und sein Kollege und Freund Jean Greisch spricht vom „kleinen Wunder Anerkennung", das Hoffnung wider alle Hoffnungslosigkeit bezeugen kann, weil die Erfahrung sagt, dass es schon „einmal und irgendwo stattgefunden hat"[20].

Während beim Hegel-geprägten Anerkennungsbegriff der Schwerpunkt ja auf der Gegenseitigkeit der Tauschobjekte liegt, ist der Schwerpunkt beim Modell Ricœurs zwischen den Tauschakteuren, liegt also auf dem Beziehungsgeschehen.

Der *Kampf um Anerkennung* bleibt notwendig unabschließbar, wohingegen die Erfahrung der Anerkennung nach Ricœur Gewissheit bringt, wenngleich der besondere Charakter, wie die Fragilität dieser Erfahrung, darauf hinweist, dass Anerkennung nie abgeschlossen, sondern nur als *Weg der Anerkennung* beschreibbar ist, der die bleibende Asymmetrie des Geschehens ebenso festhält wie die Offenheit des Prozesses.

Die Dankbarkeit ist für Ricœur der Weg, den endlosen Prozess aus Verpflichtungen und Gerecht-werden-wollen aufzulösen. Wenn ich jemandem für sein Geschenk von Herzen danke, betrachte ich das Schenken nicht als eine Verpflichtung mich zu revanchieren, sondern als einen Akt der Großherzigkeit. Dadurch wird das Gefühl, mich verpflichtet zu fühlen, abgemildert. Wenn es eine Gabe von beiden Seiten gibt, dann muss die zweite Gabe als zweite erste Gabe gesehen werden, als „Antwort auf einen Appell", „der von der Großherzigkeit der anfänglichen Gabe ausgeht"[21]. Die zweite erste Gabe entsteht also beim Empfänger und wird ausgelöst durch Dankbarkeit. Die Gabe ist dabei völlig der Ökonomie im wirtschaftlichen Sinn entzogen.

Aber bei der Anerkennung geht es eben auch oft um Gerechtigkeit. Sie gehört ebenfalls zur Anerkennung dazu. Auch in der Ökumene geht es um Gerechtigkeit.

Ricœur fragt also logischerweise: „Kann man zwischen der Dichtung der Agape und der Prosa der Gerechtigkeit, zwischen der Hymne und der formalen Regel eine Brücke schlagen?" und er antwortet gleich darauf: „Sie muß geschlagen werden, denn beide Lebensformen, das Leben nach der Agape wie das

---

19 Ricœur, Wege der Anerkennung, 274.
20 Jean Greisch, Fehlbarkeit und Fähigkeit: Die philosophische Anthropologie Paul Ricœurs, Münster 2009, 183.
21 Ricœur, Wege der Anerkennung, 302.

Leben nach der Gerechtigkeit, verweisen auf dieselbe Welt des Handelns, in der sie bestrebt sind, als ›Kompetenzen‹ aufzutreten"[22].

Für die Ökumene kann dieser Wechsel der Betrachtungsweise einen Zugewinn bringen. Wenn Anerkennung auf der Ebene der Beziehung und mit dem Hintergrund der Liebe betrachtet wird, dann geht es auch darum, nicht die Symmetrie zu erreichen, dann geht es nicht nur um Gerechtigkeit, sondern auch darum, die Asymmetrie anzuerkennen, also die Unterschiede und nicht die Übereinstimmung, Gemeinsamkeit und den Konsens zu suchen. Genau dies ist ja das Dilemma, dass zwischen dem Anerkennenden und dem Anzuerkennenden immer zugleich Gleichheit und Ungleichheit herrscht. Genau diese Spannung macht aber laut dem Philosophen Alexander García Düttmann das Anerkennen aus und unterscheidet es von einem bloßen Wiedererkennen.[23] Anerkennen ist zugleich Bestätigung z. B. der Zugehörigkeit zu einer Minderheit, einer Kultur, einer bestimmten Personengruppe als auch Stiftung von etwas, das erst durch das Anerkennen selbst ins Leben gerufen wird.

Die Tatsache, dass es nicht die eine Bedeutung von Anerkennung gibt, sondern dass viele unterschiedliche Bedeutungen nebeneinander stehen, macht es so schwer, in der Frage der Anerkennung Klarheit zu gewinnen, und gleichzeitig muss es in dieser Frage eine Klärung geben, wenn die Ökumene einen Schritt weiterkommen will.

Ricœur lenkt den Blick davon weg, den Anderen immer erst als Bedrohung zu sehen. Er zeigt neben den bekannten Bedingungen von Anerkennung grundlegend neue bzw. anders akzentuierte Wesensdimensionen des Begriffs.

5.2 Wechselseitig – gegenseitig

Nicht nur der Begriff Anerkennung bleibt innerhalb der Ökumene oft ungeklärt. Ein weiterer mit Anerkennung verbundener Begriff wird ebenfalls häufig undefiniert und synonym verwendet. Es wird von gegenseitiger Anerkennung und von wechselseitiger Anerkennung gesprochen, und beide Begriffe werden im gleichen Zusammenhang verwendet. So spricht die *Magdeburger Erklärung* von „wechselseitiger Anerkennung", in vielen Pressemitteilungen, vorbereitenden oder reflektierenden Aufsätzen und anderen Dokumenten, die sich auf Magdeburg beziehen, ist aber sowohl von „gegenseitiger Anerkennung" wie auch von

---

22 Ricœur, Wege der Anerkennung, 280.
23 Alexander García Düttmann, Zwischen den Kulturen: Spannungen im Kampf um Anerkennung, Frankfurt a. M. 1997 (Edition Suhrkamp 1978, Neue Folge Band 978), 54.

„wechselseitiger Anerkennung" die Rede.[24] Auch bezieht sich Magdeburg ja eindeutig auf Lima, wo von „gegenseitiger Anerkennung" die Rede ist. Gegenseitig – Wechselseitig – Ricœur schlägt vor, um der Klarheit willen, die Unterschiedlichkeit der Begriffe zu wahren.[25]

Doch worin unterscheiden sich Wechselseitigkeit (*mutualité*) und Gegenseitigkeit (*réciprocité*)?

Johann August Eberhards *Synonymisches Handwörterbuch* definiert *gegenseitig* und *wechselseitig* sowohl als Adjektive als auch als Adverbien, unterscheidet aber: „Wechselseitig hebt das Wechseln in der Beziehung zueinander hervor, so daß die zwei Gegenstände oder Personen, die in solcher Wechselbeziehung stehen, zugleich Subjekt und Objekt, aktiv und passiv sind. Gegenseitig drückt nur aus, daß einer die Handlung des andern durch eine gleiche Handlung erwidert."[26]

Während bei der Gegenseitigkeit der Akzent also auf den zirkulierenden Tauschobjekten liegt, also das, *was* getauscht wird, im Mittelpunkt steht, geht es bei der Wechselseitigkeit nicht um die Tauschobjekte, sondern um das, was zwischen den Tauschakteuren geschieht. Die Wechselseitigkeit ist also auf der Beziehungsebene angesiedelt, während die Gegenseitigkeit auf der Ebenes des Marktes zu sehen ist. Ricœur kommentiert dazu: „Der Markt, könnte man sagen, ist Gegenseitigkeit ohne Wechselseitigkeit". So verweist der Markt ex negativo auf die Besonderheit der wechselseitigen Bindungen, die dem Tausch von Gaben innerhalb des Gesamtbereichs der Gegenseitigkeit eigen sind; dank dem Gegensatz zum Markt fällt der Akzent eher auf die Großherzigkeit des ersten Gebenden als auf die Forderung, zu erwidern."[27]

Die Ricœursche Differenzierung des Anerkennungsbegriffs ist, wie sich gezeigt hat, ein wichtiger Beitrag zur Theorie der Anerkennung, denn er liefert mit den drei Wegen der Anerkennung eine Sichtweise, in der der Komplexität des Anerkennungsphänomens wesentlich Rechnung getragen wird. Dabei wird weder die Bedeutung der Gerechtigkeit geleugnet, noch alles von der Agape abhängig gemacht. Wichtiger ist es ja, einen Weg zu suchen, der beide Aspekte der Aner-

---

24 Zum Beispiel: Konrad Raiser, Gegenseitige Anerkennung der Taufe als Weg zu kirchlicher Gemeinschaft. Ein Überblick über die ökumenische Diskussion, in: Ökumenische Rundschau 53 (2004), 298–317; Karl Heinz Voigt, Ökumene in Deutschland. Internationale Einflüsse und Netzwerkbildung; Anfänge 1848–1945, Göttingen 2015, 543; Fernando Enns, Die gegenseitige Anerkennung der Taufe als bleibende ökumenische Herausforderung: Konsens, Divergenzen und Differenzen, Bleibend Wichtiges und jetzt Dringliches, Profilierte Ökumene – Beihefte zur Ökumenischen Rundschau, Leipzig 2009, 127–158.
25 Ricœur, Wege der Anerkennung, 291.
26 Johann August Eberhard/Otto Lyon, Johann August Eberhards Synonymisches Handwörterbuch der deutschen Sprache, Leipzig [17]1910.
27 Ricœur, Wege der Anerkennung, 289.

kennung miteinander verbindet und der eine Verschiebung weg vom einseitigen Blick auf die Gerechtigkeit hin zu einem von Liebe getragen Respekt erlaubt.

Genau diese Blickrichtung ist meiner Meinung nach ein neuer Schritt, den die Ökumene braucht. Nicht geben, um zurückzubekommen, sondern geben im Risiko, dass nicht zurückgegeben wird, dass etwas aus Dankbarkeit zurückgegeben wird, das ich nicht erwartet habe, – und auch mit dem Risiko, dass die Gabe vielleicht falsch gedeutet wird. Wechselseitiges Geben also.

Für die Ökumene bedeutet dies: Wenn von gegenseitiger Anerkennung die Rede ist, geht es um ein Austauschen von Meinungen, Standpunkten, Grundsätzen, um ein Austauschen, das immer mit der Intention der Tauschgerechtigkeit einhergeht. Bei der *Magdeburger Erklärung* war das Erkennen, das Wiedererkennen bzw. das Nicht-Wiedererkennen von entscheidender Bedeutung, weshalb hier konsequenterweise von gegenseitiger Anerkennung gesprochen werden sollte. Aus diesem Grund konnten ja auch Vertreter der Kirchen, die die Gläubigentaufe vertreten z. B. der Baptisten und der Freien Evangelischen Gemeinden, dem Text der *Magdeburger Erklärung* aus theologischen Gründen nicht zustimmen. Die gegenseitige Anerkennung sucht die Symmetrie, die Gemeinsamkeit, die Übereinstimmung. Im konkreten Fall der *Magdeburger Erklärung* hat es zu einer Anerkennung geführt, auch wenn damit verbundene Konsequenzen, wie zum Beispiel die Anerkennung eines protestantischen Christen als Taufpate, noch ausstehen. Die Anerkennung, die Gemeinsamkeiten sucht, ist Ricœur zufolge aber auch die problematischere, und diese Anerkennung ist auch das Problem in den noch offenen Fragen der Ökumene. Wenn Anerkennung in der Ökumene sich nur auf den Aspekt der Gerechtigkeit stützt, wenn der Schwerpunkt nur auf Erkennen und Wiedererkennen gelegt wird, werden Äquivalenz und Kampf die maßgeblichen Begriffe sein, denn der Kampf um Anerkennung ist immer verbunden mit dem Kampf um Gerechtigkeit und der Frage des Vergleichs. Gerechtigkeit verlangt ein Urteil.

Der von Ricœur vorgeschlagenen wechselseitigen Anerkennung mit ihrem Schwerpunkt auf der Beziehungsebene muss ein gleichwertiger Platz im Feld der Ökumene gegeben werden.

Kann es mit dieser Erkenntnis und im Lichte Ricœurs für den ökumenischen Prozess und die Frage der Anerkennung Anregungen geben? Wie sollte solch ein Weg, der die Anerkennungstheorie Ricœurs ernst nimmt, in der Ökumene aussehen? Einer der großen Fortschritte, den meines Erachtens der Anerkennungsbegriff Ricœurs bietet, ist die Differenzierung in eine Beziehungsebene (Herzensebene) und eine Verstehensebene. Deshalb muss seine Frage „Wie kann man die originäre Asymmetrie mit der Wechselseitigkeit zusammendenken, um dem Verdacht entgegenzutreten, diese Asymmetrie untergrabe von innen her das

Vertrauen in die mit dem Anerkennungsprozeß verbundene Versöhnungs-macht?"[28] leitend sein.

Ricœurs Dreischritt, Identifizieren, Sich-selbst-Erkennen und Wechselseitige Anerkennung als drei in Beziehung stehende Handlungen, die sowohl einer An-erkennung von Übereinstimmung als auch einer Anerkennung von Identität und erst recht einer Anerkennung durch Versöhnung gerecht werden, verbindet die unterschiedlichen Modi der Anerkennung.

6 Ein Lösungsvorschlag

Im Folgenden schlage ich einen zweifachen ökumenischen, von der Theorie Paul Ricœurs inspirierten Weg vor:

6.1 Herzensprozess

Den ersten Schritt möchte ich *Herzensprozess* nennen. Dieser lehnt sich an den von Ricœur vorgeschlagenen Weg der wechselseitigen Anerkennung an.

Konkrete symbolischer Handlungsformen, Gesten und Gaben fungieren dabei als Erfahrungsorte und Situationen geschehener Anerkennung.

In der Ökumene wird dem Austausch von Gaben bislang zu wenig Beachtung beigemessen, dabei könnte die Möglichkeit, etwas zu geben und dabei etwas von sich selbst zu geben, nicht nur als eine nette Geste, sondern als Alternative dazu verstanden werden, sich selbst ganz geben oder sogar aufgeben zu müssen. Eine Gabe ist ja immer ein Zeichen des Gebers selbst und zeigt somit auch seine Un-austauschbarkeit. Eine Gabe kann auch das richtige Verhältnis von Nähe und Ferne wahren. In der Wechselseitigkeit des Gabentausches bleibt der richtige Abstand gewahrt, wie Ricœur betont. Ein Abstand, der Nähe zulässt, ohne ab-hängig zu machen, ein Abstand, der Platz lässt, für die Andersheit des Anderen, ein Abstand, der Achtung zulässt. Ein weiterer Vorteil ist, dass in der mit der Gabe einhergehenden Dankbarkeit die Asymmetrie bleiben darf, die Andersheit nicht ein zu überwindender Mangel ist.

Und dennoch ist es Anerkennung.

Ich glaube, dass in der Ökumene zu viel Verstand und zu wenig Herz eine Rolle spielt, bzw. dass den Empfindungen des Herzens keine tragende Relevanz

---

28 Ricœur, Wege der Anerkennung, 324.

zuerkannt wird. Dabei zeigt uns doch schon das Neue Testament, dass Erkenntnis nicht nur an Verstand gebunden ist.

Im Lukasevangelium (Lk 24,13 – 31) lesen wir von einem besonderen Erkenntnisprozess: Drei Tage nach der Kreuzigung Jesus sind zwei von den Jüngern auf dem Weg in ein Dorf namens Emmaus. Sie sprechen über das Furchtbare, was sich in Jerusalem ereignet hat. Während sie reden, kommt Jesus dazu und geht mit ihnen. Doch sie sind, wie die *Bibel* erzählt, „mit Blindheit geschlagen" und erkennen ihn nicht. Selbst als Jesus mit ihnen spricht und selbst als er ihnen die Schrift auslegt, begreifen sie nicht. Erst, als sie in Emmaus angekommen sind und er mit ihnen das Brot bricht, gehen ihnen die Augen auf und sie erkennen ihn.

Diese Stelle aus der *Bibel* zeigt: Es gibt andere Formen von Identifikation als Wiedererkennen. Es gibt Empfindungen, denen man trauen kann und soll, und es gibt Gesten, die erkennen lassen.

Das Herz als Indikator einer Anerkennung: Ricœur hat von der Gabe als von einer Bewegung gesprochen, „die man ,von Herzen' nennen könnte"[29]. Ein solcher Herzensprozess basiert nicht auf Fakten, Vergleichen, Diskussionen oder Kompromissen. Er beruht auf einer ungeschuldeten, frei gegebenen Gabe, die beim Gegenüber Dankbarkeit auslöst, auslösen kann. Das Ergebnis ist nicht vorhersehbar, noch gibt es für diese Anerkennung einen festgelegten konstatierenden, finalen Akt. Vielmehr scheint es so, dass solche Anerkennungsakte fragil sind und einer permanenten Wiederholung bedürfen.

Es mangelt nicht an Gesten und Gaben zwischen den Konfessionen. Warum aber haben diese dann keinen Einfluss auf das Leben der Kirchen? Warum haben sie keine ekklesiologische Relevanz für beide Seiten? Ist die Erfahrung der Gabe und die empfundene Dankbarkeit weniger entscheidend als der theologische Dialog?

Diese Gesten sind mehr als Nettigkeiten oder Respektierung des Anderen, sie sind mehr als die Anerkennung, die gilt, wenn etwa Menschen sich als Menschen anerkennen. Sie haben meines Erachtens ekklesiale und damit theologische Bedeutung.

Auf das Herz hören, den Sinnen trauen, dem Verstand nicht die alleinige Entscheidungsmacht geben, sondern mit Wohlwollen, Großherzigkeit und vielleicht auch etwas Unbekümmertheit auf die Gnade Gottes vertrauen und seinem Beispiel folgen, würde die Ökumene reicher machen.

Die Kraft der Gesten der Anerkennung besteht darin, den theologischen Dialog durch Erfahrung voranzubringen. Somit schaffen die symbolischen Gesten

---

29 Ricœur, Wege der Anerkennung, 302

eine Grundlage, die von der Theologie reflektiert, intellektuell ausgewertet und in verbale Aussagen umgewandelt werden muss.

6.2 Reflexiver Verstehensprozess

„Brannte uns nicht das Herz in der Brust, als er unterwegs mit uns redete und uns den Sinn der Schrift erschloss?" (Lk 24,32) sagen die Jünger im Lukasevangelium, nachdem sie Jesus nach der Auferstehung in Emmaus getroffen haben. Sie erkennen ihn nicht an seinem Aussehen. Sie gehen mit ihm, sie erzählen ihm, was passiert ist, aber sie sind, wie die *Bibel* es nennt, „mit Blindheit geschlagen". Erst als er mit ihnen das Brot bricht, gehen ihnen die Augen auf. Sie erkennen in Form einer Erfahrung, und sie müssen sich selbst eingestehen, dass sie auf Zeichen, das Brennen des Herzens in der Brust, nicht geachtet haben. Erst in der Rückschau wird ihnen bewusst, dass sie eigentlich schon längst verstanden haben, ihrem Verstehen aber nicht getraut haben.

Dieses Beispiel der *Bibel* zeigt, dass die Erfahrung des Herzens einer reflexiven Deutung bedarf. Auch die Erfahrung der Anerkennung, wie sie hier beschrieben wurde, braucht eine reflexive Deutung und einen Prozess des Verstehens. Nach Ricœur schließt Anerkennen in seiner dreifachen Bedeutung das Verstehen und die Identifikation nicht aus.

Anerkennung muss auch als reflexiver Verstehensprozess gesehen werden. Dieser Schritt ist notwendig, um wahrzunehmen, dass mit dem Herzensprozess ein Weg gebahnt wurde, der weiter verfolgt werden und reflexiv gedeutet werden kann.

In einem zweiten Schritt wird also der Blick auf einen reflexiven Verstehensprozess als Anerkennungsprozess gelenkt, wie er in den ersten beiden Bedeutungen der *reconnaissane* entwickelt wurde. Dieser Schritt verortet die klassischen ökumenischen Diskursformen im Ricœurschen Modell auf Ebene der ,Identifikation' wie des ,Sich-selbst-Erkennens'.

Wie soll ein solcher reflexiver Verstehensprozess aussehen? Wie kann er aussehen, ohne an die Grenzen zu stoßen, die schon mehrfach erreicht wurden und die sich als Sackgasse, was die ökumenische Fragestellung betrifft, erwiesen haben. Mein Vorschlag ist, dass auf dem Fundament des Herzensprozesses, der eine wechselseitige Anerkennung darstellt und der bei den Beteiligten durch die Erfahrung der Friedenszustände eine Sehnsucht auslöst, eine neue Form der Verständigung hinsichtlich Verstehen möglich ist.

Ich schlage vor, dass zuerst ein Blick auf die Gemeinsamkeiten Klarheit bringt. Dies geschieht mit Hilfe der *„Hierarchie der Wahrheiten"* wie sie in *Unitatis redintegratio* erwähnt werden.

„Beim Vergleich der Lehren sollen sie daran denken, dass es eine Ordnung oder ‚Hierarchie' der Wahrheiten innerhalb der katholischen Lehre gibt, da ihr Zusammenhang mit dem Fundament des christlichen Glaubens verschieden ist.", lesen wir in *Unitatis redintegratio*.[30]

Der Satz wurde in der letzten Phase der Redaktion des Dekrets eingefügt. Er ist ein Kompromiss nach einer schwierigen Diskussion. Er wurde nie erläutert oder kommentiert. Daher sind viele Interpretationen möglich, was seine Verwendung für das Vorankommen der Ökumene nicht gerade leicht macht.[31.]

Schon die Kirchenväter unterschieden zwischen der Substanz des Glaubens (*substantia fidei*), dem, was eindeutig geoffenbart ist, und dem, was Fragestellungen tieferen Verständnisses (*quaestiones profundioris intelligentiae*) sind und was daher noch Gegenstand eingehender Erörterung (*sagax perquisitio*) bedarf. Und auch in der Scholastik wird diese Unterscheidung aufgegriffen, wenn zwischen den *articula fidei* und den *alia credibilia* unterschieden wird.[32]

Erzbischof Andrea Pangrazio, der maßgeblich dafür verantwortlich ist, dass der Begriff Einzug in das Konzilsdokument gefunden hat, unterschied zwischen Wahrheiten, die zur Ordnung des Zieles der Kirche gehören, und Wahrheiten, die zur Ordnung der Mittel der Kirche gehören. Zur Ordnung des Zieles gehören die Trinität, die Menschwerdung des Wortes, die Erlösung und das ewige Leben. Zu den Wahrheiten, die zur Ordnung der Heilsmittel der Kirche gehören, zählt Pangrazio unter anderem die Wahrheit von der Siebenzahl der Sakramente, der hierarchischen Struktur der Kirche, der apostolischen Sukzession[33] auf. Zu den Mitteln gehört also alles, was mit der juridischen Struktur der Kirche zu tun hat.

---

30 UR 11,3. Die Dokumente des Zweiten Vatikanischen Konzils: Konstitutionen, Dekrete, Erklärungen, hg.v. Peter Hünermann, Freiburg 2012 (Herders Theologischer Kommentar zum Zweiten Vatikanischen Konzil).

31 Vgl. zu den Interpretationen: Wolfgang Dietzfelbinger, Die Hierarchie der Wahrheiten, in: Johann Christoph Hampe (Hg.), Die Autorität der Freiheit: Gegenwart des Konzils und Zukunft der Kirche im ökumenischen Disput, München 1967, 619–624; Heribert Mühlen, Die Lehre des Vaticanum II über die „hierarchia veritatum" und ihre Bedeutung für den ökumenischen Dialog, Theologie und Glaube 57 (1966), 303–335, besonders 324–328; Heribert Mühlen, Die Bedeutung der Differenz zwischen Zentraldogmen und Randdogmen für den ökumenischen Dialog, in: Jean-Louis Leuba/Stirnimann, Heinrich (Hg.), Freiheit in der Begegnung: Zwischenbilanz des ökumenischen Dialogs. Otto Karrer zum 80. Geburtstag, Frankfurt a. M./Stuttgart 1969, 191–227; Ulrich Valeske, Hierachia veritatum Theologiegeschichtliche Hintergründe und mögliche Konsequenzen eines Hinweises im Ökumenismusdekret des II. Vatikanischen Konzils zum zwischenkirchlichen Gespräch, München 1968; Walter Kasper, Glaube und Dogma, in: Christ in der Gegenwart 20 (1968), 289–291.

32 Vgl. Valeske, Hierachia veritatum, 69 ff.

33 Konzilsreden, hg.v. Yves Congar/Hans Küng/Daniel O'Hanlon, Einsiedeln 1964, 142f.

Die Berücksichtigung der „Hierarchie der Wahrheiten" ermöglicht nach Armin Kreiner „einen legitimen Raum für eine pluralistische Ausformulierung des christlichen Bekenntnisses, die nicht eo ipso als Bedrohung des Wesentlichen oder Zentralen empfunden werden muß."[34] Die Mehrzahl der Kontroversen zwischen den Kirchen betreffen ja die Mittel, während es eine grundlegende Übereinstimmung darin gibt, was zur Ordnung des Zieles gehört – der Glaube an die Erlösung durch Christus.

Die Aussage in *Unitatis redintegratio* von der „Hierarchie der Wahrheiten" bildet auch die Grundlage der 1983 veröffentlichten These von Heinrich Fries und Karl Rahner.[35] Als Voraussetzung der Kircheneinheit genügt danach die ausdrückliche Zustimmung aller zu den „Grundwahrheiten des Christentums, wie sie in der Heiligen Schrift, im Apostolischen Glaubensbekenntnis und in dem von Nicäa und Konstantinopel ausgesagt werden"[36]. Darüber hinaus sei es notwendig, dass keine Teilkirche „dezidiert und bekenntnismäßig"[37] einen Satz als Widerspruch zum christlichen Glauben erklärt, der in einer anderen Teilkirche verpflichtendes Dogma ist. Die Kirchen brauchen laut der Thesen von Rahner und Fries also nichts zu verwerfen, was sie als Inhalt des Glaubens festhalten, sie sollen aber die Offenheit besitzen, auch andere Interpretationen gelten zu lassen, solange alle sich zu den Grundwahrheiten des Christentums bekennen.

Es darf durchaus Aussagen geben, die für einzelne Kirchen von großer Bedeutung sind, diese sollten und dürfen aber einer Anerkennung nicht im Wege stehen.

Die Differenzierung in Herzensprozess und reflexiven Verstehensprozess, zwei Prozesse, die gleichwertig nebeneinander stehen, bewirkt, dass die Diskussion auf die Punkte gelenkt wird, in denen eine kognitive Verständigung notwendig ist und sich die Gespräche nicht in Nebenschauplätzen verlieren.

6.3 Ein Beispiel

Die auf Ricœur zurückgehende vorgeschlagene wechselseitige Anerkennung kann für die Ökumene stark gemacht werden. Sie ist der anderen Anerkennung ge-

---

34 Armin Kreiner, „Hierarchia Veritatum". Deutungsmöglichkeiten und ökumenische Relevanz, in: Catholica 46 (1992), 1–30, hier 19.
35 Heinrich Fries/Karl Rahner, Einigung der Kirchen – reale Möglichkeit, Freiburg i.B./Basel/ Wien 1983.
36 Fries/Rahner, Einigung der Kirchen, 23.
37 Fries/Rahner, Einigung der Kirchen, 35.

genüberzustellen. Sie wird schon praktiziert. Nur ihre Bedeutung wird nicht ernst genug genommen und nicht rezipiert.

Meine Frage ist also: Gibt es im Verhalten von Vertretern der unterschiedlichen Konfessionen öffentliche Gesten und Haltungen, die darauf schließen lassen, dass anerkannt wurde, – dass dies aber nicht verbal zum Ausdruck kam, dass also nicht ganz offiziell gesagt wurde: „Ich erkenne dich an"?

Auch wenn keine Worte gesprochen werden, manchmal sind Gesten gleich – oder sogar aussagekräftiger. Gesten sagen in Situationen oft mehr als tausend Worte. Man denke nur an den Kniefall Willy Brandts in Warschau. Eine Geste, die mehr Aussagekraft hat als alle Vorträge, die mehr bewegt hat, als alle Verträge. Mit ihr hat der damalige Bundeskanzler 1970 stellvertretend für sein Land um Vergebung für die Verbrechen der Deutschen im Zweiten Weltkrieg gebeten. Diese Geste wurde zum Symbol für die Demut und den Respekt eines anderen Deutschlands. Sie war der Beginn für die Aussöhnung zwischen Deutschland und Polen.

Und in der Ökumene? Da gibt es, wie ich finde, durchaus auch Beispiele von Anerkennung, denen keine oder zu wenig Beachtung geschenkt wurde oder die nachträglich heruntergespielt wurden.

Ein Beispiel möchte ich nennen:

Michael Ramsey, von 1961 bis 1974 Erzbischof von Canterbury, traf sich im März 1966 mit Papst Paul VI. in Rom. Die beiden beteten gemeinsam in St. Paul vor den Mauern und als sie die Kirche verließen und sich verabschiedeten, nahm Papst Paul VI. plötzlich seinen Ring vom Finger und gab ihn Ramsey. Der Ring war der Bischofsring Pauls VI., als er Erzbischof in Mailand war. Michael Ramsey war tief gerührt. Es wird berichtet, er sei in Tränen ausgebrochen. Er trug den Ring bis zu seinem Lebensende, und noch heute trägt der jeweilige Erzbischof von Canterbury, wenn er den Vatikan besucht, den Bischofsring des Papstes.[38]

Auch Ramsey schenkte dem Papst etwas. Sein eigenes Brustkreuz, das dieser sich sogleich umlegte.

Was bedeutet ein solcher Akt? Was bedeutet die Geste? Ist nicht der Ring ein Symbol des bischöflichen Amtes? Bei der Bischofsweihe wird der Ring mit den Worten übergeben: „Trag diesen Ring als Zeichen deiner Treue. Denn in unverbrüchlicher Treue sollst du die Braut Christi, die heilige Kirche, vor jedem Schaden bewahren".[39]

---

[38] Christopher Howse, Sacred Mysteries: The ring that Rome gave to Canterbury, in: The Telegraph (2. April 2016), in: http://www.telegraph.co.uk/opinion/2016/04/01/sacred-mysteries-the-ring-that-rome-gave-to-canterbury/ (18.06.2021).

[39] Pontifikale für die katholischen Bistümer des deutschen Sprachgebietes, Institutum Liturgicum, Freiburg i.B./Basel/Wien 1994, 44.

Der Bischofring gehört neben Hirtenstab und Brustkreuz zu den *insignia pontificalia*. Wenn also der Papst dem Bischof einer getrennten Kirche einen Bischofsring ansteckt, muss gefragt werden, ob er damit nicht auch dessen bischöfliche Würde anerkennt? Und setzt eine solche Geste nicht voraus, dass dieser Bischof sich in der *successio apostolica* befindet? Eine zweite Schlussfolgerung müsste dann lauten, dass der Bischof von Rom auch die Kirche, für die der Erzbischof steht, als Schwesterkirche anerkennt. Ist also die von Leo XIII. 1896 erklärte Ungültigkeit anglikanischer Weihen aufgehoben?[40]

Offiziell verlautet wurde dies nicht, und die vielen Gespräche und Kommissionen, die sich mit dem Thema befassen, sind zu keinem Konsens in den Inhalten gekommen.

Eine Anerkennung, wie sie Paul VI. und Michael Remsay wechselseitig durch ihre Gaben verdeutlicht haben, ist meines Erachtens eine solche, die Ricœur wechselseitige Anerkennung nennt, die durch die Gabe realsymbolisch vergegenwärtigt wird, deren Ziel nicht der Austausch gleichwertiger Güter, sondern die Festigung von Beziehung ist. Diese Beziehung zu der anglikanischen Kirche hat sich auch in der jüngeren Vergangenheit nach dem Gabentausch 1966 in weiteren Gesten und Gaben ausgedrückt. Bei einem Besuch Rowan Williams im Vatikan im Oktober 2003 küsste Johannes Paul II. überraschend den Ring des Erzbischofs, nachdem Williams den Ring des Papstes geküsst hatte. Es war der Ring, den Paul VI. seinem Vorgänger Michael Ramsey geschenkt hatte.

Das Küssen des Bischofsrings ist ein Ausdruck von Ehrfurcht, ein Ausdruck der Anerkennung der Würde des Amtes seines Trägers. Was anderes tun also der Papst und der Erzbischof?

Auch Papst Franziskus tritt in den symbolhaften Gabentausch zwischen der anglikanischen und der katholischen Kirche ein. Bei einem Treffen im Oktober 2016 im Kloster „Sankt Andreas und Sankt Gregor am Monte Celio" schenkte der Papst dem Gast aus Canterbury eine Nachbildung der Krümme vom Hirtenstab Papst Gregors des Großen, der Augustinus 596 auf seine Missionsreise nach Kent schickte.

Erzbischof Justin Welby schenkte dem Papst ein Brustkreuz, das dem Nagelkreuz von Coventry nachempfunden wurde und das Papst Franziskus sich spontan umhängte.

Eine Krümme, ein Ring, ein Brustkreuz, neben Mitra und Siegel Attribute bischöflicher Hirtengewalt, werden einander geschenkt und mit ihnen, wenn man

---

40 Vgl. das Apostolische Schreiben *Apostolicae Curae* vom 13.9.1896, in: ASS 29 (1896/97), 198–202.

die Zeichen ernst nimmt, auch ein unmissverständliches Zeichen, den anderen in seinem Amt anzuerkennen.

Wenn wir auf Paul Ricœur zurückschauen, dann ist etwas klar geworden: Sein Anerkennungsbegriff ebnet den Weg für zwei gleichberechtigt nebeneinander stehende Prozesse, einen Herzensprozess und einen reflexiven Verstehensprozess.

Wichtig ist es, diese Herzensmomente genauso wichtig und ernst zu nehmen wie die Erfolge bei rationalen Gesprächen und Verhandlungen und sie als normativ anzuerkennen. Wichtig ist auch, sie nicht unvermittelt stehen zu lassen.

Die Verbindung von Herzensprozess und reflexivem Verstehensprozess führt dazu, dass auf dem gemeinsamen Grund, dem Bekenntnis zum dreieinen Gott und seinem Heilshandeln in Jesus Christus, darüber in Dialog getreten werden kann, welche Konsequenzen aufgrund der Erfahrung der Anerkennung für die Zukunft gezogen werden müssen.

Die Ökumene kann sich nicht allein auf Verhandlungen und Konsense stützen. Mutige Gesten der Anerkennung können ebenso folgenreich sein, wenn diese Form der Anerkennung den ihr gebührenden Platz erhält. Solche Gesten können Türen öffnen, die lange verschlossen waren, sie können Herzen öffnen, die lange verschlossen waren. Solche Gesten können Erfahrungen tatsächlicher Anerkennung sein, die Gewissheit und Motivation sind, den Weg weiter voranzugehen. Die Ökumene gewinnt meines Erachtens viel, wenn sie sich auf die vernachlässigte Seite des Herzensprozesses einlässt. Sie ist dann im Einklang mit dem, was den Heiligen Geist, der als „Motor" der Ökumene gilt, ausmacht. Sie verweist dann darauf, dass die Einheit ein Geschenk, eine Gabe ist, die man nicht „machen" kann, sondern dass es einer Haltung bedarf, die fähig ist, das Geschenk anzunehmen, die dem Anderen Raum gibt und zugleich ganz bei sich selbst ist, eine Haltung, die aus sich heraus geht, in Beziehung lebt, die sich befreien lässt und andere befreit.

Tobias Licht

Gemeinsames Bekenntnis des Glaubens?

Fundamentaltheologische Streiflichter zur Möglichkeit einer katholischen Anerkennung der *Confessio Augustana*

Das am Horizont sich abzeichnende 500. Gedenkjahr der *Confessio Augustana* (CA) 2030 hat eine Idee wiedererweckt, die bereits vor fünfzig Jahren Gegenstand des ökumenischen Gesprächs war: In seinem Beitrag *Anerkennung der Confessio Augustana durch die katholische Kirche?* vertrat Vinzenz Pfnür den Vorschlag, „das Augsburgische Bekenntnis als Zeugnis kirchlichen Glaubens durch die katholische Kirche anzuerkennen"[1].

1 Das Projekt

Die Initiative hat seinerzeit bekanntlich nicht zum Erfolg geführt. Tatsächlich wirft sie eine Fülle komplexer Fragen auf, die allein schon einen möglichen Erfolg unwahrscheinlich erscheinen lässt. Fraglich ist schon der Gegenstand einer solchen „Anerkennung": Welche Fassung der CA wäre gemeint? Der Text als ganzer? Oder geht es um ein differenzierendes Urteil zu einzelnen Passagen? Wer wäre das Subjekt der „Anerkennung"? Die amtliche Kirche? Vertreter der katholischen Theologie? Vor allem aber: Was ist mit „Anerkennung" eigentlich gemeint? Die lehramtliche Feststellung katholischer Rechtgläubigkeit? Eine wertschätzende Bestätigung der auf Verständigung und Einheit zielenden Intention der CA?

Eine vertiefende Reflexion auf den Anerkennungsbegriff, der heute in Philosophie und Theologie gleichermaßen breit rezipiert wird, könnte hier hilfreich sein. In zahlreichen Studien hat vor allem Axel Honneth, ausgehend von Hegel, das Bedeutungsspektrum dieser zentralen anthropologischen Konstante, nämlich „der heute für uns selbstverständlichen Vorstellung", „daß das Verhältnis der Subjekte untereinander durch eine wechselseitige Abhängigkeit von der Wertschätzung oder Anerkennung durch den oder die jeweils Anderen geprägt ist"[2], eingehend analysiert. Hansjürgen Verweyen hat schon in der 1. Auflage seines Opus magnum „Gottes letztes Wort" den für seinen Ansatz zentralen Aufweis eines erstphilosophischen Begriffs letztgültigen Sinns unter dem Leitbegriff der

---

1 Vinzenz Pfnür, Anerkennung der Confessio Augustana durch die katholische Kirche? Zu einer aktuellen Frage des katholisch-lutherischen Dialogs, in: IkaZ Communio 4 (1975), 298–307, 301.
2 Axel Honneth, Anerkennung. Eine europäische Ideengeschichte, Berlin 2018, 10.

„Anerkennung" geführt:[3] Allein im Bildwerden für den anderen, „wenn Freiheit darin aufgeht, das Wesen eines anderen uneingeschränkt ans Licht zu bringen"[4], ist die gesuchte „Einheit bei durchgehaltener Differenz"[5] zwischen dem Ich und seinem Gegenüber erreichbar. Mit dem Bildbegriff ist zugleich im Blick auf das Absolute die Frage gelöst, wie „,außer Gott' noch etwa anderes – seine Schöpfung – sein könne"[6]. Nur so nämlich, daß sich „das unbedingte Sein selbst als Bild äußert"[7] und dadurch einer endlichen Freiheit die Möglichkeit einräumt, selbst im Bildwerden für das Absolute aufzugehen. Dabei kann „das Bild des unbedingten Seins erst in der universalen wechselseitigen Anerkennung aller Vernunftwesen voll zur Erscheinung kommen"[8].

Die offensichtlich große Fruchtbarkeit des Anerkennungsbegriffs sollte aber nicht davon ablenken, dass die ungebrochene Faszination des Pfnürschen Vorschlags die ganz konkrete kirchenamtliche Anerkennung des Textes der CA meint, nicht eine ins Grundsätzliche aufgehobene, gleichsam spiritualisierte Zustimmung.

Die nachfolgenden Überlegungen verstehen sich als Hinweise, die im Blick auf einzelne Gesichtspunkte der komplexen Fragestellung hilfreich sein können. Ansprüche auf wissenschaftliche Vollständigkeit erheben sie nicht, bewegen sich vielmehr im Raum dessen, was Karl Rahner „Glaubensrechtfertigung auf einer ‚ersten Reflexionsstufe'"[9] genannt hat.

2 Kurzformeln des Glaubens

Eine der interessantesten theologischen Entwicklungen in den Jahrzehnten nach dem Zweiten Vatikanischen Konzil war das aufkommende Interesse an verschiedenen Formen konzentrierter Gesamtdarstellungen des Glaubens. Innerhalb weniger Jahre entstanden zahlreiche bedeutende Einführungen in den christlichen Glauben bzw. die Theologie wie Joseph Ratzingers *Einführung in das Christentum*

---

3 Hansjürgen Verweyen, Gottes letztes Wort. Grundriß der Fundamentaltheologie, Düsseldorf ¹1991, 233 ff., Kap. 8.1 „Anerkennung als interpersonaler Akt".
4 Verweyen, Gottes letztes Wort, 235.
5 Verweyen, Gottes letztes Wort, 234.
6 Verweyen, Gottes letztes Wort, 246.
7 Verweyen, Gottes letztes Wort, 246.
8 Verweyen, Gottes letztes Wort, 253.
9 Karl Rahner, Grundkurs des Glaubens. Einführung in den Begriff des Christentums, Freiburg i.B./Basel/Wien 1976, 20–22.

(1968)[10], Hans Küngs *Christ sein* (1974)[11] und Karl Rahners *Grundkurs des Glaubens* (1976)[12]. Es entstanden aber auch neue amtliche Katechismen. Den Anfang machte der sog. *Holländische Katechismus* (dt. 1968)[13], gefolgt vom *Evangelischen Erwachsenenkatechismus* (1975)[14], den zwei Bänden des *Katholischen Erwachsenenkatechismus* (1985 und 1995)[15] bis hin auf universalkirchlicher Ebene zum *Katechismus der katholischen Kirche* (dt. 1993)[16] und seinem *Kompendium* (2005)[17].

Neben den großen Gesamtdarstellungen gab es in Orientierung an der traditionellen Funktion des Apostolischen Glaubensbekenntnisses eine Suche nach neuen „Kurzformeln des Glaubens". Dabei war die kerygmatische Funktion dieser Texte ebenso im Blick wie die Frage nach der Möglichkeit einer liturgischen Verwendung und das Ziel einer Systematisierung der Glaubensinhalte nach dem vom Zweiten Vatikanum gelehrten Grundsatz der „'Hierarchie' der Wahrheiten" (UR 11). Es ging darum, „ob es nicht heute kurze und neue Grundformeln geben müsse, in denen sich das christliche Glaubensbekenntnis in einer der gegenwärtigen kulturellen Situation entsprechenden Aussage ausspricht"[18]. Insbesondere Karl Rahner beteiligte sich nicht nur in mehreren Anläufen an dieser Diskussion, etwa in dem als „Kleiner Epilog" überschriebenen Schlussteil des *Grundkurs des Glaubens*[19], sondern unterbreitete auch mehrere konkrete Textvorschläge solcher neuer Kurzformeln, in denen sich zentrale Topoi seiner „anthropologisch gewendeten" Theologie wiederfinden.[20] Eine „Theologische Kurzformel" lautet:

---

10 Joseph Ratzinger, Einführung in das Christentum. Vorlesungen über das Apostolische Glaubensbekenntnis, München 1968.

11 Hans Küng, Christ sein, München/Zürich 1974.

12 Rahner, Grundkurs.

13 Glaubensverkündigung für Erwachsene, hg.v. den Bischöfen der Niederlande, Freiburg i.B. 1968.

14 Evangelischer Erwachsenenkatechismus. Glauben – erkennen – leben, im Auftrag der Vereinigten Evangelisch-Lutherischen Kirche Deutschlands VELKD, hg.v. Manfred Kießig u. a., Gütersloh 1975.

15 Katholischer Erwachsenenkatechismus, Bd. 1: Das Glaubensbekenntnis der Kirche, hg.v. der Deutschen Bischofskonferenz, Kevelaer 1985; Katholischer Erwachsenenkatechismus, Bd. 2: Leben aus dem Glauben, hg.v. der Deutschen Bischofskonferenz, Freiburg i.B./Basel/Wien/Kevelaer 1995.

16 Katechismus der katholischen Kirche, München 1993.

17 Katechismus der katholischen Kirche. Kompendium, München 2005.

18 Rahner, Grundkurs, 430.

19 Rahner, Grundkurs, 430 ff.

20 U. a. Rahner, Grundkurs, 435 – 440.

Das unumfaßbare Woraufhin der menschlichen Transzendenz, die existenziell und ursprünglich – nicht nur theoretisch oder bloß begrifflich – vollzogen wird, heißt Gott und teilt sich selbst existenziell und geschichtlich dem Menschen als dessen eigene Vollendung in vergebender Liebe mit. Der eschatologische Höhepunkt der geschichtlichen Selbstmitteilung Gottes, in dem diese Selbstmitteilung als irreversibel siegreich offenbar wird, heißt Jesus Christus.[21]

Auch Hans Küng lässt *Christ sein* in eine zusammenfassende Kurzformel münden:

In der Nachfolge Jesu Christi
kann der Mensch in der Welt von heute
wahrhaft menschlich leben, handeln, leiden und sterben:
in Glück und Unglück, Leben und Tod
gehalten von Gott und hilfreich den Menschen.[22]

Auch diese Formel artikuliert eine anthropologisch fokussierte Theologie, jedoch anders als bei Rahner ganz auf die Lebenspraxis des heutigen Menschen konzentriert.

Zahlreiche Vorschläge von Theologen, aber auch von Autoren an der kirchlichen Basis sind so entstanden.[23] Die Beispiele dokumentieren eine außerordentliche Vielgestaltigkeit sprachlicher Ausdrucks- und Gestaltungsformen und eine große Spannweite inhaltlicher Akzentsetzungen. In diesem Reichtum, in der Subjektivität und der „Pluralität möglicher Formeln"[24] liegt dann aber auch das Problem, das diese Texte als gemeinsame, gar amtliche Bekenntnistexte kaum geeignet erscheinen lässt – von der Frage nach sprachlicher Eignung etwa für einen liturgischen Gebrauch ganz abgesehen. Rahner bilanziert: „Eine der ganzen Kirche als autoritativ verpflichtend vorgeschriebene Grundformel des christlichen Glaubens als einzige und allgemeine wird es nicht mehr geben. In diesem Sinne wird das ‚Apostolicum' keinen Nachfolger haben und also bleiben."[25]

Doch auch die amtliche Kirche selbst hat in der Zeit nach dem Konzil Bekenntnistexte vorgelegt, die im Umfang in etwa der CA entsprechen.

Das „Credo des Gottesvolkes" von Papst Paul VI. (1968), das in trinitarischer Gliederung eine Gesamtdarstellung des Glaubens unternimmt, unterstreicht schon durch die Bezeichnung als *Sollemnis professio fidei* in der Überschrift sei-

---

21 Rahner, Grundkurs, 435–436.
22 Küng, Christ sein, 594.
23 Vgl. das von der Zeitschrift Publik-Forum initiierte Credo-Projekt und die daraus entstandene Sammlung in drei Bänden: Mein Credo, Bd. 1–3, Oberursel 1999–2001.
24 Rahner, Grundkurs, 431.
25 Rahner, Grundkurs, 432.

nen hohen lehramtlichen Rang.[26] 1978, wenige Wochen vor seinem Tod, erinnerte Paul VI. in einer Predigt zum 15. Jahrestag seiner Krönung noch einmal an diesen Text, den er „feierlich im Namen der Kirche und verbindlich für die ganze Kirche als ‚Credo des Gottesvolkes' verkündet" habe. „Auf diese Weise", so der Papst, „wollten wir an die Hauptpunkte des Glaubens der Kirche, wie er von den wichtigsten Ökumenischen Konzilien verkündet worden ist, erinnern, ihn bestätigen und bekräftigen".[27]

Von ganz anderer und ganz eigener Art ist das Bekenntnis, das die Gemeinsame Synode der Bistümer in der Bundesrepublik Deutschland (Würzburg 1971– 1975) als Grundlagentext über ihre Beschlüsse setzte. Mit dem Entwurf des Beschlusses *Unsere Hoffnung. Ein Bekenntnis zum Glauben in dieser Zeit*[28] war ein einzelner Autor, der Rahner-Schüler und Begründer der „Neuen politischen Theologie" Johann Baptist Metz (1928–2019) betraut. Die damit verbundene inhaltliche Prägung und die Orientierung an einer „bewußten und starken Zeitbezogenheit"[29] war Programm. Der Untertitel, der den Text als *ein* Bekenntnis *zum* Glauben, nicht aber als Bekenntnis *des* Glaubens schlechthin kennzeichnet, artikuliert den Anspruch kirchlicher Verbindlichkeit ebenso wie eine bewusst gewählte Offenheit, die dann überaus wichtige inhaltliche Positionierungen möglich gemacht hat, etwa das Eintreten „für ein neues Verhältnis zur Glaubensgeschichte des jüdischen Volkes"[30] oder die bewusst auch politischen Akzentuierungen: „Das Reich Gottes ist nicht indifferent gegenüber den Welthandelspreisen!"[31]

Das erneute Interesse an Bekenntnistexten, die die Glaubensinhalte nach innen ordnen und der Verkündigung nach außen dienen, schlägt sich auch in der Idee eines ökumenischen Bekenntnistextes nieder, wie er in dem Vorschlag einer katholischen Anerkennung der CA mit enthalten ist. Sie sollte weiter verfolgt werden, auch wenn sich die Anerkennung der CA als eines solchen ökumenischen Bekenntnisses als nicht möglich erweisen sollte.

---

26 Text lat.: https://www.vatican.va/content/paul-vi/la/motu_proprio/documents/hf_p-vi_mo tu-proprio_19680630_credo.html (25.06.2021).
27 Zit. nach: Jörg Ernesti, Paul VI. Der vergessene Papst, Freiburg i.B./Basel/Wien 2012, 213.
28 Gemeinsame Synode der Bistümer in der Bundesrepublik Deutschland. Offizielle Gesamtausgabe, Bd. 1: Beschlüsse der Vollversammlung, Freiburg i.B./Basel/Wien 1976, 84–111.
29 Theodor Schneider, Einleitung zu Unsere Hoffnung, in: Gemeinsame Synode, 71–84, 80.
30 Gemeinsame Synode, 108 f.
31 Gemeinsame Synode, 97.

3 „Evangelische Anerkennung"?

„Die katholische ‚Anerkennung' der CA setzt ihre evangelische ‚Anerkennung' voraus."[32] Mit diesem zunächst überraschenden Satz macht Joseph Ratzinger in seinen Überlegungen „zur Frage einer ‚Anerkennung' der Confessio Augustana durch die katholische Kirche"[33] auf einen formalen Aspekt des Problems aufmerksam. Denn noch vor allen inhaltlichen Fragen stellt sich die nach der rechtlichen Autorität der CA als eines für (die) Kirchen der Reformation verbindlichen Lehrtextes.

Damit ist zugleich das Problem des evangelischen Verständnisses verbindlichen Bekennens und Lehrens überhaupt eröffnet.[34] Ratzinger thematisiert hier neben der Frage nach der Stellung kirchlicher Lehraussagen im evangelischen Raum auch das Problem der Rolle Martin Luthers als überragender Lehrautorität.[35] Weiter wäre das Verständnis des *sola scriptura*-Prinzips zu befragen, das die *Heilige Schrift* zumindest auf der historischen Ebene als Bestandteil der Tradition und als Buch der Kirche akzeptieren muss, will es nicht schlicht in einen Fundamentalismus abgleiten. Wie schließlich umgehen mit einem evangelischen Selbstverständnis, nach dem die evangelische Kirche „anders als die römisch-katholische Kirche [...] kein verbindliches Lehramt" kennt,[36] tatsächlich aber über alle Elemente eines solchen Lehramts, von der Feststellung verbindlicher Lehrinhalte bzw. -texte (*Bibel* und Bekenntnisschriften) über die Verpflichtung auf diese bis zur Sanktionierung von Abweichungen in Lehrbeanstandungsverfahren verfügt?[37]

Für Ratzingers Forderung einer „evangelischen Anerkennung" als Voraussetzung einer katholischen Anerkennung der CA gibt es eine eigentlich naheliegende Lösung, die hier vorgeschlagen werden soll: Der Bekenntnisstand der einzelnen evangelischen Kirchen ist in ihren jeweiligen Rechtsordnungen ver-

---

32 Joseph Kardinal Ratzinger, Theologische Prinzipienlehre. Bausteine zur Fundamentaltheologie, München 1982, 235.

33 Ratzinger, Prinzipienlehre, 230 – 240 (Erstveröffentlichung dieses Kapitels 1978).

34 Vgl. zum Zusammenhang Tobias Licht, Ökumene. Heidelberger Katechismus, Frage 80; in: Bekenntnisschriften der Evangelischen Landeskirche in Baden, Bd. 2: Kommentar, hg. v. Wolfgang Vögele, Karlsruhe o. J. (2014), 176 – 185, 177 – 179.

35 Ratzinger, Prinzipienlehre, 233.

36 Jörg Winter, Die Grundordnung der Evangelischen Landeskirche in Baden. Kommentar für Praxis und Wissenschaft, Köln 2011, 500.

37 Die zitierte Behauptung Winters findet sich in seinem Kommentar in dem Kapitel über die Lehrbeanstandung, ohne daß der bestehende Widerspruch auch nur als solcher wahrgenommen würde. (Vgl. Winter, Grundordnung, 500 ff.)

bindlich festgeschrieben. Ganz unabhängig vom konkreten Umgang mit den Bekenntnisschriften im kirchlichen Alltag besteht damit eine Verbindlichkeit, an der man anknüpfen kann. Für die konkrete Geltung, die „Anerkennung" eines Bekenntnistextes im evangelischen Raum bedarf es lediglich der Feststellung seines Charakters als Bekenntnisschrift durch die zuständigen amtlichen Strukturen der betreffenden Kirche. Historische Zusammenhänge, etwa Herkunft oder Autor des Textes, ursprüngliche Intention und Kontexte erweisen sich zwar als für die inhaltliche Deutung unverzichtbar. Für die Frage der Geltung heute sind sie irrelevant.

Mit der Aufnahme in das Corpus der Bekenntnisschriften einer bestimmten Kirche rückt ein Text allerdings auch in einen neuen hermeneutischen Zusammenhang ein. Als kirchliche Leittexte bilden die Bekenntnisschriften einer Kirche füreinander den maßgeblichen hermeneutischen Rahmen. Sie erfahren durch die bekenntnisbildenden Entscheidungen der jeweiligen Kirche selbst eine hermeneutische Akzentuierung, wie sie umgekehrt im Ensemble der jeweiligen Bekenntnisschriften den Charakter ihrer Kirche mit prägen. Es macht also einen Unterschied, ob etwa die CA als „der zentrale Bekenntnistext der lutherischen Reformation"[38] unter den Bekenntnisschriften einer lutherischen Landeskirche neben den *Schmalkaldischen Artikeln* zu stehen kommt oder in den Bekenntnisschriften der Badischen Landeskirche als einer unierten Kirche dieser Bezug fehlt.

4 Eine theologische Anfrage

Der Text der CA atmet mit seinem freundlichen, um Verständnis werbenden Ton, etwa in den direkten Appellen an den Kaiser, aber auch an die Bischöfe (Schluss Teil I, nach Art. 21, Abschn. 2), durch und durch das Bestreben, zu einer Verständigung zu kommen und die drohende Spaltung zu verhindern. Das schließt die Überzeugung ein, dass die dargelegte reformatorische Lehre „nicht im Widerspruch zur Heiligen Schrift oder zur allgemeinen christlichen Kirche gelehrt wird" (vor Art. 22), ja ausdrücklich „auch der römischen Kirche, soweit den Schriften der Väter zu entnehmen ist,[39] nicht zuwider noch entgegen ist" (Schluss Teil I, nach Art. 21, Abschn. 2). Die erforderliche Prüfung im Ganzen und im

---

38 Wolfgang Vögele, Über Bekenntnisse – eine theologische Interpretationshilfe; in: Vögele, Bekenntnisschriften, 11–131, 42.
39 Worin allerdings eine erhebliche, durch die seitherige protestantische Praxis konsequent umgesetzte Einschränkung liegt, die ein Jahrtausend kirchlicher Tradition willkürlich durchstreicht.

Einzelnen, ob und wie weit diese Selbsteinschätzung zutrifft, kann hier nicht erfolgen. Ein gewichtiger Punkt sei etwas ausführlicher angesprochen.

Zu den Auffälligkeiten im Aufbau bzw. der Gliederung der CA[40] gehört, dass an ihrem Beginn auf Art. 1 „Von Gott" nicht etwa die Abschnitte über Jesus Christus und den Heiligen Geist folgen, wie es nach dem klassischen trinitarischen Aufbau kirchlicher Bekenntnisse seit der alten Kirche bis heute zu erwarten wäre – oder als Entfaltung des Artikels über Gott den Vater die Aussagen über seine Allmacht und seine Schöpfungstat, worauf dann die Kapitel zu Jesus Christus und dem Heiligen Geist folgen würden. Als Art. 2 schließt vielmehr unmittelbar ein Text über die Erbsünde an, auf den dann Art. 3 „Von dem Sohne Gottes" und ein vierter Artikel „Von der Rechtfertigung" folgen. Der Text zur Erbsünde als sachlogische Voraussetzung für die Rechtfertigungslehre und der Artikel zur Rechtfertigung selbst rahmen Art. 3 über das Christusereignis ein. Dieses, und ausdrücklich Jesu ganzes Leben von der Geburt bis zum Begräbnis, wird seinerseits auch inhaltlich ganz und gar von Sühne und Rechtfertigung her gedeutet. Christus ist Gott und Mensch, „*damit* er ein Opfer wäre nicht nur für die Erbsünde, sondern für alle andere Sünde, und Gottes Zorn versöhnt" (Art. 3).[41]

Mit diesem gewichtigen dreiteiligen Komplex ist gleich zu Beginn der CA die Rechtfertigungslehre, das zentrale Thema der Reformation, eingeführt und in kaum überbietbarer Weise exponiert, gleichsam als Schlüssel, der zu allem Folgenden führt. Damit definiert sich die CA aber auch von vornherein und insgesamt als dezidiert protestantischen Text.

Als 1999 die katholische Kirche mit dem Lutherischen Weltbund in der „Gemeinsamen Erklärung zur Rechtfertigungslehre"[42] einen differenzierten Konsens, einen „Konsens in Grundwahrheiten der Rechtfertigungslehre" (GER 5) erklärt hat, wurden bzgl. des Stellenwerts dieses Themas für Lehre und Praxis der Kirche ausdrücklich weiter bestehende Differenzen festgestellt (vgl. GER 18). Wenn die Rechtfertigungslehre zwar gemeinsam als „unverzichtbares Kriterium" für die innere Einheit des ganzen Glaubens bekannt werden kann, teilt die katholische Seite jedoch nicht die evangelische Überzeugung von der „einzigartigen Bedeu-

---

40 Deren Gliederung ist auch Gegenstand anderer Untersuchungen, etwa bei Notger Slenczka, Der Aufbau, das systematische Zentrum und die Gegenwartsrelevanz der *Confessio Augustana*, in diesem Band, 425–441; vgl. auch: ders., Theologie der reformatorischen Bekenntnisschriften. Einheit und Anspruch, Leipzig 2020, 207 ff.
41 Hervorhebung TL.
42 Text: http://www.christianunity.va/content/unitacristiani/en/dialoghi/sezione-occidentale/luterani/dialogo/documenti-di-dialogo/1999-dichiarazione-congiunta-sulla-dottrina-della-giustificazion/en/de.html (25.06.2021).

tung dieses Kriteriums", sondern weiß „sich von mehreren Kriterien in Pflicht genommen" (GER 18).

Der hier markierte Unterschied, der auch für die Bewertung der o.g. Auffälligkeit in der Systematik der CA maßgeblich ist, betrifft nicht nur verschiedene konfessionelle Prägungen im Sinn von Frömmigkeitskulturen, die sich gegenseitig ergänzen und bereichern könnten. Es geht vielmehr um eine fundamentale, vielleicht die zentrale inhaltliche Differenz zwischen katholischem und reformatorischem Denken.

Da ist zum einen das ganz allgemeine Problem, dass eine historische, auch stark von der Lebensgeschichte und persönlichen Erfahrung eines einzelnen – Luthers – geprägte Konstellation mit all ihrer Kontingenz und zeitbedingten Zufälligkeit zum überzeitlich verbindlichen Maßstab mit Exklusivitätsanspruch werden soll. Da ist weiter die Wahrnehmung, dass in die Rechtfertigungslehre der Reformationszeit aus der kirchlichen Tradition, namentlich von dem düsteren Einfluss Augustins her, inhaltliche Prägungen der Soteriologie und der darin vorausgesetzten Gotteslehre, Christologie und Anthropologie eingegangen sind, deren innere Problematik und verheerende Wirkung in den Seelen der Gläubigen immer schon hätten erkannt werden können, die aber spätestens auf dem heutigen Stand der Theologie völlig obsolet sind. Dazu gehört ein Bild vom Menschen, der vollkommen von der Sünde zerstört sein soll und einer Menschheit, deren Großteil auch nach der „Erlösung" als *massa damnata* der ewigen Verdammnis verfallen sein soll. Dazu gehört Augustins Konstruktion einer Erbsünde, die auch vor jeder und ohne irgendeine Freiheitstat jeden Menschen zum verdammungswürdigen Sünder macht und deren Weitergabe mit dem Akt der Fortpflanzung verbunden sein soll, was wesentlich zu dem bis heute zerrütteten Verhältnis der Kirche zur Sexualität beigetragen hat. In einer solchen Konstellation ist auch die Inkarnation kaum anders als funktional reduziert im Sinne einer Sühne für die der Sünde verfallene Menschheit denkbar.

Die Angst machende Enge dieser Gedankenwelt ist offensichtlich. Sie gibt der Sünde und dem Tod viel zu viel Macht über Glauben und Leben. Doch die möglichen Alternativen stehen im Raum. Schon der große Johannes Duns Scotus (1265/66–1308) hat eine Christologie entwickelt, in der „die Inkarnation als Ziel der Schöpfung, nicht als deren Korrektur" im Nachhinein verstanden wird.[43] Gott wäre also auch Mensch geworden, wenn menschliche Freiheit nicht sich selbst und ihn verfehlt hätte. Ja: Die Menschwerdung Gottes lag immer schon im Fluchtpunkt einer Schöpfung, mit der Gott nichts anderes wollte als in den Menschen Mitliebende zu finden. Wie sehr auch immer der schuldbeladene

---

43 Ludger Honnefelder, Art. Duns Scotus; in: [3]LThK, Bd. 3 (2006), 403–406, 405.

Mensch korrumpiert sein mag – Gottes ursprünglicher Plan mit Mensch und Welt wird davon nicht unwirksam.

Die Theologie des 20. Jhdts., insbesondere die „Neue politische Theologie" Johann Baptist Metz' und seiner Schule hat, ausgehend von der Erfahrung der Shoah und insoweit als eine „Theologie nach Auschwitz" die Frage der Theodizee neu entdeckt und eine neue „Theodizeesensibilität" gefordert. Die Neuetablierung der Theodizeefrage als einer der zentralen Fragen, vielleicht des zentralen Topos der Theologie überhaupt, wie sie gegenwärtig vor allem von dem Freiburger Fundamentaltheologen Magnus Striet betrieben wird, ist der klassische Fall eines theologischen Paradigmenwechsels von kaum zu überbietender Tragweite.[44] Die alte, seit Ijob im Glaubensbewusstsein der biblischen Religionen virulente Frage nach der Rechtfertigung eines allmächtigen Gottes, der die Liebe und die Güte selbst ist, angesichts des unsäglichen Leids in der Welt, war ja nicht versehentlich in der kirchlichen Verkündigung über Jahrhunderte praktisch ausgefallen. Wer sich theologisch angemessen auf sie einlässt, muss bereit sein, zuzugeben, dass es auf diese Frage keine Antwort gibt. Und er muss für sich selbst und die ihm Anvertrauten damit rechnen, dass „die Verzweiflung über die Absurdität unseres Leidens [...] eigentlich die einzige Form des Atheismus ist, die man ernst nehmen muß"[45].

Damit verschieben sich aber wesentliche theologische Koordinaten. Gott ist selbst angefragt angesichts seines Schweigens, der vielen nicht erhörten Gebete, seines Geschehenlassens all der Greueltaten von Menschen, aber auch des Leids in der Natur (Röm 8, 19 – 22) und aus der Natur (*malum physicum*). Auch für die Bosheit der Menschen ist Gott zumindest mit verantwortlich, insofern er die Möglichkeit sich verfehlender Freiheit als deren Schöpfer bewusst und willentlich in Kauf genommen hat. Erlösung ist vor diesem Hintergrund nicht mehr nur als Befreiung von der eigenen Schuld zu denken, sondern vor allem auch als Überwindung menschlichen Leids – auch des selbst verschuldeten – und als Ausgleich für die vielen leer bleibenden Stellen in der Endlichkeit menschlicher Existenz. Auch das ist gut biblisch. Jesus sagt: „Kommt alle zu mir, die ihr mühselig und beladen seid! Ich will euch erquicken." (Mt 11, 28).

Das Ziel des Augustinus, Gott von der Verantwortung für das Böse freizustellen, indem er mit seiner Erbsündenlehre alles Übel in der Welt dem Menschen aufbürdete, ist nachvollziehbar, aber angesichts des namenlosen Leids so vieler

---

44 Vgl. exemplarisch nur: Magnus Striet, In der Gottesschleife. Von religiöser Sehnsucht in der Moderne, Freiburg i.B./Basel/Wien ²2015; ders., Gottes Schweigen. Auferstehungssehnsucht – und Skepsis, Ostfildern ³2018.
45 Karl Rahner, Warum läßt uns Gott leiden? (1980) Mit einem Geleitwort von Karl Kardinal Lehmann, hg.v. Andreas R. Batlogg/Albert Raffelt, Freiburg i.B./Basel/Wien ²2010, 52.

Menschen heute und aller Opfer der Geschichte geradezu monströs. Die Frage nach dem Warum solchen Leids auch an Gott zu richten, ist nicht mutwillig, sondern eine notwendige Konsequenz christlichen Glaubens und Lebens. Entspringt sie doch unserer Gewissens- und Glaubenspflicht zur Solidarität mit den Leidenden und konfrontiert Gott mit den von ihm selbst gewollten und gesetzten moralischen Ansprüchen.

Vor diesem Hintergrund gibt die CA mit ihrer exponierten Positionierung der Rechtfertigungslehre Anlass zu einer erneuten Rückfrage nach deren Stellenwert im Ganzen des christlichen Glaubens. Zugleich gilt es, nach Wegen zu suchen, den erforderlichen Änderungen des aus den jeweiligen Traditionen Überkommenen Raum zu geben.

5 Ergebnisse, Leitsätze

1. Eine „Anerkennung" der CA als ganzer im Sinne einer amtlichen Bestätigung ihrer Katholizität ist aus verschiedenen Gründen kaum denkbar – wegen der inhaltlichen Disparatheit zwischen Konsensfähigem und Erläuterungs- bzw. Korrekturbedürftigem; wegen ihres Charakters als eines historischen Textes, der seine eigene Geschichte hat und nach 500 Jahren wenig aktuelle Anschlussmöglichkeiten bietet.

2. Die ehrliche Intention der CA, auf dem Reichstag von 1530 die Übereinstimmung des reformatorischen Glaubens mit der gesamtkirchlichen Tradition bzw. der katholischen Lehre zu erweisen und eine Spaltung der abendländischen Kirche zu verhindern, sollte ausdrücklich in einem formellen, amtlichen Vollzug anerkannt werden.

3. Das auch im Zusammenhang der CA-Diskussion erkennbare Interesse an einer gemeinsamen ökumenischen Kurzformel des Glaubens bzw. einem ökumenisch gemeinsamen Bekenntnis sollte aufgegriffen werden. Entsprechend sollte ein gemeinsames Bekenntnis formuliert werden, das 2030 unter Bezugnahme auf die Tradition der CA in einem formellen, amtlichen Vollzug von den Vertretern der beteiligten Kirchen unterzeichnet, veröffentlicht und ggf. auch in einer ökumenischen liturgischen Feier erstmals gemeinsam gesprochen wird.

4. Die ökumenischen Partner nehmen die Diskussion über eine katholische Anerkennung der CA zum Anlass, nach intensiveren Formen eines wertschätzenden Umgangs miteinander und der fortschreitenden Ermöglichung einer immer umfassenderen gegenseitigen Anerkennung ihrer Glaubenstraditionen und Lebensformen zu suchen.

5. Die ökumenischen Partner nehmen die Diskussion über eine katholische Anerkennung der CA zum Anlass, neben ihrer praktischen Zusammenarbeit die theologische Arbeit an den offenen Kontroversfragen zu intensivieren – in der Bereitschaft, angesichts eines besseren Arguments ggf. auch eigene inhaltliche Positionen zu ändern.

Risto Saarinen
Anerkennung als theologischer und ökumenischer Begriff

In der ökumenischen Diskussion um das *Augsburger Bekenntnis* (CA) wurde der Anerkennungsgedanke in den 1970er Jahren ohne ausreichende ideengeschichtliche und theologisch-philosophische Orientierung debattiert. Eine offenbare Ursache für diesen Mangel liegt darin, dass Anerkennung damals weder in der Theologie noch in den anderen Wissenschaften theoretisch diskutiert wurde.[1] Heute ist die Situation völlig anders. Im Jahre 1992 veröffentlichten der deutsche Philosoph Axel Honneth und sein kanadischer Kollege Charles Taylor inzwischen weltberühmt gewordene Werke, in denen Anerkennung als grundlegender Gedanke der europäischen Modernität präsentiert wird.[2]

1 Die heutige Forschungslage

Nach Taylors Studie braucht die moderne Gesellschaft über die Toleranz hinaus auch einen solchen Anerkennungsgedanken, mit dessen Hilfe die unterschiedlichen Minoritäten einer multikulturellen Gesellschaft politisch und kulturell integriert werden können. Durch gegenseitige Anerkennung können die diversen multikulturellen Identitäten bejaht werden, so dass sie nicht Parallelgesellschaften aufbauen, sondern im Rahmen des gemeinsamen Rechtstaates konstruktiv zusammenarbeiten. Besonders in Amerika wurde die sogenannte Identitätspolitik als liberal-progressive Anwendung der Einsichten Taylors weiterentwickelt.[3]

Axel Honneths *Kampf um Anerkennung* zeigt, wie der junge Hegel den Anerkennungsbegriff gebraucht, um die heteronome Entstehung des gemeinschaftlichen Mensch-Seins zu erklären. In Honneths eigenständiger Weiterführung der Ideen Hegels vollzieht sich das gesellschaftliche Mensch-Sein in drei Sphären der

---

1 Peter Gauly, Katholisches Ja zum Augsburger Bekenntnis?, Freiburg i.B. 1980; Gerard Kelly, Recognition: Advancing Ecumenical Thinking, Frankfurt a. M. 1996; Risto Saarinen, Recognition and Religion: A Historical and Systematic Study, Oxford 2016.
2 Axel Honneth, Kampf um Anerkennung, Frankfurt a. M. 1992; Charles Taylor, Multikulturalismus und die Politik der Anerkennung, übers. v. Reinhard Kaiser, Frankfurt a. M. 2009.
3 Taylor, Multikulturalismus; Cressida Heyes, Identity Politics, in: Stanford Encyclopia of Philosophy, https://plato.stanford.edu/entries/identity-politics/ (25.11. 2019).

mitmenschlichen Anerkennung. Erstens, durch die familiäre Liebe kommt die individuelle Persönlichkeit zustande. Zweitens, durch gesellschaftlichen Respekt kann der Mensch als gleichberechtigter Bürger des Rechtstaates tätig sein. Drittens, durch seine Kompetenzen im Arbeitsleben kann er die Einschätzung seiner Mitarbeiter gewinnen. In englischsprachiger Literatur ist diese Dreiteilung inzwischen etabliert, so dass Anerkennung als *love, respect and esteem* in den Sozialwissenschaften konzipiert wird.[4]

Schon vor Honneth hatte Ludwig Siep gezeigt, wie Fichte und Hegel Anerkennung als Grundbegriff der Rechtsphilosophie verwenden und wie die Anerkennungsprozesse typischerweise durch einen Kampf zwischen den Beteiligten entstehen. Zwölf Jahre nach Taylor und Honneth hatte Paul Ricoeur im Buch *Parcours de la reconnaissance* dieses Bild einigermaßen weitergeführt. Nach Ricoeur können Anerkennungsprozesse auch friedlich und agapistisch fortschreiten.[5]

Ricoeur will darüber hinaus die vormodernen Anerkennungsformen der abendländischen Geistesgeschichte mit seiner Theorie verbinden. Das aristotelische und augustinische Wiedererkennen, eine Art von Anamnese im Gedächtnis des Menschen, ist für ihn eine solche Vorform. Ricoeur denkt im Weiteren, dass das französische Wort *reconnaissance* schon im 18. Jahrhundert eine Art von Anerkennung darstellt. Nach Ricoeur hat Frederick Neuhouser die These präsentiert, dass die Selbstliebe (*amour propre*) schon bei Rousseau als Anerkennung verstanden werden kann.[6]

In den letzten zehn Jahren ist die Ideengeschichte von Anerkennung eingehend untersucht worden. Ludwig Siep gibt zurzeit das *Handbuch Anerkennung* heraus, in dem die Ergebnisse der Spezialstudien zusammengefasst werden. Axel Honneth hat im Jahre 2018 das Buch *Anerkennung: eine europäische Ideengeschichte* veröffentlicht, in der sowohl die *amour propre* als auch die britischen Gedanken von Sympathie und Moralgefühl als Vorformen der Anerkennung interpretiert werden.[7]

---

4 Honneth, Anerkennung; Simon Thompson, The Political Theory of Recognition, Cambridge 2006.
5 Ludwig Siep, Anerkennung als Prinzip der praktischen Philosophie, Hamburg 2014. Paul Ricoeur, Wege der Anerkennung, übers. v. Ulrike Bokelmann/Barbara Heber-Schärer, Frankfurt a. M. 2006.
6 Ricoeur, Wege; Frederick Neuhouser, Rousseau's Theodicy of Self-Love: Evil, Rationality and the Drive for Recognition, Oxford 2008.
7 Axel Honneth, Anerkennung. Eine europäische Ideengeschichte, Berlin 2018. Ludwig Siep u. a. (Hg.), Handbuch Anerkennung, Springer Reference Geisteswissenschaften, digitale Ausgabe, Wiesbaden 2019.

Die religiösen, theologischen und auch ökumenischen Dimensionen dieser Ideengeschichte sind in einem interdisziplinären Forschungsprojekt in Helsinki seit 2014 verarbeitet worden. Die theologische Begriffsgeschichte ist in meinem Buch *Recognition and Religion: A Historical and Systematic Study* dargelegt. Eine deutsche Zusammenfassung ist im *Handbuch Anerkennung* erhältlich. Die breitere religiös-philosophische Ideengeschichte haben viele Forscher erläutert im Sammelband *Recognition and Religion: Contemporary and Historical Perspectives*.[8] Im Folgenden werde ich unsere Ergebnisse kurz erläutern. Ich konzentriere mich auf die ökumenische Bedeutung dieser Geschichte.

2 Der theologische Anerkennungsbegriff

Meine Hauptthese ist wie folgt: es gibt eine lange Theologiegeschichte der Anerkennung von der Antike bis zur Gegenwart. Obwohl diese Geschichte viele Berührungspunkte mit Hegel und modernem Rechtsdenken aufweist, bleibt eine direkte Ableitung der theologischen Anerkennung aus Hegels oder Ricoeurs Einsichten irreführend. Das theologische Anerkennungsdenken hat seine eigene Geschichte und sein eigenes inhaltliches Profil. Die theologische Begriffsgeschichte setzt mit lateinischer Terminologie ein und interpretiert deutsche, französische und englische Begrifflichkeit vor dem langen lateinischen Hintergrund.

Erstaunlicherweise haben Ricoeur, Honneth und andere heutige Theoretiker die lateinische Begriffsgeschichte völlig außer Acht gelassen. Der entscheidende lateinische Begriff ist nicht *recognitio*, sondern *agnitio* bzw. das Verb *agnosco*. Bisweilen ist *agnitio* mit *cognitio* synonym, aber in der römischen Rechtssprache wird *agnosco* typisch verwendet, um eine performative Veränderung zu bezeichnen. So kann z. B. der Rechtsakt von Adoption die *agnitio filii* genannt werden. In der *Vulgata* wird *agnosco* oft als Übersetzung von *epiginosko* verwendet, so dass der lateinische Leser den Eindruck von einem performativen Erkenntnisgewinn bekommt. Wenn z. B. in den Pastoralbriefen der Ausdruck *epignosis tes aletheias* als *agnitio veritatis* wiedergegeben wird, kann der Leser diese Erkenntnis oder Anerkennung der Wahrheit als *metanoia* oder Konversion verstehen.[9]

Dementsprechend sind patristische Ausdrücke wie *agnitio Dei*, *agnitio Christi*, *agnitio veritatis* usw. nicht nur epistemische Kundgebungen, sondern sie unterstreichen die Veränderung, die im erkennenden Subjekt stattfindet. Eine beson-

---

8 Saarinen, Recognition; Saarinen, Theologie, in: Siep, Handbuch (ohne Seitenzahlen); Maijastina Kahlos/Heikki Koskinen/Ritva Palmén, Recognition and Religion: Contemporary and Historical Perspectives, New York 2019.
9 Saarinen, Recognition, 42–47.

ders faszinierende frühchristliche Schrift in dieser Hinsicht ist die pseudoklementinische *Recognitiones*, eine populäre Erzählung der Missionsreisen von Klemens. Wenn Menschen in dieser Schrift zum Christentum konvertieren, wird der Ausdruck *agnitio veritatis* als Bezeichnung dieser Umkehr gebraucht. Im Weiteren verbindet das Werk die aristotelische poetische Einsicht vom horizontalen Wiedererkennen, *anagnorisis* oder *recognitio*, mit dem vertikalen Anerkennen *(agnitio)*. Im Ereignis der religiösen Konversion werden auch die Nächsten auf neue Weise wiedererkannt und anerkannt.[10]

Obwohl *agnosco* die primäre Bedeutung der performativen Veränderung trägt, werden seit etwa Thomas von Aquin *recognosco* und *agnosco* in theologischen Texten synonym verwendet. Deswegen kann *recognosco* schon im Spätmittelalter sowie bei Luther und besonders bei Calvin nicht nur anamnetisches Wiedererkennen, sondern auch performative Anerkennung bedeuten. So wird übrigens *reconnaître* (bzw. *recognoistre*) schon in der französischen Ausgabe von Calvins *Institutio* gebraucht. Ricoeurs Überlegungen zu französischer Sprachgeschichte vernachlässigen die religiöse Begrifflichkeit. Die englische Dichotomie zwischen *acknowledge* und *recognize* ist eine weitere vernakuläre Variante von *agnosco* und *recognosco*.[11]

Das deutsche Wort Anerkennung ist allerdings ein Neologismus aus dem späten 18. Jahrhundert. Schon vor Hegel wird das Wort in der evangelischen Theologie von Johann Joachim Spalding und Friedrich Schleiermacher zum Teil programmatisch verwendet. Bei Karl Barth und Rudolf Bultmann bedeutet Anerkennung den Anfang des theologischen Erkenntnisweges. So muss vor jeder Erkenntnis ein Akt des grundlegenden Anerkennens die Offenheit und die Veränderungsbereitschaft des theologischen Subjektes begründen. Wenn Barth und Bultmann so denken, kommt nicht nur die moderne dialektische Theologie, sondern die lange Tradition der *agnitio veritatis* zum Vorschein.[12]

An dieser Stelle ist es wichtig zu bemerken, dass der theologische Anerkennungsbegriff sich von dem modernen Rechtsbegriff deutlich unterscheidet. Im diplomatischen Sprachgebrauch und auch in Charles Taylors Politik der Anerkennung geht es vor allem darum, den Status des anerkannten Gegenstandes zu erheben. Der performative Akt bezieht sich dort nicht auf das Subjekt, sondern auf das Objekt der Anerkennung. Wenn Finnland den staatlichen Status von Kosovo anerkennt, oder wenn der kanadische Staat die besonderen Sprachrechte in

---

10 Saarinen, Recognition, 48–53.
11 Saarinen, Recognition, 69–75, 98–115.
12 Saarinen, Recognition, 125–163. Risto Saarinen, Johann Joachim Spalding und die Anfänge des theologischen Anerkennungsbegriffs, in: Zeitschrift für Theologie und Kirche 112 (2015), 429–448.

Quebec anerkennt (Taylors Beispiel), geht es nicht darum, Finnland oder Kanada zu verändern. Der politische Anerkenner bleibt ein unbewegter Beweger, der durch seine Akte Statusänderungen in den Objekten verursacht. In einer theologischen Anerkennung geht es dagegen auch und vielleicht sogar primär um *metanoia*, Neuorientierung und Konversion, die im Subjekt eine Transformation verursacht.[13]

3 Die ökumenische Dimension des theologischen Begriffes

Der theologische Anerkennungsbegriff hat eine beträchtliche ökumenische Bedeutung. Weil wir heute die Eigenart der theologischen Anerkennung besser verstehen als in den 1970er Jahren, kann das alte Projekt der ökumenischen Anerkennung der CA auf neue Weise gedacht werden. Um diese ökumenische Einsicht zu begründen, soll die Sprache von *agnosco, agnitio* in den Dokumenten des Zweiten Vatikanischen Konzils näher studiert werden. Vor diesem Hintergrund wird auch verständlich, warum die katholischen Theologen nach dem Konzil die sogenannte geistliche Bedeutung der Anerkennung hervorheben.

Nach *Lumen gentium* macht Gott alle, die ihn in Wahrheit anerkennen, zu einem Volk. Weil Muslime den Schöpfer anerkennen, partizipieren sie auch in den Heilswillen Gottes. Nach der *Pastoralkonstitution* will die Kirche im dialogischen Verhältnis stehen mit allen Menschen, die Gott anerkennen. Nach *Nostra aetate* findet sich unter den Völkern eine solche *agnitio* von höchster Gottheit oder sogar einem Gottvater statt, die ihr Leben mit einem tiefen religiösen Sinn durchdringt. Die *Pastoralkonstitution* lehrt im Weiteren, dass die *agnitio Dei* die Würde des Menschen unterstützt. Mit der universalen Menschenwürde hängt die theologische Einsicht zusammen dass, die gesamte Menschheit sollte Gott als Schöpfer anerkennen.[14] In diesen Feststellungen von Vatikanum II. kommt der alte lateinische Agnitiobegriff zum Vorschein. Ohne den Gegenstand von *agnitio* zu vernachlässigen, wird der theologische Stellenwert der anderen Religionen und Konfessionen vor allem anhand der subjektbezogenen Anerkennungsakte argumentiert, die in diesen Traditionen praktiziert werden.

Im *Ökumenismusdekret* wird *agnosco* sieben Mal erwähnt, häufig in wichtigen Passagen. Die getauften Glaubenden der anderen Gemeinschaften werden von der

---

[13] Saarinen, Recognition, 205 – 208; Taylor, Multikulturalismus.
[14] Lumen gentium 9, 16; Nostra aetate 2; Gaudium et spes 20 – 21, 34. Saarinen, Recognition, 168 – 169.

Katholischen Kirche „als Brüder [und Schwester] im Herrn anerkannt" Es ist „notwendig, dass die Katholiken die wahrhaft christlichen Güter aus dem gemeinsamen Erbe mit Freude anerkennen und hochschätzen". Im Weiteren ist es „billig und heilsam, die Reichtümer Christi und das Wirken der Geisteskräfte im Leben der anderen anzuerkennen".[15] In diesen Zitaten praktiziert die Katholische Kirche also selber Anerkennung, um ihre ökumenische Offenheit und den Geist der Umkehr zu zeigen.

Diese Anerkennung wird im Verhältnis zu den Ostkirchen besonders deutlich formuliert. In der orientalen Liturgie kann Christus als Gottes- und Menschensohn gemäß der Schrift anerkannt werden. Die Katholiken sollen anerkennen, dass die authentischen Traditionen der Ostkirchen in ganz besonderer Weise in der *Heiligen Schrift* verwurzelt sind.[16] Durch diese Akte der *agnitio* werden die Ostkirchen hochgeachtet. Es geht aber dabei nicht um förmliche Rechtsakte, sondern um geistlich-theologische Wirklichkeiten, die durch die ökumenische Offenheit erkannt und anerkannt werden können.

Wenn katholische Theologen wie Joseph Ratzinger und Walter Kasper in der späteren Diskussion um die Anerkennung von CA betonen, Anerkennung sei ein geistlicher Akt,[17] verwenden sie den Begriff Anerkennung auf ähnliche Weise wie die Konzilsdokumente den Begriff *agnitio*. Merkwürdigerweise ist diese Verbindung in der deutschen Diskussion um die CA in den 1970er Jahren vernachlässigt worden.

Dagegen wurde eine andere wertvolle Intention von Kasper und Ratzinger weitgehend rezipiert. Wenn sie sagen, Anerkennung sei ein geistlicher Akt, meinen sie, die theologische Anerkennung solle nicht in erster Linie rechtlich oder diplomatisch verstanden werden, weil ein solches Verständnis den theologischen Inhalt vernachlässige. Spätere Forscher haben bemerkt, dass manche Dokumente der frühen ökumenischen Bewegung die diplomatische und säkulare Bedeutung der Anerkennung ohne genaue Rücksicht auf christliches Kirchenverständnis unkritisch übernehmen.[18] Wenn Vatikanum II. und die nachkonziliare Theologie die geistliche Eigenart der Anerkennung hervorheben, wollen sie der christlichen Ekklesiologie Rechnung tragen.

---

15 Unitatis redintegratio 3–4; Saarinen, Recognition, 170.
16 Unitatis redintegratio 15, 17; Saarinen, Recognition, 170–171.
17 Joseph Ratzinger, Anmerkungen zur Frage einer Anerkennung der Confessio Augustana durch die Katholische Kirche, in: Münchener Theologische Zeitschrift 29 (1978), 225–237, hier: 236–237; Walter Kasper, Was bedeutet das: Katholische Anerkennung der Confessio Augustana, in: Harding Meyer/Heinz Schütte/Hans-Joachim Mund (Hg.), Katholische Anerkennung des Augsburgischen Bekenntnisses?, Frankfurt a. M. 1977, 151–156, hier: 152–153.
18 Saarinen Recognition, 174; Kelly, Recognition, 49–51.

Die Einzelheiten dieser Eigenart waren aber in den 1970er Jahren noch nicht deutlich sichtbar, vor allem deswegen, weil auch die säkulare und sozialwissenschaftliche Bedeutung des Anerkennungskonzeptes erst ab den 1990er Jahren näher entfaltet wurde. Nach der sorgfältigen begriffsgeschichtlichen Entfaltung können wir aber heute sehen, dass die theologische Sprache der *agnitio* etwas anderes erreichen will als die durch Hegel geprägte Rechtssprache der Modernität. Nach dieser Entfaltung ist es deutlich, dass das Vatikanum II eigentlich die alte Theologie der *agnitio* als Offenheit und Umkehrbereitschaft fortsetzen will. In theologischen Dokumenten wird Anerkennung deswegen nicht primär im Sinne eines Rechtsbegriffs verwendet. Mit der Rede von der geistlichen Anerkennung können Walter Kasper und Joseph Ratzinger diese klassische Theologie der *agnitio* zur Sprache bringen.

Heute können wir auch sehen, dass die evangelische Begriffsgeschichte, etwa von Schleiermacher bis zu Bultmann, Barth und Eberhard Jüngel, ebenfalls die persönliche Offenheit hervorhebt und von der rechtlichen und hegelianischen Idee von einer Statusveränderung des Gegenstandes Abstand nimmt. Der dialektisch-personale Anerkennungsbegriff der neueren evangelischen Theologie ist nicht mit den Dokumenten von Vatikanum II identisch. Aber beide Traditionen setzen die alte theologische Begriffsgeschichte auf ihre distinktive Weise fort.

Maßgebend für diese Begriffsgeschichte sind die Offenheit und die Veränderungsbereitschaft des anerkennenden Subjekts. Die theologische Anerkennung kann nicht ein bloßer Stempel sein, mit dem wir die Objekte unserer Anerkennung markieren. Als Muster und Vorbild verwendet die theologische Anerkennung die lateinische *agnitio Dei* bzw. *agnitio veritatis*, einen performativen Akt, durch den der Anerkennende sich selber in ein neues Verhältnis setzt.

4 Anerkennung und heutige Ökumene

Paul Ricoeurs Studie zur Anerkennung bietet einen hoffnungsvollen Weg an der objektiv-rechtlichen Statusveränderung vorbei. Ricoeur hebt die interpersonale und subjektbezogene narrative Identität hervor, die im friedlichen Anerkennungsprozess entsteht. Veronika Hoffmann, Beate Bengard und Pascale Jung haben mit Hilfe von Ricoeur neue ökumenische Ansätze entwickelt, die einen solchen Anerkennungskonzept fruchtbar machen.[19]

---

[19] Veronika Hoffmann, Skizzen zu einer Theologie der Gabe, Freiburg i.B./Basel/Wien 2013; Beate Bengard, Rezeption und Anerkennung. Die ökumenische Hermeneutik von Paul Ricoeur im

Allerdings hat Ricoeur eine pessimistische Sicht von den ökumenischen Lehrgesprächen, die seines Erachtens nie über die Subjektbezogenheit der Teilnehmer hinaus fortschreiten können.[20] Meine eigenen begriffsgeschichtlichen Studien wollen eher ein Gleichgewicht zwischen den rechtlichen Ursprüngen des Anerkennungsbegriffs einerseits und dem ebenso ursprünglichen subjektiven Verlangen nach personaler Umkehr andererseits erreichen. Eine ausgewogene ökumenische Anwendung des Begriffes soll sowohl die Offenheit des anerkennenden Subjekts als auch die Statusveränderung der anerkannten Gegenstände und Partner berücksichtigen. Theologische Anerkennungsprozesse finden deswegen statt in einem komplexen Feld, in dem (1) die sachliche Konvergenz, (2) die eigene Offenheit und (3) die Wertschätzung des Anderen als unverzichtbare Konstituenten eines gelungenen Prozesses erscheinen.

Die geistliche bzw. theologische Anerkennung soll das Zusammenspiel dieser drei Konstituenten stets beachten. Schon im Jahre 1973 hat Heinrich Fries argumentiert, dass sowohl das Erreichen eines gemeinsamen Verständnisses von der Sache als auch die Beachtung der echten Pluralität der Personen zur gelungenen Anerkennung beitragen.[21] Zu dieser grundlegenden Einsicht kann die Dynamik der eigenen Offenheit hinzugefügt werden. Eine solche Offenheit ist keine moderne Erfindung, sondern ein elementarer Bestandteil der langen theologischen Begriffsgeschichte.

Anhand dieses Ergebnisses können wir einige Überlegungen in Bezug auf die heutigen ökumenischen Initiativen machen.

Erstens, das anerkennende Subjekt kann und darf nicht als eine solche Rechtsinstanz tätig sein, die selber unbewegt bleibt und als Qualitätsprüfer nur Stempel für andere drückt. Ein solches Bild entspricht vielleicht dem modernen Rechtsdenken, während die theologische Tradition von *agnitio* die Offenheit des anerkennenden Subjektes hervorhebt.

Zweitens, die in christlicher Tradition als *agnitio* bezeichnete persönliche Umkehr erscheint nicht selten mit dem aristotelischen Thema des überraschenden Wiedererkennens zusammen. Der italienische Literaturwissenschaftler Piero Boitani hat dieses Phänomen in der abendländischen Geistesgeschichte stu-

---

Spiegel aktueller Dialogprozesse in Frankreich, Göttingen 2015; Pascale Jung, Anerkennung. Paul Ricoeurs Beitrag zu einem ökumenischen Schlüsselbegriff, Mainz 2018.

20 Siehe vor allem Bengard, Rezeption.

21 Heinrich Fries, Was heisst Anerkennung der kirchlichen Ämter, in: Stimmen der Zeit 98 (1973), 507–515. Ich danke Prof. Dr. Peter Neuner und Prof. Dr. Ulli Roth, mit denen ich in Brettener Tagung die Konzilstexte sowie die deutschen Beiträge der 1970er Jahre diskutieren konnte. Für die letztgenannten bietet Gauly, Katholisches Ja, die beste Dokumentation.

diert.[22] Er betont, wie im abendländischen Denken das Wiederfinden und das Wiedererkennen eines verlorenen Freundes eine theologische Wirklichkeit sein kann, die dem erkennenden Subjekt neue Möglichkeiten öffnet. So ist die horizontale Begegnung des Nächsten mit der vertikalen Gotteserfahrung auf intime, poetische Weise verbunden. In diesem Kontext ist die lateinische reflexive Form *se recognosco* wichtig. Anders als Ricoeur konstatiert bezieht sich die reflexive Form nicht nur auf das Gedächtnis. Häufig wird in der theologischen Tradition festgestellt, dass die liebende Anerkennung des Anderen eine tiefere Selbst-Erkenntnis und auch Gotteserfahrung ermöglicht.[23] Möglicherweise ist auch Hegel an dieser Stelle von dem theologischen Anerkennungskonzept der Frühen Neuzeit beeinflusst worden.[24]

Drittens, der säkulare Anerkennungsbegriff ist oben nur oberflächlich skizziert worden. In der heutigen Diskussion betonen auch einige Philosophen und Rechtsdenker, dass im Geschehen der Anerkennung alle Beteiligten sich stets verändern. Das Bild vom unbewegten Beweger und die Idee von der Statusveränderung des anerkannten Gegenstandes sind idealtypische Einsichten, die auch weiter diskutiert werden können.[25]

Viertens, ich habe Anerkennung als positivem und hilfreichem Konzept dargestellt. Es ist aber auch möglich, dass bestimmte Anerkennungsvorgänge als „pathologisch" bezeichnet werden können. Anerkennungsprozesse schaffen und konsolidieren Identitäten, und einige Identitäten sind einfach schlecht. Anstatt Brücken zu bauen, führen sie zu gesellschaftlichen Polarisierungen. Die sogenannte Identitätspolitik ist deswegen in unseren Tagen ambivalent geworden, anders als die Multikulturalisten der 1990er Jahre gehofft haben.[26] Weil der theologische Anerkennungsbegriff die Offenheit des anerkennenden Subjekts betont, ist er vielleicht gegen pathologische Entwicklungen besser geschützt als die Mechanismen der säkularen Identitätspolitik. Im jeden Fall sollen aber Theologen, die gegenseitige Anerkennung erreichen wollen, diese Methode auch selbstkritisch betrachten.

---

22 Piero Boitani, Riconoscere è un dio. Scene e temi del riconosciemento nella letteratura, Turin 2014. Vgl. auch Boitani, Something Divine in Recognition, in: Teresa G. Russo (Hg.), Recognition and Modes of Knowledge: Anagnorisis from Antiquity to Contemporary Theory, Edmonton 2012, 1–32.
23 Saarinen, Recognition, 233–241.
24 Siehe Saarinen, Recognition, 239–241 und mit neuen Belegen Jens Lemanski, An analogy between Hegel's theory of recognition and Ficino's theory of love, in: British Journal for the History of Philosophy 27 (2019), 95–113.
25 Siehe besonders Thomas Bedorf, Verkennende Anerkennung, Berlin 2010.
26 Vgl. Jose Pedro Zuquete, The Identitarians. The Movement against Globalism and Islam in Europe, Notre Dame 2018.

Fünftens, die Forschung und Diskussion der letzten 30 Jahre zeigt klar und eindeutig, dass Anerkennung etwas anderes als Aneignung, Vereinbarung und Übereinstimmung bedeutet. Anerkennung findet statt zwischen zwei unterschiedlichen Subjekten, die auch in diesem Vorgang stets voneinander verschieden bleiben. Anerkennung ist keine Einheitsvorstellung, weil sie nur möglich ist, wenn die Alterität des Anderen ernst genommen wird. Die positive Seite dieses Sachverhalts ist aber auch in der ökumenisch gesinnten Theologie signifikant. In der *agnitio* bejaht die christliche Theologie eine alte Denkweise, die die Alterität des Anderen zur Sprache bringt. Eine solche Alterität ist etwas anderes als Stagnation. Offenheit und Umkehr gehören mit der theologischen Anerkennung eng zusammen. Rechtliche Überlegungen sind zwar auch bedeutsam, aber sie sollen die grundsätzliche Offenheit fördern, nicht verhindern.

Sechstens, die neue theoretische Diskussion hat den Sachverhalt bestätigt, den Walter Kasper schon in den 1970er Jahren betont hat, nämlich dass Anerkennung primär ein interpersonales Geschehen ist.[27] Es ist zwar theoretisch möglich, auch Texte anzuerkennen, aber mit Texten und anderen menschlichen Produkten erkennt man normalerweise auch die Autoren und Gruppen hinter den Produkten an. Anstatt zu sagen „Wir anerkennen die CA als katholisch interpretierbaren Text" ist es m. E. empfehlenswert zu sagen: „Wir erkennen das evangelisch-lutherische Selbstverständnis an, wie es in der CA ausgedrückt worden ist." Mit solcher Anerkennung wird nicht behauptet, dass der Anerkennende mit dem anerkannten Selbstverständnis völlig übereinstimmt, sondern dass er dieses Selbstverständnis auf gewisse Weise positiv würdigen kann. Deswegen braucht der katholische Anerkenner nicht jeden Artikel der CA aus ökumenischer Perspektive einzeln zu kommentieren oder eine scheinbar katholische Interpretation zu konstruieren. Eine solche Interpretation kann bisweilen hilfreich sein, aber Anerkennung kann auch auf andere Wege fortschreiten, weil Anerkennung keine Einheitsvorstellung oder Zielvorstellung der Ökumene ist.

Diesen sechsten Punkt möchte ich noch mit zwei Vergleichen illustrieren. Das hier entworfene theologische Anerkennungsdenken hat wichtige Gemeinsamkeiten mit der sogenannten *receptive ecumenism*, eine katholische Denkweise, die an der Universität Durham herausgearbeitet wird und inzwischen auch in einigen bilateralen Dialogtexten verwendet worden ist. Nach dieser Denkweise sollen die ökumenischen Dialogpartner eher empfangen als geben, eher lernen als unterrichten. Lernen und Empfangen können vielleicht nicht den ganzen ökumeni-

---

27 Kasper, Was bedeutet das.

schen Weg bis zur sichtbaren Einheit aufweisen, aber die offene Einstellung kann die Suche nach Konvergenzen auf angemessene Weise einleiten.[28]

Ähnlich wie *receptive ecumenism* kann das theologische Anerkennungsdenken bis zur beträchtlichen Konvergenz den Weg aufweisen, aber es ist an sich nicht eine Zielvorstellung der Ökumene. Ähnlich wie *receptive ecumenism* betont das theologische Anerkennungsdenken die Offenheit des Subjektes auf dem ökumenischen Weg. Es geht in beiden Denkweisen primär um die eigene Offenheit und nur sekundär um den angeblichen Status des jeweiligen Gesprächspartners.

Darüber hinaus kann die positive Würdigung des Anderen mit Hilfe des sogenannten differenzierenden Konsenses näher herausgearbeitet werden.[29] Aus der Sicht der philosophischen Anerkennungstheorie soll ein solcher Konsens nicht als Beweislast verstanden werden. Die Beweislast kann im idealen Fall mit den interpersonalen Akten selber erledigt sein, weil diese Akte performativ die Sachlage ändern. In der konkreten Begegnung begleitet aber normalerweise das bessere Erkennen des Anderen den Prozess des Anerkennens. Dabei kommt es zu notwendigen Differenzierungen, die aber für den Prozess des Anerkennens keine unüberbrückbaren Schwierigkeiten bedeuten, weil die Alterität des Anderen ohnehin mitberücksichtigt wird.

Siebtens und letztens, eine gelungene Anerkennung ist normalerweise gegenseitig. In dem spezifischen Fall der römisch-katholischen Ökumene ist diese allgemeine Regel allerdings ambivalent, weil die Gaben des größeren und älteren Partners leicht als Kolonisierung des kleineren und jüngeren Partners erscheinen oder so interpretiert werden können. Der größere Partner soll deswegen eher empfangen als geben. Dieser Einsicht wird in *receptive ecumenism* methodisch gefolgt. Vielleicht könnte die Katholische Kirche in diesem Sinne die CA rezipieren und anerkennen, ohne eine Gegengabe zu leisten. Die Katholische Kirche könnte zum Beispiel konstatieren, dass die schon vorhandene ökumenische Offenheit der evangelischen Kirchen eine angemessene Gegenleistung darstellt.

---

28 Paul D. Murray (Hg.), Receptive Ecumenism and the Call to Catholic Learning, Oxford 2008. Relevante Dialogtexte sind *Walking Together on the Way* (anglikanisch – römisch-katholisch, 2018, http://www.christianunity.va/content/unitacristiani/en/dialoghi/sezione-occidentale/co munione-anglicana/dialogo/arcic-iii/arcic-iii--documents/2018-walking-together-on-the-way. html (17.06.2021) sowie *Bericht über Kirche und Kirchengemeinschaft* (Gemeinschaft Evangelischer Kirchen in Europa – Päpstlicher Einheitsrat, 2018, https://www.leuenberg.eu/documents/ (17.06. 2021).

29 Zur Wendung „differenzierender Konsens" vgl. André Birmelé/Wolfgang Thönissen (Hg.), Auf dem Weg zur Gemeinschaft: 50 Jahre internationaler evangelisch-lutherisch/ römisch-katholischer Dialog, Leipzig 2018.

Martin Hailer hat vorgeschlagen, dass die angemessenen ökumenischen Gaben dem Empfänger dazu helfen sollen, besser er selbst sein zu können.[30] Dieser fruchtbare Vorschlag hat Ähnlichkeiten mit *receptive ecumenism*. Natürlich soll dabei noch reflektiert werden, was „er selbst zu sein" letzten Endes bedeutet. Wenn dieser Sachverhalt keine Offenheit und Umkehr zulässt, kann er die theologische Anerkennung des Anderen nicht erleichtern. Wenn aber Offenheit und Umkehr die kirchliche und christliche Identität mitgestalten, kann eine solche Gabe ökumenisch hilfreich und durchaus angemessen sein. Um besser sich selbst zu sein, braucht die Kirche die Charismen der Umkehr und Offenheit. Mit deren Hilfe kann sie auch solche Gaben empfangen, die ihre Identität konstruktiv aufbauen.

---

30 Martin Hailer, Ökumenische Verständigung als Gabentausch, in: Theologische Quartalschrift 197 (2017), 320 – 336. Hailer, Gift Exchange: Issues in Ecumenical Theology, Leipzig 2019.

Kurt Kardinal Koch

Die katholische Kirche und die *Confessio Augustana*

1 Rückblick auf Augsburg 1530 und Vorausblick auf Augsburg 2030

Im Jahre 2017, 500 Jahre nach 1517, das als Beginn der Reformation in Deutschland gilt, haben wir dieses geschichtlichen Geschehens gedacht, und zwar in ökumenischer Gemeinschaft, vor allem im schwedischen Lund mit der Anwesenheit von Papst Franziskus und dem Präsidenten und Generalsekretär des Lutherischen Weltbundes.[1] Dieses gemeinsame Reformationsgedenken wäre nicht möglich gewesen ohne die *Gemeinsame Erklärung zur Rechtfertigungslehre*, die zwischen dem Lutherischen Weltbund und dem Päpstlichen Rat zur Förderung der Einheit der Christen genau vor zwanzig Jahren am 31. Oktober 1999 in Augsburg unterzeichnet worden ist. Nun richtet sich unser Blick wiederum nach Augsburg, indem wir auf den fünfhundertsten Jahrestag des Augsburger Reichstages und der Übergabe des *Augsburger Bekenntnisses* an Kaiser Karl V. durch evangelische Fürsten und Reichsstadträte am 25. Juni 1530 zugehen.

Dieses Ereignis in ökumenischer Gemeinschaft zu feiern, haben wir noch mehr Grund als im Jahre 2017. Denn zum Reichstag in Augsburg hat Kaiser Karl V. eingeladen, um auf der einen Seite die politischen Kräfte zur Abwehr der großen Türkengefahr im Osten zu sammeln, und um auf der anderen Seite die bedrohte Einheit im Glauben wiederherstellen. Diesbezüglich sollten die Beratungen auf dem Reichstag dem Ziel dienen: „damit durch uns alle eine gemeinsame wahre Religion angenommen und gehalten wird und wir so, wie wir alle unter einem Christus stehen und streiten, auch alle in einer Gemeinschaft und Kirche in Einigkeit leben". Mit diesen Worten hat der kursächsische Kanzler Brück in der Vorrede zum *Augsburger Bekenntnis* das Einladungsschreiben von Kaiser Karl V. anklingen lassen, um damit zum Ausdruck zu bringen, dass sich die Teilnehmer am Reichstag dem vom Kaiser anvisierten Ziel der Wiederherstellung der Einheit im Glauben verpflichtet wissen.

---

1 Vortrag am Internationalen Symposium „Die *Confessio Augustana* im ökumenischen Gespräch" an der Europäischen Melanchthon-Akademie Bretten in der Stiftskirche Bretten am 12. Oktober 2019.

Wenn man diese Zielbestimmung bedenkt, kann man den Reichstag zu Augsburg in seiner ökumenischen Bedeutung nicht unterschätzen. Der Ökumenische Arbeitskreis evangelischer und katholischer Theologen hat deshalb mit Recht geurteilt: „Möglicherweise waren die Kirchen der abendländischen Christenheit in der Tat beim Reichstag zu Augsburg 1530 einander so nahe wie später nie wieder."[2] Wenn man diese historische und ökumenische Bedeutung bedenkt, kann man nur hoffen, dass der fünfhundertste Gedenktag des Reichtags zu Augsburg und der damals verkündeten *Confessio Augustana* in zumindest ebenso intensiver ökumenischer Gemeinschaft wie das Reformationsgedenken im Jahre 2017 begangen werden wird.

Darauf müssen wir zurückkommen. Zuvor jedoch muss kurz in Erinnerung gerufen werden, dass zwischen dem Beginn der Reformation und dem Reichstag zu Augsburg schwerwiegende Ereignisse stattgefunden haben, nämlich die Veröffentlichung der Bannandrohungsbulle *Exsurge Domine* vom 15. Juni 1520, mit der Papst Leo X. 41 Sätze aus den Schriften Luthers als „häretisch oder skandalös oder falsch oder beleidigend für fromme Ohren oder die einfachen Gemüter verführend und der katholischen Wahrheit entgegenstehend" verurteilt hat, als Luthers Reaktion darauf seine Verbrennung der Bannandrohungsbulle vor dem Elstertor in Wittenberg am 10. Oktober 1520 und die Veröffentlichung der Bulle *Decet Romanum Pontificem* vom 3. Januar 1521, mit der Luther und alle, die ihm folgen und ihn schützen, als Häretiker und zu meidende Exkommunizierte erklärt worden sind, und schließlich die Verhängung der Reichsacht über Luther und seine Anhänger im *Wormser Edikt*.

Auf diesem Hintergrund leuchtet die besondere geschichtliche Bedeutung des Reichstags zu Augsburg erst recht ein. Denn zunächst waren die Vorzeichen dafür nicht positiv, zumal vor allem der katholische Theologe Johannes Eck sich für eine öffentliche Disputation über die Religionsfrage stark gemacht und dazu seine *404 Artikel* gegen die Häretiker veröffentlicht hat, und zumal von anderer Seite her auf die Durchführung des *Wormser Edikts* gedrängt worden ist, was jedoch politisch nicht durchzusetzen gewesen ist. Gegenüber der Option der Entscheidung der Religionsfrage durch eine Disputation und gegenüber dem Versuch, die lutherischen Prediger als Häretiker zu erweisen, hat man sich schließlich auf dem Reichstag zu Augsburg für ein freundschaftliches Gespräch

---

2 V. Leppin/D. Sattler (Hg.), Reformation 1517–2017. Ökumenische Perspektiven, Freiburg i.B./ Göttingen 2014, 67.

entschieden und dazu einen Ausschuss nominiert, der aus „sachverständigen und zu Frieden und Einigkeit geneigten" Personen bestehen soll.[3]

Als Grundlage für dieses *amicum colloquium* hat das *Augsburger Bekenntnis* gedient, das am Reichstag offiziell dem Kaiser übergeben worden ist. Dabei ist der vorbereiteten sächsischen Verteidigung der von lutherischer Seite geänderten Kirchenbräuche eine Zusammenfassung der Glaubensartikel vorangestellt worden, um so zu bekunden, dass in den evangelischen Gemeinden nicht Sonderlehren vertreten werden und auch nicht eine neue Kirche gegründet werde, dass es vielmehr um die Erneuerung und dazu notwendige Reinigung des christlichen Glaubens, jedoch in Einklang mit der Alten Kirche und auch mit der Römischen Kirche gehe.

Das *Augsburger Bekenntnis* ist wesentlich dem unermüdlichen Bemühen des bedeutenden Theologen und engagierten Reformators Philipp Melanchthon zu verdanken,[4] der überzeugt gewesen ist, dass die Erneuerung der Kirche und das Festhalten an ihrer Einheit unlösbar zusammengehören. Er hat sich damit als großer „Ökumeniker seiner Zeit" erwiesen, „der – unter den damaligen historischen Voraussetzungen – die allerletzten Möglichkeiten für die Bewahrung der Einheit der Kirche auszuloten suchte"[5]. Das von ihm verfasste *Augsburger Bekenntnis* ist deshalb kein Dokument der Spaltung, sondern des entschiedenen Willens zur Versöhnung und zur Bewahrung der Einheit und des Friedens. Man kann deshalb von einem katholischen Dokument reden, weil es sich in Kontinuität mit der Alten Kirche und auch mit der Römischen Kirche versteht, und man kann von einem ökumenischen Dokument reden, weil es nicht das Bekenntnis einer partikularen Konfessionskirche sein will, sondern den Anspruch erhebt, dass es in ihm um die eine, heilige, katholische und apostolische Kirche geht und dass sie in ihm spricht.

---

3 Vgl. V. Pfnür, Excommunicatio und amicum colloquium. Das Religionsgespräch auf dem Reichstag zu Augsburg 1530 auf dem Hintergrund der Frage des Lutherbannes, in: W. Beinert/K. Feiereis/H.-J. Röhrig (Hg.), Unterwegs zum einen Glauben. Festschrift für Lothar Ulrich zum 65. Geburtstag, Leipzig 1997, 448–460.
4 Vgl. G. Frank (Hg.), Der Theologe Melanchthon, Stuttgart 2000; J. Haustein (Hg.), Philipp Melanchthon. Ein Wegbereiter für die Ökumene, Göttingen 1997.
5 W. Thönissen, Gerechtigkeit oder Barmherzigkeit? Das ökumenische Ringen um die Rechtfertigung, Leipzig/Paderborn 2016, 138.

2 Die ökumenische Intention der *Confessio Augustana*

„Die Gemeinden lehren bei uns in voller Übereinstimmung": Mit diesem Satz, der über dem ersten Artikel steht, jedoch für das ganze Bekenntnis gilt, wird das Grundanliegen des *Augsburger Bekenntnisses* – gleichsam wie der Notenschlüssel der ganzen Melodie – zum Ausdruck gebracht, dass es den katholischen Glauben bezeugen und in diesem Sinn ein katholisches Bekenntnis sein will. Diese Überzeugung wird im Text gleich dreimal, und zwar keineswegs beiläufig, sondern an wichtigen Knotenpunkten formuliert. Beim Abschluss des ersten Teils wird festgehalten: „Das ist ungefähr die Summe der Lehre auf unserer Seite. Es zeigt sich, dass nichts darin vorhanden ist, was abweicht von der Heiligen Schrift und von der allgemeinen und von der römischen Kirche, wie wir sie aus den Kirchenschriftstellern kennen. Infolgedessen ist das Urteil derer ungerecht, welche die Unsrigen für Ketzer gehalten wissen sollen." Gleich zu Beginn des zweiten Teils wird nochmals betont, dass „in keinem Glaubenssatz von der allgemeinen Kirche" abgewichen werde, sondern dass „nur einige wenige Missbräuche" beseitigt werden, „welche neu und gegen die Absicht der Kirchengesetze im Laufe der Zeiten zu Unrecht eingeführt wurden". Und am Schluss des Dokumentes wird nochmals zusammenfassend beteuert: „Bei uns gilt weder in der Lehre noch in den Zeremonien etwas, was der Heiligen Schrift oder der allgemeinen Kirche entgegensteht. Denn es liegt klar zutage, wie sorgfältig wir uns gehütet haben, dass sich nicht neue und gottlose Glaubenssätze bei uns in die Kirche einschlichen."

Diese Überzeugung kommt somit deutlich zum Ausdruck in der Zweiteilung des Bekenntnisses. Denn das Hauptanliegen der evangelischen Seite bestand darin, die Abschaffung von kirchlichen Bräuchen und Ordnungen zu rechtfertigen, die die Evangelischen als Missbräuche, jedoch nicht als kirchentrennende Fragen beurteilt haben. Diese Ausführungen bilden den zweiten Teil des Bekenntnisses, der seinerseits die *Torgauer Artikel* vom 27. März 1530 enthält, mit denen sich die Wittenberger Theologen auf Augsburg vorbereitet haben. Im Blick auf die von den Evangelischen vorgenommenen Änderungen wird beansprucht, dass sie in Übereinstimmung mit „Gottes Gebot" vorgenommen worden sind, nämlich die Austeilung des Abendmahls in beiden Gestalten, die Einführung der Priesterehe, die Reform der Messliturgie, die Nicht-Notwendigkeit des Nennens aller Sünden in der Beichte, die Abschaffung der Fastengebote, die Aufhebung der Klostergelübde und die Beschränkung der Autorität der Bischöfe auf ihre geistliche Vollmacht.

Der erste Teil des Bekenntnisses über die grundlegenden Glaubensartikel ist demgegenüber ursprünglich nicht vorgesehen gewesen, sondern ist erst in Augsburg hinzugefügt worden, um zu dokumentieren, dass die evangelischen Gemeinden mit ihren grundlegenden Glaubensartikeln mit den Lehrfundamenten der Alten Kirche übereinstimmen. Die Glaubensartikel werden dabei vor allem in drei Themenkreisen dargestellt: Die Artikel 1 bis 3 über Gott, den Sohn Gottes und die Erbsünde knüpfen bewusst an die dogmatische Tradition der Kirche an und rezipieren die altkirchlichen Lehrentscheidungen, wobei freilich der Artikel über die Erbsünde sowohl durch seine Anordnung wie seinen Inhalt eine sehr eigene Färbung aufweist. Artikel 4 bis 6 kreisen um das Herzstück der Reformation, nämlich das Evangelium von der Rechtfertigung, das Wirken des Heiligen Geistes im Wort und in den Sakramenten und im Predigtamt und über die Früchte des Glaubens, nämlich das innere „Muss" der guten Werke, das nochmals in Artikel 20 aufgegriffen und ergänzt wird mit den Artikeln über den freien Willen und den Ursprung der Sünde. Im dritten Kreis in den Artikeln 7–15 geht es um ekklesiologische Themen, was die Kirche ist und worin ihre Einheit besteht, über die Sakramente der Taufe, des Abendmahls, Beichte und Buße und über die Bedeutung und den Gebrauch der Sakramente, über Amt und Ordination und die kirchlichen Ordnungen. Zu diesen drei Kreisen fügen sich noch einzelne Artikel an über das Verhältnis des Christen zu den weltlichen Angelegenheiten, die Wiederkunft Christi und die Heiligenverehrung.

Mit dieser Zweiteilung im Bekenntnis soll die Überzeugung artikuliert werden, dass die Evangelischen den Glauben der Katholischen Kirche teilen, dass der Unterschied nur in den so genannten Missbräuchen liegt, die in den evangelischen Gemeinden abgeschafft worden sind. Man wird freilich urteilen müssen, dass diese Zweiteilung nicht in konsequenter Weise durchgehalten ist, wie nur kurz an wenigen Beispielen verdeutlicht werden kann. Der Artikel über die Messe befindet sich im zweiten Teil, weil die von den Reformatoren kritisierte Entwicklung zur Primatmesse des Priesters als *abusus* bezeichnet und mit dem Stipendienwesen begründet wird. Dann jedoch wird behauptet, die Vermehrung der Privatmessen sei in der Lehre begründet, Christus habe mit seinem Leiden Genugtuung nur für die Erbsünde geleistet, während für die übrigen Sünden die Messe als Opfer eingesetzt worden sei. Während hier somit ein ernsthaftes theologisches Problem behandelt wird, nimmt sich der Artikel über das Mahl des Herrn im ersten Teil äußerst gedrängt aus. In ähnlicher Weise wird das Mönchtum aus theologischen Gründen abgelehnt, obwohl sich der Artikel im zweiten Teil befindet. Umgekehrt wird über die Heiligenverehrung im ersten Teil gehandelt, wobei vor allem die Anrufung der Heiligen als Missbrauch verurteilt wird.

Auch wenn der Aufbau des Bekenntnisses einige Fragen hinsichtlich seiner Kohärenz aufwirft und auch wenn Realitäten im Bekenntnis als *usus*, beziehungsweise *abusus* bezeichnet werden, die in katholischer Sicht Teil der Glaubenslehre sind, bleibt die Feststellung bestehen, dass das *Augsburger Bekenntnis* wie wohl kein anderes sowohl in Inhalt als auch Struktur den ökumenischen Willen und die katholische Intention der Reformation Martin Luthers widerspiegelt und dass es aus dem Leben und der Lehre der Katholischen Kirche erwachsen ist, wie der jüngst verstorbene katholische Ökumeniker und Bischof Paul-Werner Scheele mit der ihm eigenen Bildersprache formuliert hat:

> Artikel um Artikel erweist sich, dass die CA in katholischem Boden verwurzelt ist, dass sie aus ihm erwachsen ist und mit ihm verbunden bleibt. Sie nimmt nicht von ihm Ausgang im Sinne eines Abgangs, sie ist also nicht einer Rakete zu vergleichen, die irgendwo startet, um dann ganz anderen Gesetzen Folge zu leisten. Bis zur Stunde gibt es ein vielfältig verschlungenes Wurzelgeflecht, das die Elemente des lutherischen Grundbekenntnisses mit Elementen der katholischen Kirche verknüpft.[6]

3 Anerkennung der *Confessio Augustana* als katholisches Bekenntnis?

Von der Katholizität des *Augsburger Bekenntnisses* ist bereits in der Vergangenheit die Rede gewesen. Vor allem Friedrich Heiler hat schon zu Beginn der Ökumenischen Bewegung anlässlich des vierhundertjährigen Jubiläums der *Confessio Augustana* im Jahre 1930 auf ihren katholischen Inhalt und ihre katholische Intention hingewiesen und dieses Bekenntnis zur Magna Charta der Katholizität erklärt.[7] Das ökumenische Interesse an der *Confessio Augustana* ist sodann in den siebziger Jahren von der katholischen Theologie in Deutschland ausgegangen, vor allem vom damaligen Dogmatiker Joseph Ratzinger und seinem Schüler Vinzenz Pfnür. Joseph Ratzinger hat in seinem viel beachteten Vortrag über die Zukunft des Ökumenismus in Graz im Jahre 1976 auf die ökumenischen Bemühungen hingewiesen, „eine katholische Anerkennung der Confessio Augustana oder richtiger: eine Anerkennung der CA als katholisch zu erreichen und damit die Katholizität der Kirchen Augsburgischen Bekenntnisses festzustellen, die eine korporative Vereinigung in der Unterschiedenheit möglich macht"[8]. In derselben Sinnrich-

6 P.-W. Scheele, Die Confessio Augustana im Kontext katholischen Lebens und Lehrens, in: H. Fries u. a. (Hg.), Confessio Augustana. Hindernis oder Hilfe?, Regensburg 1979, 207–239, zit. 211.
7 F. Heiler, Die Katholizität der Augustana, in: Die Hochkirche. Monatsschrift der hochkirchlichen Vereinigung e. V. (1930), 4–40.
8 J. Kardinal Ratzinger, Die ökumenische Situation – Orthodoxie, Katholizismus und Reformation, in: ders., Theologische Prinzipienlehre. Bausteine zur Fundamentaltheologie, München

tung hat Vinzenz Pfnür geurteilt, dass die *Confessio Augustana* „keine kirchentrennenden Lehren" vertritt und deshalb „als Zeugnis gemeinchristlichen Glaubens von katholischer Seite bejaht werden kann"[9]; dieses Urteil hatte er bereits im Blick auf die Rechtfertigungslehre des Bekenntnisses in seiner Dissertation ausführlich begründet.[10]

Nachdem sich auch das Einheitssekretariat in Rom mit der Frage einer möglichen Anerkennung des *Augsburger Bekenntnisses* als einer legitimen Ausprägung der christlichen Wahrheit beschäftigt und nachdem der Lutherische Weltbund auf seiner Vollversammlung in Daressalam im Juni 1977 diese ökumenische Frage mit einer eigenen Erklärung begrüßt hat, sind vielfältige Bemühungen unternommen worden, um anlässlich des vierhundertfünfzigsten Jahrestags der *Confessio Augustana* „ihre katholische Anerkennung" aussprechen zu können.[11] Dazu ist vor allem ein gemeinsamer katholisch/lutherischer Interpretationsversuch unternommen worden, mit dem die einzelnen Artikel des Bekenntnisses auf ihre Konsensfähigkeit überprüft worden sind. Diese gemeinsame Untersuchung von lutherischen und katholischen Theologen hat dabei das erfreuliche Ergebnis erbracht, „dass die Confessio Augustana nicht nur die Intention hatte, den gemeinsamen katholischen Glauben zu bezeugen, sondern dass ihre inhaltlichen Aussagen tatsächlich in hohem Masse als Ausdruck dieser Katholizität verstanden werden müssen". Es ist freilich auch festgestellt worden, dass „noch offene Fragen" bleiben und „wir die Confessio Augustana nicht als gemeinsames Bekenntnis dieses einen katholischen Glaubens sprechen können", dass wir aber hoffen, „dass unsere Kirchen Formen finden, diese erkannte Ge-

---

1982, 203 – 214, zit. 212, jetzt in: ders., Kirche – Zeichen unter den Völkern = Gesammelte Schriften Bd. 8/2, Freiburg i.B. 2010, 717 – 730, zit. 728.

9 V. Pfnür, Anerkennung der Confessio Augustana durch die katholische Kirche?, in: Internationale katholische Zeitschrift 4 (1975), 298 – 307.

10 V. Pfnür, Einig in der Rechtfertigungslehre? Die Rechtfertigungslehre in der Confessio Augustana (1530) und die Stellungnahme der katholischen Kontroverstheologie zwischen 1530 und 1535, Wiesbaden 1970.

11 Vgl. Fries u. a., Hindernis oder Hilfe?; B. Lohse/O. H. Pesch (Hg.), Das Augsburger Bekenntnis von 1530 damals und heute, München/Mainz 1980; H. Meyer/H. Schütte/H.– J. Mund (Hg.), Katholische Anerkennung des Augsburgischen Bekenntnisses. Ein Vorstoss zur Einheit zwischen katholischer und lutherischer Kirche, Frankfurt a. M. 1977. Vgl. auch K. Koch, Die Confessio Augustana – Ein katholisches Bekenntnis?, in: ders., Gelähmte Ökumene. Was jetzt noch zu tun ist, Freiburg i.B. 1991, 65 – 106.

meinsamkeit anzuzeigen als Zeichen und Hilfe für unsere Gemeinden und vor der Welt"[12].

3.1 Inhaltliche Probleme

Zu einer katholischen Anerkennung der *Confessio Augustana* ist es im Jahre 1980 nicht gekommen, und zwar aus verschiedenen Gründen. Die Schlüsselfrage dürfte dabei diejenige gewesen sein, was unter „Anerkennung" genauer zu verstehen ist. Eine erste Schwierigkeit ergibt sich bereits von daher, dass die *Confessio Augustana* nicht nur im zweiten, sondern auch im ersten Teil auch sehr zeitbedingte und obsolet gewordene Aussagen enthält. Wenn es beispielsweise in Artikel 16 heißt, dass es den Christen erlaubt ist, „die Todesstrafe nach dem Recht zu verhängen", kann man nur hoffen, dass weder katholische noch evangelische Christen eine solche Aussage in der heutigen Zeit „anerkennen", in der die Todesstrafe bei uns glücklicherweise abgeschafft worden ist und Papst Franziskus sie prinzipiell geächtet hat. Ebenso entsprechen die harten Urteile über die Wiedertäufer in der *Confessio Augustana* nicht mehr den heutigen ökumenischen Gesprächen mit diesen anderen reformatorischen Gemeinschaften.

Zweitens wird man von der Katholischen Kirche nicht erwarten können, dass sie den zweiten Teil des *Augsburgischen Bekenntnisses* heute „anerkennt". Sie kann und muss gewisse Aussagen wohl historisch anerkennen und geschehene Missbräuche in der Katholischen Kirche in der Vorreformationszeit als Fehlentwicklungen beurteilen und bedauern. Doch nicht alles, was in der *Confessio Augustana* als Missbräuche beurteilt wird, sind in katholischer Sicht solche. Das Halten gewisser Tage, Fasten, Wallfahrten und das christozentrische Rosenkranzgebet sind nicht „kindische und unnötige Werke", wie es in Artikel 20 heißt, sondern legitime Frömmigkeitsformen, die auch heute, teilweise auch von evangelischen Christen, geübt werden. Auch über das Mönchtum werden in der *Confessio Augustana* polemische Pauschalurteile gefällt, die heute schlicht nicht mehr aufrechterhalten werden können, zumal auch in den evangelischen Kirchen geistliche Gemeinschaften wieder heimisch geworden sind, so dass beispielsweise die VELKD im Jahre 1976 in einem Wort an die Gemeinden empfohlen hat, „beim Nachdenken über kirchliche Erneuerung die Kommunitäten als mögliche Gestaltungen christlichen Lebens zu bejahen"[13].

---

12 H. Meyer/H. Schütte (Hg.), Confessio Augustana. Bekenntnis des einen Glaubens. Gemeinsame Untersuchung lutherischer und katholischer Theologen, Paderborn/Frankfurt a. M. 1980, 333 und 337.
13 In: L. Mohaupt (Hg.), Modelle gelebten Glaubens, Hamburg 1976, 142–144.

Die Katholische Kirche hat sich zudem sowohl beim Konzil von Trient als auch und vor allem beim Zweiten Vatikanischen Konzil einer tiefgreifenden Erneuerung, freilich in bleibender Kontinuität mit der grossen Tradition, unterzogen, so dass sie sich in den meisten Behauptungen im zweiten Teil der *Confessio Augustana* nicht mehr wiederfinden kann. Die Gemeinsame Römisch-katholische/Evangelisch-lutherische Kommission hat bereits im Jahre 1980 festgestellt, dass sich im Blick auf die angesprochenen Kritikpunkte „im Leben und Urteil unserer Kirchen Wandungen vollzogen" haben, „welche die im Augsburgischen Bekenntnis ausgesprochene harte Kritik im Wesentlichen gegenstandslos machen"[14]. Der ehemalige lutherische Bayerische Landesbischof Hermann Dietzfelbinger hat im Blick auf seine Kirche sogar die Aussage gewagt, dass wir „ehrlicherweise nicht um die Feststellung" herumkommen,

> dass die Augsburgische Konfession in manchem ihrer Abschnitte heute fast eher zur Frage an die Kirche wird, die sich nach ihr nennt, als zu einer Polemik gegen die damalige römisch-katholische Kirche. Dass z. B. die Messe, d. i. der eucharistische Gottesdienst, <ohne Ruhm zu reden, bei uns mit grösserer Andacht und Ernst gehalten wird denn bei den Widersachern>, wie es in Artikel XXIV der Augsburgischen Konfession heisst, lässt sich heute nicht behaupten.[15]

Auch was eine mögliche Anerkennung der Glaubensartikel im ersten Teil der *Confessio Augustana* betrifft, muss ich es mit wenigen Hinweisen bewenden lassen. Wie bereits angesprochen, bestehen diesbezüglich noch offene Fragen, die weiter bearbeitet werden müssen, und Fragen, die in der *Confessio Augustana* ausgeklammert worden sind, obwohl sie damals als kontrovers betrachtet worden sind, wie beispielsweise die Zahl der Sakramente und das Thema des Fegefeuers. Auch was spezifische Aspekte der episkopalen Verfassung der Kirche und eines Lehramts in ihr betrifft, verhält sich die *Confessio Augustana* recht schweigsam. Ebenso vermisst man im Kontext der Thematisierung der Katholizität der Kirche eine Behandlung der Frage des Papsttums. Diesbezüglich haben Harding Meyer und Heinz Schütte mit Recht festgestellt: „Dass nach katholischer Auffassung das Petrusamt als Dienst an der Einheit der Gesamtkirche, mit dem der Bischof von Rom betraut

---

14 Alle unter einem Christus. Stellungnahme der Gemeinsamen Römisch-katholischen/Evangelisch-lutherischen Kommission zum Augsburgischen Bekenntnis, 1980, Nr. 19, in: Dokumente wachsender Übereinstimmung. Sämtliche Berichte und Konsenstexte interkonfessioneller Gespräche auf Weltebene. 1931–1982, hg.v. H. Meyer/H.-J. Urban/L. Vischer, Paderborn/Frankfurt a. M. 1983, 323–328, zit. 326–327.
15 H. Dietzfelbinger, Schwierigkeiten einer katholischen Anerkennung des Augsburgischen Bekenntnisses aus lutherischer Sicht, in: Meyer/Schütte/Mund, Katholische Anerkennung, 54–59, zit. 58 f.

ist, zur Katholizität der Kirche hinzugehört, eröffnet einen Fragenkomplex, der bekanntlich in der CA nicht direkt angesprochen, vermutlich sogar bewusst ausgeklammert ist."[16] Dieses Desiderat hat Philipp Melanchthon freilich auf Verlangen der evangelischen Reichsstände später nachholen müssen mit seinem recht pointierten Traktat über die Gewalt und Obrigkeit des Papstes *De potestate et primatu papae*[17], der zudem auf der Versammlung des Schmalkaldischen Bundes im Jahre 1537 offiziell zur *Confessio Augustana* hinzugefügt worden ist.

3.2 Formale Fragestellungen

An dieser Stelle geht die inhaltliche Problematik des Begriffs der Anerkennung in seine formale Fragestellung über. Denn nach Augsburg ist die Entwicklung weitergegangen, so dass die *Confessio Augustana* nur noch *eine* Bekenntnisschrift neben verschiedenen anderen darstellt, in denen aufgrund einer veränderten historischen Situation der polemische Ton gegen die Katholische Kirche wiederum sehr viel stärker zu vernehmen ist. Bereits die *Apologie der Confessio Augustana*, die auf die *Confutatio Pontificia* antwortet,[18] hat neue dogmatische Grenzlinien gezogen und den Konsens von Augsburg bei vielen Glaubensthemen wieder in Frage gestellt. Dies trifft noch mehr bei Melanchthons *Traktat über die Gewalt und Obrigkeit des Papstes* zu, der freilich seinerseits viel versöhnlicher erscheint als die zur gleichen Zeit erschienenen *Schmalkaldischen Artikel*, in denen der Papst als *verum Antichristum* („Endechrist oder Widerchrist") bezeichnet wird[19] und eine Verständigung mit der römischen Kirche als endgültig unmöglich beurteilt wird, weil der Dissens im Grundsätzlichen bestehe.

Von daher stellt sich die Frage, welche Verbindung zwischen der *Confessio Augustana*, die als der älteste ins Corpus der evangelischen Bekenntnisschriften aufgenommene Selbstausdruck des reformatorischen Glaubensverständnisses gilt, und den weiteren Bekenntnisschriften besteht und welcher Stellenwert ihr in ihnen zugewiesen wird. Bildet die *Confessio Augustana* für die Lutherischen Kirchen den

---

16 H. Meyer/H. Schütte, Die Auffassung von Kirche im Augsburgischen Bekenntnis, in: dies., Bekenntnis des einen Glaubens, 168 – 197, zit. 174.
17 In: Die Bekenntnisschriften der evangelisch-lutherischen Kirche, herausgegeben im Gedenkjahr der Augsburgischen Konfession 1930, Göttingen [7]1976, 469 – 498.
18 Vgl. H. Immenkötter, Der Reichstag zu Augsburg und die Confutatio, Münster 1979 (Katholisches Leben und Kirchenreform im Zeitalter der Glaubensspaltung 39); E. Iserloh (Hg.), Confessio Augustana und Confutatio. Der Augsburger Reichstag 1530 und die Einheit der Kirche, Münster 1980 (Reformationsgeschichtliche Studien und Texte 118).
19 Artikel christlicher Lehre, in: Bekenntnisschriften, 405 – 468, zit. 430.

Grundlagentext, dem größeres Gewicht beigemessen wird als den späteren Bekenntnisschriften, die insofern als Weiterentwicklungen, Kommentierungen und Präzisierungen der *Confessio Augustana* zu betrachten, aber von ihr her auszulegen sind? Oder ist die *Confessio Augustana* von den späteren Bekenntnisschriften her zu interpretieren, in denen zum Ausdruck gebracht worden ist, was in Augsburg in diplomatischer Rücksicht im Blick auf das Gelingen des Einigungsversuchs noch nicht gesagt werden, jetzt aber mit klarer Eindeutigkeit zum Ausdruck gebracht werden konnte und musste? Es versteht sich von selbst, dass diese Alternative nur auf der lutherischen Seite entschieden werden kann. Es versteht sich aber ebenso von selbst, dass der Inhalt des Begriffs der „Anerkennung" wesentlich vom Ergebnis einer solchen verbindlichen Entscheidung abhängt.

Eine weitere Problemstellung, die für die Beantwortung der Frage der „Anerkennung" der *Confessio Augustana* von katholischer Seite von Bedeutung ist, betrifft die Beurteilung des Verhältnisses zwischen den Lehraussagen des *Augsburger Bekenntnisses* zur Theologie Martin Luthers. Diese Frage stellt sich bereits von daher, dass im Kontext der Diskussionen um eine katholische Anerkennung der *Confessio Augustana* in den siebziger Jahren nicht nur auf evangelischer Seite, sondern auch in der katholischen Lutherforschung verschiedentlich der Verdacht geäußert worden ist, bei diesem Projekt würde eine ökumenische Einigung zwischen der Lutherischen Reformation und Rom „auf Kosten Martin Luthers" angestrebt.[20] Ein solcher Verdacht geht jedoch, so scheint mir, an der eigentlichen Fragestellung vorbei. Denn die *Confessio Augustana* hat in der lutherisch-katholischen Ökumene nicht deshalb eine besondere Bedeutung, weil sie von Philipp Melanchthon verfasst worden ist, sondern weil es sich um einen verbindlichen Bekenntnistext der evangelischen Gemeinschaft handelt.

Auch im Blick auf das Verhältnis zwischen der *Confessio Augustana* und der Theologie Luthers stehen wir vor einer Alternative: Wird auf evangelischer Seite im theologischen Werk Martin Luthers die eigentliche Grundlegung der Reformation gesehen, so dass von ihm her die Bekenntnisschriften zu interpretieren sind? Dann bestünden schwierig zu lösende Differenzen zur *Confessio Augustana*, zumal wenn man an Luthers reformatorische Programmschriften aus dem Jahre 1520 denkt: *An den christlichen Adel deutscher Nation von des christlichen Standes Besserung*[21] und *De captivitate Babylonica ecclesiae*[22], mit denen er die sakramentale Ordnung der Katholischen Kirche, jedenfalls in der Weise, in der sie ihm

---

20 Vgl. P. Manns, Zum Vorhaben einer katholischen Anerkennung der Confessio Augustana: Ökumene auf Kosten Martin Luthers, in: Ökumenische Rundschau 26 (1977), 426–450.
21 M. Luther, WA 6, 381–469.
22 M. Luther, WA 6, 497–573.

damals begegnet ist, verworfen hat und im Blick auf die Kardinal Walter Kasper mit Recht geurteilt hat, mit diesen Schriften habe Luther „einen Bruch mit dem katholischen Kirchenverständnis" eingeleitet,[23] der eben in der *Confessio Augustana* nicht zu finden ist.

Wird jedoch umgekehrt das *Augsburgische Bekenntnis* als Basis für die ökumenische Verständigung zwischen den Lutherischen Kirchen und der Römisch-katholischen Kirche genommen, stellt sich die Frage, wie das Verhältnis zwischen dem theologischen Werk eines einzelnen Theologen und einer kirchlichen Lehraussage zu sehen und zu verwirklichen ist. In katholischer Sicht kann es jedenfalls nicht genügen, wenn bei ökumenischen Dialogen, die verbindliche Entscheidungen von Kirchengemeinschaften vorbereiten sollen, die Position eines einzelnen Theologen – und sei es selbst diejenige des Reformators Martin Luther – als Basis genommen wird; die Grundlage muss vielmehr in den kirchlichen Bekenntnisschriften gesehen werden. Deshalb braucht es eine Verständigung darüber, welchen Stellenwert ein kirchliches Bekenntnis in der betreffenden Kirchengemeinschaft innehat. Denn von dieser Klärung hängt wiederum ab, wie die Anerkennung dieses Bekenntnisses vonseiten einer anderen Kirchengemeinschaft zu vollziehen ist. In diesem Sinn hat Kardinal Joseph Ratzinger in den früheren diesbezüglichen Diskussionen betont, dass eine katholische Anerkennung des *Augsburgischen Bekenntnisses* ihre evangelische Anerkennung voraussetzt, genauer die Anerkennung dessen, dass hier Kirche als Kirche lehren kann und lehrt: „Die evangelische <Anerkennung> wäre in jedem Fall die erste innere Voraussetzung einer katholischen Anerkennung und zugleich ein geistlicher Vorgang, der ökumenische Realität schaffen würde."[24]

4 Bekenntnis der Einheit oder Dokument der Spaltung?

Von daher stellt sich zugespitzt die Frage nach Autorität und Verbindlichkeit der *Confessio Augustana* in den Kirchengemeinschaften und im ökumenischen Gespräch. Diese Frage lässt sich aber nicht beantworten, ohne Rechenschaft darüber abzulegen, was zwischen Augsburg 1530 und heute geschehen ist. Denn die Geschichte ist nach Augsburg weitergegangen; und da das Einigungsprojekt in

---

23 W. Kardinal Kasper, Martin Luther. Eine ökumenische Perspektive, Ostfildern 2016, 31.
24 J. Kardinal Ratzinger, Klarstellungen zur Frage einer <Anerkennung> der Confessio Augustana durch die katholische Kirche, in: ders., Theologische Prinzipienlehre, 230 – 240, zit. 235, jetzt in: ders., Kirche – Zeichen unter den Völkern, 879 – 891, zit. 885.

Augsburg nicht gelungen ist, hat die Geschichte einen wesentlich anderen Lauf genommen als den, der in Augsburg anvisiert gewesen ist. Das vorgenommene Ziel ist auf dem Augsburger Reichstag mit der Verlesung der *Confessio Augustana* nicht erreicht worden. Augsburg ist der letzte kraftvolle Versuch zur Versöhnung gewesen, der jedoch gescheitert ist, weshalb es nicht zur wirksamen Einheit, sondern zur sichtbaren Trennung der Christenheit im Abendland gekommen ist. Damit hat das *Augsburger Bekenntnis* geschichtlich eine wesentlich andere Qualität erhalten: Aus einem Bekenntnis, das verfasst worden ist, um in der religiös problemgeladenen Gesellschaft von damals der Wiederherstellung der Einheit und des Friedens zu dienen, ist bald ein Dokument der Spaltung geworden. Das erfreuliche Friedensangebot ist ein unerfreuliches Streitobjekt geworden. Was als gemeinsames Zeugnis aller Christen konzipiert worden ist, ist zu einem Sonderbekenntnis einer neu entstehenden und gerade nicht vorgesehenen Konfessionskirche geworden.

Damit stellt sich erst recht die Frage, welche *Confessio Augustana* denn nun in katholischer Sicht anerkannt werden soll: das damalige Dokument der Einheit oder das geschichtlich gewordene Dokument der Trennung? Diese Frage verschärft sich nochmals, wenn man bedenkt, dass die Einschätzung der *Confessio Augustana* die Sicht der Reformation und die ökumenische Aufgabe überhaupt prägt.

Wer in der *Confessio Augustana* ein Dokument der Einheit und des ehrlichen Willens, die bedrohte Einheit wiederherzustellen, wahrnimmt, sieht in der evangelischen Bewegung im 16. Jahrhundert den berechtigten Versuch der Erneuerung der ganzen Christenheit im Geist des Evangeliums und ist überzeugt, dass es ihr um eine durchgehende Reform der Kirche und nicht um eine Reformation im Sinne der mit ihr schliesslich zerbrochenen Einheit der Kirche gegangen ist, wie der evangelische Ökumeniker Wolfhart Pannenberg immer wieder betont hat: „Luther wollte eine Reform der Gesamtchristenheit; sein Ziel war alles andere als eine lutherische Sonderkirche."[25] Als lutherischer Theologe hat Pannenberg deshalb in der historischen Tatsache, dass die evangelische Bewegung in der damaligen Zeit nicht ihrer Intention gemäß verwirklicht werden konnte, dass vielmehr von der Katholischen Kirche getrennte Evangelische Kirchen entstanden sind, nicht das „Gelingen" der Reformation, sondern ihr „Scheitern", jedenfalls zumindest eine geschichtlich bedingte Notlösung gesehen.[26] Das wirkliche Gelingen der Reformation hat er demgegenüber in der Überwindung der Spaltungen

---

25 W. Pannenberg, Problemgeschichte der neueren evangelischen Theologie in Deutschland, Göttingen 1997, 25.
26 W. Pannenberg, Reformation und Einheit der Kirche, in: ders., Ethik und Ekklesiologie. Gesammelte Aufsätze, Göttingen 1977, 254–267, zit. 255.

und in der Wiederherstellung der Einheit der im Geist des Evangeliums erneuerten Kirche erblickt, so dass es in der ökumenischen Suche nach der Einheit der Christen auch um die – freilich verspätete – Vollendung der Reformation selbst geht.

Wer hingegen in der *Confessio Augustana* ein Dokument der Trennung und die Basis einer neu entstandenen Kirche wahrnimmt, wird die Überzeugung vertreten, mit der Reformation habe endlich jene Pluralisierung der lateinischen Christenheit begonnen, die in der permanenten Konkurrenz von selbständigen Konfessionskirchen Gestalt gefunden, in der Form des Protestantismus das Christentum modernitätsverträglich gemacht habe und nicht mit einer neuen Einheitssuche wieder in Frage gestellt werden dürfe. Die Reformation und die anschließende Kirchenspaltung werden dann nicht mehr als Schuld und Tragik, sondern als Erfolg und Fortschritt betrachtet. Der evangelische Kirchenhistoriker Christoph Markschies macht jedenfalls darauf aufmerksam, dass man sich in der „Liberalen Theologie", die vor allem an deutschsprachigen theologischen Fakultäten weit verbreitet sei, mit der Ökumenischen Bewegung schwer tue, „da dort vielfach das reformatorische Christentum für einen kategorial vom übrigen Christentum geschiedenen, neuzeitkonformen eigenen Typus der Religion gehalten wird und nicht – wie häufig in der <Offenbarungstheologie> – für denjenigen Teil der einen, heiligen und allgemeinen Kirche, der durch die Reformation gegangen ist, aber durch vielfältige Gemeinsamkeit und theologische Traditionslinien mit dieser *una sancta catholica ecclesia* verbunden ist"[27].

Die Beschäftigung mit der *Confessio Augustana* hat uns damit zur fundamentaleren und für die ökumenische Situation heute bedeutsamen Frage geführt, wie wir heute, und zwar die ökumenischen Partner für sich und gemeinsam, die Reformation betrachten: nach wie vor, wie in der Vergangenheit üblich, als Bruch mit der bisherigen Tradition der Christenheit, mit dem etwas Neues begonnen hat, oder bei aller Erneuerung in einer bleibenden Kontinuität mit der gesamten Tradition der universalen Kirche. Es handelt sich dabei um jene Frage, die mein Vorgänger als Präsident des Päpstlichen Rates zur Förderung der Einheit der Christen, Walter Kardinal Kasper, bereits im Vorausblick auf das Reformationsgedenken an die aus der Reformation hervorgegangenen kirchlichen Gemeinschaften gestellt hat, ob sie die Reformation als „ein neues Paradigma" wahrnehmen, „das sich durch eine bleibende Grunddifferenz <protestantisch> vom Katholischen abgrenzt", oder ob sie diese im ökumenischen Sinn als „Reform und

---

27 Ch. Markschies, Aufbruch oder Katerstimmung? Zur Lage nach dem Reformationsjubiläum, Hamburg 2017, 67.

Erneuerung der einen universalen Kirche" verstehen.[28] Von der Beantwortung dieser Frage hängt nicht nur die Art und Weise ab, wie der ökumenische Dialog der Katholischen Kirche mit den aus der Reformation hervorgegangenen kirchlichen Gemeinschaften weitergehen soll, sondern auch, wie wir Katholiken die *Confessio Augustana* wertschätzen und in welcher Weise wir sie anerkennen.

5 Die *Confessio Augustana* im Licht der ökumenischen Entwicklungen

Anlässlich des 450. Jahrestags der Verlesung der *Confessio Augustana* hat Papst Johannes Paul II. die doppelte Feststellung getroffen, „dass damals zwar der Brückenbau nicht gelang, dass aber wichtige Hauptpfeiler der Brücke im Sturm der Zeiten erhalten geblieben sind"[29]. Diese Feststellung wird durch die intensiven ökumenischen Dialoge, die in den vergangenen dreißig Jahren geführt worden sind, zusätzlich bestätigt. Zu denken ist vor allem an das ökumenische Projekt *Lehrverurteilungen – kirchentrennend?*, das zum Ergebnis geführt hat, dass die Lehrverurteilungen der Reformationszeit im Wesentlichen den heutigen Partner nicht mehr treffen;[30] an die *Gemeinsame Erklärung zur Rechtfertigungslehre* im Jahre 1999, mit der es möglich geworden ist, bei der wohl zentralsten Frage, die im 16. Jahrhundert zur Reformation und anschließend zur Kirchenspaltung geführt hat, einen Konsens in den Grundfragen zu erreichen; und auch an das von der Evangelisch-Lutherisch/Römisch-katholischen Kommission für die Einheit zur Vorbereitung eines gemeinsamen Gedenkens des Beginns der Reformation erarbeitete und veröffentlichte Dokument *Vom Konflikt zur Gemeinschaft*, in dem weitgehende Konvergenzen über die Lehre von der Rechtfertigung, über das Verhältnis von *Heiliger Schrift* und Tradition, über Eucharistie und das kirchliche Amt festgestellt werden konnten.[31] Alle diese ökumenischen Bemühungen be-

---

28 Kardinal W. Kasper, Ökumenisch von Gott sprechen?, in: I. U. Dalferth/J. Fischer/H.-P. Grosshans (Hg.), Denkwürdiges Geheimnis. Beiträge zur Gotteslehre. Festschrift für Eberhard Jüngel zum 70. Geburtstag, Tübingen 2004, 291–302, zit. 302.

29 Johannes Paul II., Ansprache aus Anlass des 450. Jahrestages der „Confessio Augustana" am 25. Juni 1980.

30 Vgl. K. Lehmann/W. Pannenberg (Hg.), Lehrverurteilungen – kirchentrennend? Bd. 1: Rechtfertigung, Sakramente und Amt im Zeitalter der Reformation und heute, Freiburg i.B./Göttingen 1986.

31 Vom Konflikt zur Gemeinschaft. Gemeinsames lutherisch-katholisches Reformationsgedenken im Jahr 2017. Bericht der Lutherisch/Römisch-katholischen Kommission für die Einheit, Leipzig/Paderborn 2013.

stätigen eine breite gemeinsame Glaubensbasis, die bereits in der *Confessio Augustana* vorliegt.

Im Blick auf die *Confessio Augustana* werfen neuere ökumenische Unternehmungen freilich auch neue Fragen auf, was nur an einem Beispiel kurz verdeutlicht werden soll. In dem ekklesiologisch grundlegenden Artikel 7 der *Confessio Augustana* wird die Kirche als „Versammlung der Heiligen" definiert, „in der das Evangelium rein gelehrt wird und die Sakramente recht verwaltet werden"; und es wird weiter ausgeführt, dass es zur wahren Einheit der Kirche „genug" ist (*satis est*), „dass man übereinstimme in der Lehre des Evangeliums und in der Verwaltung der Sakramente". Bei der ökumenischen Beschäftigung mit der *Confessio Augustana* hat sich eine breite Übereinkunft ergeben, dass mit dem *satis est* keineswegs das kirchliche Amt und seine Ordnungsverantwortung für die Einheit der Kirche als unerheblich erklärt wird, dass vielmehr im Gegenteil das kirchliche Amt im siebten Artikel deshalb nicht eigens erwähnt wird, weil es bereits im fünften Artikel behandelt worden ist, und zwar als Predigtamt, das den rechtfertigenden Glauben vermittelt: Damit wir diesen Glauben erlangen, ist das Amt eingesetzt, welches das Evangelium verkündet und die Sakramente darreicht.

> Das Amt ist deshalb, wie Vinzenz Pfnür mit Recht hervorhebt, „auf keinen Fall unter die <von den Menschen eingesetzten Ceremonien> einzuordnen, denn nach CA V <hat Gott das Predigtamt eingesetzt>. Das kirchliche Amt wird in der CA, wie überhaupt in den lutherischen Bekenntnisschriften nicht aus dem allgemeinen Priestertum aller Gläubigen abgeleitet, sondern aus der Sendung und Beauftragung durch Gott.[32]

Von daher fragt man sich, wie sich die *Leuenberger Konkordie*, die von lutherischen Kirchen unterzeichnet worden ist, zur *Confessio Augustana* verhält, wenn es in der *Konkordie* im Basisartikel 2 heißt: „Die Kirche ist allein auf Jesus Christus gegründet, der sie durch die Zuwendung seines Heils in der Verkündigung und in den Sakramenten sammelt und sendet. Nach reformatorischer Einsicht ist darum zur wahren Einheit der Kirche die Übereinstimmung in der rechten Lehre des Evangeliums und in der rechten Verwaltung der Sakramente notwendig und ausreichend." Wird hier nicht das *satis est* in der *Confessio Augustana* als „notwendig und ausreichend" interpretiert, so dass das Amt nicht mehr als Wesenselement der Kirche betrachtet wird?[33]

---

32 V. Pfnür, Einig in der Rechtfertigungslehre? Die Rechtfertigungslehre in der Confessio Augustana (1530) und die Stellungnahme der katholischen Kontroverstheologie zwischen 1530 und 1535, Wiesbaden 1970, 378 f.

33 In dem an der vierten Vollversammlung der Leuenberger Kirchengemeinschaft im Jahre 1994 angenommenen Dokument *Die Kirche Jesu Christi. Der reformatorische Beitrag zum ökumenischen Dialog über die kirchliche Einheit* scheint freilich das Amt als Wesenselement nicht ausgeschlossen

6 Anerkennung von Kirchengemeinschaft als Ziel

Mit diesem Beispiel dürfte deutlich sein, dass wir nicht hinter die ökumenische Situation heute zum Text der *Confessio Augustana* zurückkehren und ihn als historischen Text katholisch anerkennen können, dass vielmehr die seitherigen Entwicklungen in der ökumenischen Diskussion miteinbezogen werden müssen. Damit ist ein Dreifaches impliziert: Es bedeutet erstens, dass die Katholische Kirche die *Confessio Augustana* nicht einfach als ein eigenes römisch-katholisches Bekenntnis und dogmatisch verbindliches Lehrdokument rezipieren, sondern dass sie die *Confessio Augustana* als einen legitimen Ausdruck des gemeinsamen katholischen Glaubens annehmen kann. Hinzu kommt zweitens, dass es nicht nur um die Anerkennung eines isolierten Bekenntnistextes gehen kann, sondern dass es um die „Anerkennung der kirchlichen Gemeinschaft, die sich auf diesen Text beruft und sich von ihm her versteht"[34], gehen muss. Und drittens ist damit impliziert, dass das eigentliche Fundament für diese Anerkennung der kirchlichen Gemeinschaft, die natürlich ein wechselseitiger Vorgang und ein spiritueller Prozess sein muss, nicht die *Confessio Augustana* an sich sein kann, sondern der von ihr von Anfang an geforderte doppelte Rekurs auf die *Heilige Schrift* und die *Glaubensbekenntnisse* und die in ihnen enthaltenen christologisch- trinitarischen Grundentscheidungen der Alten Kirche. Wenn ich recht sehe, ist es doch auch bei der Überreichung der *Confessio Augustana* an Kaiser Karl V. im Jahre 1530 um diese drei inhaltlichen Perspektiven gegangen.

Die Beschäftigung mit der CA ruft uns deshalb das Gebot der ökumenischen Stunde in Erinnerung, weitere Schritte auf die zu erreichende Kirchengemeinschaft hin zu tun. In diesem Zusammenhang ist das im lutherisch-katholischen Dialog in Aussicht gestellte Projekt zu verstehen, einen tieferen Konsens über Kirche, Eucharistie und Amt, und zwar in ihrer unlösbaren Zusammengehörigkeit, zu finden.[35] Dieses Projekt bezieht sich dabei auf die in der Gemeinsamen

---

zu sein, da betont wird, dass das ordinierte Amt nach reformatorischem Verständnis „auf einem besonderen Auftrag Christi" ruht und „zugleich in seinem Dienst mit der ganzen Gemeinde unter dem Wort Gottes" steht. Dabei handelt es sich zwar um ein Zitat aus den Tampere-Thesen, es wird aber später im eigenen Text des Dokuments wiederholt: Das ordinierte Amt „beruht auf einem besonderen Auftrag Christi, ist aber stets auf das allgemeine Priestertum angewiesen." Vgl. Leuenberger Texte. Heft 1: Die Kirche Jesu Christi. Im Auftrag des Exekutivausschusses für die Leuenberger Kirchengemeinschaft hg. v. W. Hüffmeier, Frankfurt a. M. ³2011, 35.

34 W. Kasper, Bekenntnis und Bekenntnisgemeinschaft in katholischer Sicht, in: Meyer/Schütte, Bekenntnis des einen Glaubens, 22–46, zit. 45.

35 Vgl. K. Koch, Auf dem Weg zur Kirchengemeinschaft. Welche Chance hat eine gemeinsame Erklärung zu Kirche, Eucharistie und Amt?, in: Catholica 69 (2015), 77–94.

Erklärung zur Rechtfertigungslehre angezeigten Fragen, die weiterer Klärung bedürfen: „sie betreffen unter anderem das Verhältnis von Wort Gottes und kirchlicher Lehre sowie die Lehre von der Kirche, von der Autorität in ihr, von ihrer Einheit, vom Amt und von den Sakramenten, schließlich von der Beziehung zwischen Rechtfertigung und Sozialethik."[36]

Wir dürfen dabei dankbar feststellen, dass sich bereits verschiedene nationale Dialoge mit dieser Thematik beschäftigen: Der lutherisch-katholische Dialog in den Vereinigten Staaten von Amerika hat bereits eine diesbezügliche *Declaration on the way: Church, Eucharist and Ministry* vorgelegt;[37] und auch der nationale Dialog in Finnland hat zu dieser Thematik die umfangreiche Stellungnahme *Communion in Growth. Declaration on Church, Eucharist and Ministry* publiziert.[38] Auf diesen hilfreichen Vorarbeiten gilt es aufzubauen. Denn bei diesen Themen sind noch nicht, wie man verschiedentlich aus Deutschland hören kann, bereits alle Probleme von den Theologen gelöst worden, so dass nur noch die Kirchenleitungen am Zuge wären. Zudem braucht es für verbindliche Schritte auf die Kirchengemeinschaft hin auch verbindliche Entscheidungen der jeweiligen Kirchengemeinschaften. Es führen letztlich nur solche Texte – wie die *Confessio Augustana* – in die Zukunft, die in den jeweiligen Kirchen rezipiert und von ihren Leitungen autoritativ angenommen werden.

Wenn es gelingen könnte, einen verbindlichen Konsens zu den wichtigen Themen von Kirche, Eucharistie und Amt zu finden, wäre ein wichtiger Schritt auf die sichtbare Kirchengemeinschaft hin vollzogen, die das Ziel allen ökumenischen Bemühens auch im Dialog mit den aus der Reformation hervorgegangenen kirchlichen Gemeinschaften ist und sein muss. Dabei kann die Beschäftigung mit der *Confessio Augustana* eine wesentliche Hilfe sein. Sie erinnert uns daran, dass wir heute in derselben ökumenischen Pflicht stehen, wie sie 1530 in der Vorrede der *Confessio Augustana* formuliert worden ist: „damit durch uns alle eine gemeinsame wahre Religion angenommen und gehalten wird und wir so, wie wir alle unter einem Christus stehen und streiten, auch alle in einer Gemeinschaft und Kirche in Einigkeit leben".

---

36 Gemeinsame Erklärung zur Rechtfertigungslehre des Lutherischen Weltbundes und der Katholischen Kirche, Nr. 43, in: Dokumente wachsender Übereinstimmung. Sämtliche Berichte und Konsenstexte interkonfessioneller Gespräche auf Weltebene, Bd. 3: 1990 – 2001, hg.v. H. Meyer/D. Papandreou/H. J. Urban/L. Vischer, Paderborn/Frankfurt a. M. 2003, 419 – 441, zit. 430.

37 Committee on Ecumenical and Interreligious Affairs, United States Conference of Catholic Bishops – Evangelical-Lutheran Church in America, Declaration on the Way. Church, Ministry, and Eucharist, Minneapolis 2015.

38 Communion in Growth. Declaration on the Church, Eucharist, and Ministry. A Report from the Lutheran-Catholic Dialogue-Commission for Finland, Helsinki 2017.

Wolfgang Thönissen

Die *Confessio Augustana* und die Einheit der Kirche

1 Einleitung

Der evangelisch-lutherisch/römisch-katholische Dialog hat sich zwar in den vergangenen mehr als fünfzig Jahren unterschiedlichen Fragen gewidmet, war dabei aber immer auf das Ziel der sichtbaren Einheit ausgerichtet. Um dieses Ziel zu erreichen, mussten die zwischen Lutheranern und Katholiken seit dem 16. Jahrhundert umstrittenen Fragen aufgegriffen und bearbeitet werden, damit tragfähige Konsense erzielt werden. Auf deren Grundlage sollte und soll die entstandene Kirchentrennung überwunden und Wege der gegenseitigen Anerkennung beschritten werden. Am Ende dieses Weges steht nach gemeinsamer lutherisch-katholischer Überzeugung die Erklärung und Verwirklichung einer lutherisch-katholischen Kirchengemeinschaft, die eine Gemeinschaft in der Verkündigung des Evangeliums, der Sakramente, des Amtes und der Kirche umfasst. Wie konkret diese Gemeinschaft aussehen könnte, lässt sich heute noch nicht abschließend erfassen. Lutheraner und Katholiken wissen sich aber bereits jetzt auf dem Weg zu einer wachsenden Gemeinschaft. Insoweit wird die Einheit der Kirche als eine Gemeinschaft von Kirchen verstanden, die bezogen auf die sichtbaren Zeichen ihrer Gemeinschaft ganz unterschiedliche Formen und Gestalten von Liturgien, Theologien und Lebensformen entfaltet.

Auf diesem gemeinsamen Weg zur größeren und engeren Gemeinschaft untereinander spielte und spielt die 1530 von theologischen Reformkräften der Wittenberger Bewegung verfasste *Confessio Augustana* (CA) eine wesentliche und wegweisende Rolle. Für den lutherisch-katholischen Dialog hat die Frage einer gegenseitigen Anerkennung der *Confessio Augustana* daher eine herausragende Rolle gespielt und spielt sie immer noch. Im Umfeld des 450. Gedenkjahres 1980 konnten verschiedene lutherisch-katholische Arbeitsgruppen und Kommissionen hierzu durchaus wegweisende Dokumente vorlegen.[1] Dabei stand die Betonung

---

[1] Vgl. H. Meyer/H.-J. Mund/H. Schütte (Hg.), Katholische Anerkennung des Augsburgischen Bekenntnisses? Ein Vorstoß zur Einheit zwischen katholischer und lutherischer Kirche, Frankfurt a.M. 1977 (ÖkPer 9); E. Iserloh (Hg.), Confessio Augustana und Confutatio. Der Augsburger Reichstag 1530 und die Einheit der Kirche, Münster 1980 (RST 118); H. Meyer/H. Schütte (Hg.), Confessio Augustana – Bekenntnis des einen Glaubens. Gemeinsame Untersuchung lutherischer und katholischer Theologen, Paderborn/Frankfurt a.M. 1980; K. Lehmann/E. Schlink (Hg.),

der katholischen Intention des lutherischen Bekenntnisses im Vordergrund historischer und systematischer Abhandlungen und ökumenischer Bewertungen. Gefragt wurde dabei vorrangig nach Orientierungen im Blick auf die Zielperspektive des lutherisch-katholischen Dialogs. Welche Einheit nimmt die CA in den Blick? Welche Formen und Gestalten der Einheit lassen sich aus der CA für die Frage einer lutherisch-katholischen Kirchengemeinschaft entnehmen? Der hier vorgelegte Beitrag sucht die historische und ökumenische Rolle und die Bedeutung der CA im Kontext des lutherisch-katholischen Dialogs zu erörtern. Ausdrücklich ist keine historisch-kritische Analyse entsprechender Passagen der CA angestrebt worden.

2 Die *Confessio Augustana* in der gemeinsamen historischen Beurteilung

1530 war „die Einheit der abendländischen Kirche zwar eminent bedroht, aber noch nicht zerbrochen"[2]. Die Verschärfung der Gegensätze in Glauben, Lehre und Praxis der Kirche führte jedoch in der Folgezeit zur wachsenden Entfremdung, zur Vertiefung der Unterschiede und schließlich im Laufe von Jahrzehnten zur Spaltung der abendländischen Kirche. Dieser historischen Einschätzung folgend kommt die internationale lutherisch-katholische Kommission in ihrer Stellungnahme von 1980 zu der Erkenntnis: „Es ist die erklärte Absicht des Augsburgischen Bekenntnisses, den Glauben der einen, heiligen, katholischen und apostolischen Kirche zu bezeugen"[3]. Der CA geht es nicht um Gründung einer neuen Kirche, sondern um „Reinerhaltung und Erneuerung des christlichen Glaubens"[4]. Dieses Urteil beruht auf historischen Untersuchungen lutherischer und katholischer Theologen. Die CA erbringt in einem hohen Maße eine Übereinstimmung in „der Mitte des christlichen Glaubens, des Heils, das Gott durch Jesus Christus im Heiligen Geist für die Welt gewirkt hat"[5] Diese Übereinstimmung lässt sich auf ein gemeinsames Verständnis der Rechtfertigungslehre des *Augsburgischen Bekenntnisses* zurückführen, zugleich aber muss eine Differenz bei den Themen

---

Evangelium – Sakramente – Amt und die Einheit der Kirche. Die ökumenische Tragweite der Confessio Augustana, Freiburg i.B./Göttingen 1982 (DiKi 2).

2 So die Stellungnahme der Gemeinsamen Römisch-katholischen/Evangelisch-lutherischen Kommission zum Augsburgischen Bekenntnis, Alle unter einem Christus, 1980, Nr. 2 (DwÜ 1, 323).

3 Alle unter einem Christus, Nr. 10 (DwÜ 1, 325).

4 Alle unter einem Christus, Nr. 10 (DwÜ 1, 325).

5 Confessio Augustana – Bekenntnis des einen Glaubens, in: Meyer/Schütte, Bekenntnis des einen Glaubens, 336.

festgestellt werden, die sich auf das Kirchenverständnis beziehen. Hier bestanden in der Vergangenheit schwerwiegende Kontroversen.

Wenn die *Augsburgische Konfession* „als zentrales lutherisches Bekenntnis zugleich die am meisten auf Versöhnung angelegte und am wenigsten polemische der lutherischen Bekenntnisschriften ist",[6] so wird sie katholischerseits verstanden als Ausdruck der Einigungsbemühungen, soweit sie „das Profil des Luthertums gleichsam in Ruhehaltung, unentstellt durch die Züge der Erregung, des Misstrauens und des Streites" und deshalb „die am meisten authentische Gestalt reformatorischen Glaubensverständnisses"[7] darbietet. Mit dieser Einschätzung hängt auch die Beurteilung Melanchthons zusammen: Indem Melanchthon den reformatorischen Ansatz von zeitbedingten polemischen Zuspitzungen und antithetischen Fixierungen auf partikuläre spätmittelalterliche Traditionen löste, öffnete er diesen und damit auch das Hauptanliegen der Reformation, die Rechtfertigungslehre, auf die von Anfang an intendierte Universalität, Katholizität und Ökumenizität.[8] Unter diesen theologiegeschichtlichen Voraussetzungen erscheint das Urteil plausibel, dass man sich nie so nahe gewesen sei wie 1530 in Augsburg.[9] Der heute festgestellte Konsens im Verständnis der Rechtfertigungslehre lässt sich somit auch im historischen Rückblick festmachen. Gerade in der gemeinsamen Besinnung auf das *Augsburgische Bekenntnis* hat sich Katholiken und Lutheranern „ein gemeinsames Verständnis in grundlegenden Glaubenswahrheiten"[10] erschlossen. Schließt der Konsens in der Rechtfertigungslehre auch den Konsens in der Ekklesiologie mit ein?

3 Die Bedeutung und der Rang der Rechtfertigungslehre für die Einheitsfrage

In ihrem ursprünglichen historischen Kontext betrachtet ist die CA „die durch das Ausschreiben des Augsburger Reichtages von 1530 herausgeforderte zusammenfassende Rechenschaft über die theologischen Einsichten der Lutherischen Reformation".[11] Sie kann als „Zusammenfassung des tatsächlichen Ertrags der Re-

---

6 H. Meyer/H. Schütte, Einleitung, in: Meyer/Mund/Schütte, Katholische Anerkennung, 15.
7 Meyer/Schütte, Einleitung, 15.
8 So die Einschätzung von W. Kasper, Kirchenverständnis und Kircheneinheit nach der Confessio Augustana, in: Lehmann/Schlink, Evangelium – Sakramente – Amt, 42f.
9 So aufgenommen nach einem Urteil Luthers von W. Kasper, Kirchenverständnis, 43.
10 Alle unter einem Christus, Nr. 17 (DwÜ 1, 326).
11 W. Lohff, Die Bedeutung der Augsburgischen Konfession für die Lutherische Kirche und ihr Verhältnis zur römisch-katholischen Kirche, in: Meyer/Schütte, Bekenntnis des einen Glaubens, 1.

formation überhaupt"[12] gelten. Diese Einsicht macht den Weg frei zu einer vorurteilsfreien Wahrnehmung ihrer Bedeutung für den lutherisch-katholischen Dialog unserer Tage. Insofern dieses Dokument wirklich verbindliche Lehrgrundlage in den lutherischen Kirchen ist, bildet es die Voraussetzung zu einer gemeinsamen Beschäftigung: Gemeinsam besinnen sich Lutheraner und Katholiken auf den friedensstiftenden Einheitswillen der CA.[13] Die Lehre der CA ist, wie der Beschluss der Lehrartikel (1. Teil der CA) vermerkt, „in heiliger Schrift klar gegrundet und darzu gemeiner christlichen, ja auch romischer Kirchen, so viel aus der Väter Schriften zu vermerken, nicht zuwider noch entgegen ist, so achten wir auch, unsere Widersacher konnen in obangezeigten Artikeln nicht uneinig mit uns sein".[14] Wenn in der Stellungnahme der Gemeinsamen Römisch-katholischen/Evangelisch-Lutherischen Kommission zum *Augsburgischen Bekenntnis* im Jahre 1980 festgehalten wird, dass es die Absicht des *Augsburgischen Bekenntnisses* ist, „den Glauben der einen, heiligen, katholischen und apostolischen Kirche zu bezeugen, dann geht es um Reinerhaltung und Erneuerung des christlichen Glaubens in Einklang mit der Alten Kirche, ,auch der römischen Kirche' und in Übereinstimmung mit dem Zeugnis der Heiligen Schrift."[15] Die inhaltlichen Aussagen, so wird dort weiter herausgehoben, entsprechen dieser Absicht in hohem Maße.[16] Insoweit können sie auch als Ausdruck des gemeinsamen Glaubens verstanden werden. In Übereinstimmung mit den Artikeln 1 und 3 der CA kann das lutherisch-katholische Dokument auch das gemeinsame Bekenntnis im Glauben an den dreieinigen Gott und die Heilstat Gottes durch Jesus Christus im Heiligen Geist zum Ausdruck bringen.

Schon in diesem frühen lutherisch-katholischen Dokument zum 450-jährigen Gedenken an die Verlesung der *Augsburgischen Konfession* findet sich, basierend auf der schon im sog. *Malta-Bericht* von 1972 angezielten Übereinstimmung,[17] die für den späteren Dialog so bemerkenswerte Feststellung eines Konsenses in der Lehre von der Rechtfertigung. Dabei sind zwei Aussagen von Bedeutung: 1. Die Lehre von der Rechtfertigung war für die Reformation von entscheidender Bedeutung (Nr. 14). – Diese Aussage bezieht sich eindeutig auf die *Confessio Au-*

---

12 Lohff, Bedeutung, 12.
13 So das Ergebnis der gemeinsamen Studienarbeit, die in dem von H. Meyer und H. Schütte herausgegebenen Werk, dokumentiert wird: Meyer/Schütte, Bekenntnis des einen Glaubens, 333.
14 BSLK, 83d.
15 Alle unter einem Christus (DwÜ 1, 325).
16 Mit Bezug auf das von H. Meyer und H. Schütte herausgegebene Werk, Meyer/Schütte, Bekenntnis des einen Glaubens, 333.
17 Bericht der Evangelisch-lutherisch/Römisch-katholischen Studienkommission, Das Evangelium und die Kirche, 1972, Nr. 26 f. (DwÜ 1, 255).

gustana und bringt ihre Grundintention zur Geltung (CA 4): Die Aussagen über die Rechtfertigung in Artikel 4 schließen sich an den vorhergehenden Artikel 3 über Jesus Christus an, auf Artikel 4 folgt eine Ausführung über das Wirken des Heiligen Geistes in Artikel 5. Das aber heißt: Der Artikel über die Rechtfertigung ist christologisch begründet und pneumatologisch ausgerichtet. Von seiner ganzen Stellung her ist der Artikel von der Rechtfertigung „Mitte und Klammer des Bekenntnisses".[18] CA 4 kann deswegen auch als Hauptartikel der *Confessio Augustana* bezeichnet werden.[19]

Das aber heißt nun: Durch diese Anordnung gibt Melanchthon dem Artikel von der Rechtfertigung seine das Bekenntnis tragende Bedeutung. 2. „Allein aus Gnade und im Glauben an die Heilstat Christi, nicht auf Grund unseres Verdienstes, werden wir von Gott angenommen und empfangen den Heiligen Geist, der unsere Herzen erneuert und uns befähigt und aufruft zu guten Werken."[20] – Der sich in dieser Formulierung abzeichnende Konsens, eruiert aus den Artikeln 4, 6 und 20 der CA, stellt die Grundlage für ein gemeinsames Verständnis der Rechtfertigung dar. Es ist exakt diese Formel, welche nunmehr das zentrale gemeinsame Bekenntnis in der zwischen Lutherischem Weltbund und römisch-katholischer Kirche vereinbarten *Gemeinsamen Erklärung zur Rechtfertigungslehre* von 1999 ausmacht (Nr. 15). Das aber heißt: Die lutherisch-katholische Verständigung erfolgt auf der Grundlage eines die gesamte Lehre und Praxis der Kirchen auf Christus hin orientierenden, unverzichtbaren Kriteriums: Die Botschaft von der Rechtfertigung verweist auf die Mitte des neutestamentlichen Zeugnisses von Gottes Heilshandeln in Christus (Nr. 17). Darin spricht sich die Einsicht aus, dass ein gemeinsames Verständnis der Rechtfertigung ein gemeinsames Verständnis der Mitte des christlichen Glaubens einschließt.[21] Die Botschaft von der Rechtfertigung meint nichts anderes als das Evangelium. Somit erfasst die gemeinsame Verständigung zwischen Lutheranern und Katholiken die Grundintention der CA, und dieses Bekenntnis erlangt damit einen einzigartigen ökumenischen Rang. Damit kommt die ursprüngliche Absicht Melanchthons zur Geltung, die er im ersten Entwurf für einen Beschluss der *Augsburger Konfession* so formuliert hat:

> Wir haben auch niemand mit dieser Schrift zu schmähen gedacht, sondern allein unser Bekenntnis getan, daraus männiglich erkennen mag, dass wir in Lahr und Zeremonien nicht halten zuwider Gottes Wort oder der heiligen gemeinen und catholica christlichen Kirchen.

---

18 G. Müller/V. Pfnür, Rechtfertigung – Glaube – Werke, in: Meyer/Schütte, Bekenntnis des einen Glaubens, 110.

19 Vgl. W. Maurer, Historischer Kommentar zur Confessio Augustana, Bd. 2, Gütersloh 1978, 68.

20 Alle unter einem Christus, Nr. 14 (DwÜ 1, 326).

21 Vgl. das Ergebnis der Studienarbeit zu Meyer/Schütte, Bekenntnis des einen Glaubens, 336.

> Denn das ist öffentlich, dass wir mit höchstem Fleiß gewehret haben, dass nicht neue unchristliche Lahr bei uns gelehret oder angenommen werden möcht.[22]

Greifen die Reformtheologen mit diesem Bekenntnis zur Lehre der Kirche etwa auf theologische Konzepte des späten Mittelalters zurück, um die Katholizität ihres eigenen rechtfertigungstheologischen Anliegens zu behaupten? In welchem Verhältnis stehen Rechtfertigungslehre und Ekklesiologie am Ende des Mittelalters zueinander? Gibt es überhaupt einen Zusammenhang?

4 Rechtfertigung und Kirche im Mittelalter

Die Ekklesiologie des ersten Jahrtausends zeichnet sich durch ein überaus reiches Bild an unterschiedlichen Kirchenbildern aus.[23] Die von den Kirchenvätern aus der *Heiligen Schrift* entnommenen Symbole erschließen das Wesen der Kirche und ihrer Mysterien. Augustinus nimmt angesichts dieses reichen Erbes eine gewisse Konzentration vor, indem er die Kirche als den mystischen Leib Christi bezeichnet und damit für die folgenden Jahrhunderte die Anbindung der Ekklesiologie an die Sakramentenlehre und insbesondere der Eucharistie vorzeichnete.[24] Wird so das reiche ekklesiologische Erbe des ersten Jahrtausends in das zweite hinein weitergereicht, so erkennt man, dass die in Sentenzen, Quaestiones und Summen zusammengefassten Erörterungen über das Kirchenbild weitgehend auf Augustinus zurückgehen, die neutestamentlichen Bilder und Begriffe aufgreifen und damit das Erbe der Patristik erhalten. Gleichzeitig aber ist festzustellen, dass in der Sicht der Kirche die Vorstellung von der Heilsanstalt einen zentralen Platz in den ekklesiologischen Aussagen über die Kirche einzunehmen beginnt. Sind es zunächst einmal die heilsgeschichtlichen Perspektiven, welche die Ekklesiologie der Frühscholastik bestimmen, so kann aber kaum übersehen werden, dass der hierarchische Aspekt der Einheit der Kirche durch die Unterordnung unter den Papst als dem Inhaber der Primatialgewalt viel stärker hervortritt und damit die Struktur der Kirche allmählich zu bestimmen beginnt.

---

22 BSLK, 136.
23 W. Knoch, „Communio Ecclesiae". Ein Grundgedanke der Ekklesiologie des Vatikanum II im Spiegel frühscholastischer Theologie, in: J. Schreiner/K. Wittstadt (Hg.), Communio Sanctorum. Einheit der Christen – Einheit der Kirche. FS für Bischof Paul-Werner Scheele, Würzburg 1988, 425–438. Vgl. hierzu Y. M.-J. Congar, Die Lehre von der Kirche. Von Augustinus bis zum Abendländischen Schisma, Freiburg i.B. (HDG 3/3c), 171.
24 Knoch, Communio Ecclesiae, 427.

Auch am Vorabend der Reformation lässt sich diese Tendenz klar feststellen. In dem 1517 erschienenen *Theologischen Wörterbuch* des Johannes Altenstaig,[25] eine, wie Vinzenz Pfnür sich ausgedrückte, „letzte zusammenfassende vorreformatorische Präsentation der Positionen der mittelalterlichen und insbesondere der spätmittelalterlichen Theologie",[26] ist noch ein weiterer Aspekt zu berücksichtigen, der die vorreformatorischen Auseinandersetzungen stärker zu konturieren versteht. Greift man etwa auf den Artikel von der *communio sanctorum*[27] zurück, den der Verfasser des Lexikons hauptsächlich mit Zitaten aus einem Schreiben des Johannes Eck füllt, so erkennt man das in den Mittelpunkt der ekklesiologischen Erörterungen gerückte Interesse an Fragen nach der Gnade und des Verdienstes des einzelnen Gläubigen:

> Die Gemeinschaft des Glaubens [...] bezieht sich auf die Sakramente. So heißt es: „Ein Herr, eine Taufe" <Eph 4,5> und diese ist gemeinsam allen Gläubigen, die an der einen Taufe teilhaben, mit einem einzigen unauslöslichen Zeichen bezeichnet sind und mit demselben Blut Christi erlöst sind. Und diese Gemeinschaft ist groß. Eine weitere ist die Gemeinschaft der Gnade, die darin besteht, dass die Gläubigen teilhaben an der Gnade, die von dem einen Haupt Jesus Christus kommt. Und diese ist allen Gerechten, die in der Gnade Gottes leben, gemeinsam und strömt ein von dem einen Haupt, dass Christus ist. Eine dritte ist die Gemeinschaft des Verdienstes: so wie jeder für sich im Besonderen aufgrund der überaus barmherzigen Großzügigkeit Gottes verdient, verdient der für den anderen im Allgemeinen. Diese Gemeinschaft bedeutet, dass das Band der Liebe so groß ist – gleichwie Gottes gütige Barmherzigkeit –, dass wenn ein Gerechtfertigter auf Erden ein gutes, verdienstliches Werk tut, Gott dieses als wesentlichen Lohn für den, der es tut, annimmt und allgemein für alle die in der Gnade sind.[28]

Kein Zweifel besteht angesichts des Befundes: Entgegen der Auffassung der Kirchenväter und frühen Scholastik wird das Kirchenverständnis der späten Scholastik nicht mehr vorrangig von der Eucharistiegemeinschaft her aufgefasst, sondern, wie Eck es unternimmt, auf die in der Taufe grundgelegte sakramentale

---

25 J. Altenstaig, Vocabularius Theologiae complectens vocabulorum descriptiones, Hagenau 1517; J. Altenstaig/J. Tytz, Lexicon Theologicum, Köln 1619 (Nachdruck: Hildesheim/New York 1974).

26 V. Pfnür, Zum Verständnis der communio in der spätmittelalterlichen Theologie, in: Schreiner/Wittstadt, Communio Sanctorum, 147–167, 148.

27 Pfnür, Zum Verständnis, 162.

28 *Vel adhuc clarius potest dici ut Ioan. Eckius scribens ad Dominum Leonardum Abbatem Ottenburensem de communione sanctorum.* [...] *Communio fidei et respicit sacramenta* [...] *Alia est communio gratiae, quod fideles communicant gratia ab uno capite Iesu Christo* [...] *Tertia est communio meriti: ita ut dum quisque sibi meretur singulariter ex Dei misericordissima liberalitate: meretur alteri universaliter"* (J. Altenstaig, Lexicon Theologicum, 162/Übersetzung, die hier ausführlicher zitiert wird: Pfnür, Zum Verständnis, 151).

Gemeinschaft des Glaubens bezogen. Aspekte der Eucharistie treten signifikant zurück. Dieser Eindruck wird durch weitere Artikel des *Theologischen Wörterbuchs* bestätigt. Die Kirche wird zwar weiterhin als *congregatio sanctorum* oder *congregatio fidelium* oder auch als *corpus Christi mysticum* bezeichnet, aber viel stärker treten äußere Aspekte im Kirchenverständnis hervor. Die „Kirche tritt als sakramentale Gemeinschaft des Leibes zwischen der Kirche als äußerem Gebäude und als Organisation auf der einen Seite und der Kirche als Vereinigung der Guten auf der anderen Seite"[29] zurück. Kirche wird vom Gedanken der Versammlung der Gläubigen her verstanden. Noch schärfer gesagt, treten Eucharistie und Ekklesiologie immer stärker auseinander, werden Aspekte der individuellen Heilsfrömmigkeit, die unter der Thematik der Rechtfertigung und der Gnade verhandelt werden, immer häufiger in der Betrachtung der Kirche hervorgehoben.[30] Das Kirchenverständnis des Spätmittelalters wird von der Rechtfertigung- und der Gnadenlehre her bestimmt, nicht mehr vorrangig von der Sakramentenlehre und der Eucharistie. Insoweit hat die Theologie der Spätscholastik den Vorrang der Rechtfertigungslehre in der Bestimmung der Ekklesiologie bestätigt. Für die Beurteilung der reformatorischen Ekklesiologie ist die „Beachtung dieses spätmittelalterlichen Kirchenverständnisses [...] nicht unerheblich".[31] Die Ausrichtung auf das Heil des einzelnen Gläubigen ist dann zwar das durchgängige Muster der reformorientierten Theologen, sie erwägen diese Frage allerdings im Horizont der überlieferten ekklesiologischen Begrifflichkeiten. So bleibt denn hier zu fragen, ob die Reformatoren die überlieferte klassische Ekklesiologie mit ihrer Zentrierung auf die Eucharistie als Mitte und Quelle der *communio sanctorum* aufsprengen und letztlich aufgeben?[32]

5 Kontinuität im Kirchenbegriff?

Der erste Satz von CA 7 bringt die Grundüberzeugung der Wittenberger Reformtheologen zum Ausdruck,[33] „dass alle Zeit musse ein heilige christliche Kirche sein und bleiben". Wie schon an der Gesamtabsicht erkennbar, so ist auch in

---

29 Pfnür, Zum Verständnis, 159.
30 Vgl. H. de Lubac, Corpus Mysticum. Eucharistie und Kirche im Mittelalter. Eine historische Studie, Einsiedeln 1969, 316 ff.
31 Pfnür, Zum Verständnis, 160.
32 Vgl. Jürgen Lutz, Unio und Communio. Zum Verhältnis von Rechtfertigungslehre und Kirchenverständnis bei Martin Luther, Paderborn 1990 (KKTS LV).
33 H. Meyer/H. Schütte, Die Auffassung von Kirche im Augsburgischen Bekenntnis, in: Meyer/Schütte, Bekenntnis des einen Glaubens, 171.

diesem Artikel 7 die CA zutiefst beherrscht von dem Gedanken der Kontinuität der Kirche. Der lateinische Text an dieser Stelle verdeutlicht das: *Ecclesia perpetuo mansura*, das heißt: die Kirche besteht ununterbrochen, beständig. Darin ist zugleich das Bekenntnis zur Katholizität der Kirche eingebunden. Denn der Artikel von der unter den Nationen verbreiteten „katholick oder gemein Kirchen" hält fest, dass „eine christliche Kirche bis an das Ende der Welt auf Erden sein und bleiben werde", wie es in der *Apologie* heißt.[34] Aber mehr noch zeigen sich Kontinuität und Katholizität in der materialen Übereinstimmung im Kirchenbegriff selbst. Dieser manifestiert sich in der Definition von Kirche, die lautet: *Est autem ecclesia congregatio sanctorum* (CA 7). In der *Apologie der Konfession* weist Melanchthon ausdrücklich darauf hin, dass er nichts Neues gesagt habe, sondern hierzu lediglich auf Paulus und das Glaubensbekenntnis verweise, wenn er die Kirche als Gemeinschaft der Heiligen verstehe. Mit der Tradition der Kirche steht dieser Begriff durchaus in Übereinstimmung, wenngleich die CA zunächst nur den personalen Aspekt besonders betont, die Kirche sei Versammlung aller Gläubigen. Diese *congregatio* ist aber dadurch ausgezeichnet, dass in ihr das Evangelium gepredigt und dass in ihr die Sakramente gereicht werden. Das lateinische *in qua* macht hierbei deutlich, dass die Verkündigung des Evangeliums und die Sakramentenspendung in diese Versammlung eingestiftet sind. Also ist die Versammlung der Gläubigen keine Gemeinschaft, die durch Zusammenschluss gleichgesinnter Menschen aufgrund ihres Bekenntnisses oder ihrer Gläubigkeit konstituiert wird, sondern durch den in Wort und Sakrament gegenwärtigen Herrn geschaffen wird. *Congregatio sanctorum* meint auch hier immer noch die durch die Teilhabe an den *sancta*, nämlich Evangelium und Sakramente, bestimmte Gemeinschaft (so in Artikel 5). Damit bleibt der objektive Aspekt im altkirchlichen Begriff (Teilhabe an...) in Geltung. Der Boden der altkirchlichen Ekklesiologie wird nicht verlassen. An der Kontinuität zur altkirchlichen Ekklesiologie lässt Melanchthon also keinen Zweifel.

Auf dem Augsburger Reichstag haben die expliziten Aussagen der CA über die Kirche verhältnismäßig wenig Aufmerksamkeit gefunden. Denn nicht die Kirchenfrage, sondern die Heilsfrage stand im Vordergrund des Interesses.[35] Die *Confutatio*, keineswegs eine antireformerische Gegenschrift der Altgläubigen,[36] weist zwar die Definition der Kirche als *congregatio sanctorum* zurück, weil sie eine Gefahr für den Glauben darstelle, insofern die Sünder und Bösen aus der

---

34 BSLK, 235f.

35 W. Kasper, Das Kirchenverständnis der Confessio Augustana, in: Iserloh, Confessio Augustana und Confutatio, 396.

36 Vgl. H. Immenkötter, Der Reichstag zu Augsburg und die Confutatio. Historische Einführung und neuhochdeutsche Übertragung, München 1979 (KLK 39), 30.

Kirche ausgewiesen würden, lobt aber das Bekenntnis zur Tradition der Kirche ebenso wie den Unterschied zwischen der Einigkeit im Glauben und den verschiedenen partikularen Kirchenordnungen.[37] In Melanchthons *Apologie* nimmt die Kirchenfrage neben den Artikeln über Rechtfertigung und Beichte dann einen außerordentlich breiten Raum ein. In den späteren Schriften des *Corpus Doctrinae Philippicum* wird sich das nochmals verstärken. Das weist darauf hin, dass der ekklesiologischen Frage im Fortgang der lutherischen Reformation eine wachsende Bedeutung zukam.[38] Dem kommt die Anordnung des Artikels 7 „Von der Kirche" im Anschluss an Artikel 4 „Von der Rechtfertigung" und Artikel 5 „Vom Predigtamt", d. h. vom kirchlichen Amt, entgegen. Die CA stellt die ekklesiologische Frage unter den Primat des Evangeliums und bezieht sie auf die Verkündigung des Evangeliums. Das Evangelium macht die Kirche zur Kirche. Wenn das Evangelium inhaltlich als Botschaft von der Rechtfertigung bestimmt wird, so geht daraus klar hervor: Das Rechtfertigungsgeschehen selbst ist der Urgrund für das Werden und Bestehen der Kirche. Es ist genau dieser von der *Confessio Augustana* beschrittene Weg, der im lutherisch-katholischen Dialog unserer Tage bestätigt und angenommen wurde. Im Dokument *Kirche und Rechtfertigung* heißt es deshalb: „Alles, was über das Wesen der Kirche, über die Heilsmittel und über das der Kirche eingestiftete Amt geglaubt und gelehrt wird, muss im Heilsgeschehen selbst begründet und vom Rechtfertigungsglauben als Empfang und Aneignung des Heilsgeschehens geprägt sein."[39] Die Kirchenfrage steht im engen Zusammenhang mit der Rechtfertigungslehre, und dies gilt auch umgekehrt. Weil die Rechtfertigungsbotschaft Ausdruck des universalen Heilswillens Gottes ist, ist sie der Maßstab für Struktur, Lehre und Praxis der Kirche. Die CA bringt damit aber nichts Anderes zum Ausdruck, als dass Jesus Christus der Grund der Kirche ist.

In Übereinstimmung mit dem altkirchlichen Symbolum[40] hält Melanchthon auch die Kirche als „Gesellschaft äußerlicher Zeichen"[41] fest, die auf Erden sein und bleiben wird. Die Kirche ist nach der Schrift und dem Zeugnis des Paulus Leib Christi. So tritt das Bekenntnis zur *ecclesia visibilis* später noch schärfer hervor. Fehlen Aussagen zur Kirche in den *Loci communes* von 1521, so treten sie umso stärker in der deutschen Fassung der *Loci theologici* von 1553 hervor. Melanchthon ist sich des Widerspruchs seiner Gegner bewusst und stellt deshalb klar, dass die

---

37 Immenkötter, Der Reichstag zu Augsburg, 52 f.; lateinischer Text: Die Confutatio der Confessio Augustana vom 3. August 1530, bearb. v. H. Immenkötter, Münster 1979 (CC 33), 95.

38 Meyer/Schütte, Die Auffassung von Kirche, 168 f.

39 Kirche und Rechtfertigung, Nr. 2 (DwÜ 3, 320).

40 Melanchthon zitiert diesen Artikel ausdrücklich in ApolCA 7 (BSLK, 235).

41 ApolCA 7 (BSLK, 234, 29 f.).

Kirche als *communio sanctorum* eine sichtbare Kirche, eine sichtbare Versammlung ist.[42] Er redet nicht „von der Kirchen als von einer Idea Platonica [...], da niemand wisse, wo sie zu finden sei".[43] Die Rede von der öffentlichen Predigt des Evangeliums ist hier so zu verstehen, dass sie auf den sichtbaren Charakter der Kirche verweist. In diesem Sinne ist die Kirche dann eine Versammlung der Heiligen und der Heuchler zugleich. Die Kirche, als sichtbare Versammlung, ist ein *mixtum compositum*, von Gott gestiftet, unter seinem Wort stehend, Versammlung der Heiligen, das sind die zur ewigen Seligkeit Auserwählten, die nur Gott kennt. Zugleich aber ist sie auch Versammlung von Heuchlern und Bösen und darin doch die von Gott geheiligte Versammlung. Damit ist die „rechte, warhafftige Kirche und Gottes volck"[44] eine sichtbare Kirche mit äußerlichen Zeichen. Sichtbare Kirche umfasst als äußere Zeichen die reine Lehre des Evangeliums, den rechten Gebrauch der Sakramente und das von Gott eingesetzte *ministerium*.[45] Von hier aus ist der Hinweis auf die Kirche als eine einzige komplexe Wirklichkeit, wie es das Zweite Vatikanische Konzil in der Kirchenkonstitution *Lumen gentium* entfaltet hat, nicht weit. Diese eine Kirche Christi ist heilig und doch stets der Reinigung bedürftig, weil sie „Sünder in ihrem eigenen Schoße" umfasst.[46] Mehr muss als Erweis einer bestimmten Kontinuität im Kirchenbegriff hierzu nicht ausgeführt werden. Sie spricht für sich selbst.

6 Was ist zur Einheit der Kirche notwendig?

Einen Schritt weiter führt die gleich im Anschluss an diese Definition von Kirche ausgeführte Unterscheidung von dem zur Einheit der Kirche Notwendigen bzw. Nichtnotwendigen: „Dann dies ist gnug zu wahrer Einigkeit der christlichen Kirchen, dass da einträchtiglich nach reinem Verstand das Evangelium gepredigt und die Sakrament dem gottlichen Wort gemäß gereicht werden." Der beherrschende Gedanke ist hierbei: „Was die Kirche zur Kirche macht, deckt sich mit dem, was zur Einheit der Kirche notwendig ist."[47] Das für Wesen und Struktur der Kirche Notwendige ist das Evangelium, das in Wort und Sakrament vermittelt und

---

42 Heubtartikel Christlicher Lere. Melanchthons deutsche Fassung seiner Loci Theologici, 1553, hg.v. R. Jenett/J. Schilling, Leipzig 2002, 383 f.
43 Examen ordinandorum, LXXV (MSA VI, 212).
44 Heubtartikel Christlicher Lere, 390.
45 Examen ordinandorum, LXXV (MSA VI, 212).
46 LG 8.
47 Meyer/Schütte, Die Auffassung von Kirche, 170.

durch den Glauben angenommen wird.[48] In dieser radikalen Konzentration auf die Frage nach der rechten Evangeliumsverkündigung in Predigt und Sakrament lässt Melanchthon das reformorientierte Anliegen bezüglich der Einheit der Kirche klar hervortreten. Als Kriterien für die Einheit der Kirche ergeben sich, zieht man CA 5 „Vom Predigtamt" mit heran: Verkündigung des Evangeliums, Sakramentenspendung und das von Gott eingesetzte Amt. Der Sache nach ist nämlich das kirchliche Amt in CA 7 mitgesetzt, da das Evangelium immer nur als verkündigtes und Sakramente immer nur als dargereichte zu verstehen sind. Wort und Sakrament können gar nicht ohne das gottgesetzte Amt sein. So erscheint in dieser Perspektive nochmals der Wille zur Einheit durch, denn auch die katholische Tradition hat an den für Kircheneinheit notwendigen Bedingungen immer festgehalten. Wenngleich die CA das Problem der Lehr- und Leitungsautorität, letztlich den Unfehlbarkeitsanspruch des kirchlichen Amtes insgesamt nicht thematisiert hat, so bleibt doch erkennbar, dass auf dem Boden der CA und der *Apologie* ein prinzipieller Konsens in der Frage der Einheit der Kirche erreichbar scheint. Dieser Konsens wird durch Melanchthons *Tractatus De potestate et primatu papae* nicht aufgehoben. Auch hier weist Melanchthon mehrfach auf das der Kirche eingestiftete Amt, den *ordo*, hin.[49] Die rechte Kirche zeichnet sich durch eine von Gott gegebene Gewalt aus, die den Pastoren, Presbytern und Bischöfen übergeben ist.[50] Sie umfasst die ordentliche Gewalt, *ministri* zu wählen und zu ordinieren.[51] Damit bestätigt Melanchthon, dass die Kirche ein „aus göttlicher ordnung"[52] kommendes „ministerium und Ampt haben muss".[53] Durch das Amt ist Gott selbst in der Kirche wirksam.[54]

Melanchthon zählt im Unterschied zu Luther die Ordination zu den Sakramenten. „Das ist keine zufällige Randaussage in der Apologie des Augsburgischen Bekenntnisses, sondern eine sowohl in akademischen Disputationen wie auch in den späteren Ausgaben seiner evangelischen Dogmatik, den Loci, immer wieder bestätigte Grundüberzeugung. Die mit dem Ordinationsgebet verbundene Auflegung der Hände hat für ihn einen im weiteren Sinn sakramentalen Rang."[55] *Ordo de ministerio* nennt Melanchthon in der deutschen Fassung der *Apologie* „das

48 Kirche und Rechtfertigung, Nr. 39 (DwÜ 3, 332).
49 BSLK, 479 f.
50 *Jus est donum propie datum ecclesiae* (BSLK, 491).
51 BSLK, 491.
52 Heubtartikel Christlicher Lere, 379.
53 Heubtartikel Christlicher Lere, 382.
54 Confessio Saxonica 1551, 409: *in quo Deus per ministerium Evangelii est efficax* (MSA VI, 1219).
55 A. Sander, Luther und Melanchthon. Ökumenische Überlegungen zur Doppelspitze der Wittenberger Reformbewegung, in: KNA-ÖKI Nr. 27, 6. Juli 2010, 3.

Sakrament des Ordens"; so besteht für ihn keine Beschwernis darin, „die Ordination ein Sakrament zu nennen".[56] Hierein bezieht er ausdrücklich das Auflegen der Hände.[57] Die Kirche hat die Gewalt, „tüchtige Personen zum Bischofflichen Ampt, das ist zur Seelsorge, zu wehlen und inen das Ampt zu befehlen. Und ist gewöhnlich und löblich, das solchs geschehe also, das etliche Christliche und gelerte Seelsorger dabey seien und ire Lere anhören und zum Zeugnis inen die hende aufflegen."[58] Auflegung der Hände und Gebet nennt Melanchthon „Weihe und nicht anders".[59]

Dieses erstrangige Resultat historischer Forschung wird durch den ökumenischen Dialog bestätigt und rezipiert. Ausdrücklich im Anschluss an die CA bekräftigt der Ökumenische Arbeitskreis evangelischer und katholischer Theologen: Als Bedingung der Einheit darf nur verbindlich sein, „was um des Evangeliums willen notwendig ist".[60] In Bezug zu dieser durch die Rechtfertigungsbotschaft grundgelegten Bedingung bilden Evangeliumsverkündigung, Sakramentenspendung und – ihnen dienend zugeordnet – apostolisches Amt Zeichen für die Einheit der Kirche. Das lutherisch-katholische Gespräch auf Weltebene suchte in dem 1985 veröffentlichten Dokument „Einheit vor uns" Klarheit über das Wesen kirchlicher Einheit zu erlangen. Ohne dass dies ausdrücklich vermerkt wurde, steht im Hintergrund der folgenden Ausführung die von der CA prononcierte Sicht der Einheit: „Die in Christus geschenkte, im dreieinigen Gott wurzelnde Einheit der Kirche verwirklicht sich in der Gemeinschaft im verkündigten Wort, in der Gemeinschaft in den Sakramenten und in der Gemeinschaft in dem von Gott eingesetzten und durch Ordination zu übertragenden

---

56 *Si autem ordo de ministerio verbi intelligatur, non gravatim vocaverimus ordinem sacramentum* (ApolCA 13,11, in: BSLK, 293). Weitere Belege sind: *Veteres, ut magnitudinem et dignitatem ministerii commendarent hominibus, sapienter posuerunt ordinationem inter Sacramenta* (CR 12, 490). Auch in den späteren Ausgaben seiner evangelischen Dogmatik, den Loci, findet man folgende Aussage: *Cum autem vocabulum Sacramenti ceremoniis intelligitur institutis in praedicatione Christi, numerentur haec Sacramenta: Baptismus, Coena Domini, Absolutio, quae sunt externi ritus et sunt signa totius Evangelii [...] Mihi maxime placet etiam addi Ordinationem, ut vocant, id est, vocationem ad ministerium Evangelii et publicam eius vocationis approbationem; quia haec omnia mandato Evangelii praecipiuntur* (CR 21, 848–853, hier 849f.).
57 ApolCA 13,18 (BSLK, 293).
58 Heubtartikel Christlicher Lere, 379.
59 Heubtartikel Christlicher Lere, 379.
60 Gemeinsame Erklärungen des Arbeitskreises: Zeichen der Einheit der Kirche im Anschluss an die Confessio Augustana: Evangelium – Sakramente – Amt, in: Lehmann/Schlink, Evangelium – Sakramente – Amt, 184.

Amt."[61] Darin bekundet sich wieder die zwischen Lutheranern und Katholiken gewonnene Grundüberzeugung, dass die Verkündigung des Evangeliums in Predigt und Sakramenten nur in der Kirche ihren Ort hat.[62] Die Verwirklichung lutherisch-katholischer Kirchengemeinschaft, welche die Gemeinschaft im apostolischen Glauben, im sakramentalen Leben und als Dienstgemeinschaft umfasst, weiß sich damit auf die Grundintention der CA verwiesen; so ist sie auch aus dieser Perspektive in ihrem Einheitswillen erkannt.

7 Die Bedeutung der *Confessio Augustana* für die Einheit der Kirche. Ökumenische Erkenntnisse

Melanchthons gegenüber Luther noch einmal anders zu bewertende Bedeutung für die Einheit der Kirche herauszustellen, beginnt die katholische Theologie immer stärker zu begreifen, ohne dabei Luthers eigene Rolle demgegenüber abzuwerten. Im Lichte der gegenwärtigen Einigungsbemühungen zwischen Lutherischem Weltbund und römisch-katholischer Kirche erscheint Melanchthon – unter den heutigen Voraussetzungen bedacht – wirklich als ein Ökumeniker seiner Zeit, der – unter den damaligen historischen Voraussetzungen – die allerletzten Möglichkeiten für die Bewahrung der Einheit der Kirche auszuloten suchte. Der Versuch einer Versöhnung auf dem Reichstag zu Augsburg misslang freilich, es kam im Laufe der späteren Jahrzehnte zur endgültigen Trennung; die Gegensätze in Lehre und Praxis der Kirchen verhärteten sich in der Folge zusehends. Der über Jahrhunderte erfolgte Prozess der Konfessionalisierung der Bekenntnisse hat zu einer solchen Verhärtung beigetragen. Schließlich zerbrach der in der *Confessio Augustana* noch enthaltene Einigkeitsversuch gerade an der Kirchenfrage. Obwohl das Trienter Konzil keine bedeutsamen Aussagen zur Ekklesiologie hervorbrachte, liegt die „antireformatorische Spitze des Konzils jedoch in der Betonung des Evangelium in Ecclesia"[63]. Das wird vor allem in der engen Anbindung der *Heiligen Schrift* an die Tradition der Kirche erkennbar. Es bedurfte einer langen Zeit, um die Notwendigkeit einer erneuten Suche nach der Einheit einzusehen. Dabei musste man jedoch nicht gänzlich neu anfangen. Erst jetzt wird vollends klar, wie sehr sich der von Melanchthon zu seiner Zeit bereits markierte Weg zur Einheit der Kirche als fruchtbar erweist. Diese Einsicht ergibt

---

61 Einheit vor uns. Bericht der Gemeinsamen Römisch-katholischen/Evangelisch-lutherischen Kommission, Nr. 3 (DwÜ 2, 453).
62 Kirche und Rechtfertigung, Nr. 170 f. (DwÜ 3, 374 f.).
63 W. Kasper, Das Kirchenverständnis der Confessio Augustana, 409.

sich aber erst im Rückblick. Für Melanchthon zentral ist die Einsicht in den fortwährenden Konsens der einen katholischen Kirche.[64] Im Blick auf das Wirken Melanchthons lässt sich dann formulieren: Die aus der Reformation hervorgegangenen Kirchen und Gemeinschaften haben die ursprüngliche Katholizität gesucht und suchen sie noch.[65]

Auch in einer weiteren Frage zeigt sich eine überraschende Kontinuität. Folgt man bereitwillig den Anforderungen des ökumenischen Dialogs, indem man die Verbundenheit von Rechtfertigung und Kirche, ohne die offenkundigen Differenzen zu leugnen, besonders hervorhebt, so lässt sich eine bemerkenswerte Kontinuität „nach hinten" feststellen. Den Reformatoren war das Thema einer rechtfertigungstheologischen Konzentration der Ekklesiologie vor die Füße gelegt worden, wie die Forschungen zu Johannes Eck und die enzyklopädischen Hinweise der spätmittelalterlichen Theologie belegen. Insoweit bewegten sie sich in einem ihnen durch die spätmittelalterliche Theologie bereits vorbestimmten Rahmen. Die hier vorgelegte Analyse der CA lässt diesen rechtfertigungstheologischen Anspruch der Reformatoren deutlich hervortreten. Bewegten sich die Wittenberger Reformtheologen damit innerhalb einer, allerdings in einem größeren Rahmen zu beurteilenden „konfessorischen" Katholizität oder sprengten sie diese? Die Differenz, die hier ausgemacht werden konnte, zeigt sich zwischen der mittelalterlichen Rezeption der patristischen Grundeinstellung, der für den Zusammenhang von Kirche und Eucharistie spricht, und der Neuausrichtung der Ekklesiologie im Zusammenhang mit der Heilsfrage. Diese Konzentration haben die Wittenberger Reformtheologen ohne Zweifel vorgenommen.[66] Diesen Zusammenhang haben die *Confutatio* und die auf Trient folgende Theologie auch nicht bestritten. Erst das Zweite Vatikanische Konzil restituiert den eucharistisch-sakramentalen Kontext der Ekklesiologie in der Kirchenkonstitution *Lumen Gentium*.

Ganz in der Tradition dieser schon historisch nicht zu bestreitenden Übereinstimmung hält die *Gemeinsame Erklärung zur Rechtfertigungslehre* fest:

> Unser Konsens in Grundwahrheiten der Rechtfertigungslehre muss sich im Leben und in der Lehre der Kirche auswirken und bewähren. Im Blick darauf gibt es noch Fragen von unterschiedlichem Gewicht, die weiterer Klärung bedürfen: [...] das Verhältnis von Wort Gottes

---

64 V. Pfnür, Die Einheit der Kirche in der Sicht Melanchthons, in: G. Frank/S. Meier-Oeser (Hg.), Konfrontation und Dialog. Philipp Melanchthons Beitrag zu einer ökumenischen Hermeneutik, Leipzig 2006, 123.

65 J. Ratzinger, Was eint und was trennt die Konfessionen?, in: ders., Gesammelte Schriften, Bd. 8/2, Freiburg i.B. 2010, 837.

66 Dazu J. Rahner, Creatura Evangelii. Zum Verhältnis von Rechtfertigung und Kirche, Freiburg i.B. 2005.

und kirchlicher Lehre sowie die Lehre von der Kirche, von der Autorität in ihr, von ihrer Einheit, vom Amt und von den Sakramenten[67].

Es handelt sich hier um offene Fragen, die nicht bereits mit dem erzielten Konsens in Grundfragen der Rechtfertigungslehre beantwortet sind. Insoweit muss die rechtfertigungstheologische Fragestellung dahingehend ekklesiologisch erweitert werden. Insbesondere muss gefragt werden, ob und wie das erreichte Verständnis in der Rechtfertigungslehre eine tragfähige Grundlage für eine Klärung der offen gebliebenen Fragen bildet.

Was könnte hier „tragfähige Grundlage" heißen? Insoweit die Rechtfertigungslehre Maßstab oder Prüfstein des christlichen Glaubens ist,[68] darf keine Lehre diesem Kriterium widersprechen. Die Rechtfertigungslehre führt ihre Bedeutung im Gesamtzusammenhang des grundlegenden trinitarischen Glaubensbekenntnisses der Kirche aus. Wenn die Rechtfertigungslehre Kriterium der ganzen Theologie ist, dann besteht also ein innerer Zusammenhang zwischen dieser Lehre und den anderen für das Kirchesein der Kirche notwendigen und grundlegenden Dimensionen. Der Konsens muss sich also bewähren in den folgenden Bereichen der Sakramente, des Amtes, der Kirche selbst. Also müssen wir die Frage stellen, was von der Rechtfertigungslehre in die Ekklesiologie hineinführt. Hier lautet nun die grundlegende These:

> Alles, was über das Wesen der Kirche, über die Heilsmittel und über das der Kirche eingestiftete Amt geglaubt und gelehrt wird, muß im Heilsgeschehen selbst begründet sein und vom Rechtfertigungsglauben als Empfang und Aneignung des Heilsgeschehens geprägt sein. Entsprechend muß auch alles, was über Wesen und Wirkung der Rechtfertigung geglaubt und gelehrt wird, im Kontext der Aussagen über die Kirche, die Heilsmittel und das der Kirche eingestiftete Amt verstanden werden.[69]

Das lutherisch-katholische Dokument *Kirche und Rechtfertigung* macht hierzu drei Grundüberzeugungen aus:
1. Die Kirche lebt vom Evangelium als „einem wesentlich externen Wort" Gottes. Die Kirche geht aus dem Evangelium hervor, andererseits ergeht das Evangelium in der Kirche und ruft in die Gemeinschaft der Kirche. Diese externe Zusage ergeht in Wort und Sakrament.[70]

---

67 Gemeinsame Erklärung zur Rechtfertigungslehre des Lutherischen Weltbundes und der Katholischen Kirche, Nr. 43 (DwÜ 3, 430).
68 So heißt es im Annex der „Gemeinsamen Erklärung zur Rechtfertigungslehre", Nr. 3 (DwÜ 3, 440).
69 Kirche und Rechtfertigung, Nr. 168 (DwÜ 3, 373 f.).
70 Kirche und Rechtfertigung, Nr. 170 (DwÜ 3, 374).

2. Das Evangelium ist wahrhaft schöpferisches Wort Gottes, die Kirche folglich *creatura verbi divini.* Insoweit ist die Kirche immer vom Evangelium unterschieden, aus dem sie hervorgeht und zu dem sie hinführt. Das Evangelium ist für alle Zeiten der Ursprung jedweden Lebens für die Kirche.[71]

3. Gott ist seinem Worte und seiner Verheißung immer treu. Insofern ist die Kirche in ihrer geschichtlichen Gestalt durch Strukturen Ausdruck der Kontinuität Gottes mit ihr. Katholisch gelesen heißt das: Christus hat in seiner Kirche verschiedene Dienstämter eingesetzt (*ministeria*), die Gottes Sendung bezeugen.[72]

Zieht man nun hierzu das deutsche lutherisch-katholische Dialogdokument *Communio Sanctorum*[73] heran, wird folgendes erkennbar: Was in *Kirche und Rechtfertigung* in der lutherischen Terminologie zum Ausdruck gebracht wird, erfolgt in *Communio Sanctorum* ausdrücklich in eher katholischer Begrifflichkeit. Hier werden die jeweiligen Schwerpunkte in Begriffen der Gemeinschaft (*communio sanctorum*) zum Ausdruck gebracht. So heißt es explizit: Gemeinschaft der Heiligen durch Wort und Sakrament, Gemeinschaft der zum Dienst Berufenen, und schließlich begründend: Gemeinschaft der aus Gnade Geheiligten. Gemeinsam gelesen ergibt sich die Erkenntnis: in dem einen Dokument wird die gemeinsame Grundüberzeugung von der engen Verhältnisbestimmung von Rechtfertigung und Kirche durch rechtfertigungstheologische Termini, in dem anderen durch Gemeinschaftsaspekte betont. Die konfessionsspezifischen Leitperspektiven werden so gelesen und dargestellt, dass sie die jeweils andere Perspektive einbeziehen und nicht ausschließen. Werden so die unterschiedlichen konfessionsspezifischen Perspektiven wirklich miteinander verknüpft oder nur lose („semantisch") miteinander verbunden?

Der neuerdings vorliegende *Bericht über Kirche und Kirchengemeinschaft*[74] führt hierzu nun die These aus, dass eine wesentliche Übereinstimmung in der Überzeugung besteht, dass Rechtfertigung und Kirche, Gnadengeschehen wie die Gemeinschaft der Glaubenden im Heilswerk Christi selbst begründet und daher gleichursprünglich seien. Das erlösende Handeln Gottes zielt auf den

---

71 Kirche und Rechtfertigung, Nr. 171 (DwÜ 3, 375).
72 Kirche und Rechtfertigung, Nr. 172 (DwÜ 3, 375).
73 Bilaterale Arbeitsgruppe der Deutschen Bischofskonferenz und der Kirchenleitung der Vereinigten Evangelisch-Lutherischen Kirche Deutschlands, Communio Sanctorum. Die Kirche als Gemeinschaft der Heiligen, Paderborn/Frankfurt a. M. 2000.
74 Ch. Schad/K.-H. Wiesemann (Hg.), Bericht über Kirche und Kirchengemeinschaft. Ergebnis einer Konsultationsreihe im Auftrag der Gemeinschaft Evangelischer Kirchen in Europa und des Päpstlichen Rats zur Förderung der Einheit der Christen, Paderborn/Leipzig 2019.

antwortenden Glauben der Menschen wie es diese untereinander zusammenführt in der Gemeinschaft des Heils. Kirche und Rechtfertigung gehören unlösbar zusammen (Nr. 42). „Mit der Rede von der Gleichursprünglichkeit wird vielmehr betont, dass die Kirche immer schon als die Gemeinschaft der Gerechtfertigten communio sanctorum ist und es keine Rechtfertigung gibt ohne Eingliederung in die Kirche, welche in der Taufe in den Leib Christi vollzogen und dargestellt wird" (Nr. 45). Es ist nicht zu übersehen, dass innerhalb des lutherisch-katholischen Dialogs die Gewichte zwischen der auf das glaubende Individuum bezogenen Heilsfrage, welche die Rechtfertigungslehre stellt, und der Frage nach dem heilsinstrumentalen Charakter der Kirche, die in der Ekklesiologie verhandelt wird, neu austariert werden sollen. Je stärker die katholische Theologie die sakramentale Dimension der Kirche betont, umso mehr beharrt die lutherische Theologie auf der kriteriologischen Bedeutung der Rechtfertigungslehre für die gesamte Theologie. So ist die Feststellung zu verstehen: „Die Rede von der Gleichursprünglichkeit von Rechtfertigung und Kirche impliziert die notwendige Unterscheidung zwischen Kirche und Christus, Kirche und Heilsgeschehen. Wenn von der Sakramentalität der Kirche [...] gesprochen wird, dient diese Rede genau dieser Unterscheidung und der daraus resultierenden Zuordnung."[75] Deswegen betont katholische Theologie, dass die Kirche, wie es in *Lumen Gentium* heißt, *veluti sacramentum* (LG 1) ist, die Kirche eben nicht Sakrament ist wie die anderen Sakramente. „Sie ist und wirkt sakramental, d.h. sie hat an Struktur und Wesen der Sakramente teil."[76] Die Unterscheidung zwischen Christus und der Kirche ist das entscheidende Leitmotiv der Rede von der Sakramentalität der Kirche. Ist diese Einschätzung zu Recht erfolgt? Wenn sie zu Recht erfolgt ist, dann wäre hiermit erwiesen, dass der in der CA enthaltene Anspruch auf die rechtfertigungstheologische Bestimmung der Kirche von katholischer und lutherischer Überzeugung im Konsens getragen wird.

Wenn für die Kirche und ihre Sendung konstitutiv sind: das ihr überlieferte Wort Gottes, die Sakramente des Glaubens und das Amt der Verkündigung, dann bilden diese drei Elemente und Güter der Heiligung und Wahrheit die Grundlage für das Wesen und die Sendung der Kirche. Insofern impliziert der Grundkonsens in der Rechtfertigungslehre die notwendige Aufgabe, einen Konsens in den Fragen der Sakramente und im kirchlichen Amt festzustellen, der diesem Grundkonsens in der Rechtfertigungslehre entspricht. Ist mit dem Grundkonsens in der Rechtfertigungslehre schon der Konsens in Fragen der Sakramente und des Amtes

---

75 Bericht über Kirche und Kirchengemeinschaft, Nr. 51, 40.
76 Bericht über Kirche und Kirchengemeinschaft, Nr. 51, 40.

mitgegeben oder muss er erst hergestellt werden? Freilich stellt sich mit der Rolle der Sakramentalität der Kirche eine entscheidende weiter reichende Frage: Welche Ordnung und Struktur entspricht diesem Grundprinzip der Sakramentalität? Eine Antwort hierzu hält schon das deutsche lutherisch-katholische Dokument „Kirchengemeinschaft in Wort und Sakrament" bereit, wenn es heißt:

> Beide Kirchen stimmen darin überein, dass für die Einheit der Kirche Wort und Sakrament konstitutiv sind und dass für die Wortverkündigung und für die Sakramentenverwaltung das Amt gestiftet ist und Ämter in der Kirche notwendig sind (CA V, VII; XIV; LG 14). Kontrovers ist zwischen uns aber, ob und inwiefern zu diesem Amt der Leitung von Wortverkündigung und Sakramentsverwaltung eine bestimmte geschichtliche Gestalt gehört, um gültiges Zeichen der Einheit sein zu können – eine Gestalt, die deshalb dann verbindlich ist[77].

Jahrzehnte später kann vor der Folie der Kirche als *Communio Sanctorum* zwar ein weiter führender Konsens in Fragen der Bezeugungsinstanzen und des Petrusamtes festgestellt werden, aber eine zureichende Antwort auf die Frage nach in der Rechtfertigungsfrage mitenthaltenen „Sakramentalität der Kirche" bleibt aus. Noch einmal zwei Jahrzehnte später formuliert der Bericht der Lutherisch-Katholischen Dialog-Kommission für Finnland einen „wachsenden lutherisch-katholischen Konsens über Kirche, Eucharistie und Amt im Kontext der gemeinsamen sakramentalen Ekklesiologie"[78]. Dieser Konsens schließt ausdrücklich „die konstitutive Bedeutung von Amt, Wort und Sakrament und die Kontinuität der Kirche ‚für immer'"[79] ein. Hier wird die einheitsstiftende Überzeugung der CA zur Geltung gebracht. Ob sie tragfähig erscheint, muss der zukünftige Dialog erweisen.

---

77 Bilaterale Arbeitsgruppe der Deutschen Bischofskonferenz und der Kirchenleitung der Vereinigten Evangelisch-Lutherischen Kirche Deutschlands, Kirchengemeinschaft in Wort und Sakrament, Paderborn/Hannover 1984, 15.
78 Wachsende Gemeinschaft. Erklärung über Kirche, Eucharistie und Amt. Bericht der Lutherisch-Katholischen Dialog-Kommission für Finnland. Evangelisch-Lutherische Kirche Finnlands/Katholische Kirche in Finnland, Helsinki 2017, Paderborn/Leipzig 2018, Nr. 363, 208.
79 Wachsende Gemeinschaft, Nr. 35, 40.

Notger Slenczka
Der Aufbau, das systematische Zentrum und die Gegenwartsrelevanz der *Confessio Augustana*

Die Tagung, für die dieser Beitrag angefragt und konzipiert ist, stand unter der Frage, ob es sinnvoll ist, das von Erwin Iserloh und anderen verfolgte Anliegen einer Anerkennung der Katholizität der *Confessio Augustana* durch die römisch-katholische Kirche wieder aufzunehmen und weiterzuverfolgen.[1] ‚Katholizität' soll dabei vermutlich bedeuten: die Anerkennung, dass die in der *Confessio Augustana* vorgetragenen Lehren dem entsprechen, was nach dem *Commonitorium* des Vinzenz von Lerinum *semper, ubique et ab omnibus creditum est.*[2] Damit stellt sich natürlich nicht nur die Frage, ob dies der Fall ist, sondern es stellt sich die Frage, ob dieser Anspruch, den die Väter der CA mit Sicherheit und ausdrücklich erhoben haben,[3] denn in der Gegenwart von den protestantischen Kirchen so erhoben wird, die die grundsätzliche Anerkennung der Geltung der reformatorischen Bekenntnisse durch die Aufnahme in die Grundordnung ihrer Kirchen bekräftigen, diesen Geltungsanspruch aber doch mit grundsätzlichen hermeneutischen Erwägungen relativieren, in Einzelfällen ausdrücklich bestreiten und

---

1 In der Veranstaltungsankündigung hieß es: „Zum 450. Jubiläum im Jahr 1980 gab es – inspiriert durch die ökumenische Bewegung – eine umfangreiche und intensive Diskussion über die Frage einer Anerkennung der Katholizität der ‚Confessio Augustana', eine Diskussion, die abrupt und ergebnislos endete. Nach dem gewachsenen ökumenischen Vertrauen durch das Reformationsjahr 2017 stellt sich die Frage, ob wir im Blick auf 2030 hinsichtlich einer ökumenischen Anerkennung der Katholizität der CA einen Schritt weiterkommen können. Das Symposium soll eine Diskussion eröffnen, die in Kirche, Wissenschaft und Gemeindeleben weitergeführt und vertieft werden muss." http://www.melanchthon.com/Veranstaltungen/2019/2019-10-10-Tagung-Confessio.php (19.06.2021).
2 *In ipsa item ecclesia catholica magnopere curandum est ut id teneatur quod ubique, quod semper, quod ab omnibus creditum est [...] Sed hoc ita demum fit, si sequamur universitatem antiquitatem consensionem.* – (In der katholischen Kirche ist größte Sorgfalt darauf zu verwenden, daß das festgehalten wird, was überall, was immer, und was von allen geglaubt worden ist. [...] Das wird dann geschehen, wenn wir dem [Leitfaden von] Universalität, Alter und Übereinstimmung folgen.). Commonitorium pro catholicae fidei antiquitate et universitate adversus profanas omnium haereticorum novitates, hg.v. A. Jülicher, Tübingen ²1925 (neueste kritische Edition: CCSL 64), Bd. 2, 5–6.
3 BSLKrev 130,8–27 // BSLK 83c–d; im Folgenden zitiere ich diese und weitere lutherische Bekenntnisschriften nach der revidierten Ausgabe, hg.v. Irene Dingel, Göttingen 2014. Ich ergänze jedes Zitat aus den Bekenntnisschriften durch den Verweis auf die ‚Jubiläumsausgabe' von 1930.

spätestens seit dem 18. Jahrhundert die Frage nach der gegenwärtigen Verbindlichkeit historisch abständiger Texte mit offenem Ausgang diskutieren.[4] Damit stellt sich die viel grundsätzlichere Frage, in welchem Sinne man für ‚den christlichen Glauben' Katholizität im Sinne des Vinzenz von Lerinum in Anspruch nehmen kann: liegt diese Katholizität tatsächlich auf der Ebene gegenständlicher Lehrinhalte? Aller Inhalte beispielsweise des *Apostolikums* – zu schweigen von der CA, den übrigen Bekenntnisschriften oder der Lehrentscheidungen des *Denzinger*? Sofern die Katholizität nicht in diesen Inhalten liegt – wo dann? Weiter: was bedeutet es, die Katholizität der CA in der Gegenwart anzuerkennen? Wird damit die Entwicklung und Ausbildung von Konfessionskirchen, die einander als different und unvereinbar betrachtet haben, rückgängig gemacht? Wird damit eine Einheit konstatiert, für die die nach 1530 bzw. in der Neuzeit eingetretene Entwicklung der Lehrbildung hinsichtlich der Funktion des Papstes oder der Rolle der Mutter Gottes einerseits und die entsprechenden Entwicklungen auf protestantischer Seite bedeutungslos sind? Soll das historische Bekenntnis von 1530 gleichsam die hermeneutische Klammer werden, unter der alle weiteren Entwicklungen zu bewerten sind? Oder werden die seit 1530 vollzogenen Entwicklungen zum hermeneutischen Schlüssel des Verständnisses der CA? Hätte das nicht die Folge, dass sich der gewonnene Konsens bald wieder aufreißt?

Ich notiere diese Fragen, denen viele weitere zur Seite zu stellen wären, nur darum, um deutlich zu machen: das Projekt der Anerkennung der Katholizität der CA ist ökumenisch und hermeneutisch anspruchsvoll; es zeichnet sich ab, dass eine schlichte Ja-Nein-Antwort auf die Frage, ob die CA ‚katholisch' ist, ohnehin und mit Gründen nicht möglich ist.

Mein Vortrag soll zur Klärung dieser Frage durch eine Verständigung über das systematische Zentrum der CA beitragen, also die Frage nach der ‚Mitte der CA' stellen und beantworten. Schon diese Teilfrage ist voraussetzungsreich: sie impliziert nämlich die Behauptung, dass die CA keine Versammlung einzelner Lehren ist, über deren ‚Katholizität' man Artikel für Artikel entscheiden könnte. Die CA gruppiert ihre Artikel vielmehr um ein inhaltliches Zentrum, dem alle Artikel zugeordnet sind. Das bedeutet, dass es, gemessen an diesem Zentrum, mehr oder weniger zentrale Inhalte gibt, und dass alle Lehraussagen unter dem hermeneutischen Kriterium dieses Zentrums stehen. Dass diese Perspektive wieder voraussetzungsreich ist, ist klar: Es stellt sich die Frage, ob das Identifizieren eines solchen hermeneutischen Zentrums wirklich die Intention der Verfasser oder der rezipierenden Kirchen des 16. und 17. Jahrhunderts widerspiegelt,

---

4 Dazu Notger Slenczka, Theologie der reformatorischen Bekenntnisschriften, Leipzig 2020, hier § 1 und § 11.

oder ob es sich um eine nachträgliche Sinnstiftung handelt, die nur nach dem Überschreiten nicht der zeitlichen, sondern der inhaltlichen Schwelle zum Neuprotestantismus möglich ist. Um das Identifizieren des Zentrums möglichst weitgehend von Willkürakten freizustellen, erschließe ich es über eine Analyse des Aufbaus der CA und trage ein paar Beobachtungen vor, die noch selten gemacht wurden und nicht selbstverständlich sind (2.). Fragen nach dem Aufbau von Texten sind darum hilfreich für deren Interpretation, weil sie nicht an der Frage nach der historisch (vielleicht) feststellbaren Absicht des Verfassers oder der Verfasser orientiert ist, sondern an der Instanz des Textes und seiner Struktur, die weder durch historische noch durch systematische Zugriffe ignoriert werden kann und beiden vorausliegt. Allerdings setzt die auswertende Interpretation dieses Aufbaus die Bestimmung der historischen Situation bzw. der Absicht der Abfassung voraus, die daher in 1. soweit wie nötig nachvollzogen werden soll. Auf dieser Grundlage wird das Zentrum der CA erkennbar (3.). Ich werde dann versuchen, die Gegenwartsrelevanz dieses Zentrums zu bestimmen (4.) – ich konzentriere mich auf die ökumenische Relevanz. Daraus ergibt sich unter 5. eine Vermutung über die systematische Funktion des Genus ‚Lehrbekenntnis'. Und es ergibt sich (6.) die Einsicht, dass die katholische Kirche sehr schlecht beraten wäre, wenn sie die CA als kirchliches Bekenntnis anerkennen würde.

Alle Ausführungen sind auf das Wesentliche reduziert.[5]

1 Das rätselhafte Genus der Lehrbekenntnisse – Bekenntnisse im Vorfeld der *Confessio Augustana*

Bekanntlich ist das Entstehen von Lehrbekenntnissen ein ganz eigentümlicher Vorgang, der sich in den Reformationskirchen am Ende der 20er Jahre vollzieht und der zu einer Reihe von derartigen Texten führt, die in Form und Funktion sehr unterschiedlich sind. Während die überlieferten altkirchlichen Symbole zugleich eine gottesdienstliche Funktion hatten, ist das neue Textgenus des Lehrbekenntnisses für den gottesdienstlichen Gebrauch denkbar ungeeignet. Dieses neue Genus leitet sich her aus dem *Bekenntnis*, das Luther an das Ende seiner *Abendmahlsschrift* von 1528 stellt.[6] Von dort aus führt die Linie über die *Schwa-*

---

5 Für alle näheren Begründungen und Differenzierungen verweise ich auf: Notger Slenczka, Theologie der reformatorischen Bekenntnisschriften, Leipzig 2020, zum Aufbau der CA bes. § 3.
6 Martin Luther, Vom Abendmahl Christi. Bekenntnis [1528], BoA III, hg.v. Otto Clemen, Berlin ⁶1966, 352–516, hier 507 ff.

bacher Artikel (SchwabA) und über die von diesen abhängigen *Marburger Artikel* (MarbA) zur CA. In das unmittelbare Vorfeld gehören auch die Torgauer Artikel (TorgA).

Ich werde im Laufe des Referats eine These zum Grund für die Entstehung dieses Textgenus aufstellen. Hier greife ich auf diese Genealogie der CA nur zurück, weil sich damit Einsichten in den Aufbau der Bekenntnisse und die Leitprinzipien dieses Aufbaus gewinnen lassen. Luthers *Bekenntnis* von 1528 gibt das Grundprinzip vor: die spezifischen Entscheidungen, an denen die Interessen der reformatorischen Theologen haften – die Frage nach der Heilsvermittlung und die Frage nach dem Sinn der Sakramente – werden in den Aufriss der gottesdienstlich verwendeten altkirchlichen Symbole eingefügt.[7]

Wichtig für das Verständnis des Aufbaus der CA sind insbesondere die *Schwabacher* und die *Marburger Artikel*, die in gleicher Weise wie das *Bekenntnis* Luthers die spezifisch reformatorischen ,Lehrstücke' in den Aufriss der altkirchlichen Bekenntnisse einfügen.[8] Wenn man nun aber den Aufbau der *Schwabacher* mit den *Marburger Artikeln* vergleicht, dann fallen auf den ersten Blick Umstellungen auf.[9] Die *Schwabacher Artikel* lassen in der Abfolge der Artikel einen Gedankengang erkennen, der von der christologisch fokussierten Trinitätslehre in Art. 1 über die Schilderung des Heilswerkes Christi und dessen Rezeption im Glauben (Art. 2–5) zum Ursprung des Glaubens in Wort und Sakrament (Art. 6 Satz 1 und 7) führt und schließlich im zweiten Teil des Art. 6 bei der ethischen Neuorientierung als Folge des Glaubens endet. Darauf folgen in den Art. 7–10 die Konkretionen zu den Ursprüngen des Glaubens (Art. 6): Wortverkündigung und Sakramente. Die *Marburger Artikel* hingegen stellen um: die ersten Artikel ent-

---

7 Kurz aufgewiesen anhand des Bekenntnisses von 1528 (Luther, Vom Abendmahl Christi. Bekenntnis, 352–516, hier 507 ff.): Luther folgt grundsätzlich dem Aufriss der altkirchlichen Bekenntnisse (Trinitätslehre: 508,11–17; Christologie: 508,18–509,4; Pneumatologie: 511,13–20). Selbstverständliches wie die Schöpfungslehre und die diesem zugeordnete Rede von Gott, dem Vater, übergeht Luther, fügt aber in den zweiten Artikel die Feststellung der menschlichen Sünde (509,4–10), der Erlösung (10–14), der Ablehnung des freien Willens (15–23) und aller menschlichen Werke (24–510,16) und die ,Stände' als dem eigentlichen Ort der Bewährung des Glaubens (510,17–40; Bekräftigung des *sola fide* 510,40–511,11) ein; in den Dritten Artikel ordnet Luther die Sakramente als Medien der Heilsvermittlung ein (511,28–512,13). Es folgt eine wieder auf die Sakramente hinzielende (512,33–36) Ekklesiologie (512,14–41), die dann in eine Begründung der Ablehnung von Sakramenten und Sakramentalien hinausläuft [Hochschätzung der Beichte (513,1–12) und Ablehnung des Ablasses und der damit verbundenen Vorstellungen (513,13–32); Ablehnung der Heiligenverehrung (513,33–37); letzte Ölung etc.pp.]. Dazu Slenczka, Theologie, 168–172.

8 Zum Folgenden vgl. Slenczka, Theologie, 164–166.

9 Slenczka, Theologie, 172–174.

sprechen ziemlich klar dem in den SchwabA vollzogenen Weg von der Trinitätslehre (Art. 1) über die Christologie (2–3) zum Glauben (4 und 5 bzw. 7) und zu den Ursprüngen des Glaubens: Wort und Taufe (6; 8–9). Dann stellen aber die Verfasser die Ausführungen zum neuen Leben gegenüber den SchwabA um und dem Taufartikel nach (10, vgl. SchwabA 6); dann erst folgt in MarbA der Artikel zur Buße (11), so dass sich hier ein am Lebensvollzug orientiertes Schema ergibt: Glaube (7) – Wort und Taufe als Ursprung des Glaubens (8–9) – neues Leben (10) – Buße (11). Diese Umstellung ist offensichtlich inhaltlichen Prinzipien geschuldet: um systematischer Gliederungsprinzipien willen gerät die Orientierung am Ablauf des altkirchlichen Glaubensbekenntnisses aus dem Blick. Dafür spricht auch, dass im Unterschied zu den SchwabA ein eigener Artikel zur Kirche und zum Jüngsten Gericht in den *Marburger Artikeln* fehlt.

Die Details sind weniger wichtig als die These, die sich daraus ableiten lässt: die Orientierung der reformatorischen Bekenntnistexte an der Abfolge des altkirchlichen Bekenntnisses löst sich fortschreitend auf zugunsten von systematischen Gliederungsaspekten, die den spezifischen Anliegen der reformatorischen Theologie Rechnung tragen.

2 Zur *Confessio Augustana* und ihrem Aufbau

Es ist schwer, zur CA etwas Neues zu sagen – das Folgende ist aber tatsächlich neu und wurde so noch nicht gesehen. Ich habe wichtige rezente Vorschläge zum Verständnis des Aufbaus der CA anderweitig[10] vorgestellt und diskutiert und kann mich hier auf die Grundzüge der eigenen These beschränken und für nähere Begründungen ebenfalls auf anderweitig Vorgetragenes verweisen.[11]

2.1 Probleme des Aufbaus

Ich setze die Unterscheidung der Lehrartikel (1–21) von den spänigen Artikeln (22–28) als bekannt voraus; das hat zur Folge, dass die Frage nach dem Aufbau der CA sich auf die Art. 1–21 beschränken muss und kann.

Die *Confessio Augustana* ist auf den ersten Blick ein schlechter Kandidat für die Annahme, dass hier ein mit Sorgfalt und Finesse gestalteter Text vorliegt. Zunächst legt sich der Verdacht nahe, dass es eigentlich keine Aufbauprinzipien

---

10 Slenczka, Theologie, 182–190.
11 Slenczka, Theologie, 182–226.

gibt; jedenfalls leitet nicht mehr der Aufriss der altkirchlichen Bekenntnisse: Der Artikel zur Erbsünde hat sich verselbständigt und ist zwischen die Rezeption der Gottes- und Trinitätslehre (CA 1) und die Christologie (CA 3) gerückt – in den SchwabA und in den MarbA war die Sündenlehre in den Artikel von der Heilszueignung – in beiden Bekenntnissen jeweils Art. 4 – integriert. Auch der Kirchenartikel ist im Vergleich mit SchwabA (dort 12) vorgerückt (CA 7) und leitet die Sakramentsartikel ein – die *Schwabacher Artikel* hatten die Artikel zum Glauben und zum Ursprung des Glaubens (SchwabA 5–11) als Einheit auf die Christologie (SchwabA 1–3) und deren soteriologische Pointe (4) folgen lassen und waren dann nach den Artikeln zu den Sakramenten (8–11) mit der Ekklesiologie (12) wieder zum Aufbau des altkirchlichen Bekenntnisses zurückgekehrt.

Die Tendenz zur Ablösung von der Themenfolge der altkirchlichen Bekenntnisse setzt sich also fort; zweitens ist auffällig, dass Wiederholungen auftreten: Auf CA 6 ('Vom neuen Gehorsam') folgt in CA 20 noch eine ausführliche Behandlung des Themas 'Vom Glauben und guten Werken'. In CA 18 wird 'Vom freien Willen' gehandelt, in CA 19 'Von Ursach der Sünden' – obwohl diese Inhalte auch zwanglos in CA 2 unter dem Titel 'Von der Erbsünde' hätten integriert oder angeschlossen werden können. Die Doppelungen setzen ein mit CA 14 ('Vom Kirchenregiment'): der Artikel führt inhaltlich Art. 5 ('Vom Predigtamt') weiter. Vermutlich darum verzichten manche Interpreten der CA – ich nenne nur Wilhelm Maurer und Leif Grane – völlig auf eine Analyse des Aufbaus.

2.2 Vorschläge

Die Vorschläge, die gemacht wurden, sind auch wenig befriedigend; ein Beispiel: Nach Bornkamm haben die ersten drei Artikel die Aufgabe, die Übereinstimmung der reformatorischen Kirchentümer mit den Lehrbildungen der Alten Kirche auszuweisen; daraufhin komme in den Artikeln 4–6 sowie 18–20 das reformatorische Verständnis des Evangeliums zur Darstellung. In 7–15 werden nach Bornkamm Probleme der Kirche und der kirchlichen Ordnung entfaltet. Hinzu kommen, so Bornkamm, drei „Einzelartikel, die dringende Fragen der Zeit klären sollen" (11): Zum weltlichen Regiment in Art. 16, zur Wiederkunft Christi in 17 und zur Heiligenverehrung in 21.[12]

Das ist mehr Chaos als Aufbau; der Vorschlag Friedrich Winters, dass sich Melanchthon für den Aufbau der Artikel an der Abfolge der Teile des *Sentenzenwerks* des Petrus Lombardus orientiere, wird von einigen jüngeren Interpreten

---

12 Im RGG-Artikel spricht Bornkamm von „Einzelprobleme(n)".

aufgegriffen; der Vorschlag hat aber wirklich überhaupt gar nichts für sich und wird hoffentlich irgendwann vergessen. Zuweilen wird vorgeschlagen, dass Melanchthon in einem ersten Teil der Artikel die Übereinstimmung mit dem Glauben der Alten Kirche ausweise und ab Art. 4 oder ab Art. 5 die reformatorischen Sonderlehren begründe.[13]

Der etwas rätselhafte Aufbau erschließt sich aber, wenn man dem Hinweis Georg Kretschmars auf die Funktion und Stellung des Kirchenartikels (CA 7) folgt und die damit verbundene These etwas ausbaut.[14]

2.3 Die Artikel 14 – 21

Alle Interpreten haben jedenfalls Schwierigkeiten mit der Zuordnung der Art. 14 – 21 – das ist der Komplex, der deutliche thematische Wiederholungen bietet. Die einfachste Erklärung für diese Artikel ist die, dass Melanchthon hier Abgrenzungen gegen die *404 Artikel* Johannes Ecks vornimmt. Eck hatte im Vorfeld des Reichstags eigene und fremde Zitat- und Thesensammlungen aus Schriften Luthers kompiliert und an den kaiserlichen Hof nach Innsbruck geschickt. Damit wurde die reformatorische Bewegung aller möglichen häretischen und politisch aufrührerischen Ansichten beschuldigt, unter anderem der Ablehnung einer ethischen Verpflichtung des Christen, einer Ablehnung der Obrigkeit und des Verteidigungskrieges gegen das Osmanische Reich. Für alle Abgrenzungen, die in den Art. 14 – 21 vorgenommen werden, lassen sich entsprechende Aussagen in den *404 Artikeln* identifizieren.[15] Die CA besteht also strenggenommen nicht aus zwei, sondern aus drei Teilen: den Lehrartikeln 1 – 21, innerhalb derer die Art. 1 – 13 von der Auseinandersetzung mit dem *404 Artikeln* Ecks in 14 – 21 zu unterscheiden ist; und den ‚spänigen‘ Artikeln 22 – 28. Das erklärt die von Art. 14 an auftretenden thematischen Doppelungen, und es führt dazu, dass man für die Frage nach dem Aufbau der CA sich an die Artikel 1 – 13 zu halten hat.[16]

---

13 Zu Bornkamm: Slenczka, Theologie, 184 f.; zu Winter: ebd. 185 f.; zum zuletzt genannten Vorschlag: etwa Bornkamm (ebd. 184).

14 Ich nenne immer wieder gern den Aufsatz, in dem Kretschmar diese kluge Einsicht vorstellt (Slenczka, Theologie, 191): Georg Kretschmar, Der Kirchenartikel der Confessio Augustana Melanchthons, in: Erwin Iserloh (Hg.), Confessio Augustana und Confutatio (etc.), Münster 1980, 411 – 439, hier 417 f.

15 Dazu Slenczka, Theologie, 193 – 195.

16 Zum Folgenden: Slenczka, Theologie, 196 – 212.

2.4 Die Sakramentsartikel 8–13

In diesem ersten Teil der CA hebt sich auf den ersten Blick ein Block von Artikeln ab, der dem Thema des Sakraments gewidmet ist. Dieser Block endet mit Art. 13, wo es um den Gebrauch der Sakramente geht – sie sind *promissio* und zielen auf den Glauben. Dem gehen die Artikel zum Bußsakrament und zur Bußgesinnung voraus, und natürlich Art. 9 und 10 zu Taufe und Eucharistie. Zu den Sakramentsartikeln gehört aber auch Art. 8, der aufgrund der sekundären und irreführenden Überschrift – „Was die Kirche sei?" – üblicherweise gemeinsam mit Art. 7 dem Thema der Kirche zugeordnet wird. Das ist mit Rücksicht auf die Einleitung des Artikels auch zutreffend, aber der Artikel insgesamt hat, wie spätestens die Verwerfung zeigt, eine antidonatistische Spitze: er stellt die Gültigkeit von Sakramenten sicher, die von unwürdigen Priestern gereicht werden. Es geht also nicht um die Kirche, sondern um die Sakramente, so dass man es in den Art. 8–13 mit einem thematischen Bogen von der Spendung bis zum Empfang der Sakramente zu tun hat.

2.5 Artikel 1–6

2.5.1 Artikel 4–6

Es ist sodann deutlich, dass die Art. 5 und 6 nicht, wie vielfach vorgeschlagen wurde, einen Neueinsatz darstellen für einen Abschnitt, der von Art. 5 bis 17 reicht und der den Glauben, der in Art. 4 genannt wird, inhaltlich entfaltet. Sowohl Art. 5 wie Art. 6 verweisen durch eine Einleitung („Solchen Glauben zu erlangen" und „Auch wird gelehrt, dass solcher Glaube") zurück auf Art. 4. Inhaltlich geht es in Art. 5 darum, dass der rechtfertigende Glaube eine Gabe Gottes ist, die durch Wort und Sakrament gegeben wird und keine verdienstliche Vorbereitung des Menschen erfordert; und es geht in Art. 6 darum, dass der Glaube ethische Folgen hat und haben muss, die aber auf keinen Fall als Grund der Rechtfertigung betrachtet werden dürfen. Es geht also in beiden Artikeln darum, den Ursprung und die Folgen des Glaubens unter das Vorzeichen der in Art. 4 skizzierten Rechtfertigung ohne das Werk zu stellen. Art. 4–6 gehören also engstens zusammen, mit Art. 5 fängt kein neues Thema an.[17]

---

[17] Gegen den Vorschlag von Wenz, Slenczka, Theologie. Für diese Zuordnung der Art. 4 und 5 spricht übrigens auch die Vorform der *Schwabacher Artikel:* in SchwabA 6 werden die in CA 5 und 6 getrennten Anliegen verbunden; Slenczka, Theologie, 197 f.

2.5.2 Zentralstellung von Artikel 3 im Gefüge von 1–6

Gemeinhin wird nun Art. 4 als das Zentrum der ersten Artikel der CA ausgegeben – ich halte das für unzutreffend: das Zentrum ist vielmehr Art. 3. Es handelt sich um einen ganz wunderbar aufgebauten Artikel, der in genialer Weise die Art. 2–4 der *Schwabacher Artikel* ineinanderschiebt und Christologie und Soteriologie zu einer Einheit verbindet – ich verweise auf das Aufbauschema am Ende des Beitrags.[18] Anderweitig habe ich in einer Detailanalyse begründet, dass die vier Artikel CA 1–4 untereinander eine Einheit bilden, in der nicht Art. 4, sondern Art. 3 das Zentrum darstellt; ich plausibilisiere das in abgekürzter Form durch das Identifizieren von Querverweisen: Der Artikel 3 weist im ersten Satz zurück auf Art. 1, in der Darstellung des Todes Jesu als Versöhnung des Gotteszorns auf Art. 2, und in der Doppelung, nach der der Tod Jesu als Grund für die *Erlösung von der Sünde* und das Auferstehungsleben Jesu als Grund des *neuen Lebens* des Christen beschrieben wird, auf die entsprechende Doppelung in Art. 4: dort wird dem entsprechend festgestellt, dass die *Vergebung der Sünde* einerseits und *Gerechtigkeit und Ewiges Leben* andererseits allein dem Glauben entspringe. Eine detaillierte Analyse lässt sich in der Feststellung zusammenfassen, dass die Artikel 1–4 eine Einheit bilden, die von der Christologie regiert wird. Es geht hier um den Zusammenhang des Evangeliums von Christus mit dem Glauben. Art. 5 und 6 sind, wie gesagt, von Art. 4 abhängig.

2.6 Zentralstellung von Artikel 7 im Rahmen von 1–13

Damit haben wir zwei Blöcke von je sechs Artikeln, die thematisch zusammenhängen, Art. 1–6 unter dem Thema von Christus und Glaube, Art. 8–13 unter dem Thema des auf Glauben zielenden Sakraments. Evangelium von Christus einerseits. Sakrament andererseits. Beides jeweils fokussiert auf den Glauben, auf den sie abzielen. Und in der Mitte der Kirchenartikel, in dem festgestellt wird, dass die Kirche die Gemeinschaft der Glaubenden ist, die dort ist, wo das Wort – das ist das Evangelium von Christus – recht verkündigt und die Sakramente dem Evangelium gemäß verwaltet werden. Also: in der Mitte steht der Kirchenartikel, der die Kirche als Gemeinschaft der Glaubenden definiert. Drumherum die Konstitutionsgründe der Gemeinschaft der Glaubenden: Wort von Christus. Und das Sakrament. Und genau dies ist der Grund dafür, dass Melanchthon den Kirchenartikel von dem Ort, an dem er nach dem altkirchlichen Bekenntnis und nach den diesem fol-

---

18 Zur Entfaltung dieses Schemas: Slenczka, Theologie, 202–204.

genden *Schwabacher Artikeln* steht, wegrückt und vor die Sakramentenartikel stellt. Die Orientierung des Aufbaus am altkirchlichen Glaubensbekenntnis ist gänzlich einer systematisch begründeten Abfolge gewichen: im Zentrum die Kirche, gerahmt von deren Konstitutionsgründen.

3 Das systematische Zentrum der *Confessio Augustana*: die Definition der Kirche

Damit ist das Zentrum der CA der Kirchenartikel. Ich sortiere ihn noch kurz ein.[19]

3.1 Die Kirche als ‚Versammlung der Gläubigen'. Wort und Sakrament als Erkennungszeichen der Kirche

Im Zentrum des Kirchenartikels steht eine Definition der Kirche, nämlich als ‚Versammlung aller Gläubigen'. Damit wird bekanntlich die entsprechende Formulierung des *Apostolikums* aufgenommen – *communio sanctorum*. Diese Wendung ist doppeldeutig und wird von der Mehrheit der vorreformatorischen Theologen als ‚Gemeinschaft heiliger Dinge' im Sinne der Teilhabe an den Sakramenten gedeutet. Die lateinische Fassung klärt die Doppeldeutigkeit in der Richtung eines Verständnisses der Kirche als Personengruppe, indem Melanchthon nicht *communio*, sondern *congregatio sanctorum* schreibt. Die ursprüngliche deutsche Fassung wiederum definiert die Heiligkeit durch den Glauben: die *congregatio sanctorum* ist die „Versammlung aller Glaubigen"; entsprechend wird Luther später in *Von den Konziliis und Kirchen* im dritten Teil die Heiligkeit der Kirche durch den Glauben definieren, weil in diesem, so legt er in einem absolut genialen, weil wunderbar aufgebauten Abschnitt aus, alle Gebote erfüllt seien.[20] Ich verweise auch darum auf diesen Text, weil Luther dort feststellt, dass diese Versammlung der Gläubigen unsichtbar sei, da der Glaube nicht augenfällig sei, so dass sich die Frage stelle, wo eigentlich diese Gemeinschaft der Gläubigen sei; und er nennt dort Erkennungszeichen der Kirche, voran Wort und Sakrament, mit der Begründung, dass durch diese eben der Glaube entstehe, der das Wesens-

---

19 Dazu Slenczka, Theologie, 207–212.
20 Martin Luther, Von den Conciliis und Kirchen (1539), DDStA 2, hg.v. Dietrich Korsch/Johannes Schilling, Leipzig 2015, 527–799, hier Teil 3 (742ff.), zur Kirchendefinition und zum Verhältnis von Heiligkeit und Glaube: 742,26–744,4. Zur ‚Heiligkeit' als Implikat des Glaubens (dies ist der wunderbar aufgebaute Abschnitt): 746,21–748,22.

element der Kirche sei.[21] Aus demselben Grund werden hier in der CA Wort und Sakrament genannt: sie sind Erkennungszeichen der Kirche, und zwar deshalb, weil durch sie Glaube entsteht. Dass irgendwo mit hoher Wahrscheinlichkeit Glaube und damit die Gemeinschaft der Glaubenden ist, erkennt man daran, dass dort die Medien sind, durch die dieser Glaube entsteht.

3.2 Der Anspruch der reformatorischen Kirchentümer auf den Titel ‚Kirche'

Damit erschließt sich der Sinn der CA: dadurch, dass die weltlichen Herren den Anspruch erheben, dass in ihren Kirchen ein *magnus consensus* besteht über die Artikel, in denen die angemessene Evangeliumsverkündigung und die Grundlagen einer dem Evangelium entsprechenden Sakramentsverwaltung beschrieben werden, erheben sie gleichzeitig den Anspruch, dass in ihren Kirchentümern die heilige christliche Kirche sei auch dann, wenn sie hinsichtlich der von Menschen eingesetzten Zeremonien von der römischen Kirche abweicht.

3.3 Kirche ohne konstitutives Bischofsamt

Und damit ist auf der anderen Seite deutlich: wir haben es hier in CA 7 mit einer Kirchendefinition zu tun, die den Anspruch erhebt, hinreichend zu sein – *satis est.* Sie ist somit nicht vollständig, zweifellos. Zur Kirche gehört mehr als die Verkündigung des Evangeliums und die entsprechende Sakramentsverwaltung. Zur Kirche gehört ein Versammlungsgebäude, zweifellos auch Menschen, die für die Verkündigung und die Sakramentsverwaltung zuständig sind, Vereinbarungen über ein regelmäßiges Angebot dieser Medien etc.pp. Einiges davon wird auch in den anderen Artikeln genannt – so etwa das kirchliche Amt in Art. 5, aber eben: der Entstehung des Glaubens durch Verkündigung und der Sakramentsverwaltung nachgeordnet: es ist das *ministerium docendi et porrigendi sacramenta*, wie es im lateinischen Text heißt.[22] Genau so wird durchgängig die Amtsstruktur der

---

21 Luther, Von den Conciliis, 750,27–752,2; es folgen dann die Erkennungszeichen: Wort (752,3–754,29); Taufe (754,30–756,12); Eucharistie (756,13–758,5); Buße (758,6–760,5); Berufung von Amtsträgern (760,6–776,6); öffentlicher Gottesdienst (776,7–23); Martyrium (776,24–778,31). Zusammenfassung: 778,32–780,39.

22 Man müsste ‚Predigtamt' als ‚Aufgabe der Predigt' übersetzen; ich verweise auf die entsprechende Passage aus den SchwabA, in der das ‚Predigtamt', das Gott eingesetzt habe, mit einem explikativen ‚oder' verbunden wird mit dem ‚muntlich wort': „Sollichen glauben zu erlangen oder

Kirche behandelt: das Amt ist nicht die Kirche, so wenig, wie die Verkündigung und die Sakramente die Kirche sind, sondern die Kirche ist die Gemeinschaft der Glaubenden, konstitutiv ist der Glaube. Wort und Sakrament sind die unverzichtbaren Medien durch die der Glaube entsteht, und das Amt ist dem zugeordnet als Amt der Verkündigung und Sakramentsverwaltung – das sind in nuce die Ausführungen zum Bischofsamt in Art. 28.

Um es ganz klar zu sagen: wir haben in Art. 7 eine Definition der Kirche vor uns, die hinreichend sein will, dabei aber ohne jeden Bezug zum bischöflichen Amt auskommt. Es wird nicht einmal erwähnt, und daran ändert auch Art. 5 und 8 nichts; in beiden geht es nicht darum, das bischöfliche Amt als konstitutives Moment in die Definition der Kirche einzuzeichnen. Dass die Evangeliumsverkündigung und die Sakramentsverwaltung irgendwie gewährleistet sein muss und dafür Personen zuständig sein müssen, ist klar. Aus der Definition der Kirche als Gemeinschaft der Glaubenden leiten die Verfasser der CA die Konstitutionsgründe dieses Glaubens als Erkennungszeichen ab. Eine Wahrnehmung dieser Erkennungszeichen durch Amtsträger ist impliziert. Eine bestimmte Ausstattung des Amtes gehört aber nicht zu den konstitutiven Wesensmerkmalen der Kirche, sondern zu den Adiaphora.[23]

4 Gegenwärtige Relevanz: ‚Kirche' als Begriff und als Name

Damit komme ich zum dritten im Titel meines Vortrags genannten Aspekt, nämlich zur Gegenwartsrelevanz der CA.

4.1 Die Kirche als *civitas platonica* – das Recht eines Einwandes des Kardinal Bellarmin

Ich habe das ökumenische Programm der Tagung durchaus wahrgenommen, möchte aber nun doch etwas Wasser in den Wein schütten, indem ich mich auf

---

uns menshn zugeben, hat Got eingesetzt das predig ambt oder muntlich wort, nemlich das evangelion [...]": es geht vor diesem textgeschichtlichen Hintergrund auch in CA 5 also nicht um die Einsetzung eines Amtsstandes, sondern um die Einrichtung einer Aufgabe: der Verkündigung des Evangeliums. Das Geistliche Amt wird nicht in CA 5 begründet, sondern in CA 14 – so zu Recht Dorothea Wendebourg, Das Amt und die Ämter, in: ZevKR 45 (2000), 5–38.

23 Dazu genauer und im Abgleich mit den übrigen Aussagen der CA und der auf sie folgenden Bekenntnisschriften zum geistlichen Amt: Slenczka, Theologie, 213–223.

den großen und ganz ernsthaft nicht genug zu lobenden Kardinal Bellarmin beziehe.[24] Er hat das Kirchenkonzept der Protestanten als das Modell einer *civitas platonica* abgelehnt – dieser Vorwurf wird, soweit ich sehe, in den Auseinandersetzungen der frühen Reformationszeit erstmals erhoben; der erste mir bekannte Beleg stammt von Johannes Eck. Bellarmin hat, wie mit so vielem, recht mit dieser Charakterisierung der reformatorischen Ekklesiologie, wenn man diese Bezeichnung richtig versteht. Bellarmin hebt damit nämlich darauf ab, dass die Protestanten durchschnittlicherweise die Kirche als Allgemeinbegriff verstehen. Allgemeinbegriffe zeichnen sich dadurch aus, dass sie auf viele Entitäten anwendbar sind, sofern diese die im Begriff angelegten Bedingungen erfüllen. Alle, die diesen Text lesen oder lesen werden, sind Menschen, sofern sie die Bedingung erfüllen, dass sie vernünftig sind, und dass sie sich von anderen Vernunftwesen – den Engeln, den Teufeln, oder auch Gott – dadurch unterscheiden, dass sie einen Körper haben, sich bewegen, einen Platz im Raum einnehmen und Stoffwechselvorgänge aufrechterhalten, kurz: dass sie Lebewesen sind. Sofern sie das sind und tun, sind sie Menschen, unbeschadet aller Differenzen bezüglich der Haut- und Haarfarbe, Nasenform, Körperumfang oder Geschlechtszugehörigkeit. Es ist genug – *satis est!* – wenn sie vernünftig und ein Lebewesen sind. In diesem Sinne ist nach protestantischem Verständnis die Kirche eine *civitas platonica:* das Kirchesein einer Gemeinschaft entscheidet sich daran, dass diese Gemeinschaft bestimmte, im Begriff angelegte Bedingungen erfüllt, nämlich dass es sich um eine Gemeinschaft von Glaubenden handelt – und diese erkennt man eben daran, dass in ihr Wort und Sakrament gepflegt wird.

Bellarmin erhebt den Anspruch, dass er und die römische Kirche insgesamt die Kirche nicht als *civitas platonica* versteht, das heißt: nicht als Begriff verwendet. Nun sieht es aber auf den ersten Blick doch so aus, als ob die römischen Katholiken ebenfalls einen solchen Allgemeinbegriff von Kirche hätten: Dass sie ein Set von Merkmalen und Kriterien mit den protestantischen Kirchen teilten, dabei aber über diese unstrittigen Merkmale der Kirche bzw. Kriterien des Kircheseins hinaus weitere Kriterien für das Kirchesein hinzufügten. Bellarmin nennt schließlich auch solche Wesenselemente der Kirche, nämlich das gemeinsame Bekenntnis des Glaubens, die Gemeinschaft der Sakramente, und den Gehorsam gegenüber den legitimen Bischöfen, zuhöchst gegenüber dem Papst zu Rom. Eindeutig im Zentrum steht dabei das Amt in apostolischer Sukzession – das sind

---

24 Die folgenden Überlegungen zu Bellarmin und zur Differenz des Verständnisses eines Wortes als Begriff und als Name habe ich ausführlicher entfaltet: Notger Slenczka, Die trennende Kraft der einen Kirche. Probleme der ekklesiologischen Grundlagen der Ökumene, in: Reinhard Flogaus u. a. (Hg.), Orthodoxie im Dialog. Historische und aktuelle Perspektiven. FS für Heinz Ohme, Leipzig 2015, 121–147.

die *legitimi pastores*, denn dieses Kriterium ist das im Vergleich mit den anderen beiden engste. Man denke hinsichtlich der Bedeutung dieses Kriteriums an die Debatten um die Kriterien des Kircheseins im Anschluss an die *Gemeinsame Erklärung zur Rechtfertigung:* nicht allein das Verständnis der Rechtfertigung, sondern auch andere Kriterien (genannt wurde ausdrücklich das apostolische Amt) sind konstitutiv für die Zugehörigkeit zur Kirche. Versteht man das Bekenntnis, die Teilnahme am Sakrament und den Gehorsam gegenüber dem Amt als konstitutive Momente der Kirche, dann wäre auch der Kirchenbegriff der römischen Kirche ein Allgemeinbegriff, der aber im Vergleich mit den protestantischen Kriterien weitere nennt mit der Folge, dass möglicherweise eine kleinere Zahl von Gemeinschaften wirklich als Kirche bezeichnet werden kann: nur diejenigen, die neben Wort und Sakrament auch noch die apostolische Sukzession aufweisen. Wenn die Sachlage wirklich so stünde, dann wäre ein ökumenischer Dialog über den genauen Sinn des Begriffes Kirche notwendig und möglicherweise erfolgreich: man könnte dann fragen, ob wirklich die Amtssukzession zum Begriff der Kirche gehört, und ob nicht das Amt irgendwo doch auch in der CA als Bedingung des Kircheseins unterzubringen ist.

4.2 Kirche als ‚Name'

Aber wir haben es eben nicht damit zu tun, dass alle Denominationen den Begriff Kirche in gleicher Weise verwenden und nur unterschiedlich definieren und damit den Begriff unterschiedlich weit anwenden. Sondern wir haben es mit einer schon rein formalsprachlich unterschiedlichen Verwendung des Kirchenbegriffes zu tun. Denn gerade dadurch, dass die römisch-katholische Kirche die apostolische Sukzession zu den konstitutiven Eigenschaften der Kirche rechnet, verwendet sie den Begriff Kirche nicht nur als Allgemeinbegriff, sondern grundlegend als Namen, genaugenommen als Eigennamen. Eigennamen zeichnen sich dadurch aus, dass sie von genau einer Entität gelten, sie deuten genau auf eine bestehende Entität, und dieses Deuten auf eine bestimmte Entität ist konstitutiv für ihren Sinn. Wer Notger Slenczka sagt, der definiert damit nicht Kriterien (Haarfarbe, Größe, Leibesumfang) und sagt: alle, die diesen Kriterien genügen, sind Notger Slenczka, sondern Notger Slenczka ist ein deiktischer Begriff wie ‚dies' oder ‚hier' und ‚jetzt': man zeigt mit dem Begriff auf ein Einzelexemplar. Auch wenn es mehrere Einzelexemplare dieses Namens gäbe, würde dadurch aus dem Namen kein Allgemeinbegriff, denn es verbindet sich mit dem Gebrauch des Namens nicht der Anspruch, dass diese Einzelexemplare eine ‚Notger-Slenczka-haftigkeit' gemeinsam hätten, die sie von der ‚Friedrich-Nietzsche-haftigkeit' einer anderen Individuengruppe unterscheidet. Ein Eigenname bezeichnet nur mich.

Die römisch-katholische Kirche – und übrigens auch die orthodoxen Kirchen – bezeichnen mit dem Begriff Kirche eine bestehende Wirklichkeit und nur diese, nämlich exakt die von Christus ausgehende und berufene Gemeinschaft, deren Kontinuität und Identität im Zeitverlauf durch die (beanspruchte) lückenlose Folge und die wechselseitige Gemeinschaft der Nachfolger der Apostel gewährleistet ist und die in Gestalt der römisch-katholischen Kirche bzw. der orthodoxen Kirchen in der Gegenwart vor uns steht. „Kirche" ist der *Name* für diese feststellbare Gemeinschaft, *kein Allgemeinbegriff*, der noch auf weitere Gemeinschaften Anwendung finden könnte. Und daher ist es mitnichten anstößig, sondern völlig folgerichtig und zutreffend, dass in diesem Sinne die protestantischen Kirchen nicht Teil der Kirche sind. Das sind wir nach römisch-katholischem Verständnis nicht, und das sind wir nach unserem eigenen auch nicht. Wir sind zwar Kirche, aber eben nicht in diesem Sinne, und die geradezu beleidigten Reaktionen der protestantischen Kirchenfürsten auf die Erklärung *Dominus Jesus* der Glaubenskongregation hat zu Recht Kopfschütteln auf sich gezogen.

Diese Verwendung des Begriffs „Kirche" als Eigenname schließt nun natürlich nicht aus, sondern ein, dass dieser Begriff weitere semantische Gehalte in sich schließt – die Einheit, Heiligkeit, und Katholizität ebenso wie das unfehlbare Sein in der Wahrheit; diese Gehalte kommen nun aber eben als exklusive Eigenschaften und Prärogative dieser bestimmten Gemeinschaft zu stehen; und diese Bezugnahme auf eine bestimmte Gemeinschaft schließt zweitens auch nicht aus, dass etwa von der römischen Kirche anerkannt wird, dass es Momente der Wahrheit auch in anderen Gemeinschaften finden, die aber nicht schon allein dadurch Teil der Gemeinschaft sind und sein können, die der Name „Kirche" bezeichnet.

5 Das Kirchenverständnis der *Confessio Augustana* und der Grund für das Genus des Lehrbekenntnisses

Zurück zur CA: Die CA verwendet in ihrem Zentrum, Art. 7, das Wort ‚Kirche' als Allgemeinbegriff, explizit in der aus den über die *Torgauer Artikel* von den *Schwabacher Artikeln* ererbten Feststellung, dass die Kirche immer und allenthalben (*perpetua mansura*) sei, was impliziert, dass man sie eben hier und da entdecken kann, wenn man auf die Erkennungszeichen achtet. Natürlich gilt das nach römischem Verständnis auch – aber eben in dem Sinne, dass es zu jedem Zeitpunkt die ungebrochene Kontinuität des Amtes gibt, an der alle sonstigen Kirchenepitheta hängen. Ich sage das übrigens ganz ohne negativen Unterton –

das ist ein schlüssiges und durchdachtes Kirchenkonzept auch dann, wenn es nicht meines oder das der protestantischen Kirchen ist.

Die reformatorischen Kirchen hingegen konnten sich nicht mehr als Teil der einen Kirche im Sinne des durch den Eigennamen bezeichneten Einzelexemplars verstehen, denn ihnen fehlte das bischöfliche Amt, das die Kontinuität zur einen Kirche herstellte. Genau darum gibt es – das sei der abschließende Gedanke[25] – in den protestantischen Kirchen das Institut der Lehrbekenntnisse: sie sind Kontinuitätskriterien, erheben den Anspruch, die Kontinuität zu den Aposteln nicht im Medium der Amtssukzession, sondern im Medium des Verständnisses des Evangeliums und der Sakramente herzustellen, kurz: im Medium der Lehre. Und genau dies ist der Grund dafür, dass der Term ‚Kirche' gleichsam die Wortart wechselt: vom Namen zum Begriff wird.

6 Ist die Differenz im Kirchenverständnis überbrückbar?

Ich halte diese Differenz im Verständnis der Kirche für tiefgreifend und für nicht aufhebbar: auch im wünschenswert freundlichsten ökumenischen Dialog ist es nicht vermittelbar, wenn ein Wort kategorial anders – als Begriff oder als Name – verwendet wird. Vielmehr werden wir entweder dem jeweils anderen Verständnis des Wortes ‚Kirche' beitreten, oder uns mit dieser Differenz abfinden müssen. Das ist aus protestantischer Perspektive nicht weiter aufregend oder bedauerlich. Denn natürlich sind wir einerseits im Sinne des skizzierten katholischen Kirchenbegriffs nicht Kirche oder Teil der Kirche, und wir wollen das auch gar nicht sein: es ist die Pointe der Kirchendefinition nach CA 7, dass das Kirchesein nicht an der Zugehörigkeit zu jenem durch die apostolische Sukzession zur Einheit werdenden ‚Baum' hängt. Natürlich irrt nach unserem Selbstverständnis die katholische Kirche mit der These, dass wir nicht Kirche sind; sie kann aber eben unter ihren Voraussetzungen nicht anders, als solchermaßen zu irren. Umgekehrt ist die römisch-katholische Kirche nach unseren Kriterien selbstverständlich Kirche, wenn und wo Wort und Sakrament in ihr sachgemäß ausgerichtet werden. Und ich persönlich würde das so formulieren: die römisch-katholische Kirche ist selbstverständlich Kirche, weiß aber eben in ihrem offiziellen Selbstverständnis nicht, warum.

Eine Anerkennung der CA durch die katholische Kirche aber wäre nur unter Verzicht auf den römisch-katholischen Kirchenbegriff möglich. Wer eine solche

---

25 Vgl. Slenczka, Theologie, 124–126 und 698f.

Anerkennung wünscht, wünscht den Übertritt der katholischen Kirche zur Reformation. Das wäre eine charmante Idee und durchaus zu begrüßen, wäre aber als eine im ökumenischen Gespräch geäußerte Erwartung doch eine eher unanständige Zumutung...

Anhang: Aufbau von *Confessio Augustana* 3 (Slenczka, Theologie, 203)

Item, es wird gelehrt   **[PERSON CHRISTI]**
    [1. INKARNATION]
daß Gott der Sohn **sei Mensch worden, geborn** *aus der reinen Jungfrauen Maria*

    [2. Zwei-Naturen-Lehre]

und daß die zwo Natur, die gottlich und menschlich, in einer Person also unzertrennlich **vereiniget,**
ein Christus seind, welcher wahr Gott und wahr Mensch ist,

        [WERK CHRISTI (a) und das HEIL DES MENSCHEN (b)]

    [3. (a) Status Exinanitionis]
wahrhaftig geboren, gelitten, gekreuzigt, gestorben und begraben,

    [3. (b) Heilsbedeutung des Status]

daß er ein Opfer wäre nicht allein fur die Erbsund, sunder auch fur alle andere Sunde und Gottes Zorn **versohnet;**

    [4. (a) Status Exaltationis]

item, **daß derselbig Christus** **sei abgestiegen** zur Helle, wahrhaftig am dritten Tag von den Toten **auferstanden, aufgefahren gein Himmel, sitzend** zur Rechten Gottes,

    [4. (b) Heilsbedeutung des Status]

1. **daß er ewig herrsche** *uber alle Kreaturen* **und regiere,**
2. **daß er** *alle, so an ihne glauben*, durch den heiligen Geist **heilige, reinige stärke und troste,** ihnen auch Leben und allerlei Gaben und Guter **austeile und** wider den Teufel und wider die Sunde **schutze und beschirme;**

    [5. (a) Wiederkunft]

item, **daß derselbig Herr Christus** endlich **wird** offentlich **kommen,**

    [5. (b) Heilsbedeutung der Wiederkunft]

zu richten die Lebendigen und die Toten etc.,
lauts des Symboli Apostolorum.

Kurzviten der Autorinnen und Autoren

Theodor Dieter Jg. 1951, studierte Philosophie (M.A.) und Evangelische Theologie in Heidelberg und Tübingen; Dr. theol. habil., Dres. h.c., 1984–2019 Forschungsprofessor am Institut für Ökumenische Forschung in Strasbourg und dessen Direktor von 1998 bis 2018; seit 2019 dort Senior Research Professor. Ratzinger-Preis 2017. Forschungsschwerpunkte: Luthers Theologie, insbesondere im Zusammenhang mit dem Mittelalter, Luthertum, Ökumenische Theologie.

Irene Dingel Jg. 1956, Direktorin des Leibniz-Instituts für Europäische Geschichte Mainz (IEG), Abt. für Abendländische Religionsgeschichte. Studium der evangelischen Theologie und der Romanistik an der Ruprecht-Karls-Universität Heidelberg und an der Faculté libre de Théologie protestante Paris sowie an der Sorbonne/Paris IV. Promotion (französische Sprachwissenschaft 1986, Dr. phil.) und Habilitation 1993 (Historische Theologie, Dr. phil. habil. theol.) an der Ruprecht-Karls-Universität Heidelberg. 1994–1998 Professorin für Historische Theologie an der Goethe-Universität Frankfurt/M. Seit 1998 Professorin für Kirchen- und Dogmengeschichte an der Johannes Gutenberg-Universität Mainz. Seit 2005 Direktorin des Leibniz-Instituts für Europäische Geschichte Mainz (= außeruniversitäres Forschungsinstitut, Mitglied der Leibniz-Gemeinschaft). Forschungsschwerpunkte: Reformation und Konfessionalisierung; Frühaufklärung in ihrem westeuropäischen Zusammenhang; Die Kirchen und Europa (20. Jahrhundert); Leitung der Langzeit-Forschungsprojekte „Controversia et Confessio" und „Religiöse Friedenswahrung und Friedensstiftung in Europa. 1500–1800 – Europäische Religionsfrieden Digital" bei der Akademie der Wissenschaften und der Literatur Mainz.

Johannes Ehmann Jg. 1958, Studium der evangelischen Theologie in Berlin, Jerusalem, Göttingen, Tübingen und Heidelberg, Pfarrer und Dr. theol., Geschäftsführer der ACK in Baden-Württemberg, heute apl. Prof. (hauptberuflich) für Kirchengeschichte an der Theologischen Fakultät der Universität Heidelberg.

Eva-Maria Faber Jg. 1964, Dr. theol. habil., Studium der katholischen Theologie in Münster, Toulouse und Freiburg i.B., 1992 Promotion, 1998 Habilitation. Seit 2000 Professorin für Dogmatik und Fundamentaltheologie an der Theologischen Hochschule Chur. Seit 2002 Konsultorin des Päpstlichen Rates zur Förderung der Einheit der Christen; seit 2009 Beraterin der Internationalen Lutherisch/römisch-katholischen Kommission für die Einheit. Arbeits- und Forschungsschwerpunkte: Ökumene, Theologie des 20. Jahrhunderts (Erich Przywara), Johannes Calvin.

Günter Frank Jg. 1956, apl. Professor für Philosophie am Karlsruher Institut für Technologie, geb. in Arnstadt/Thüringen, Studium von Theologie, Psychologie und Philosophie in Warschau, Erfurt und Vallendar/Rhein; 1986–1991 Assistent am philosophischen Lehrstuhl des Philosophisch-Theologischen Studiums in Erfurt; 1994 Promotion an der päpstlichen Universität Gregoriana; 1993–1995 fellowship der University of Chicago, Studium der Religionswissenschaft und Religionsphilosophie, weitere Forschungsaufenthalte an der Herzog August Bibliothek in Wolfenbüttel und am Warburg-Institute der University of London. Forschungsstipendien des Deutschen Akademischen Austauschdienstes (DAAD) und der Deutschen Forschungsgemeinschaft. Zwischen 1997 Lehrbeauftragter und seit 2001 Privatdozent für Philosophie an der Freien Universität in Berlin, seit 1998 Kustos des Melanchthonhauses in Bretten, seit 2004 Direktor der Europäischen Melanchthon-Akademie Bretten. Seit 2013 Lehrtätigkeit am Institut für Philosophie des Karlsruher Instituts für Technologie (KIT). Verschiedene Veröffentlichungen zur Philosophie und Theologie des Mittelalters, des Humanismus, der Reformation und der frühen Neuzeit.

Bernd Jochen Hilberath Jg. 1948, Dr. theol., 1967–1972 Studium der Philosophie und der Theologie in München und Mainz, 1977 Promotion, 1984 Habilitation für Dogmatische und Ökumenische Theologie, Prof. in Mainz, seit 1992 in Tübingen (Nachfolge Walter Kasper), seit 1996 auch Direktor des Instituts für Ökumenische Forschung (Nachfolge Hans Küng); 1986 Karl-Rahner-Preis für Theologische Forschung, 1987–1992 Mitglied des Deutschen Ökumenischen Studienausschusses, Vorstandsmitglied und 2004–2006 Präsident der societas oecumenica; 2013 Emeritierung.

Bo Kristian Holm Jg. 1970. PhD in Theologie, Aarhus 2001. Studium der Theologie in Aarhus und Tübingen. Forschungsschwerpunkte: Luther und Melanchthon, Gabe-Theologie, Lutherrenaissance, Regin Prenter, Sakramentstheologie, Konfessionskultur. Professor der Dogmatik an der Universität Aarhus, Leiter von LUMEN: Center for the Study of Lutheran Theology and Confessional Societies und Leiter des theologischen Forschungsprogramms an der Universität Aarhus.

Pascale Jung Jg. 1968, studierte Katholische Theologie in Tübingen und Dublin. Sie promovierte 2018 über den Begriff der Anerkennung in der Ökumene. Ihr Forschungsschwerpunkt liegt im Feld der Ökumene und in der Bewegung des „New Monasticism". Sie ist Mitglied im Forschungskreis Kommunikative Theologie. Pascale Jung arbeitet als Pastoralreferentin im Bistum Trier und ist Vorsitzende der ACK Saarbrücken und Umgebung.

Kurt Kardinal Koch Jg. 1950, Prof. Dr. theol.; Priesterweihe 1982; Studien in Luzern und München und Promotion zum Doktor der Theologie. Er übernahm 1989 an der Theologischen Fakultät der Universität Luzern den Lehrstuhl für Dogmatik und Liturgiewissenschaft und lehrte am Katechetischen Institut ökumenische Theologie. 1995 wurde er zum Bischof von Basel gewählt, 1996 in Rom von Papst Johannes Paul II. zum Bischof geweiht. 1998 bis 2006 war er Vizepräsident, 2007 bis 2009 Präsident der Schweizer Bischofskonferenz. Papst Benedikt XVI. ernannte ihn 2010 zum Erzbischof und Präsidenten des Päpstlichen Rates zur Förderung der Einheit der Christen. Im November 2010 kreierte und verkündete er ihn als Kardinal. Er war Diakon der Kirche Nostra Signora del Sacro Cuore di Gesù. Im Mai 2021 ernannte Papst Franziskus ihn zum Kardinalpriester; die bisherige Diakonie wurde pro hac vice zur Titelkirche erhoben.

Volker Leppin Jg. 1966, 1985–1991 Studium der Theologie und Germanistik in Marburg, Jerusalem und Heidelberg. 1994 Promotion, 1997 Habilitation, beides in Heidelberg; 1998–2000 Lehrstuhlvertretung Frankfurt a. M. 2000–2010 Professor für Kirchengeschichte in Jena, 2010–2021 in Tübingen, seit 2021 Horace Tracy Pitkin Professor of Historical Theology an der Yale Divinity School. Korr. Mitglied der Heidelberger und der Sächsischen Akademie der Wissenschaften. Forschungsschwerpunkte in Scholastik und Frömmigkeitsgeschichte des Mittelalters sowie in der Reformation.

Tobias Licht Jg. 1962, 1981–1986 Studium der kath. Theologie in Freiburg i.B., Rom (Gregoriana) und Frankfurt a.M. (St. Georgen), Dipl.-Theol., 1994–2004 Wiss. Mitarb./Pers. Ref. des Weihbischofs und Diözesanadministrators von Freiburg, seit 2004 Leiter des Bildungszentrums – heute Bildungszentrum Roncalli-Forum – Karlsruhe (Bildungswerk der Erzdiözese Freiburg), zugleich Initiator und 2007–2019 kath. Leiter des Karlsruher Foyers Kirche und Recht (Kontaktstelle der Erzdiözese Freiburg und der Evangelischen Landeskirche in Baden zu den obersten Gerichten des Bundes in Karlsruhe), Publikationen zu systematisch-theologischen und kirchlichen Fragen.

Burkhard Neumann Jg. 1961, Studium der Philosophie und Theologie in Paderborn und Freiburg/Schweiz; Promotion 1996, Habilitation 2009; seit 2004 Direktor am Johann-Adam-Möhler-Institut für Ökumenik in Paderborn; Forschungs- und Veröffentlichungsschwerpunkte: Ökumenische Theologie, Sakramentenlehre, Ekklesiologie, Eschatologie.

Peter Neuner Jg. 1941, Studium katholische Theologie in München, Kaplan in Traunstein (1966–1968). Promotion (1976) und Habilitation (1978) in München. 1980–1985 Professor für Fundamentaltheologie in Passau, 1985–2006 Professor für Dogmatik und ökumenische Theologie, Universität München. Sprecher des Zentrums für Ökumenische Theologie, Universität München. 2006 Emeritierung. Zahlreiche Publikationen zum katholischen Modernismus, zur Ekklesiologie und zur Ökumene.

Friederike Nüssel Jg. 1961, hat evangelische Theologie und Religionsphilosophie in Tübingen, Göttingen, London und München studiert. Sie wurde 1994 in München promoviert und habilitierte sich dort 1998. 2001 wurde sie Professorin für Systematische Theologie und Direktorin des Ökumenischen Instituts an der Evangelisch-theologischen Fakultät der Universität Münster. Seit 2006 ist sie Professorin für Systematische Theologie und Direktorin des Ökumenischen Instituts an der Universität Heidelberg. Zu ihren Forschungsgebieten gehören die Entwicklung der Dogmatik in der Neuzeit, insbesondere Christologie, Rechtfertigungslehre und Ekklesiologie, die Herausforderungen und Potentiale konfessioneller Differenzierung, Dialoge und Einheitsvorstellungen in der Ökumene und interdisziplinäre Fragestellungen im Bereich der Anthropologie.

Johanna Rahner Jg. 1962, Studium der Theologie und Biologie an der Universität Freiburg; 2006–2010 Professorin für Dogmatik an der Kath.-theol. Fakultät der Otto-Friedrich-Universität Bamberg; 2010–2014 Professorin für Systematische Theologie am Institut für Katholische Theologie der Universität Kassel; seit April 2014 Professorin für Dogmatik, Dogmengeschichte und Ökumene an der Kath.-theol. Fakultät der Eberhard-Karls Universität Tübingen und Direktorin des dortigen Instituts für Ökumenische und Interreligiöse Forschung.

Risto Saarinen Jg. 1959, Dr. theol. 1988, Dr. phil. 1994, Dr. h.c. 2017 (Kopenhagen), studierte Theologie und Philosophie in Helsinki, Forschungsschwerpunkte: Reformation, Geschichte der Philosophie, Ökumenische Theologie, seit 2001 Professor für Ökumenische Theologie an der Universität Helsinki.

Dorothea Sattler Jg. 1961, Dr. theol., Studium der kath. Theologie und Romanistik in Freiburg und Mainz. 1992 Promotion und 1996 Habilitation in Mainz. 1996–1998 Gastprofessorin an der Freien Universität in Berlin sowie 1998–2000 Professorin für Systematische Theologie und

Religionspädagogik in Wuppertal. Seit 2000 Professorin für Dogmatik und Ökumenische Theologie an der Katholisch-Theologischen Fakultät der Universität Münster sowie Direktorin des dortigen Ökumenischen Instituts. Zu den Hauptgebieten ihrer Forschungen zählen: Ökumenische Theologie, besonders in Bezug auf das menschliche Bußwerk sowie die Eucharistielehre; Soteriologie.

Herman J. Selderhuis Jg. 1961, ist Rektor und Professor für Kirchengeschichte an der Theologischen Universität Apeldoorn, Direktor von Refo500, sowie Präsident von RefoRC (Reformation Research Consortium).

Notger Slenczka Jg. 1960, Studium Philosophie und Theologie in Tübingen, München und Göttingen, Promotion (1990), Ordination (1996) und Habilitation (1997) in Göttingen. Lehrstuhlvertretungen in Mainz, Gießen und Tübingen. Lehrstuhl für Systematische Theologie und Sozialethik in Mainz 2000–2006, seit 2006 Lehrstuhl für Systematische Theologie (Dogmatik) an der HU zu Berlin. Geschäftsführender Universitätsprediger.

Hendrik Stössel Jg. 1953, Studium der Rechtswissenschaften in Freiburg i.B.; 1978 Erste Juristische Staatsprüfung; 1980 Zweite Juristische Staatsprüfung; Studium der Evang. Theologie in Heidelberg; 1985 Erste Theologische Prüfung, 1987 Zweite Theologische Prüfung und Pfarrvikariat; 1989 Gemeindepfarrer in Emmendingen; 1995 kirchenrechtliche Promotion zum Dr. theol.; 1998 Dekan und Gemeindepfarrer in Pforzheim; seit Oktober 2012 Theologischer Referent der Evangelischen Landeskirche in Baden an der Europäischen Melanchthon-Akademie Bretten.

Wolfgang Thönissen Jg. 1955, Studium der Katholischen Theologie und der Philosophie in Bonn und Tübingen, Promotion 1986 in Tübingen, Habilitation 1994 in Freiburg, seit 1999 Professor der Ökumenischen Theologie an der Theologischen Fakultät Paderborn und Leitender Direktor des Johann-Adam-Möhler-Instituts für Ökumenik in Paderborn, Konsultor des Päpstlichen Rates zur Förderung der Einheit der Christen, zahlreiche Veröffentlichungen zu Fragen der ökumenischen Hermeneutik, der Kirchengemeinschaft und der katholischen Lutherforschung.

Klaus Unterburger Jg. 1971, Dr. theol., habil., Dr. theol., Lic. theol., M.A., studierte Katholische Theologie und Philosophie in einem Doppelstudium und Evangelische Theologie im Nebenfach in München. Zu seinen Forschungs- und Veröffentlichungsschwerpunkten gehören die frühneuzeitliche Kirchengeschichte, die Theologiegeschichte seit dem Mittelalter und die Kirchengeschichte des 19. und 20. Jahrhunderts, seit 2012 ist er Inhaber des Lehrstuhls für mittlere und neue Kirchengeschichte an der Fakultät für katholische Theologie der Universität Regensburg.

Timothy J. Wengert Jg. 1950, Neben einem Bakkalaureat in Soziologie (1972) und einem Magistergrad (1973) in Geschichte der Universität Michigan hat Prof. Dr. Wengert auch einen Magistergrad in Theologie (Master of Divinity; 1977) des Luther Seminary (St. Paul, Minnesota) und einen Doktorgrad in Religion der Duke Universität (Durham, North Carolina; 1984). Sein Hauptinteresse gilt der Geschichte der biblischen Exegese, vor allem bei Luther und Melanchthon, und auch im Allgemeinen der Theologie der Wittenberger und der lutherischen Bekenntnisschriften. Er war Teilnehmer an verschiedenen ökumenischen Dialogen. Seit 2013 ist er im Ruhestand und ist „the Ministerium of Pennsylvania Professor emeritus of Reformation History at the United Lutheran Seminary [vormals The Lutheran Theological Seminary at Philadelphia]."

Gunther Wenz Jg. 1949, Prof. Dr. Dr. h.c., war Ordinarius für Systematische Theologie an der Evangelisch-Theologischen Fakultät der Ludwig-Maximilians-Universität München und leitet derzeit die Pannenberg-Forschungsstelle an der Münchener Hochschule für Philosophie. Der Schwerpunkt seiner Forschungen liegt im Bereich der Dogmatik und der Religionsphilosophie.

Christian V. Witt Jg. 1980, PD Dr. theol. habil., ist Heisenberg-Stipendiat der Deutschen Forschungsgemeinschaft am Leibniz-Institut für Europäische Geschichte Mainz; Studium der Evangelischen Theologie, Geschichtswissenschaften und Erziehungswissenschaften in Wuppertal; 2010 Promotion und 2015 Habilitation im Fach Kirchengeschichte; 2006 Erstes und 2011 Zweites Staatsexamen für das Gymnasiallehramt; Forschungsschwerpunkte in der Kirchen- und Theologiegeschichte des Mittelalters und der Neuzeit.

Namensregister

Adam   35f, 113, 335
Aegidius Hunnius   127
Albrecht V., Herzog   102
Altensteig, Johannes   405
Alting, Heinrich   129–132, 150, 152
Alting, Menso 128
Ambrosius   73, 84
Ambrosiaster   73, 52
Amsdorf(f), Nikolaus von   16, 113, 117
Andreae, Jakob   110, 112, 128, 130, 161, 164f
Arndt, Johann   168
Aristoteles   74
Athanasios   109
Augustinus   24, 26-29, 32, 34-36, 49, 57f,
    66, 70, 73, 76, 84, 274, 312, 365f, 404

Barnes, Robert   11
Bartholomeo Platina   70
Basileios   109
Biel, Gabriel   72, 96
Brauer, Friedrich   170
Beckmann, Christian 149
Bellarmin, Robert   236, 431
Bernard von Clairvaux   84
Bonfio, Luca   7
Brenz, Johannes   91, 128, 161
Brück, Gregor   381
Buc(tz)er, Martin   12, 162, 173
Bullinger, Heinrich   20
Bugenhagen, Johannes   324

Calov, Abraham   151
Calvin, Johannes   121, 183, 372
Camerarius, Joachim   6
Campeggio, Lorenzo   7, 94
Campeggio, Tommaso   93
Casimir, Johann   122
Cassander, Georg   99, 186
Cervini, Marcello   101
Cicero   269
Cochläus, Johannes   19, 96f, 208
Cornelius, Papst   65
Crocius, Johann   150, 152

Crusius, Martin   110
Cyprian   65f, 69, 295

Dannhauer, Johann Georg   168
Demetrios   105, 107, 109
Dietz, Georg Adam   172
Dürr, Ruprecht   161

Eck, Johannes   73, 77, 87, 91f, 94–96, 99f,
    100, 103, 228f, 233, 382, 405, 413, 425,
    431
Eirenaios   109
Epiphanios   109
Erasmus von Rotterdam   30–35, 39f, 45, 49,
    72f, 75, 186, 267
Ernst Friedrich   165f, 168
Ernst von Braunschweig-Lüneburg   9 f.

Faber, Petrus   99
Fabri, Johannes   94, 96, 98, 101
Fecht, Johannes   168
Ferdinand I., König   87, 96, 98, 102
Fichte, Johann Gottlieb   370
Flacius Illyricus   16, 113, 117, 127
Fox, Edward (Bischof von Hereford)   11
Franciscus Junius   122
Franz I. von Frankreich   10
Franz von Braunschweig-Lüneburg   9
Frederik V.   129
Friedrich der Fromme   20
Friedrich Heinrich   129
Friedrich I.   186
Friedrich III., Kurfürst   125, 137, 139, 141f,
    148, 150
Friedrich Nausea   98, 102
Friedrich V.   139, 150, 167
Froschauer, Christoph 78

Gallus, Nikolaus   16
Gelasius, Papst   65f
Georg Friedrich   167f
Georg Hanfeld   166
Georg von Brandenburg-Ansbach   9

∂ OpenAccess. © 2022, publiziert von De Gruyter. [CC BY-NC-ND] Dieses Werk ist lizenziert unter einer
Creative Commons Namensnennung – Nicht kommerziell – Keine Bearbeitung 4.0 International Lizenz.
https://doi.org/10.1515/9783110683868-033

Gerhard, Johann   236f
Gerlach, Stephan   110
Ghislier, Michele   102
Gideon   172
Gottfried Arnold   170
Gratian   66
Gregorios   109
Gregory VII   66
Gropper, Johannes   99
Grynäus, Thomas   165
Grynäus, Theophil   165
Guillaume du Bellay, Seigneur de Langey   11

Hans von Dolzig   228
Hegel, Georg Wilhelm Friedrich   340-342,
   357, 369–372, 375, 377
Heinrich VIII. von England   10
Helding, Michael   100
Henhöfer, Aloys   172f
Hieronymus   65f, 79, 283
Hieronymus Vehus   93, 95
Hosea   275
Hunnius, Aegidius   127
Hutter, Leonhard   151

Ignatius   295
Ijob   366

Jablonski, Daniel Ernst   186
Jakob III.   165f, 168
János Samarjai   122
Januarius   312
Jeremias   111
Jeremias II., Patriarch von Konstantinopel
   105, 107f, 110, 115, 117
Jesaja   120
Joachim II.   119
Joasaph II.   105
Johann   228
Johann, der Beständige   4f
Johann Friedrich von Sachsen   9
Johann von Sachsen   9f
Johannes von Staupitz   273
Jonas, Justus   75
Jovinian   79

Kant, Immanuel   342

Karl II.   160f
Karl V., Kaiser   5, 8, 12, 15, 70, 88, 91, 93f,
   163, 167, 381, 397
Karlstadt, Andreas von Boden   68, 232
Klemens   372

Latomus, Bartholomaeus   269
Leibniz, Gottfried Wilhelm   186
Leo X., Papst   382
Lombard, Peter   75, 424
Ludwig IV.   127
Lukas Cranach   322
Luther, Martin   5, 7, 12, 17f, 20, 23, 30f., 34,
   36–40, 43, 45, 49f, 64, 67f, 75, 78, 81,
   83f, 93, 97, 99, 103, 105, 117, 122, 128,
   131f, 143, 146, 160f, 166, 169, 171, 173f,
   178, 183–185, 197, 207–209, 213, 218,
   228, 244f, 256, 264, 266–271, 273–276,
   284f, 302, 321–324, 326, 334, 336, 362,
   365, 372, 382, 386, 391-3, 410, 412,
   421f, 425, 428

Major, Georg   64, 117
Matthias Hoe von Hoenegg   151
Melanchthon, Philipp   3–8, 11–13, 16–18,
   20, 23, 31, 34, 36, 39–43, 45–49, 55,
   58f, 61, 63–65, 67f, 70, 73–77, 80f, 83f,
   91–95, 97, 99f, 103, 105–109, 113, 123,
   126–128, 131, 139, 142f, 146f, 159f, 161-
   163, 165, 170, 183, 185, 192f, 208f, 227–
   232, 238, 235, 264, 266, 268f, 271f,
   279, 282, 319, 321f, 383, 390f, 401, 403,
   407f, 410–413, 424f, 427
Moritz von Sachsen   18
Morone, Giovanni   102

Nadal, Jerónimo   99
Nicholas Heath (Archidiakon von Canterbu-
   ry)   11
Nicholas of Cusa   65

Oekolampad, Johannes   232
Ottheinrich   163

Pacheco, Kardinal   101
Pareus, David   122, 148

Paulus   65, 67f, 70, 74, 77, 79f, 115, 117, 299, 407f
Paulus Dolscius (Döltsch)   107
Petrus   83
Petrus Canisius   99
Pezel, Christoph 149
Pfeffinger, Johannes   113
Pflug, Julius   99f
Philipp von Hessen   9f, 53, 67, 91
Pistorius, Johann   165f
Pius II., Papst   68, 70
Pius IV., Papst   102
Pole, Kardinal   101
Prosper von Aquitanien   70, 73, 84
Pseudo-Ambrosius   70

Rousseau, Jean-Jacques   370

Samarjai, János   122
Samosates   109
Schleiermacher, Friedrich   372, 375
Schnepf(f), Erhard   91, 113
Scotus, Johannes Duns   365
Scultetus, Abraham   129
Seneca   269
Siegfried von Mainz, Erzbischof   68f
Sigwart, Johann Georg   151

Sohn, Georg   126-128
Spalatin, Georg   91f
Spalding, Johann Joachim   372
Spener, Philipp Jacob   168
Staupitz, Johann von   274
Strigel, Viktorin   113
Suleiman I., Sultan   14
Sulzer, Simon   162, 165

Theodoret   109
Thomas von Aquin   312, 372
Tossanus, Paul   129

Ursinus, Zacharias   123-126, 146-148

Valla, Lorenzo   267
Veh(e)us, Michael   96f
Vinzenz von Lérins   177, 419f

Walther, Hans   54
Wilhelm von Cleve, Herzog   102
Wimpina, Konrad   91, 96
Witzel, Georg   99, 186
Wolfgang von Anhalt   10

Zepper, Wilhelm   149
Zwingli, Huldrych   40, 72, 78, 128, 228, 232

Sachregister

Abendmahl 11, 13, 67, 71, 77, 123, 139, 141, 160, 162, 165, 230, 232, 323, 384f

Abendmahl, Laienkelch 7, 15, 91-94, 98-100, 102

Abendmahlsartikel (CA 10) 12f, 107, 121, 132, 147, 162, 321

Abendmahlsbekenntnis (Luther 1528) 25, 34, 37, 421

Abendmahlsgemeinschaft 188, 195, 236

Abendmahlslehre 12, 112, 125f, 130, 142, 159, 161ff, 165, 232

Absolution 75, 77, 322ff, 326, 330, 336

Abusus 96, 102, 279, 385f

Abusus-Artikel 90, 93

Adiaphora 17, 192, 430

Admonitio Christiana (1581) 126

Adventisten 243, 245f

Agnitio 371-376, 378

Alle unter einem Christus (1980) 219, 221f, 230f, 381, 398

Allgemeines Priestertum s. Priestertum, allgemeines

Altes Testament s. Testament, Altes

Altgläubige 11, 13, 16f, 57, 61f, 86-89, 92, 94ff, 100, 103, 160, 192, 228, 230, 407

Altkatholiken 182, 188, 302

Amt, bischöfliches 63, 68, 81-84, 177f, 181, 183f, 282, 287, 291, 295, 353ff, 430, 434

Amt, kirchliches 96, 103f, 207, 214, 231, 234-241, 251f, 255, 280f, 284-287, 301, 304f, 307, 313, 318, 321f, 385, 395-398, 408, 410ff, 414, 416f, 429-434

Analogia fidei 9, 17

Anglikaner 182f, 186ff, 235, 246f, 251f, 290, 304, 318, 354

Anthropologie, theologische 24, 37, 39, 45, 47ff

Antinomismus 92, 96, 112f

Apostel 19, 116, 177f, 293, 295, 312, 318, 433f

Apostolicae curae (1896) 318

Apostolische Sukzession (Nachfolge) 194, 240, 285ff, 292f, 295, 302ff, 351, 431-434

Apostolisches Glaubensbekenntnis s. Glaubensbekenntnis, Apostolisches

Apostolizität der Kirche 177f, 181, 183, 187, 238, 283, 286

Artikel, 404 (J. Eck) 73, 77, 87, 228f, 233, 382, 425

Artikel, Marburger s. Marburger Artikel

Artikel, Schmalkaldische s. Schmalkaldische Artikel

Artikel, Schwabacher s. Schwabacher Artikel

Artikel, Torgauer s. Torgauer Artikel

Artikel, Wittenberger s. Wittenberger Artikel

Augsburger Interim s. Interim, Augsburger

Augsburger Religionsfrieden 14f, 20, 123f, 135, 137f, 140, 142, 144f, 151-154, 156, 185

Badener Disputation s. Disputation, Badener

Bannandrohungsbulle s. Exsurge Domine

Baptisten 248, 253, 347

Barmherzigkeit 46, 60, 194, 262, 268, 312, 321f, 325, 334, 336, 405

Beichte 94, 186, 230, 305, 319-336, 384f, 408

Bekenntnis, altkirchliches 131, 179, 196, 211, 243, 245, 256, 422-424, 427f

Bekenntnis, Magdeburger s. Magdeburger Bekenntnis

Bischof, Vollmacht 281, 283, 290, 292, 296f, 384

Bischöfliche Jurisdiktion s. Jurisdiktion, bischöfliche

Bischöfliches Amt s. Amt, bischöfliches

Bischofskollegium 293-296

Bischofskonferenz, Deutsche 202, 241, 244

Buße 59, 75, 78, 90, 92, 97, 108, 119, 229f, 263, 306, 319-336, 385, 423, 426

CA Apologia/Apologie 4, 6, 8, 11f, 20, 101, 125f, 161, 164f, 169, 227, 237ff, 266, 280, 390, 407f, 410

CA Confutatio 57, 71, 77, 79, 82, 84, 86, 88f, 93, 98, 265, 272, 301, 312, 407, 413

CA Graeca 106, 108ff, 115, 119

CA Invariata 121, 124f, 132, 137-140, 142, 144-147, 151, 244

CA Variata Secunda 47

CA Variata Tertia 47

CA Variata 13, 15, 106f, 121, 132, 137, 139, 142, 146f, 151, 163f.

Calvinismus 20, 121f, 124, 151, 163, 169, 183, 292

Canones 306, 324f
s.a. Kanonisches Recht

Charta Oecumenica 305

Christologie 8, 112, 127, 165f, 234, 265, 274, 365, 397, 403, 422ff, 427

Civitas platonica 238, 431

Communio sanctorum 405f, 409, 415ff, 428

Confessio Helvetica Posterior 20, 122, 130

Confessio Saxonica (Repititio Confessionis Augustanae) 18f, 162

Congregatio sanctorum 406f, 428

Consilium ad Gallos (Melanchton 1534) 11f

Coram deo 33, 43

Coram hominibus 43

Corpus doctrinae 163, 408

Das Herrenmahl (1978) 231

De Libero Arbitrio (Luther 1524) 31, 40

Dekalog 25, 44, 119, 331

Deutsche Bischofskonferenz s. Bischofskonferenz, Deutsche

Die Kirche Jesu Christi (1994) 238

Disputation
– Badener 87
– Heidelberger 75, 130
– Leipziger 171, 213
– Weimarer 113

Dominus Iesus (2000) 303

Donatisten 66, 426

Dordrecht, Synode von 129

Dreieinigkeit s. Trinität

Ecclesia Romana 9, 219

Editio princeps (1531) 51, 53ff, 57, 59ff, 106

Einheit vor uns (1980) 411

Einheitssekretariat in Rom 203, 387

Ekklesiologie 92, 96, 103f, 178, 191, 199, 213, 228, 233, 238-241, 263, 282ff, 286, 288f, 292f, 295-298, 302, 305, 309f, 316, 349, 374, 385, 396, 401, 404-408, 412ff, 416f, 424, 431

Episkopale Ordination s. Ordination, episkopale

Episkopat 181, 186, 190, 197, 280, 282, 284, 291, 294, 298, 303, 389

Erbsünde 34, 71, 89, 91, 100, 113f, 127, 265, 333, 364ff, 385, 424
s.a. Sündenfall

Erlösung 23f, 28, 30, 37, 49f, 71, 83, 120, 125, 194, 266, 320f, 351f, 365f, 427

Eschatologie 39, 68, 109, 321, 360

Eucharistie 104, 214, 231, 236, 289, 303, 305, 307, 313, 331f, 335, 389, 395, 397f, 404ff, 413, 417, 426

Evangelii Gaudium (2013) 311

Evangelische Kirche 127, 155, 159f, 171f, 174, 185ff, 212f, 233, 238, 265, 362, 379, 388, 393

Evangelisch-lutherische Kirche 52, 205, 207, 215, 243, 318

Evangelium 13, 18, 59, 66, 72, 75, 78-83, 115, 130, 172, 174, 179, 184, 193, 198f, 210, 228, 231, 233f, 236-240, 245-249, 252, 254, 265, 267f, 280, 285, 300, 312, 314, 318, 323ff, 335f, 385, 393f, 396, 400, 403, 407-412, 414f, 424, 427, 429f, 434

Examen Ordinandorum (Melanchton 1553) 163

Exsurge Domine (1520) 87, 382

Fasten 78, 102, 323, 384, 420

Filioque 110, 187

Formula concordiae (FC) s. Konkordienformel

Frankfurter Anstand (1539) 14, 135f

Frankfurter Rezess (1558) 139, 161f, 164

Freiheit des Willens s. Willensfreiheit

Freiheitsschrift (Luther 1520) 75

Frömmigkeit 14, 39, 109, 172, 209, 274, 365, 388, 406
Fronleichnam 8, 67, 101

Gegenwart Christi 125, 232, 274, 407
Gemeinsame Erklärung zur Rechtfertigungslehre (1999) 195, 261, 382, 395, 413, 432
Gemeinschaft evangelischer Kirchen in Europa (GEKE) 238ff
Gesetz Gottes 43ff, 48, 59, 109, 119f, 264, 266
Glaubensbekenntnis, Apostolisches 195, 243, 352, 359
Glaubensbekenntnisse, altkirchliche 197, 252, 305, 423, 428
Gnade Gottes 24, 28, 33, 35, 47, 49, 63, 67, 69, 72, 76, 78f, 81, 84, 90, 92, 94, 114ff, 118ff, 130, 193f, 198, 220, 222, 263, 265, 269f, 275, 313, 321f, 335, 349, 403, 405f, 415
Gnesiolutheraner 16, 20, 112ff, 117

Häresie 7, 9, 88, 100, 102, 109, 206, 211, 216, 382, 425
Heidelberger Disputation s. Disputation, Heidelberger
Heidelberger Katechismus s. Katechismus, Heidelberger
Heilige Schrift 8f, 20, 32, 39, 52, 62, 124f, 130, 172, 188f, 195, 197, 209, 211, 220, 222, 230, 244, 255, 261, 352, 362f, 374, 384, 395, 397, 402, 404, 412
Heiliger Geist 43, 46, 56f, 72, 75, 84, 113f, 117, 119, 169, 193f, 199, 206, 211, 220, 355, 364, 385, 400, 402f
Heiligung 36, 40, 43, 45, 47, 117, 119, 292, 416
Helvetische Konfession s. Confessio Helvetica
Herrenmahl 131, 184, 231, 255
s.a. Abendmahl
Humanismus 11, 49, 67, 107 117, 260, 266f, 270, 273
Hussiten 65, 88

Inquisitionsartikel, bayrische 48

Interim, kaiserliches (Augsburger) 15, 17, 20, 87, 100, 112, 229
Interim, Leipziger 16, 113
Irenik, Pfälzer 122

Jesuiten 99, 101, 186
Jurisdiktion, bischöfliche 93ff, 280, 285, 291, 293

Kaiserliches Interim s. Interim, kaiserliches
Kanonisches Recht 65-68, 70, 82
s.a. Canones
Katechismus 195, 312, 359
Katechismus, Großer (Luther) 166, 171
Katechismus, Heidelberger 123, 125, 130, 132, 140, 163f, 170f
Katechismus, Kleiner (Luther) 171, 243ff
Katechismusstreit, badischer 172
Katholische Kirche 4, 131, 155, 165, 177, 182f, 185f, 190, 193, 197, 201-205, 207, 214-217, 234, 240f, 252, 283, 286ff, 290, 292, 295, 298f, 303f, 306f, 311, 314f, 318, 320, 326, 337f, 354, 357, 359, 362, 364, 374, 379, 385f, 388-391, 393, 395, 397, 412f, 420f, 432-435
Katholizismus 18f, 112, 179, 186, 196, 290
Katholizität 8f, 202, 206, 216, 228, 238, 286f, 338, 367, 386f, 389f, 401, 404, 407, 413, 419f, 433
Ketzer 31, 113, 121, 131, 148, 228f, 233, 241, 384
Kirche und Rechtfertigung (1994) 247, 252, 408, 414f
Kirche, Apostolizität s. Apostolizität der Kirche
Kirche, evangelische s. Evangelische Kirche
Kirche, evangelisch-lutherische s. Evangelisch-lutherische Kirche
Kirche, katholische s. Katholische Kirche
Kirche, orthodoxe s. Orthodoxie
Kirche, presbyteriale s. Presbyteriale Kirche
Kirchengemeinschaft 201, 215, 233, 235, 239, 246f, 305, 308, 313, 392, 397f, 400, 412, 415, 417
Kirchenordnung 140, 163, 167f, 408
Kirchenrecht 7, 80, 96, 285, 297, 302, 311, 313

Kirchenreform 227f
Kirchenspaltung 184, 190, 394f
Kirchenunion 233, 235, 238
Kirchenväter 19, 39, 56, 67, 70, 73, 84, 87,
    108ff, 117, 181, 254, 266, 274, 295, 317,
    351, 363, 402, 404f
Kirchliches Amt s. Amt, kirchliches
Klostergelübde 93, 384
Kolosserkommentar (Melanchthon 1527/28)
    40, 43, 45f, 75, 81
Kommunion 94, 188, 232, 313
Konfessionalisierung 86, 112, 132, 412
Konfessionsverwandte, Augsburger 14f, 134-
    142, 144-149, 151-156, 160
Konkordie, Leuenberger s. Leuenberger
    Konkordie
Konkordie, Wittenberger s. Wittenberger
    Konkordie
Konkordienbuch (1580) 4, 20, 51, 61, 126,
    143f, 147, 151, 169, 185, 243f, 256
Konkordienformel FC 114, 117f, 161f, 164-167
Kontroverstheologie 85-88, 96, 98, 103,
    197, 232, 236f, 288, 319, 321, 324
Konzil von
- Florenz 317
- Konstanz 64
- Trient 18f, 84, 87, 101, 127, 162, 183, 218,
    235, 288ff, 292, 294, 305f, 312, 317,
    324ff, 328, 389, 412f

Laienkelch s. Abendmahl, Laienkelch
Lehramt 189f, 210, 213, 304, 357, 361f, 389
Leipziger Disputation s. Disputation, Leipzi-
    ger
Leipziger Interim s. Interim, Leipziger
Leipziger Landtagsvorlage 15
Leipziger Religionsgespräch s. Religionsge-
    spräch, Leipziger
Leuenberger Konkordie (1973) 155, 233f,
    236, 396
Liberum arbitrium 72, 76, 116f
Liturgie 17, 195, 244, 274, 311, 334f, 359f,
    367, 374, 384, 399
Loci (Melanchthon) 64, 410
- 1521 31, 41f, 49, 75, 269, 271, 408
- 1535 13, 36, 40, 45
- 1543 47

- 1553 408
- 1559 48
Lumen Gentium (1964) 295, 308, 373, 409,
    413, 416
Lutherische Orthodoxie 113, 168
Lutherischer Weltbund 203f, 234f, 243f,
    249, 251, 256, 287, 318, 321, 364, 381,
    387, 403, 412
Luthertum 3, 21, 110, 112, 127, 151, 160-166,
    168, 171, 173, 196, 241, 401

Magdeburger Bekenntnis (1550) 16ff
Magdeburger Erklärung 345, 347
Majoristischer Streit 112f, 117
Malta-Bericht (1972) 231, 246, 402
Manichäismus 109, 114, 272
Marburger Artikel (Luther 1529) 5, 422f
Maulbronner Formel (1576) 161
Mennoniten 243, 248ff, 257
Messopferlehre 93, 95, 98, 100, 289
Monastische Tradition (Mönchtum) 68, 80,
    109, 111, 273, 276, 330, 336, 385, 388

Naumburger Fürstentag (1561) 139, 164
Neues Testament s. Testament, Neues
Nürnberger Anstand (1532) 14

Ökumenedekret 190, 193, 198, 240, 299,
    303, 311, 350ff, 373
Ökumenischer Rat der Kirchen (ÖRK) 198f
Ökumenismus 202, 308, 386
Ordination 167, 198, 207, 231, 236ff, 280,
    285, 318, 385, 410f
Ordination, episkopale 280
Ordination, presbyteriale 235, 280, 284f
Orthodoxie 105, 110, 182f, 192, 235, 240,
    252, 315ff, 433
Orthodoxie, lutherische s. Lutherische Or-
    thodoxie
Osmanen 5, 14, 425
s.a. Türken

Papstdogma 181, 219
Papstkirche 141, 148, 151, 279
Päpstlicher Primat s. Primat, päpstlicher
Päpstlicher Rat zur Förderung der Einheit der
    Christen 194, 239, 394

Papsttum 8, 125, 147, 170, 181, 207, 290, 323, 389
Patristik 64, 69, 82, 109, 371, 404, 413
s.a. Kirchenväter
Pelagianismus 96, 114, 117
Petrusamt 389, 417
Petrusdienst 197, 303, 314
Pfarramt 283f
Philippisten 20, 112f, 117, 163
Postlapsarischer Mensch 113-116
Prädestination 23, 28, 35, 48, 112, 127, 141, 234
Predigtamt 13, 52, 81, 237, 252, 385, 396, 408, 410, 424
Presbyteriale Kirche 235, 284, 410
Presbyteriale Ordination s. Ordination, presbyteriale
Priesteramt 283
Priesterehe 8, 15, 68f, 80, 82, 91-94, 98ff, 102, 384
Priestertum 180, 290
Priestertum, allgemeines 104, 237, 396
Primat, päpstlicher 181, 293f, 303, 314ff, 390, 404, 410
Privatmesse 91ff, 100, 385
Protestantismus 20, 97, 143, 159ff, 163, 165, 171, 177ff, 181, 183, 213, 394

Quäkertum 213

Recht, kanonisches s. Kanonisches Recht
s.a. Canones
Rechtfertigungslehre 8, 13, 60, 70f, 78f, 84f, 87f, 96f, 103, 106, 117, 127, 163, 178, 189, 195, 202, 206, 220, 230f, 234, 238, 240, 246, 259ff, 263, 269ff, 279, 307, 364f, 367, 381, 387, 395, 398, 400f, 403f, 406, 408, 413f, 416
s.a. Gemeinsame Erklärung zur Rechtfertigungslehre
Reformierte 3, 121-132, 137, 139-142, 145-153, 155f, 161, 163-166, 168, 170f, 173f, 188, 233-236, 238, 246f, 251, 253
Regensburger Buch (1541) 100
Reichskirchensystem, Ottonisches 282
Reichsrecht 55, 61, 80, 135ff, 139-142, 144f, 149, 151-154, 160, 164f

Reichsstände 144f, 152, 390
Reichstag
– Augsburg (1530) 3ff, 8, 10, 42, 54, 59, 87, 89, 91, 97, 159f, 169, 214, 228, 231, 300, 326, 367, 381ff, 393, 407, 412, 425
– Augsburg (1566) 20, 125, 141f, 148
– Regensburg (1594) 122
– Speyer (1529) 9, 130
Relgionsgespräch 87, 98, 165, 185, 236, 279
– Hagenau (1540) 4, 12f
– Leipziger (1534) 97
– Marburg (1529) 5
– Maulbronn (1564) 124
– Regensburg (1541) 4, 12f, 100, 162
– Worms (1541) 4, 12f, 100
Religionsfrieden, Augsburger s. Augsburger Religionsfrieden
Römerbriefvorlesung (Luther 1516/17) 36f

Sakramentenlehre 8, 77, 89, 96, 124, 229, 404, 406
Sakramentenspendung 407, 410f
Sakramententheologie 317
Sakramentsartikel 424, 426, 428
Sakramentsverwaltung 229, 239, 286, 301, 417, 429f
Säkularisation 282, 289f
Schmalkaldische Artikel 12, 128, 161, 169, 197, 207, 265, 363, 390
Schmalkaldischer Bund 10ff, 14f, 113, 390
Scholastik 290, 351, 404ff
Schriftprinzip 171, 174, 210
Schuldbekenntnis 329f, 334f
Schwabacher Artikel 5, 228f, 422, 424, 427f, 433
Seelsorge 24, 49, 273, 282, 289, 411
Seligkeit 33, 117f, 409
Sola fide 11, 73, 82, 89, 92, 97, 111
Sola gratia 11, 111, 118, 120, 193
Sola scriptura 63f, 209-212, 362
Solus Christus 37, 73, 82, 111, 120
Soteriologie 40, 114-117, 236, 274, 365, 424, 427
Stafforter Buch (1599) 166
Sukzession, Apostolische s. Apostolische Sukzession

Sündenbekenntnis   320, 326, 328ff
Sündenfall   25f, 35
s.a. Erbsünde
Sündenvergebung   100, 261, 323
Synodalität   290f, 294-297
Synode   58, 109, 168, 173, 289, 292, 297
Synode, Würzburger (1971-1975)   190, 193,
    361
Synode von Dordrecht   s. Dordrecht, Synode

Taufe   26, 232, 234, 245, 250, 263, 300,
    306, 321ff, 331f, 335, 385, 405, 416,
    423, 426
Täufer   72, 228, 247-250, 388
Testament, Altes   109, 129, 230, 244
Testament, Neues   51, 108f, 177, 230, 244,
    323, 335, 349, 403f
Teufel   45, 56, 60, 270, 431
Theodizee   24, 366
Theologia perennis   156
Theologische Anthropologie   s. Anthropolo-
    gie, theologische
Torgauer Artikel   5, 227, 229, 384, 422, 433
Tractatus de potestate et primatu papae
    (Traktat über die Gewalt und Obrigkeit
    des Papstes, Melanchthon 1537)   390,
    410
Transsubstantiationslehre   131, 317
Tridentinum   s. Konzil von Trient
Tridentinismus   112, 289
Trienter Konzil   s. Konzil von Trient
Trinität   8, 110, 127, 170, 193, 198f, 238, 245,
    264f, 276, 351, 360, 364, 397, 402, 411,
    414, 422ff
Türken   14, 89, 95, 109, 382
s.a. Osmanen

Ultramontanismus   289-292
Unfehlbarkeitsanspruch   213, 410, 433
Unfehlbarkeitsdogma   180

Union, konfessionelle (ev.)   4, 170, 172ff
Unionskonferenzen, Bonner   187
Unitatis redintegratio   s. Ökumenedekret
Unterricht der Visitatoren (Melanchthon 1528)
    78

Vatikanum I (Erstes Vatikanisches Konzil)
    181f, 184, 187, 294
Vatikanum II (Zweites Vatikanisches Konzil)
    291ff, 295, 308, 359, 373ff
Vergebung   33, 37, 58f, 119, 184, 322, 325,
    334f, 353, 427
Vermittlungstheologen   97, 99, 233
Vom Konflikt zur Gemeinschaft (2013)   190,
    195, 284, 395
Von weltlicher Obrigkeit (Luther 1523)   81

Weimarer Disputation   s. Disputation, Wei-
    marer
Weimarer Konfutationsbuch (1559)   113
Werke, gute   13, 52, 73, 76, 89, 92, 97, 117-
    120
Westfälischer Frieden   152, 167, 185
Wiedertäufer   s. Täufer
Willensfreiheit   23-50, 87, 89, 110, 114-117,
    127, 385, 424
Wittenberger Artikel (1536)   11f
Wittenberger Konkordie (1536)   4, 12, 161-
    164, 174
Wort Gottes   66, 75, 84, 123, 167, 174, 252,
    261, 264, 398, 413- 416
Wormser Edikt (1521)   15, 382

Zeremonien   5, 7, 16, 95f, 99, 103, 234f,
    384, 403, 429
Zölibat   68, 70, 80, 94
Zorn Gottes   59, 270, 364, 427
Zwei-Regimenten-Lehre   268
Zwei-Reiche-Lehre   268
Zwinglianer   71, 170

9 783110 683769